한 번에 합격!
해커스 감정평가사
합격 시스템

강사력
업계 최고수준
교수진

교재
해커스=교재
절대공식

관리시스템
해커스만의
1:1 관리

취약 부분 즉시 해결!
교수님 질문게시판

언제 어디서나 공부!
PC&모바일 수강 서비스

해커스만의
단기합격 커리큘럼

**초밀착 학습관리
& 1:1 성적관리**

수강생들이 증명하는 놀라운 강의력!

기초부터 자세하게 알려주십니다.
다양한 예시와 문제풀이를 통해서
알기 쉽게 정리해주십니다.

- 수강생 오*영 -

듣기만 해도 이해되고 재밌고 쉬웠고
따로 공부하지 않았는데
강의만으로도 저절로 외워졌습니다.

- 수강생 윤*정 -

한 번에 합격! **해커스 감정평가사 ca.Hackers.com**

해커스 감정평가사

이성준
감정평가실무

2차 기출문제집

해커스

PREFACE

"감정평가실무 기본서"와 "문제집 기초"를 통해 감정평가실무 해결을 위한 기초적 지식 습득과 문제해결 능력을 연습하고, 방대한 양의 감정평가이론과 실무를 학습하였다. 즉, 감정평가실무에 있어 기초적인 원리를 이해하는데 중점을 두었다. 한편, 감정평가실무는 기초학문과 달리 그 성격상 감정평가이론 및 실무, 관련 법령 및 제도, 부동산시장 등의 변화를 반영하는 특징을 가지며 이에 변천 과정의 이해가 필수적이다.

감정평가실무는 과거의 쟁점과 그에 대한 해결, 현재의 쟁점과 앞으로의 해결방안을 끊임없이 연구하고 반영한다. 이에 기출문제 또한 현업에서 논의되고 있는 다양한 문제점과 향후 개선방향에 대한 수험생들의 견해를 묻고 있다. 따라서 기초적인 문제풀이 능력에 더해 과거 쟁점사항을 이해하고 현행 문제점을 지적하는 연습이 필요하다. 또한, 감정평가실무의 개선방안을 예측하고 준비함으로써 다양한 형태의 기출문제를 대비하여야 한다.

[해커스 감정평가사 이성준 감정평가실무 2차 기출문제집]의 특징은 다음과 같다.

1. **실제 시험장에서 쓸 수 있는 답안 형식을 제시하였다.**
   「공익사업을 위한 토지 등의 취득 및 보상에 관한 법률」,「감정평가에 관한 규칙」등에서 규정하고 있는 감정평가의 절차 및 방법을 바탕으로 실제 시험장에서 기재할 수 있는 답안 형식을 제시하였다. 실제 시험장에서는 제한된 시간 내에 수험생의 "의견"을 제시하여야 한다. 따라서 채점자의 의도에 맞게 시험장에 적합한 답안 형식을 제시하였다.

2. **다양한 답안 형식을 제시하였다.**
   감정평가실무는 다양한 형식으로 답안을 구성할 수 있다. 각 규정에서 정하고 있는 범위 내에서 "출제자 의도"에 따라 다양한 답안 형식을 제시하였다. 따라서 출제자 의도 내에서 수험생들은 본인에게 맞는 형식으로 답안을 연습할 수 있다.

3. **제12회부터 제36회까지 기출문제를 수록하였다.**
   제11회 이전 기출문제는 기초적인 감정평가이론 및 실무에 대한 물음과 보상평가문제가 주를 이루었다. 이는 현행 법령을 반영하여 기초문제집과 GS 문제풀이 등을 통해 해결하였다.

해커스 감정평가사
이성준 감정평가실무
2차 기출문제집

4. **현행 법령을 기준으로 하여 풀이하였다. 또한, 별해를 제시하였다.**

    현행 법령을 기준으로 기존 기출문제를 풀이하여 수험생의 혼란을 줄이고 기존 법령과의 차이가 큰 부분들은 추가 설명을 제시하였다. 합리적 근거를 통해 다른 풀이방법이 가능한 경우 별해를 기재하여 다양한 접근방법으로 풀이가 가능하도록 하였다.

5. **제21회부터 제36회까지 저자의 총평 및 문항별 논점분석 내용을 제시하였다.**

    제21회부터 제35회까지 저자의 총평을 수록하여 기출문제별 출제자의 의도와 채점 방향을 검토할 수 있게 하였다. 또한, 회차별 저자분석을 통해 전반적인 풀이전략과 문제별 쟁점사항 및 해결방안을 제시하였다.

[해커스 감정평가사 이성준 감정평가실무 2차 기출문제집]에서 제시하는 해당 풀이는 정답이 아닌 출제자의 예시답안이다. 감정평가는 다양한 이론적 견해에 따라 풀이방식과 답안 형식 또한 달라질 수 있다. 따라서 저자 견해와 달리 다양한 논리적 근거를 바탕으로 해석 방향을 달리할 수 있다는 점을 존중한다.

감정평가실무는 지금 이 순간에도 사회적·시대적 변화에 따라 유기적으로 변화하고 있다. 기출문제의 이해와 학습이 합격에 있어 가장 중요한 과정이나 기존 기출문제 풀이만을 맹목적으로 반복하여서는 절대 합격의 영광을 누릴 수 없다. 감성평가의 이해를 통해 앞으로 정진하는 수험생활만이 합격으로 가는 지름길이라는 것을 잊지 않길 바란다.

본 교재를 통해 많은 수험생이 미래의 후배 또는 동료가 되길 진심으로 기원한다.

2025년 9월
연구실에서
감정평가사 이성준

목차

감정평가사 시험 안내   6
제1회 ~ 제36회 기출문제 논점표   8
제36회(2025년) 시험 총평   16

문제편

2001년 제12회 감정평가실무 기출	24
2002년 제13회 감정평가실무 기출	37
2003년 제14회 감정평가실무 기출	51
2004년 제15회 감정평가실무 기출	62
2005년 제16회 감정평가실무 기출	77
2006년 제17회 감정평가실무 기출	96
2007년 제18회 감정평가실무 기출	112
2008년 제19회 감정평가실무 기출	135
2009년 제20회 감정평가실무 기출	152
2010년 제21회 감정평가실무 기출	165
2011년 제22회 감정평가실무 기출	176
2012년 제23회 감정평가실무 기출	192
2013년 제24회 감정평가실무 기출	206
2014년 제25회 감정평가실무 기출	220
2015년 제26회 감정평가실무 기출	228
2016년 제27회 감정평가실무 기출	244
2017년 제28회 감정평가실무 기출	255
2018년 제29회 감정평가실무 기출	269
2019년 제30회 감정평가실무 기출	283
2020년 제31회 감정평가실무 기출	295
2021년 제32회 감정평가실무 기출	311
2022년 제33회 감정평가실무 기출	331
2023년 제34회 감정평가실무 기출	346
2024년 제35회 감정평가실무 기출	365
2025년 제36회 감정평가실무 기출	378

답안편

2001년 제12회 감정평가실무 기출 ... 396
2002년 제13회 감정평가실무 기출 ... 409
2003년 제14회 감정평가실무 기출 ... 424
2004년 제15회 감정평가실무 기출 ... 436
2005년 제16회 감정평가실무 기출 ... 451
2006년 제17회 감정평가실무 기출 ... 465
2007년 제18회 감정평가실무 기출 ... 477
2008년 제19회 감정평가실무 기출 ... 491
2009년 제20회 감정평가실무 기출 ... 505
2010년 제21회 감정평가실무 기출 ... 516
2011년 제22회 감정평가실무 기출 ... 533
2012년 제23회 감정평가실무 기출 ... 545
2013년 제24회 감정평가실무 기출 ... 560
2014년 제25회 감정평가실무 기출 ... 574
2015년 제26회 감정평가실무 기출 ... 588
2016년 제27회 감정평가실무 기출 ... 604
2017년 제28회 감정평가실무 기출 ... 616
2018년 제29회 감정평가실무 기출 ... 627
2019년 제30회 감정평가실무 기출 ... 638
2020년 제31회 감정평가실무 기출 ... 648
2021년 제32회 감정평가실무 기출 ... 661
2022년 제33회 감정평가실무 기출 ... 674
2023년 제34회 감정평가실무 기출 ... 685
2024년 제35회 감정평가실무 기출 ... 697
2025년 제36회 감정평가실무 기출 ... 709

감정평가사 시험 안내

1. 응시자격

- 응시자격 제한은 없습니다.
  ※ 단, 최종 합격자 발표일 기준, 감정평가 및 감정평가사에 관한 법률 제12조상 결격사유에 해당하는 사람 또는 같은 법 제16조 제1항에 따른 처분을 받은 날부터 5년이 지나지 아니한 사람은 시험에 응시할 수 없음
- 결격사유(감정평가 및 감정평가사에 관한 법률 제12조, 2023.8.10. 시행)
  - 파산선고를 받은 사람으로서 복권되지 아니한 사람
  - 금고 이상의 실형을 선고받고 그 집행이 종료(집행이 종료된 것으로 보는 경우를 포함한다)되거나 그 집행이 면제된 날부터 3년이 지나지 아니한 사람
  - 금고 이상의 형의 집행유예를 받고 그 유예기간이 만료된 날부터 1년이 지나지 아니한 사람
  - 금고 이상의 형의 선고유예를 받고 그 선고유예기간 중에 있는 사람
  - 제13조에 따라 감정평가사 자격이 취소된 후 3년이 지나지 아니한 사람
    ※ 단, 제39조 제1항 제11호 및 제12호에 따라 자격이 취소된 후 5년이 지나지 아니한 사람은 제외
  - 제39조 제1항 제11호 및 제12호에 따라 자격이 취소된 후 5년이 지나지 아니한 사람

2. 원서접수방법

- Q-Net 감정평가사 홈페이지(http://www.Q-Net.or.kr/site/value)를 통하여 온라인으로 접수합니다.
- 인터넷 원서 접수 시 최근 6개월 이내에 촬영한 사진을 파일로 첨부하여 인터넷 회원가입 후 원서를 접수합니다 (단, 기존 Q-Net 회원일 경우는 바로 원서접수 가능).
- 응시수수료*: 40,000원(1차), 40,000원(2차)
  * 제36회 시험기준

3. 시험과목

구분	시험과목
제1차 시험 (6과목)	• 민법: 총칙, 물권에 관한 규정 • 경제학원론 • 부동산학원론 • 감정평가관계법규: 국토의 계획 및 이용에 관한 법률, 건축법, 공간정보의 구축 및 관리 등에 관한 법률 중 지적에 관한 규정, 국유재산법, 도시 및 주거환경정비법, 부동산등기법, 감정평가 및 감정평가사에 관한 법률, 부동산 가격공시에 관한 법률 및 동산·채권 등의 담보에 관한 법률 • 회계학 • 영어: 영어시험성적 제출로 대체
제2차 시험 (3과목)	• 감정평가실무 • 감정평가이론 • 감정평가 및 보상법규: 감정평가 및 감정평가사에 관한 법률, 공익사업을 위한 토지 등의 취득 및 보상에 관한 법률, 부동산 가격공시에 관한 법률

※ 정답은 시험시행일 현재 시행중인 법률, 회계처리기준 등을 적용해야 함
※ 회계학 과목의 경우 한국채택국제회계기준(K-IFRS)만 적용하여 출제
※ 기출제된 문제를 변형·활용하여 출제될 수 있음

4. 공인어학성적

- 제1차 시험 영어 과목은 영어시험성적으로 대체합니다.
- 제1차 시험 응시원서 접수 마감일부터 역산하여 5년이 되는 해의 1월 1일 이후에 실시된 시험에서 취득한 성적으로, 영어시험 시행기관에서 정한 성적의 자체 유효기간이 만료되기 전에 사전등록하여 진위가 확인된 성적에 한해 인정됩니다.
- 기준점수(감정평가 및 감정평가사에 관한 법률 시행령 별표2)

시험명	토플		토익	텝스	지텔프	플렉스	토셀	아이엘츠
	PBT	IBT						
일반응시자	530	71	700	340	65 (level-2)	625	640 (Advanced)	4.5 (Overall Band Score)
청각장애인*	352	–	350	204	43 (level-2)	375	145 (Advanced)	–

※ 기타 감정평가사 국가자격시험 시행계획 공고문을 참고

5. 시험시간 및 시험방법

구분		시험과목	입실완료	시험시간	시험방법
제1차 시험	1교시	• 민법 • 경제학원론 • 부동산학원론	09:00	09:30~11:30(120분)	과목별 40문항 (객관식 5지택일)
	2교시	• 감정평가관계법규 • 회계학	11:50	12:00~13:20(80분)	
제2차 시험	1교시	감정평가실무	09:00	09:30~11:10(100분)	과목별 4문항 (주관식)
	2교시	감정평가이론	12:10	12:30~14:10(100분)	
	3교시	감정평가 및 보상법규	14:30	14:40~16:20(100분)	

* 장애인 등 응시편의제공으로 시험시간 연장 시 수험인원과 효율적인 시험 집행을 고려하여 시행기관에서 휴식 및 중식 시간을 조정할 수 있습니다.

6. 합격자 결정방법

제1차 시험	• 영어 과목을 제외한 나머지 시험과목에서 과목당 100점을 만점으로 하여 모든 과목 40점 이상이고, 전 과목 평균 60점 이상인 사람 ※ 전년도 1차 시험 합격자 및 감정평가 및 감정평가사에 관한 법률 시행령 제14조에서 정한 기관에서 5년 이상 감정평가와 관련된 업무에 종사한 사람은 1차 시험이 면제됨(경력 산정 기준일 등은 해당연도 Q-Net 감정평가사 시험계획 공고문을 참조)
제2차 시험	• 과목당 100점을 만점으로 하여 모든 과목 40점 이상, 전 과목 평균 60점 이상을 득점한 사람 • 최소합격인원에 미달하는 경우 최소합격인원의 범위에서 모든 과목 40점 이상을 득점한 사람 중에서 전 과목 평균점수가 높은 순으로 합격자를 결정 ※ 동점자로 인하여 최소합격인원을 초과하는 경우에는 동점자 모두를 합격자로 결정하며 이 경우 동점자의 점수는 소수점 이하 둘째 자리까지만 계산하며, 반올림은 하지 아니함

제1회 ~ 제36회 기출문제 논점표

기본서 목차 \ 회차	1회(1990년)	2회(1991년)	3회(1992년)	4회(1993년)	5회(1994년)
1장 감정평가의 기초사항 2장 기초개념 3장 3방식 개관			5. 부동산 관련 공부		
4장 비교방식	1. 토지 3방식 3. 복합부동산 수익방식		2. 토지 (비교, 수익)	1. 복합부동산	1. 토지(비교방식), 건물(분해법)
5장 원가방식				2. 층별효용비율 3. 토지(개발법)	
6장 수익방식				4. 순수익 산정	3. 할인현금흐름 분석법
7장 기타평가방식	4. 노선가식 평가				
8장 물건별 평가방식		2. 비상장주식 3. 임대료	4. 도입기계		
9장 투자의사결정					5. 컨설팅
10장 부동산가격공시법		4. 표준지선정 원칙			
11장 목적별 감정평가					
12장 도시정비법					
13장 보상평가	2. 영업손실보상	1. 토지, 건축물, 기계보상	1. 토지, 건축물 보상 3. 영업손실보상		2. 구분지상권 보상 4. 토지보상(공원)

기본서 목차 \ 회차	6회(1995년)	7회(1996년)	8회(1997년)	9회(1998년)	10회(1999년)
1장 감정평가의 기초사항 2장 기초개념 3장 3방식 개관		4. 기본적 사항의 확정	3. 등고선		
4장 비교방식		1. 토지 3방식	2. 복합부동산		
5장 원가방식					3. 감가수정
6장 수익방식				2. 경비내역서, 최대가능 저당액 3. 자본환원율	
7장 기타평가방식					
8장 물건별 평가방식	3. 도입기계				
9장 투자의사결정	2. 개발타당성		4. 투자타당성과 요구수익률, 지가상승률과 임료상승률		1. 투자타당성 (임대 및 분양) 2. 투자타당성 (NPV, IRR) 5. 리츠
10장 부동산가격공시법	4. 표준지공시지가, 개별공시지가	3. 표준지공시지가			
11장 목적별 감정평가				5. 자산재평가	
12장 도시정비법	1. 택지비 평가				
13장 보상평가	5. 환매권	2. 토지, 영업손실 보상 3. 보상총론	1. 토지, 건축물 보상	1. 토지, 건축물 보상 4. 구분지상권 보상	4. 환매권

기본서 목차 \ 회차	11회(2000년)	12회(2001년)	13회(2002년)	14회(2003년)	15회(2004년)
1장 감정평가의 기초사항 2장 기초개념 3장 3방식 개관		4. 일단지 5. 물적불일치			
4장 비교방식	3. 토지평가		1. 복합부동산 (개별, 수익)		1. 복합부동산 (개별, 수익)
5장 원가방식					
6장 수익방식					
7장 기타평가방식	4. 임대료				
8장 물건별 평가방식			2. 광산, 광업권 평가	4. 영업권 5. 구분건물 (층별·호별 차이 분석)	
9장 투자의사결정		1. 투자타당성	4. 투자타당성 (투자수익률)	1. 매입타당성	2. 투자분석 (지분환원율, 확률분석)
10장 부동산가격공시법					
11장 목적별 감정평가			3. 담보 및 경매평가 비교 6. 경매평가		
12장 도시정비법		6. 점유지, 비점유지			
13장 보상평가	1. 보상총론, 농업손실보상 2. 구분지상권 보상 5. 영업손실보상	1. 토지, 지장물, 영업손실보상 3. 어업권보상	5. 토지보상(GB) 6. 토지보상선례	2. 토지, 지장물보상 3. 개발이익 배제	3. 무허가건축물, 가설건축물보상 4. 토지, 지장물, 영업손실보상

기본서 목차 \ 회차	16회(2005년)	17회(2006년)	18회(2007년)	19회(2008년)	20회(2009년)
1장 감정평가의 기초사항 2장 기초개념 3장 3방식 개관	5. "대지"와 "대" 등	6. 대지권미등기			4. 공정가치
4장 비교방식	2. 복합부동산 (지역요인분석)		1. 복합부동산 (토지 3방식, 건물평가)	2. 토지 (가격다원론)	
5장 원가방식					
6장 수익방식					
7장 기타평가방식					
8장 물건별 평가방식		3. 임대료 4. 도입기계	4. 비상장주식	3. 입목평가 4. 리스자산	
9장 투자의사결정	1. 최유효이용분석	1. 매입타당성			2. 투자타당성 3. 투자타당성 (NPL)
10장 부동산가격공시법				5. 표준지평가 (개발이익 반영)	4. 표준주택
11장 목적별 감정평가	3 담보 경매, 매각, 보상평가 비교		2. 담보평가 (기본적 사항 확정)		1. 담보평가 (이행지)
12장 도시정비법		2. 종전자산, 정산금			
13장 보상평가	4. 농업손실보상	5. 건축물, 수목보상	3. 토지, 지장물 보상	1. 토지, 지장물, 영업손실보상	4. 하천보상

기본서 목차 / 회차	21회(2010년)	22회(2011년)	23회(2012년)	24회(2013년)	25회(2014년)
1장 감정평가의 기초사항 2장 기초개념 3장 3방식 개관	1. 감정평가서 작성	5. 컨설팅			
4장 비교방식		1. 복합부동산 3방식 (건부감가)			3. 한정가치
5장 원가방식					
6장 수익방식					
7장 기타평가방식					
8장 물건별 평가방식		3. 일조권	3. 개발부담금 4. EBITDA	1. 골프장	
9장 투자의사결정	4. 최대매수지불액 5. 통계분석	4. 투자타당성 (위치별 효용)	1. 매입타당성	4. 예상낙찰가	4. 통계분석, 임차권수익률
10장 부동산가격공시법					
11장 목적별 감정평가	1. 담보 및 보상 평가 비교	6. 담보평가	2. 담보평가 (심사보고)		
12장 도시정비법	3. 비례율분석	2. 국·공유지 무상양수도		2. 보상 및 조합원 분양 비교 3. 토지보상	1. 국·공유지 매각
13장 보상평가	2. 잔여지, 영업손실보상		4. 개발이익 배제		2. 환매권

기본서 목차 \ 회차	26회(2015년)	27회(2016년)	28회(2017년)	29회(2018년)	30회(2019년)
1장 감정평가의 기초사항 2장 기초개념 3장 3방식 개관					
4장 비교방식					4. 사정보정치 산정
5장 원가방식					
6장 수익방식				4. 승수법	
7장 기타평가방식			4. 대쌍비교법		
8장 물건별 평가방식	1. 구분건물 3방식	2. 임대권, 임차권 수익률 분석 3. 기계기구	2. 오염부동산 3. 임대료 4. 구분건물	2. 임대료 3. 선박	1. 기업권, 특허권, 영업권
9장 투자의사결정		1. 투자타당성 (3방식 및 NPV)			3. 개발타당성
10장 부동산가격공시법	4. 경매평가 (제시외 건물)				
11장 목적별 감정평가					
12장 도시정비법					
13장 보상평가	2. 구분지상권 보상 3. 토지, 지장물, 농업손실보상	4. 영업손실보상	1. 토지보상 (도로 비교)	1. 구분지상권 보상	2. 토지보상(공원)

기본서 목차 \ 회차	31회(2020년)	32회(2021년)	33회(2022년)	34회(2023년)	35회(2024년)
1장 감정평가의 기초사항 2장 기초개념 3장 3방식 개관					
4장 비교방식		1. 복합부동산 3방식	2. 배분법 등	1. 복합부동산 3방식 및 최유효이용분석	
5장 원가방식					
6장 수익방식	2. 할인율 및 환원율 분석				2. 환원율 산정 및 유효잔존내용연수
7장 기타평가방식					
8장 물건별 평가방식	1. 구분건물 3방식 및 영업권	2. 임대료 (기대이율분석)	3. 장기임차권 권리금 4. 권리금		4. 영업권
9장 투자의사결정				3. 개발타당성 (개발착수시기)	
10장 부동산가격공시법					
11장 목적별 감정평가					3. 환지면적분석
12장 도시정비법				2. 종전자산, 부담금	
13장 보상평가	3. 토지(도로 비교) 4. 영업손실보상	3. 토지, 개간비 보상 4. 지장물(보수비) 보상	1. 토지, 지장물 등 보상	4. 잔여지손실보상	1. 토지, 건축물보상 (적용공시지가)

기본서 목차 \ 회차	36회(2025년)
1장 감정평가의 기초사항 2장 기초개념 3장 3방식 개관	4. 분묘기지권
4장 비교방식	
5장 원가방식	
6장 수익방식	2. 할인율 및 환원율 분석
7장 기타평가방식	
8장 물건별 평가방식	1. 공사중단 건축물 및 타당성 검토 2. 기업가치 및 영업권
9장 투자의사결정	
10장 부동산가격공시법	
11장 목적별 감정평가	
12장 도시정비법	
13장 보상평가	3. 환매권

제36회(2025년) 시험 총평

무척이나 더운 날씨에 감정평가사 시험에 응시하신 모든 분들에게 박수를 보냅니다. 열심히 노력하신 만큼 좋은 성과 있기를 간절히 바랍니다.

1. **제36회 감정평가실무 기출문제 총평**

    2025년 감정평가실무 시험은 문제 4번을 제외하고 평이한 논점들이 출제되었습니다. GS에서 많이 다루었고 업계에서 화두가 되었던 문제들이 다수 출제되어 경험치가 높은 수험생들에게는 체감 난이도가 다소 낮게 느껴질 수도 있습니다. 다만, 문제 1번에서 제시하고 있는 물음 및 자료의 해석과 문제 2번, 3번의 정확한 숫자 기술이 다소 어려웠다고 판단됩니다. 100분 안에 모든 것을 답안지에 현출할 수 있는지를 판단하고, 이론적·법적 근거의 제시와 각 물음별 판단의 근거를 제시함으로써 변별력 있는 답안을 제출하여야 합니다.

    (1) 문제1: 공사중단 건축물의 감정평가 및 타당성 검토

    1) 물음 1에서는 그 해석에 따라 다양한 결론이 가능할 것으로 보여집니다. 매수시점에 따른 공사중단 건축물의 적정 매수가액 산정으로 ① 매수인이 개발방안을 실행하는 경우와 ② 매도인이 개발방안을 실행하는 경우로 나누어 비용계산 및 적정 매수가액이 달라질 수 있습니다. 시험장에서의 체감 난이도를 고려하면 가장 평이하고 간단한 전제를 제시하고 문제를 접근하여야 합니다. 또한, 감정평가방법을 명시적으로 제시한 기존 기출문제와 달리 복합부동산의 감정평가방법 자체를 결정하도록 요구하는 문제가 오랜만에 출제되었습니다.

    2) 물음 2에서는 적정 수익가액 산정에 있어 감정평가방법 및 각 종 자료의 판단을 요구하고 있습니다. 판단의 근거를 명시적으로 제시한 기존 기출문제와의 차이점이 두드러지게 나타나고 있는 부분입니다. 따라서, 각 판단에 있어 근거를 제시하는 답안이 우세할 것으로 보여집니다.

    3) 물음 3에서는 수입 및 비용 변화에 따른 정확한 PI, IRR, NPV를 산정하기에는 시간이 너무 촉박했고 출제자의 의도 역시 정확한 숫자 제시가 아니었다고 보여집니다. 따라서, 제시된 자료를 토대로 향후 시장동향에 대한 판단을 간략하게 기술하고, 산식을 통해 일반적으로 변화에 대한 설명을 제시하는 것이 전략적인 선택이라 보여집니다.

▶ 감정평가실무 적중 문제
- GS3기 1회차 1번, GS3기 9회차 2번
- GS3기 6회차 4번, GS3기 9회차 2번

【문제 1】 ㈜독도부동산개발은 인천광역시 부평구 A동에 소재하는 아래와 같은 부동산에 대해 매입 타당성을 고려 중이다. 이에 감정평가사 측하에게 대상 부동산에 대해 컨설팅을 의뢰하였다. 다음 물음에 답하시오. 단, 기준시점은 2025년 7월 1일임. (40점)

물음 1) 대상 건물의 공정률을 고려하여 현행 기준 적정 시장가치를 원가방식을 적용하여 산정하시오. (15점)

물음 2) ㈜독도부동산개발의 향후 개발 방안에 대한 타당성을 검토하시오. (25점)

〈자료 1〉 대상 부동산 개요

1. 토지
 - 소재지: 인천광역시 부평구 A동 1번지
 - 지목 등: 대, 5,063㎡, 일반공업지역, 중로각지, 사다리, 평지

2. 건물(건축허가 내역)
 - 허가번호: 2018-건축허가-541
 - 건물명: 수익2025
 - 총용도: 판매시설 및 영업시설, 근린생활시설, 문화집회시설, 위락시설
 - 구조: 철골철근콘크리트조 경사슬래브지붕
 - 연면적: 15,627㎡
 - 건축면적: 3,298㎡

2025년 대비 GS3기 [1회차] 감정평가실무 감정평가사 이 성 준 (19-2)

【문제 2】 ㈜밝은감정평가법인은 충청북도 청주시 흥덕구에 소재한 아래와 같은 부동산에 대한 개발 타당성을 의뢰받았다. 대상 부동산의 특성을 고려하여 다음 각 물음에 답하시오. (30점)

물음 1) 대상 부동산의 현 상태의 감정평가액을 산정하시오. (15점)

물음 2) 대상 부동산에 대한 투자가 甲의 개발 타당성을 검토하시오. (15점)

〈자료 1〉 대상 부동산 내역(충청북도 청주시)

1. 토지

기호	소재지	지번	지목	면적	이용상황	지역	형상	용도지역	경계도로
1	00동	200-1	대	6,627	공업	정	사다리	공업지역	중로각지

2. 건물(건축허가 및 변경 내역)

(표 내용)

2025년 대비 GS3기 [9회차] 감정평가실무 감정평가사 이 성 준 (19-10)

【문제 4】 감정평가실무기준 상 공사중단 건축물에 대한 감정평가방법을 설명하시오. (5점)

2025년 대비 GS3기 [6회차] 감정평가실무 감정평가사 이 성 준 (21-21)

【문제 2】 〈관련자료〉 공사중단 건축물의 감정평가 및 개발 타당성

문제 2번은 33회 기출에 활용되었던 공사중단 건축물의 감정평가 이에 대한 개발 타당성을 묻고 있다.

기존 「방치건축물정비법」이 2020년 「빈집 및 장기방치 건축물의 정비 등에 관한 특별조치법」으로 개정되면서 사회적으로 문제 되었던 공사중단 건축물의 활용방안이 모색되었다. 국가등에 의한 신축, 공사의 재개에 대한 부담이 다소 적은 수선비용 등을 통해 양성화하고, 개발계획에 있어 먹자 하지 결차 등에 특급함을 동시에 해결할 수 있다는 점에서 공사중단 건축물의 관심이 커져 가고 있다. 특히, 인근지역 대비에 손십에 접근할 수 없는 대형 부동산의 경우 활용 방법이 다양하다는 점에서 큰 관심을 가질 수 있다.

다만, 개발계획에 따른 분양시장의 상황, 건자 정상화를 위한 각종 공사비용 및 부대비용, 분양 스케줄에 따른 사업의 위험도를 면밀히 분석하여야 하며, 1인 소유 복합부동산 형태가 아닌 수 개의 구분점포로 구성된 경우 매입 과정에 나타나는 다양한 문제점, 용도 변경에 따른 절차상 위험이 있다는 점을 고려하여 개발 타당성을 검토하여야 한다.

【문제 3】 〈관련자료〉 도입기계 → 수업내용 참조

2025년 대비 GS3기 [9회차] 감정평가실무 감정평가사 이 성 준 배포자료

(2) 문제2: 영업관련 기업가치 및 영업권

30회 기출 이후 기업가치와 영업권이 동시에 다시 한번 출제되었습니다. 문제풀이 자체는 평이하였으나, 영업경비비율이나 대표자 급여의 처리 여부에 따라 숫자의 정확성이 달라졌고, 부채와 자본의 성격 등을 정확하게 숙지하고 있지 않았다면 자기자본비율 및 영업투하자본 산정에서 실수가 많았을 것으로 판단됩니다. 결국, 감정평가실무는 기본기가 탄탄해야 합니다. 기본기가 흔들리면 시험장에서 변형된 문제풀이에 한계가 오기 때문입니다.

▶ 감정평가실무 적중 문제
- GS1기 10회차 2번, GS2기 7회차 3번
- GS1기 9회차 1번, GS2기 9회차 1번
- GS3기 7회차 1번, GS3기 10회차 1번

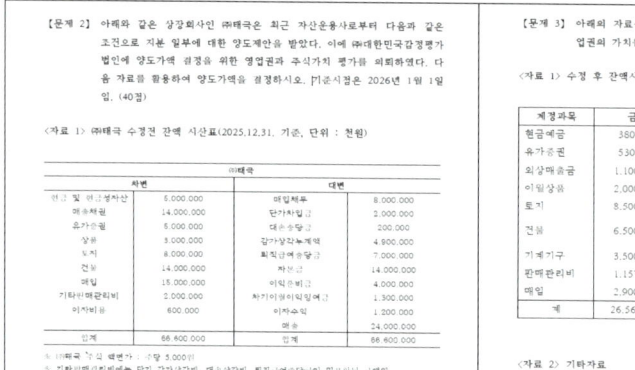

문제 1 (좌상단)

【문제 1】㈜한국감정평가법인은 아래와 같은 제조기업인 ㈜해와달의 일반거래목적의 기업가치 산정을 의뢰받았다. 2025.1.1.을 기준시점으로 하는 ㈜해와달의 기업가치를 산정하시오. (35점)

〈자료 1〉㈜해와달 재무상태 보고서

1. 매출액(기간 말 기준)
   ㈜해와달 2024년도 매출액은 25억원이었으며 향후 3년간의 매출액 추정치는 아래와 같음.

년도	전년 대비 매출액 상승률
2025년	10%
2026년	20%
2027년	25%

2. 매출원가 관련 자료
   과거 재무자료 분석결과 제품생산에 필요한 매출원가는 매출액의 10%임.

3. 판관비 관련 자료
   (1) 인건비는 매년 5억원이며, 향후 3년동안 일정함.
   (2) 인건비를 제외한 판매비 및 관리비(감가상각비 포함)는 매출액의 20%임.

4. 자본적 지출 관련 자료
   2025년 말 제조설비 투자금액 3억원을 지출하되, 이는 향후 10년간 균등하게 감가상각.

이성준 감정평가실무 2025년 대비 GS 1기 9주차 모의고사 (15-2)

문제 1 (우상단)

【문제 1】감정평가사 홍씨는 최근 성장하고 있는 ㈜해커스E&C에 대한 매도·매수 자간 협상을 위한 매수제안가격 산정 업무를 매각 주간사인 M증권사로부터 의뢰받았다. 다음 물음에 답하시오. (40점)

물음 1) 〈감정평가실무기준〉상 기업가치의 감정평가방법 및 각 방법의 장단점을 설명하시오. (10점)

물음 2) ㈜해커스E&C의 기업가치를 수익방식을 적용하여 산정하시오. (30점)

〈자료 1〉공통사항

1. 매각 주간사 甲이 제시한 기준시점은 2025.6.30.임.
2. 당해 기업은 활발한 기업활동을 통해 계속 성장하고 있는 기업으로 향후에도 기준시점 당시 생산라인 등을 통해 수익을 창출하는 계속기업을 전제함.
3. ㈜해커스E&C의 기업가치 중 영업활동에 기여하는 일부 무형자산은 매도·매수자간의 협의 및 세법상 상각 연수에 근접한 바, 별도의 가치로 인식하지 않음.
4. ㈜해커스E&C는 향후 5년간 영업적 계약 및 진입장벽에 따라 고속성장이 예상되며 이후부터 안정적인 영업환경 및 생산라인 등을 통해 정상적인 성장이 예상되는 바, 이를 고려하여 평가함.
5. ㈜해커스E&C의 매출액은 기업의 영업활동에 의한 것으로 조사됨.

2025년 대비 GS2기 [9회차] 감정평가실무 감정평가사 이 성 준 (17-2)

문제 1 (좌하단)

【문제 1】H감정평가법인은 「주식회사의 외부감사에 관한 법률」에 따른 재무제표 작성에 필요한 유·무형자산의 감정평가를 ㈜D시티호텔로부터 의뢰받았다. 제시된 자료를 활용하여 다음 각 물음에 답하시오. (45점)

물음 1) ㈜D시티호텔의 기업가치를 산정하시오. (30점)

물음 2) ㈜D시티호텔이 소유하고 있는 아래와 같은 부동산의 시장가치를 산정하시오. (10점)

물음 3) 물음 1, 2에서 산정된 가치의 차이점 및 유의사항에 대해 설명하시오. (5점)

〈자료 1〉대상 부동산 현황

1. 전체 현황

소재지	서울특별시 강남구 ○○○동 96외 3필지 D시티호텔
용도지역	일반상업지역
사용승인일	2019.07.13.
호텔등급	5성 관광호텔(A동, B동)(특1급), 4성 가족호텔(C동) (특2급)
주용도	숙박시설(관광호텔, 가족호텔)
대지면적(㎡)	14,797.7
구조	철근콘크리트구조
전물연면적(㎡)	185,482.49
용적률(%)	948.93
규모	지상 40층/지하 4층
건폐율(%)	59.55

2025년 대비 GS3기 [7회차] 감정평가실무 감정평가사 이 성 준 (20-2)

문제 1 (우하단)

【문제 1】H감정평가법인은 ㈜수석의 주식 매매거래를 위한 감정평가를 의뢰받았다. 제시된 자료를 활용하여 다음 각 물음에 답하시오. (40점)

물음 1) 비상장주식 및 기업가치에 대한 감정평가방법에 대해 설명하시오. (5점)

물음 2) ㈜수석의 기업가치를 수익환원법을 적용하여 산정하시오. (15점)

물음 3) ㈜수석의 기업가치를 원가법을 적용하여 산정하시오. (15점)

물음 4) ㈜수석이 보유하고 있는 비상장주식에 대한 감정평가액을 결정하시오. (5점)

〈자료 1〉㈜수석 업체 현황

구분	내역
상호(법인명)	주식회사 수석
대표자	이성준
소재지	서울특별시 서대문구 서소문로 1-1, 3층(수석 빌딩)
사업자등록번호	110-81-11111
사업의 종류	부동산 임대업
사업개시일	2011.01.16.
발행 주식 현황	1,000,000주 / 1주당 액면가 : 5,000원

2025년 대비 GS3기 [10회차] 감정평가실무 감정평가사 이 성 준 (19-2)

(3) 문제3: 환매권

평이한 환매권 문제입니다. 기준시점에 대한 논란 이외 기본적인 숙지사항을 묻고 있으므로 환매 당시 가액과 표본지 산정에 있어 대비되는 부분들을 부각시켜 기술하였다면 좋은 답안지가 될 것으로 보여집니다.

▶ **감정평가실무 적중 문제**

• GS3기 1회차 3번, GS2기 7회차 3번

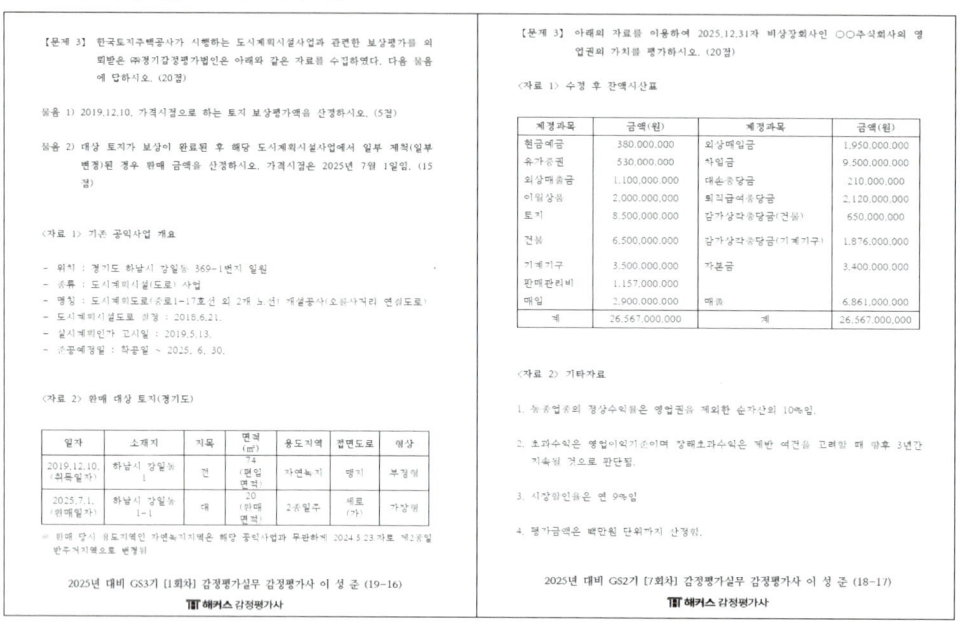

(4) 분묘기지권

솔직히 저도 당황한 문제입니다. 분묘기지권에 대한 개념을 2차 시험에 출제하여 감정평가실무 시험인지 1차 민법 시험인지 의문이 들게 합니다. 다만, 해당 문제는 그 성격을 규명하고 「감정평가실무기준」상 <지상권이 설정된 토지>의 감정평가방법을 물어보기 위한 문제로 보여집니다. 즉, 물음 1에서는 큰 변별력은 없고 물음 2에서 「감정평가실무기준」의 약술을 얼마만큼 기술하느냐가 관건으로 보입니다(물음 2의 배점이 5점인 점을 감안할 때 '관건'이라는 단어를 쓰기에 다소 어색합니다).

2. 마치며

실무문제는 결국 출제자의 의도 파악과 감정평가액 결정 과정에서의 판단 제시가 관건입니다. 실무와 이론의 복합적 학습과 숫자 맞추기에서 벗어난 실무문제 풀이 방식에 대한 고민이 필요한 시기입니다.

1년 이상 오랜 시간 동안 오늘 하루를 위해서 최선을 다하신 여러분들의 노고에 박수를 보내며, 이제는 편한 마음으로 일상을 보내시기 바랍니다. 다들 수고 너무 많으셨고, 이제는 좀 쉬셔야 하는 시간입니다. 지나간 시간들 잠시 접어두시고 마음의 평화를 얻기 바랍니다. 수고하셨습니다.

ca.Hackers.com

해커스 감정평가사
ca.Hackers.com

해커스 감정평가사
이성준 감정평가실무
2차 기출문제집

문제편

2001년 제12회 감정평가실무 기출

> **공통 유의사항**
> 1. 각 문제는 해답 산정 시 산식과 도출과정을 반드시 기재
> 2. 단가는 관련 규정에서 정하고 있는 사항을 제외하고 천원 미만은 절사, 그 밖의 요인 보정치는 소수점 셋째 자리 이하 절사

[문제1] "갑"은 A빌딩을 매입하고자 한다. 다음 물음에 답하시오. (40점)

물음1) A빌딩의 2001년 8월 26일을 가격시점으로 하는 감정평가액을 구하시오.

물음2) 물음1)에서 구한 감정평가액으로 "갑"이 A빌딩을 매입하여 5년간 임대한 후 매각하고자 하는 경우의 투자타당성을 검토하시오.

자료 1 A빌딩의 개요

1. 토지상황
   (1) 지목: 대
   (2) 면적: 1,000㎡
   (3) 용도지역: 일반주거지역
   (4) 접면도로: 소로한면

2. 건물상황
   (1) 용도: 업무시설 및 근린생활시설
   (2) 구조: 철근콘크리트조 슬래브지붕 5층
   (3) 연면적: 3,000㎡
   (4) 신축일자: 1995.9.26.

자료 2 비교표준지의 현황

지목	면적(㎡)	이용상황	용도지역	접면도로	공시지가(㎡)	공시기준일
대	879	상업용	일반주거	중로한면	1,050,000	2001.1.1.

자료 3 토지에 대한 사례자료

아래의 사례는 인근지역에 소재하고 있으며 적정한 것으로 판단됨

구분	사례의 종류	사례 시점	면적 (㎡)	용도 지역	이용 상황	접면 도로	사례금액 (원)	비고
사례 (1)	매매	2001.4.1.	800	일반 주거	상업용	폭 12m	3,300,000,000	건물 B가 소재함
사례 (2)	경매 평가	2001.1.10.	1,000	일반 주거	상업용	폭 10m	3,100,000,000	건물 C가 소재함 2001.7.1. 평가금액의 90%에 낙찰됨
사례 (3)	보상	2001.5.1.	100	일반 주거	도로	폭 8m의 도로 내에 소재함	45,000,000	미불용지에 대한 보상임. 종전 공공사업(2001.1.5. 준공)에 편입될 당시의 이용상황은 "전"이고 맹지상태이었음

자료 4 건물에 대한 자료

건물명	구조	연면적 (㎡)	개별요인 (신축단가기준)	신축일자	신축단가 (원/㎡)	비고
A	철근콘크리트 슬래브지붕 5층	3,000	104	1995.9.26.	-	3%의 기능적 감가요인이 있음
B	철근콘크리트 슬래브지붕 4층	3,000	98	2001.2.1.	800,000	최근 신축한 건물로서 최유효이용 상태임
C	철근콘크리트 슬래브지붕 5층	3,500	95	1996.6.29.	-	5%의 기능적 감가와 5%의 경제적 감가요인이 있음

자료 5 토지특성에 따른 격차율

1. 이용상황

구분	상업업무	주거용	전
상업업무	1.00	0.90	0.66
주거용	1.11	1.00	0.73
전	1.52	1.37	1.00

2. 접면도로

구분	중로한면	소로한면	세로한면	맹지
중로한면	1.00	0.89	0.77	0.62
소로한면	1.13	1.00	087	0.70
세로한면	1.29	1.15	1.00	0.80
맹지	1.62	1.43	1.25	1.00

자료 6 A빌딩의 현행 임대료 등의 내역

층별	임대면적 (㎡)	전용 (㎡)	보증금 (㎡당)	월지불임대료 (㎡)	월관리비 (㎡)	비고
1층	400	250	100,000	10,000	6,000	
2층	600	300	70,000	7,000	6,000	
3층	600	300	50,000	5,000	6,000	280㎡는 현재 공실상태임
4층	600	300	50,000	5,000	6,000	
5층	600	300	50,000	5,000	6,000	
합계	2,800	1,450				

자료 7 인근 빌딩의 임대료수준 등

1. 인근 빌딩의 적정한 보증금과 월지불임대료 수준은 A빌딩의 1.1배의 수준이고 최근의 임대료 변동추이가 향후에도 계속될 것으로 예측됨
2. A빌딩의 월관리비는 인근 빌딩의 수준과 유사하고, 현행 수준이 향후 5년간 유지될 것을 전제로 함
3. 인근 빌딩의 적정공실률(대손 포함)은 5%로 조사되고 있으며, 이는 향후에도 지속될 것을 전제로 분석함
4. 제반 영업경비는 월관리비의 83% 수준임
5. 철근콘크리트조 슬래브지붕 사무실에 적용하는 내용연수는 50년으로 함
6. 영업소득세율: 과세표준의 20%

자료 8 지가변동률 및 임대료지수

1. 지가변동률

(단위: %)

구분	주거지역	상업용	전
2001년 1/4분기	2.74	3.09	2.38
2001년 2/4분기	1.52	1.06	1.44

2. 임대료지수

월별	임대료지수	월별	임대료지수
2000.12.	100.00	2001.4.	101.80
2001.1.	100.80	2001.5.	101.50
2001.2.	101.20	2001.6.	101.80
2001.3.	101.70	2001.7.	102.00

자료 9 보증금 운용이율 등

1. 보증금 운용이율: 연 10%
2. 환원이율(Capitalization rate): 연 8%
3. 요구수익률: 연 10%
4. 저당대출이자율: 연 8%
5. 보증금을 월세로 전환할 경우에 적용하는 이율은 통상적으로 연 15%인 것으로 조사되었음

자료 10 복리현가율표

r / n	8%	9%	10%	11%	12%	13%	14%
1	0.926	0.917	0.909	0.901	0.893	0.885	0.877
2	0.857	0.842	0.826	0.812	0.797	0.783	0.769
3	0.794	0.772	0.751	0.731	0.712	0.693	0.675
4	0.735	0.708	0.683	0.659	0.636	0.613	0.592
5	0.681	0.650	0.621	0.593	0.567	0.543	0.519

자료 11 기타

1. "갑"은 A빌딩의 현행 임대보증금을 그대로 인수하고, 매입 후 즉시 인근 빌딩의 임대료수준으로 재계약할 예정임
2. "갑"은 A빌딩의 매수 시 12억원을 저당대출금으로 충당하고 저당대출 원금은 빌딩 매각 시 일시에 상환할 예정임
3. 2001년 8월 26일 현재의 가격을 소득접근법으로 구하는 경우에는 1차연도의 조소득을 기준으로 하여 환원대상 소득을 직접환원법(direct capitalization method)으로 환원함
4. 5년 후의 매각가격을 구하는 경우에는 환원대상 소득을 직접환원법(direct capitalization method)으로 환원함
5. 매입시점으로부터 5년 후 매각 시 매각비용은 매각금액의 5%로 함
6. 지가변동률은 백분율로서 소수점 이하 셋째 자리에서 반올림함
7. 각 단계의 가격산정 시 천원 미만은 반올림하고, 최종 감정평가액은 유효숫자 세 자리까지로 함

[문제2] 감정평가사 A는 2001.8.20.자로 중앙토지수용위원회로부터 평가의뢰를 받고 사전조사 및 실지조사를 통하여 (자료 1) 내지 (자료 8)을 수집하였다. 이 자료를 활용하여 다음 물음에 답하시오. (25점)

물음1) 가격시점을 정하고 그 이유를 설명하시오.

물음2) 대상토지의 평가를 위한 적정한 비교표준지 하나를 선정하고 그 이유를 설명하시오.

물음3) 선정된 비교표준지의 연도별 공시지가 중 적정한 것 하나를 선택하고 그 이유를 설명하시오.

물음4) 대상토지의 평가를 위한 시점수정률을 구하시오. (백분율로 소수점 셋째 자리에서 반올림)

물음5) 선정된 비교표준지와 대상토지의 지역요인 및 개별요인을 비교하고 격차율을 구하시오. (백분율로 소수점 둘째 자리에서 반올림)

물음6) (자료 3)을 참고하여 대상토지의 평가를 위한 기타사항(기타요인)의 보정률을 구하고 그 이유를 설명하시오. (백분율로 소수점 둘째 자리에서 반올림)

물음7) 대상토지의 적정보상평가액을 도출하시오. (단위면적당 가격은 "10원" 단위에서 반올림)

물음8) 물건조서상의 무허가건물이 보상대상으로 된 이유를 설명하고 (자료 6)을 참고하여 그 적정보상평가액을 구하시오.

물음9) (자료 7)을 참고하여 관상수의 적정보상평가액을 구하시오.

물음10) (자료 8)을 참고하여 소유자가 운영하는 영업이 현행 보상관계법령에서 영입으로 보는지 여부를 검토하고 적정한 보상평가액을 구하시오.

자료1 감정평가의뢰서 내용

1. 사업명: △△ 택지개발사업
2. 사업시행자: ○○ 공사 사장
3. 수용재결일자: 2001.7.1.
4. 평가목적: 이의재결
5. 평가조건: 「토지수용법 제46조 및 제57조의2」 등 보상관계법령의 규정, 판례 기타 평가의 일반이론, 절차 및 방법 등을 준수하여 평가함
6. 택지개발예정지구 지정고시일: 1999.5.25.
7. 택지개발계획 승인고시일: 2000.7.10.
8. 택지개발사업실시계획 승인고시일: 2001.3.20.
9. 토지조서

소재지	지번	지목	면적(㎡) 공부	면적(㎡) 편입	비고
S시 P구 K동	105	전	1,200	1,200	

10. 물건조서

기호	소재지	지번	물건의 종류	구조·규격	수량	비고
1	S시 P구 K동	105	주택 및 점포	벽돌조슬레이트지붕	150㎡	무허가건물
2	〃	105	향나무	H: 3.0m W: 1.2m	50주	
3	〃	105	단풍나무	H: 2.0m W: 5cm	30주	

자료2 표준지의 공시지가

일련번호	소재지	면적(㎡)	지목	이용상황	용도지역	도로교통	형상지세	공시지가(원/㎡) 1999.1.1.	2000.1.1.	2001.1.1.
121	S시 P구 K동 115	1,105	전	전	자연녹지	세로(가)	부정형 평지	120,000	130,000	145,000
122	S시 P구 K동 150	330	대	주거나지	자연녹지	세로(가)	부정형 평지	210,000	230,000	250,000
123	S시 P구 K동 200	250	대	주상용	일반주거	소로한면	세장지 평지	330,000	350,000	370,000

※ (주) 위 표준지들은 모두 평가대상토지의 인근지역에 소재하며, 해당 택지개발사업지구 안에 위치하고 있다. 택지개발사업지구 밖 인근지역에는 비교가능한 적정한 표준지가 없는 것으로 조사되었다.

자료 3 토지에 대한 조사·확인사항

현지조사일(2001.8.26.) 현재 감정평가사 A가 토지에 대하여 조사·확인한 사항은 다음과 같다.

1. 이용상황: 토지소유자가 1997.5월경「도시계획법 제46조」의 규정에 의한 토지형질 변경 및「농지법 제36조」의 규정에 의한 농지전용허가 등을 받지 아니한 상태에서 성토를 한 후 무허가건물을 건립하여 일부는 주택 및 간이음식점 부지로 이용하고 있고 나머지는 나지상태로 있다.
2. 도시계획사항: S시 도시계획구역에 속하며, 당초 자연녹지지역에 속하였으나 2001.3.20.자로 해당 택지개발사업실시계획승인이 고시됨에 따라 일반주거지역으로 용도지역이 변경되었다.
3. 기타사항: 표준지조사사항 및 가격평가의견서 등을 검토하고 실지조사한 결과에 의하면 (자료 2)의 표준지들의 1999.1.1.자 및 2000.1.1.자 공시지가에는 해당 공공사업의 시행으로 인한 개발이익이 현실화·구체화되지 아니하여 개발이익의 반영은 없었고 오히려 택지개발예정지구로 지정됨에 따른 행위제한 등으로 공법상 제한이 10% 반영된 것으로 조사되었으며, 2001.1.1.자 공시지가에는 해당 공공사업으로 인한 개발이익이 5% 반영된 것으로 조사되었다.

자료 4 시점수정자료

1. 지가변동률(국토교통부 조사·공표 "지가동향" 기준)

구분 / 기간별	행정구역별	지가변동률(%)				
		주거	녹지	전	대	
					주거용	상업용
1999년도 (1999.1.1. ~ 12.31.)	S시	2.66	7.44	9.92	2.85	1.58
	S시 P구	4.56	10.20	13.06	5.27	2.49
2000년도 (2000.1.1. ~ 12.31.)	S시	0.97	3.43	4.19	0.99	0.89
	S시 P구	2.28	4.83	8.25	2.44	2.02
2001년도 1/4분기 (2001.1.1. ~ 3.31.)	S시	0.68	0.58	0.77	0.07	-0.04
	S시 P구	0.00	0.73	1.32	0.06	-0.05
2001년도 2/4분기 (2001.4.1. ~ 6.30.)	S시	0.12	0.80	0.71	0.20	0.22
	S시 P구	0.11	1.37	1.26	0.35	0.48

※ (주) 2001. 3/4분기(2001.7.1. ~ 9.30.) 지가변동률은 조사·발표되지 아니하였으며, S시는 광역자치 단체가 아니다.

2. 도매물가상승률(한국은행 조사 "생산자물가지수" 기준)

1998년 12월 지수	1999년 1월 지수	1999년 12월 지수	2000년 1월 지수
118.5	117.2	119.6	119.5
2000년 12월 지수	2001년 1월 지수	2001년 6월 지수	2001년 7월 지수
121.6	122.2	123.1	123.2

자료 5 개별요인 비교자료

현지조사결과 등에 의하여 (자료 2)의 표준지들과 평가대상토지의 개별요인을 비교하여 보면 다음과 같다.

1. 일련번호 121 표준지에 비하여 평가대상토지는 다른 조건은 유사하다, 가로조건에서 2% 우세, 접근조건에서 2% 열세, 획지조건에서 5% 우세로 조사되었다. (대상토지를 자연녹지지역 내 "전"으로 본 경우이다)
2. 일련번호 122 표준지에 비하여 평가대상토지는 다른 조건은 유사하다, 접근조건에서 5% 열세, 환경조건에서 3% 열세, 획지조건에서 7% 열세, 행정적 조건에서 15% 열세로 조사되었다. (대상토지를 자연녹지지역 내 "대"로 본 경우이다)
3. 일련번호 123 표준지에 비하여 평가대상토지는 다른 조건은 유사하다, 가로조건 5% 열세, 접근조건 5% 열세, 환경조건 2% 열세, 획지조건 15% 열세, 행정적 조건 20% 열세로 조사되었다. (대상토지를 일반주거지역 내 "대"로 본 경우이다)

자료 6 건물에 대한 조사사항

1. 건물은 택지개발예정지구 지정 이전에 토지소유자가 건축한 무허가건물(1997.6.30.)로서 그 재조달원가는 400,000원/㎡, 경제적 내용연수는 20년, 잔존가치는 없는 것으로 조사되었다.
2. 건물은 이전 가능한 것으로 판단되며, 이전에 소요되는 통상비용(이전비)은 다음과 같이 조사되었다.
    - 해체비: 6,000,000원
    - 운반비: 2,000,000원
    - 정지비: 1,500,000원
    - 재건축비: 33,000,000원
    - 보충자재비: 4,000,000원
    - 부대비용: 5,000,000원
    ※ (주)재건축비에는 건축관계법령 개정으로 인한 건축설비 추가설치비용(관련 부대비용 포함) 10,000,000원이 포함되어 있는 것으로 조사되었다.

자료 7 관상수에 대한 조사사항

관상수는 이식이 가능한 것으로 조사되었으며, 이식에 소요되는 비용은 다음과 같다.

수종	규격	굴취비	운반비	상하차비	식재비	재료비	부대비용	수목가격	비고
향나무	H: 3.0m W: 1.2m	9,000	2,000	1,000	25,000	2,000	8,000	50,000	
단풍나무	H: 2.0m R: 5cm	6,000	1,000	500	15,000	1,500	6,000	45,000	

※ (주) 이식에 따른 고손율은 10%를 적용하는 것이 적정한 것으로 조사되었다.

자료 8 기타 조사사항 등

무허가건물 일부에는 그 건물소유자가 소규모 식당을 운영하고 있으며, 현지조사시에 영업장소 이전에 따른 휴업 등에 대한 손실보상을 요구하고 있다. 조사된 영업상황은 다음과 같다.

1. 영업의 종류: 「식품위생법」상 일반음식점
2. 영업개시일: 1998년 1월
3. 영업행위 관련 허가 또는 신고 이행 여부: 「소득세법 제168조」의 규정에 의한 사업자 등록은 되어 있으며, 다른 허가 또는 신고는 없었던 것으로 조사되었다.
4. 최근 3년간 연간 평균소득: 33,000,000원
   ※ (주) 최근 3년간 연간 평균소득에는 영업을 하고 있는 소유자 부부의 연간 자가노력비상당액 12,000,000원이 포함되어 있다.
5. 이전시 적정휴업기간: 3월
6. 휴업기간 중 고정적 비용 계속 지출예상액(화재보험료 등): 2,000,000원
7. 영업시설 및 재고자산 등의 이전비: 3,600,000원
8. 재고자산의 이전에 따른 감손상당액: 700,000원

[문제3] 대한민국 정부와 중국 정부 간에 한·중 어업협정이 체결됨에 따라 조업어장에서 어업 활동에 제한을 받는 어업인의 폐업어선 등에 대한 지원사업으로 A호 어선에 대한 폐업 지원금 산출평가를 의뢰받은 감정평가사 L씨는 지원금 산출에 필요한 (자료 1) 내지 (자료 7)을 수집하였다. 이 자료를 활용하여 다음의 물음에 답하시오. (가격시점 2001.8.1.) (10점)

물음1) 어선어업(허가어업)의 취소 시 ① 보상평가기준, ② 어선의 평가방법, ③ 어선 평가를 위한 기초자료에 대하여 기술하시오.

물음2) 아래의 조사된 자료를 이용하여 A호 어선에 대한 폐업지원금(손실보상금)을 산출하시오.

자료 1 선박의 개요

어선번호	1	어선명칭	A호
어선종류	동력선	선체재질	강
총톤수	79톤	주요차수(M)	길이: 24.51 너비: 6.70 깊이: 2.65
무선설비	SSB 1기	어업종류	근해통발어업
추진기관	디젤기관 1대 (600마력)	형식 CAT3412DIT	제작자 ○○○	제작연월일 1997년 6월
최대승선인원		어선원: 12명 기타의 자: 0명 계: 12명	
선적항	○○시	조선지	○○시
조선자	××조선(주)	진수연월일	1997년 7월

자료 2 재조달원가 등

1. ○○시에 소재하는 조선소에 어선의 재조달원가를 조사한 결과 강선은 4,500,000원/ton 수준이었음
2. 선박의 주기관의 가격조사를 한 결과 평가대상 선박인 1,800rpm의 고속기관은 마력당 200,000원으로 조사되었음
3. 의장품은 선박 건조 시 신품으로 장착하였고 재조달원가는 250,000,000원으로 조사되었음
4. 어구는 2000년 6월에 구입하였으며, 재조달원가는 100,000,000원으로 조사되었음

자료 3 내용연수 및 잔존가치율

구분	내용연수(년)	잔존가치율(%)
선체(강선)	25	20
기관	20	10
의장	15	10
어구	3	10

자료 4 연도별 어획량

(단위: kg)

1995년	1996년	1997년	1998년	1999년	2000년	2001년
114,000	112,000	112,000	114,000	110,000	112,000	79,000

자료 5 월별 판매단가

1. 2000년

월	1	2	3	4	5	6	7	8	9	10	11	12
단가(월/kg)	5,000	5,000	5,100	5,200	5,200	5,200	5,300	5,300	5,300	5,200	5,200	5,100

2. 2001년

월	1	2	3	4	5	6	7	8	9	10	11	12
단가(월/kg)	5,000	5,000	5,100	5,200	5,200	5,200	5,300	5,300	5,300	5,200	5,200	5,100

자료 6 정률표

구분 내용연수 경과연수	잔존가치율(10%)		잔존가치율(20%)	
	3	15	20	25
1	2/0.464	14/0.858	19/0.891	24/0.938
2	1/0.215	13/0.736	18/0.794	23/0.879
3	0.100	12/0.631	17/0.708	22/0.824
4		11/0.541	16/0.631	21/0.773
5		10/0.464	15/0.562	20/0.725
6		9/0.398	14/0.501	19/0.680
7		8/0.341	13/0.447	18/0.637
8		7/0.293	12/0.398	17/0.598
9		6/0.251	11/0.355	16/0.560
10		5/0.215	10/0.316	15/0.525
11		4/0.185	9/0.282	14/0.493
12		3/0.158	8/0.251	13/0.462
13		2/0.136	7/0.224	12/0.433
14		1/0.117	6/0.200	11/0.406
15		0.100	5/0.178	10/0.381
16			4/0.158	9/0.357
17			3/0.141	8/0.335
18			2/0.126	7/0.314
19			1/0.112	6/0.294
20			0.100	5/0.276
21				4/0.259
22				3/0.243
23				2/0.228
24				1/0.213
25				0.200

자료 7 기타

1. A호에 적용할 어업경비율은 85%로 조사되었음
2. 보상의 원인이 되는 "처분일"은 가격시점과 동일함
3. 선체·기관의 단가, 평균 연간어획량, 평년수익액의 산정 시 1,000단위 미만은 버림

[문제4] 표준지공시지가를 조사평가함에 있어서 일단지의 개념과 판단기준 및 평가방법 등을 설명하시오. (10점)

[문제5] 토지·건물의 담보평가에 있어 대상물건을 현장조사한 결과 물적인 불일치가 있는 경우 그 처리방법을 제시하시오. (10점)

[문제6] 국가 또는 지방자치단체가 재개발구역 안의 국·공유토지를 사업시행자인 재개발조합에게 사업시행인가일로 2년 이내에 매각하는 경우의 평가방법에 대하여 약술하시오. (5점)

2002년 제13회 감정평가실무 기출

> **공통 유의사항**
> 1. 각 문제는 해답 산정 시 산식과 도출과정을 반드시 기재
> 2. 단가는 관련 규정에서 정하고 있는 사항을 제외하고 천원 미만은 절사, 그 밖의 요인 보정치는 소수점 셋째 자리 이하 절사

[문제1] 감정평가사 P는 토지와 건물로 구성된 복합부동산에 대한 감정평가의뢰를 받고 사전조사 및 현장조사를 한 후 (자료 1) ~ (자료 11)을 수집하였다. 주어진 자료를 활용하여 순서에 따라 다음 물음에 답하시오. (30점)

물음1) 현장조사 시 확인자료에 대하여 설명하시오.

물음2) 공시지가를 기준으로 감정평가할 경우 비교표준지의 선정원칙을 설명하고 대상토지의 가격결정에 있어 비교표준지의 선정이유를 설명하시오.

물음3) 감정평가가격을 다음 순서에 따라 구하시오.
 (1) 토지가격의 산정
   ① 공시지가를 기준한 가격
   ② 거래사례비교법에 의한 비준가격
   ③ 수익환원법에 의한 수익가격
   ④ 토지가격의 결정 및 그 이유
 (2) 건물가격의 산정
 (3) 대상부동산의 토지와 건물가격

자료 1 　 감정평가 의뢰내용

1. 공부내용
 (1) 토지: S시 S구 B동 100번지, 대, 2,000㎡
 (2) 건물: 철근콘크리트조 슬래브지붕 10층, 점포 및 사무실, 건물연면적 11,200㎡
 (3) 소유자: N

2. 구하는 가격의 종류: 정상가격
3. 감정평가목적: 일반거래(매매)
4. 가격시점: 2002.8.25.
5. 감정평가의뢰인: N(소유자)
6. 접수일자: 2002.8.22.
7. 작성일자: 2002.8.26.

자료 2 대상부동산에 대한 자료

1. 본건의 용도지역은 일반주거지역이고 기타 공법상 제한사항은 없음
2. 현장조사결과 토지와 건물 모두 공부와 현황이 일치함
3. 지목, 이용상황, 도로교통, 형상 및 지세: 대, 상업용, 중로한면, 가장형, 평지
4. 대상물건은 최유효이용상태로 판단됨
5. 건물은 5년 전 준공되었으며 총공사비가 6,840,000,000원이 투입되었으나, 공사 중에 설계변경이 있어 정상적인 공사비보다 다소 과다한 것으로 조사됨

자료 3 인근의 공시지가 표준지 현황(공시기준일: 2002.1.1.)

일련번호	소재지	면적(㎡)	지목	이용상황	용도지역	도로교통	형상 및 지세	공시지가(원/㎡)
1	S구 B동 101	2,000	대	상업용	일반상업	중로한면	정방형 평지	3,500,000
2	S구 B동 105	2,200	대	상업용	일반주거	중로한면	가장형 평지	3,000,000
3	S구 B동 110	1,800	대	단독주택	일반주거	소로한면	가장형 완경사	2,000,000

자료 4 거래사례

1. 물건내용
   (1) 토지: S시 S구 B동 113번지, 대, 1,980㎡
   (2) 건물: 철근콘크리트조 슬래브지붕 7층, 사무실, 건축연면적 8,100㎡
   (3) 지목, 이용상황, 도로교통, 형상 및 지세: 대, 상업용, 중로한면, 정방형, 평지
2. 거래가격: 11,205,000,000원
3. 거래일자: 2002.4.1.

자료 5 임대사례

1. 물건내용
   (1) 토지: S시 S구 B동 124번지, 대, 2,100㎡
   (2) 건물: 철근콘크리트조 슬래브지붕 8층, 점포 및 사무실, 건축연면적 9,200㎡
   (3) 지목, 이용상황, 도로교통, 형상 및 지체: 대, 상업용, 소로한면, 정방형, 완경사

2. 최근 1년간 수지상황

필요제경비(연간)		임대수입(연간 및 월간)	
감가상각비	218,459,520원		
유지관리비	50,000,000원		
제세공과금	80,000,000원	보증금 운용익(연간)	100,000,000원
손해보험료	20,000,000원	월임대료 수입	85,000,000원
대손준비금	20,000,000원	주차장 수입(월간)	15,000,000원
장기차입금이자	50,000,000원		
소득세	100,000,000원		

※ (주) 본건 사례물건은 100% 임대 중이고 손해보험료는 전액 소멸성임

자료 6 건설사례

1. 수집된 건설사례는 표준적인 자료로 인정됨
2. 기타사항은 (자료 8)을 참고하시오.

자료 7 지가변동률 및 건축비지수

1. 지가변동률(S시 S구)
   (1) 용도지역별 (단위: %)

구분	주거지역	상업지역	공업지역	녹지지역	준농림지역
2002년 1/4분기	2.54	1.24	4.24	3.20	1.20
2002년 2/4분기	3.00	2.36	1.24	2.40	3.26

   (2) 지목별 (단위: %)

| 구분 | 전 | 답 | 대 | | 임야 | 공장용지 | 기타 |
			주거용	상업용			
2002년 1/4분기	3.12	2.98	3.02	1.26	2.46	3.96	2.24
2002년 2/4분기	2.34	2.46	3.12	2.46	3.12	2.12	2.21

2. 건축비지수

연월일	1997.4.25.	1997.8.24.	2000.4.25.	2002.4.1.	2002.8.25.
건축비지수	100	105	120	125	130

자료 8 대상 및 사례건물 개요

건물 항목	대상건물	거래사례	임대사례	건설사례
준공연월일	1997.8.24.	2000.4.25.	1997.4.25.	2002.8.25.
건축연면적	11,200㎡	8,100㎡	9,200㎡	9,300㎡
부지면적	2,000㎡	1,980㎡	2,100㎡	2,050㎡
시공정도	보통	보통	보통	보통
가격시점 현재 잔존내용연수				
주체부분	45	48	45	50
부대설비	10	13	10	15
도시계획사항	일반주거지역	일반주거지역	일반주거지역	일반주거지역
건물과 부지와의 관계	최유효이용	최유효이용	최유효이용	최유효이용
가격시점 현재 신축단가의 개별요인비교치	98	100	97	100

※ 주체부분과 부대설비부분의 가액비율은 75:25임. 감가수정은 정액법에 의함, 건설사례의 재조달원가는 720,000원/㎡임

자료 9 토지에 대한 지역요인 평점

구분	대상물건	거래사례	임대사례
평점	100	102	85

자료 10 토지특성에 따른 격차율

1. 도로접면

구분	중로한면	소로한면	세로가
중로한면	1.00	0.83	0.69
소로한면	1.20	1.00	0.83
세로가	1.44	1.20	1.00

2. 형상

구분	가장형	정방형	부정형
가장형	1.00	0.91	0.83
정방형	1.10	1.00	0.91
부정형	1.21	1.10	1.00

3. 지세

구분	평지	완경사
평지	1.00	0.77
완경사	1.30	1.00

자료 11 기타사항

1. 2002년 2/4분기 이후의 지가변동률은 2002년 2/4분기 지가변동률을 유추적용한다.
2. 지가변동률은 토지보상평가지침에 의거 소수점 셋째 자리에서 반올림한다.
3. 토지단가는 토지보상평가지침에 의거 100,000원 단위 이상일 때 유효숫자 셋째 자리, 그 미만은 둘째 자리까지 표시함을 원칙으로 하되 반올림한다.
4. 건물단가는 천원 미만을 절사한다.
5. S시 S구의 일반주거지역 상업용에 적용되는 토지의 환원이율: 연 10%
6. 건물의 환원이율(상각 후 세공제 전): 연 12%
7. 건물의 내용연수 만료 시 잔가율: 0
8. 건물의 감가는 만년감가를 한다.
9. 기타사항은 토지보상평가지침 및 일반감정평가이론에 따른다.

[문제2] 감정평가사 K는 A기업으로부터 적정시설을 보유하고 정상적으로 가동 중인 석탄광산에 대한 감정평가를 의뢰받고 사전조사 및 현장조사를 한 후 다음과 같이 자료를 정리하였다. 주어진 자료를 활용하여 다음 물음에 답하시오. (15점)

물음1) 광산의 감정평가가격과 광업권의 감정평가가격을 구하시오.

물음2) 광산의 감정평가 시 사전조사 및 현장조사할 사항을 설명하시오.

물음3) 광산의 감정평가 시 사용하고 있는 환원이율과 축적이율을 비교 설명하시오.

자료 1 연간 수지상황

사업수익		소요경비	
정광판매수입		채광비	500,000,000원
		선광제련비	350,000,000원
월간생산량	50,000t	일반관리비, 경비 및 판매비	총 매출액의 11%
판매단가	5,000원/t	운영자금이자	150,000,000원
		감가상각비	
		건물	30,000,000원
		기계기구	70,000,000원

※ 감정평가대상 광산의 연간수지는 장래에도 지속될 것이 예상됨

자료 2 자산명세서

자산항목	자산별 가격
토지	1,000,000,000원
건물	750,000,000원
기계장치	1,200,000,000원
차량운반구	150,000,000원
기타 상각자산	200,000,000원
합계	3,300,000,000원

자료 3 광산 관련 자료

1. 매장광량 - 확정광량: 5,500,000t, 추정광량: 8,000,000t
2. 가채율

구분	일반광산	석탄광산
확정광량	90%	70%
추정광량	70%	42%

3. 투자비(장래소요기업비): 적정생산량을 가행최종연도까지 유지하기 위한 제반 광산 설비에 대한 장래총투자소요액의 현가로서 장래소요기업비의 현가총액은 1,450,000,000원임
4. 각종 이율 - 환원이율: 16%, 축적이율: 10%
5. 기타 자료
   (1) 가격 산정 시 천원 미만은 절사함
   (2) 생산량은 전량 판매됨
   (3) 가행연수(n) 산정 시 연 미만은 절사함

[문제3] 감정평가사 A는 다음과 같은 조건으로 감정평가의뢰를 받았다. 주어진 자료를 활용하여 각각의 감정평가가격을 구하시오. (20점)

물음1) 2001.3.31. 가격시점의 담보감정평가가격: (자료 1) ~ (자료 4)
    (1) 담보감정평가가격을 구하시오.
    (2) 담보감정평가 시 적정성 검토방법을 약술하시오.

물음2) 2002.3.31. 가격시점의 경매감정평가가격: (자료 5) ~ (자료 8)
    (1) 경매감정평가가격을 구하시오. (단, 제시외 건물이 토지와 일괄경매되는 조건)
    (2) 제시외 건물이 타인 소유인 것으로 상정하여 해당 토지(토지대장등본상 C시 S읍 C리 121번지)의 경매감정평가가격을 구하시오.

Ⅰ. 2001.3.31. 가격시점의 자료

자료 1 감정평가 의뢰내용

1. 소재지: C시 S읍 C리 121번지, 답, 360㎡
2. 도시계획사항: 도시지역(미지정)
3. 감정평가목적: 담보

자료 2 사전조사사항

1. 등기부 및 토지대장등본 확인사항: 답, 360㎡
2. 인근의 공시지가 표준지 현황(공시기준일 2001.1.1.)

일련번호	소재지	지목	면적(㎡)	용도지역	이용상황	도로교통	공시지가(원/㎡)
1	C시 126-2	대	500	미지정	상업용	소로한면	40,000
2	C시 119	답	400	〃	답	세로(불)	18,000
3	C시 226	답	365	자연녹지	답	세로가	20,000

3. 지가변동률(C시)   (단위: %)

용도지역	주거지역	상업지역	녹지지역	준농림지역	농림지역
2001년 1/4분기	-0.80	-2.00	0.00	1.05	0.95

4. 본 토지 및 유사물건 감정평가사례: 없음

자료 3 현장조사사항

1. 지적도 및 이용상태(지적선: 실선)

120번지	121번지	현황도로부분	122번지
131번지	132번지		133번지

현장조사결과 본 토지 중 50㎡는 현황도로로 이용 중이고 현황도로부분과 C시 S읍 C리 122번지 사이의 토지 10㎡ 부분은 단독효용성이 희박한 것으로 조사되었음

2. 거래사례

일련번호	소재지	지목	면적(㎡)	거래가격	거래일자	용도지역
1	C리 126-2	전	500	12,000,000	2001.2.1.	미지정
2	C리 125	답	400	6,000,000	2001.1.9.	미지정

(1) 거래사례 1은 외지인이 1년 이내에 음식점을 신축할 목적으로 정상가격보다 21% 고가로 매입하였음
(2) 거래사례 2는 친척 간의 거래로 정상가격보다 저가로 거래되었음

자료 4 기타자료

1. 지역요인: 동일함
2. 개별요인 평점

구분	대상토지	표준지(1)	표준지(2)	표준지(3)	거래사례(1)	거래사례(2)
평점	100	160	90	100	90	110

※ 단, 대상토지의 평점은 현황도로 및 단독효용성 희박부분 외의 토지를 기준함

3. 지가변동률은 토지보상평가지침에 의거 소수점 셋째 자리에서 반올림함
4. 토지단가는 토지보상평가지침에 의거 100,000원 단위 이상일 경우 유효숫자 셋째 자리, 그 미만은 둘째 자리까지 표시함을 원칙으로 하되 반올림함

Ⅱ. 2002.3.31. 가격시점의 자료

자료 5 감정평가 의뢰내용

1. 소재지: C시 S읍 C리 121번지, 답, 350㎡
2. 도시계획사항: 자연녹지지역
3. 감정평가목적: 경매

자료 6 사전조사사항

1. 등기부등본 확인사항: 답, 350㎡
2. 토지대장등본 확인사항: 토지대장등본을 확인한 바 C시 S읍 C리 121번지의 토지 이동사항은 아래와 같고 소유지는 관련 등기부등본상의 소유자와 동일함

이동 전	이동 후	비고
답, 360㎡	답, 350㎡	2001.11.1.에 답, 10㎡가 분할되어 C시 S읍 C리 122번지와 합병(등기부 정리 완료)
답, 350㎡	답, 300㎡	2001.12.1.에 답, 50㎡가 분할되어 C시 S읍 C리 121-1번지로 분할

3. 해당 토지 용도지역은 2001.12.1.에 확정·변경되었음
4. 인근의 공시지가 표준지 현황(공시기준일 2002.1.1.)

일련번호	소재지	지목	면적(㎡)	용도지역	이용상황	도로교통	공시지가(원/㎡)
1	C시 126-2	대	500	자연녹지	상업용	소로한면	40,000
2	C시 119	답	400	〃	답	세로(불)	20,000
3	C시 226	답	365	〃	답	세로가	22,000

5. 지가변동률(C시)   (단위: %)

용도지역	주거지역	상업지역	녹지지역	준농림지역	농림지역
2002년 1/4분기	1.00	0.80	2.00	2.05	1.75

자료 7 현장조사사항

1. 지적도 및 이용상태(지적선: 실선)

```
                    노폭 5m의 포장도로
  ┌─────────┬─────────┬─────────┬─────────┐
  │         │  121번지 │  121-1  │         │
  │  120번지 │   [ㄱ]   │   번지   │ 122번지 │
  ├─────────┼─────────┼─────────┼─────────┤
  │         │         │  132-1  │         │
  │  131번지 │  132번지 │   번지   │ 133번지 │
  └─────────┴─────────┴─────────┴─────────┘
```

(1) 현황도로인 C시 S읍 C리 121-1번지는 C시에서 농로를 개설하기 위해 직권분할하였으며, 보상감정평가는 이루어졌으나 보상금은 미수령 상태인 것으로 조사되었음
(2) 지적도상 C시 S읍 C리 121번지는 부지조성을 공정률 20% 정도 진행하다 중단된 상태로 현재까지 지출된 비용은 3,000,000원(제시외 건물과는 무관함)이고 이는 적정한 것으로 조사되었음

2. 제시외 건물에 관한 사항
   (1) 본 토지상에 기호 (ㄱ)인 제시외 건물이 소재하고 있으며 소유자는 알 수 없었음
   (2) 구조, 용도, 면적: 경량철골조, 판넬지붕, 간이숙소, 30㎡
   (3) 신축시점: 탐문결과 2002.1.1.에 신축된 것으로 조사됨

3. 보상선례: 대상토지의 정상적인 거래시세 및 기타사항 등을 종합 참작한 적정가격으로 분석되었으며, 공도 등으로 이용되는 대상토지는 보상평가기준에 의거 감정평가한 것으로 조사되었음

소재지	지목	면적(㎡)	이용상태	가격시점	보상단가(원:㎡)
C시 S읍 C리 121-1번지	답	50	도로	2002.3.31.	8,500

※ 보상선례를 기준한 단가는 백원 미만을 절사함

자료 8 기타사항

1. 대상토지에 적용되는 건폐율은 60%임
2. 토지의 지역요인: 동일
3. 토지의 개별요인

구분	대상토지	표준지(1)	표준지(2)	표준지(3)
평점	100	160	90	100

※ (주) 단, 대상토지의 평점은 현황도로 및 단독효용성 희박부분 외의 토지를 기준함

4. 경량철골조, 판넬지붕, 간이창고건물의 2002.3.31. 기준 표준적인 신축가격은 150,000원/㎡이며 간이숙소에 설치하는 난방, 위생설비 등의 설비단가는 30,000원/㎡임(내용연수는 30년)
5. 본 지역 관할법원에서는 토지와 제시외 건물의 소유자가 상이하여 일괄경매가 되지 않을 경우의 토지가격을 별도로 감정평가해 줄 것을 요구하고 있음. 이 경우 해당 부분의 토지에 지상권이 설정된 정도의 제한을 감안(30%)하여 감정평가하는 것이 일반적임

[문제4] 투자자 P는 감정평가사 K에게 부동산투자에 대한 자문을 구하였다. 감정평가사 K는 적절한 자산포트폴리오 구성을 위하여 150,000,000원 규모의 부동산에 향후 3년간 투자하는 것이 적정하다고 자문하고 2002.7.1.에 투자부동산을 추천하였다. 다음 부동산의 투자수익률을 산정하고 투자의사 결정을 하시오. (단, 부동산은 감정평가가격에 매입하는 것으로 가정하고 거래비용은 무시하며 투자수익률은 아래 공식을 활용한다) (15점)

$$r_n = \frac{NOI_n}{V_n} + \frac{V_{n+1} - V_n}{V_n}$$

r_n: n년의 연간 투자수익률
NOI_n: n년의 연간 순영업소득
V_n: 기초자산가치
V_{n+1}: 기말자산가치

I. A부동산에 관한 자료

자료1 A부동산의 개요

1. 토지: C시 D구 E동 50번지, 200㎡, 일반주거지역
2. 건물: 각층 바닥면적 100㎡, 3층, 상업용
3. 기타사항: 토지와 건물은 해당 지역의 표준적 이용과 유사하며 최고최선의 이용상태에 있는 것으로 분석되었음

자료2 A부동산의 수익자료(2001.7.1. ~ 2002.6.30.)

1. 2층 임대료: 매월 5,000원/㎡, 임대면적은 바닥면적의 90%이며 이는 모든 층에 동일함
2. 기타소득: 주차장 임대료는 연간 3,000,000원이 발생하고 있음
3. 운영경비(OE): 유효조소득(EGI)의 40%

자료3 A부동산의 가격자료

A부동산의 적정한 감정평가선례가 있으며 가격시점은 2002.6.30.이고 감정평가가격은 150,000,000원이다.

자료4 기타자료

1. C시 일반주거지역 내 상업용 부동산의 순영업소득(NOI)과 부동산가치는 향후 5년간 매년 2%씩 상승하는 것으로 추정되었으며 그 모형은 신뢰할 만한 것임
2. 시장의 전형적인 공실률: 3%
3. 대상부동산과 유사한 상업용 부동산의 층별 효용비는 아래와 같음

(단위: %)

구분	1층	2층	3층
층별 효용비	100	80	70

II. B부동산에 관한 자료

자료 5 B부동산의 개요

1. 토지: F시 G구 E동 120번지, 100㎡, 일반상업지역
2. 건물: 연면적 200㎡, 3층, 상업용, 2001.7.1. 신축
3. 기타사항: 토지와 건물은 해당 지역의 표준적 이용과 유사하며 최고최선의 이용상태에 있는 것으로 분석되었음

자료 6 B부동산의 수익자료(2001.7.1. ~ 2002.6.30.)

B부동산의 순영업소득(NOI)은 10,500,000원이고 해당 시장의 표준적인 수익을 실현하고 있는 것으로 조사되었음

자료 7 B부동산의 토지감정평가자료

나지상태였던 본 토지에 대한 감정평가선례(가격시점: 2000.7.10.)는 300,000원/㎡이고, 2000.7.1. ~ 2002.7.1. 간의 지가변동률(2% 상승)로 보정한 가격을 가격시점 현재의 공시지가 및 거래사례 등을 기준한 가격과 비교검토한 바, 적정한 것으로 판단됨

자료 8 B부동산의 건물감정평가자료

1. 본 건물의 2002.7.1. 감정평가가격은 유사거래사례로부터 회귀분석모형을 구축하여 도출하는 것으로 함

    회귀상수(a) = $\dfrac{\Sigma y \cdot \Sigma x^2 - \Sigma x \cdot \Sigma xy}{n \Sigma x^2 - (\Sigma x)^2}$

    회귀상수(b) = $\dfrac{n \Sigma xy - \Sigma x \cdot \Sigma y}{n \Sigma x^2 - (\Sigma x)^2}$

2. 유사거래사례자료
   (1) 사례건물은 대상건물과 경과연수요인을 제외한 제반요인이 거의 동일하며, 건물가격과 경과연수 간에는 선형관계가 있고 다른 요인의 건물가격 영향은 무시함
   (2) 건물거래사례자료

사례	거래가격에서 적절하게 보정된 가격시점의 건물가격(원/㎡)	가격시점 현재의 경과연수
1	580,000	3
2	500,000	10
3	520,000	7
4	560,000	5
5	600,000	0

※ 구축한 모형의 R^2(결정계수)값은 충분히 유의하여 모형채택이 가능하다고 봄

자료 9 기타자료

F시 상업지역 내 상업용 부동산의 순영업소득(NOI)과 부동산가치는 향후 5년간 매년 4%씩 상승하는 것으로 추정되었으며, 그 모형은 신뢰할 만한 것임

[문제5] 개발제한구역 안 토지의 감정평가를 설명하시오. (10점)

[문제6] 감정평가사 P는 S법원으로부터 경매감정평가를 의뢰받고 사전조사 및 현장조사를 한 후 감정평가서를 작성하였다. 이 경우 감정평가액 산출근거 및 그 결정에 관한 의견에 기재할 핵심적인 사항을 약술하시오. (5점)

[문제7] 보상선례 등을 적용하여 기타요인 보정률을 산출하는 방법과 보상선례의 참작에 대하여 약술하시오. (5점)

2003년 제14회 감정평가실무 기출

> **공통 유의사항**
> 1. 각 문제는 해답 산정 시 산식과 도출과정을 반드시 기재
> 2. 단가는 관련 규정에서 정하고 있는 사항을 제외하고 천원 미만은 절사, 그 밖의 요인 보정치는 소수점 셋째 자리 이하 절사

[문제1] 감정평가사 홍길동은 의뢰인 벽계수 씨로부터 부동산 매입타당성 검토를 의뢰받고 예비조사와 실질조사를 통하여 (자료 1) ~ (자료 12)를 수집하였다. 주어진 자료를 활용하여 다음 물음에 답하시오. (40점)

물음1) 감정평가 3방식을 적용하여 대상부동산의 정상가격을 구하시오.

물음2) 대상부동산에 대하여 ○○은행에서 제시하는 조건의 저당대출을 받을 경우 cash equivalence (금융조건을 고려한 대상부동산의 가치)를 구하시오.

물음3) 저당대출을 받을 경우의 대상부동산에 대한 매입타당성 여부를 검토하고 그 이유를 설명하시오.

자료 1 대상부동산의 기본자료

1. 소재지: A시 B구 C동 100번지
2. 토지
   - 지목: 대
   - 면적: 600㎡
3. 건물
   - 구조 및 용도: 철근콘크리트조 슬래브지붕 7층 점포 및 사무실(상업용), 건축연면적: 3,200㎡
   - 건물은 1998.8.31.에 준공되었으며, 총공사비는 2,000,000,000원이 투입되었으나 시공회사와 건축주의 분쟁으로 정상적인 공사비보다 다소 과다한 것으로 조사됨
   - 건물의 물리적 내용연수는 55년이며, 경제적 내용연수는 50년으로 판단됨
4. 토지이용계획확인원상의 도시계획사항: 일반상업지역, 도시계획도로에 접함

5. 임대수지 내역

임대수입(연간)		필요제경비(연간)	
보증금 운용이익	50,000,000원	장기차입금이자	15,000,000원
지불임대료	384,000,000원	유지관리비	8,000,000원
		제세공과(토지, 건물)	2,500,000원
		손해보험료(소멸성)	1,000,000원
		대손준비금	10,000,000원
		감가상각비	직접 산정할 것

6. 대상부동산에 대한 저당대출 조건
   (1) 벽계수 씨는 저당대출을 받는 조건으로 3,900,000,000원에 대상부동산의 매수 제안을 받았음
   (2) 저당대출조건
      1) 대출금액: 감정평가액의 60%
      2) 대출이자율: 6%/연
      3) 대출기한: 30년(만기까지 존속)
      4) 상환방법: 매년 원리금균등분할상환
      5) 시장이자율: 12%/연

7. 가격조사 완료일: 2003.8.25.
8. 조사결과 대상부동산의 임대수지는 인근수준 대비 적정하며 앞으로도 현 수준을 유지할 것으로 파악됨

자료 2 인근의 표준지공시지가 현황(공시기준일: 2003.1.1.)

일련번호	소재지	면적(㎡)	지목	이용상황	용도지역	주위환경	도로교통	형상지세	공시지가(원/㎡)
1	A시 B구 C동 103	500	대	상업용	일반상업	상가지대	중로한면	정방형 평지	3,800,000
2	A시 B구 C동 107	550	대	상업용	일반주거	주택 및 상가지대	중로한면	가로장방형 평지	2,900,000
3	A시 B구 C동 109	600	대	단독주택	일반주거	주택 및 상가지대	소로한면	정방형 평지	2,200,000

자료 3 거래사례(㉮)

1. 물건내용
   (1) 토지: A시 B구 D동 98 대 580㎡, 일반상업지역
   (2) 건물: 철근콘크리트조 슬래브지붕 2층 점포 및 사무실, 건축연면적 700㎡
2. 거래가격: 2,100,000,000원
3. 거래일자: 2002.4.1.

4. 기타사항
   (1) 위 건물은 1970년에 준공된 노후 건물로 최유효이용상태에 미달하여 매입 직후 철거되고 현장조사일 현재 6층 건물을 신축 중임
   (2) 계약 당시 매수인은 건물의 잔재(폐재)가치를 20,000,000원, 건물의 철거 및 잔재처리비를 50,000,000원으로 예상하고 이를 매입하였음
   (3) 건축업자가 건물신축 후 분양을 위해 신속한 명도조건으로 정상가격보다 5% 높게 매매한 것임

자료 4 거래사례(⑩)

1. 물건내용
   (1) 토지: A시 B구 D동 113 대 500㎡, 일반상업지역
   (2) 건물: 철근콘크리트조 슬래브지붕 6층 점포 및 사무실, 건축연면적 2,500㎡
2. 거래가격: 4,150,000,000원
3. 거래일자: 2002.8.31.
4. 기타사항: 본건 거래사례는 대상부동산에 비해 개별요인(수량요소 포함)에서 5% 우세하며, 이 부동산의 과거 1년간 가격상승률은 10%임

자료 5 임대사례(⑩)

1. 물건내용
   (1) 토지: A시 B구 D동 115 대 550㎡, 일반상업지역
   (2) 건물: 철근콘크리트조 슬래브지붕 6층 점포 및 사무실, 건축연면적 2,700㎡
2. 임대시점 및 기간: 2002.1.1.부터 2년간
3. 임대수지 내역
   (1) 총임대수입(연간): 430,000,000원
   (2) 필요제경비: 총임대수입의 20%임(감가상각비 포함)
4. 기타: 본건 사례물건은 100% 임대 중임

자료 6 건설사례(⑩)

1. 인근지역에서 대상물건과 시공재료·구조 등 제반 물적 사항이 유사한 상업용 건물의 건설사례를 조사한 결과 가격시점 현재 표준적인 건축비용은 평당 2,500,000원으로 파악되었음
2. 기타사항은 (자료 7)을 참고할 것

자료 7 대상 및 사례건물 개요

항목 \ 건물	대상건물	거래사례(㉯)	임대사례(㉰)	건설사례
준공일자	1998.8.31.	2001.3.31.	2000.6.30.	2003.8.31.
대지면적	600㎡	500㎡	550㎡	520㎡
건축연면적	3,200㎡	2,500㎡	2,700㎡	2,200㎡
시공정도	보통	보통	보통	보통
가격시점 현재 잔존내용연수	45	48	47	50
도시계획사항	일반상업지역	일반상업지역	일반상업지역	일반상업지역
건물과 부지와의 관계	최유효이용	최유효이용	최유효이용	최유효이용
가격시점 현재 재조달원가(신축단가)의 개별요인 비교치	98	96	100	100 (2,500,000원/평)

※ (주) 감가수정은 정액법에 의하여 만년 감가함(잔가율 = 0)

자료 8 지역요인비교

비교표준지	대상물건	거래사례(㉠)	거래사례(㉯)	임대사례(㉰)
100	100	102	105	110

자료 9 개별요인비교

비교표준지	대상물건	거래사례(㉠)	거래사례(㉯)	임대사례(㉰)
100	90	100	-	100

자료 10 지가변동률, 임대료지수, 건축비지수

1. 지가변동률(A시 B구, 단위: %)

구분	주거지역	상업지역	대 주거용	대 상업용	기타
2002년 1/4분기	5.12	3.12	5.10	5.50	3.12
2002년 2/4분기	2.35	3.26	2.20	3.30	1.56
2002년 3/4분기	9.01	7.91	7.0	10.10	5.95
2002년 4/4분기	6.23	3.28	5.30	7.15	2.01
2003년 1/4분기	2.25	2.50	2.80	3.10	2.10
2003년 2/4분기	2.00	2.20	2.12	2.15	1.60

2. 임대료지수

연월일	2001.1.1.	2002.1.1.	2002.7.1.	2003.1.1.	2003.8.31.
임대료지수	100	110	115	120	127

3. 건축비지수

연월일	1998.8.31.	2000.6.30.	2001.3.31.	2002.1.1.	2003.8.31.
건축비지수	100	129	133	137	141

자료 11 보증금 운용이율 및 환원이율

보증금 운용이율	B구 상업지역 상업용 토지의 환원이율	상각 후 세공제 전 건물환원이율
5%/년	8%/년	10%/년

자료 12 복리현가계수, 연금현가계수, 저당상수(r = 연이율, n = 년)

1. 복리현가계수 $\left[\dfrac{1}{(1+r)^n}\right]$

n \ r	0.06	0.12
1	0.9433	0.8928
30	0.1741	0.3337
60	0.0303	0.0011

2. 연금현가계수 $\left[1-\dfrac{1}{(1+r)^n}\Big/r\right]$

n \ r	0.06	0.12
1	0.9433	0.8928
30	13.7648	8.0551
60	16.1614	8.3240

3. 저당상수 $\left[\dfrac{r}{1+(1+r)^n}\right]$

n \ r	0.06	0.12
1	1.0600	1.1200
30	0.0726	0.1241
60	0.0618	0.1201

자료 13 기타

1. 지가변동률은 백분율로서 소수점 이하 셋째 자리에서 반올림함
2. 토지 및 건물의 단가와 금액은 천원 미만을 절사함
3. 토지에 귀속하는 순이익의 시점수정은 임대료지수를 활용할 것
4. 가격시점은 의뢰인이 제시한 2003.8.31.임

[문제2] 감정평가사 J는 K시로부터 ○○천 정비사업과 관련하여 보상목적의 감정평가를 의뢰받았다. 주어진 자료를 활용하고 보상 관련 법규의 제규정을 참작하여 세목별 보상가격을 구하시오. (시점수정치는 백분율로서 소수점 이하 셋째 자리에서, 격차율은 소수점 이하 셋째 자리에서 반올림하고 단가는 십원 단위에서 반올림하시오) (35점)

자료 1 감정평가 의뢰내역

1. 사업명: ○○천 정비사업
2. 시행사: K시장
3. 실시계획 인가일: 2003.5.1.
4. 가격시점: 현장조사 완료일(2003.8.28.)

자료 2 토지조서

일련번호	소재지 지번	지목	면적(m²) 공부	면적(m²) 편입	실제이용 상황	소유자	관계인 성명	관계인 권리내역
1	K시 P구 I동 151	답	2,200	300	전	A	-	
2	K시 P구 I동 152	전	800	150	전	A	한국전력공사	구분지상권
3	K시 P구 I동 153	전	200	120	전	B	-	
4	K시 P구 I동 275	대	400	100	관리사 및 전	C	○○농협	근저당권
5	K시 P구 I동 300	전	2,500	40	도로	D		

자료 3 물건조서

일련번호	소재지 지번	물건의 종류	구조, 규격	수량(㎡)	소유자	비고
1	K시 P구 1동 151	비닐하우스	철파이프, 비닐 6.0m × 5.0m	30.0	A	일부편입
2	K시 P구 1동 151	비닐하우스	철파이프, 비닐 6.0m × 5.0m	30.0	A	일부편입
3	K시 P구 1동 153	관리사	조립식 판넬 철파이프 보온덮개 3.0m × 15m	45.0	C	일부편입

자료 4 표준지공시지가 자료

일련번호	소재지 지번	면적(㎡)	지목	이용상황	용도지역	도로교통	형상 지세	공시지가(원/㎡) 2002.1.1.	공시지가(원/㎡) 2003.1.1.
가	K시 P구 I동 101	350	대	주거나지	개발제한 자연녹지	세로(가)	사다리형 평지	120,000	150,000
나	K시 P구 I동 159	1,000	답	전	개발제한 자연녹지	세로(불)	부정형 평지	45,000	58,000
다	K시 P구 I동 301	650	잡종지	전기타	개발제한 자연녹지	중로한면	부정형 평지	100,000	120,000
라	K시 P구 M동 20	400	대	단독	개발제한 자연녹지	세로(가)	사다리형 평지	180,000	210,000
마	K시 P구 M동 150	1,200	전	전	개발제한 자연녹지	세로(가)	부정형 평지	40,000	50,000

※ (주) I동과 M동은 유사지역임

자료 5 시점수정자료

1. 지가변동률(국토교통부 조사발표 「지가동향」, K시 P구, 단위: %)

기간 \ 구분	P구 평균	녹지지역	전	답	대(주거용)
2001.4.1. ~ 12.31.	0.62	0.66	0.32	0.24	0.99
2002.1.1. ~ 12.31.	20.68	23.28	24.27	23.61	19.02
2002.7.1. ~ 12.31.	14.14	15.04	16.23	16.22	13.13
2003.1.1. ~ 3.31.	1.36	1.17	1.33	0.0	1.99
2003.4.1. ~ 6.30.	1.13	1.95	2.28	0.79	1.02
2003.1.1. ~ 6.30.	2.51	3.14	3.64	0.79	3.03

※ (주) 2003년 3/4분기 지가변동률은 조사·발표되지 않았음

2. 생산자물가상승률(한국은행조사, 「생산자물가지수」 기준)(1995 = 100)

2001.3.	2001.4.	2001.12.	2002.12.	2003.1.	2003.7.
122.9	123.2	120.8	126.4	127.7	128.8

자료 6 토지특성에 따른 격차율 자료

1. 대상토지는 개발제한구역 내 "전" 지대에 소재하는 토지로서 비교표준지 대비 지목·접면도로 이외의 요인은 유사함

지목	구분	대	전	답
	대	1.0	0.80	0.78
	전	1.25	1.0	0.98
	답	1.28	1.02	1.0

접면도로	구분	소로한면	세로(가)	세로(불)
	소로한면	1.0	0.97	0.92
	세로(가)	1.03	1.0	0.95
	세로(불)	1.08	1.05	1.0

자료 7 토지에 대한 조사·확인자료

현장조사일 현재 감정평가사 J가 토지에 대해 조사·확인한 자료는 다음과 같음

1. 주위환경: 인근지대는 채소 등 농작물을 재배하는 근교농경지대임
2. 토지이용 및 접면도로 상태

일련번호 \ 구분	이용상황	접면도로	비고
1	하우스 작물재배	세로(가)	
2	노지 채소재배	세로(불)	
3	전(휴경지)	세로(가)	
4	관리사 및 파재배	세로(가)	
5	현황도로	세로(가)	

3. 토지에 대한 기타사항
   (1) 본건 토지 일대는 광역도시계획수립지침에 의한 환경보전가치가 2등급지 내지 3등급지인 것으로 확인됨
   (2) 일련번호 2 토지의 구분지상권 설정사항에 대하여 한국전력공사에 문의한 결과 다음과 같은 내용을 통보 받음

송전선로 명칭	선하지 면적	구분지상권 내역	
		설정시기	보상금액
○○구간 35KV	200㎡	2001.4.1.	2,400,000원

   - 일련번호 2 토지의 선하지 면적 중 해당 사업에 편입된 부분은 80㎡임

(3) 일련번호 3 토지는 2002.11.20. 농업용창고 신축허가(철골조, 100㎡)를 적법하게 받은 상태이며 가격시점 현재 동일 종류의 허가를 받는 데 소요되는 비용은 5,000원/㎡인 것으로 조사됨
  - 본건 일대에서 농업용창고 신축허가를 받은 상태의 "전"은 그렇지 아니한 "전"보다 약 15% 정도 높게 거래되는 것이 일반적임
(4) 일련번호 4 토지의 ○○농협 근저당권 설정액은 45,000,000원임
  - 본건 토지는 개발제한구역지정 당시부터 지목이 "대"임
  - 본건 토지를 대지로 조성하는 데 소요되는 적정비용은 12,000원/㎡인 것으로 조사됨
(5) 일련번호 5 토지는 새마을사업에 의하여 도로부지로 편입된 것으로 편입 당시 지적도 및 현황도를 확인한 바, 접면도로는 세로(불)이며, 좁고 긴 토지로 약 10%의 추가 감가요인이 있는 것으로 조사됨

자료 8 지장물에 대한 자료

1. 일련번호 1, 일련번호 2 비닐하우스는 이전이 가능한 것으로 판단되고 이전에 소요되는 통상비용은 5,000원/㎡이며 잔여부분의 보수비는 50,000원/동으로 조사됨
2. 본건 건물 중 일련번호 3 관리사(1998.5.30. 신축, 무허가)는 이전이 가능하고 재조달원가는 180,000원/㎡이며 경제적 내용연수는 20년, 잔존가치는 없음
   (1) 본건 중 일련번호 3 건물은 구조상 편입부분을 철거할 경우 잔여부분의 보수가 사실상 불가능할 것으로 판단되며 전체 면적은 97.5㎡임
   (2) 관리자 전체의 이전에 소요되는 통상비용 (단위: 원)

해체·운반비	정지비	재건축비	부대비용
2,700,000	500,000	10,500,000	1,800,000

※ (주) 재건축비에는 보충자재비 1,500,000원 및 연탄난로를 유류난로로 교체하는 데 소요되는 추가비용 1,000,000원이 포함되어 있음

자료 9 선하지 공중사용에 따른 사용료 평가시 적용되는 보정률 산정자료

1. 입체이용배분율표(공중부분 사용에 따른 토지의 이용이 입체적으로 저해되는 정도)

해당 지역 이용률구분	고층 시가지	중층 시가지	저층 시가지	주택지	농지·임지
용적률	800% 이상	550~750%	200~500%	100% 내외	100% 이하
건물등이용률(α)	0.8	0.75	0.75	0.7	0.8
지하이용률(β)	0.15	0.10	0.10	0.15	0.10
기타이용률(γ)	0.05	0.15	0.15	0.15	0.10
(γ)의 상하 배분비율	1:1~2:1	1:1~3:1	1:1~3:1	1:1~3:1	1:1~4:1

※ (주) γ의 상하배분비는 최고치를 적용함

2. 감정평가사 J는 송전선로 건설로 인한 선하지의 공중부분 사용에 따른 사용료 평가시 입체이용저해 외에 토지의 경제적 가치가 감소되는 정도에 대한 적용보정률을 다음과 같이 판단함

추가보정률	쾌적성 저해요인	시장성 저해요인	기타 저해요인
16%	4%	8%	4%

※ (주) 감정평가사 J는 추가보정률 외에 영구사용에 따른 보정률을 4% 추가하는 것이 타당하다고 판단함

자료 10 기타사항 보정자료

1. 거래사례

소재지 지번	지목	이용 상황	면적 (m^2)	금액(원)	거래시점	비고
M시 P구 I동 140	답	전	1,200	91,200,000	2003.4.1.	1) 거래내용에 대해 조사한 바 마을 주민 간의 정상적 거래로 판단됨 2) 대상토지(일련번호 1)는 사례 대비 개별요인 3% 열세임

2. 보상평가 선례

소재지 지번	지목	이용상황	편입면적(m^2)	금액(원)	가격시점	사업명
M시 P구 H동 130	전	전	100	7,500,000	2002.7.1.	○○도로공사

※ (주) 대상토지(일련번호 1)는 보상평가선례와 비교할 때 개별요인에서 5% 열세임
※ (주) I동은 H동보다 지역요인에서 10% 열세임

[문제3] 보상평가시 개발이익의 배제방법에 관하여 구체적으로 기술하시오. (10점)

[문제4] 아래의 자료를 이용하여 2003.12.31.자 비상장회사인 ○○주식회사의 영업권의 가치를 평가하시오. (10점)

자료1 수정 후 잔액시산표

계정과목	금액(원)	계정과목	금액(원)
현금예금	380,000,000	외상매입금	1,950,000,000
유가증권	530,000,000	차입금	9,500,000,000
외상매출금	1,100,000,000	대손충당금	210,000,000
이월상품	2,000,000,000	퇴직급여충당금	2,120,000,000
토지	8,500,000,000	감가상각충당금(건물)	650,000,000
건물	6,500,000,000	감가상각충당금(기계기구)	1,876,000,000
기계기구	3,500,000,000	자본금	3,400,000,000
판매관리비	1,157,000,000		
매입	2,900,000,000	매출	6,861,000,000
계	26,567,000,000	계	26,567,000,000

자료2 기타자료

1. 동종업종의 정상수익률은 영업권을 제외한 순자산의 10%임
2. 초과수익은 영업이익기준이며 장래초과수익은 제반 여건을 고려할 때 향후 3년간 지속될 것으로 판단됨
3. 시장할인율은 연 9%임
4. 평가금액은 백만원 단위까지 산정함

[문제5] ○○아파트단지 내 동일평형 아파트가 층·향·위치 등의 차이에 따라 서로 다른 가격으로 거래되고 있다. 그 가격격차 발생요인을 약술하시오. (단, 단지 내 아파트의 외부 요인 및 건물요인은 동일한 것으로 본다) (5점)

2004년 제15회 감정평가실무 기출

> **공통 유의사항**
> 1. 각 문제는 해답 산정 시 산식과 도출과정을 반드시 기재
> 2. 단가는 관련 규정에서 정하고 있는 사항을 제외하고 천원 미만은 절사, 그 밖의 요인 보정치는 소수점 셋째 자리 이하 절사

[문제1] 감정평가사 K씨는 복합부동산에 대한 감정평가를 의뢰받고 사전조사와 현장조사를 통해 다음과 같은 자료를 수집하였다. 주어진 자료를 활용하여 다음 물음에 답하시오. (40점)

물음1) 토지와 건물 각각의 가격을 산출하여 복합부동산의 가격을 구하시오.

물음2) 현금흐름할인분석법(DCF법)에 의하여 토지와 건물의 일괄평가가격을 구하시오.

물음3) 시산가격의 조정을 통한 평가액 결정 시 각 평가방법에 내재되어 있는 특징을 통하여 가격결정 의견을 제시하고, 복합부동산의 일괄평가에 확대 적용할 수 있는 산정기법 및 유의사항을 서술하시오.

자료 1 평가대상물건 개요

1. 토지
   (1) 소재지: S시 K구 A동 100번지
   (2) 용도지역: 일반상업지역
   (3) 토지특성: 대, 820㎡, 가로장방형, 평지, 소로한면

2. 건물: 철근콘크리트조 슬래브지붕 지하 1층 지상 5층

구분	면적(㎡)	이용상황
지하 1층	287	점포 및 주차장
지상 1층	574	점포
2층	574	점포
3층	574	병원
4층	574	병원
5층	574	학원
계	3,157	

3. 조사기간: 2004년 8월 24일 ~ 2004년 9월 1일
4. 감정평가목적: 일반거래(매매참고용)

자료2 공시지가 표준지 내역

(S시 K구)

번호	소재지 지번	면적(㎡)	지목	이용상황	용도지역	도로교통	형상지세	공시지가 (원/㎡)
1	A동 80	89	대	상업용	일반상업	중로한면	사다리 평지	3,200,000
2	A동 90	800	대	상업용	일반상업	세로(가)	정방형 평지	2,100,000
3	B동 70	120	대	주상용	준주거	세로(가)	정방형 평지	2,100,000
4	B동 75-1	750	대	주상용	준주거	소로한면	가장형 평지	1,800,000
5	B동 90-2	900	대	상업용	일반상업	세로(가)	사다리 평지	2,500,000

※ (주) 2번 표준지는 일부(30%)가 도시계획시설(도로)에 저촉되고 있음

자료3 거래사례

1. 거래사례 1
    (1) 토지: S시 K구 B동 200번지, 대, 750㎡, 일반상업지역, 사다리, 평지, 소로한면
    (2) 건물: 위 지상 조적조 기와지붕 단층 창고, 면적 180㎡
    (3) 거래일자: 2004년 6월 1일
    (4) 거래금액, 거래조건 등
        1) 채권최고액을 7억 5천만원으로 하는 근저당권이 설정되어 있으며, 매수인이 미상환 대부액 4억원을 인수하는 조건으로 18억 3천만원을 현금으로 지급함
        2) 저당대출조건
            • 대출기간: 2002.6.1. ~ 2012.5.31.
            • 원리금 상환방법: 매년 원리금균등상환

(5) 기타사항: 거래 당시 지상에 소재하는 창고의 철거에 따른 비용 12,000,000원은 매도인이 철거용역 회사에 지불하기로 함

2. 거래사례 2
   (1) 토지: S시 K구 C동 150번지, 대, 900㎡, 일반상업지역, 정방형, 평지, 세로(가)
   (2) 건물: 위 지상 철근콘크리트조 슬래브지붕 상업용 건물(지하 1층, 지상 5층), 지하층 315㎡, 지상층 연면적 3,150㎡
   (3) 거래가격: 48억원
   (4) 거래일자: 2003년 10월 5일
   (5) 기타사항: 매도자의 급한 사정으로 약 5% 저가로 거래되었음

3. 거래사례 3
   (1) 토지: S시 K구 C동 250번지, 대, 780㎡, 일반상업지역, 세장형, 평지, 소로한면
   (2) 거래가격: 23억 5천만원
   (3) 거래일자: 2002년 8월 1일
   (4) 기타사항: 별도의 사정보정요인이 없는 정상적인 거래임

4. 거래사례 4
   (1) 토지: S시 K구 D동 240번지, 대, 750㎡, 일반상업지역, 사다리, 평지, 중로한면
   (2) 거래가격: 16억원
   (3) 거래일자: 2004년 5월 10일
   (4) 기타사항: 별도의 사정보정요인이 없는 정상적인 거래임

자료 4 조성사례

1. 소재지 등: S시 K구 B동 50번지, 대, 700㎡, 일반상업지역, 세로장방형, 평지, 소로한면
2. 조성 전 토지매입가격: 2,000,000원/㎡(토지매입 시 지상에 철거를 요하는 조적조 슬래브지붕 2층 건물 연 240㎡가 소재하여 이를 매수자가 철거하는 조건으로 거래하였으며, 매입 당시 예상철거비는 50,000원/㎡, 예상 폐재가치는 5,000,000원이었으나 실제 철거비는 60,000원/㎡, 실제 폐재가치는 4,000,000원이 발생된 것으로 조사됨)
3. 조성공사비: 4억 5천만원(매분기 초에 균등분할지급)
4. 일반관리비: 조성공사비 상당액의 10%(공사준공 시 일괄지급)
5. 적정이윤: 조성공사비 상당액과 일반관리비 합계액의 8%(공사준공 시 일괄지급)
6. 공사일정 등
   (1) 조성 전 토지매입시점: 2002년 8월 1일
   (2) 공사착공시점: 2003년 1월 1일
   (3) 공사준공시점: 2004년 1월 1일
   (4) 토지매입비는 공사착공 시의 조성원가로 함

자료 5 최근 임대사례

1. 토지
   (1) 소재지: S시 K구 D동 70번지
   (2) 용도지역: 일반상업지역
   (3) 토지특성: 대, 920㎡, 사다리, 평지, 소로한면

2. 건물: 철근콘크리트조 슬래브지붕 지하 1층 지상 6층 상업용 건물연면적 3,400㎡

3. 임대수입자료
   (1) 보증금: 3,000,000,000원
   (2) 지불임대료: 660,000,000원(3년분이며 임대개시시점에 일시불로 지불하는 조건임)

4. 영업경비자료
   (1) 손해보험료: 30,000,000원(3년분이며 일시불로 기초에 지불하고, 그중 40%는 비소멸성이며 보험만료기간은 3년임)
   (2) 공조공과: 20,000,000원/년
   (3) 공실손실상당액: 2,500,000원/월
   (4) 유지관리비: 50,000,000원/년
   (5) 감가상각비: 40,000,000원/년

5. 자본회수기간
   (1) 임대사례 인근지역에서 표본추출하여 분석한 표준적인 상업용 부동산의 자본회수기간은 다음과 같음

표본	자본회수기간(연)
가	9.9
나	9.7
다	10.3
라	10.0
마	10.2
바	9.6

   (2) 위 자본회수기간은 상각 전 순이익을 기준으로 한 자료임

자료 6 지가변동률 등

1. 지가변동률

구분	평균	용도지역별(%)				이용상황별(%)						
		주거	상업	공업	녹지	전	답	대		임야	공장용지	기타
								주거	상업			
2001년	2.10	1.87	1.76	2.73	1.28	2.93	3.28	1.36	1.02	2.02	2.63	2.04
2002년	1.84	2.15	1.71	1.19	0.27	3.05	2.65	1.54	1.15	2.44	1.76	1.91
2003년	3.88	4.20	3.30	4.00	3.20	5.10	5.60	3.40	2.70	3.10	2.73	1.80
2004년 1/4분기	1.21	1.20	1.36	0.50	0.84	1.92	1.50	0.70	0.71	0.42	0.77	0.30
2004년 2/4분기	1.12	1.15	1.22	0.60	0.76	1.58	0.52	1.21	1.37	0.59	0.92	1.27

※ (주) 2004년 3/4분기 지가변동률은 미고시 상태임

2. 생산자물가지수

시점	2002.1.	2003.1.	2004.1.	2004.7.
지수	130	132	139	141

3. 건축비지수

시점	2002.1.	2003.1.	2004.1.	2004.7.
지수	102	109	114	117

자료 7 지역요인 비교자료

1. K구 같은 동의 사례는 지역요인이 동일함
2. K구 A동과 B동은 인근지역으로서 지역요인이 동일함. A동 또는 B동을 기준으로 한 C동과 D동은 동일수급권 내 유사지역으로서 지역요인이 상이하고 그 격차를 알 수 없음
3. 건물의 경우에는 지역격차를 별도로 고려하지 아니함

자료 8 개별요인 비교자료

1. 도로접면

구분	광대한면	중로한면	소로한면	세로(가)
광대한면	1.00	0.93	0.86	0.83
중로한면	1.07	1.00	0.92	0.89
소로한면	1.16	1.09	1.00	0.96
세로(가)	1.20	1.12	1.04	1.00

2. 형상

구분	정방형	가로장방형	세로장방형	사다리형	부정형	자루형
정방형	1.00	1.05	0.99	0.98	0.95	0.90
가로장방형	0.95	1.00	0.94	0.93	0.90	0.86
세로장방형	1.01	1.06	1.00	0.99	0.96	0.91
사다리형	1.02	1.08	1.01	1.00	0.97	0.92
부정형	1.05	1.11	1.04	1.03	1.00	0.95
자루형	1.11	1.16	1.10	1.09	1.05	1.00

3. 지세

구분	평지	완경사	급경사	고지	저지
평점	1.00	0.97	0.92	0.90	0.96

자료 9 표준건축비 등

1. 표준건축비와 내용연수

구분	목조	조적조	철골조	철근콘크리트조
지상층의 표준건축비 (원/평)	1,800,000	2,000,000	1,700,000	2,500,000
물리적 내용연수	60	60	60	100
경제적 내용연수	45	45	40	50

※ (주) 지하층의 표준건축비(재조달원가)는 지상층의 70% 수준임

2. 건물의 개별격차 등

구분	거래사례 2 건물	임대사례건물	대상건물
사용승인일자	2002.5.10.	2001.12.5.	2001.10.20.
개별요인비교	97	105	100

※ (주) 건물개별요인은 지하층과 지상층을 포함한 것이고, 잔가율은 미반영된 것임

자료 10 대상부동산의 임대자료

1. 대상부동산은 현재 최유효이용상태이고, 대상부동산을 조사한 결과 최근에 계약 갱신된 4층(병원)의 임대자료가 포착되었으며 이는 적정한 것으로 판단됨

2. 4층 임대자료
   (1) 4층 전체의 연간 지불임대료는 165,000원/㎡이며, 해당 지역의 일반적인 공실률은 3% 수준임
   (2) 부가사용료 및 공익비는 적정수준이며 지불임대료와는 별도로 징수하고 있음

3. 4층 각종 지출내역

   지난 1년간 소유자가 4층 부분에 지출한 내역은 다음과 같고, 향후에도 동일한 수준에서 지출될 것으로 조사됨

   (1) 부가물설치비: 10,000,000원
   (2) 수도료: 50,000원/월
   (3) 전기료: 150,000원/월
   (4) 연료비: 200,000원/월
   (5) 소유자 급여: 1,500,000원/월
   (6) 손해보험료: 3,000,000원/연(보험료 중 2,500,000원은 비소멸성)
   (7) 소득세: 2,500,000원/연
   (8) 수선비: 1,500,000원/연
   (9) 건물관리자 급여: 1,300,000원/월
   (10) 저당이자: 2,500,000원/월
   (11) 기타 영업경비: 1,000,000원/월

자료 11 층별 효용비 등

1. 저층 시가지에 있어 본건과 유사한 건물의 층별 효용비는 다음과 같다. 이는 건물가격과 토지가격의 입체분포가 같은 것을 전제로 한 것임

구분	지상 1층	지상 2층	지상 3층	지상 4층	지상 5층
효용비	100	60	42	38	36

2. 임대면적과 층별 면적은 동일한 것으로 하고, 지하층은 별도로 고려하지 아니함

자료 12 수익변동자료 등

1. 순영업소득은 향후 5년간 매년 5%씩 상승하다 6년차부터는 매년 2%씩 상승할 것으로 추정되며, 이는 적정한 것으로 판단됨
2. 적정가격 도출을 위하여 보유기간을 5년으로 상정함

자료 13 시장이자율 등

1. 보증금 및 지불임대료 운용이율: 연 10%
2. 시장이자율: 연 8%(분기당 2% 별도 적용 가능)
3. 자본수익률: 8%
4. 저당대부이자율: 연 6%
5. 보험만기 약정이자율: 연 4%
6. 5년 후 재매도시 적용할 환원이율: 12%

자료 14 기타 유의사항

1. 환원이율, 수익률, 이자율, 시점수정치 등의 산정 시 백분율로 소수점 셋째 자리에서 반올림할 것
2. 지역요인 및 개별요인 격차율은 백분율로 소수점 둘째 자리에서 반올림할 것
3. 각 단계의 가격(금액) 산정 시 천원 미만은 반올림하고, 최종 감정평가액은 유효숫자 네 자리까지로 함
4. 주어진 자료를 충분히 활용하여 가격을 산출하되, 물음1)에 대하여는 (자료 2) ~ (자료 9)를, 물음2)에 대하여는 (자료 10) ~ (자료 12)를 주로 활용하고, (자료 13)은 공통으로 활용할 것
5. 비교표준지, 거래사례 등의 선정 시와 각 단계의 시산가격 결정 시에는 그 논리적 근거를 명기할 것

자료 15 복리종가율표 등

1. 복리종가율표 $(1+r)^n$

n	$r = 2\%$	$r = 4\%$	$r = 6\%$	$r = 8\%$	$r = 10\%$
1	1.020	1.040	1.060	1.080	1.100
2	1.040	1.082	1.124	1.166	1.210
3	1.051	1.125	1.191	1.260	1.331
4	1.082	1.170	1.262	1.360	1.464
5	1.104	1.217	1.338	1.469	1.611
6	1.126	1.265	1.419	1.587	1.772
7	1.149	1.316	1.504	1.714	1.949
8	1.172	1.369	1.594	1.851	2.144
9	1.195	1.423	1.689	1.999	2.358
10	1.219	1.480	1.791	2.159	2.594

2. 복리현가율표 $\dfrac{1}{(1+r)^n}$

n	$r = 2\%$	$r = 4\%$	$r = 6\%$	$r = 8\%$	$r = 10\%$
1	0.980	0.962	0.943	0.926	0.909
2	0.961	0.925	0.890	0.857	0.826
3	0.942	0.889	0.840	0.794	0.751
4	0.924	0.855	0.792	0.735	0.683
5	0.906	0.822	0.747	0.681	0.621
6	0.888	0.790	0.705	0.630	0.564
7	0.871	0.760	0.665	0.583	0.513
8	0.853	0.731	0.627	0.540	0.467
9	0.837	0.703	0.592	0.500	0.424
10	0.820	0.676	0.558	0.463	0.386

3. 복리연금현가율표 $\frac{(1+r)^n - 1}{r \times (1+r)^n}$

n	r = 2%	r = 4%	r = 6%	r = 8%	r = 10%
1	0.980	0.962	0.943	0.926	0.909
2	1.942	1.886	1.833	1.783	1.736
3	2.884	2.775	2.673	2.577	2.487
4	3.808	3.630	3.465	3.312	3.170
5	4.713	4.452	4.212	3.993	3.791
6	5.601	5.242	4.917	4.623	4.355
7	6.472	6.002	5.582	5.206	4.868
8	7.325	6.733	6.210	5.747	5.335
9	8.162	7.435	6.802	6.247	5.759
10	8.983	8.111	7.360	6.710	6.145

4. 연부상환율표 $\frac{r \times (1+r)^n}{(1+r)^n - 1}$

n	r = 2%	r = 4%	r = 6%	r = 8%	r = 10%
1	1.020	1.040	1.060	1.080	1.100
2	0.515	0.530	0.545	0.561	0.576
3	0.347	0.360	0.374	0.388	0.402
4	0.263	0.275	0.289	0.302	0.315
5	0.212	0.225	0.237	0.250	0.264
6	0.179	0.191	0.203	0.216	0.230
7	0.155	0.167	0.179	0.192	0.205
8	0.137	0.149	0.161	0.174	0.187
9	0.123	0.134	0.147	0.160	0.174
10	0.111	0.123	0.136	0.149	0.163

5. 복리연금종가율표 $\frac{(1+r)^n - 1}{r}$

n	r = 2%	r = 4%	r = 6%	r = 8%	r = 10%
1	1.000	1.000	1.000	1.000	1.000
2	2.020	2.040	2.060	2.080	2.100
3	3.060	3.122	3.184	3.246	3.310
4	4.122	4.246	4.375	4.506	4.641
5	5.204	5.416	5.637	5.857	6.105
6	6.308	6.633	6.975	7.336	7.716
7	7.434	7.898	8.394	8.923	9.487
8	8.583	9.214	9.897	10.637	11.486
9	9.755	10.583	11.491	12.488	13.579
10	10.950	12.006	13.181	14.487	15.937

6. 상환기금률표 $\frac{r}{(1+r)^n - 1}$

n	r = 2%	r = 4%	r = 6%	r = 8%	r = 10%
1	1.000	1.000	1.000	1.000	1.000
2	0.495	0.490	0.485	0.481	0.476
3	0.327	0.320	0.314	0.308	0.302
4	0.243	0.235	0.229	0.222	0.215
5	0.192	0.185	0.177	0.170	0.164
6	0.159	0.151	0.143	0.136	0.130
7	0.135	0.127	0.119	0.112	0.105
8	0.117	0.109	0.101	0.094	0.087
9	0.103	0.094	0.087	0.080	0.074
10	0.091	0.083	0.076	0.069	0.063

[문제2] 부동산에 투자를 고려하고 있는 투자자가 당신에게 자문을 요청하였다. 투자자가 자문을 의뢰한 부동산은 상업용으로 인근 유사지역의 부동산 A, B, C 3건이다. 부동산 A, B, C는 동일한 가격으로 매입할 수 있고 투자자가 투자할 수 있는 현금보유액은 450,000,000원이며 나머지 부족분은 K은행으로부터 대출받아 연간 저당지불액 255,000,000원으로 해결할 계획이라고 한다. 부동산 A를 조사한 결과 첫해의 예상수익자료를 아래와 같이 얻을 수 있었다. 다음 물음에 답하시오. (25점)

시나리오 / 조사항목	비관적으로 보는 경우	일반적으로 보는 경우	낙관적으로 보는 경우
잠재적 총소득(PGI)	500,000,000원	530,000,000원	560,000,000원
공실률(Vacancy)	8%	6%	5%
영업경비비율(OER)	42%	38%	35%
확률(Probability)	25%	50%	25%

물음1) 확률을 고려한 부동산 A의 자기지분환원율(R_E: Equity Capitalization Rates)과 부동산 A의 시나리오별 R_E에 대한 표준편차를 구하시오. (12점)

- 공식: 표준편차(Standard Deviation) = $\sqrt{분산(Variance)}$

- 분산(Variance) = $\sum_{i=1}^{n} P_i(X_i - \overline{X})^2$

  (P_i: Return을 달성할 확률, $\overline{X}$: 분포의 평균, n: 관측의 수)

물음2) 부동산 B와 부동산 C도 같은 방법으로 조사분석하여 다음과 같은 결과를 얻었다. 어느 부동산에 투자하는 것이 바람직한 선택인지를 위험(Risk)을 고려하여 부동산 상호간을 각각 비교 설명하시오. (5점)

구분	가중평균 R_g	표준편차(%)
부동산 B	11.6%	4.5
부동산 C	12.5%	6.2

물음3) 부동산 A 인근에 공공시설이 들어선다는 소문이 사실로 확인될 경우 부동산 A의 시나리오는 확률이 비관적인 경우 10%, 일반적인 경우 60%, 낙관적인 경우 30%로 수정되어야 한다고 한다. 투자자의 선택에는 어떠한 변화가 일어나는가? (4점)

물음4) 국내경기의 후퇴에 따라 가계의 유동성이 축소되고 소비여력이 감소하면서 부동산 A는 당초 예상 수익자료보다 공실률이 각각 3% 포인트씩 증가하고, 영업경비비율(OER)은 각각 1% 포인트씩 감소하는 것으로 분석되었다. 다른 조건이 동일한 상황에서 자기지분환원율(R_E)을 산정한 결과 비관적인 경우 1.7%, 일반적인 경우 10.9%, 낙관적인 경우 18.9%로 나타났다. 이 경우 가중평균 R_E가 10.2%, 표준편차는 6.8%인 동일수급권 내의 부동산 D(매입조건과 금융조건은 부동산 A와 동일)와 비교하여 투자대안을 검토하시오. (4점)

[문제3] 다음을 설명하시오. (20점)

물음1) 무허가건축물 및 그 부지, 무허가건축물에서의 영업보상, 무허가건축물과 관련된 생활보상 등에 대해 현행 손실보상 관련 법령에서 정하는 처리방법 (10점)

물음2) 손실보상평가 시 가설건축물 및 그 부지에 대한 처리의견 (5점)

물음3) 손실보상평가 시 불법형질변경토지의 판단기준 및 평가방법 (5점)

[문제4] 감정평가사 L씨는 S시장으로부터 도시계획도로에 편입된 토지 및 지장물에 대한 보상 감정평가액 산정을 의뢰받았다. 다음의 자료를 활용하고 보상 관련 제규정을 참작하여 다음 물음에 답하시오. (15점)

물음1) 토지의 보상감정평가액을 구하시오.

물음2) 건축물의 보상감정평가액을 구하시오.

물음3) 영업과 관련한 손실보상액을 산정하시오.

자료 1 　 감정평가의뢰 내역

1. 사업의 종류: ○○도시계획도로 개설
2. 도시계획시설 결정고시일: 2003.5.20.
3. 도시계획 실시계획의 고시일: 2004.2.5.
4. 가격시점: 2004.8.29.

자료 2 　 감정평가의뢰 조서

1. 토지조서

기호	소재지	지번	지목	면적(㎡)	용도지역
1	S시 M동	29-5	전	350	자연녹지

2. 지장물조서

기호	소재지	지번	물건의 종류	구조·규격	수량	비고
1	S시 M동	29-5	점포	블록조 슬레이트 지붕 단층	80㎡	무허가건축물 1988년 1월 신축
2	S시 M동	29-5	우리슈퍼	-	1식	영업손실

자료 3 인근지역의 공시지가 표준지 현황

기호	소재지	지번	면적(㎡)	지목	이용상황	용도지역	도로교통	형상지세	2003.1.1. 공시지가 (원/㎡)	2004.1.1. 공시지가 (원/㎡)
A	S시 M동	47-3	300	전	전	자연녹지	세로(가)	부정형 평지	280,000	320,000
B	S시 M동	60-5	375	전	전기타(창고)	자연녹지	소로한면	부정형 평지	300,000	350,000
C	S시 M동	100-7	120	대	단독주택	자연녹지	세로(가)	가장형 평지	520,000	630,000
D	S시 M동	123-4	150	대	상업용	자연녹지	소로한면	정방형 평지	950,000	1,100,000

자료 4 지가변동률

구분	녹지지역(단위: %)
2003년 1/4분기	1.85
2003년 2/4분기	1.04
2003년 3/4분기	0.71
2003년 4/4분기	0.56
2004년 1/4분기	1.98
2004년 2/4분기	2.30
2004년 3/4분기	미고시

자료 5 대상토지 및 보상평가선례에 대한 조사사항

1. 대상토지는 무허가건축물(점포)부지로 이용 중임
2. 대상토지는 소로한면에 접하며, 형상은 가로장방형, 지세는 평지임
3. 인근지역 보상평가선례
    (1) 사업명: ○○도시계획도로 개설
    (2) 가격시점: 2003.5.7.
    (3) 소재지: S시 M동 142-5번지
    (4) 지목 및 면적: 대, 600㎡
    (5) 용도지역: 자연녹지지역
    (6) 토지특성: 상업용, 소로한면에 접하며 형상은 부정형, 지세는 평지임
    (7) 보상단가: 1,250,000원/㎡

자료 6 토지특성에 따른 격차율

1. 도로접면

구분	중로한면	소로한면	세로(가)	세로(불)
중로한면	1.00	0.85	0.70	0.60
소로한면	1.18	1.00	0.80	0.65
세로(가)	1.43	1.25	1.00	0.76
세로(불)	1.67	1.53	1.32	1.00

2. 형상

구분	정방형	가로장방형	부정형
정방형	1.00	1.05	0.85
가로장방형	0.95	1.00	0.80
부정형	1.18	1.25	1.00

자료 7 건설사례 등

구분	건설사례 A	건설사례 B	대상건물
사용승인일	2004.4.20	-	-
연면적	100㎡	90㎡	80㎡
가격시점 현재의 내용연수	40	35	-
건물개별요인	98	125	100
건축비(신축 당시)	39,000,000	45,000,000	27,000,000
적법 여부	적법	무허가	무허가

자료 8 건물구조 등

1. 건설사례 A, B는 표준적인 건축비로 판단됨
2. 건설사례 A와 대상건물은 동일한 구조이나 건설사례 B는 철근콘크리트구조임
3. 건축비지수는 변동이 없는 것으로 가정함
4. 대상건물은 소유자의 이해관계인이 건축하여 다소 저가의 건축비로 판명되었음
5. 본건 대상건물의 이전비용은 건설사례 B의 재조달원가의 45%로 산정되었음
6. 건물의 잔가율은 0임

자료 9 영업보상 관련 자료

1. 본 건물소유자가 1996년 5월경부터 슈퍼마켓을 영업해오고 있었음
2. 본건 점포의 부가가치세 과세표준액 기준매출액 등
   (1) 기간별 매출액

기간	매출액(원)
2000.1.1. ~ 2000.12.31.	123,251,000
2001.1.1. ~ 2001.12.31.	159,446,000
2002.1.1. ~ 2002.12.31.	172,075,000
2003.1.1. ~ 2003.12.31.	180,246,000

   (2) 표준소득률
      기본: 6.4%, 자가: 7.2%

3. 인근 동종 유사규모업종의 영업이익 수준
   본건을 포함하여 인근지역 내 동종 유사규모업종의 매출액(외형)을 탐문조사한 바 월평균 약 15,000,000원 ~ 17,000,000원 수준이고 매출액 대비 영업이익률은 약 10%인 것으로 조사됨

4. 이전 관련 자료
   (1) 상품재고액: 5,000,000원
   (2) 상품운반비: 1,200,000원
   (3) 진열대 등 해체, 운반, 설치비: 850,000원
   (4) 진열대 증설비: 300,000원
   (5) 상품의 이전에 따른 감손상당액: 상품가액의 10%
   (6) 간판: 장부상가격 200,000원, 이전비 350,000원
   (7) 현 사업장에 소재하는 상품 등에 대하여 1년간 보험료 200,000원을 2003.12.27.자로 지출하였음

2005년 제16회 감정평가실무 기출

> **공통 유의사항**
> 1. 각 문제는 해답 산정 시 산식과 도출과정을 반드시 기재
> 2. 단가는 관련 규정에서 정하고 있는 사항을 제외하고 천원 미만은 절사, 그 밖의 요인 보정치는 소수점 셋째 자리 이하 절사

[문제1] 해당 부동산 소유자 A씨는 현재의 적정가격을 파악한 후 현 상태대로 매도할 것인지, 아니면 개발업자들로부터 제시받은 여러 개발방안 중의 하나를 선택하여 개발할 것인지를 판단하기 위해 Q감정평가법인에 감정평가를 의뢰하였다. Q감정평가법인에 소속된 S감정평가사는 A씨의 부동산을 평가하기 위해 아래와 같이 관련 자료를 수집·정리하였다. 제시된 자료를 활용하여 아래의 물음에 답하시오. (35점)

물음1) A씨가 개발업자들로부터 제시받은 개발방안 자료 및 공통자료를 활용하여 부동산에 대한 개발방안의 타당성 분석을 행하여 최종 개발방안을 제시하되, 분석 및 판단에 대한 근거를 최유효이용과 관련하여 설명하시오.

물음2) 부동산의 감정평가자료 및 공통자료를 활용하여 현재상태의 대상부동산에 대한 가격을 산정하고 물음1)에서 제시한 개발대안의 가격과 비교하여 대상부동산의 시장가격을 결정하시오.

자료1 대상부동산 기본자료

1. 소재지: K시 B구 A동 100번지
2. 토지: 대, 500㎡, 소로한면, 세로장방형, 평지
3. 건물: 조적조 슬래브지붕 2층 건물로 면적은 1층 350㎡, 2층 100㎡
4. 이용상황: 1층 전자대리점, 2층 주거용
5. 도시관리계획사항: 일반상업지역
6. 가격시점: 2005년 8월 1일

자료 2 A씨가 개발업자들로부터 제시받은 개발방안 자료

1. 개발계획안 1
    (1) 건물구조 및 층수: 철근콘크리트조 슬래브지붕 지하 1층 지상 6층 건물 1개동
    (2) 면적: 지하 280㎡, 지상 각층 340㎡
    (3) 이용상황: 업무용
    (4) 건축계획: 건축허가 및 건축설계기간 2개월, 공사기간 8개월
    (5) 공사비 지급조건: 가격시점 현재의 총건축비를 기준으로 완공 시 100% 지급함
    (6) 건축 후 임대계획: 건물건축과 동시에 국내유명보험회사의 지역영업본부에 임대할 예정이며 임대조건은 임대보증금 10억원, 월 임대료 2천4백만원, 계약기간은 5년임
    (7) 추가조건: 5년 임대 후 보험회사에 채권 3억 5천만원과 현금 21억원에 매각한다(채권은 한국은행이 2000년 6월 1일 발행한 만기 10년, 복리이자율 5%, 만기일시 지급 조건의 채권임).
    (8) 영업경비: 연간 총임대료의 30% 수준

2. 개발계획안 2
    (1) 건물구조 및 층수: 철골조 슬래브지붕 지하 1층 지상 6층 건물 4개동
    (2) 면적: 각동 각층 87.5㎡
    (3) 이용상황: 상업용
    (4) 건축계획: 건축허가 및 건축설계기간 2개월, 공사기간 10개월
    (5) 공사비 지급조건: 가격시점 현재의 총건축비를 기준으로 착공부터 완공까지 순차적으로 지급하는 조건임
    (6) 건축 후 분양계획: 착공과 동시에 각 동별 대지귀속면적에 따라 지적분할하여 분양을 시작하며, 매 2개월마다 1동씩 분양될 것으로 예상하고, 분양가액은 동당 5억원임

3. 개발계획안 3
    (1) 건물구조 및 층수: 철근콘크리트조 슬래브지붕 지하 2층 지상 6층 건물 1개동
    (2) 면적: 지하·지상 각 350㎡
    (3) 이용상황: 지상 1층 대형마트, 지상 2층 ~ 6층 소형아파트(각 층 7개호)
    (4) 건축계획: 건축허가 및 건축설계기간 2개월, 공사기간 15개월
    (5) 공사비 지급조건: 가격시점 현재의 총건축비를 기준으로 착공 시 50%, 완공 시 50%를 지급함
    (6) 건축 후 분양계획: 대형마트는 보증금 없이 매월 임대료 1천만원에 임대한 후 10년 뒤 9억원에 임차인에게 매각할 예정이고, 소형아파트는 착공과 동시에 분양을 시작하여 순차적으로 완공 시까지 분양이 완료되며, 소형아파트 분양가는 2층 기준 1호당 4천5백만원에 분양할 예정이고, 소형아파트 분양가를 기준한 층별 효용비는 다음과 같음

구분	2층	3층	4층	5층	6층
층별 효용비	100	105	105	105	107

4. 개발계획안 4
    (1) 건물구조 및 층수: 철골조 슬래브지붕 지하 2층 지상 7층 건물 1개동
    (2) 면적: 지하 각 300㎡, 지상 1층 180㎡, 지상 2층 ~ 7층 각각 320㎡
    (3) 이용상황: 지하 1, 2층은 주차장, 지상층은 상업용 복합영화관

(4) 건축계획: 건축허가 및 건축설계기간 2개월, 공사기간 12개월
(5) 공사비 지급조건: 가격시점 현재의 총건축비를 기준으로 완공 시 개발부동산을 담보로 S은행으로부터 전액 대출받아 지급한다. 대출조건은 저당기간 10년 기준으로 임대기간 동안 매년 원리금을 균등분할하여 상환하되, 부동산 처분시에는 잔금을 일시상환하는 조건임(S은행 대출이자율 8%)
(6) 건축 후 임대계획: 국내 유명 복합영화관을 유치할 예정이며, 임대주인 건축주는 유치조건으로 옥상에 가로 5m, 세로 4m의 대형광고 스크린을 건물완공과 동시에 설치해 주기로 했다(완공 시 설치비용 2억원 발생). 임차인은 매월 초에 월 1,200만원의 임대료를 지불하되, 영화관 매출액의 10%를 추징임대료로 지불하여야 한다. 영화관의 매출액은 연 20억원 수준으로 예상되며, 대상부동산의 관리에 따른 영업경비는 총임대료의 25% 수준이다. 또한 5년 임대계약 후에는 24억원에 임차인에게 매각하는 조건으로 임대차계약이 가능함

5. 개발계획안 5
(1) 건물구조 및 총수: 철골조 슬래브지붕 지하 3층 지상 9층 건물 1개동
(2) 면적: 지하 각층 350㎡, 지상 1층 300㎡, 지상 2층 ~ 9층 각각 350㎡
(3) 이용상황: 지하 1층 ~ 지하 3층은 주차장, 지상 각층은 상업용 쇼핑몰(지상 1층은 대형점포 1개, 2 ~ 7층은 각층 소형점포 15개)
(4) 건축계획: 건축허가 및 건축설계기간 3개월, 공사기간 15개월
(5) 공사비 지급조건: 가격시점 현재의 총건축비를 기준으로 착공 시 60%, 완공 시 40%를 지급함
(6) 건축 후 분양계획: 착공 시부터 완공 시까지 순차적으로 분양되며, 1층 대형점포의 분양가액은 7억 5천만원, 소형점포의 분양가액은 층별로 차이가 없이 점포당 1억 5천만원임

6. 기타자료
(1) 개발안 중 건물을 임대하는 경우는 건물완공 시에 사용승인 및 임대가 완료되는 것으로 가정함
(2) 모든 개발계획안에 있어 지하층 중 1개층은 주차장 설치가 필수적임
(3) 개발계획에 있어 건축허가 및 설계기간이 완료되면 즉시 착공하는 것으로 가정함
(4) 건물은 착공과 동시에 철거되되, ㎡당 60,000원이 소요되고 잔재가치는 없음
(5) 인근지역의 모든 개발안의 자본수익률은 10%임

자료 3 대상부동산의 감정평가 자료

1. 인근 공시지가 자료(2005년 1월 1일)

기호	소재지	면적(㎡)	지목	용도지역	이용상황	도로교통	형상·지세	공시지가(원/㎡)
1	A동 190	500	대	일반상업	상업용	중로한면	세장형·평지	1,400,000
2	A동 250	550	대	중심상업	상업용	세로(가)	사다리·평지	1,850,000
3	A동 80	420	대	일반상업	주상나지	중로한면	가장형·평지	1,150,000
4	A동 150	460	대	일반상업	주상용	세로(가)	정방형·평지	1,300,000
5	A동 300	850	대	일반상업	주상기타	소로한면	자루형·평지	750,000

※ 표준지 기호 (1)은 약 20%가 도시계획시설(도로)에 저촉되며, 표준지 기호 (5)는 건부감가 10% 발생되고 있는 토지임

2. 인근지역 거래사례
   (1) 거래사례 (1)
      1) 사례부동산
         (가) 토지: K시 B구 A동 300번지 대, 500㎡, 세로(가), 사다리형, 평지
         (나) 건물: 위 지상 철근콘크리트조 슬래브지붕 지하 1층 지상 6층(상업용, 연면적 2,350㎡)
      2) 거래시점: 2005년 6월 15일
      3) 거래가격: 23억원
      4) 도시관리계획사항: 일반상업지역
      5) 기타사항: 해당 사례는 거래 당시의 제반 상황이 반영되어 정상적으로 매매가 이루어진 전형적인 거래사례로 조사되었음
   (2) 거래사례 (2)
      1) 사례 부동산
         (가) 토지: K시 B구 B동 120번지 대 520㎡, 소로한면, 가로장방형, 평지
         (나) 건물: 위 지상 조적조 슬래브지붕 2층(주상용, 연면적 400㎡)
      2) 거래가격: 9억원
      3) 거래시점: 2005년 6월 5일
      4) 도시관리계획사항: 일반상업지역
      5) 기타사항: 해당 사례는 거래 당시의 제반 상황이 반영된 거래사례임
   (3) 토지 · 건물가격구성비
      현황을 기준으로 사례 (1)은 3 : 7, 사례 (2)는 7.5 : 2.5인 것으로 조사되었으나, 대상부동산은 파악이 곤란한 상황임
3. 임대 관련 자료
   (1) 대상부동산의 임대자료
      대상부동산의 1층은 보증금 7억원, 월 임대료 500만원에, 2층은 보증금 1억원, 월 임대료 50만원에 각각 임대되고 있으며, 소유자는 대상부동산의 관리를 연간임대료의 3%를 지급하는 조건으로 부동산관리회사에 위탁관리하고 있다. 또한 연간임대료의 20%가 유지관리비 등의 비용으로 지출되고 있고, 대상부동산의 토지 및 건물분 재산세 및 소유자급여가 각 연간임대료의 1%이다. 이러한 대상부동산의 임대상황은 현황을 기준한 일반적인 수준으로 판단됨
   (2) 최유효이용을 기준한 인근 부동산의 1, 2층 최근 임대자료

구분	월순임대료(원/㎡)	비고
1층	250,000	
2층	125,000	

   (3) 대상부동산의 현황을 기준한 자본환원이율은 15%임

4. 대상 및 사례건물상황

구분	대상건물	거래사례 (1)	거래사례 (2)
사용승인(신축)일자	1995.7.1.	2003.4.15.	1996.10.30.
가격시점 현재 잔존내용연수	35	48	36
건물과 부지와의 관계	건부감가	최유효이용	건부감가
건축 당시 신축가격	-	-	-

자료 4 공통자료

1. 인근지역의 지역개황 등

   대상토지가 속해 있는 인근지역은 지질 및 지반상태가 대부분 연암인 것으로 조사되었고, 최근 임대수요의 상승으로 인한 부동산 개발이 가속화되어 5층 내외의 상업·업무용 건물이 밀집하여 형성된 전형적인 상업지대인 것으로 조사되었다. 또한 상업·업무용 건물의 신축으로 기존 건물들의 임대료는 하락하고 있는 상황이며, 인근지역 주민들을 대상으로 표본조사를 실시한 결과 지역의 급속한 상업지로의 이행이 진행됨에 따라 공개공지 및 근린공원 등의 부족으로 주거지로서의 기능은 대체로 상실된 것으로 조사되었다. 또한 최근 해당 지역의 표준지공시지가를 평가한 담당 감정평가사의 K시 B구 지역분석보고서에서도 이러한 지역상황이 재확인되었음

2. 건축비 및 경제적 내용연수

구분	내용연수	가격시점 기준 건축비(원/㎡)	
		상업·업무용	주상용
철근콘크리트조	50	750,000	800,000
철골조	40	480,000	540,000
조적조	45	600,000	660,000

※ 건축비자료는 지상·지하층(주차장부분 포함) 구분 없이 적용이 가능함

3. K시의 건축 및 도시계획관련 조례

   (1) 대지의 최소면적: 주거지역 90㎡, 상업지역 150㎡, 공업지역 200㎡, 녹지지역 200㎡, 기타지역 90㎡
   (2) 건축물의 최고높이: 인근 상업지역은 도시경관 조성을 위하여 필요하다고 인정되는 구역으로 지정되어 건축물의 높이를 30m 이하로 하되, 이는 광고탑, 송신탑 등과 같은 옥상구조물의 높이를 포함한 것임
   (3) 건폐율: 전용주거지역 40%, 제2종일반주거지역 50%, 준주거지역 60%, 중심상업지역 80%, 일반상업지역 70%, 근린상업지역 60%, 유통상업지역 60%
   (4) 용적률: 전용주거지역 100%, 제2종일반주거지역 150%, 준주거지역 400%, 중심상업지역 1,000%, 일반상업지역 600%, 근린상업지역 600%, 유통상업지역 400%
   (5) 층고: 3.5m

4. 지반에 따른 건축가능층수

구분	풍화토	풍화암	연암	경암
지상층	3	5	10	15
지하층	1	1	2	3

5. 지가변동률 및 건축비지수

   (1) 지가변동률(K시 B구, %)

구분		주거지역	상업지역
2004년 누계		3.15	2.14
2005년	3월 (누계)	0.043 (1.045)	0.121 (1.000)
	6월 (누계)	0.165 (2.130)	0.126 (1.540)
	7월 (누계)	0.100 (2.560)	0.075 (1.980)

   (2) 건축비지수

   건축비지수는 2003년 상승 이후 2004년 1월 1일부터는 보합세를 유지하고 있음

6. 개별요인 비교자료

   (1) 접면도로

구분	중로한면	소로한면	세로(가)
중로한면	1.00	0.93	0.86
소로한면	1.08	1.00	0.93
세로(가)	1.15	1.08	1.00

   (2) 형상

구분	정방형	가로장방형	세로장방형	사다리형	부정형·자루형
비교치	1.00	1.03	0.95	0.90	0.81

   (3) 지세

구분	저지	평지	완경사	급경사	고지
비교치	1.00	1.04	0.95	0.89	0.80

   (4) 인근지역의 표준적인 토지규모는 450㎡ ~ 600㎡임

7. 기타자료

   (1) 보증금 운용이율 및 지불임대료 운용이율: 1%/월
   (2) 개별요인 비교치는 백분율로서 소수점 이하 첫째 자리까지, 지가변동률은 소수점 이하 셋째 자리까지 표시하되, 반올림할 것
   (3) 단위가격 결정 시 백원 단위에서 반올림할 것

[문제2] W씨는 소유부동산을 T주식회사에 출자하기 위해 Q감정평가법인에서 감정평가서를 발급받아 제출하였으나, 일부 주주들이 Q감정평가법인의 감정평가서가 토지평가 및 건물감가에 문제가 있다고 지적하면서 전체적으로 적정한 시장가격평가가 이루어지지 못했다고 주장하여 T주식회사가 직접 S감정평가법인에 감정평가를 재의뢰하였다. 배정을 받은 담당감정평가사는 사전·실지조사 등을 통하여 아래와 같은 자료를 수집하였다. 주어진 자료를 활용하여 다음의 물음에 답하시오. (30점)

물음1) 대상부동산의 토지가격결정을 위한 지역요인을 분석하고, 비교표준지공시지가의 선정이유를 설명하시오.

물음2) 대상부동산의 건물평가를 위한 경제적 내용연수를 확정하시오.

물음3) 대상부동산의 가격을 개별평가방법($V_O = V_L + V_B$)에 의해 결정하시오.

자료 1 평가대상 부동산의 개요

1. 평가목적: 일반거래(현물출자를 위한 감정평가)
2. 가격시점: 2005.6.30.(소급감정)
3. 조사기간: 2005.8.20. ~ 8.28.
4. 주위환경

   대상부동산이 위치하는 지역은 상업지대와 주거지대의 완충적 공간을 형성하고 있으며, 학원, 사무실 등 업무용의 3~5층 철근콘크리트조 건물이 표준적 이용이라고 볼 수 있는 노선상가지대로 1층에는 식당, 슈퍼, 화원 등의 근린생활시설 이용이 많으나 공실률이 높아 최근 리모델링을 행하고 있는 건물이 많이 소재한 지역임

5. 토지
   (1) 소재지: D시 H구 N동 1455번지
   (2) 지목, 면적, 용도지역: 대, 780㎡, 준주거지역
   (3) 특정: 가로장방형, 평지, 중로한면

6. 건물내역
   (1) 사용승인일 및 당시 건물신축단가: 1990.3.30, @321,000/㎡
   (2) 철근콘크리트조 슬래브지붕 5층, 교육 관련 시설
   (3) 연면적: 1,850㎡

자료 2 시장자료

1. 거래사례 A
   (1) 주위환경: 주위환경 및 표준적 이용이 대상부동산이 속해 있는 지역과 유사하나 인근에 30만평 규모의 택지개발이 이루어지고 있으며, 건물상태가 대상부동산이 속해 있는 지역보다 양호함
   (2) 토지
      1) 소재지: D시 H구 L동 876번지
      2) 지목, 면적, 용도지역: 대, 840㎡, 준주거지역
      3) 특성: 세로장방형, 평지, 중로한면
   (3) 건물내역
      1) 사용승인일 및 당시 건물신축단가: 1996.6.30, @534,000원/㎡
      2) 철근콘크리트조 슬래브지붕 3층, 사무실
      3) 연면적: 1,589㎡(기계실 등의 비수익공간이 협소)
   (4) 거래내역
      1) 거래일자: 2005.4.30.
      2) 거래금액: 1,360,000,000원
      3) 거래조건 등: 거래 당시 시공사에 견적을 받은 결과 배관시설 교체비용으로 매수자가 35,000,000원을 부담하기로 되어 있었음

2. 거래사례 B
   (1) 주위환경: 표준적 이용이 대상부동산이 속해 있는 지역과 유사함
   (2) 토지
      1) 소재지: D시 H구 M동 1242번지
      2) 지목, 면적, 용도지역: 대, 650㎡, 준주거지역
      3) 특성: 가로장방형, 평지, 중로각지
   (3) 건물내역
      1) 사용승인일 및 당시 건물신축단가: 1988.3.31, @234,000원/㎡
      2) 철근콘크리트조 슬래브지붕 4층, 사무실
      3) 연면적: 1,100㎡
   (4) 거래내역
      1) 거래일자: 2005.3.31.
      2) 거래금액: 현금지불액 700,000,000원
      3) 거래조건 등: 매도자가 이용하고 있던 다음과 같은 은행의 대출금을 매수자가 인수하는 조건이며, 5년 전 은행의 대출금은 225,490,000원, 대출이자율 연 7.2%, 10년간 매월 원리금을 균등분할하여 상환하는 조건이었으나 매수인의 금융신용도가 낮아 이자율이 7.8%로 상승되었다. 다만, 시장이자율은 12%임

3. 거래사례 C
   (1) 주위환경: 표준적 이용이 대상부동산이 속해 있는 지역과 유지하다 접면도로가 다소 좁으며, 대상지역보다 늦게 개발이 완료되어 건물의 상태가 양호한 지역임
   (2) 토지
      1) 소재지: D시 H구 P동 48-2번지
      2) 지목, 면적, 용도지역: 대, 960㎡, 준주거지역
      3) 특성: 사다리형, 평지, 소로한면
   (3) 건물내역
      1) 사용승인일 및 당시 건물신축단가: 1999.6.30, @389,000원/㎡
      2) 철골조 및 일부 철근콘크리트조 슬래브지붕 3층, 사무실 등
      3) 연면적: 1,671㎡
   (4) 거래내역
      1) 거래일자: 2005.5.1.
      2) 거래금액: 현금지불액 1,400,000,000원
      3) 거래조건 등: 매도자와 매수자는 과거에 거래한 적이 있었으며, 지난번 거래 시 매수자가 도와준 사정으로 매도자는 4%를 할인해준 것으로 확인되었음

4. 거래사례 D
   (1) 주위환경: 주위성숙도 및 표준적 이용이 대상부동산이 속해 있는 지역과 유사하나 대상지역보다 개발이 늦게 완료되어 건물상태가 양호한 지역임
   (2) 토지
      1) 소재지: D시 H구 O동 232-1번지
      2) 지목, 면적, 용도지역: 대, 725㎡, 준주거지역
      3) 특성: 정방형, 평지, 중로한면
   (3) 건물내역
      1) 사용승인일 및 당시 건물신축단가: 1999.2.28, @518,000원/㎡
      2) 철근콘크리트조 슬래브지붕 5층, 교육 관련 시설 등
      3) 연면적: 1,357㎡
   (4) 거래내역
      1) 거래일자: 2005.5.31
      2) 거래금액: 현금지불액 1,250,000,000원
      3) 거래조건 등: 본 건물은 임대세대수를 늘리기 위해 불필요한 3개층 칸막이시설을 매수자가 철거하는 조건으로 계약되었으며 예상철거비가 120,000,000원이었던 것으로 조사되었음

자료 3 표준지공시지가 내역(2005년 1월 1일)

기호	소재지(D시)	면적(㎡)	지목	이용상황	용도지역	도로	형상 지세	공시지가 (원/㎡)
1	H구 L동 217	650	대	업무용	준주거	중로한면	가장형 평지	610,000
2	H구 M동 192	890	대	업무용	준주거	소로한면	세장형 평지	640,000
3	H구 N동 181	1,200	대	주상용	제3종 일반주거	소로각지	정방형 평지	420,000
4	H구 O동 306	960	대	업무용	준주거	소로한면	사다리 평지	650,000
5	H구 P동 912	780	대	업무용	준주거	중로한면	가장형 평지	960,000

자료 4 지가변동률 및 건축비지수

1. 지가변동률(H구, %)

구분	2004년 2/4	2004년 3/4	2004년 4/4	2005년					
				1월	2월	3월	4월	5월	6월
주거지역	0.35	2.36	1.06	0.342	0.468	0.564	1.122	0.260	0.320

2. 건축비 상승지수

   (1) 사용승인일부터 가격시점까지의 상승지수

사례별 구조별	거래사례 A (1996.6.30.)~ (2005.6.30.)	거래사례 B (1988.3.31.)~ (2005.6.30.)	거래사례 C (1999.6.30.)~ (2005.6.30.)	거래사례 D (1999.2.28.)~ (2005.6.30.)	대상부동산 (1990.3.30.)~ (2005.6.30.)
철근콘크리트조	1.3165	2.8198	-	1.3376	2.2437
철골조	-	-	-1.2447	-	-

   (2) 사용승인일부터 거래시점까지의 상승지수

사례별 구조별	거래사례 A (1996.6.30.)~ (2005.4.30.)	거래사례 B (1988.3.31.)~ (2005.3.31.)	거래사례 C (1999.6.30.)~ (2005.5.1.)	거래사례 D (1999.2.28.)~ (2005.5.31.)	대상부동산 (1990.3.30.)~ (2005.6.30.)
철근콘크리트조	1.3122	2.7928	-	1.3333	2.2437
철골조	-	-	1.2340	-	-

자료 5 지역요인 격차율 산정을 위한 자료

1. 평가대상 인근 및 거래사례 인근의 수익성 부동산을 조사한 결과 건물 바닥면적당 연간 평균소득과 평균 영업경비에 대한 조사가 다음과 같이 이루어졌으며, 조사지역의 환원이율은 동일 또는 유사한 것으로 파악되었음

구분	L동	M동	N동	O동	P동
PGI(원/㎡)	125,000	148,000	150,000	136,000	154,000
공실률(Vacancy)	10%	12%	12%	6%	5%
영업경비(원/㎡)	46,000	56,000	55,000	47,000	45,000

2. 건물의 경우에는 D시 내에서 지역격차 없이 거래가 이루어지고 있음
3. 각 동별로 개발시기 및 생애주기가 상이하여 소득과 경비에서 차이가 있음
4. 같은 동 내에서는 지역요인이 동일함

자료 6 개별요인 비교자료

1. 도로(각지는 한면보다 5% 우세)

구분	대로	중로	소로	세로(가)	맹지
비교치	1.10	1.00	0.95	0.78	0.45

2. 형상

구분	정방형	가장형	세장형	부정형	사다리형
비교치	1.00	0.98	0.94	0.84	0.89

3. 지세

구분	저지	평지	완경사	급경사	고지
비교치	0.82	1.00	0.96	0.89	0.87

4. 용도지역
   용도지역이 상이한 경우는 H구 지역특성상 일정한 격차를 파악하기 어려움

자료 7 기타사항

1. 한국은행은 2005년 6월 15일 콜금리 인하를 발표하였고 H부동산연구원에서 이를 분석한 결과 콜금리 인하가 향후 D시의 토지가격 상승에 미치는 영향이 5%인 것으로 분석되었으며, 이는 지가변동률에도 반영되지 않은 것으로 조사되었음
2. 지가변동률은 백분율로서 소수점 이하 셋째 자리까지 표시하되, 반올림할 것
3. 토지단가 및 건물단가(재조달원가) 산정 시 백원 단위에서 반올림할 것
4. 지역요인 격차율은 백분율로서 소수점 이하 첫째 자리까지 표시하되, 반올림할 것

5. Q감정평가법인의 당초 감정평가가액은 다음과 같이 평가하였던 것으로 조사되었음

   가. 토지평가

   표준지공시지가 × 시점수정 × 지역요인 × 개별요인 ≒ 단가
   * 표준지공시지가기준가격이 적정하다고 판단하여 기타요인은 반영하지 않음

   나. 건물평가

   재조달원가 × {(내용연수 - 경과연수)/내용연수} ≒ 단가
   * 내용연수는 건물구조에 따라 결정함

[문제3] 실무수습 감정평가사 타자는 담보평가를 위한 실지조사 후 지도감정평가사 S씨로부터 아래 평가목적별 감정평가액을 산정하여 제출하라는 과제를 부여받았다. 주어진 자료를 활용하여 동일 부동산에 대한 평가목적별 감정평가가액을 결정하시오. (20점)

물음1) 대상부동산의 담보감정평가액

물음2) 대상부동산의 경매감정평가액

물음3) 대상부동산이 국유재산 중 잡종재산일 경우 처분목적의 감정평가액

물음4) 대상부동산의 공익사업(도시계획도로개설공사) 시행을 위한 보상(협의)목적의 감정평가액

자료 1　대상부동산의 기본자료

1. 소재지: A시 B구 C동 108번지
2. 형상 및 지세: 자루형 평지
3. 도시관리계획사항: 제2종일반주거지역, 도시계획도로 저촉, 문화재보호구역
4. 해당 건축물의 사용승인일은 1998.6.30.이며 건물과 토지는 최유효이용의 상태에 있는 것으로 조사되었음
5. 건물의 물리적 내용연수는 50년이며, 경제적 내용연수는 45년으로 판단되었음
6. 대상부동산은 전체가 도시계획도로 및 문화재보호구역에 저촉된 상태임
7. 해당 구청으로부터 발급받은 지적도상 축척은 1 : 1,200임
8. 가격시점은 평가목적별로 2005.8.28.자임

자료 2 사전조사 내용

1. 토지 관련 자료

구분	소재지	지목	면적
토지대장등본	A시 B구 C동 108번지	대	532㎡
토지등기부등본	A시 B구 C동 108번지	답	150평

2. 건물 관련 자료

구분	일반건축물대장등본	건물등기부등본
소재지	A시 B구 C동 108번지	A시 B구 C동 108번지
구조	철근콘크리트조 슬래브지붕 지하 1층 지상 5층	철근콘크리트조 슬래브지붕 지하 1층 지상 5층
지하 1층	(주차장) 250㎡	(주차장) 250㎡
1~4층	(근린생활시설) 각 230㎡	(근린생활시설) 각 230㎡
5층	(단독주택) 210㎡	(단독주택) 180㎡

3. 인근지역의 표준지공시지가 (공시기준일: 2005.1.1.)

일련번호	소재지	면적(㎡)	지목	이용상황	용도지역	주위환경	도로교통	형상지세	공시지가(원/㎡)
1	A시 B구 C동 107	550	대	주상용	제2종 일반주거	주택 및 상가지대	중로 한면	가로장방형 평지	2,000,000

※ 비고시 항목 중 확인내용: 도시계획도로 저촉률 20%, 문화재보호구역이 아님

4. 지가변동률 <A시 B구>

(단위: %)

| 구분 | 주거지역 | 상업지역 | 대 | | 기타 |
			주거용	상업용	
2005년 1월	0.512	0.312	0.511	0.552	0.312
2005년 2월	0.235	0.326	0.221	0.331	0.156
2005년 3월	0.901	0.791	0.701	0.101	0.595
2005년 4월	0.623	0.328	0.531	0.715	0.201
2005년 5월	0.225	0.251	0.282	0.312	0.212
2005년 6월	0.237	0.254	0.297	0.323	0.232
2005년 7월	0.237	0.252	0.298	0.324	0.282

5. 생산자물가지수 (한국은행조사) (1995 = 100)

2004.12.	2005.1.	2005.3.	2005.5.	2005.6.	2005.7.
108.4	108.6	109.5	109.6	109.0	109.9

자료 3 실지조사 내용

1. 실지조사결과 대상토지 중 약 50㎡는 현황도로[소유자가 스스로 자기토지의 편익 증진을 위해 개설하였으나 개설 이후 도시계획시설(도로)결정이 이루어졌음]이며, 약 30㎡는 타인이 점유하고 있는 것으로 조사되었고, 일반적으로 도시계획도로에 저촉된 부동산은 인근지역의 표준적인 가격에 비하여 30% 정도 감가되어 거래되는 것으로 조사되었다.
2. 보상평가선례
   (1) 토지: A시 B구 C동 136번지 대 550㎡
   (2) 가격시점: 2005.6.1.
   (3) 보상단가: @2,300,000원/㎡
   (4) 토지특성: 제2종일반주거지역, 중로한면, 가로장방형 평지임
3. 건설사례: 인근지역에서 대상건물 및 표준지 지상 건물과 구조·시공자재·시공정도 등 제반 건축조건이 유사한 주상복합용 건물의 건설사례를 조사한 결과 가격시점 현재의 표준적인 건축비용은 ㎡당 750,000원으로 파악되었다.
4. 제시외 건물에 관한 사항
   (1) 대상토지에 소재하는 제시외 건물은 일반건축물대장에 미등재된 상태로서, 종물에 해당되는 것으로 판단되며, 대상부동산 소유자의 소유인 것으로 조사되었음
   (2) 구조·용도·면적: 시멘트벽돌조 슬래브지붕 단층, 화장실 및 창고, 30㎡
   (3) 신축시점: 구두조사 결과에 의하면 1998.7.1.에 신축된 것으로 보임
   (4) 가격시점 현재 건축비: 291,000원/㎡
   (5) 제시외 건물의 물리적 내용연수는 45년이며, 경제적 내용연수는 40년으로 판단되었음

자료 4 평가조건, 지역 및 개별요인 등

1. 대상토지는 보상평가선례 대비 현황도로, 타인점유로 인한 영향을 제외한 개별요인이 10% 열세이며, 표준지와 보상선례와의 개별요인 격차는 1.0이고 같은 구 같은 동의 지역요인 격차는 없음
2. 지도감정평가사가 소속되어 있는 감정평가법인과 대상부동산의 담보 감정평가서 제출처인 금융기관 사이에 체결한 협약서에는 현황도로 및 타인점유부분은 평가대상면적에서 제외하도록 규정되어 있음
3. 문화재보호구역 가치하락률

저촉정도	0~20%	21~40%	41~60%	61~80%	81~100%
감가율	3%	5%	7%	9%	10%

4. 대상토지 중 타인점유부분은 노후 건물이 소재하여 점유강도가 다소 약한 것으로 판단되며, 이에 따른 가치하락률은 5% 정도인 것으로 판단되었음
5. 대상부동산이 국유재산 중 잡종재산일 경우 지상에 소재하는 제시외 건물의 매각 여부는 「국유재산법」에 따라 처리할 것
6. 대상부동산을 국유재산의 처분목적으로 감정평가하는 경우 타인점유부분은 건물 철거 후 나지상태로 처분하는 것을 전제로 하고, 도로부분은 분할 후 매각대상에서 제외하는 것으로 할 것

7. 국유재산을 처분목적으로 감정평가할 경우 A시 B구청장이 해당 도시관리계획으로 정하여진 목적 이외의 목적으로 처분한다는 취지와 조건을 제시하였음
8. 대상부동산을 보상목적으로 감정평가할 경우 실시계획인가고시일은 2005.3.25.이며, 지장물의 이전비는 취득가격을 상회하는 것으로 조사·분석되었음

자료 5 기타 참고자료

1. 지가변동률은 백분율로서 소수점 이하 넷째 자리에서 반올림하여 셋째 자리까지 표시하고, 단가는 100만원 단위 이상일 경우에는 유효숫자 넷째 자리, 그 미만은 셋째 자리까지 표시함을 원칙으로 하되 반올림하시오.
2. 기타요인 보정치는 소수점 이하 셋째 자리에서 반올림하여 둘째 자리까지 표시할 것
3. 건물의 감가수정은 정액법에 의함
4. 토지의 면적을 환산할 경우 소수점 이하 첫째 자리에서 반올림할 것

[문제4] ○○도 B군은 공익사업에 편입되는 토지 및 지장물에 대하여 감정평가를 하여 손실보상금 지급통보를 하였고, 이후 협의가 이루어졌으나 자료 2의 통계자료를 기준으로 ○○도 B군이 직접 산정·통보한 농업손실보상금은 협의가 아직 이루어지지 않고 있다. 사업시행자인 B군은 농작물실제소득인정기준에서 정하는 기관으로부터 발급받은 거래실적 증명서류를 제출받았으나 당초 통보한 금액과 농작물실제소득산정기준에 의한 금액과의 차이가 너무 크고, 현행 법령에 따른 농업손실보상대상 여부에도 의문이 있어 사업시행자는 토지 및 지장물 평가를 담당했던 S감정평가법인에 농업손실보상을 추가로 의뢰하였다. 다음 물음에 답하시오. (10점)

물음1) ○○도 B군이 산정·통보한 농업손실보상액 및 실제소득산정기준에 의한 농업손실보상액은?

물음2) 현행 법령에 따른 합리적인 손실보상 처리방법을 설명하시오.

자료1 평가대상 관련 조사자료

1. 토지: ○○도 B군 △△리 123번지, 900㎡, 공부상 "전", 관리지역, 부정형 평지, 세로(가)
2. 건축물: 위 지상 경량철골조 컬러강판지붕 단층 버섯재배사, 333㎡, 본 건축물은 1999.9.12. 신축한 신고대상 건축물로 신고완료하였음
3. 버섯재배사 내에는 이전 후 재설치가 가능한 버섯재배시설이 있음. 2.5톤 트럭기준 9대분
4. 보상계획의 공고일: 2005.1.1, 소유자: 홍길동
5. 실제소득인정기준에서 정하는 기관(농협)에서 발급받은 거래실적자료

기간	출하주	출하처	품목	중량(kg)	평균판매단가(원)	판매금액(원)	발급기관
2003.1.1. ~ 2003.12.31.	홍길동	서울청과 외 5개소	느타리버섯	6,560	4,300	28,208,000	농협
2004.1.1. ~ 2004.12.31.	홍길동	농산물 공판장 외 8개소	느타리버섯	6,420	5,500	35,310,000	농협

자료 2 통계청 농가경제조사 통계자료(도별 연간 농가평균 단위경작면적당 농작물조수입)

행정구역	면적기준	2004년 농작물 조수입(원)	2004년 경지면적(㎡)	단위면적당 농작물 조수입(원/㎡)	2년기준 농업손실 보상액(원/㎡)
○○도	㎡	18,055,000	17,045.19	1,059	2,118

자료 3 농작물실제소득인정기준(국토교통부고시 제2003-44호)

1. 제2조(용어의 정의)

   이 기준에서 사용하는 용어의 정의는 다음 각 호와 같다.
   "농작물 총수입"이라 함은 … 보상계획의 통지 또는 사업인정의 고시가 있은 날 이전 2년간의 연간 평균총수입을 말한다.

2. 제3조(실제소득의 산정방법)

   연간 단위경작면적당 실제소득 = 농작물 총수입 ÷ 경작농지 전체면적 × 소득률

3. 제5조(소득률의 적용기준)

   제3조의 규정에 의한 소득률은 다음 각 호의 우선순위에 의하여 적용한다.
   농촌진흥청장이 매년 조사·발표하는 농축산물소득자료집의 전국 작물별 소득률

4. 제6조(사업시행자의 재조사)

   사업시행자는 제3조의 규정에 의하여 산정한 연간 단위경작면적당 실제소득이 소득 자료집의 전국 작물별 단위면적당 소득의 130퍼센트를 초과하는 경우

자료 4 지장물 평가에 포함되지 않은 버섯재배용 이전대상시설 이전비자료

구분	운반규모	운반비	인부노임	시설재배치 및 설치(50%)	합계
2.5톤	9대	554,000원	650,000원	602,000원	1,806,000

자료 5 2004년 농축산물소득자료집 중 전국 느타리버섯 소득률(기준: 연/100평)

비목별	수량(kg)	단가(원)	금액(원)	비고
조수입	5,620	5,200	29,224,000	상품화율: 92.7% 연 재배횟수: 2.6회
경영비	-	-	12,859,000	종균비, 광열비 등
소득			16,365,000	
소득률			56%	

[문제5] 다음은 감정평가실무에서 일반적으로 사용되는 용어이다. 다음 용어에 대하여 약술하시오. (5점)

물음1)　「건축법」상의 "대지"와 「지적법」상의 "대(垈)"

물음2)　다가구주택과 다세대주택

물음3)　소재불명, 확인불능

2006년 제17회 감정평가실무 기출

> **공통 유의사항**
> 1. 각 문제는 해답 산정 시 산식과 도출과정을 반드시 기재
> 2. 단가는 관련 규정에서 정하고 있는 사항을 제외하고 천원 미만은 절사, 그 밖의 요인 보정치는 소수점 셋째 자리 이하 절사

[문제1] 베스트부동산투자회사는 주식발행과 차입을 통해 회사를 설립하면서 오피스빌딩 2동을 매입, 임대하여 얻은 소득을 주식소유자에게 배당할 계획이다. 다음 제시 자료를 활용하여 물음에 답하시오. (40점)

물음1) 각 오피스빌딩의 예상 매입가격을 결정하시오.

물음2) 매입부동산의 1차년도 현금흐름을 예상하고 1주당 예상 배당수익률을 산정하시오.

물음3) 각 오피스빌딩의 1차년도 지분배당률(equity dividend rate)을 계산하시오.

물음4) 2차년도의 현금흐름을 경기상황에 대한 시나리오에 기초하여 예상하고, 주당 배당 수익률을 1차년도와 동일한 수준으로 유지한다고 가정할 때 2차년도 기초의 이론적 주당가치를 예상하시오. 이때 다른 요인은 모두 변동하지 않는다고 가정한다.

자료 1 매입 예정부동산

구분	대상부동산 A	대상부동산 B
토지면적(㎡)	1,500	1,200
건물연면적(㎡)	6,000	3,600
잔존 경제적 내용연수(연)	50	45
가격시점	2006.8.27.	

자료 2 거래사례 부동산

구분	사례 1	사례 2	사례 3	사례 4
토지면적(㎡)	1,600	1,100	1,450	1,350
건물연면적(㎡)	6,500	3,100	5,800	3,800
잔존 경제적 내용연수(연)	48	44	46	43
거래시점	2005.8.27.	2006.2.27.	2006.5.27.	2005.11.27.
거래조건	거래대금을 거래시점 3개월 후부터 매 3개월마다 20%, 30%, 30%, 20%로 분할 지불함	- 대출비율 40% - 시장 평균금리보다 2% 낮은 고정 금리 - 잔여만기 5년	거래시점에 전액 현금지급	- 대출비율 80% - 시장 평균금리보다 2% 높은 고정 금리 - 잔여만기 3년
거래가격(원)	9,900,000,000	5,800,000,000	8,000,000,000	4,800,000,000

자료 3 대상부동산과 사례부동산 기본자료

1. 유사한 시장지역이라고 판단되는 S시 K구에 소재
2. 이용상황: 업무용
3. 도시관리계획: 중심상업지역
4. 인근지역과 유사지역의 전형적인 토지 : 건물가격비율은 65 : 35임

자료 4 대상부동산과 사례 부동산의 요인비교

구분	대상 A	대상 B	사례 1	사례 2	사례 3	사례 4
지역요인	100	95	105	110	95	90
개별요인	100	100	100	105	105	95

자료 5 시장이자율 등

1. 시장할인율: 8%
2. 시장평균이자율: 6.5%
3. 시장평균대출조건: 만기 5년, 연 1회 이자지급, 만기일시원금상환
4. 인근지역의 지난 1년간 오피스빌딩 가격 연평균 상승률: 6%

자료 6 부동산투자회사 설립에 관한 사항

1. 주식발행: 액면가 5,000원, 1,000,000주
2. 오피스빌딩 매입가격 중 주식발행액으로 부족한 자금은 차입하여 조달
3. 대출조건: 시장평균조건
4. 배당가능금액의 95%를 배당 예정
5. 경비비율 - 총소득기준

구분	영업경비(%)	위탁수수료(%)	기타 관리비용(%)
대상부동산 A	40	5	2.5
대상부동산 B	35	5	2.0

6. 배당가능금액은 순영업소득에서 지급이자를 차감한 것임

자료 7 대상부동산의 시장임대료

1. 시장임대료는 월세 형태로 건축연면적 기준으로 징수하며, 관리비 등 다른 부대경비는 지불하지 않음
2. 대상부동산의 공실률은 모두 0%라고 가정하고, 순영업소득 산정 시 자연공실률을 고려하지 말 것
3. 임대사례: 거래사례와 동일한 부동산으로 임대내역 등은 다음과 같음

구분	대상 A	대상 B	사례 1	사례 2	사례 3	사례 4
공실률(%)	0	0	2	3	5	4
전용률(%)	68	70	60	70	70	80
지하철역과 거리(km)	1.0	1.0	0.7	0.9	1.3	1.2
월임대료(원/㎡)			17,500	17,800	17,100	17,000

4. 인근지역에서 통용되는 시장 월임대료 산식

구분	공실률 차이	전용률 차이	지하철역과 거리 차이
격차율	0.01	0.03	0.05

※ 월임대료 = 사례 부동산 월임대료 × (격차율 × 공실률 차이 + 격차율 × 전용률 차이 + 격차율 × 지하철역과 거리 차이)

자료 8 2차년도 경기상황에 대한 시나리오

| 경기상황 | 발생확률 | 임대료변동률(%) | |
		대상부동산 A	대상부동산 B
호황	0.4	10	8
보통	0.4	5	3
불황	0.2	-3	-2

자료 9 기타

1. 대상 오피스빌딩의 거래사례비교법에 의한 시산가격은 거래가격을 토지면적당 단가와 건축면적당 단가를 비교단위로 하여 각 오피스빌딩의 두 시산가격을 평균하여 산정할 것
2. 매입 대상부동산의 가격 및 임대료를 구할 때 둘 이상의 사례를 사용하는 경우 각 사례에서 구한 시산가격을 평균하여 결정할 것
3. 건물감가상각은 정액법에 의함
4. 오피스빌딩의 지분배당률을 구할 때 종합환원율 공식은 원금을 만기에 일시상환하는 대출관행을 고려해 Ross의 방법을 적용할 것
5. 각 대상부동산에 대한 지분 및 차입금 투자비율은 동일한 것으로 가정할 것
6. 배당은 매년 8월 27일 실시한다고 가정할 것
7. 배당수익률과 지분배당률은 백분율로서 소수점 이하 셋째 자리에서 반올림하여 둘째 자리까지 표시할 것

[문제2] 감정평가사 김씨는 「도시 및 주거환경정비법」에 의한 A시 B구 C동 XX지구 주택재개발조합으로부터 조합원 P씨의 권리변환 및 청산을 위한 평가를 의뢰받아 다음 자료를 조사·수집하였다. 이 자료를 활용하여 다음 물음에 답하시오. (25점)

물음1) P씨의 종전자산가격을 구하시오.

물음2) 조합 전체의 분양예정자산가격을 구하시오.

물음3) 비례율, 권리액 등을 산정하여 P씨의 정산금을 구하시오.

자료 1 P씨 소유토지와 건물내용

1. 토지

소재지	지목	면적	용도지역	도로교통	형상지세
A시 B구 C동 250번지	대	120㎡	제2종일반주거지역	세로(가)	사다리형 평지

2. 건물

소재지	구조	면적	신축일자	비고
A시 B구 C동 250번지	블록조 슬래브지붕	90㎡	1985.2.1.	무허가건물

자료 2 재개발사업계획

1. 사업일정
    (1) 재개발구역지정 고시일: 2003.7.1.
    (2) 주택재개발조합 설립일: 2004.3.1.
    (3) 주택재개발사업시행인가 고시일: 2005.8.1.
    (4) 관리처분계획 인가일: 2006.8.27.
    (5) 준공인가일: 2007.12.31.

2. 건축계획
    (1) 철근콘크리트조 슬래브지붕 15층 아파트 2개동
    (2) 32평형(전용면적 85㎡), 각 층 1 ~ 4호, 총 120세대

3. 분양계획
    (1) 일반분양: 각 층 1호 30세대, 분양가는 인근 아파트의 시세와 비교 결정
    (2) 조합원분양: 각 층 2 ~ 4호 90세대, 분양가는 350,000,000원으로 동일
    (3) 분양아파트 층별 및 호별 효용도

층별	1층	2층	3 ~ 14층	15층
	100	106	110	104
호별	1호	2호	3호	4호
	100	103	103	100

자료 3 현장조사기간

1. 종전자산: 2005.12.10. ~ 2006.2.1.
2. 분양예정자산: 2006.5.1. ~ 2006.7.1.

자료 4 인근지역의 표준지공시지가 자료

일련번호	소재지지번	면적(㎡)	지목	이용상황	용도지역	도로상황	형상·지세	비고
1	A시 B구 C동 119	250	대	단독주택	제2종 일반주거	세로(가)	사다리형 평지	××주택 재개발지구 내
2	A시 B구 C동 200	200	대	단독주택	제2종 일반주거	소로 한면	세장형 평지	××주택 재개발지구 외
3	A시 B구 C동 300	300	대	단독주택	제3종 일반주거	소로 한면	사다리형 완경사	××주택 재개발지구 외
4	A시 B구 C동 305	200	대	상업용	제2종 일반주거	세로(가)	사다리형 완경사	××주택 재개발지구 내

일련번호	공시지가(원/㎡)			
	2003년	2004년	2005년	2006년
1	2,200,000	2,300,000	2,400,000	2,500,000
2	2,000,000	2,100,000	2,200,000	2,300,000
3	1,900,000	2,000,000	2,300,000	2,400,000
4	2,100,000	2,200,000	2,500,000	2,700,000

자료 5 A시 B구 지가변동률

기간	용도지역별(%)			
	주거	상업	공업	녹지
2003.1.1. ~ 2003.7.1.	1.102	1.051	1.200	1.301
2003.7.2. ~ 2003.12.31.	1.101	1.022	1.051	1.251
2004.1.1. ~ 2004.3.1.	1.120	1.031	1.022	1.301
2004.3.2. ~ 2004.12.31.	1.501	2.007	1.032	1.053
2005.1.1. ~ 2005.8.1.	2.000	1.054	2.002	1.023
2005.8.2. ~ 2005.12.31.	1.050	1.021	0.101	1.035
2006.1.1. ~ 2006.2.1.	0.500	1.031	0.023	2.005
2006.2.2. ~ 2006.8.27.	0.500	2.001	1.054	0.053

자료 6 토지가격비준표

1. 도로상황

구분	광로	중로	소로	세로(가)	세로(불)	비고
광로	1.00	0.90	0.81	0.73	0.66	
중로	1.11	1.00	0.90	0.81	0.73	각지인 경우 10% 가산
소로	1.23	1.11	1.00	0.90	0.81	
세로(가)	1.36	1.23	1.11	1.00	0.90	
세로(불)	1.51	1.36	1.23	1.11	1.00	

2. 형상

구분	정방형	장방형	사다리형	부정형
정방형	1.00	0.95	0.85	0.70
장방형	1.05	1.00	0.95	0.75
사다리형	1.17	1.05	1.00	0.85
부정형	1.42	1.33	1.17	1.00

3. 지세

구분	평지	저지	완경사	급경사	고지
평지	1.00	0.97	0.95	0.85	0.80
저지	1.03	1.00	0.97	0.95	0.85
완경사	1.05	1.03	1.00	0.97	0.95
급경사	1.17	1.05	1.03	1.00	0.97
고지	1.25	1.17	1.05	1.03	1.00

자료 7 건물신축단가 등

구분	블록조 슬레이트지붕	블록조 기와지붕	블록조 슬래브지붕
내용연수(년)	35	40	40
잔존가치(원)	0	0	0
신축단가(원/㎡)	400,000	450,000	500,000

자료 8 인근지역 아파트 거래사례

소재지	사례물건	평형	건축시점	거래시점	거래가격
A시 B구 C동 201번지	D아파트 10층 1호	32평형 (전용면적 85㎡)	2003.5.6.	2006.3.2.	350,000,000원

자료 9 아파트 비교요인

1. 도로조건, 접근조건, 획지조건, 환경조건 등의 개별요인은 거래사례 아파트 대비 분양예정 아파트(10층 1호)가 5% 우세
2. 인근지역 고층아파트의 경과연수별 아파트시세 비율

경과연수	2년 이하	2년 초과 5년 이하	5년 초과 10년 이하	10년 초과 20년 이하	20년 초과
아파트시세 비율	100	85	70	65	60

3. 거래시점 이후 3·30 종합부동산대책의 영향으로 인근지역 아파트가격 시세는 10% 하락한 것으로 조사됨

자료 10 기타

1. 추정 총 사업비: 사업에 소요되는 총 사업비는 230억원으로 추산함
2. P씨의 종전 자산가액은 조합 전체 종전 자산가액의 1%에 해당함
3. 비례율은 백분율로서 소수점 이하 셋째 자리에서 반올림하여 둘째 자리까지 표시할 것

[문제3] 감정평가사 L씨는 S법원으로부터 토지소유자와 지상 건물소유자 간에 발생한 분쟁으로 제기된 소송의 판결을 위한 토지사용료 산정을 의뢰받았다. 다음 자료를 활용하여 적정 토지사용료를 구하시오. (10점)

자료 1 감정평가 의뢰내용

1. 토지

소재지	지번	지목	면적(㎡)	용도지역
S시 Y동	30	대	600	일반상업지역

2. 건물

소재지	지번	구조	면적(㎡)	용도
S시 Y동	30	철골조 철판지붕 단층	400	아파트 모델하우스

3. 가격시점: 2006.8.27.
4. 평가할 사항: 가격시점으로부터 향후 1년간 토지사용료

자료 2 현장조사 내용

1. 평가대상토지는 광대로에 접하며 세로장방형 평지
2. 인근지역은 노선을 따라 업무용 빌딩, 백화점, 병원 등이 소재
   도로 후면은 소규모 점포 및 주택 등이 혼재
3. 유사토지의 적정 임대사례를 찾지 못함
4. 건물은 최근 신축 · 건축비용은 3억원

자료 3 인근지역 공시지가 표준지 현황

공시기준일: 2006.1.1. 기준

일련번호	소재지	지번	면적(㎡)	지목	이용상황	용도지역	도로교통	형상지세	공시지가 (원/㎡)
1	S시 Y동	15	550	대	상업나지	일반상업지역	소로각지	가장형평지	1,000,000
2	S시 Y동	25	15,000	대	아파트	일반상업지역	광대한면	세장형평지	750,000
3	S시 Y동	70	180	대	단독주택	일반상업지역	소로한면	정방형평지	700,000
4	S시 Y동	95	750	대	업무용	일반상업지역	광대소각	가장형평지	1,400,000

※ 표준지 일련번호 1과 4는 도시계획시설 '도로'에 각각 25%, 30%가 저촉되며, 표준지공시지가 산정시 적용된 도시계획시설 '도로'의 공법상 제한 감안율은 15%임

자료 4 S시 지가변동률

기간	용도지역 상업지역(%)
2006년 6월	0.005
누계(2006년 1월 ~ 6월)	1.200

자료 5 개별요인비교

대상토지	표준지 1	표준지 2	표준지 3	표준지 4
100	75	55	50	110

※ 상기 요인비교에 공법상 제한은 고려되지 않았음

자료 6 기대이율 적용 기준율표

토지용도 (최유효이용)		실제이용상황		
		최유효이용	임시적 이용	나지
상업용지	업무·판매시설	7~10%	4~6%	3~4%
	근린생활시설(주택·상가 겸용 포함)	5~8%	3~4%	2~3%
주거용지	아파트·연립·다세대	4~7%	2~4%	1~2%
	다중·다가구주택	3~6%	2~3%	1~2%
	일반단독주택	3~5%	1~3%	1~2%
공업용지	아파트형 공장	4~7%	2~4%	1~2%
	기타 공장	3~5%	1~3%	1~2%
농지	경작여건이 좋고 수익성 있는 순수농경지	3~4%		
	도시근교 및 기타 농경지	2% 이내		
임지	조림지·유실수단지·죽림지	1.5% 이내		
	자연림지	1%		

자료 7 필요제경비

1. 필요제경비: 종합토지세 등 조세공과
2. 연간 조세부담액: 기초가격의 0.3%

자료 8 기타

1. 비교표준지 선정 및 기대이율 적용사유를 충분히 기술할 것
2. 범위로 된 기대이율의 적용시 범위의 중앙값으로 적용할 것

[문제4] 감정평가사 K씨는 (주)ABC로부터 도입기계에 대한 평가의뢰를 받고 다음과 같은 자료를 수집하였다. 도입기계의 평가액을 구하시오. (10점)

자료 1   감정개요

1. 평가대상: Lathe 1대
2. 가격시점: 2006.8.27.
3. 평가목적:「공장저당법」에 의한 담보평가

자료 2   평가기준

1. CIF, 원산지 화폐기준
2. 국내시장가격은 고려하지 않음
3. 대상기계의 내용연수는 15년, 내용연수 만료 시 잔가율은 10%

자료 3   외화환산율

적용시점	통화	해당 통화당 미(달러)	미$당 해당 통화	해당 통화당 한국(원)
2004년 7월	JPY	0.9140(100엔당)	119.4081	1,059.02(100엔당)
2004년 8월	JPY	0.9522(100엔당)	105.0198	1,059.02(100엔당)
2006년 8월	JPY	0.8735(100엔당)	114.4877	832.28(100엔당)

자료 4   기계가격보정지수

구분	국명 \ 연도	2005년	2004년
일반기계	미국	1.0000	1.0606
	영국	1.0000	1.0358
	일본	1.0000	0.9979
전기기계	미국	1.0000	0.9982
	영국	1.0000	0.9954
	일본	1.0000	0.9490

자료 5 수입신고서

수입신고서

(갑지)

(USD) 1,777.5200 (보관용)

①신고번호 11797-06-3000149	②신고일 2004/08/01	③세관.과 020-11	⑥입항일 2004/07/26	※ 처리기간 : 3일
④B/L(AWB)번호 EURFLH06803NC	⑤화물관리번호 06KMTCHN094-0021-008		⑦반입일 2004/07/28	⑧징수형태 11

⑨신 고 자 지평관세사무소(민경대)	⑭통관계획 D 보세구역장치후	⑱원산지증명서 유무 X	⑳총중량 5,487.0 KG
⑩수 입 자 (주) ABC (A.	⑮신고구분 A 일반P/L신고	⑲가격신고서 유무 Y	㉑총포장갯수 1 GT
⑪납세의무자 (에이비씨-1-01-1-01-1/220-04-75312) (주소) 서울 중구 충무로 1가 123 (상호) (주) ABC (성명) 홍길동	⑯거래구분 11 일반형태수입	㉒국내도착항 INC 인천항	㉓운송형태 10-FC
⑫무역대리점	⑰종류 K 일반수입(내수용)	㉔적출국 JP (JAPAN)	
⑬공 급 자 AGEHRA VELVET (CO LTD) JPAGE0002A(JP)		㉕선기명 LONG HE(CN)	
	㉖MASTER B/L 번호		㉗운수기관부호

㉘검사(반입)장소 02011123-060039603A (대한통운국제물류)

● 품명·규격 (란번호/총란수: 1/1)

㉙품 명 LATHE FOR REMOVING METAL	㉛상 표 NO
㉚거래품명 LATHE	

㉜모델·규격	㉝성분	㉞수량	㉟단가(USD)	㊱금액(USD)
LATHE (NUMERICALLY CONTROLLED)		1 U	100,000	100,000

㊲세번부호	8458.11-0000	㊴순중량	5,000.0 KG	㊷C/S 검사		㊹사후확인기관
㊳과세가격(CIF)	$ 100,000	㊵수 량	1 U	㊸검사변경		
	₩ 117,752,250	㊶환급물량	1.000 GT	㊻원산지표시	JP-Y-Z-N	㊼특수세액

㊽수입요건확인 (발급서류명)						

㊾세종	㊿세율(구분)	51감면율	52세액	53감면분납부호	감면액	*내국세종부호
관	8.00(A 기가)	50.000	4,710,080	A09500010401	4,710,080	
농	20.00(A)		942,016			
부	10.00(A)		12,340,409			

53결제금액(인도조건-통화종류-금액-결제방법)	CIF - USD		100,000 LS	56환 율	1,177.5200
54총과세가격	$ 100,000	56운임	942,016	58가산금액		61납부번호	----------------
	₩ 117,752,250	57보험료	17,662	59공제금액		64부가가치세과표	123,404,096

60세 종	61세 액	※관세사기재란	65세관기재란
관 세	4,710,080		
특 소 세			
교 통 세			
주 세			
교 육 세			
농 특 세	942,010		
부 가 세	12,340,400		
신고지연가산세			
미신고가산세			
62총세액합계	17,992,490	66담당자	67접수일자	68수리일자

업태 : 종목 : 세관·과 : 020-11 신고번호 : 11797-06-3000149

자료 6 부대비용

1. 관세, 농어촌특별세, 부가가치세 및 관세감면율: 도입시점과 동일
2. 설치비: 도입가격의 1.5%
3. L/C 개설비 등 기타 부대비용: 도입가격의 3%
4. 운임 및 보험료: 도입시점과 동일

자료 7 정률법에 의한 잔존가치율

연간감가율 내용연수 경과연수	0.206 10	0.189 11	0.175 12	0.162 13	0.152 14	0.142 15	0.134 16	0.127 17	0.120 18	0.114 19	0.109 20
1	9/0.794	10/0.811	11/0.825	12/0.838	13/0.848	14/0.858	15/0.866	16/0.873	17/0.880	18/0.886	19/0.891
2	8/0.630	9/0.657	10/0.680	11/0.702	12/0.719	13/0.736	14/0.749	15/0.762	16/0.774	17/0.784	18/0.793
3	7/0.500	8/0.533	9/0.561	10/0.588	11/0.609	12/0.631	13/0.649	14/0.665	15/0.681	16/0.695	17/0.707
4	6/0.397	7/0.432	8/0.463	9/0.493	10/0.517	11/0.541	12/0.562	13/0.580	14/0.599	15/0.616	16/0.630
5	5/0.315	6/0.350	7/0.382	8/0.413	9/0.438	10/0.464	11/0.487	12/0.507	13/0.527	14/0.545	15/0.561
6	4/0.250	5/0.284	6/0.315	7/0.346	8/0.371	9/0.398	10/0.421	11/0.442	12/0.464	13/0.483	14/0.500
7	3/0.196	4/0.230	5/0.260	6/0.290	7/0.315	8/0.341	9/0.365	10/0.386	11/0.408	12/0.428	13/0.445
8	2/0.157	3/0.187	4/0.214	5/0.243	6/0.267	7/0.293	8/0.316	9/0.337	10/0.359	11/0.379	12/0.397
9	1/0.125	2/0.151	3/0.177	4/0.203	5/0.226	6/0.251	7/0.273	8/0.294	9/0.316	10/0.336	11/0.353
10	0.1	1/0.123	2/0.146	3/0.170	4/0.192	5/0.226	6/0.224	7/0.257	8/0.278	9/0.298	10/0.315
11		0.1	1/0.120	2/0.143	3/0.163	4/0.192	5/0.195	6/0.224	7/0.245	8/0.264	9/0.280
12			0.1	1/0.119	2/0.138	3/0.163	4/0.171	5/0.195	6/0.215	7/0.233	8/0.250
13				0.1	1/0.117	2/0.138	3/0.149	4/0.171	5/0.189	6/0.207	7/0.223
14					0.1	1/0.117	2/0.130	3/0.149	4/0.167	5/0.183	6/0.198
15						0.1	1/0.115	2/0.130	3/0.146	4/0.162	5/0.177
16							0.1	1/0.113	2/0.129	3/0.144	4/0.157
17								0.1	1/0.113	2/0.127	3/0.140
18									0.1	1/0.113	2/0.125
19										0.1	1/0.111
20											0.1

[문제5] Y시로부터 보상평가를 의뢰받고 다음과 같은 자료를 수집하였다. 보상평가 관련 제규정에 의하여 적정 보상평가액을 산정하시오. (10점)

자료 1 감정개요

1. 사업명: 근린공원조성사업
2. 평가대상
   (1) 주택(토지는 시유지)

소재지	지번	건물구조	면적(㎡)	신축일자
Y시 K동	10	목조 기와지붕 단층(한식구조)	100	1986.1.31.

   (2) Y시 K동 12번지 지상 배나무 50주(근원경 10, 수고 4)

3. 사업인정 고시일: 2006.2.5.
4. 가격시점: 2006.8.27.

자료 2 해당 공공사업의 이주대책

1. 해당 공공사업에 편입된 주거용 건물소유자에 대해 주택입주권 부여
2. 주택입주권 가치: 30,000,000원

자료 3 이전공사비율

공사비내역 구조 및 용도	신축공사비 (원/㎡)	이전공사비율				내용 연수
		해체공사	운반공사	보충자재	재축공사	
목조한식지붕틀 한식기와잇기 주택	630,000	0.142	0.030	0.168	0.538	45
목조지붕틀 시멘트기와잇기 주택	549,000	0.114	0.023	0.169	0.589	35
철골조철골지붕틀 컬러피복철판잇기 공장	524,000	0.168	0.014	0.170	0.502	35
통나무구조 - 풀너치방식 주택 -	988,000	0.086		0.064	0.277	45
통나무구조 - 포스트앤빔 주택 -	943,000	0.094		0.097	0.273	45
스틸하우스 - 주택 -	865,000	0.139	0.021	0.212	0.388	40

자료 4 해당 공공사업지구 내 주택거래사례

1. 사례물건: Y시 K동 15번지 주택(토지는 시유지)
2. 사례건물 내용

건물구조	면적(m²)	신축일자
목조 기와지붕 단층(한식구조)	105	1985.12.5.

3. 거래가격: 80,000,000원
4. 거래시점: 2006.5.1.(거래 이후 인근지역 주택가격 변동은 없음)
5. 건물개별요인 비교치(면적비교 제외): 0.95

자료 5 이식비 품셈표

규격	굴취		운반	상하차비 (원)	식재		재료비	부대 비용	수익액 (원)	수목가격 (원)
	조경공	보통인부			조경공	보통인부	(굴취비 + 식재비)의 10%	전체 이식비의 20%		
H2.0R6	0.11	0.01	0.008	357	0.11	0.07			10,000	55,000
	조경공	보통인부			조경공	보통인부	(굴취비 + 식재비)의 10%	전체 이식비의 20%		
H3.0R8	0.19	0.02	0.015	1,017	0.23	0.14			15,000	80,000
	조경공	보통인부			조경공	보통인부	(굴취비 + 식재비)의 10%	전체 이식비의 20%		
H4.0R10	0.30	0.04	0.030	2,000	0.40	0.25			20,000	120,000

자료 6 수목이식 관련 자료

1. 정부노임단가: 조경공 45,000원, 보통인부 30,000원
2. 구역화물자동차 운임: 43,000원(4.5t, 30Km 내)

자료 7 수종별 이식적기 및 고손율

구분	이식적기	고손율	비고
일반사과	2월 하순 ~ 3월 하순	15% 이하	
왜성사과	2월 하순 ~ 3월 하순, 11월	20% 이하	
배	2월 하순 ~ 3월 하순, 11월	10% 이하	
복숭아	2월 하순 ~ 3월 하순, 11월	15% 이하	
포도	2월 하순 ~ 3월 하순, 11월	10% 이하	그 밖의 수종은 유사수종에 준하여 적용
감귤	6월 장마기, 11월, 12월 ~ 3월 하순	10% 이하	
감	2월 하순 ~ 3월 하순, 11월	20% 이하	
밤	11월 상순 ~ 12월 상순	20% 이하	
자두	2월 하순 ~ 3월 하순, 11월	10% 이하	
호두	2월 하순 ~ 3월 하순, 11월	10% 이하	
살구	2월 하순 ~ 3월 하순, 11월	10% 이하	

[문제6] 대지권이 미등기된 구분건물이 경매평가로 의뢰된 경우에 다음에 대하여 약술하시오. (5점)

물음1) 평가처리방법

물음2) 물음1)과 같이 평가처리하는 이유

물음3) 감정평가서에 기재해야 할 사항

2007년 제18회 감정평가실무 기출

> **공통 유의사항**
> 1. 각 문제는 해답 산정 시 산식과 도출과정을 반드시 기재
> 2. 단가는 관련 규정에서 정하고 있는 사항을 제외하고 천원 미만은 절사, 그 밖의 요인 보정치는 소수점 셋째 자리 이하 절사

[문제1] 감정평가사 '甲'은 아래 부동산에 대한 평가의뢰를 받고 감정평가가격을 산정하고자 한다. 주어진 자료를 활용하여 아래의 물음에 답하시오. (35점)

물음1) 표준지공시지가를 기준으로 하여 토지가격을 산정하시오.

물음2) 거래사례를 활용하여 토지가격을 산정하시오.

물음3) 조성사례를 활용하여 토지가격을 산정하시오.

물음4) 임대사례를 활용하여 토지가격을 산정하시오.

물음5) 토지가격을 결정하고 원가법을 적용하여 건물가격을 결정한 후 대상부동산의 감정평가가격을 구하시오.

자료 1 대상부동산의 개황

소재지	A시 B구 C동 197번지
평가목적	일반거래
가격시점	2007.8.26.

토지에 관한 사항
- 지역개황: 평가대상토지는 주간선도로와 연계되는 보조간선도로변에 소재하며, 인근지역은 현재 상권이 잘 형성되어 있는 성숙한 노선상가지대임
- 용도지역: 제3종일반주거지역
- 접면도로상태: 남측으로 15m 도로에, 동측으로 2m 정도의 골목길에 양면 접함
- 지목: 대, 면적: 500㎡
- 형상, 고저: 세장형, 평지
- 약 35㎡는 도시계획시설 도로에 저촉됨

건물에 관한 사항
- 구조, 면적: 철근콘크리트조 슬래브지붕 10층 근린생활시설, 1,200㎡
- 준공일자: 1996.9.20.
- 건물증축: 11층 60㎡(구조 - 적벽돌조 슬래브지붕, 용도 - 직원숙소)
- 증축일자: 2003.5.3.
- 건물 총공사비: 670,000,000원(공사비 중 50,000,000원은 기초 터파기공사 시 예상치 못한 지하암반 노출로 이를 제거하는 데 소요된 공사비임)
- 부대설비: 냉난방설비, 승강기, 화재탐지설비
- 증축부분을 제외한 기존 건물은 관리상태가 다소 불량하여 3년 정도의 관찰감가를 요함

자료 2 인근 표준지공시지가(공시기준일: 2007.1.1.)

(단위: 원/㎡)

기호	소재지	지번	면적(㎡)	이용상황	용도지역	도로교통	형상지세	주위환경	공시지가
1	C동	10	510	상업용	3종일주	중로한면	세장형 평지	미성숙 상가지대	970,000
2	C동	20	483	업무용	3종일주	중로각지	정방형 평지	성숙중인 상가지대	1,030,000
3	C동	30	451	상업나지	3종일주	중로한면	가장형 평지	노선상가 지대	1,100,000
4	C동	40	3,135	상업용	3종일주 근린상업	중로각지	세장형 평지	노선상가 지대	1,050,000
5	C동	80	420	상업나지	3종일주	소로각지	정방형 평지	번화한 상가지대	1,000,000

자료 3 지가변동률

용도지역별, 이용상황별 지가변동률   (단위: %)

구분	상업지역	주거지역	대		기타
			상업용	주거용	
2005년	2.378	3.193	1.154	2.156	3.004
2006년	1.268	2.158	1.487	1.389	1.167
2007년 1월	0.045	0.136	0.327	0.841	0.324
2007년 2월	0.069	0.519	0.423	0.346	0.813
2007년 3월	0.148	0.328	0.238	0.518	0.193
2007년 4월	0.085	0.137	0.327	0.542	0.426
2007년 5월	0.043	0.420	0.409	0.209	0.823
2007년 6월	0.166	0.256	0.178	0.218	0.204

※ 2005년도와 2006년도의 지가는 연중 균등하게 상승하였다.

자료 4 생산자물가지수

2006년 1월	105.3	2006년 7월	107.6	2007년 1월	108.9
2006년 2월	105.8	2006년 8월	107.5	2007년 2월	109.3
2006년 3월	106.7	2006년 9월	107.9	2007년 3월	108.7
2006년 4월	106.3	2006년 10월	108.1	2007년 4월	108.6
2006년 5월	106.9	2006년 11월	108.0	2007년 5월	109.0
2006년 6월	107.3	2006년 12월	108.4	2007년 6월	109.6

자료 5 토지개별요인

1. 형상별 개별요인표

가장형	정방형	세장형
1.00	0.95	0.93

2. 도시계획 저촉 여부에 따른 개별요인표

미저촉	저촉
1.00	0.85

자료 6 사례자료

구분	거래사례 사례 1	거래사례 사례 2	조성사례 사례 1	임대사례 사례 1
용도지역	3종일주	3종일주	3종일주	3종일주
비교치 (대상지/사례지)	1.05	1.23	0.97	0.97
건물구조 등	철근콘크리트조 슬래브지붕 11층	철근콘크리트조 슬래브지붕 20층	-	철근콘크리트조 슬래브지붕 13층
용도	판매시설	사무실		근린생활시설
부대설비	승강기 화재탐지설비 스프링클러 냉난방설비	승강기 화재탐지설비 냉난방설비 스프링클러		승강기 화재탐지설비 냉난방설비 스프링클러 주차타워
내용연수	주체부분: 40년 부대설비: 20년	주체부분: 40년 부대설비: 20년		주체부분: 40년 부대설비: 20년
준공시점	1998.9.27.	2003.10.17.	2006.1.1.	2001.8.5.
거래시점	2007.1.13.	2006.12.16.	2006.7.13.	-
사례의 특징	거래가격을 분석한 결과 통상적인 건물 감정평가액보다 10% 높은 금액으로 거래된 것으로 판단됨	정상거래	토지매입비: 900,000,000원 조성공사비: 400,000,000원 공사비는 공사시점(2004.1.1.)에 1/2 지급, 2005.1.1에 1/2지급 판매관리비 및 부대비용: 조성 공사비의 20%(준공시점에 지급) 토지매입시점: 2003.1.1. 공사착공시점: 2004.1.1. 공사준공시점: 2006.1.1. 공사비 등은 표준적이며 시장 이자율은 연 8% 적용	-
토지·건물의 규모	대지: 505㎡ 건물연면적: 1,232㎡	대지: 1,231㎡ 건물연면적: 2,328㎡	대지: 1770㎡ 건물연면적: 3321㎡	대지: 550㎡ 건물연면적: 1200㎡
거래가격	1,235,000,000원	2,860,000,000원	-	-

자료 7 임대사례 내역: 최근 1년간 임대내역 및 필요제경비

(단위: 원)

지출항목(연간)		수입항목(연간)	
유지관리비	6,000,000	보증금 운용익	10,000,000
제세공과금	8,000,000	임대료 수입	144,000,000
손해보험료	3,000,000	주차료 수입	14,000,000
대손상각액	15,000,000		
공실손실상당액	2,000,000		
장기차입이자	1,500,000		

※ (주) 1) 손해보험료는 소멸성임
　　　2) 감가상각비는 별도 계산을 요함

자료 8 건물신축단가

구분	재조달원가(원)	내용연수	잔가율
철근콘크리트조	600,000	40년	10%
적벽돌조 슬래브	510,000	35년	10%

자료 9 건물부대설비 보정단가

부대설비 구분	적용단가	비고
승강기	50,000원/㎡	12층 미만
	60,000원/㎡	12층 이상
화재탐지설비	4,000원/㎡	
스프링클러	6,000원/㎡	
냉난방설비	65,000원/㎡	
주차타워	150,000,000원/식	12층 미만
	180,000,000원/식	12층 이상

자료 10 건물부대설비 보정단가

1. 토지의 환원이율: 연 8%
2. 건물의 삼각 후 세공제 전 환원이율: 연 10%
3. 단가는 백원 단위에서 반올림하여 천원 단위까지 구함
4. 지가변동률 산정 시 미고시 기간은 직전 월의 변동률을 연장 적용하며, 백분율로 소수점 넷째 자리에서 반올림할 것
5. 비교표준지 선정 시 도로조건에 유의할 것

[문제2] 감정평가사 K는 H은행 B지점으로부터 담보감정평가를 의뢰받고 사전조사 및 실지조사를 통하여 다음과 같은 자료를 수집·정리하였다. 제시된 자료를 활용하여 아래의 물음에 답하시오. (30점)

물음1) 담보물건에 대한 평가를 하는 감정평가사와 그가 소속된 감정평가업자가 준수하여야 할 사항을 5가지 이상 간략히 설명하시오. (5점)

물음2) 대상부동산의 등기부상 권리내역을 분석하고 H은행이 대출 가능금액을 판단하는데 필요한 사항을 기술하시오. (4점)

물음3) 감정의 목적을 감안하여 다음 순서에 따라 대상부동산의 감정평가가격을 구하시오. (16점)
  (1) 토지가격 산정
  (2) 건물가격 산정
  (3) 대상부동산의 감정평가가격

물음4) 위 '물음3)'의 순서에 따라 작성된 감정평가서를 발송하기 전에 미리 심사(검토)하여야 할 사항을 5가지 이상 기술하시오. (5점)

자료 1 감정평가의 기본적 사항

1. 감정평가 의뢰물건: 경기도 A시 B구 C동 321-12 소재 토지 및 건물
2. 감정평가 의뢰일자: 2007.8.20.
3. 현장조사일자: 2007.8.23. ~ 2007.8.25.
4. 감정평가서 작성일자: 2007.8.26.

자료 2 실지조사결과 확인내용

1. 토지: 대상토지 남측에 접한 321-3(잡)은 시설녹지이며 지상에는 3미터 높이의 조경수목이 밀식되어 있음
2. 건물
   (1) 이용상황: 지층 - 창고, 1층 - 근린생활시설(소매점), 2층 - 다가구주택(2가구), 3층 - 다가구주택(1가구)
   (2) 지층 및 1, 2층의 면적은 공부와 일치하나, 3층 부분의 실제면적은 60㎡임
   (3) 지상층에는 위생설비가 되어 있고, 2층과 3층에는 도시가스에 의한 개별난방설비가 되어 있음

3. 임대차내역: 임대차내역은 아래와 같이 조사됨

구분	임대차내역	비고
지층 및 1층	전체를 소유자가 이용 중임	
2층	201호: 김갑동(보증금 65,000,000원) 202호: 이을동(보증금 60,000,000원)	전체 임대
3층	박병동(보증금 50,000,000원)	전체 임대

자료 3 인근의 공시지가 표준지 현황(공시기준일: 2007.1.1.)

일련번호	소재지	면적(㎡)	지목	이용상황	용도지역	도로교통	형상 및 지세	공시지가(원/㎡)
1	C동 313-2	300	대	주·상 복합용지	제1종일반주거지역	세로한면	가장형 평지	2,000,000
2	C동 320-8	230	대	주·상 복합용지	제1종일반주거지역	소로각지	가장형 평지	2,250,000
3	C동 321-2	260	대	주·상 복합용지	제1종일반주거지역	세로한면	가장형 평지	2,150,000
4	C동 350-5	250	대	주거용지	제1종일반주거지역	소로한면	부정형 평지	1,800,000

자료 4 지가변동률

구분	상업지역	주거지역	녹지지역
2007년 6월 (1~6월 누계)	0.015% (1.421%)	0.246% (1.373%)	0.322% (1.537%)

자료 5 토지에 대한 지역요인 평점

구분	대상토지	공시지가 표준지
평점	100	100

자료 6 토지에 대한 개별요인 평점

구분	대상토지	공시지가 표준지 1	공시지가 표준지 2	공시지가 표준지 3	공시지가 표준지 4
평점	100	95	105	96	90

자료 7 기타요인자료

1. 인근지역의 평가사례

소재지	평가목적	가격시점	평가액(원/㎡)	비고
B구 C동 318-6	담보	2007.7.29.	2,170,000	적정가격으로 판단됨

※ 평가대상토지와 인근 평가사례의 개별요인은 대등함

2. 대상토지와 유사한 이용가치를 지닌 인근 토지의 가격시점 현재 적정 지가수준은 2,150,000원/㎡ ~ 2,250,000원/㎡ 정도임

자료 8 건물 표준단가(가격시점 현재)

분류번호	용도	구조	급수	표준단가 (원/㎡)	내용연수
2-3-5-2	다가구주택	철근콘크리트조 경사슬래브지붕	3	800,000	50년
4-1-5-7	점포 및 상가	철근콘크리트조 경사슬래브지붕	4	600,000	50년

※ (주) 지하부분의 재조달원가는 1층 표준단가의 70%를 적용함

자료 9 건물 부대설비 보정단가(가격시점 현재)

1. 위생설비: 근린생활시설 - 20,000원/㎡, 일반주택 및 다가구주택 - 40,000원/㎡
2. 난방시설(유류 및 도시가스 온수식): 일반주택 및 다가구주택 - 50,000원/㎡

자료 10 평가대상 부동산의 공부

1. 토지이용계획확인서 내용: 제1종일반주거지역, 소로2류 접함
2. 지적도 등본 - 1부 첨부
3. 토지등기부등본 및 건물등기부등본 - 각 1부 첨부
4. 토지대장 - 1부 첨부
5. 일반건축물대장 - 1부 첨부

자료 11 유의사항

1. 시점수정치 산정 시 백분율로 소수점 넷째 자리에서 반올림할 것
2. 각 단계의 가격(금액) 산정 시 천원 미만은 절사할 것
3. 건물의 감가수정은 정액법으로 하여 만년감가하고 내용연수 만료 시 잔가율은 0%임
4. 비교표준지 선정 시 도로조건에 유의할 것
5. 기타요인 보정 시 산출근거를 제시할 것

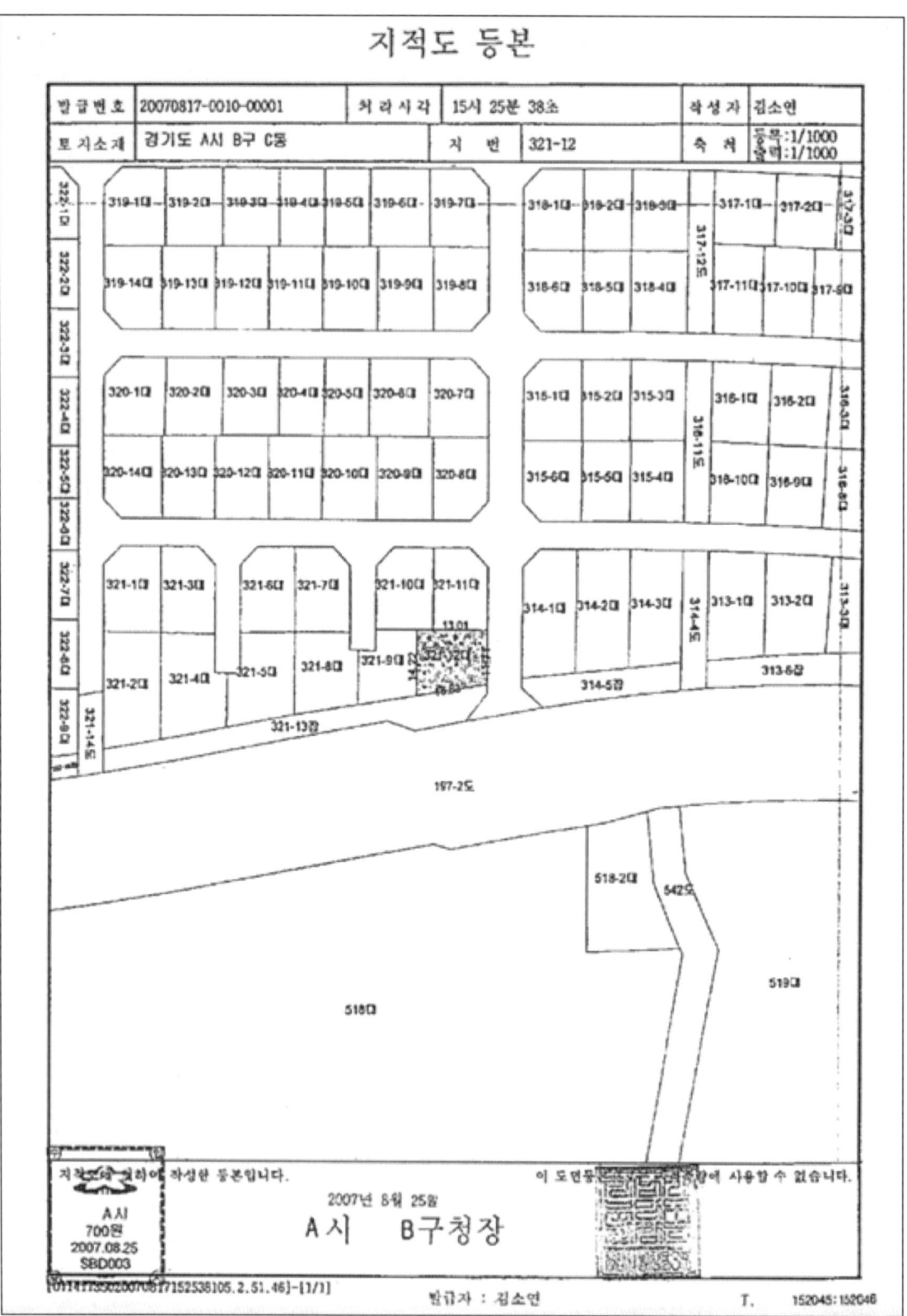

등기부 등본 (말소사항 포함) - 토지

고유번호 1356-1996-075718

[토지] 경기도 A시 B구 C동 321-12

[표 제 부] (토지의 표시)

표시번호	접 수	소 재 지 번	지 목	면 적	등기원인 및 기타사항
1 (전 3)	1995년 8월 28일	경기도 A시 B구 C동 321-12	대	215.8㎡	부동산등기법 제177조의 6 제1항의 규정에 의하여 2001년 01월 03일 전산이기

[갑 구] (소유권에 관한 사항)

순위번호	등 기 목 적	접 수	등 기 원 인	권리자 및 기타사항
1 (전 3)	소유권이전	1996년 3월 20일 제35222호	1993년 4월 29일 매매	소유자 정○○ 4*****-******* A시 B구 C동 321-12 부동산등기법 제177조의 6 제1항의 규정에 의하여 2001년 01월 03일 전산이기
2	소유권이전	2001년 5월 28일 제36934호	2001년 4월 24일 매매	소유자 이○○ 5*****-******* A시 B구 C동 517 P아름 612-1502
3	소유권이전	2002년 11월 22일 제106047호	2002년 9월 20일 매매	소유자 박○○ 6*****-******* A시 B구 C동 526 P아름 707-403

문서 하단의 바코드를 스캐너로 확인하거나, 인터넷등기소(http://www.iros.do.kr)의 발급확인 메뉴에서 발급확인번호를 입력하여 위·변조 여부를 확인할 수 있습니다. 발급확인번호는 발행일부터 3개월까지 5회에 한하여 가능합니다.

발행번호 13520013506197084937109F670109F5724D0H115B00111122   1/2   발급확인번호 ANKA-HGNJ-7185

발행일 2007/08/25

[토지] 경기도 A시 B구 C동 321-12

고유번호 1356-1996-075718

【을 구】 (소유권 이외의 권리에 관한 사항)

순위번호	등기목적	접수	등기원인	권리자 및 기타사항
1	근저당권설정	2007년7월27일 제46678호	2007년7월27일 설정계약	채권최고액 금338,000,000원 채무자 경기도 A시 B구 C동 526 P아파트 707-403 근저당권자 IBK은행 110136-0027690 서울특별시 K구 S동 75 (B지점) 공동담보 건물 경기도 A시 B구 C동 321-12

-- 이 하 여 백 --

관할등기소 S지방법원 A지원 8등기소

이 등본은 부동산 등기기록의 내용과 틀림 없음을 증명합니다.

서기 2007년 8월 25일

법원행정처 등기정보중앙관리소   전산운영책임관   강한수

수수료 1,000원 영수함

발행등기소 S지방법원 A지원 8등기소 / 발행등기소

발행확인번호 ANKJ-HKGNJ-7185   2/2   발행일 2007/08/25

등기부 등본 (말소사항 포함) - 건물

고유번호 1356-1996-076170

[전유] 경기도 A시 B구 C동 321-12

[표 제 부] (전물의 표시)

표시번호	접 수	소재지번 및 건물번호	건 물 내 역	등기원인 및 기타사항
1 (전 1)	1997년2월14일	경기도 A시 B구 C동 321-12	철근콘크리트조 경사슬라브지붕 주택 및 근린생활시설 지층 106.70㎡ 1층 106.70㎡ 2층 107.48㎡ 3층 107.48㎡	부동산등기법 제177조의 6 제1항의 규정에 의하여 2001년 01월 03일 전산이기

[갑 구] (소유권에 관한 사항)

순위번호	등 기 목 적	접 수	등 기 원 인	권 리 자 및 기 타 사 항
1 (전 1)	소유권보존	1997년2월14일 제19205호		소유자 권○○ 4******-******* A시 B구 C동 321-12 부동산등기법 제177조의 6 제1항의 규정에 의하여 2001년 01월 03일 전산이기
2	소유권이전	2001년5월28일 제35934호	2001년4월24일 매매	소유자 이○○ 5******-******* A시 B구 C동 517 PD1층 612-1502

문서 하단의 바코드는 스캐너용 파일이거나, 인터넷등기소(http://www.iros.go.kr)의 발급확인 메뉴에서 발급확인번호를 입력하여 위·변조 여부를 확인할 수 있습니다. 발급확인번호를 통한 확인은 발행일부터 3개월까지 5회에 한하여 가능합니다.

발행번호 13520013506197008601096017150B0761524D0H17049011122   1/3   발급확인번호 ANKA-RGNI-1709   발행일 2007/08/25

[건물] 경기도 A시 B구 C동 321-12   고유번호 1356-1996-076170

순위번호	등 기 목 적	접 수	등 기 원 인	권 리 자 및 기 타 사 항
3	소유권이전	2002년11월22일 제106947호	2002년9월20일 매매	소유자 박○○ 6******-******* A시 B구 C동 526 P아을 707-403

【 을   구 】   (소유권 이외의 권리에 관한 사항)

순위번호	등 기 목 적	접 수	등 기 원 인	권 리 자 및 기 타 사 항
1	근저당권설정	2007년7월27일 제46678호	2007년7월27일 설정계약	채권최고액 금336,000,000원 채무자 경란동 경기도 A시 B구 C동 526 P아을 707-403 근저당권자 (BK은행) 110136-0027690 서울특별시 K구 S동 75 (B지점) 공동담보 토지 경기도 A시 B구 C동 321-12

[열람] 경기도 시 B구 C동 321-12
수수료 1,000원 영수함

고유번호 1356-1996-076170
수입증지 S지방법원 S지원 B등기소

관할등기소   S지방법원 S지원 B등기소 / 발행등기소

이 등본은 부동산 등기부의 내용과 틀림 없음을 증명합니다.

서기 2007년 8월 25일

법원행정처 등기정보중앙관리소

전산운영책임관   강한수

* 실선으로 부분은 말소사항을 표시함. * 등기부에 기록된 사항이 없는 갑구 또는 을구는 생략함.
문서 하단의 바코드를 스캔하시거나, 인터넷등기소(http://www.iros.go.kr)의 발급확인 메뉴에서 발급확인번호를 입력하여
위·변조 여부를 확인할 수 있습니다. 발급확인번호는 발행일부터 3개월까지 5회에 한하여 가능합니다.

발행번호 13320013506197008601096017154B0761524DCH470490111122   3/3   발급확인번호 ANKA-HGNI-1709   발행일 2007/08/25

고유번호	4113510700-10321-0012			도면번호	26	발급번호	20070817-0192-0001
토지소재	경기도 A시 B구 C동			장 번 호	1-1	처리시간	15시 22분 00초
지 번	321-12	축 척	수치	비 고		작 성 자	김소연

토 지 표 시

지 목	면 적(㎡)	사 유		
(08) 대	*215.8 (62) 1995년 8월 3일 구획정리 완료 --- 이하 여백 ---	1995년 8월 3일 변경		

소 유 자

변 동 일 자	주 소	
변 동 원 인	성명 또는 명칭	등록번호
2002년 11월 22일 (03)소유권이전	526 P아파트 707-103 박○○ --- 이하 여백 ---	6******-1******

등 급 수 정 연 월 일	1995년 8월 3일 설정	2002년 1월 1일	2003년 1월 1일	2004년 1월 1일	2005년 1월 1일	2006년 1월 1일	2007년 1월 1일	용도지역 등
토 지 등 급 (기준수확량등급)	221							
개별공시지가기준일		2002년 1월 1일						
개별공시지가(원/㎡)	721,000		793,000	1,170,000	1,470,000	1,840,000	2,020,000	

토지대장에 의하여 작성한 등본입니다.

2007년 8월 25일

경기도 A시 B구청장

[2007081715220020070817019200010011]
A시
500원
2007.08.25
SBD003
S0035:113037

일반건축물대장(갑)

고유번호	4113510700-1-03210012			장번호	1-1
대지위치	경기도 A시 B구 C동	지번	321-12	장번호	1-1

				특이사항	
대지면적	428.36㎡	지역	일반주거지역(도시계획)	지구	
연면적	215.8㎡	주구조	철근콘크리트조	주용도	주택 및 근린생활시설
건축면적	107.48㎡	높이	10.5m	층수	1 층/지상 3 층
건폐율	49.97%	용적률	149.05%	지붕	부속건축물

건축물현황

구분	층별	구조	용도	면적(㎡)
주	지층	철근콘크리트조	근린생활	63.92
주	지층	철근콘크리트조	대피소	42.78
주	1층	철근콘크리트조	근린생활시설	106.7
주	2층	철근콘크리트조	다가구주택(2가구)	107.48
주	3층	철근콘크리트조	다가구주택(1가구)	107.48
		- 이하 여백 -		

소유자현황

성명(명칭) 주민등록번호 (부동산등기용등록번호)	주소	소유권 지분	변동일자 변동원인
김○○ ******-1*******	321-12		1997.02.14 소유권보존
이○○ ******-4*******	517,P아울 602-시502		2001.06.28 소유권이전
박○○ ******-5*******	526 P아울 707-403		2002.11.22 소유권이전
유○○ ******-1*******			
	- 이하 여백 -		

이 등(초)본은 건축물대장의 원본내용과 틀림없음을 증명합니다.

2007년 08월 25일

경기도 A시

고유번호	4113510700-1-03210012				장번호	2-1
구 분	성명 또는 명칭		면허(등록)번호		대지위치	1996.08.08
건 축 주	김○○		4*****-*******		착공일자	1996.08.16
설 계 자	세진건축사사무소 박철호		******		사용승인일자	1996.12.26
공사감리자	세진건축사사무소 박철호				관련지번	
공사시공자	김○○		4*****-*******		기타기재사항	

구분	옥내	주차장	장소	옥외	자주식		비고
자주식		대	m²		대	m²	
기계식		대	m²		3대	34.5 m²	인 정
기계식		대	m²		대	m²	

변 동 사 항

변동일자	변동내용 및 원인	변동일자	변동내용 및 원인
2001.10.11	소유권이전		
2003.01.14	소유권이전		
	- 이하 여백 -		

[문제3] 경기도 태평시 남구 춘향동에 사는 K씨는 6년 전 자신의 주택이 근린공원 조성사업에 편입되어 손실보상을 받고 인접지로 이주하였다. 그 후 K씨가 새로 이주한 주택이 다시 ○○공사가 시행하는 택지개발사업지구에 편입되었다. 택지개발사업에 따른 기대심리로 사업지구 내의 토지가격이 상당히 상승하였고, 이와는 별도로 2006.12.20.자 정부의 도로사업(서울 - 태평고속화도로 건설공사) 계획발표로 인하여 사업지구를 포함한 인근 지역의 토지가격이 약 10% 상승하였다. 다음 자료를 활용하여 ○○공사가 K씨에게 지급하여야 할 토지 및 지장물의 총 보상금액을 산정하시오. (20점)

자료 1 택지개발사업 개요

1. 택지개발예정지구 지정일: 2004.6.22.
2. 택지개발계획 승인고시일: 2005.8.3.
3. 택지개발사업 실시계획인가일: 2006.3.8.
4. 보상평가 현장조사일: 2007.1.11. ~ 2007.1.20.

자료 2 편입대상물건의 상황

1. 토지
   (1) 소재지: 태평시 남구 춘향동 71, 대, 500㎡(토지대장상 면적)
   (2) 용도지역: 자연녹지지역
   (3) 기타제한: 군사시설보호구역, 도시계획시설 도로 저촉(저촉비율은 전체 면적의 약 15%)
   (4) 형상, 고저: 사다리, 완경사
   (5) 접면도로상태: 세로한면

2. 지장물

기호	용도	공부	현황	건축연도
1	주택	적벽돌조 슬래브 50㎡	시멘트벽돌조 슬래브 45㎡	1990.9.1.
2	주택	블록조 기와 18㎡	공부와 동일	1993.7.6.
3	축사	-	블록조 슬레이트 155㎡	1996.8.20. 무허가

자료 3 공시지가 표준지 현황

1. 택지개발사업지구 내 표준지

(단위: 원/㎡)

기호	소재지	지번	면적(㎡)	이용상황	용도지역	도로교통	형상지세	공법상 제한사항	2004년	2005년	2006년
1	춘향동	19	429	전	자연녹지	세로한면	세장형저지	군사시설보호구역 도로저촉	130,000	150,000	170,000
2	춘향동	33-1	530	단독	자연녹지	세로각지	부정형완경사	군사시설보호구역	160,000	175,000	195,000
3	춘향동	53	501	주거나지	자연녹지	세로한면	세장형평지	군사시설보호구역 광장저촉	150,000	180,000	198,000
4	춘향동	69	483	단독	자연녹지	세로(불)	사다리평지	-	155,000	175,000	187,000

2. 택지개발사업지구 외 인근지역 표준지

(단위: 원/㎡)

기호	소재지	지번	면적(㎡)	이용상황	용도지역	도로교통	형상지세	공법상 제한사항	2004년	2005년	2006년
1	춘향동	201	853	단독	자연녹지	세로한면	세장형저지	군사시설보호구역 도로저촉	145,000	148,000	151,000
2	춘향동	256	428	주거기타(교회)	자연녹지	세로각지	부정형평지	군사시설보호구역	150,000	153,000	158,000
3	춘향동	289	360	단독	자연녹지	세로한면	세장형완경사	군사시설보호구역 광장저촉	155,000	158,000	161,000
4	춘향동	321-3	411	주거나지	자연녹지	세로한면	사다리평지	-	150,000	153,000	155,000

자료 4 지가변동률

(단위: %)

구분	행정구역	상업지역	주거지역	녹지지역	공업지역
2005년	태평시 남구	2.945	3.051	2.365	2.197
2006년	태평시 남구	1.425	2.208	3.016	1.511
2007년 1월~3월 누계	태평시 남구	1.425	1.097	2.333	0.997
2007년 4월	태평시 남구	0.162	0.136	1.231	0.674
2007년 5월	태평시 남구	0.201	0.601	0.337	0.354
2007년 6월	태평시 남구	0.152	0.238	0.601	0.3784

자료 5 토지가격비준표(경기도 태평시)

1. 도시계획시설

미저촉	학교	도로
1.00	0.90	0.85

2. 공법상 제한상태

미저촉	군사시설 보호구역
1.00	0.75

자료 6 지역요인: 각 표준지와 대상지의 지역요인은 동일함

자료 7 개별요인

1. 접면도로

세로불	세로한면	세로각지
1.00	1.07	1.10

2. 형상

부정형	사다리	세장형	정방형, 가장형
1.00	1.05	1.08	1.10

3. 고저

완경사	평지	저지
1.00	1.05	1.01

자료 8 이전공사 항목(재조달원가 대비 비율)

기호	구분	노무비	해체비	이전비	자재비	폐자재 처분익	설치비	재조달원가 (원/㎡)	내용 연수
1	적벽돌 슬래브조 주택	0.213	0.157	0.138	0.213	0.086	0.160	680,000	40
2	시멘트벽돌조 슬래브 주택	0.207	0.143	0.135	0.208	0.053	0.168	520,000	35
3	블록조 기와주택	0.120	0.153	0.141	0.111	0.065	0.165	480,000	45
4	철골조 슬레이트 축사	0.123	0.137	0.135	0.116	0.031	0.167	120,000	15
5	블록조 슬레이트 축사	0.115	0.145	0.140	0.110	0.014	0.169	150,000	20

자료 9 유의사항

1. 지역요인과 개별요인의 비교수치는 각 세항목별로 소수점 셋째 자리에서 반올림하여 둘째 자리까지 표시한다.
2. 토지 및 지장물 적용단가는 100원 단위에서 반올림하여 1,000원 단위까지 표시한다.
3. 감가수정은 만년감가를 적용한다.

[문제4] 다음 자료를 활용하여 ○○주식회사의 2006년 12월 31일 현재 비상장주식의 1주당 가격을 평가하시오. (단, 원 미만은 반올림한다) (15점)

자료 1 평가대상 주식내용

구분	수권주식수	발행주식수	1주의 금액
○○주식회사 비상장주식	500,000주	300,000주	5,000원

자료 2 2006.12.31.자 ○○주식회사의 재무상태표는 다음과 같다.

(단위: 원)

차변		대변	
과목	금액	과목	금액
현금예금	550,000,000	외상매입금	400,000,000
유가증권	150,000,000	지급어음	600,000,000
외상매출금	500,000,000	미지급비용	150,000,000
받을어음	800,000,000	단기차입금	2,000,000,000
재고자산	200,000,000	대손충당금	16,000,000
선급비용	50,000,000	건물감가상각충당금	64,800,000
부도어음	100,000,000	기계기구감가상각충당금	1,606,500,000
토지	945,000,000	퇴직급여충당금	180,000,000
건물	900,000,000	자본금	1,500,000,000
기계기구	3,500,000,000	이익준비금	500,000,000
창업비	20,000,000	당기말미처분이익잉여금	697,700,000
합계	7,715,000,000	합계	7,715,000,000

자료 3 기말정리사항은 다음과 같다.

1. 유가증권은 130,000,000원으로 평가함
2. 매출채권 잔액에 대하여 2%를 대손충당금으로 설정함
3. 재고자산은 변동이 없음
4. 차입금에 대한 미지급이자가 30,000,000원 있음
5. 이미 지급한 보험료 중 기간 미경과된 금액이 20,000,000원임
6. 부도어음을 검토한 결과 50,000,000원은 회수불가능함
7. 퇴직금 관련 제규정에 따라 2006.12.31. 현재 퇴직급여충당금을 실징해야 하는 금액은 200,000,000원임
8. 창업비는 매년 상각하여 왔으며 이번 기에 미상각잔액 전부를 상각하여야 함
9. 가격시점 현재 토지의 평가금액은 1,260,000,000원이며, 건물과 기계기구의 평가 금액은 (자료 4) 및 (자료 5)를 활용하여 구함

자료 4 건물의 자료

1. 대상건물

구조	연면적	사용승인일	건축비(원/㎡)	건축비 검토결과
철근콘크리트조 슬래브지붕 3층건	1,800㎡	2001.12.31.	500,000	건축비는 표준적인 것으로 판단됨

2. 철근콘크리트구조 건물의 건축비지수

2002.1.	2003.1.	2004.1.	2005.1.	2006.1.	2007.1.
100	107	115	126	135	145

3. 철근콘크리트구조 건물의 경제적 내용연수는 50년이며, 내용연수 만료시 잔가율은 10%임

자료 5 기계기구의 자료

1. 가격시점 현재 기계기구의 재조달원가 총액은 3,800,000,000원이며 2001년 12월에 모두 신품을 구입하였음(모든 기계의 경제적 내용연수는 15년이며 감가수정 방법은 정률법에 의하고 잔가율은 10%로 함)

2. 정률법에 의한 잔존가치율표(잔존가치: 10%)

연간감가율 내용연수 경과연수	0.319 6	0.280 7	0.250 8	0.226 9	0.206 10	0.189 11	0.175 12	0.162 13	0.152 14	0.142 15
1	5/0.681	6/0.720	7/0.750	8/0.774	9/0.794	10/0.811	11/0.825	12/0.838	13/0.848	14/0.858
2	4/0.464	5/0.518	6/0.562	7/0.599	8/0.631	9/0.658	10/0.681	11/0.702	12/0.720	13/0.736
3	3/0.316	4/0.373	5/0.422	6/0.464	7/0.501	8/0.534	9/0.562	10/0.588	11/0.611	12/0.631
4	2/0.215	3/0.268	4/0.316	5/0.539	6/0.398	7/0.433	8/0.464	9/0.492	10/0.518	11/0.541
5	1/0.147	2/0.193	3/0.237	4/0.278	5/0.316	6/0.351	7/0.383	8/0.412	9/0.439	10/0.464
6	0.1	1/0.139	2/0.178	3/0.215	4/0.251	5/0.285	6/0.316	7/0.436	8/0.373	9/0.398
7		0.1	1/0.133	2/0.167	3/0.200	4/0.231	5/0.216	6/0.289	7/0.316	8/0.341
8			0.1	1/0.129	2/0.158	3/0.187	4/0.215	5/0.242	6/0.268	7/0.293
9				0.1	1/0.126	2/0.152	3/0.178	4/0.203	5/0.228	6/0.251
10					0.1	1/0.123	2/0.147	3/0.170	4/0.193	5/0.215
11						0.1	1/0.121	2/0.143	3/0.164	4/0.185
12							0.1	1/0.119	2/0.139	3/0.158
13								0.1	1/0.118	2/0.136
14									0.1	1/0.117
15										0.1

2008년 제19회 감정평가실무 기출

> **공통 유의사항**
> 1. 각 문제는 해답 산정 시 산식과 도출과정을 반드시 기재
> 2. 단가는 관련 규정에서 정하고 있는 사항을 제외하고 천원 미만은 절사, 그 밖의 요인 보정치는 소수점 셋째 자리 이하 절사

[문제1] 감정평가사 L씨는 택지개발예정지구로 지정고시된 지역의 보상에 대하여 중앙토지수용 위원회로부터 이의재결 평가를 의뢰받았다. 보상 관련 법규의 제규정 등을 참작하고 제시된 자료를 활용하여 보상액을 산정하시오. (40점)

물음1) 의뢰토지에 대한 가격시점 결정 및 비교표준지 선정사유를 설명하고, 기호 3을 제외한 나머지 토지의 보상감정평가액을 산정하시오.

물음2) 건물의 보상감정평가액을 산정하시오.

물음3) (자료 8)을 활용하여 아래 조건에 따라 영업손실보상액을 산정하되, 구체적인 산출 근거를 제시하시오.
(1) 영업허가를 득하고 영업장소가 적법인 경우
(2) 영업허가를 득하고 영업장소가 무허가건축물인 경우
(3) 무허가 영업이고 영업장소가 적법인 경우
(4) 무허가 영업이고 영업장소가 무허가건축물인 경우

자료 1 사업개요

1. 사업의 종류: ○○택지개발사업
2. 택지개발사업 예정지구 공람·공고일: 2006.4.5.
3. 택지개발사업 개발계획승인 고시일: 2007.10.24.
4. 추가 세목고시일: 2008.3.24.
5. 협의평가 가격시점: 2008.5.21.
6. 재결일: 2008.8.25.
7. 현장조사 완료일: 2008.9.21.
8. 이의재결시점: 2008.10.5.
9. 서울시 강남구, 동작구 및 성남시 수정구와 인접하고 있는 서울시 서초구는 해당 공익사업의 영향으로 지가변동률이 높게 나타나고 있음
10. 해당 사업지구의 용도지역이 기존에는 자연녹지(개발제한구역)였으나 공익사업시행에 따른 절차로서 제2종일반주거지역으로 변경되었음

자료 2 의뢰물건 내용

1. 토지조서

기호	소재지	면적(㎡) 공부	면적(㎡) 편입	지목	비고
1	서초구 신원동 210	450	350	대	
2	서초구 신원동 221	600	450	대	
3	서초구 신원동 230	2,000	2,000	임야	
4	서초구 신원동 240	900	900	전	

2. 지장물 조서

기호	소재지	물건의 종류	구조·규격	수량	비고
가	신원동 210	주택	시멘트벽돌조 슬래브지붕 단층	50㎡	20㎡ 편입
나	신원동 210	점포	블록조 슬레이트지붕 단층	40㎡	전부 편입
다	신원동 210	나라안경	-	1식	영업권

자료 3   인근지역의 표준지공시지가 현황

기호	소재지	면적(㎡)	지목	이용상황	용도지역	도로교통	형상지세	공시지가(원/㎡) 2007년	공시지가(원/㎡) 2008년
A	신원동 125	300	대	단독	제2종일반	소로한면	세장형 평지	900,000	950,000
B	신원동 130	900	전	전	제2종일반	세로가	부정형 완경사	600,000	650,000
C	신원동 산15	3,000	임야	토지임야	제2종일반	맹지	부정형 완경사	250,000	280,000
D	신원동 233	450	대	단독	개발제한	세로가	가장형 평지	500,000	600,000
E	신원동 245	450	대	주거나지	개발제한	세로가	세장형 평지	300,000	350,000
F	신원동 280	1,000	전	전	개발제한	세로(불)	부정형 평지	140,000	180,000
G	신원동 산100	3,000	임야	토지임야	개발제한	맹지	부정형 완경사	12,000	15,000

※ 표준지 A, D는 도시계획도로에 20% 저촉됨

자료 4   시점수정자료

1. 지가변동률
   (1) 서초구, 서울시 평균 용도지역별 지가변동률   (단위: %)

구분	서초구 주거지역	서초구 녹지지역	서울시 평균 주거지역	서울시 평균 녹지지역
2007.1.1. ~ 12.31.	8.350	10.750	2.350	2.675
2008년 1월	1.110	1.325	0.150	0.235
2008년 2월	1.125	1.355	0.100	0.325
2008년 3월	1.130	1.335	0.125	0.234
2008년 4월	1.145	1.375	0.130	0.235
2008년 5월	1.145	1.375	0.145	0.325
2008년 6월	1.150	1.350	0.125	0.234
2008년 7월	1.100	1.325	0.130	0.225
2008년 8월	1.125	1.355	0.145	0.285

※ 2008년 9월 및 10월의 지가변동률은 미고시된 상태임

(2) 강남구, 동작구, 성남시 수정구 용도지역별 지가변동률   (단위: %)

구분	강남구		동작구		성남시 수정구	
	주거지역	녹지지역	주거지역	녹지지역	주거지역	녹지지역
2007.1.1. ~ 12.31.	2.350	3.555	2.150	2.750	2.750	2.180
2008.1.1. ~ 6.30.	1.125	2.373	1.145	1.504	1.130	1.565
2008년 7월	0.230	0.335	0.140	0.235	0.120	0.225
2008년 8월	0.245	0.385	0.130	0.275	0.115	0.275

※ 2008년 9월 10월의 지가변동률은 미고시된 상태임

2. 생산자물가상승률

연도	2005.12.	2006.1.	2006.12.	2007.1.	2007.12.	2008.1.
지수	128.8	129.2	130.2	130.5	132.5	132.7
연도	2008.2.	2008.3.	2008.7.	2008.8.	2008년 9월과 10월은 추정	
지수	132.8	133.0	133.4	133.5		

자료 5 대상물건 조사사항

1. 토지

구분	내용
위치 및 부근상황	대상물건은 서초구 신원동 속칭 장수리마을 내에 소재하며 부근은 자연부락 내의 단독주택, 농경지, 임야 등으로 형성되어 있음
교통상황	대상물건 인근까지 차량접근이 가능하고 인근에 시내버스정류장이 소재하여 일반적인 대중교통사정은 보통임
형태 및 이용상황	기호 1) 사다리형의 토지로서 남측 인접필지보다 다소 고지이며 주변은 완만한 경사를 이루고 있으며 주상용 건물부지로 이용 중임 기호 2) 가장형의 토지로서 인접필지와 등고 평탄하며 주거나지로 이용 중임 기호 3) 부정형의 토지로서 서하향의 완경사를 이루고 있으며 전으로 이용 중임 기호 4) 세장형의 토지로서 인접필지와 등고 평탄하며 전으로 이용 중임
도로상황	기호 1) 대상물건 남측과 서측으로 각각 노폭 약 8m, 2m 포장도로에 접하고 있음 기호 2) 대상물건 동측으로 노폭 약 2m 포장도로에 접함 기호 3) 지적도상 맹지이나 대상물건 북측으로 약 2m 농로에 접하고 있음 기호 4) 대상물건 동측으로 노폭 약 4m 포장도로에 접함
토지이용계획관계	기호 1) ~ 4) 제2종일반주거지역, 택지개발예정지구, 도시계획도로에 20% 정도 저촉됨
기타 참고사항	기호 2) 건축허가를 득하였으나 공사착공 전에 사업부지에 편입됨 기호 3) 2001.3.5.에 불법으로 형질변경하여 전으로 이용 중인 것으로 조사됨 기호 4) 사업구역이 확장되면서 추가로 편입됨

2. 건물
   (1) 기초자료

구분		기호 (가)	기호 (나)	비고
사용승인일자		1989.10.25.	1978.10.1.	
건물내용연수		45년	40년	
가격시점 현재 재조달원가(원/㎡)		550,000	450,000	
이전비 (원)	해체비	4,000,000	2,000,000	설비 개량비용 각 5,000,000원 포함
	운반비	1,500,000	1,200,000	
	정지비	1,200,000	1,000,000	
	재건축비	20,000,000	15,000,000	
	보충자재비	5,000,000	3,000,000	
	부대비용	5,000,000	3,000,000	

(2) 건물조사내용

1) 본 건물의 이전비는 전체 건물을 기준으로 한 것임
2) 기호 가) 건물은 기둥이 없는 구조임
3) 건물높이는 2m이며 벽면적은 반올림하여 소수점 첫째 자리까지 사정함
4) 건축 보수비용은 400,000원/㎡을 적용함
5) 화장실은 편입되어 재설치되어야 하고 위생설비 설치비용은 전체 면적을 기준으로 하여 50,000원/㎡을 적용함
6) 위생설비 이외에는 추가적인 설비공사는 없음
7) 건물단가는 천원 미만은 절사함
8) 건축허가 관련 비용: 12,000,000원
9) 기호 가) 건물단면도

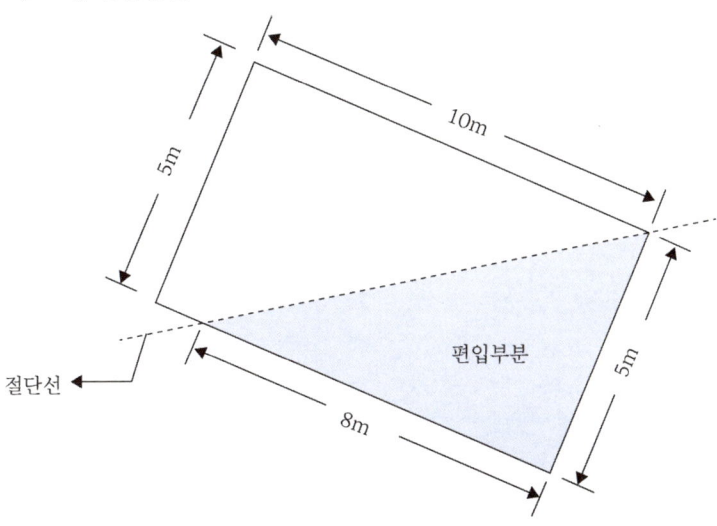

자료 6 요인비교자료

1. 표준지와 보상선례의 지역요인은 동일함
2. 이용상황

구분	주거용	주상용
주거용	1.00	1.20
주상용	0.83	1.00

3. 도로접면

구분	소로각지	소로한면	세로가	세로(불)	맹지
소로각지	1.00	0.96	0.86	0.80	0.70
소로한면	1.04	1.00	0.90	0.85	0.75
세로가	1.16	1.05	1.00	0.95	0.83
세로(불)	1.25	1.15	1.11	1.00	0.88
맹지	1.43	1.33	1.20	1.13	1.00

4. 형상

구분	가장형	세장형	사다리형	부정형
가장형	1.00	0.97	0.92	0.85
세장형	1.03	1.00	0.95	0.88
사다리형	1.09	1.05	1.00	0.92
부정형	1.18	1.14	1.08	1.00

5. 지세

구분	평지	완경사
평지	1.00	0.90
완경사	1.11	1.00

6. 도시계획도로(저촉률 20%일 경우 전체 토지에 적용하는 비준율)

구분	비저촉	저촉
비저촉	1.00	0.97
저촉	1.03	1.00

자료 7 보상평가선례

1. 사업명: ○○지구 택지개발사업
2. 가격시점: 2008.1.24.
3. 소재지: 강남구 세곡동 424-5번지
4. 용도지역: 자연녹지지역(개발제한구역)
5. 기타요인 보정치 산정을 위한 시점수정치는 1.02100을 적용함
6. 보상단가 등

구분		424-5번지	500번지
지목		대	전
단가(원/㎡)		700,000	240,000
토지 특성	이용상황	주상용	전
	도로접면	세로(불)	맹지
	형상	부정형	사다리형
	지세	완경사	완경사
	도시계획도로	저촉	비저촉

자료 8 영업보상 관련 자료

1. 대상건물의 임차인은 개인사업자로서 2003.12.1.부터 안경점을 운영하여 왔음
2. 영업이익에 관한 자료

(1) 재무제표에 의한 영업이익 산정   (단위: 원)

구분	2004년	2005년	2006년	2007년
매출액	180,000,000	200,000,000	240,000,000	150,000,000
매출원가	87,000,000	95,000,000	113,000,000	65,000,000
판매 및 일반관리비	35,000,000	40,000,000	50,000,000	40,000,000

※ 2007년 매출액은 택지개발사업 개발계획승인이 고시됨으로써 매출액이 감소된 것으로 조사됨

(2) 부가가치세 과세표준액 기준매출액 등

구분	매출액(원)	표준소득률(%)
2004년	110,000,000	20
2005년	120,000,000	20
2006년	150,000,000	20
2007년	90,000,000	20

(3) 인근 동종 유사규모업종의 영업이익 수준

대상물건을 포함한 인근지역 내 동종 유사규모업종의 매출액을 탐문조사한 바 연간 220,000,000원 수준이고 매출액 대비 영업이익률은 약 30%인 것으로 조사되었음

3. 이전 관련 자료

(1) 상품재고액: 30,000,000원

(2) 상품운반비: 3,000,000원

(3) 영업시설 등의 이전비: 2,000,000원

(4) 상품의 이전에 따른 감손상당액: 상품가액의 10%

(5) 고정적 비용: 임차인은 영업과 관련된 차량에 대한 자동차세 600,000원과 매달 임대료로 500,000원을, 종업원(소득세의 원천징수 안함)은 2인으로서 각각 1,200,000원/월을 지급하고 있으며 휴업기간 중에는 1인만 필요함

(6) 이전광고비 및 개업비 등 부대비용: 2,000,000원

4. 기타자료

(1) 제조부문 보통인부 노임단가: 50,000원/일

(2) 도시근로자 월평균 가계지출비

구분	월평균 가계지출비
2인	2,500,000
3인	3,000,000
4인	3,500,000
5인	4,000,000
6인	4,500,000

(3) 영업이익은 만원 단위에서 반올림하여 사정함

[문제2] 토지소유자 J씨는 C시 D읍 E리 30번지 토지에 대하여 토지등기부등본을 첨부하여 감정평가사 S씨에게 아래와 같은 조건으로 부동산자문 의뢰를 하였다. 주어진 자료를 활용하여 물음에 답하시오. (35점)

물음1) 2008.1.1.을 가격시점으로 하여 토지의 정상가격을 평가하시오. (5점)

물음2) 2008.1.1.을 가격시점으로 하여 적산임대료 산정을 위한 토지의 기초가격을 평가하시오. (5점)

물음3) 2008.1.1.을 가격시점으로 하여 (자료 3)에 주어진 투자조건 등을 만족하는 토지의 투자가격을 결정하시오. (15점)

물음4) 2008.9.21.을 가격시점으로 하여 토지의 정상가격을 평가하시오. (5점)

물음5) 2008.1.1.을 가격시점으로 한 앞의 세 가지 가격을 가치기준(Valuation Bases)에 따라 비교·설명하시오. (5점)

자료 1 사전조사사항 Ⅰ

1. 등기부등본
  (1) 토지등기부등본(의뢰시 첨부서류)

소재지번	지목	면적	기타사항
C시 D읍 E리 30번지	임야	630㎡	-

  (2) 건물등기부등본

소재지번 및 건물번호	건물내역	기타사항
C시 D읍 E리 30번지	목조 함석지붕 창고 단층 36㎡	-

2. 토지대장

토지소재	지번	토지표시		
		지목	면적(㎡)	사유
C시 D읍 E리	30	전	300	2007년 12월 28일 분할되어 본번에 -1을 부함. 2007년 12월 30일 임야에 전으로 등록전환
C시 D읍 E리	30-1	임야	330	2007년 12월 28일 30번지에서 분할

3. 건축물대장등본: C시 D읍 E리 30번지 및 동소 30-1번지는 건물이 등재되어 있지 않음
4. 토지이용계획확인원: 관리지역, 토지거래계약에 관한 허가구역
5. 지적도

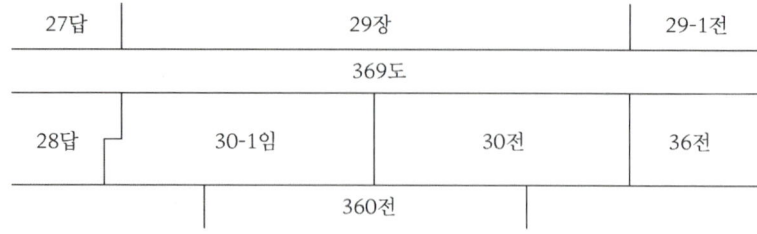

자료 2 사전조사사항 Ⅱ

1. 인근의 비교가능한 표준지공시지가(공시기준일: 2008.1.1.)

연번	소재지	면적(m²)	지목	이용상황	용도지역	도로교통	형상·지세	공시지가(원/m²)
1	C시 D읍 E리 23	455	전	전	관리	세로가	부정형 완경사	62,000
2	C시 D읍 E리 50	766	답	답	관리	맹지	부정형 평지	51,000
3	C시 D읍 E리 135	356	대	단독주택	관리	세로가	부정형 평지	95,000
4	C시 D읍 E리 150	420	차	주차장	관리	세로가	부정형 평지	68,000
5	C시 D읍 E리 200	300	대	상업용	관리	소로한면	정방형 평지	190,000
6	C시 D읍 E리 356	836	임	토지임야	관리	세로(불)	부정형 완경사	43,000
7	C시 D읍 E리 산12	4,260	임	자연림	관리	세로가	부정형 완경사	30,000

2. 지가변동률: 국토교통부장관 발표자료로 추정한 2008.1.1.부터 2008.9.21.까지의 C시 관리지역 지가변동률은 1.000%임
3. 가격자료 및 기타사항
   (1) 해당 지역의 공시지가 수준은 적절한 균형을 유지하고 있으며 적정지가를 비교적 잘 반영하고 있으나 2008.3.2. 이후 대지에 대한 수요증가로 국지적인 가격변동이 있었음
   (2) 실거래가는 일부 포착되었으나 세부내용이 없어 검토가 어려움

(3) 신뢰할 만한 평가선례자료는 다음과 같음

연번	소재지	면적 (㎡)	지목	이용 상황	용도 지역	평가 목적	가격시점	평가가격 (원/㎡)
1	C시 D읍 E리 140	455	대	단독	관리	경매	2008.7.11.	140,000
2	C시 D읍 E리 255	766	대	상업용	관리	경매	2008.6.20.	300,000

평가선례 및 기타자료 등을 종합검토한 바 2008.9.21. 기준으로 대상토지 평가 시 기타요인 보정필요성이 제기되었으며, 분석결과 그 수치는 1.30으로 산정되었음

자료 3 현장조사사항 Ⅰ : 2008.1.1. 기준

1. C시 D읍 E리 30번지
    (1) 인접 토지와 등고평탄한 토지로 현재 지표 위에 부직포를 덮고 주차장부지로 이용 중이고 유의할 만한 다른 물건은 없었음
    (2) 해당 토지는 북측에 인접한 A공장에 일시적으로 주차장부지로 임대 중이라 하며 제시받은 임대차계약서 내용은 아래와 같음
      - 소재지: C시 D읍 E리 30번지
      - 당사자: 임대인 J, 임차인 A공장 대표이사 R
      - 임대면적 및 용도: 300㎡, 주차장부지
      - 임대금액: 금 --,--원
      - 임대기간: 2008.1.1. ~ 2008.12.31.
      - 기타사항: 임대기간은 J씨의 사정에 의해 임의로 종료될 수 있고 이에 따른 부담은 없으며, 임대종료 시 임차인이 설치한 주차 관련 지장물(부직포 등)은 임차인이 제거하기로 함

2. C시 D읍 E리 30-1번지
    (1) 인접 토지와 등고평탄한 부정형 토지로 현재 전으로 이용 중이고 남서측 일부에는 P씨의 종중묘지가 소재하고 있어 이를 확인한 바 면적은 30㎡이고 보존가치가 있어 보존묘지로 지정되어 있는 것으로 조사됨
    (2) 소유자에 따르면 분할 전(佺) 30번지는 수년 전에 전으로 개간되었고, 농지원부에도 등재되어 있다고 하며 이는 사실로 확인됨
    (3) 이 토지는 이웃에 거주하는 P씨에게 임대 중인 것으로 조사되었으며, 제시받은 임대차계약서 내용은 아래와 같음
      - 소재지: C시 D읍 E리 30-1번지
      - 당사자: 임대인 J, 임차인 P
      - 임대면적 및 용도: 330㎡, 전
      - 임대금액: 금 --,--원
      - 임대기간: 2008.1.1. ~ 2008.12.31.
      - 기타사항: 임대계약은 기간 중 J가 임의로 해지할 수 있고, 수년 간 임대해 온 점을 고려하여 별도의 부담은 없도록 함

자료 4 현장조사사항 Ⅱ: 2008.9.21. 기준

1. 현장조사시 건축공정률이 80% 정도인 상업용 건물을 신축 중이었고 부지조성공사는 완료된 상태였음
2. 제시받은 건축허가서 내용
    (1) 건축구분: 신축
    (2) 대지위치: C시 D읍 E리 30, 동소 30-1
    (3) 대지면적: 560㎡
    (4) 주용도: 제1종근린생활시설(소매점)
    (5) 건축물내역: 경량철골조 판넬지붕, 1층, 연면적 200㎡
    (6) 가번호: 2008 - 도시건축과 - 신축허가 - 5
    (7) 허가일자: 2008.6.30.
    (8) 부속 협의조건: 종전 토지 중 40㎡는 도로로 기부채납하고 사업부지는 사업완료 후 지목변경하여야 함

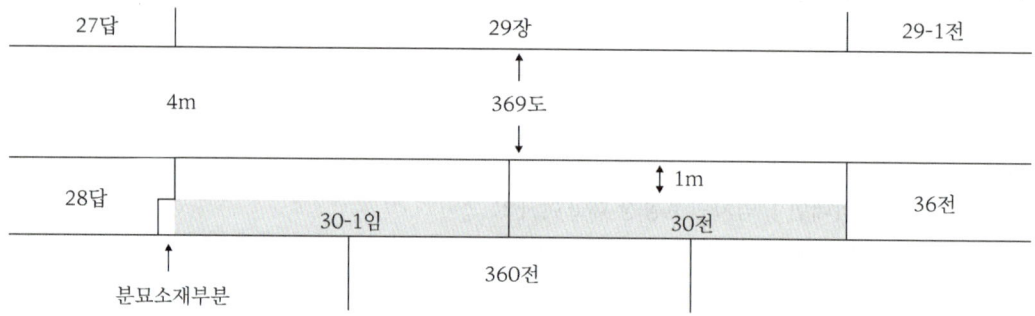

※ 음영부분은 건축허가서상 사업부지임

자료 5 투자가격결정을 위한 참고자료

1. 투자조건
    (1) 투자대상: 숙박시설(모텔: 객실 30개)
    (2) 투자조건: 가격시점에서 소득수익률 ≥ 15%이면 투자(단, 소득수익률 = 순영업소득(NOI)/부동산평가액(V)으로 하되, 부동산평가액은 공시지가를 기준한 토지가액과 원가법에 의한 건물가액으로 판단하기로 함)

2. 기타 조사자료 및 참고사항
   (1) 인근의 숙박업소 조사내역
   인근의 숙박업소에 대하여 규모를 제외한 가격요인보정 후의 안정화된 소득자료는 다음 표와 같으며 현재까지는 신뢰할 만한 것으로 보인다. 감정평가사 S씨의 선임평가사는 가능총소득(PGI), 객실점유율 등의 자료를 분석하여 적절히 활용할 것을 권고하였다. 추세가 있는 경우에는 회귀분석법(Regression Analysis)을 적용하되, 평가서에 세밀한 계산과정은 기술하지 않아도 무방하다고 조언하였다(단, 구축모형은 유의하다고 가정하고 회귀계수와 회귀상수는 소수점 둘째 자리까지 산정함).

조사시점	규모(객실수)	PGI/객실·월(천원)	객실점유율(%)
2006.12.	15	700	75.5
2007.2.	30	800	82.2
2007.3.	31	810	81.8
2007.5.	16	690	74.1
2007.6.	30	800	80.5
2007.8.	29	790	80.0
2007.10.	15	710	72.2
2007.12.	30	800	78.8

   ※ 조사시점은 매월 초일을 기준하고, 충당금은 무시함

   (2) 기타소득은 자판기 등의 수익으로 1만원/월·객실을 거둘 수 있을 것으로 본다.
   (3) 운영경비(OE)는 제반자료를 분석한 바 아래와 같이 의미있는 결과를 얻을 수 있었다.

   $\hat{y}$ = 1,200,000원 + 0.4x($\hat{y}$: 운영경비, x: 가능총소득, R^2 = 0.951)

   회귀상수(a) = $\dfrac{(\Sigma y \cdot \Sigma x^2 - \Sigma x \cdot \Sigma xy)}{n \Sigma x^2 - (\Sigma x)^2}$

   회귀상수(b) = $\dfrac{n \Sigma xy - \Sigma x \cdot \Sigma xy}{n \Sigma x^2 - (\Sigma x)^2}$

   (4) 환원이율은 신뢰할 만하고 의미있는 시장자료를 분석한 결과 다음과 같이 적용 가능한 결과를 얻을 수 있었다.

구분	지가변동성 낮음	지가변동성 중립	지가변동성 높음
토지환원이율	8%	10%	12%
건물환원이율	10%	11%	12%
발생확률	10%	40%	50%

(5) 건축업자가 제시한 숙박시설의 건물투자비용은 730,000,000원이고 구성항목은 다음과 같으나 건물평가 시 원가법에 의한 건물평가항목으로 인정하기 어려운 것은 조정이 필요함

구분		비율(%)	내역
직접투자비	1. 설계비	4.0	감리비, 설계비용
	2. 기본건축비	25.0	기초 및 골조공사비 등
	3. 내외장공사비	25.0	미장, 창호공사 등
	4. 기계설비비	18.0	냉난방, 엘리베이터 등
	5. 전기설비비	10.0	전기 및 통신공사비 등
	6. 집기비품	4.0	비품, 소모품 등 동산
	소계	86.0	
간접투자비	7. 일반관리비	3.0	
	8. 이윤, 기타	5.0	이윤, 건설이자 등
	소계	8.0	
개업비	9. 개업준비금	4.0	개업 전 인건비, 판촉비 등
	10. 운영자금	2.0	초기운전자금
	소계	6.0	
	총계	100.0	

자료 6 기타 참고사항

1. 지역요인: 동일함
2. 개별요인: 이용상황이 동일하면 별도의 지목감가는 하지 아니함

   (1) 도로접면

구분	소로한면	세로가	세로(불)	맹지
소로한면	1.00	0.93	0.86	0.83
세로가	1.07	1.00	0.92	0.89
세로(불)	1.16	1.09	1.00	0.96
맹지	1.20	1.12	1.04	1.00

   (2) 형상

구분	정방형	장방형	사다리형	부정형
정방형	1.00	0.99	0.98	0.95
장방형	1.01	1.00	0.99	0.96
사다리형	1.02	1.01	1.00	0.97
부정형	1.05	1.04	1.03	1.00

(3) 지세

구분	평지	완경사
평지	1.00	0.97
완경사	1.03	1.00

[문제3] A감정평가사는 ○○청으로부터 아래와 같은 내용의 입목에 대한 감정평가의뢰를 받았다. 제시자료를 검토하여 입목의 취득가격을 결정하시오. (단, 입목의 평가방법은 제시자료에 타당한 합리적이고 보편적인 방식을 선택하여 평가할 것) (15점)

자료 1 감정평가 의뢰내역

1. 개요
   (1) 평가목적: 조림대부지 내 입목의 취득(매수)
   (2) 소재지: ○○○도 ○○군 ○○면 ○○리 산21
   (3) 지목: 임야
   (4) 면적: 1,050,000㎡

2. 입목현황

임종	임상	수종	혼효율(%)	임령	영급	경급(cm)	수고(m)	ha당 재적(㎥)
천연림 (자연림)	활엽수	참나무 기타 활엽수	70	$\dfrac{29}{15-45}$	Ⅱ-Ⅴ	$\dfrac{18}{8-35}$	$\dfrac{10}{8-18}$	75
	침엽수	소나무						
인공림 (조림)	침엽수	잣나무 낙엽송 리기다소나무	30	$\dfrac{35}{25-45}$	Ⅲ-Ⅴ	$\dfrac{20}{10-36}$	$\dfrac{11}{8-19}$	95

※ 참고사항: 1. 조림대부지로서 입목의 관리상태는 양호함
    2. 경급(cm): $\dfrac{평균경급}{최저경급-최고경급}$

3. 수종별 재적

임종	임상	수종	재적(㎥)	비고
천연림 (자연림)	활엽수	참나무	1,653.80	
		기타 활엽수	3,307.50	
	침엽수	소나무	551.30	
	소계		5,512.60	
인공림 (조림)	침엽수	잣나무	1,047.40	
		낙엽송	748.10	
		리기다소나무	1,197.00	
	소계		2,992.50	
합계			8,505.10	

자료 2 입목평가자료

1. 원목 시장가격(가격시점 현재)

등급기준	흉고직경 (경급)	원목가격(원/㎥)					
		참나무	기타 활엽수	소나무	잣나무	낙엽송	리기다 소나무
상	30cm 이상	105,000	100,000	110,000	100,000	105,000	100,000
중	16cm 이상	90,000	85,000	95,000	90,000	95,000	90,000
하	16cm 미만	85,000	78,000	85,000	80,000	85,000	80,000

※ 용재림 및 기타 용도(펄프, 갱목, 목탄 및 목초액의 용도 등) 등으로 사용할 수 있는바 일반기준 벌기령은 적용하지 아니하고, 시장가격은 천연림과 인공림(조림)의 구분 없이 형성되고 있음

2. 조재율(단위: %)

등급기준	활엽수	침엽수
상	90	90
중	85	85
하	80	80

3. 생산비용

   (1) 벌목조재비

1일 노임/인		기계상각비 및 연료비	1일 작업량/인
벌목비	조재비		
80,000원	80,000원	30,000원	10.0㎥

   (2) 산지집재비(소운반 포함)

   1일 노임은 80,000원/인이며 1일 작업량은 10.0㎥/인임

(3) 운반비

구분	1일 노임/인	1일 작업량/인
상하차비	80,000원	10.0㎥
자동차운반비	110,000원	10.0㎥

(4) 임도 보수 및 설치비

1일 노임/인	1일 작업량/인	소요임도
90,000원	0.3km	2.1km

(5) 잡비: 생산비용의 10%

4. 이자율 및 기업자이윤 등
   (1) 자본회수기간은 6개월 정도이며 이자율은 금융기관의 대출금리기준 연 7.0%를 적용함
   (2) 기업자 이윤은 10%, 산재보험을 포함한 위험률은 5.0%로 적용함

자료3 참고사항

1. 일부 수종에서 참나무 시들음병이 발생되어 피해도 "중" 이상인 입목은 평가에서 제외하고 피해도가 "경" 이하인 입목은 정상입목 평가액의 90% 수준으로 평가함이 적절함
2. 참나무 시들음병 피해도를 조사한 바, 조사재적 중 "중" 이상 입목은 약 50%(826.90㎥), "경" 이하 입목은 약 20%(330.80㎥)임
3. 단가 계산은 원 단위는 절사하고 십원 단위까지만 표기 요함

[문제4] 대여시설(리스자산)의 감정평가시 현장조사 유의사항에 대하여 약술하시오. (5점)

[문제5] 표준지의 평가에 있어 개발이익 반영 여부에 대하여 약술하시오. (5점)

2009년 제20회 감정평가실무 기출

> **공통 유의사항**
> 1. 각 문제는 해답 산정 시 산식과 도출과정을 반드시 기재
> 2. 단가는 관련 규정에서 정하고 있는 사항을 제외하고 천원 미만은 절사, 그 밖의 요인 보정치는 소수점 셋째 자리 이하 절사

[문제1] 자동차부품업체를 운영하고 있는 김갑동 사장은 공장을 증설하기 위하여 임야를 매입하고, 자금 마련을 위해 개발단계별로 담보대출을 신청하려 한다. 주어진 조건과 자료를 참고하여 다음 물음에 답하시오. (40점)

물음1) 2009.1.1.을 가격시점으로 하여 토지를 평가하시오. (5점)

물음2) 2009.3.31.을 가격시점으로 하여 토지를 평가하시오. (10점)

물음3) 2009.9.6.을 가격시점으로 하여 공장을 평가하시오. (25점)

자료 1   평가의뢰 내역

1. 평가물건
    (1) 토지: C시 Y읍 S리 산11번지 중 김갑동 소유지분
    (2) 건물: 위 지상 소재 건물
2. 평가목적: 담보

자료 2   2009.1.1. 가격시점 관련 사항

1. 사전조사사항
    (1) 토지등기부등본

소재지번	지목	면적	소유자
C시 Y읍 S리 산11	임야	23,955㎡	공유자 지분 3분의 1 김갑동 지분 3분의 1 이갑동 지분 3분의 1 박갑동

(2) 건물등기부등본 및 건축물대장등본: 해당 사항 없음
(3) 토지대장등본: 등기부와 동일
(4) 지적도: 지적분할신청 중으로 발급받지 못함
(5) 토지이용계획확인원: 계획관리지역, 준보전산지
(6) 공장신설승인신청서 사본(요약)

소재지번	용도지역	공장용지 면적	제조시설 면적	부대시설 면적
C시 Y읍 S리 산11 (분할 후 11번지)	계획관리지역	7,780㎡	2,000㎡	500㎡

※ 분할 후 11-3번지는 진입도로로 조성할 것이며 토지가분할 측량성과도와 같이 분할예정임

(7) 토지가분할 측량성과도

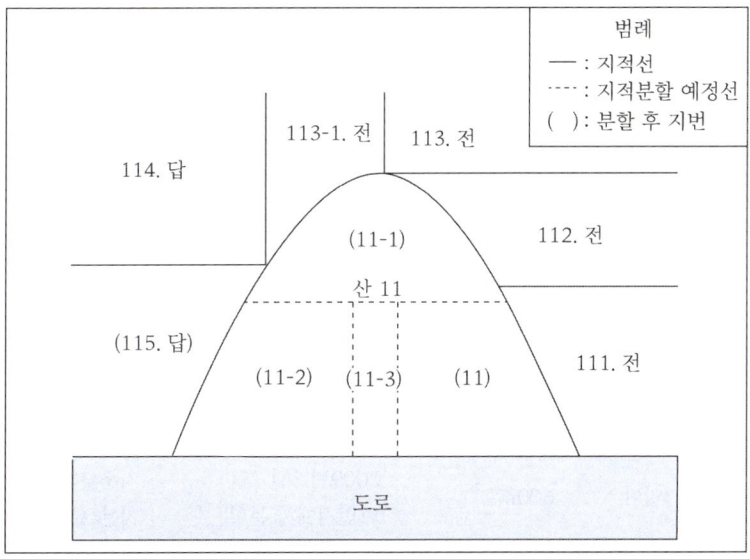

2. 현장조사사항
   (1) 대상토지인 산11번지는 왕복 2차선 국도변에 위치한 남서향 완경사의 임야로 대부분 활잡목인 임지상의 임목은 별도의 평가가치가 없는 것으로 판단되었으며 부근은 국도주변 중소규모 공장 및 농경지대임
   (2) 대상토지는 토지분할 및 공장신설승인신청서가 곧 수리될 예정인 것으로 탐문되었음
3. 심사평가사의 심사의견: 해당 지역은 2009.1.1. 기준으로 관리지역 세분화가 시행되었고 임야의 경우 산지번에서 등록전환, 분할측량 등의 경우에는 면적이 달라질 수 있음

자료 3 2009.3.31. 가격시점 관련 사항

1. 사전조사사항
   (1) 토지등기부등본: C시 Y읍 S리 산11에서 C시 Y읍 S리 11로 등록전환되고 면적은 23,940㎡로 변경되었으며, 지목과 소유자는 동일함
   (2) 건물등기부등본 및 건축물대장등본: 해당 사항 없음

(3) 토지대장등본

토지소재	지번	토지표시			소유자
		지목	면적	사유	
C시 Y읍 S리	11	임야	23,940㎡	2009년 3월 1일 산11에서 등록전환	공유자 지분 3분의 1 김갑동 지분 3분의 1 이갑동 지분 3분의 1 박갑동
C시 Y읍 S리	11	임야	7,780㎡	2009년 3월 1일 분할되어 본번에 -1, -2, -3을 부함.	김갑동

토지소재	지번	토지표시			소유자
		지목	면적	사유	
C시 Y읍 S리	11-1	임야	7,780㎡	2009년 3월 2일 11번지에서 분할	이갑동

토지소재	지번	토지표시			소유자
		지목	면적	사유	
C시 Y읍 S리	11-2	임야	7,780㎡	2009년 3월 2일 11번지에서 분할	박갑동

토지소재	지번	토지표시			소유자
		지목	면적	사유	
C시 Y읍 S리	11-3	임야	600㎡	2009년 3월 2일 11번지에서 분할	공유자 지분 3분의 1 김갑동 지분 3분의 1 이갑동 지분 3분의 1 박갑동

(4) 토지이용계획확인원

토지소재	지번	지목	면적	토지이용계획사항
C시 Y읍 S리	11	임야	7,780㎡	계획관리지역, 준보전산지
C시 Y읍 S리	11-1	임야	7,780㎡	계획관리지역, 준보전산지
C시 Y읍 S리	11-2	임야	7,780㎡	계획관리지역, 준보전산지
C시 Y읍 S리	11-3	임야	600㎡	계획관리지역, 준보전산지

(5) 지적도 및 기타사항: 토지가분할 측량성과도와 같이 분할되어 확정되었으며, 공장신설건은 2009.3.10. 자로 신청서와 같이 승인되었음

2. 현장조사사항
(1) 대상토지는 인접 토지와 평탄하게 공장부지 조성공사(조경·바닥포장 공사는 착수하지 않았음) 및 접면도로 포장공사가 완료되어 있었음

(2) 현장조사시 제시받은 공장부지 조성원가 자료는 아래와 같음

구분	금액(단위: 원)
가설 및 토공사	45,000,000
자재 및 운반비	150,000,000
옹벽공사	30,000,000
조경·바닥포장공사	55,000,000
기타 제간접경비 등	72,000,000

※ 접면도로 포장비는 포함되어 있지 않고 별도 고려하지 아니함

(3) 대상토지의 공장용지부분에 건물신축을 위해 임시사용승인을 받은 경량철골조 철판지붕 단층 작업장(바닥면적: 100㎡)이 소재함

3. 심사평가사의 심사의견
   (1) 제시한 조성공사비의 대부분은 적정하나 자재비가 일시 폭등한 시점에 공사가 이뤄져 자재 및 운반비는 통상적인 공사에 비해 50% 정도 높은 것으로 보이니 가격검토시 이를 고려할 것(단, 기타 간접제경비 등은 제시금액으로 할 것)
   (2) 만약 제시외 건물의 토지에 대한 영향 정도를 파악할 경우 건물의 바닥면적 만큼만 고려할 것
   (3) 막다른 길이 있는 각지의 도로접면은 한 면으로 인식할 것

자료 4 2009.9.6. 가격시점 관련 사항

1. 사전조사사항
   (1) 토지등기부등본 및 토지대장등본: 2009.3.31. 토지대장과 동일
   (2) 건물등기부등본: 해당 사항 없음
   (3) 토지이용계획확인원 및 지적도: 종전과 동일
   (4) 건축물대장등본: 소유자는 김갑동임

대지위치	지번	대지면적	건축면적	사용승인일자
C시 Y읍 S리	11	1,780㎡	2,500㎡	2009.9.6.
구분	층별	구조	용도	면적
주1	1	일반철골구조	공장	2,000㎡
주2	1	일반철골구조	사무실	500㎡

※ 5일 이내에 토지지목 변경을 조건부로 한 사용승인이었음

(5) 기계기구 의뢰목록

구분	기계명	수량	제작 및 구입일자	구입가격(원/대)
1	CNC M/C(수치제어선반)	2	수입신고서 참조	수입신고서 참조
2	선반	3	2009.1.1.	50,000,000
3	Air Compressor	1	2008.8.1.	12,000,000

2. 현장조사사항
   (1) 공장부지 조성공사는 완료되어 있었음
   (2) 현장조사시 제시받은 건물공사비 내역서 자료는 다음과 같음

구분	공장동(단위: 원)	사무실동(단위: 원)
기초공사	30,000,000	5,000,000
옹벽공사	30,000,000	-
철골 및 철근콘크리트 공사	250,000,000	30,000,000
조적 및 벽체공사	120,000,000	15,000,000
창호 및 지붕공사	100,000,000	13,000,000
미장, 타일, 도장, 위생 및 냉난방공사 등	170,000,000	31,000,000
일반관리비 등(간접경비)	50,000,000	25,000,000
설계, 감리, 전기기본공사	100,000,000	19,000,000
수배전설비(100Kw)	150,000,000	-
크레인설비(20ton)	15,000,000	-

   (3) 기계장치는 신규 설치되어 정상가동되고 있으며 도입기계 중 CNC M/C 1대는 향후 증설을 예상하여 도입하였으나 설치하지 않고 보관 중으로 증설시기는 미정이며, 목록에 포함되지 않은 기계기구의 제작 및 구입일자는 선반과 동일한 것으로 조사되었음
   (4) 도입기계 관련 수입신고서(요약)

신고일	입항일	반입일	적출국
2009.2.1.	2009.1.5.	2009.1.8.	JP(JAPAN)
품명	수량	단가(USD)	금액(USD)
CNC M/C	2U	100,000	200,000
과세가격	$200,000	원산지 표시	JP-Y-Z-N
	₩280,304,000		
세종	세율	감면율	세액
관	8.00	50.000	11,212,160
농	20.00		2,242,432
부	10.00		29,375,859
결재금액	CIF-USD200,000	환율	1,401.52

3. 심사평가사의 심사의견: 업자가 제시한 기계기구 구입가격 및 건물공사비 내역서의 금액은 적정한 것으로 보이나 일부 항목은 건물공사비 산입의 적정성을 재검토하고 특히 기계기구 의뢰목록은 재작성해야 할 것이라는 의견을 제시함

자료 5 가격결정을 위한 참고자료

1. 표준지공시지가 현황(현장조사일과 감정평가서 작성완료일은 동일하고 공시지가 공시기준일은 매년 1월 1일, 공시일은 매년 3월 1일임)

일련번호	소재지	면적(㎡)	지목	이용상황	용도지역 2008년도	용도지역 2009년도	도로교통	형상 및 지세	공시지가(원/㎡) 2008년도	공시지가(원/㎡) 2009년도
1	C시 Y읍 S리 산20	17,345	임야	임야	관리	계획관리	맹지	부정형 완경사	51,000	50,000
2	C시 Y읍 J리 산17	22,915	임야	임야	관리	보전관리	세로가	부정형 완경사	39,000	38,000
3	C시 Y읍 S리 107	8,950	공장용지	공업용	관리	계획관리	소로한면	부정형 평지	151,000	150,000
4	C시 Y읍 S리 55	2,235	잡종지	상업용	관리	계획관리	소로한면	장방형 평지	223,000	220,000

2. 적용할 지가변동률(월말에 해당 월 변동률을 발표한다고 간주, 단위: %)

   (1) 2008년도

구분	공업지역	관리지역	농림지역	임야	공업용
2008.1.1. ~ 12.31.	-1.179	-1.245	-1.377	-1.154	-0.912
2008.12.1. ~ 12.31.	-0.179	-0.389	-0.247	-0.169	-0.088

   (2) 2009년도

구분	공업지역	보전관리	계획관리	임야	공업용
2009.1.1. ~ 3.31.	-0.697	-0.765	-0.454	-0.667	-0.546
2009.1.1. ~ 9.6.	0.998	0.996	0.997	0.988	0.917

3. 지역요인: 동일함
4. 개별요인: 이용상황이 동일하면 별도의 지목감가는 하지 아니함

   (1) 도로접면

구분	소로한면	세로가	세로(불)	맹지
소로한면	1.00	0.93	0.86	0.83
세로가	1.07	1.00	0.92	0.89
세로(불)	1.16	1.09	1.00	0.96
맹지	1.20	1.12	1.04	1.00

(2) 형상

구분	정방형	장방형	사다리형	부정형
정방형	1.00	0.99	0.98	0.95
장방형	1.01	1.00	0.99	0.96
사다리형	1.02	1.01	1.00	0.97
부정형	1.05	1.04	1.03	1.00

(3) 지세

구분	평지	완경사
평지	1.00	0.97
완경사	1.03	1.00

(4) 2009.3.31. 기준 C시 Y읍 S리 11번지 토지의 성숙도 비교치

대상토지	표준지 3	표준지 4	거래사례	평가선례
1.00	1.10	1.10	0.50	0.90

5. 거래사례 및 평가선례

    (1) 거래사례

소재지	지목	면적(㎡)	이용상황	용도지역	도로교통	형상 및 지세	단가(원/㎡)	거래시점
C시 Y읍 S리 산11	임야	7,985	임야	관리	소로한면	부정형 완경사	110,000	2008.12.1.

    (2) 평가선례: 유사사례가 많으나 대표적인 것만 제시함

소재지	지목	면적(㎡)	이용상황	용도지역	도로교통	형상 및 지세	단가(원/㎡)	거래시점
C시 Y읍 S리 산22	임야	7,890	공장예정지	계획관리	소로한면	부정형 완경사	120,000	2009.1.1.

    (3) 심사평가사의 심사의견: 수집한 자료들 중 평가선례는 적정하나 거래사례는 개발이익의 상당부분이 매도자에게 귀속된 것으로 보이고 공장예정지인 평가선례는 개별요인에서 성숙도를 보정해야 한다는 의견을 제시함

6. 원가법에 의한 평가시: 투하자금에 대한 기간이자는 고려하지 아니함
7. 건물평가자료: 제시자료를 활용하되, 내용연수는 35년을 적용할 것
8. 기계기구 평가자료

    (1) 내용연수는 15년, 최종잔가율은 10% 적용

    (2) 도입기계 관련 자료
    - 원산지 화폐를 기준하고 국내 시장가격은 고려하지 아니함
    - 기계가격보정지수: 1.0

- 외화환산율

적용시점	통화	해당 통화당 미(달러)	미(달러)당 해당 통화	해당 통화당 한국(원)
2009.1.	JPY	0.7150(100엔당)	139.8601	1,409.10(100엔당)
2009.2.	JPY	0.7532(100엔당)	132.7669	1,425.05(100엔당)
2009.8.	JPY	0.7635(100엔당)	130.9758	1,405.22(100엔당)

- 도입부대비: 설치비는 도입가격의 1.5%, L/C 개설비 등 기타 부대비용은 도입가격의 3%를 적용하고 세율, 감면율 등은 도입시점과 동일하게 적용함
- 정률법에 의한 잔존가치율(내용연수는 15년, 최종잔가율은 10%)

경과연수	1	2	3	4
잔존가치율	0.858	0.736	0.631	0.541

[문제2] 투자가 K씨는 다음의 부동산(A, B) 중 하나에 투자하려고 한다. 감정평가사인 Y씨는 대상토지 가치의 타당성 검토를 의뢰받았다. 동일한 금액을 투자할 경우 적절한 투자방안을 결정하고 그 이유를 설명하시오. (25점)

자료 1

1. 대상부동산 A
   (1) 소재지: ○○시 ○○구 ○○동 ○○번지
   (2) 지목: 대
   (3) 면적: 500㎡
   (4) 이용상황: 나지
   (5) 도시계획: 일반상업지역

2. 대상부동산 B
   (1) 소재지: △△시 △△구 △△동 △△번지
   (2) 지목: 대
   (3) 면적: 1,000㎡
   (4) 이용상황: 나지
   (5) 도시계획: 일반상업지역

자료 2   A투자계획

1. 대상부동산 A에 업무용 건물을 건축하여 임대할 예정으로 연면적 2,000㎡, 지상 5층(각층 동일면적, 지하층 없음)으로 계획 중임
2. 건물신축비용은 950,000원/㎡임

3. 예상지불임대료
   (1) 1층: 월임대료 30,000원/㎡, 월관리비 9,000원/㎡로 책정됨
   (2) 2, 3층: 월임대료 15,000원/㎡, 월관리비 9,000원/㎡로 책정됨
   (3) 4, 5층: 월임대료 12,000원/㎡, 월관리비 9,000원/㎡로 책정됨
4. 보증금은 월임대료의 12개월분으로 함(관리비는 포함하지 않음)
5. 유사 부동산들의 수익률 범위를 조사한 바, 그중 70%는 수익률 12%, 15%는 수익률 13%, 15%는 수익률 11%로 조사됨

자료 3 B투자계획

1. 대상부동산 B에 할인점을 건축하여 수수료매장으로 운영할 예정임. 연면적 2,000㎡, 지상 2층(지하층 없음)으로 계획 중임
2. 건물신축비용은 700,000원/㎡임
3. 할인점은 수수료매장으로 운영하여 매출액의 2%를 지불임대료로 받음. △△시에 거주하는 가구수의 40%가 대상 할인점을 이용할 것으로 예상되며 △△시는 가구당 평균인구수가 3.5인, 가구당 연간 평균소득은 30,000,000원임. 대상 할인점을 이용하는 가구는 평균적으로 소득의 3%를 대상 할인점을 통해 물품을 매입할 것으로 조사되었음
4. 별도의 관리비는 징수하지 아니함
5. 보증금은 월지불임대료의 12개월분으로 함
6. 유사 부동산들의 수익률 범위를 조사한 바 그중 70%는 수익률 12%, 15%는 수익률 14%, 15%는 수익률 10%로 조사됨

자료 4 기타

1. ○○시 인구규모: 1,000,000명이며 미미하게 증가추세를 보임
2. △△시 인구규모: 300,000명으로 정체 중임
3. 보증금 운용이율은 8%로 적용하며 시장의 무위험이자율은 7%로 적용함
4. 필요제경비는 대상부동산 A의 경우 관리비 수령액의 80%로 하며, 대상부동산 B의 경우 지불임대료의 30%로 함
5. 임대가능성, 대손, 공실 등은 고려하지 아니함
6. 환원이율은 무위험이자율에 위험률을 합한 율로 적용하며 위험률의 산정은 유사 부동산 수익률 범위의 표준편차를 적용함

[문제3] 감정평가사 S씨는 투자자로부터 부실채권(Non Performing Loan) 투자와 관련한 자문을 요청받았다. 부실채권은 해당 부동산과 관련된 담보부채권이다. 주어진 자료를 활용하여 다음 물음에 답하시오. (20점)

물음1) 가격시점 현재 대상부동산가격을 평가하시오. (10점)

물음2) 대상부동산의 예상낙찰가를 낙찰가율과 낙찰사례를 통하여 각각 구해 결정하고, 법원의 경매절차 진행시 낙찰을 통해 대상 부실채권으로부터 얻을 수 있는 예상현금흐름을 구하시오. (단, 시간적 요인은 고려하지 아니함) (10점)

자료1 기본적 사항

1. 대상부동산
   (1) 토지: A시 B구 C동 77번지, 대, 250㎡, 주거용, 일반상업지역, 세로에 접함, 장방형, 평지
   (2) 건물: 위 지상 벽돌조 슬래브지붕 2층건, 연면적 200㎡(1, 2층 각 100㎡)

2. 가격시점: 2009.9.6.

3. 개요
   (1) 대상부동산이 속한 A시 B구는 구도심 내 일반상업지역인 C동, 아파트가 많이 소재하는 D동, 정비된 주택지대인 E동, 기타 F동 등으로 형성되어 있으며, 대상부동산의 주변은 구도심 내 일반상업지역으로 노변으로는 다소 노후화된 3~4층 규모의 상업용 건물이 소재하고 후면으로는 노후화된 주상용 건물, 주거용 건물 등이 혼재하여 있다. 도심지 재개발과 관련하여 사업을 추진 중인 추진위원회는 설립되어 있으나 구체적인 계획은 미정인 상태임
   (2) 본건은 노후화된 2층의 주거용 건물로써 1층에는 소유자가 거주하고 있으며 2층 일부는 임차인이 거주하고 있음
   (3) 본건 주변의 거래상황은 재개발가능성을 염두에 둔 수요가 다소 있어 매도호가는 다소 상승 중인 것으로 조사되었으며, 거래관행은 본건 주변건물이 대체로 노후화되어 있어 토지면적만을 기준으로 가격이 형성되어 있는 것으로 조사됨

4. 대상 부실채권(NPL): 상기 대상부동산에 관련된 M은행의 500,000,000원의 담보부채권으로서 2순위로 근저당이 설정되어 있음(미납이자 등은 고려하지 아니함)

자료 2   표준지공시지가(공시기준일 2009년 1월 1일)

본건과 가장 비교가능성이 있는 다음의 표준지를 기준함

일련번호	소재지	면적(㎡)	지목	이용상황	용도지역	도로교통	형상 및 지세	공시지가(원/㎡)
1	A시 B구 C동 78	260	대	주거용	일반상업	세로	정방형 평지	5,000,000

자료 3   거래사례

1. 토지: C동 100번지, 대, 300㎡, 주거용, 일반상업지역, 소로에 접함, 사다리형, 완경사
2. 건물: 벽돌조 슬래브지붕 2층건, 연면적 200㎡
3. 거래가격: 1,455,000,000원
4. 거래시점: 2009.5.1.
5. 기타: 본 거래에 특이사항은 없었던 것으로 판단됨

자료 4   임대내역 등

1. 본건 1층은 소유자 자가사용이고, 2층 일부는 임차인에게 임대 중이나 정확한 내역은 미상임
2. 주변 탐문조사 결과 본건을 임대할 경우 1, 2층 각각 보증금 50,000,000원, 월세 1,400,000원에 임대가 가능한 것으로 조사됨
3. 제경비는 임차인 부담으로 필요제경비, 공익비 및 실비초과액 등은 고려하지 아니함

자료 5   낙찰사례

1. 토지: C동 60번지, 대, 350㎡, 주거용, 일반상업지역, 세로에 접함, 사다리형, 완경사
2. 건물: 벽돌조 슬래브지붕 2층, 연면적 180㎡
3. 경매평가금액(최초법사가): 1,600,000,000원
4. 낙찰가: 1,070,000,000원
5. 낙찰시점: 2009.6.1.
6. 기타: 경매 당시 소유자와 일부 임차인이 거주 중이었고, 권리관계 등 제반사항은 본건과 유사한 것으로 조사되었음

자료 6   토지개별요인 비교

1. 도로: 세로(95), 소로(100), 중로(105), 광로(115)
2. 형상: 정방형(100), 장방형(100), 기타(95)
3. 지세: 평지(100), 완경사(95)
4. 기타: 토지의 기타 개별요인은 대상부동산과 표준지·사례들이 유사함

자료 7 　 건물에 관한 사항

1. 건물개요

구분	대상건물	거래사례	낙찰사례
준공일자	1980.1.1.	1982.1.1.	1981.1.1.
대지면적(㎡)	250	300	350
연면적(㎡)	200	200	180
구조	벽돌조 슬래브지붕	벽돌조 슬래브지붕	벽돌조 슬래브지붕

2. 벽돌조 슬래브지붕 건물신축단가(2009.1.1. 기준): 700,000원/㎡
3. 내용연수 50년, 잔존가치 0%
4. 감가상각은 만년감가함

자료 8 　 낙찰가율자료: 최근 6개월간 A시 B구 낙찰가율

구분	낙찰가율(%)
아파트	80
단독주택	70
연립, 다세대주택	68
상업용 건물	73
기타	65

자료 9 　 시점수정자료

1. 지가변동률
   (1) 2009.1.1. ~ 가격시점: 1.00300
   (2) 2009.5.1. ~ 가격시점: 1.01000
   (3) 2009.6.1. ~ 가격시점: 1.00700

2. 건축비지수
   2009년 1월 1일 이후 건축비는 보합세임

자료 10

현금흐름 산정 시 검토할 이해관계는 다음과 같음

1. 등기부상
    (1) 1순위 근저당(I은행): 400,000,000원
    (2) 2순위 근저당(M은행: 대상부실채권): 500,000,000원
    (3) 3순위 근저당(N은행): 100,000,000원
    (4) 4순위 근저당(P은행): 50,000,000원

2. 기타
    (1) 경매감정평가 수수료 및 경매집행비용: 7,000,000원
    (2) 소액임차인: 16,000,000원
    (3) 일반채권: 10,000,000원

자료 11 기타사항

1. 같은 동에서 소재하는 부동산은 동일한 지역요인을 가지는 것으로 조사됨
2. 보증금 운용이율과 적용환원이율은 6%로 함
3. 근저당과 관련한 미납이자나 채권최고액 등은 고려하지 아니함

[문제4] 다음을 약술하시오. (5점)

물음1) 표준주택 중 건물의 선정기준 (5점)

물음2) 공정가치 (5점)

물음3) 새로이 하천구역에 편입되는 토지의 평가 (5점)

2010년 제21회 감정평가실무 기출

> **공통 유의사항**
>
> 1. 각 문제는 해답 산정 시 산식과 도출과정을 반드시 기재
> 2. 단가는 관련 규정에서 정하고 있는 사항을 제외하고 천원 미만은 절사, 그 밖의 요인 보정치는 소수점 셋째 자리 이하 절사

[문제1] 공정감정평가법인 소속 감정평가사인 김한국 씨는 아래 부동산 중 이대한 씨 지분에 대해서 한강은행(담보)과 甲구청(보상)으로부터 동시에 평가의뢰를 받고 감정평가가격을 구한 후 감정평가서를 작성하고자 한다. 주어진 자료를 활용하여 다음의 물음에 답하시오. (40점)

물음1) 평가목적별로 이대한 씨 소유의 토지와 건물을 평가하시오. (20점)
 (1) 평가목적이 담보일 경우
 (2) 평가목적이 보상일 경우

물음2) 「감정평가에 관한 규칙 제9조」에서 규정하고 있는 필수적 기재사항에 의거 서술식으로 감정평가서를 작성하시오(단, 평가목적이 보상일 경우에 중복되는 항목은 생략). (20점)
 (1) 평가목적이 담보일 경우
 (2) 평가목적이 보상일 경우

자료 1 사전조사사항

1. 토지등기부등본

기호	소재지	지목	면적(㎡)	소유자
1	甲구 乙동 54	대	500	공유자지분 2분의 1 이대한 공유자지분 2분의 1 박조선
2	甲구 乙동 산75	임야	2,550	공유자지분 2분의 1 이대한 공유자지분 2분의 1 박조선

2. 건물등기부등본

기호	소재지	물건의 종류	구조, 규격	면적(㎡)	소유자
가	甲구 乙동 54	점포	철근콘크리트조 슬래브지붕 단층	80	이대한
나	甲구 乙동 54	주택	시멘트벽돌조 슬래브지붕 단층	70	박조선

3. 토지대장

기호	소재지	지목	면적(㎡)	소유자
1	甲구 乙동 54	대	500	공유자지분 2분의 1 이대한 공유자지분 2분의 1 박조선
2	甲구 乙동 산75	임야	2,800	공유자지분 2분의 1 이대한 공유자지분 2분의 1 박조선

4. 건축물대장

기호	소재지	물건의 종류	구조, 규격	면적(㎡)	소유자
가	甲구 乙동 54	점포	철근콘크리트조 슬래브지붕 단층	80	이대한
나	甲구 乙동 54	주택	시멘트벽돌조 슬래브지붕 단층	70	박조선

5. 甲구청 제시목록

(1) 토지

기호	소재지	면적(㎡)	지목	비고
1	甲구 乙동 54	100	대	소유자: 이대한
2	甲구 乙동 산75	500	임야	공유자지분 2분의 1 이대한 공유자지분 2분의 1 박조선

(2) 건물

기호	소재지	물건의 종류	구조, 규격	면적(㎡)	소유자
가	甲구 乙동 54	점포	철근콘크리트조 슬래브지붕 단층	20	이대한
㉠	甲구 乙동 54	창고	시멘트벽돌조 슬래브지붕 단층	10	이대한

6. 토지이용계획확인원
    (1) 기호 1: 일반상업지역(250㎡), 제2종일반주거지역(250㎡), 도시계획도로저촉
    (2) 기호 2: 자연녹지지역

7. 지적도

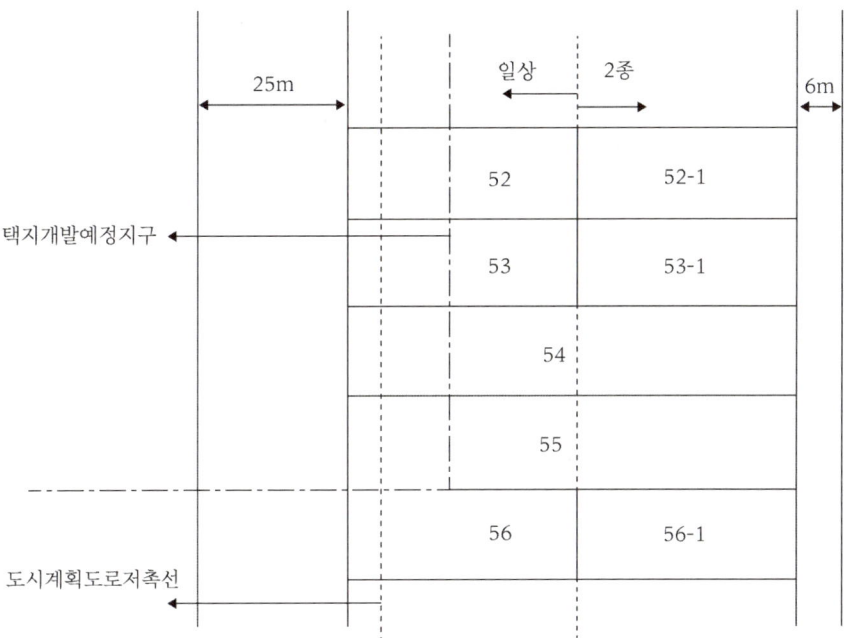

자료 2 현장조사사항

1. 2010.8.30.에 현장조사를 하였으나 가격자료수집이 미흡하여 2010.9.2.에 재조사 완료하였음
2. 기호 1 토지는 인접 필지와 대체로 평탄하며, 점포부지(이대한 소유)와 주택부지(박조선 소유)로 이용 중이고, 기호 2 토지는 남하향의 완경사 자연림으로서 형상은 부정형이고, 지상에 자연생 활잡목이 자생하고 있으나 경제적 가치는 없는 것으로 판단됨
3. 기호 1 토지의 도로접면은 지적도와 동일하며, 기호 2 토지의 도로접면은 세로가에 집하고 있음
4. 기호 1 토지의 지상에 시멘트블록조 슬래브지붕 단층 창고(이대한 소유: 기호 ㉠)와 시멘트블록조 슬래브지붕 단층 창고(박조선 소유: 기호 ㉡)가 무허가건축물로 존재하고 있으며, 신축연도는 모두 2001.9.7.에 건축된 것으로 탐문조사되었고, 이로 인하여 토지에 미치는 영향은 없는 것으로 판단됨

5. 건물배치도

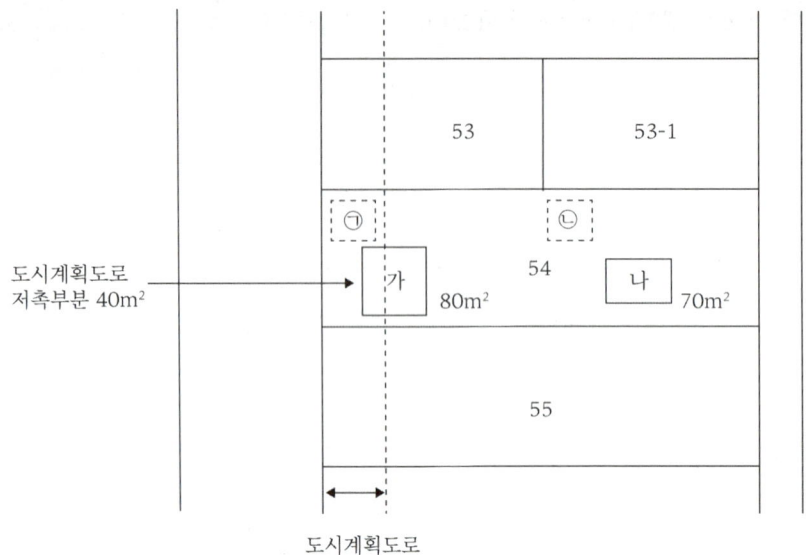

자료 3   가격결정을 위한 참고자료

1. 표준지공시지가 현황

기호	소재지	면적 (㎡)	지목	이용 상황	용도지역	도로 교통	형상 지세	공시지가(원/㎡)		
								2008년	2009년	2010년
A	乙동 57	250	대	상업용	일반상업	광대 세각	세장형 평지	900,000	980,000	1,100,000
B	乙동 58-1	250	대	단독 주택	제2종 일반주거	세로가	세장형 평지	380,000	400,000	420,000
C	乙동 산74	3,000	임야	자연림	자연녹지	맹지	부정형 완경사	38,000	45,000	50,000

※ 표준지공시지가는 공법상 제한이 없는 상태임

2. 지가변동률(甲구)

구분	상업지역	주거지역	녹지지역
2008.1.1. ~ 2010.8.30.	1.15100	1.20000	1.25000
2008.1.1. ~ 2010.9.2.	1.15500	1.21000	1.25500
2009.1.1. ~ 2010.8.30.	1.10000	1.12000	1.13000
2009.1.1. ~ 2010.9.2.	1.11500	1.12500	1.13500
2010.1.1. ~ 2010.8.30.	1.05000	1.06500	1.07000
2010.1.1. ~ 2010.9.2.	1.05500	1.07000	1.07500

3. 지역요인: 동일함

4. 개별요인

(1) 도로접면

구분	광대세각	광대한면	소로한면	세로가	세로(불)	맹지
광대세각	1.00	0.95	0.86	0.81	0.75	0.72
광대한면	1.05	1.00	0.91	0.85	0.78	0.75
소로한면	1.16	1.10	1.00	0.93	0.86	0.83
세로가	1.24	1.18	1.07	1.00	0.92	0.89
세로(불)	1.34	1.28	1.16	1.09	1.00	0.96
맹지	1.39	1.32	1.20	1.12	1.04	1.00

(2) 형상

구분	정방형	장방형	사다리형	부정형
정방형	1.00	0.99	0.98	0.95
장방형	1.01	1.00	0.99	0.96
사다리형	1.02	1.01	1.00	0.97
부정형	1.05	1.04	1.03	1.00

(3) 지세

구분	평지	완경사
평지	1.00	0.97
완경사	1.03	1.00

(4) 공법상 제한(도시계획도로 저촉: 토지, 건물 공동사용)

구분	일반	제한
일반	1.00	0.85
제한	1.18	1.00

5. 기타요인 산정을 위한 자료
   (1) 평가선례

기호	소재지	지목	면적 (㎡)	이용상황	용도지역	단가(원/㎡)	가격시점	평가목적
A	乙동 59	대	250	상업용	일반상업	1,300,000	2010.1.1.	담보
B	乙동 59-1	대	250	단독주택	2종일반주거	500,000	2010.1.1.	담보
C	乙동 60	대	250	상업용	일반상업	1,150,000	2009.1.1.	담보
D	乙동 60-1	대	250	단독주택	2종일반주거	480,000	2009.1.1.	담보
E	乙동 110	대	250	상업용	일반상업	1,500,000	2010.1.1.	보상
F	乙동 110-1	대	250	단독주택	2종일반주거	600,000	2010.1.1.	보상
G	乙동 111	대	250	상업용	일반상업	1,300,000	2009.1.1.	보상
H	乙동 111-1	대	250	단독주택	2종일반주거	560,000	2009.1.1.	보상
I	乙동 112	대	250	상업용	일반상업	1,100,000	2008.1.1.	보상
J	乙동 112-1	대	250	단독주택	2종일반주거	540,000	2008.1.1.	보상

   (2) 지가변동률은 상기에서 제시한 자료와 동일하고 대상토지와 평가선례와의 지역요인 및 개별요인은 동일함
   (3) 평가선례는 공법상 제한이 없는 상태임
   (4) 지목이 '임야'인 표준지공시지가는 지목이 '대'인 표준지공시지가와 기타요인이 동일함

자료 4 건물평가자료

1. 사용승인일자

구분	점포	주택
사용승인일자	2001.9.7.	2001.9.7.

2. 건물재조달원가(원/㎡)

구분	철근콘크리트조	시멘트벽돌조	시멘트블록조
주택	1,000,000	900,000	600,000
점포	700,000	550,000	450,000
창고	500,000	400,000	350,000

3. 내용연수

구분	철근콘크리트조	시멘트벽돌조	시멘트블록조
내용연수	50년	45년	30년

4. 본 건물의 감가수정은 만년감가를 기준으로 함
5. 창고 전체와 점포 중 20㎡가 도시계획도로에 저촉됨
6. 본 건물 중 점포 잔여부분 보수비는 「건축법」상 요구되는 시설개선비 2,000,000원을 포함하여 총 5,000,000원임(담보감정 시 보수비는 고려하지 아니함)

자료 5 기타 참고사항

1. 물음2) 작성시 감정평가서 필수적 기재사항 중 평가액의 산출근거 및 그 결정에 관한 의견서를 목적별로 구체적으로 작성하시오[단, 물음1)에서 작성된 가격산출 근거는 생략]
2. 기호 1 토지의 지상에 소재하는 이대한 소유의 건물과 박조선 소유의 건물은 합법적인 건축물로서 소유자별로 각각 점유하고 있음
3. 가격시점에 내해서는 별도로 제시받지 아니함
4. 보상평가를 위한 사업개요
   (1) 사업의 종류: 乙지구 택지개발사업
   (2) 택지개발예정지구 공람·공고일: 2008.12.1.
   (3) 택지개발예정지구 지정·고시일: 2009.9.15.
5. 보상가격 산정을 위한 참고자료
   (1) 택지개발예정지구 공람·공고일 이후 해당 공익사업지구 내 표준지공시지가의 평균변동률이 해당 시·군·구 전체의 표준지공시지가의 평균변동률보다 1.4배 높고 그 변동률 차이는 10% 정도임
   (2) 기호 1, 2 토지 공히 일부만 택지개발예정지구에 편입되었으나, 잔여지손실보상에 대해서는 고려하지 아니함
6. 감정평가사인 김한국 씨는 감정평가서를 최종적으로 2010.9.4.에 작성·완료하여, 2010.9.5.에 심사 후 발송하였음

[문제2] 이대한 씨는 甲구 乙동에 근린생활시설을 소유하고 있다. 이 건물의 1층은 편의점으로, 2층은 주거용으로 사용되고 있다. 대상토지는 제1종 주거지역 내 정방형의 대(지목)로서 150㎡ 중 50㎡가 공익사업인 자동차 전용도로 개설사업에 편입되어 보상협의요청서를 받았으나 토지에 대하여는 협의에 응하지 않고 재결의 신청을 청구하였는바, 사업시행자로부터 재결서 정본을 수령하였다. 재결에 불복한 이대한 씨는 이의신청과 동시에 잔여지의 손실에 대하여도 손실보상을 청구하기로 하였다. 다음의 자료를 검토, 분석 후 물음에 답하시오. (20점)

물음1) 잔여지(100㎡)와 관련하여 다음 질문에 답하시오. (10점)
  (1) 잔여지에 대한 손실보상을 받기 위한 요건을 약술하시오.
  (2) 잔여지 손실보상의 종류와 각각의 종류에 따른 보상액 산정방법을 설명하되, 자료를 활용하여 산정 가능한 범위 내에서 이대한 씨가 청구할 수 있는 손실보상액을 산정하시오.

물음2) 공정감정평가법인 소속 김한국 감정평가사가 이대한 씨의 영업손실보상액을 산정(협의보상)하기 위하여 수집하였을 것으로 판단되는 제반자료 및 조사사항을 「공익사업을 위한 토지 등의 취득 및 보상에 관한 법률」 및 「동법 시행규칙」, 「영업손실보상 평가지침」 등과 관련하여 설명하시오. (10점)

자료 1 손실보상금 지급내역서(요약)

소재지	지번	면적	편입면적	단가(원/㎡)	금액(원)
甲구 乙동	123-1	150	50	1,500,000	75,000,000

※ 건물 등 지장물과 영업손실의 보상금은 협의를 위한 보상협의 요청시 수령하였음

자료 2 대상부동산의 상황 등

1. 잔여지 100㎡는 자동차 전용도로가 잔여지의 전면부를 통과하여 맹지가 되어 건축이 불가능한 상태임
2. 가격조사 결과 공익사업시행 후, 잔여지 매매가능가액은 700,000원/㎡ 내외로 파악되었음
3. 도로개설공사 완료일: 2010년 9월 5일
4. 본건의 사업인정고시일: 2009년 1월 1일
5. 본 사업으로 인한 인근지역의 지가변동은 없는 것으로 조사되었음

[문제3] 총 3인의 조합원으로 구성된 재개발조합은 분양계획의 조정을 위하여 아래와 같은 자료를 수집하였다. 구체적으로 조합원 부담의 감소를 위하여 분양계획 1안을 2안으로 변경하고자 한다. 이때 각 1안 및 2안의 비례율을 산정하여, 2안으로 변경할 경우 유리한 조합원의 순서를 판별하되, 산출과정 및 그 이유를 설명하시오. (15점)

자료1 조합원별 종전자산 평가액

1. 김한국: 80,000,000원
2. 이대한: 140,000,000원
3. 박조선: 180,000,000원

자료2 건축계획 및 사업 관련 비용 등

1. 단위세대당 105㎡ 면적의 총 10세대를 건축할 예정이며, 이 중 3세대는 조합원 분양분이고, 7세대는 일반분양예정임
2. 본 사업의 진행을 위해서는 기존주택 등의 철거비로 100,000,000원이 소요될 전망이고, 신축공사비로 1,400,000,000원의 지출이 예상됨

자료3 분양예정가격

1. 1안: 조합원에 대한 분양예정가격은 단위세대당 160,000,000원, 일반분양예정가격은 단위세대당 200,000,000원임
2. 2안: 조합원에 대한 분양예정가격은 단위세대당 140,000,000원, 일반분양예정가격은 단위세대당 200,000,000원임

[문제4] 이대한 씨는 甲구 乙동에 소재한 구형 단독주택을 구입하여 철거한 후, 다가구주택을 신축하여 임대하고자 한다. 다음의 자료를 활용하여 신축예정 다가구주택의 수익가치를 산정하고, 이 사업으로 인한 요구수익률을 충족시킬 수 있는 구형 단독주택의 최대 매수(지불)가능가격을 산정하시오. (15점)

자료 1 신축예정 다가구주택의 개요

1. 총 18개의 단위호로 구성된 철근콘크리트조의 원룸형으로 기존 주택 철거비를 포함하여 신축공사비는 총 550,000,000원이 소요될 예정임
2. 신축건물의 예상임대료는 각 단위호당 임대보증금 10,000,000원에 월세 800,000원을 받을 수 있을 것으로 추정되며, 월세 징수에 따른 시간가치는 고려하지 아니함
3. 임대보증금의 운용이율은 1년 만기 정기예금금리 수준인 연 4%가 적정한 것으로 조사되며, 예상되는 공실손실상당액 및 대손액 등은 가능총수익(PGI)의 8%, 관리 등에 소요되는 제반 경비는 유효총수익(EGI)의 20%로 예상됨

자료 2 인근 유사 다가구주택의 거래사례 및 임대자료(사례수: 3개)

1. 사례 1: 2009년 1월 - 매매금액 2,000,000,000원
   연간 순수익(NOI) 220,000,000원
2. 사례 2: 2009년 6월 - 매매금액 2,000,000,000원
   연간 순수익(NOI) 180,000,000원
3. 사례 3: 2010년 8월 - 매매금액 1,800,000,000원
   연간 순수익(NOI) 180,000,000원

자료 3 기타 참고사항

1. 이대한 씨는 사업자본의 50%를 차입(타인자본)할 예정임. 차입자금의 연간 금리수준은 10%이며, 자기자본에 대한 요구수익률은 위험을 고려하여 차입자금 금리수준의 2배를 기대하고 있음. 한편, 본 사업에 적용할 종합적인 요구수익률은 물리적 투자결합법을 활용하여 산정할 예정임
2. 수익가치 산정에 사용할 환원이율은 시장추출법에 의하여 산정하되, 수집된 자료 중 가장 최근의 자료에 50%의 가중치를 두고, 나머지 자료는 동일한 비중으로 취급할 예정이고, 환원방법은 직접법에 의함

[문제5] 주어진 자료는 2010년 상반기에 월별로 수집된 실거래 사례의 토지단가(원/㎡)이다. A시 외곽의 동일수급권 내 자연녹지지역의 '답'에 대한 자료로서 용도 및 규모가 유사하며 제반 요인의 차이가 없다. 또한, 대상기간 동안 지가변동도 미미하였다. 이 자료에만 의거하여 금년 7월 1일 기준으로 「부동산 가격공시에 관한 법률」상 언급되는 '성립될 가능성이 가장 높다고 인정되는 가격'을 결정하고자 한다. 다음의 순서에 입각하여 요구하는 값을 모두 구하고, 적정가격을 결정하되, 그 사유를 설명하시오. (10점)

물음1) 범위(range) 및 평균(mean)의 산정

물음2) 중위값(median) 및 최빈치(mode)의 산정

물음3) 적정가격 결정사유의 설명

자료 1 수집된 토지가격자료: 총 12개

1. 2010년 1월: 190,000원, 180,000원
2. 2010년 2월: 190,000원, 200,000원
3. 2010년 3월: 238,000원, 190,000원, 210,000원
4. 2010년 4월: 225,000원
5. 2010년 5월: 210,000원, 210,000원
6. 2010년 6월: 195,000원, 210,000원

2011년 제22회 감정평가실무 기출

> **공통 유의사항**
> 1. 각 문제는 해답 산정 시 산식과 도출과정을 반드시 기재
> 2. 단가는 관련 규정에서 정하고 있는 사항을 제외하고 천원 미만은 절사, 그 밖의 요인 보정치는 소수점 셋째 자리 이하 절사

[문제1] 감정평가사 甲은 (주)K생명보험으로부터 동 회사가 보유 중인 부동산에 대한 감정평가를 의뢰받아 처리계획을 수립한 후 현장조사를 수행하고 아래와 같이 자료를 수집·분석하였는바, 이를 활용하여 시산가치 조정을 통한 최종 감정평가액을 산출하되, 평가방식 적용 시 필요한 경우 그 판단에 대한 의견을 명기하시오. (40점)

자료 1 기본적 사항

1. 감정평가 의뢰내역

항목	기호	소재지	지목층	면적(㎡)	용도지역·용도
토지	1	경기도 Y시 B읍 K리 219	잡종지	225.0	계획관리
	2	〃 219-2	잡종지	291.0	〃
	3	〃 219-1	대	975.0	〃
	4	〃 219-3	대	554.0	〃
	5	〃 219-4	도로	105.0	〃
	6	〃 219-5	도로	144.0	〃
건물	가	〃 219-1 〃 219-3	지하 1 지상 3	1,254.3	근린생활시설 및 숙박시설
	나	〃 219-1 〃 219-3	1	72.24	근린생활시설

2. 의뢰인: (주)K생명보험
3. 평가목적: 일반거래(매매참고용)
4. 제출처: (주)K생명보험
5. 목록표시 근거: 등기부등본, 일반건축물관리대장등본
6. 가격시점: 2011.9.4.
7. 조사기간: 2011.8.31. ~ 2011.9.4.
8. 작성 일자: 2011.9.4.

자료 2 대상부동산에 관한 기본자료 및 현장조사 내용

1. 토지
   (1) 이용상황
       1) 기호 (1, 2): 본건 기호 (5, 6) 토지와 경계구분 없이 본건(가, 나) 건물의 진출입을 위한 포장도로로 이용 중임
       2) 기호 (3): 현황 숙박시설로 이용 중인 본건 기호 (가) 건물부지임
       3) 기호(4): 현황 주택으로 이용 중인 본건 기호 (나) 건물부지임
       4) 기호 (5, 6): 본건 기호 (1, 2) 토지와 경계구분 없이 본건(가, 나) 건물 진출입을 위한 포장도로로 이용 중임
   (2) 접면도로
       본건 기호 (2, 6) 토지가 남서측으로 ○○번 국도에 접함
   (3) 형상 및 지세
       본건 일단의 토지 전체를 기준으로 자루형에 가까운 평지임

2. 건물
   (1) 공통사항
       1) 사용승인일: 1997.8.29.
       2) 건폐율/용적률: 24.91%/65.07%
   (2) 기호 (가)
       1) 구조: 철근콘크리트 슬래브지붕
       2) 난방설비, 패키지 에어컨에 의한 냉방설비, 위생 및 급배수설비, 화재탐지·경보 및 소화설비 등
       3) 이용상황

층	용도	면적	이용상황
지 1	근린생활시설	331.55	창고, 보일러실
1	숙박시설	305.23	접수대, 객실 9
2	숙박시설	308.76	객실 10
3	숙박시설	308.76	객실 10

   (3) 기호 (나)
       1) 구조: 연와조 슬래브지붕 단층
       2) 면적: 72.24㎡
       3) 주요설비: 난방설비, 위생 및 급배수설비 등
       4) 이용상황: 주택(방 2, 화장실 겸 욕실, 주방 겸 거실)

3. 임대 및 사용현황
   2009년부터 乙에게 무상으로 임대 중인 것으로 조사되었음

4. 본건 평가전례
   (1) 가격시점: 2006.3.2.
   (2) 평가목적: 담보
   (3) 평가액: 1,402,384,500원

자료 3 경기도 Y시 개황

1. Y시는 경기도 북동측 내륙권, 서울에서 직선거리 약 30km 거리에 위치하며 대체로 산지가 많고 평지가 적음
2. 도로 및 전철 등 서울로의 대중교통 접근조건이 개선됨에 따라 대규모택지개발사업시행 및 그로 인하여 인구유입이 지속적으로 증가되어 왔고, 이에 따라 주택이 지속적으로 공급되어 왔음
3. Y시의 산업별 사업체 수는 제조업, 도소매업, 숙박(음식점)업 순으로 나타났고, 종사인원을 기준으로 할 경우 제조업이 50% 정도를 차지하나 대형할인점 등의 입지에 따른 3차 산업의 발달 등 급격한 도시화로 도소매업의 증가가 두드러진 반면 숙박업은 지속적인 감소세를 나타내고 있음
4. Y시 토지거래는 2000년대 초반, 시 승격을 전후로 연간 6,500여 건에서 연간 16,000여 건으로 거래량이 급격히 상승하였으나 2000년대 중반 이후 등락을 보이다 최근에는 연간 10,000여 건으로 안정세를 보이고 있음

자료 4 지역 및 대상부동산 개황

1. 본건은 Y시 B읍 K리 소재 K저수지 북동측 인근에 위치하고 있으며, 인근은 국도 및 지방도변을 따라 숙박시설 및 근린생활시설 등이 산재하고 후면으로 농경지 및 임야 등이 혼재하여 있음
2. 본건 토지 남서측으로 ○○번 국도에 접하고 있어 본건까지 제반 차량의 진출입이 원활하고, 본건 북서측 인근에 ○○번 국도와 동서로 연결되는 □□번 지방도가 연결되는 삼거리가 소재함
3. Y시 관내를 연결하는 버스정류장이 본건 남동측 인근에 위치하나, 운행간격 등에 비추어 대중교통 사정은 다소 불편함

자료 5 인근지역 분석

1. 본건은 계획관리지역 내 3층 숙박시설(객실 29개)로서, 용도적·기능적 동일성을 기준으로 본건 남서측 인근에 소재한 K저수지 북측의 ○○번 국도변 및 동 국도에 동서로 연결되는 □□번 지방도를 따라 본건 북서측 인근 M저수지에 이르는 지방 도변 일대가 본건 부동산의 인근지역으로 판단됨
2. 인근지역은 K저수지를 중심으로 유원지·낚시터 등의 이용객들을 위한 음식점, 숙박시설, 카페 등이 산재되어 있고, M저수지 주변도 이와 유사한 이용을 보이고 있으며 특히, 숙박시설은 독립적으로 위치하기 보다는 몇 개씩 집단화하고 있는 양상을 보이고 있으나, 경기침체 및 유원지·낚시터 등의 이용객의 감소와 더불어 숙박시설이 집단화한 지역으로서의 전반적인 경쟁력 약화 등이 상승작용하여 영업상황이 악화되어 가고 있으며, 영업을 중지하는 숙박시설이 증가하고 있는 추세임
3. 인근지역은 ○○번 국도 및 □□번 지방도를 따라 노변 또는 후면에 음식점 또는 숙박시설이 주류를 이루고 있으며, 숙박시설의 경우 3층으로서 객실 30~35개 규모가 일반적 이용임

4. 토지가격수준에 대한 탐문조사 결과, ○○번 국도에 접하고 있는 경우 @453,000원/㎡ ~ @600,000원/㎡, 후면지의 경우 @272,000원/㎡-@300,000원/㎡ 수준이고, M저수지에서 동측으로 □□번 지방도에 접하고 있는 경우 @453,000원/㎡ ~ @544,000원/㎡, 후면지의 경우 @211,000원/㎡ ~ @300,000원/㎡ 수준으로 호가되고 있음
5. 또한, 최근 인근지역에는 영업이 중단된 숙박시설을 노인전문요양원 등 타용도로 전환·이용하려는 목적으로 매물을 찾는 문의가 간혹 있으나 실제 노인전문요양원 등으로 전환·이용된 사례는 없는 것으로 조사되었음

자료 6 공시지가 표준지 및 매매사례

1. 비교표준지공시지가

소재지	면적(㎡)	지목	이용상황	용도지역	도로교통	형상지세	공시기준일	공시지가	비고
K리 217-1	880.0	대	상업용	계획관리	소로각지	부정형평지	2007.1.1.	405,000	본건 남동측 인접, ○○번 국도변
							2008.1.1.	455,000	
							2009.1.1.	420,000	
							2010.1.1.	425,000	
							2011.1.1.	430,000	

2. 매매사례

구분		매매사례 #1	매매사례 #2	매매사례 #3	매매사례 #4
소재지		K리 354	K리 419-3	K리 418	K리 381-5
매매금액		481,100,000	903,500,000	685,100,000	850,100,000
매매일자		2009.6.5.	2010.1.7.	2009.8.20.	2011.2.27
토지면적(㎡)		974.0	1,327.0	1,405.0	1,258.0
건물내역	구조	-	철근콘크리트조 슬래브지붕	철근콘크리트조 슬래브지붕	철근콘크리트조 슬래브지붕
	용도	-	숙박시설	숙박시설	숙박시실
	객실수	-	31	26	34
	층(지상/지하)	-	3/1	5/1	3/1
	연면적(㎡)	-	1,349.74	975.24	2,410.27
	사용승인일	-	2004.12.24.	1999.8.15.	2002.9.1.
	비고	-	-	현 영업중단	현 영업중단

자료 7 표준건축비 자료(가격시점기준)

1. 철근콘크리트조 숙박시설: @1,060,000원/㎡
2. 연와조 단독주택: @850,000원/㎡

자료 8 시점수정자료

2007.1.1 이후 인근지역 토지시장 및 건축물 신축가격은 큰 변화가 없었던 것으로 조사되어 시점수정은 필요 없음

자료 9 본건 영업자료 등

1. 매출액: 5,500,000원/월
2. 영업경비
   단기내용연수 항목에 대한 대체충당금을 제외한 세금 등 고정비와 인건비, 냉난방비, 공과금 등 변동비에 대한 자료검토 결과 평균 4,500,000원/월 소요됨
3. 동산항목 가치
   가격시점 현재 본건 숙박시설 내 가구, 전자제품 등의 잔존가치는 객실당 @600,000원으로 산정됨

자료 10 요인비교자료

1. 토지개별요인 비교치

공시지가 표준지	본건(전체기준)	매매사례 #1	매매사례 #2	매매사례 #3	매매사례 #4
1.00	0.78	1.15	1.07	0.97	0.95

2. 건물개별요인 비교치

   (1) 철근콘크리트조

표준건축비	본건	매매사례 #2	매매사례 #3	매매사례 #4
1.00	1.00	1.00	1.03	1.00

   (2) 연와조

표준건축비	본건
1.00	1.05

자료 11 각종 이율 등

1. 시장금리 등
    (1) 국고채(3년): 3.96%/연
    (2) 회사채(3년, AA-): 6.12%/연
    (3) 저당이자율(예금은행 가중평균대출금리): 6.73%/연

2. 숙박시설 지분환원율 등
    (1) 지분환원율: 12.0%/연
    (2) 대출비율: 45%

3. 숙박시설 투자수익률 등
    (1) 투자수익률: 15.0%/연
    (2) 가치변동: 전형적인 보유기간인 5년 동안 인근지역 숙박시설의 가치는 35% 정도 하락할 것으로 예상됨

자료 12 기타

1. 원가방식 중 내용연수법 적용 시 내용연수 또는 잔존내용연수 조정이 필요할 경우 매매사례를 활용
2. 비교방식 중 개별요인 비교는 사례의 토지/건물 가치구성비율을 활용하고, 내용연수 만료 시 잔존가치율은 1%를 적용
3. 숙박시설 운영을 위해서는 직원 등의 숙소가 필요함이 일반적인 바, 본건 기호 (나) 건물은 무상임차인 乙과 운영을 돕고 있는 그 자녀 1인의 숙소로 사용되는 바, 숙박시설 용도에 부합하는 것으로 판단
4. 가격시점 현재 건축물의 철거비는 @15,000원/㎡임

[문제2] A감정평가법인에 소속된 감정평가사 김정직은 ○○도 ○○시 ○○동 100번지 일대에 소재하는 ○○ 1-1 주택재개발 정비사업구역의 사업시행인가 신청을 위한 정비기반시설의 감정평가 의뢰를 받았다. 주어진 자료를 활용하여 관련 법규에 따라 주택재개발 정비사업의 시행으로 인하여 용도폐지되는 기존의 정비기반시설 부지와 새로이 설치하는 정비기반시설 예정부지를 감정평가하시오(단, 가격의 산정과정과 본건 감정평가에 적용할 비교표준지의 선정이유는 반드시 기술). (20점)

자료 1 평가조건

1. 본 감정평가의 대상토지는 관련 제 규정에 따라 가장 적정하다고 판단되는 인근 공시지가 표준지를 기준으로 공시기준일로부터 가격시점까지의 지가변동률과 토지의 제반가격형성요인을 종합고려하여 적정가격으로 감정평가할 것
2. 국가 또는 지방자치단체로부터 사업시행자인 해당 정비사업조합에 무상으로 양여되는 국·공유 정비기반시설 부지는 용도폐지를 전제로 감정평가할 것
3. 사업시행자로부터 사업시행인가권자인 지방자치단체에 무상으로 귀속되는 새로이 설치하는 정비기반시설은 토지의 형질변경 등 그 시설의 설치에 소요되는 비용은 포함하지 않고 현장조사 당시 현재의 현황을 기준으로 감정평가할 것

자료 2 사업의 개요

1. 정비구역현황

사업의 종류	구역의 명칭	위치	면적(㎡)	비고
주택재개발 정비사업	○○1-1주택 재개발정비 사업구역	○○시 ○○동 100번지 일번	97,600	제2종 일반주거지역

2. 토지이용계획

구분		명칭	면적(㎡)	비율(%)	비고
		합계	97,600	100.0	
토지이용계획	정비기반 시설 등	소계	24,800	25.4	
		도로	6,700	6.9	확장 및 신설
		공원	18,100	18.5	신설
	획지	소계	72,800	74.6	
		획지 1	70,500	72.2	공동주택 및 부대시설
		획지 2	2,300	2.4	종교시설

3. 건축계획

구분		내용
밀도	건폐율	18.20%(공동주택: 15.60%, 부대시설: 2.60%)
	용적률	229.00%
	규모	공동주택 22개동 1,550세대(16층 ~ 22층)

4. 지적개황도(축척 없음)

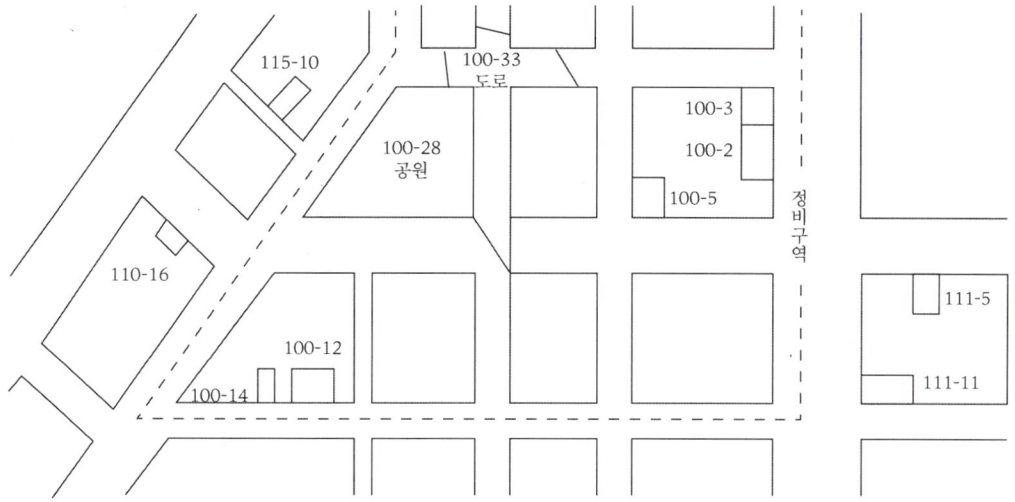

자료 3 기타 참고사항

1. 주택재개발 정비구역 지정고시일: 2010.2.25.
2. 주택재개발 정비조합설립인가 고시일: 2010.11.8.
3. 가격시점: 2011.11.30

자료 4 평가대상토지 목록

1. 용도폐지되는 정비기반시설 부지

일련번호	지번	지목	면적(㎡)	소유자	비고
1	100-28	공원	3,216.0	국(국토교통부)	현황 도시계획시설 공원
2	100-33	도로	1,303.3	○○시	현황 도시계획시설 도로

2. 새로이 설치되는 정비기반시설 부지

일련번호	지번	지목	면적(㎡)	소유자	비고
3	100-2	대 (상업용)	95.6	박부자	대로 3-1호선 확장 도로 15% 저촉
4	100-5	대 (주상용)	91.5	강개발	중로 2-8호선 신설 도로 62% 저촉
5	100-14	대 (주거용)	138.7	최토지	근린공원시설 공원 100% 저촉

3. 위 평가대상토지 중 일련번호 (1) 100-28번지 공원부지의 용도지역은 제1종일반주거지역이었으나 정비사업의 시행으로 인하여 제2종일반주거지역으로 변경(2010.2.25, 정비구역 지정고시일)되었음

자료 5 토지가격 산정에 참고할 자료

1. 인근 공시지가 표준지
   (1) 해당 정비사업구역 내 공시지가 표준지

일련번호	지번	면적(㎡)	이용상황	용도지역	도로교통	형상지세	공시지가(원/㎡)		비고
							2010년	2011년	
371	○○동 100-3	541.9	상업용	2종일주	광대소각	정방형 평지	2,240,000	2,350,000	도로 15% 저촉
372	○○동 100-5	147.5	주상용	2종일주	소로각지	정방형 평지	1,270,000	1,330,000	도로 62% 저촉
373	○○동 100-12	153.9	단독주택	2종일주	세로(가)	가장형 평지	1,130,000	1,180,000	공원 100% 저촉

   (2) 해당 정비사업구역 외 공시지가 표준지

일련번호	지번	면적(㎡)	이용상황	용도지역	도로교통	형상지세	공시지가(원/㎡)		비고
							2010년	2011년	
375	○○동 110-16	127.9	주상용	2종일주	소로한면	가장형 평지	1,230,000	1,290,000	
377	○○동 111-5	137.4	단독주택	2종일주	소로한면	세장형 평지	1,120,000	1,170,000	
378	○○동 111-11	600.3	상업용	2종일주	광대세각	세장형 평지	2,800,000	2,900,000	
380	○○동 115-10	109.6	단독주택	1종일주	세로(불)	세장형 평지	950,000	990,000	

2. 지가변동률(○○시)

구분	평균	주거지역	상업지역	공업지역
2010.1.1. ~ 2010.12.31.	1.04583	1.04629	1.04475	1.04400
2011.1.1. ~ 2011.8.31.	1.01591	1.01584	1.01547	1.01622
2011.8.1. ~ 2011.8.31.	1.00173	1.00160	1.00118	1.00191

3. 개별요인

   (1) 도로접면

구분	광대한면	중로한면	소로한면	세로(가)	세로(불)
격차율	1.00	0.92	0.85	0.80	0.75

   ※ 도로접면이 각지인 경우는 한 면에 접하는 경우에 비해 3% 우세함

   (2) 이용상황

구분	주거용	주상용	상업용
격차율	1.00	1.08	1.15

   (3) 형상

구분	가장형	정방형	세장형	사다리형	부정형
격차율	1.00	0.98	0.96	0.92	0.78

   (4) 도시계획시설 저촉

구분	일반	도로	공원
격차율	1.00	0.85	0.60

[문제3] D건설회사는 총 720세대 규모의 아파트단지 조성사업을 시행하여 입주가 완료되었으나 그중 12세대는 일반적인 아파트와는 달리 거실 유리창의 일부가 감소되도록 설계되어 입주 후 가치하락액을 산정하여 환불해주기로 하고 환불대상세대 및 환불액 결정을 K감정평가법인에 의뢰하였다. 아래에 제시된 조건과 자료의 범위 내에서 K감정평가법인이 수행해야 할 환불대상세대 결정 및 대상세대의 최종 환불액을 평가하시오. (20점)

자료 1 기본적 사항

1. 환불액 평가의 가격시점은 2011.8.1.로 한다.
2. 환불액 지급대상세대는 (자료 2)에 제시된 세대 중 연속일조시간이 2시간 미만이고 총일조시간이 4시간 미만인 세대만을 대상으로 한다.
3. 환불액은 일조시간을 기초로 산정한 가치하락액을 기준으로 결정한다. 이 경우 본 아파트단지에서 일조권 가치가 전체 가치에서 차지하는 비율은 평형에 관계없이 6%이며 총일조시간(x분)과 해당 세대의 가치하락률(y) 간의 관계는 다음 산식으로 산정한다.
   $y = 0.06(1 - x/240)$
4. 환불대상세대 중 1년 이내에 거래사례가 있는 경우에는 거래사례에 의해 산정한 가치하락액과 일조시간을 기준으로 산정한 가치하락액을 비교하여 적은 금액으로 환불액을 결정한다.

자료 2 대상 아파트단지 개요

1. 소재지: S시 A구
2. 규모: 총 720세대(10개동 × 각동 72세대)
3. 층수: 각동 공히 18개층 높이이며 각 층별 세대수는 동일하게 건축되었음
4. 동별 현황
   (1) 101동 ~ 108동: 전세대 85㎡형
   (2) 109동, 110동: 전세대 110㎡형

자료 3 창면적 감소세대 현황

동번호	해당 세대	창면적 감소비율(%)	총일조시간(분)	연속일자시간(분)
101	301호	45	165	95
	302호	18	265	183
	401호	45	170	98
	402호	18	270	185
102	602호	60	160	93
	702호	25	250	170
109	301호	45	165	125
	302호	18	265	183
	401호	45	170	128
	402호	18	270	185
110	602호	60	160	93
	702호	25	250	170

자료 4 본건 아파트단지의 층별 효용지수

층	1	2	3	4	5	6	7	8	9	10
효용지수(%)	90	94	96	98	99	100	100	100	100	100
층	11	12	13	14	15	16	17	18	-	-
효용지수(%)	100	100	100	100	100	100	100	98		

자료 5 본건 아파트단지의 위치별 효용지수

위치	1호	2호	3호	4호
효용지수(%)	98	100	98	96

자료 6 본건 아파트단지의 면적 타입별 효용지수

면적(㎡)	85	110
효용지수(%)	100	104

자료 7 본건 아파트단지 내 거래사례자료

1. 창면적 감소가 없는 사례
   (1) 동, 호수: 107동 503호
   (2) 거래시점: 2011.6.25.
   (3) 거래가격: 322,000,000원

2. 창면적 감소가 있는 사례
   (1) 동, 호수: 101동 401호
   (2) 거래시점: 2011.3.12.
   (3) 거래가격: 305,000,000원

자료 8 인근지역의 아파트가격 변동지수

2011.1.1.	2011.2.1.	2011.3.1.	2011.4.1.	2011.5.1.	2011.6.1.	2011.7.1
113	114	116	116.8	117.8	119	120

자료 9 기타 평가조건

1. 각 호별 정상가격 산정에 있어서 개별소유자가 개별투자한 내부마감재, 구조변경, 추가설비 및 관리상태의 차이 등의 개별적 사항은 고려하지 않는다.
2. 본건 아파트단지 내 각 동별 효용격차는 없는 것으로 가정한다.

[문제4] 서울지방법원 민사 ○○단독 재판장 판사 한공정은 민사소송사건의 심리를 위하여 다음과 같은 사건의 감정평가를 당신에게 의뢰하였다. 주어진 자료를 검토한 후 판사의 감정요청사항에 대하여 견해를 간단하게 약술하시오. (10점)

<사건의 개요>
(1) 감정평가 목적물: 서울특별시 ○○구 ○○동 1669-1 한라산 오리엔탈 1층 13호 건물 29.00㎡, 대지권 5,500㎡ × 5,500분지 10.60㎡
(2) 청구내용: 원고 이대리는 2009.9.20. 피고 (주)한라산개발이 시공하여 분양하는 위 목적물을 분양받아 현재 점포를 운영 중에 있으며, 피고는 분양 당시 전·후면 모두 인근 도로와 같은 높이의 평탄한 건축물인 것처럼 광고하였고 이에 원고는 그중 후면 상가인 위 목적물을 분양받았다. 그러나 건축물이 완공되어 입주하여 보니 건물의 전면 상가와는 달리 후면의 상가는 인근 도로에 비해 약 1.2m 정도 높은 상태로 계단이 설치되어 고객의 통행이 불편한 구조로 되어 있음을 알게 되었고 분양 당시 광고와는 다른 구조로 인하여 실제 영업이익이 기대한 바에 미치지 못할 뿐만 아니라 현재시점에서 위 목적물의 시가가 분양가에 미치지 못하는 등 손해를 입게 되었음을 주장하면서 이러한 손해를 이유로 2009.9.20. 당시 분양가격이 과다하고 따라서 피고가 부당하게 얻은 분양가격의 일부를 반환할 것을 청구하는 소를 제기하였다.

물음1) 원고의 주장이 타당한지 여부와 분양 당시 전면 상가의 분양가격과 비교할 때 후면 상가의 분양가격이 적정한지 여부를 약술하시오. (5점)

물음2) 분양가격이 적정하였다고 판단한다면 그 근거를 약술하고, 적정하지 않았다고 판단한다면 적정가격수준은 어느 정도인지를 약술하시오. (5점)

자료1 분양가격자료(2009.9.20. 당시 1층 상가의 분양자료)

구분	면적(㎡)		분양가격		비고
	전용면적	대지권	금액(원)	단가(원/㎡)	
1층 4호	26.00	9.50	498,000,000	19,154,000	전면
1층 6호	65.00	23.80	1,200,000,000	18,462,000	전면
1층 9호	26.00	9.50	475,000,000	18,269,000	전면
1층 13호	29.00	10.60	425,000,000	14,655,000	후면
1층 14호	29.00	10.60	425,000,000	14,655,000	후면
1층 17호	32.00	11.70	460,000,000	14,375,000	후면

자료 2 실거래가격 자료 및 임대사례

구분	거래사례			임대료(천원)		임대수익률
	금액(천원)	매매일자	상승률	보증금	월임대료	
1층 4호	550,000	2011.8.4.	10.44%	-	-	자가사용
1층 6호	-	-	-	200,000	2,800	3.97%
1층 9호	-	-	-	55,000	1,150	3.72%
1층 13호	-	-	-	-	-	자가사용
1층 14호	460,000	2010.6.15.	8.24%	60,000	1,000	3.81%
1층 17호	500,000	2010.10.31.	8.70%	70,000	1,050	3.80%

※ 임대사례는 모두 2009년에 임대되었고 2011년 9월에 갱신되었음

자료 3 경제동향

구분	지가변동률	주택가격상승률	생산자물가상승률
2009.1.1. ~ 2009.12.31.	1.07525	1.0473	1.0435
2010.1.1. ~ 2010.12.31.	1.05366	1.0408	1.0459
2011.1.1. ~ 2011.8.31.	1.03824	1.0311	1.0330

※ 지가변동률과 주택가격상승률은 ○○구 평균임

자료 4 상가배치도(축척 없음)

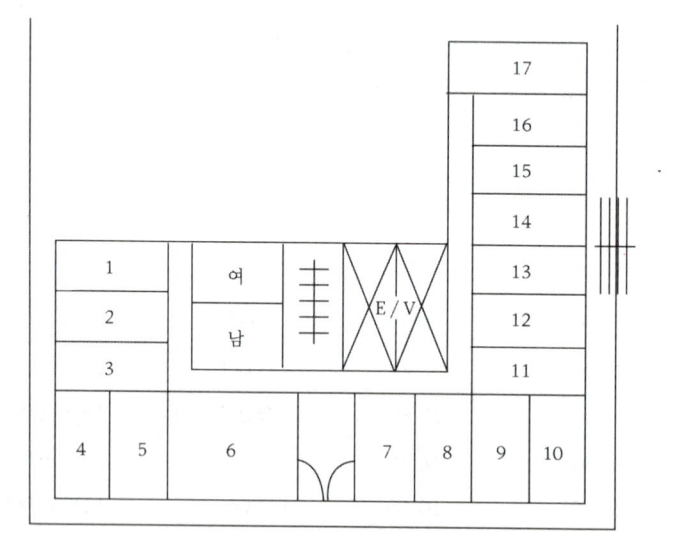

[문제5] A은행은 ○○○씨 소유의 상가를 담보로 하여 만기 1년짜리 담보대출을 실행하기 위하여 K감정평가법인에 두 개의 보고서를 요청하였다. 2011.9.4. 가격시점으로 정상가격을 평가한 감정평가보고서와 2012.9.4. 가격시점에 예상되는 정상가격에 대한 컨설팅보고서를 제출할 것을 요청하였다. K감정평가법인이 2012.9.4. 가격시점의 컨설팅보고서를 작성할 때, 2011.9.4. 가격시점의 감정평가보고서 작성시와는 다르게 추가로 고려하여야 할 요인들 중 5가지만 열거하시오. (5점)

[문제6] 부적정하게 평가된 담보감정평가가 국민경제에 미치는 영향에 대하여 약술하고 현실적으로 적정한 담보감정평가를 저해하는 요인을 열거하시오. (5점)

2012년 제23회 감정평가실무 기출

> **공통 유의사항**
> 1. 각 문제는 해답 산정 시 산식과 도출과정을 반드시 기재
> 2. 단가는 관련 규정에서 정하고 있는 사항을 제외하고 천원 미만은 절사, 그 밖의 요인 보정치는 소수점 셋째 자리 이하 절사

[문제1] (주)A감정평가법인 甲감정평가사는 (주)K자산운용으로부터 감정평가 등을 의뢰받았다. 주어진 자료를 활용하여 다음 물음에 답하시오. (40점)

물음1) 계약임대료를 기준으로 대상물건을 감정평가하시오. (10점)

물음2) 시장임대료를 기준으로 대상물건을 감정평가하시오. (15점)

물음3) 물음1)의 감정평가액과 거래예정금액, 물음2)의 감정평가액과 거래예정금액을 이용하여 각각의 순현재가치(NPV; Net Present Value)와 내부수익률(IRR; Internal Rate of Return)을 산출하시오. (5점)

물음4) 벤치마크 투자수익률을 내부수익률로 실현하기 위해 甲감정평가사가 (주)K자산운용에 제시할 대상물건의 거래예정금액을 결정하시오. (10점)

자료 1 대상물건 개요

1. 토지·건물의 내역

토지	소재지	서울특별시 G구 Y동 ○○빌딩
	지목	대
	면적	2,833㎡
	용도지역	일반상업지역
건물	구조	철골철근콘크리트조 (철근)콘크리트지붕
	용도	업무시설
	건축면적	1,938.48㎡
	연면적	49,587㎡
	층수	지상 20층 / 지하 5층
	사용승인	1999.12
	주차	100대
	승강기	승객용 5(H사, 1,150kg, 90m/min, 15인) 비상용 1(H사, 750kg, 90m/min, 10인)

2. 대상물건 거래 관련 자료

거래예정금액	275,000,000,000원
거래조건	없음
거래예정시점	2012.9.30.
거래예정금액 지급조건	일시불(자기자본: 110,000,000,000원, 타인자본: 165,000,000,000원)
토지·건물 배분예정금액	토지: 210,000,000,000원, 건물: 65,000,000,000원
오피스빌딩 하위시장	YS 북부

자료 2 시장임대료(Market Rent) 관련 자료

1. 보증금, 연간임대료, 연간관리비, 고정경비 및 변동경비 상승률
   (1) 1, 2년차: 5% 또는 소비자물가지수(CPI; Consumer Price Index) 중 높은 율
   (2) 3년차부터: 4% 또는 CPI중 높은 율

2. 공실 및 대손충당금
   (1) 가능총소득(PGI; Potential Gross Income)의 5% 또는 PGI의 CPI
   (2) 일반경기의 회복지연으로 창업률이 낮아 공실률은 증가하고 있다. 따라서 대상물건의 감정평가시 공실 및 대손충당금 비율은 보수적인 측면을 고려하여 적용하여야 할 것으로 판단된다.

3. 보증금 운용이율: 연 5%

자료 3   계약임대료(Contract Rent) 관련 자료

1. 보증금, 연간임대료, 연간관리비, 고정경비 및 변동경비상승률: 5% 또는 CPI 중 낮은 율
2. 공실 및 대손충당금
   (1) PGI의 3.5%
   (2) 대상물건은 양호한 임차인이 입주하고 있어 오피스빌딩 하위시장의 공실 및 대손충당금 비율에 비해 낮은 상태를 유지하고 있다.
3. 보증금 운용이율: 연 5%

자료 4   공통자료

1. 각종 지표
   (1) 2008년 금융위기 이후 일반경기의 본격적인 상승이 이루어지지 않고 있으며, CPI는 연간 3.5% 상승이 예상된다.
   (2) 채권금리 등

구분	국고채(3년)	회사채(3년)	CD(91일)
%	4.34	5.44	2.79

   (3) 벤치마크 투자수익률

하위시장	SN 북부	SN 남부	YS 북부	YS 남부
투자수익률(%)	6.0	6.2	7.0	6.5

2. 영업경비
   (1) 고정경비: 연간관리비의 40%
   (2) 변동경비: 연간관리비의 30%
   (3) 대체충당금: 2년차에 100,000,000원, 4년차에 150,000,000원 설정 예정
3. 할인율(Discount Rate)
   (1) 甲감정평가사는 할인율 결정방법을 (주)A감정평가법인의 감정평가심사위원회(이하 '위원회')에 부의하여 결정하기로 하였다.
   (2) 동 위원회는 자본자산평가모델(CAMP; Capital Asset Pricing Model), 가중평균자본비용(WACC; Weighted Average Cost of Capital), 국고채금리에 일정률을 가산하여 구하는 방법 등을 종합 검토한 결과 본 감정평가에 적용할 할인율 결정방법은 WACC로 적용하는 것이 타당할 것 같다고 甲감정평가사에게 권고하였고, 甲감정평가사는 이를 수용하였다.
   (3) 甲감정평가사가 오피스빌딩 하위시장에서 조사한 자기자본수익률은 6.50%, 타인자본수익률은 5.67%이다.
   (4) 甲감정평가사가 대상물건과 관련하여 조사한 자기자본수익률은 6.25%, 타인자본수익률은 5.00%이다.
   (5) IRR, WACC는 소수점 넷째 자리 이하 절사한다.

4. 기출환원이율(Terminal Cap Rate)
   (1) 甲감정평가사는 기출환원이율도 위원회에 부의하여 결정하기로 하였다.
   (2) 위원회는 향후 오피스빌딩시장의 가격변동률이 하락할 것으로 예상되어 기출환원이율의 결정은 보수적인 입장을 취하는 것이 합리적이라는 판단을 하였다.
   (3) 그래서 위원회는 甲감정평가사에게 기출환원이율은 결정된 할인율에 0.5%p를 가산하여 적용하는 것이 타당할 것이라는 권고를 하였다. 甲감정평가사도 오피스빌딩시장이 부동산경기 및 일반경기 침체로 인해 하락할 것으로 판단하여 위원회의 권고안을 받아들이기로 하였다.

5. 보유기간 및 복귀가격
   (1) 보유기간은 5년으로 하고, 재매도비용은 공인중개사수수료 및 기타비용 등을 고려할 때 2%로 한다.
   (2) 복귀가격 결정을 위한 PGI 등은 5년차의 PGI 등에 연간임대료, 관리비 등의 상승률을 적용하여 6년차의 순영업소득(NOI; Net Operating Income)을 기준으로 결정한다.

6. 할인율과 기별계수

구분	1기	2기	3기	4기	5기
2.79%	0.973	0.946	0.921	0.896	0.871
4.34%	0.958	0.919	0.880	0.844	0.809
5.00%	0.952	0.907	0.864	0.823	0.784
5.44%	0.948	0.899	0.853	0.809	0.767
5.50%	0.948	0.898	0.852	0.807	0.765
5.80%	0.945	0.893	0.844	0.798	0.754
5.94%	0.944	0.891	0.841	0.794	0.749
6.00%	0.943	0.890	0.840	0.792	0.747
6.50%	0.939	0.882	0.828	0.777	0.730
7.00%	0.935	0.873	0.816	0.763	0.713
7.50%	0.930	0.865	0.815	0.749	0.697
8.00%	0.926	0.857	0.794	0.735	0.681
8.50%	0.922	0.849	0.783	0.722	0.665
9.00%	0.917	0.842	0.772	0.708	0.650
9.50%	0.913	0.834	0.762	0.696	0.635
10.00%	0.909	0.826	0.751	0.683	0.621

7. 임대사례

구분	임대사례 1	임대사례 2	임대사례 3	대상물건
소재지	서울특별시 G구 Y동	서울특별시 G구 Y동	서울특별시 G구 Y동	서울특별시 G구 Y동
건물명	XX빌딩	gg빌딩	zz빌딩	○○빌딩
층(지상/지하)	30F/B3	20F/B6	25F/B6	20F/B5
구조	철골철근콘크리트	철골철근콘크리트	철골철근콘크리트	철골철근콘크리트
건물연면적(㎡)	66,000	46,280	59,985	49,587
토지면적(㎡)	3,333	2,966	3,225	2,833
전용률(%)	53.1	48.4	52.1	49.8
사용승인(년)	1991	2000	2010	1999
오피스빌딩 하위시장	YS북부	YS북부	YS남부	YS북부
보증금(원/㎡)	180,000	210,000	300,000	240,000
월임대료(원/㎡)	18,000	21,000	30,000	24,000
월관리비(원/㎡)	8,000	8,000	11,000	10,000

[문제2] 선임심사역인 감정평가사 甲은 KY은행 본점에서 감정평가서 심사업무를 담당하고 있다. (자료 1)의 감정평가서를 대상으로 주어진 자료를 활용하여 다음 물음에 답하시오(단, 심사대상 감정평가서 내용 중 달리 판단할 근거가 없는 경우에는 적정한 것으로 본다). (30점)

물음1) (자료 1) 감정평가서 중 부적정한 평가내용이 있다면 구체적인 사유와 보완내용을 포함하여 기술하시오. (15점)

물음2) (자료 1) 감정평가서에서 적용하지 않은 다른 방식으로 평가가격을 검토하시오. (5점)

물음3) KY은행이 평가조건을 요구(동의)하지 않았을 경우의 감정평가액을 구하고 (자료 1) 감정평가서의 평가개요 중 달라지는 항목을 기술한 후 감정평가명세표를 재작성하시오. (10점)

자료 1 심사대상 감정평가서(부분 요약 발췌)

1. 평가개요
    (1) 본 감정평가는 K시 H구 A동에 소재하는 부동산에 대한 담보목적의 감정평가로 감정평가 관련법규에 따라 평가하였습니다.
    (2) 본 토지상에 사용승인을 득하고, 일반건축물대장에 등재예정인 건물(명세표상 기호 ㉮ 건물)은 귀 KY은행의 요구에 따라 일반건축물대장에 등재된 것을 전제로 하여 토지와 건물을 평가하였고 가격시점은 2012년 9월 9일입니다.
    (3) 토지는 해당 토지와 유사한 이용가치를 지닌다고 인정되는 표준지공시지가를 기준으로 공시기준일부터 가격시점까지의 지가변동률, 해당 토지의 위치·형상·환경·이용상황 기타 가격형성상의 제요인과 인근 지가수준 등을 종합적으로 참작하여 평가하였습니다.
    (4) 건물은 구조, 용노, 부대설비 및 시공상태 등을 종합 참작하여 원가법으로 평가하였으며, 감가수정은 정액법을 적용하였습니다.

2. 평가대상물건 현황
    (1) 인근지역 현황
    대상부동산은 1990년대에 민간이 조성한 소규모 협동화공장단지 내에 소재하며 동 단지는 약 100,000㎡ 규모로 13개 업체가 입주가능하고 현재의 입주율은 85% 정도입니다. 입주업체는 의료분야의 중소규모업체가 대부분이며 전체 종업원은 1,200명 정도입니다. 이 단지는 진입로변 국도를 통해 고속도로와 연결되어 교통, 물류 등의 여건이 비교적 양호하며 용수, 전력, 인력수급 등의 여건도 양호한 편입니다.

(2) 대상부동산 현황

해당 토지는 2차선 포장도로를 통해서 단지 내 도로와 연결되고 있으며, 평탄한 콘크리트지반이 조성된 사다리 형태의 상업용지로서 공부상 지목은 잡종지로 경쟁가능성이 없는 독점적인 위치를 가진 적정규모의 토지입니다. 용도지역은 동 단지 전체가 준공업지역이고, 토지의 임대상황은 없으며 등기사항전부증명서상 소유자는 乙입니다. 일반건축물대장에 소유자 乙로 등재예정인 지상건물의 현황은 아래와 같습니다.

구조	건축연면적	건물규모	용도
철근콘크리트조 슬래브지붕	300㎡	지상 2층	근린생활시설

3. 감정평가액 산출근거

(1) 토지가액 산출근거

1) 비교표준지공시지가: 2012.1.1. 공시된 인근지역 내 비교가능한 표준지는 아래와 같으며 이 중 제반 여건이 유사한 기호 ② 표준지를 선정하였습니다.

기호	소재지	면적(㎡)	지목	이용상황	용도지역	도로교통	형상지세	공시지가(원/㎡)
①	A동 57	350	대	상업용	일반공업지역	소로한면	사다리평지	450,000
②	A동 154	630	장	주상용	준공업지역	소로한면	세장형평지	420,000
③	A동 322	245	대	단독주택	준공업지역	소로한면	부정형완경사	400,000

※ 기호 ① 표준지는 도시계획도로에 5% 저촉됨

2) 지가변동률: 국토교통부장관이 조사발표한 K시 H구 공업지역의 2012.1.1.부터 가격시점까지의 지가변동률은 0.750%입니다.

3) 지역요인: 인근지역에 소재하여 지역요인은 동일합니다.

4) 개별요인: 대상토지가 비교표준지 ②에 비하여 다소 열세합니다.

가로조건	접근조건	환경조건	획지조건	행정적 조건	기타조건	격차율
1.00	1.00	1.00	0.99	1.00	1.00	0.99

5) 기타요인

(가) 신뢰성 있고 채택가능한 평가선례

기호	소재지	지목	면적	이용상황	용도지역	평가단가(가격시점)	평가목적	비고(평가기관)
①	A동 159	대	250	상업용	준공업지역	450,000 (2012.1.1.)	경매	K법인
②	A동 522	대	250	주상용	준공업지역	504,000 (2012.1.1.)	보상평가	K법인

(나) 비교가능하고 신뢰할 만한 최근의 거래사례는 포착하지 못하였으며, 인근 유사토지의 가격수준은 470,000원/㎡ ~ 530,000원/㎡입니다.

6) 토지가격 결정

공시지가(원/㎡)	지가변동률	지역요인	개별요인	기타요인	평가단가(원/㎡)
420,000	1.00750	1.00	0.99	1.20	500,000

(2) 건물가액 산출근거

1) 재조달원가: 신축건물이므로 입자가 제시한 적산자료를 활용하여 직접법에 의하여 재조달원가를 구하였습니다.

<표> 적산자료 (단위: 원)

구분	내역	업자제시액	최종사정액
설계비	설계비용, 감리비	13,000,000	12,000,000
기본건축비	기초 및 골조 공사비	54,000,000	54,000,000
옹벽공사비	옹벽 및 배수로 공사	9,000,000	8,000,000
내외장공사비	미장, 창호공사 등	47,000,000	47,000,000
위생 및 냉난방설비비	위생, 냉난방공사 등	22,000,000	22,000,000
전기통신설비비	전기 및 통신공사비 등	16,000,000	16,000,000
조경공사비	토지입구 조경수 등	14,000,000	14,000,000
집기 및 비품비	비품, 소모품 등	8,000,000	8,000,000
일반관리비 등	일반관리비, 이윤 등	15,000,000	14,000,000
총액	-	198,000,000	195,000,000

2) 평가단가 (단위: 연, 원/㎡)

재조달원가	내용연수	경과연수	산식	평가단가
650,000	50	0	650,000 × 50/50	650,000

4. 감정평가명세표

기호	소재지	지목용도	용도지역 및 구조	면적(㎡) 공부	면적(㎡) 사정	평가가격(단위: 원) 단가	평가가격(단위: 원) 금액	비고
①	K시 H구 A동 103-1	잡종지	준공업지역	400	400	500,000	200,000,000	현황 "대"
㉮	〃	근린생활시설	철근콘크리트조 슬래브지붕 2층	300	300	650,000	195,000,000	650,000 × 50/50
	합계						395,000,000	

5. 기타 부속내용(지적개황도 관련 부분)

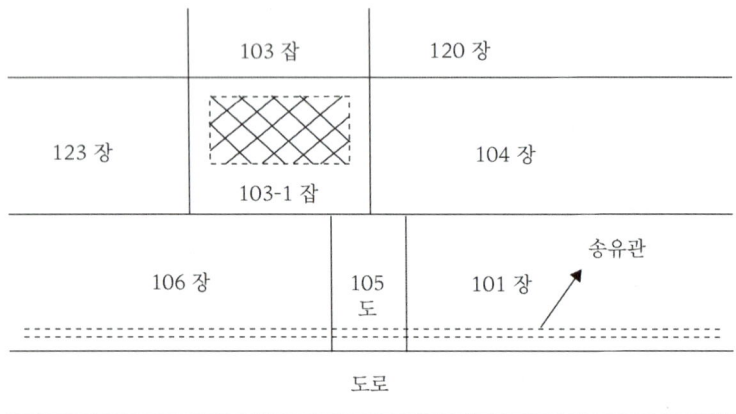

자료 2 심사 감정평가사의 조사자료

1. 각종 공적장부 확인자료

   토지 등기사항전부증명서를 확인한 바 103-1번지는 근저당권자 KY은행, 채권최고액은 2억원인 권리관계가 존재하고 있다.

2. 가격조사자료

   (1) 경매낙찰가율 자료(최근 6개월, 단위: %)

지역	공업용	주거용	상업용	평균
H구	70	90	80	80
K시 전체	75	95	85	85

   (2) 평가선례 검토자료

   1) 평가선례 ①: 경매감정평가서를 열람하여 보니 평가 당시 지상의 부가물을 포함한 평균단가로 평가하였고 지상의 부가물은 조경석 3톤, 조경수 2그루였으나 구체적인 평가액은 알 수 없었다.

   2) 평가선례 ②: 당시 동 사업의 감정평가에 참여했던 나머지 법인의 자료가 A법인은 505,000원/㎡, B법인은 506,000원/㎡에 평가된 것으로 조사되었다.

(3) 임대사례 조사자료

1) 공실 및 대손충당금 비율은 인근지역이 연간 가능총임대료의 15%, 대상부동산은 5%가 확실시된다.
2) 운영경비비율은 모두 유사하나 시장에서 구체적인 내역을 수집하지는 못하였다.
3) 대상부동산은 가격시점과 임대시점, 임대면적과 건축연면적이 각각 동일하며 연간 가능총임대료는 59,000원/㎡인 것으로 조사되었다.

(단위: ㎡, 원)

기호	소재지	토지면적	임대면적	이용상황	용도지역	연간 가능총임대료	부동산가액	임대시점
①	A동 69	333	250	상업용	준공업지역	15,000,000	304,000,000	2012.9.9
②	A동 90	400	300	상업용	준공업지역	20,000,000	345,000,000	2012.9.9

자료 3 기타 관련 자료 등

1. KY은행에서는 감정평가업무협약서상 기타요인의 산출근거를 설시하도록 요구하고 있으며, 감정평가사가 임의로 평가조건을 설정할 수 없도록 하고 있다.
2. 개별요인 비교자료(지역요인은 동일함)

대상	표준지 ①	표준지 ②	표준지 ③	평가선례 ①	평가선례 ②
100	105	101	95	91	99

3. 대상물건에 적용할 환원이율과 임대료승수(GRM; Gross Rent Multiplier 또는 EGRM; Effective Gross Rent Multiplier)는 2개 이상 적정한 사례자료를 기준으로 산술평균하여 구한다.
4. 해당 지역의 법정지상권 감안비율은 인근 송유관부지 구분지상권의 사용료(지료)가 가격에서 차지하는 비율의 10배 정도가 적정한 것으로 조사되었다.

   (1) 송유관이 지나는 105번지의 토지 등기사항전부증명서를 확인한 바 지목은 도로, 면적은 180㎡, 소유자는 乙과 丙이 각 1/2씩 소유하고 있었고 지상권자는 DH 송유관공사, 사용료는 90,000원이었다.
   (2) 지상권 사용료 산정 당시의 토지감정평가액은 250,000원/㎡이었고 송유관이 지나는 부지의 폭은 3m, 길이는 6m이었다.

[문제3] 甲은 본인이 소유하고 있는 토지를 이용하여 공장을 신축하였다. B시청에서는 해당 사업이 개발부담금 부과대상사업에 해당되어 개발부담금을 부과하려고 한다. 주어진 자료를 활용하여 다음 물음에 답하시오. (20점)

물음1) 30-2번지에 대하여 개시시점지가와 종료시점지가를 산정하시오. (10점)

물음2) 30-4번지에 대하여 개시시점지가와 종료시점지가를 산정하시오. (5점)

물음3) 30-5번지에 대하여 개시시점지가(매입가액기준)와 종료시점지가를 산정하시오. (5점)

자료 1 기본적 사항

1. 개발사업 인가일: 2011.10.1.
2. 개발사업 준공인가일: 2012.8.30.
3. 사업인가조건: 30-2번지 중 일부(500㎡)를 도로 등으로 기부채납
4. 현장조사 완료일: 2012.9.9.

자료 2 대상토지자료

1. 기본내용

일련번호	토지소재	지번	지목	이용상황	면적(㎡)
①	B시 D동	30-2	전	전	3,500
②	B시 D동	30-4	답	답	3,000
③	B시 D동	30-5	답	답	1,000

2. 용도지역: 계획관리지역임
3. 토지특성: 일련번호 ①, ②, ③ 토지의 특성은 동일함
   (1) 개발 전: 세로가, 부정형, 완경사
   (2) 개발 후: 소로한면, 세장형, 평지

자료 3 가격결정을 위한 참고자료

1. 표준지공시지가 현황

기호	소재지	면적(㎡)	지목	이용상황	용도지역	도로교통	형상지세	공시지가(원/㎡) 2011년	공시지가(원/㎡) 2012년
①	D동 32	500	답	답	계획관리지역	세로(가)	세장형 평지	50,000	55,000
②	D동 50-1	1,000	장	공업용	계획관리지역	세로(가)	세장형 평지	200,000	210,000

2. 개별공시지가

일련번호	토지소재	지번	2011년(원/㎡)	2012년(원/㎡)
1	B시 D동	30-2	-	-
2	B시 D동	30-4	45,000	50,000
3	B시 D동	30-5	45,000	50,000

3. 甲은 30-5번지를 경매로 60,000원/㎡에 낙찰받아 2011.6.10.에 소유권이전을 완료하였다.

4. 지가변동률(%)

구분	A도 평균	B시 평균	B시 계획관리지역
2011.1.1. ~ 2011.6.10.	3.1	7.1	5.1
2011.1.1. ~ 2011.10.1.	5.5	10.0	7.5
2011.6.10. ~ 2011.10.1.	1.0	2.5	1.5
2011.1.1. ~ 2012.8.30.	12.5	13.5	12.8
2011.10.1. ~ 2012.8.30.	10.0	11.5	11.0
2012.1.1. ~ 2012.8.30.	8.5	10.5	9.5
2011.1.1. ~ 2012.9.9.	13.5	14.8	13.8
2012.1.1. ~ 2012.9.9.	9.8	11.8	10.8
2011.10.1. ~ 2012.9.9.	10.8	12.0	11.8

5. 지역요인: 동일함

6. 개별요인 비교치(토지가격 비준표와 동일)
    (1) 도로접면

구분	소로한면	세로가
소로한면	1.00	0.93
세로가	1.07	1.00

    (2) 형상

구분	세장형	부정형
세장형	1.00	0.96
부정형	1.04	1.00

    (3) 지세

구분	평지	완경사
평지	1.00	0.97
완경사	1.03	1.00

    (4) 이용상황

구분	전	답	공업용
전	1.00	0.97	1.33
답	1.03	1.00	1.39
공업용	0.75	0.72	1.00

7. 기타요인 산정을 위한 자료
    (1) 평가선례

기호	소재지	지목	면적(㎡)	이용상황	용도지역	단가(원/㎡)	가격시점
①	D동 33	답	300	답	계획관리지역	65,000	2011.1.1.
②	D동 51	장	500	공업용	계획관리지역	240,000	2011.1.1.
③	D동 35	전	500	전	계획관리지역	75,000	2012.1.1.
④	D동 52	장	1,000	공업용	계획관리지역	270,000	2012.1.1.

    (2) 지가변동률은 상기에서 제시한 자료와 동일하고 대상토지와 평가선례와의 지역요인 및 개별요인은 동일함

[문제4] 다음의 물음에 답하시오. (10점)

물음1) 보상평가에서는 일반평가와 달리 개발이익을 배제하고 평가하는 것이 무엇보다 중요하다. 평가과정에서 개발이익을 배제하는 구체적인 방법에 대하여 약술하시오. (5점)

물음2) 기업가치평가에 있어 잉여현금흐름(FCF; Free Cash Flows) 할인모형을 적용하는 경우 EBITDA를 구하는 방법을 약술하시오. (5점)

2013년 제24회 감정평가실무 기출

> **공통 유의사항**
> 1. 각 문제는 해답 산정 시 산식과 도출과정을 반드시 기재
> 2. 단가는 관련 규정에서 정하고 있는 사항을 제외하고 천원 미만은 절사, 그 밖의 요인 보정치는 소수점 셋째 자리 이하 절사

[문제1] 토지소유자인 甲법인은 골프장 개발업체인 乙법인과 다음과 같은 계약을 맺었다. 乙법인의 골프장 개발계획은 순조롭게 진행되어 2013.1.1.에 준공하였다. 다음 물음에 답하시오. (35점)

> <계약내용>
> - 乙법인은 甲법인의 토지를 임차하여 골프장(27홀)으로 개발하여 운영한다.
> - 골프장 개발과 관련된 인허가비용은 甲법인 부담으로 하여 개발비용은 乙법인의 부담으로 한다.
> - 乙법인은 골프장 준공일로부터 연간 토지임대료 1,000,000,000원을 甲법인에 매년 초 지급하며 연간 2%씩 임대료를 상승하여 지급한다.
> - 골프장 운영과 관련된 제반 유지보수비용, 보험료, 제세공과 등은 운영자부담으로 한다.
> - 계약기간은 준공일로부터 10년이고, 계약기간 만료일에 乙법인이 개발한 모든 골프장시설 등은 甲법인으로 귀속되며, 甲법인은 乙법인의 최초 개발비용의 30% 상당액을 乙법인에 지급한다.

물음1) 감정평가사 丙 씨는 甲법인으로부터 2013.1.1.자 甲법인 소유 토지에 대한 가치산정을 의뢰받았다. 주어진 자료를 활용하여 가치를 산정하고 평가방법에 대해 서술하시오. (20점)

물음2) 이러한 계약을 하는 甲법인과 乙법인은 합리적 의사결정을 하는 것인가에 대해 NPV법으로 검토하고 서술하시오. (15점)

자료 1 토지목록(甲법인)

기호	소재지	지번	지목	면적(㎡)	용도지역
1	A군 B면 C리	200	전	1,000	계획관리
2	A군 B면 C리	200-1	전	2,600	계획관리
3	A군 B면 C리	200-2	전	1,550	계획관리
4	A군 B면 C리	200-3	답	2,350	계획관리
5	A군 B면 C리	200-5	전	1,300	계획관리
6	A군 B면 C리	200-6	전	1,600	계획관리
7	A군 B면 C리	201	전	1,750	계획관리
8	A군 B면 C리	202	답	3,700	계획관리
9	A군 B면 C리	산 100-1	임야	4,500	계획관리
10	A군 B면 C리	산 100-2	임야	1,500,000	계획관리
11	A군 B면 C리	산 100-3	전	900	계획관리
계				1,521,250	

※ 상업승인면적은 1,450,000㎡이며, 나머지는 산 100-2번지 일부로서 자연림 상태의 원형을 유지하고 있음

자료 2 표준지공시지가

(2013.1.1.)

일련번호	소재지	지번	면적(㎡)	지목	이용상황	용도지역	도로교통	형상지세	공시지가(원/㎡)
1	A군 D면 E리	14 (XX골프장)	201,000 (일단지)	임야	골프장	계획관리	소로한면	부정형 완경사	50,000
2	A군 B면 C리	190	4,621	전	전	계획관리	세로(가)	부정형 완경사	30,000
3	A군 B면 C리	210	1,096	답	답	계획관리	세로(불)	부정형 완경사	20,000
4	A군 B면 C리	산 110	32,000	임야	임야	계획관리	세로(불)	부정형 완경사	12,000

※ 상기 표준지공시지가는 2013.1.1. 고시된 것으로 봄

자료 3 요인비교

1. 본건 준공된 골프장과 일련번호 1 비교표준지는 제반여건이 유사하나 접근성 등에서 본건이 약 2% 우세함
2. 소지상태로서의 본건은 일련번호 2 ~ 4와 비교시 지목별로 대체로 유사하나 본건 "전"은 표준지 대비 3%, 본건 "답"은 표준지 대비 2%, 본건 "임"은 표준지 대비 1%씩 각각 우세함
3. 주변 거래사례나 평가선례를 분석하여 보면 표준지 일련번호 1은 기타요인 보정이 필요 없으나 표준지 일련번호 2, 3은 10%, 표준지 일련번호 4는 20% 기타요인 보정이 필요함

자료 4 제비용

1. 인허가 관련 비용

인허가비용	1,500,000,000원
제반부담금	2,500,000,000원
제세공과	500,000,000원
기타	3,000,000,000원
계	7,500,000,000원

2. 골프장 조성(개발) 공사비용: 홀당 1,400,000,000원

자료 5 주변사례 및 시장동향

주변 유사 골프장의 사례를 보면 연간 9홀 기준으로 20억원의 영업이익이 발생하는 것으로 조사되었으며, 향후 매년 영업이익 증가율은 1% 정도일 것으로 추정된다. 그러나 시장의 수요·공급을 예측하여 보면 연간 9홀 기준으로 22억원이 한계점인 것으로 조사됨

자료 6 기타

1. 클럽하우스 등 건물은 고려하지 아니함
2. 인허가 및 개발에 관한 제비용은 준공일에 투입된 것으로 가정하며, 영업이익의 발생시점은 토지임대료를 지급하는 매년 초에 발생하는 것으로 가정함
3. 준공 후 제반세금은 고려하지 아니하며 영업이익은 현금유입액으로 봄
4. 본건 투자에 있어 타인자본은 고려하지 아니함
5. 현금흐름(cash flow)에 적용된 할인율은 연 7%로 조사되었음
6. 기말복귀액 산정시 영업이익과 골프장 가치에 적용할 환원이율은 연 8%로 조사되었음
7. 본건 주변 표준지공시지가의 향후 10년 후 예상상승률은 10% 정도임

자료 7 시간가치율

1. 현재가치율(7%)

1기초	2기초	3기초	4기초	5기초	6기초	7기초	8기초	9기초	10기초	10기말
1.000	0.9346	0.8734	0.8163	0.7629	0.7130	0.6663	0.6227	0.5820	0.5439	0.5083

2. 미래가치율(2%)

1.02^0	1.02^1	1.02^2	1.02^3	1.02^4	1.02^5	1.02^6	1.02^7	1.02^8	1.02^9	1.02^{10}
1.00	1.0200	1.0404	1.0612	1.0824	1.1041	1.1262	1.1487	1.1717	1.1951	1.2190

3. 미래가치율(1%)

1.01^0	1.01^1	1.01^2	1.01^3	1.01^4	1.01^5	1.01^6	1.01^7	1.01^8	1.01^9	1.01^{10}
1.00	1.0100	1.0201	1.0303	1.0406	1.0510	1.0615	1.0721	1.0829	1.0937	1.1046

[문제2] 공기업인 (주)H전력은 서울특별시 동대문구 Y동 45번지에 소재하는 토지, 건물(이하 "대상물건"이라 함)에 대하여 ① 매각하는 방안, ② 보상을 받는 방안, ③ 분양을 받는 방안을 감정평가사 甲에게 검토 요청하였다. 대상물건은 재개발정비구역 내 소재하고 있으며 관리처분까지 확정되어, 현재 공실상태이고, 종후자산에 대한 분양계약을 체결하면 바로 철거가 진행될 예정이며, 종후자산은 5년 후인 2018.4.30.자로 입주예정이다. 재개발조합에서는 미계약자에게 2013.7.31. 기준시점으로 「공익사업을 위한 토지 등의 취득 및 보상에 관한 법률」에 의거 평가한 후 2013.8.31.자로 일시불로 지급하기로 되어 있다. 또한, 대상물건은 2013.4.30에 일시불로 80억원에 매입하겠다는 매수희망자가 있다. 다음 물음에 답하시오. (30점)

물음1) 2013.7.31. 기준시점으로 보상평가액 (15점)

물음2) 2018.4.30.(입주 시) 기준시점의 현금정산액을 포함한 종후자산 가치 (5점)

물음3) (주)H전력이 제시한 3가지 방안을 2013.4.30. 기준으로 비교 검토한 후 적절한 방안을 제시하고 그 이유를 설명하시오. (10점)

자료 1 대상물건의 개요

1. 대상토지
    (1) 소재지: 서울특별시 동대문구 Y동 45번지
    (2) 지목 및 면적: 대, 820㎡
    (3) 용도지역: 일반상업지역, 도시계획도로 일부 저촉(20%)
    (4) 토지의 특성: 장방형, 완경사, 광대소각

2. 대상건물
    (1) 구조: 철근콘크리트조 평옥개지붕
    (2) 건물면적: 520㎡
    (3) 층수: 지하 1층/지상 3층
    (4) 사용승인일: 1980.9.7.
    (5) 용도: 업무용
    (6) 대상건물은 도시계획도로에 저촉되지 않음

자료 2 현장조사자료

1. 건물
   (1) 공부면적: 520㎡
   (2) 실측면적: 650㎡

2. 제시외 건물
   (1) 수위실: 벽돌조 슬래브지붕 단층 10㎡, 수위실은 전체 면적이 도시계획도로에 저촉됨
   (2) 창고: 목조 기와지붕 단층 60㎡
   (3) 제시외 건물들은 1985.10.10. 신축된 것으로 조사되었음

3. 기타 지장물
   (1) 벽돌조 담장: 110㎡
   (2) 바닥포장: 아스콘 포장 530㎡
   (3) 축대: 철근콘크리트 54㎡
   (4) 수목
      1) 소나무 45년생 3주
      2) 감나무 25년생 5주
      3) 대추나무 15년생 5주

자료 3 재개발 관련 자료

1. 사업승인일: 2012.4.5.
2. 종전자산 평가액
   (1) 토지: 7,790,000,000원(820㎡ × 9,500,000원/㎡)
   (2) 건물: 166,400,000(520㎡ × 320,000원/㎡)
   (3) 합계: 7,956,400,000원
   (4) 비례율: 95%

3. 종후자산
   (1) (주)H전력은 상가 1층 대지권 290㎡, 건물(전용면적) 720㎡을 분양 가능
   (2) 종전자산보다 종후자산이 많은 경우에는 입주시 일시불로 차액을 지급하고, 적을 경우에는 입주시 (2018.4.30.) 일시불로 차액을 받을 수 있음
   (3) 상가의 조합원 분양가격은 건물면적(전용면적) 기준 1층 @8,000,000원/㎡, 2층 @3,000,000원/㎡, 3층 @1,800,000원/㎡, 지층 @1,300,000원/㎡임

자료 4 공시지가 표준지와 지가변동률

1. 인근 표준지공시지가

기호	소재지	면적(㎡)	지목	이용상황	용도지역	도로교통	형상 지세	공시지가(원/㎡) 2012년	공시지가(원/㎡) 2013년
①	Y동 26-5	810	대	상업용	일반상업	광대소각	세장형 평지	6,000,000	6,500,000
②	Y동 32-1	302	대	업무용	일반상업	세로(가)	세장형 평지	4,700,000	4,900,000

※ 기호 ② 표준지는 도시계획도로에 30% 저촉됨

2. 시점수정 관련 자료

(1) 지가변동률(동대문구 상업지역)

2012.1.1 ~ 3.31.	2012년 4월	2012년 누계	2013.1.1 ~ 3.31.	2013년 3월
0.572%	0.180%	2.240%	0.512%	0.155%

※ 2013년 4월 이후 지가변동률은 미고시되었으므로 2013년 3월 지가변동률을 연장 적용하기로 함

(2) 동대문구 Y동 일대의 상가는 부동산 경기침체로 2013년 상반기 중 가격변동이 거의 없으므로 시점수정은 없음

(3) 2013.4.30. ~ 2018.4.30. 사이 5년간 상가상승률은 연 2%로 가정함

자료 5 가격자료

1. 평가선례 및 거래사례

(1) 평가선례   (단위: 원/㎡)

기호	소재지	지목	면적(㎡)	이용상황	용도지역	도로접면	기준시점 평가목적	평균단가
A	Y동 24-2	대	330	상업용	일반상업	광대소각	2013.3.5. 보상	10,500,000
B	Y동 30-1	대	255	주거용	일반상업	세로(불)	2012.2.10. 담보	7,500,000
C	Y동 24-5	대	420	상업용	일반상업	광대소각	2012.4.2. 보상	9,500,000

※ 기호 A와 C는 면적의 40%가 도시계획도로에 저촉됨

(2) 거래사례   (단위: 원/㎡)

기호	소재지	지목	면적(㎡)	이용상황	용도지역	도로접면	거래일자	토지기준 거래단가	비고
D	Y동 42-7	대	550	상업용	일반상업	광대소각	2013.3.27.	12,000,000	토지단가에 건물가 포함
E	Y동 30-7	대	187	주상용	일반상업	세로(가)	2013.2.15.	8,000,000	토지단가에 건물가 포함

※ 기호 E토지는 지상건물을 포함하여 거래하였으나 노후 건물로 철거예정이며 철거비와 폐자재판매비가 거의 유사함

(3) 상가거래사례 (단위: 천원)

기호	소재지	면적(㎡)	이용상황	용도지역	도로접면	거래일자	거래금액	비고
F	Y동 22	건물(전용) 640 대지권 160	상업용	일반상업	광대소각	2013.1.30.	7,040,000	○○단지 내 상가 1층
G	Y동 22	건물(전용) 530 대지권 132	상업용	일반상업	광대소각	2013.2.15.	1,060,000	○○단지 내 상가 3층

※ ○○단지는 2012년 신축하여 입주한 아파트단지 내 상가로 대상물건이 소재한 정비구역의 재개발이 완료되면 제반 단지여건이 유사함

(4) 기타 가격자료
　1) 동 지역은 재개발사업의 사업승인 후 지가가 상당한 폭으로 상승하였음
　2) 상가는 조합원 분양가보다 일반분양가가 약 45% 높게 결정되었으며, 70% 정도 분양되었음

2. 대상건물 및 지장물 가격자료
　(1) 대상건물
　　1) 재조달원가: 보정단가 포함한 전체 면적기준 @950,000원/㎡
　　2) 내용연수: 철근콘크리트조이므로 50년으로 함
　(2) 제시외 건물
　　1) 재조달원가: 수위실 @320,000원/㎡, 창고 @600,000원/㎡
　　2) 내용연수: 수위실, 창고 모두 40년으로 함
　(3) 지장물 가격자료
　　감가상각 후 적용단가임
　　1) 벽돌조 담장: @40,000/㎡
　　2) 아스콘 포장비용: @90,000원/㎡
　　3) 축대조성비용: @120,000원/㎡
　　4) 수목가격자료

수종	단위	취득비	이식비
소나무 45년생	1주	15,000,000원	4,200,000원
감나무 25년생	1주	500,000원	800,000원
대추나무 15년생	1주	200,000원	180,000원

※ 소나무는 고손율이 20%이고, 감나무와 대추나무는 고손율이 15%임

자료 6 지역요인, 개별요인 비교자료

1. 지역요인비교: 공시지가 비교표준지, 대상토지, 평가선례 및 거래사례는 동일지역임
2. 개별요인비교

    (1) 토지 개별요인비교

대상토지	표준지 ①	표준지 ②	평가선례 A	평가선례 B	평가선례 C	거래사례 D	거래사례 E
100	100	75	103	74	102	105	79

    (2) 상가 개별요인비교

대상 종후상가	거래사례 F	거래사례 G
100	95	20

    (3) 공법상 제한사항

구분	일반	제한
일반	1.0	0.85
제한	1.18	1.0

자료 7 기타자료

일시불 현가화시 할인율은 연 6%(월 0.5%)를 적용함

[문제3] 종전에 시행된 재개발사업으로 인하여 현재 공원으로 이용 중인 토지가 있다. 소유자는 그 사실을 뒤늦게 발견하고 지방자치단체에 보상을 요청하였다. 지방자치단체는 2013.4.1.을 계약체결일로 하여 보상을 실시하려고 감정평가를 요청하였다. 자료를 참고하여 다음 질문에 답하시오. (20점)

물음1) 대상토지 평가 시 적용할 비교표준지의 선정사유를 설명하시오. (5점)

물음2) 대상토지의 평가 시 고려하여야 하는 지목, 실제용도, 지형, 지체, 면적 등을 정리하시오. (5점)

물음3) 실무에서는 개별요인 비교치를 가로조건, 접근조건, 환경조건, 획지조건, 행정적 조건, 기타조건 등으로 구분하여 산정하고 있다. 자료가 주어지지 않는 조건은 대등한 것으로 보고, 표준지와 대상토지 간의 개별요인 비교치를 실무와 같이 산정하고 산정사유를 설명하시오. (5점)

물음4) 제시된 자료에 의해 보상감정평가액을 산정하시오. (5점)

자료 1 종전사업의 개요

1. 사업의 종류: 관악지구 재개발사업
2. 사업인정고시일: 2001.1.1.

자료 2 토지조서

기호	소재지	면적(m²)		지목	비고
		공부	편입		
1	관악농 ○○	1,000	1,000	임야	

자료 3 종전사업에 편입될 당시의 이용상황

1. 의뢰된 토지는 종전의 공익사업에 편입되기 전에는 지목이 임야이고, 1970년경부터 무허가건물부지로 이용되던 10,000㎡의 토지의 일부였으나, 종전의 공익사업으로 9,000㎡는 아파트부지와 도로로 이용 중이고 1,000㎡는 공원으로 이용 중이며, 의뢰된 토지는 공원으로 이용 중인 부분임
2. 의뢰된 토지는 현재 중로에 접하는 장방형의 토지이나, 이는 종전의 공익사업의 시행으로 새로운 도로가 개설되었기 때문이며, 분할되기 이전의 토지는 완만한 경사를 이루고 있는 부정형으로 세로에 접하는 토지였음

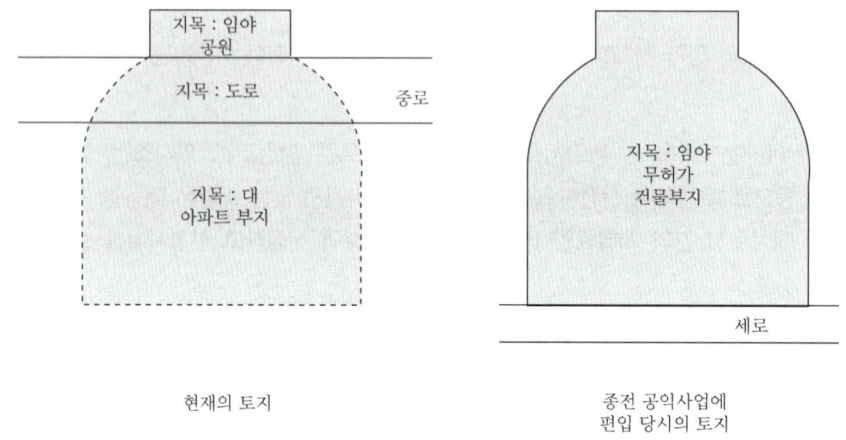

현재의 토지   종전 공익사업에
                                  편입 당시의 토지

3. 종전의 공익사업이 시행되기 이전에는 일반주거지역이었으나, 종전의 공익사업으로 인하여 대상토지만 자연녹지지역으로 용도지역이 변경되었음
4. 대상토지 주변은 당시 미개발지대로서 남측 근거리의 불량주택지대를 포함하여 재개발사업을 시행하였음

자료 4 인근의 공시지가 표준지 현황

1. 대상토지 인근지역에 소재하며 표준적인 이용상황의 표준지는 다음과 같음

일련번호	소재지	면적(㎡)	지목	이용상황	용도지역	도로교통	형상지세	공시지가(원/㎡)	
								2001년	2013년
1	관악동 201	1,000	대	단독	일반주거	소로한면	장방형 평지	600,000	1,000,000
2	관악동 202	1,000	대	단독	자연녹지	소로한면	장방형 평지	200,000	300,000
3	관악동 산1	10,000	임야	자연림	일반주거	세로(가)	부정형 완경사	120,000	200,000
4	관악동 산2	10,000	임야	자연림	자연녹지	세로(가)	부정형 완경사	20,000	30,000

2. 표준지 일련번호 1은 2000년경 구획정리사업(환지방식)으로 개발된 주거지대 내에 소재하며, 당시 감보율이 40%였던 것으로 조사되었음

자료 5 ─ 시점수정자료

1. 2001.1.1.에서 2013.4.1.까지의 지가변동률은 60%임
2. 2013.1.1.에서 2013.4.1.까지의 지가변동률은 0%임
3. 2000년 12월에서 2013년 3월까지의 생산자물가지수 변동률은 40%임
4. 2012년 12월에서 2013년 3월까지의 생산자물가지수 변동률은 1%임

자료 6 ─ 각종 격차율

1. 9,000 ~ 10,000㎡의 대지는 1,000㎡ 대지의 85% 수준임
2. 부정형의 토지는 장방형 토지의 95% 수준임
3. 대지인 경우 평지는 완경사지의 110% 수준임
4. 중로에 접하는 토지는 세로에 접하는 토지의 120% 수준임
5. 소로에 접하는 토지는 세로에 접하는 토지의 105% 수준임

자료 7 ─ 기타

인근의 평가선례, 매매사례 등과 비교 시 비교표준지의 공시지가는 인근 수준과 같은 수준으로 판단됨

[문제4] 감정평가사 홍길동 씨는 법원으로부터 시장가치 및 예상낙찰가 산정을 의뢰받았다. 주어진 자료를 참고하여 시장가치 및 예상낙찰가를 구하고, 산출방법에 대해 약술하시오. (15점)

자료 1 평가대상 부동산 개황

1. 소재지: A시 B구 C동 100-1번지 외
2. 토지: 100-1번지, 200㎡, 대, 준주거지역, 정방형, 평지
   100-2번지, 200㎡, 대, 준주거지역, 정방형, 평지
   100-3번지, 200㎡, 대, 준주거지역, 정방형, 평지
3. 건물: 평가대상토지(100-1, 2, 3번지) 및 평가대상 외 토지(100번지: 타인소유) 4필지 일단의 토지 지상 철근콘크리트조 슬래브지붕 1 ~ 4층 각 480㎡(지하층 없음) 근린생활시설(신축연도 2003.9.7.)
4. 기준시점: 2013.9.7.

자료 2 주위환경 및 시장상황

1. 본건이 속한 A시 B구 C동은 전면 도로변으로 4 ~ 6층 근린생활시설이 혼재하며, 후면은 근린생활시설 및 단독, 다가구 등 주상복합지대로 형성되어 있음
2. 본건 주위는 최근 2년간 가격변동추이는 보합정도이며, 향후 전망도 보합정도이나 용적률이 낮은 오래된 상업용 건물(1970년대 신축)의 경우 개별 또는 합필하여 철거 후 재건축이 진행 중인 필지도 일부 혼재함
3. 토지소유자와 건물소유자가 다른 경우 건물소유자는 토지의 시장가치에 적정지료를 지불하고 정상적으로 사용·수익할 수 있는 것으로 조사되었으며, 주변의 토지 거래량이나 거래가격도 적정한 것으로 조사됨

자료 3 지적도

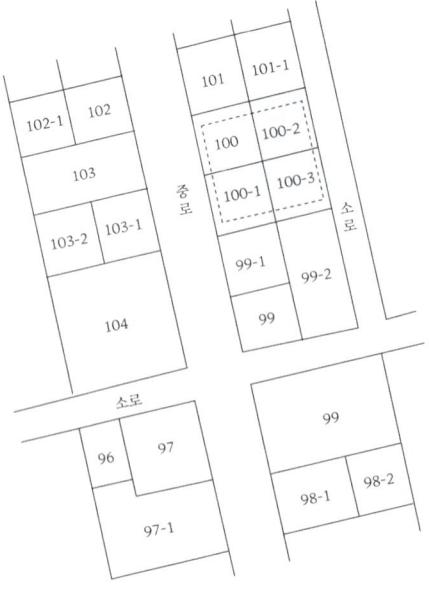

자료 4 표준지공시지가

(2013.1.1.)

기호	소재지	면적(㎡)	지목	용도지역	이용상황	도로교통	형상지세	공시지가 (원/㎡)
1	C동 99-1	200	대	준주거	상업용	중로한면	정방형 평지	5,200,000
2	C동 101-1	250	대	준주거	주상용	소로한면	가장형 평지	3,000,000
3	C동 103	400	대	준주거	상업용	중로한면	세장형 완경사	4,000,000

자료 5 개별요인 비교치

1. 접면도로

구분	중로각지	중로한면	소로각지	소로한면
비교치	1.05	1.00	0.90	0.85

2. 형상

구분	가로장방형	정방형	세로장방형	부정형
비교치	1.05	1.00	0.95	0.85

3. 지세

구분	평지	저지	완경사	급경사	고지
비교치	1.05	1.00	0.95	0.90	0.85

자료 6 신축단가 등

1. 철근콘크리트조 슬래브지붕(부대설비 포함) @1,400,000원/㎡(2013.1.1.)(2013년 이후 건축비 변동은 없는 것으로 함)
2. 물리적 내용연수: 철근콘크리트조 슬래브 50년
3. 잔존가치는 없는 것으로 봄

자료 7 기타

A시 B구 근린생활시설의 최근 낙찰가율은 75% 정도임

2014년 제25회 감정평가실무 기출

> **공통 유의사항**
> 1. 각 문제는 해답 산정 시 산식과 도출과정을 반드시 기재
> 2. 단가는 관련 규정에서 정하고 있는 사항을 제외하고 천원 미만은 절사, 그 밖의 요인 보정치는 소수점 셋째 자리 이하 절사

[문제1] K감정평가법인 소속 감정평가사 甲은 서울특별시 A구청장으로부터 B12구역 주택재개발 정비사업구역 내에 소재한 공유지의 처분을 위한 감정평가를 의뢰받고 현장조사 및 가격조사를 완료하였는바, 주어진 자료를 기준으로 감정평가액을 구하시오. (30점)

자료 1 감정평가 의뢰내역(요약)

1. 의뢰인: 서울특별시 A구청장
2. 의뢰일자: 2014.9.1.
3. 제출기한: 의뢰일로부터 14일 내
4. 의뢰목록

일련번호	소재지	지번	지목	면적(㎡)	용도지역
1	서울특별시 A구 B동	121	대	106.0	2종일주
2	〃	121-2	대	48.0	〃
3	〃	121-3	대	151.0	〃
4	〃	123-5	대	72.0	〃
5	〃	121-7	대	108.0	〃

자료 2 기본적 조사사항

1. 현장조사 및 가격조사 완료일자: 2014.9.3. ~ 2014.9.5.
2. 조사내용
   (1) 본건 토지는 사업시행인가일 현재 기존 주택지대 내에 소재하는 일단의 "공용주차장"으로 사용되었던 것으로 조사되었음
   (2) 현장조사일 현재 B12구역 주택재개발 정비사업이 착공된 상태로, 본건의 현황이 변경된 상태로서 주택재개발사업에 편입되어 일단의 사업부지로 이용 중임

(3) 본건 "공용주차장"은 1985.6.21.자로 도시계획시설(주차장) 실시계획인가 고시되었음

(4) B12구역 주택재개발 정비사업 현황(요약)

　1) 소재지: 서울특별시 A구 B동 178번지 일대

　2) 사업구역 면적: 65,826㎡

　3) 택지 면적: 42,786㎡

　4) 사업시행인가고시일: 2011.3.2.

　5) 착공일자: 2013.10.28.

　6) 조합제시 사업비(개량비) 분석 내역(2014년 8월 말 현재)

항목	금액(원)	비고
토목공사비 등	15,682,000,000	-
공통비용	8,560,000,000	토지 및 건물에 공통으로 할당되는 금액으로, 토지비율은 48%임
합계	24,242,000,000	-

자료 3　공시지가 표준지, 매매사례 및 평가선례 등

1. 인근 공시지가 표준지 내역

기호	소재지	면적(㎡)	지목	이용상황	용도지역	도로교통	형상지세	공시기준일	공시지가(원/㎡)	비고
①	B동 125-1	89.0	대	단독주택	2종일주	세로(가)	사다리평지	2011.1.1.	2,300,000	B12구역 내 (본건 남서측 인근)
								2012.1.1.	2,380,000	
								2013.1.1.	2,460,000	
								2014.1.1.	-	
②	B동 132	102.0 (일단지)	대	주거나지	2종일주	광대소각	부정형평지	2011.1.1.	-	B12구역
								2012.1.1.	-	
								2013.1.1.	-	
								2014.1.1.	3,220,000	
③	B동 457	153.0	대	단독주택	2종일주	세로(가)	세장형평지	2011.1.1.	2,180,000	본건 북측 인근
								2012.1.1.	2,250,000	
								2013.1.1.	2,320,000	
								2014.1.1.	2,400,000	

2. 매매사례

기호	소재지	거래일자	지목	면적(㎡) 토지	면적(㎡) 건물	용도지역	거래가액/원
(가)	B동 78-2	2013.8.25.	대	92.0	99.5	2종 일주	400,000,000
(나)	B동 249	2014.5.20.	대	103.0	156.2	2종 일주	683,000,000

(1) 기호 (가): 매매 당시 블록조 단층주택이 소재하였으나, 매매 후 기존 건물은 철거(철거비와 폐자재 매각금액 동일)되고 현장조사일 현재 다세대주택이 신축되어 있음

(2) 기호 (나): 3층 규모의 주상용 건물(철근콘크리트조) 신축 후 바로 매매된 것으로, 매매시점 당시 건물 재조달원가는 @1,000,000원/㎡으로 조사됨

3. 평가선례

기호	소재지	목적	기준시점	지목	면적(㎡)	용도지역	평가액(원/㎡)
㉠	B동 526외	택지비	2013.9.1	대	32,685.24	2종일주	5,700,000
㉡	B동 144외	택지비	2012.10.29	대	11,790.57	2종일주	5,160,000

자료 4 지가변동률(서울특별시 A구 주거지역)

기간	변동률(%)
2011.1.1. ~ 2011.3.20.	0.096
2011.3.20. ~ 2014.9.5.	3.487
2012.10.29. ~ 2014.9.5.	1.926
2013.8.25. ~ 2014.9.5.	0.999
2013.9.1. ~ 2014.9.5.	0.221
2014.5.20. ~ 2014.9.5.	0.022
2014.1.1. ~ 2014.9.5.	0.057

자료 5 요인비교자료

1. 지역요인: 본건, 공시지가 표준지, 매매사례 및 평가선례는 인근지역에 소재하여 지역요인은 대등함
2. 개별요인 (공시지가 표준지: 1.00)

공시지가 표준지	본건	매매사례 (가)	매매사례 (나)	평가선례 ㉠	평가선례 ㉡
①	1.25	1.15	1.35	1.50	1.35
②	1.00	0.90	1.06	1.18	1.07
③	0.85	0.75	0.87	0.97	0.86

[문제2] 서울특별시 A구가 도시계획시설 도로개설사업으로 소유자 甲의 토지를 협의취득하였으나 이후 해당 토지가 B공사가 시행하는 H택지개발사업에 편입되어 환매권이 발생하였다. 그러나 사업시행자가 원소유자 甲에게 환매권이 발생한 사실을 통지나 공고를 하지 아니하며 결국 환매권이 상실되었다. 이에 원소유자 甲은 환매권 발생 토지의무 해태로 인한 손해배상소송을 제기하였다. 원소유자 甲의 환매권 상실로 인한 손해액을 다음 물음에 따라 구하시오. (30점)

물음1) 환매권 상실 당시의 토지평가에 적용할 비교표준지 기호 및 적용 공시지가(연도)와 그 선정이유 (5점)

물음2) 환매권 상실 당시의 토지평가금액 (5점)

물음2) 환매권을 행사하였을 경우 반환하여야 할 환매금액 (15점)

물음4) 환매권 상실로 인한 손해액 (5점)

자료 1   개요

1. 지급한 보상금액은 토지 56,700,000원, 지장물 5,400,000원이며, 환매 토지의 소유권 이전일은 2001.9.20.임
2. H택지개발사업의 사업인정고시 의제일은 2007.10.27.임

자료 2   토지의 개황

1. 소재지 및 면적: 서울특별시 A구 B동 119번지, 315㎡
2. 도로개설사업 편입 당시: 전, 부정형, 완경사, 맹지
3. 가격조사 완료일: 2014.9.20.
4. 환매대상토지는 2004년 5월 중에 용도지역이 자연녹지지역에서 제2종일반주거지역으로 변경되었음

자료 3 표준지공시지가

1. 인근 표준지공시지가의 특성항목

기호	소재지	지목	면적(㎡)	이용상황	용도지역	도로교통	형상지세
1	A구 B동 16	전	865	전	자연녹지	맹지	부정형 완경사
2	A구 B동 255-1	대	540	단독주택	자연녹지	세로(가)	부정형 평지
3	A구 B동 306	전	306	전	자연녹지	세로(가)	부정형 완경사
4	A구 B동 381-5	전	413	주거나지	2종일주	세로(불)	부정형 완경사
5	A구 B동 651	대	248	단독주택(다가구)	2종일주	세로(가)	가장형 평지
6	A구 C동 381-5	전	243	단독주택	2종일주	세로(가)	사다리 평지

(1) 기호 2, 4, 5 표준지공시지가는 도로개설사업에 따른 가격변동이 있는 것으로 조사되었음
(2) 기호 3, 5 표준지공시지가는 2004년 신규표준지임
(3) 기호 6 표준지공시지가는 환매대상토지와 용도지역, 지목 및 이용상황의 변경 과정이 유사함

2. 인근 표준지공시지가의 연도별 공시가격

(단위: 원/㎡)

기호	2001년	2002년	2007년	2008년	2011년	2012년
1	100,000	106,000	137,000	129,000	145,000	158,000
2	200,000	210,000	283,000	270,000	300,000	330,000
3	-	-	170,000	165,000	185,000	202,000
4	270,000	284,000	380,000	370,000	410,000	450,000
5	-	-	530,000	510,000	570,000	620,000
6	360,000	380,000	500,000	490,000	550,000	600,000

자료 4 지가변동률(서울특별시 A구)

기간	변동률(%)	
	주거지역	녹지지역
2001.1.1. ~ 2001.9.20.	0.100	0.200
2001.1.1. ~ 2007.10.27.	0.300	0.400
2001.1.1. ~ 2011.9.20.	3.500	4.500
2007.1.1. ~ 2007.10.27.	-0.001	-0.002
2007.1.1. ~ 2011.9.20.	5.000	7.000
2011.1.1. ~ 2011.9.20.	0.060	0.090

자료 5 | 지역요인 및 개별요인비교

1. 본건 토지와 표준지공시지가 기호 1 ~ 기호 6은 인근지역에 위치하므로 지역요인은 대등함
2. 개별요인 비교치

구분	표준지 1	표준지 2	표준지 3	표준지 4	표준지 5	표준지 6
개별요인 비교치	1.010	1.020	1.030	1.040	1.050	1.060

자료 6 | 그 밖의 요인보정치

본건 평가에 적용할 그 밖의 요인보정치는 표준지공시지가 기호 1 ~ 기호 6 공히 1.30으로 산정되었음

자료 7 | 기타

1. 환매대상토지는 환매권 상실 당시 H택지개발지구에 편입되어 조성공사 중인 바, 지적확인이 곤란한 상태이며, 인근의 표준적인 이용상황은 주거용(다가구주택)임
2. 상기 B공시는 「공공기관의 운영에 관한 법률 제5조 제3항 제1호」의 공공기관임
3. 상기 H택지개발사업은 「공익사업을 위한 토지 등의 취득 및 보상에 관한 법률 제4조 제5호」에 규정된 공익사업임

[문제3] A획지 소유자는 B획지 소유자의 토지 및 전자공장 1동을 인수하여 자신의 토지와 합병한 후, 재가동하고자 한다. 이에 감정평가사 甲에게 토지와 건물의 적정매입 금액산정을 의뢰하였다. 주어진 자료에 의거 B획지에 소재한 토지와 공장의 가격을 다음 물음에 의거하여 산정하시오. (20점)

물음1) A와 B토지의 합병으로 인한 증분가치를 구하고, B토지의 적정매입가격을 기여도비율에 의한 차액배분법의 논리로 산정하시오. (합병에 따른 제반비용은 고려치 아니하기로 함) (10점)

물음2) B토지 지상의 공장에 대한 적정한 가격을 원가법에 의한 적산가격으로 산정하되, 재조달원가는 소유자 제시자료에 의한 직접법에 따라, 감가수정은 설비의 특성을 고려한 정률법에 의하시오. (10점)

자료 1   토지의 상황

각 획지의 형태는 다음의 그림과 같다. 각각의 토지가치를 파악한 결과 A는 9,000,000,000원, B는 4,000,000,000원으로 판단된다. 이때 A와 B를 합병하면 토지의 가치는 그림의 C획지와 유사해 질 것으로 판단되며, C의 가치는 18,000,000,000원으로 조사된다.

획지	면적(㎡)	단가(원/㎡)	가격(원)
A	15,000	600,000	9,000,000,000
B	5,000	800,000	4,000,000,000
C	20,000	900,000	18,000,000,000

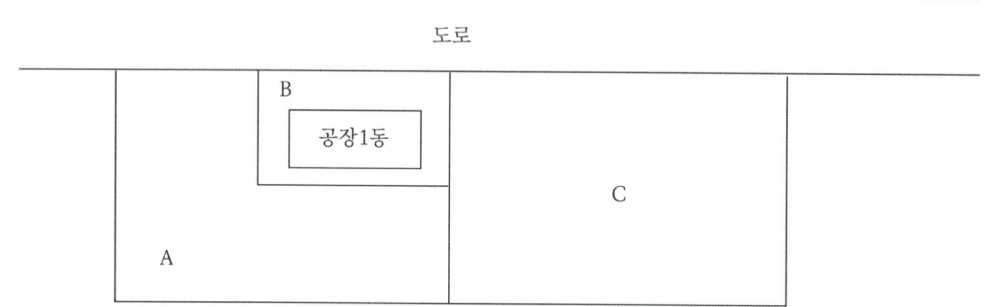

자료 2   공장설비에 관한 상황

1. B획지에는 완공된 지 1년이 경과한 공장설비가 소재한다. 이 공장은 전체가 정밀전자부품제조를 위한 특수한 '클린룸' 설비로 구성된 공장이다.
2. 재조달원가는 소유자 제시자료에 의거 직접법으로 산정하되, 이의 정산은 기획재정부 계약예규 "예정가격작성기준"에 의거 검토할 예정이며, 부가가치세 및 손해보험료는 고려치 아니하기로 한다.
3. 예정가격작성기준의 적용은 평가대상 설비의 특성상 공사원가계산을 적용하기로 하였고, 참고로 일반관리비율은 5%, 이윤율은 15%를 초과할 수 없도록 되어 있는 전문 및 기타 공사규정을 적용하여 이것만을 조정하기로 하였다. 한편, 재료비, 노무비, 경비 등은 세부내역을 토대로 검토한 결과 적정한 수준으로 판명되었다.
4. 본 공장은 정밀설비로 구성되어 내용연수는 20년으로 조사되며, 지난 1년간 사용상 특이사항 없이 잔존내용연수는 19년으로 하였고, 잔가율은 10%로 조사된다. 또한 감가수정은 정밀공장의 고유특성상 정률법을 적용하기로 하였다.
5. 지난 1년간 유사 공장(설비)신축에 관한 물가상승률(가격보정지수)은 극히 미미하여 적용치 아니하기로 하였다.

자료3 B획지 소유자 제시 공장의 신축 공사원가계산서(요약)

1. 재료비: 20억원
2. 노무비: 10억원
3. 경비: 10억원
4. 일반관리비: 4억원
5. 이윤: 4억원
6. 합계: 48억원

[문제4] 다음 물음에 답하시오. (20점)

물음1) A국에서 과거 약 20년간 상업용 부동산(A, B, C)과 주식(D)의 연간 평균수익률 추이를 조사한 후, 다음의 표와 같이 정리하였다. 이 자료의 해석과 관련하여, (1) 기하평균수익률과 산술평균수익률이 상이할 때 무엇을 채택하는 것이 합리적인지, (2) 상기 자료 B와 자료 D는 표준편차가 유사하고, 시계열 상관계수도 낮은 경향을 보이는 반면 자료 A는 표준편차가 가장 낮고, 시계열 상관계수가 가장 높은 특징을 보이는 이유를 기초자료의 성격과 관련하여 약술하시오. (10점)

(단위: %)

구분 (자료기호)	작성 기초자료의 성격	기하평균 수익률	산술평균 수익률	표준편차	시계열 상관계수
CREF(A)	매년의 감정평가액 집계	10.8	10.9	2.6	0.43
REITs(B)	리츠의 수익률 집계	14.2	15.7	15.4	0.11
C&S(C)	실거래가격의 통계처리	8.5	8.6	3.0	0.17
S&P 500(D)	주요주식의 거래가격	12.3	13.5	16.7	-0.10

물음2) 완전소유권의 시장가치는 임대권가치와 임차권가치의 합이라 할 때, 연간 시장임대료(순임대료)는 12,000,000원, 연간 계약임대료(순임대료)는 9,000,000원, 계약기간 10년, 계약기간 만료시 본건 부동산의 완전소유권 시장가치는 120,000,000원이고 계약기간 중 시장가치의 변동은 없는 것으로 예상되는 경우 다음 물음에 답하시오. (10점)
(1) 임대권(賃貸權) 수익률이 9.00%라고 할 경우 본건의 내재된 임차권(賃借權) 수익률은 얼마인가? (5점)
(2) 어떤 경우에 「완전소유권 시장가치 = 임대권가치 + 임차권가치」의 등식이 성립하지 않는가? (5점)

2015년 제26회 감정평가실무 기출

> **공통 유의사항**
> 1. 각 문제는 해답 산정 시 산식과 도출과정을 반드시 기재
> 2. 단가는 관련 규정에서 정하고 있는 사항을 제외하고 천원 미만은 절사, 그 밖의 요인 보정치는 소수점 셋째 자리 이하 절사

[문제1] 한국○○공사는 보유 중인 부동산을 매각하기 위해 김공정 감정평가사에게 일반거래(시가참고) 목적의 감정평가를 의뢰하였다. 관련법규 및 이론을 참작하고 제시된 자료를 활용하여 다음의 물음에 답하시오. (40점)

물음1) 본 감정평가에 적용할 층별 효용지수를 산정하시오. (10점)

물음2) 시산가액 조정을 통해 감정평가액을 구하시오. (30점)

자료 1 기본적 사항

1. 감정평가 의뢰내역

기호	소재지 지번	층	호수	전용면적(㎡)	공용면적(㎡)	전체면적(㎡)
1	서울시 A동 B동 ○○번지	1층	101	1,350	1,650	3,000
2		2층	201	1,215	1,485	2,700
3		3층	301	1,215	1,485	2,700
4		4층	401	1,100	1,600	2,700
5		5층	501	1,215	1,485	2,700
6		6층	601	900	1,100	2,000
7		지 1층	B101	2,250	2,750	5,000

2. 기준시점: 2015.8.20.
3. 기준가치: 시장가치
4. 평가목적: 일반거래(시가참고)

자료 2 지역분석자료

1. 본건이 위치하고 있는 지역은 새롭게 조성된 상업 및 업무지대로 토지 및 업무시설(집합건물)의 평가사례 및 거래사례가 풍부함
2. 기준시점 현재 해당 지역의 업무시설가격은 2013년 1분기 대비 소폭 상승하였으나 해당 기간 동안 업무시설가격은 상승과 하락을 반복하였음
3. 사무실 또는 상가는 층별 각기 다른 가격격차를 보이고 있는데, 고객의 이용에 따른 편의성, 접근성, 수익성 등에 따른 것으로 판단됨. 한편, 지하철역과의 거리에 따른 가격격차도 확인할 수 있었음. 그리고 지하철역과의 거리에 따른 가격격차는 업무용 토지가격에서도 확인할 수 있었음
4. 상기의 지역분석은 탐문조사, 평가사례 및 거래사례 등을 이용하여 분석한 것으로 보다 상세한 해당 지역의 가치형성요인을 분석하기 위해 기준시점으로부터 6개월 이내 자료를 이용하여 계량분석을 실시함

자료 3 가치형성요인의 계량분석

1. 헤도닉가격모형을 이용하여 해당 지역의 가치형성요인을 분석함
2. 토지만의 거래사례를 이용하여 업무용 토지가격을 종속변수로 한 모형을 추정한 결과 모형의 설명력은 0.875(수정된 R제곱)이고, F-value는 629.430으로 나타남. 다음은 분석내용임
   (1) 설명변수로 채택된 업무용 토지의 면적은 5% 유의수준에서 5,000㎡ ~ 16,500㎡ 면적의 토지는 5,000㎡ 미만 면적의 토지에 대해 다른 조건이 일정할 때 가격측면에서 약 10% 우세한 것으로 나타났으며 이는 통계적으로 유의함
   (2) 설명변수로 채택된 본건과 지하철역과의 거리는 5% 유의수준에서 유의했는데, 지하철역과의 거리가 0.5km ~ 1km인 토지는 0.5km 미만의 토지에 대해 다른 조건이 일정할 때 가격측면에서 3% 열세한 것으로 나타났으나 1km 초과 토지는 통계적으로 유의하지 않음
3. 집합건물인 업무시설(사무실)이 거래사례를 이용하여 업무시설가격을 종속한 변수로 한 모형을 추정한 결과 모형의 설명력은 0.825(수정된 R제곱)이고, F-value는 523.257로 나타남. 다음은 분석내용임
   (1) 설명변수로 채택된 층의 경우 본 계량모형상의 1층 가격은 약 3,500,000원/㎡정도임. 한편, 다른 조건이 모두 동일한 경우 지하 1층은 1% 유의수준에서 880,000원/㎡ 정도가 1층에 비해 가격이 낮게 나타남. 한편, 2층부터 6층까지는 5% 유의수준에서 2층은 410,000원/㎡, 3층은 295,000원/㎡, 4층은 385,000원/㎡, 5층은 350,000원/㎡, 6층 이상은 400,000원/㎡ 정도가 1층에 비해 가격이 낮게 나타났으며 이는 통계적으로 유의함
   (2) 설명변수로 채택된 지하철역까지의 거리변수는 5% 유의수준에서 유의했고 지하철역에서 멀어질수록 업무시설가격은 하락(-)함
   (3) 설명변수로 채택된 전용률의 경우 전체 면적이 통제된 상태에서 전용면적의 증가는 업무시설가격에 긍정적인(+) 효과를 미쳤고 1% 유의수준에서 유의한 것으로 나타남. 구체적으로 전용률 45% 미만의 업무시설은 전용률 45% 이상의 업무시설에 비해 가격측면에서 약 3% 열세한 것으로 나타남. 한편, 전용면적이 통제된 상태에서 공용면적의 증가는 통계적으로 유의하지 않음
   (4) 설명변수로 채택된 업무시설의 전체 면적은 1% 유의수준에서 4,000㎡ ~ 8,000㎡ 면적의 업무시설은 4,000㎡ 미만 면적의 업무시설에 비해 다른 조건이 일정할 때 가격측면에서 약 5% 열세한 것으로 나타났으며 통계적으로 유의함

자료 4 개별요인 분석자료

1. 대상부동산은 건물 전체가 의뢰된 건으로 총 7개의 집합건물로 구성되어 있고, 적법한 절차를 걸쳐 완공된 상태임
2. 토지

구분	내용
지목 및 면적	대/3,637㎡
위치 및 주위환경	서울시 A구 B동 소재 H백화점 북측 인근에 소재하며 인근은 상업 및 업무지대임
도로 및 교통환경	본건 남측으로 지하철 K역(본건과의 거리: 0.62km)이 위치해 있고 동측 및 남측 인근에 일반버스정류장이 소재하는 등 교통사항은 양호함
지형, 지세 및 이용상황	남측 및 서측은 인접도로와 등고평탄한 정방형 토지로 기준시점 현재 업무시설부지로 이용 중임
토지이용계획사항	도시지역, 준주거지역, 제1종 지구단위계획구역, 대로2류(폭 30M ~ 35M)(접함), 중로2류(폭 15M ~ 20M)(접함)

3. 건물

구분	내용
구조 및 용도	철골철근콘크리트조 슬래브지붕, 업무시설
건축면적 및 연면적	2,228㎡ / 20,800㎡
층수 등	지상 6층(지상 1층 ~ 지상 6층: 업무시설) 지하 3층(지하 1층: 업무시설, 지하 2, 3층: 주차장, 기계실, 전기실 등)
사용승인일	2013년 7월 20일
주차 및 부대설비	140대(주차), 엘리베이터 4대 에스컬레이터 2대, 소화설비, 냉난방설비 등

자료 5 집합건물 거래사례(소재지: 서울시 A구 B동)

기호	지번	층	호수	전용면적(㎡)	전체면적(㎡)	거래가격(원)	용도	거래시점
A	625	3	301	1,350	3,000	8,500,000,000	사무소	2015.1.10.
B	670	4	401	1,125	2,500	6,780,000,000	사무소	2015.2.10.
C	710	5	501	1,080	2,700	6,350,000,000	연구소	2015.3.10.
D	720	지1	B101	2,080	5,200	11,000,000,000	사무소	2015.4.10.

1. 지하철역까지의 거리

    기호 A: 0.55km, 기호 B: 0.63km, 기호 C: 0.60km, 기호 D: 1.80km

2. 용도지역

    기호 A: 일반상업, 기호 B: 준주거, 기호 C: 준주거, 기호 D: 준주거

3. 가치형성요인의 경우 상기 자료 외에는 대상과 사례가 동일함

자료 6 층별 효용지수 참고자료

계량분석 외 본건에 인접한 유사 건물의 평가사례 및 실무기준해설서상의 층별 효용지수 관련 자료는 다음과 같음

층	평가사례 1 (2013.3.27.)	평가사례 2 (2014.9.15.)	평가사례 3 (2015.7.20.)	실무기준해설서	
				A형	B형
지상 5층 이상	85	87	90	42	51
지상 4층	92	87	90	45	51
지상 3층	83	87	90	50	51
지상 2층	85	87	90	60	51
지상 1층	100	100	100	100	100
지하 1층	-	-	-	44	44

자료 7 공시지가 표준지

1. 공시기준일: 2015년 1월 1일
2. 인근지역 내 공시지가 표준지 내역(소재지: 서울시 A구 B동)

기호	지번	지목	면적(㎡)	이용상황	용도지역	도로교통	형상지세	공시지가 (원/㎡)	지하철역과의 거리
가	630	대	5,179.2	업무용	일반상업	중로각지	세장형 평지	3,000,000	0.5km
나	681	대	3,329.2	업무용	준주거	광대소각	정방형 평지	3,250,000	1.5km
다	702	대	9,038.0	업무용	준주거	중로각지	정방형 평지	2,800,000	0.7km

자료 8 토지거래사례

(소재지: 서울시 A구 B동, 거래시점: 2015년 7월 10일)

기호	지번	지목	면적(㎡)	이용상황	용도지역	도로교통	형상지세	거래단가 (원/㎡)
1	698	대	3,500	업무용	준주거	광대한면	사다리형 평지	5,800,000

※ 지하철역과의 거리: 0.3km

자료 9 재조달원가 자료(기준시점 기준)

기호	용도	구조	급수	단가(원/㎡)	내용 연수
1	사무실	철골철근콘크리트조 슬래브지붕(6층 이하)	1급	1,540,000	55(50-60)
2	사무실	철골철근콘크리트조 슬래브지붕(6층 이하)	1급	1,400,000	55(50-60)

자료 10 수익 관련 자료

1. 임대사례[소재지: 서울시 A구 B동, 임대면적: 3,000㎡(전체)]

기호	지번	층	호수	전용률	보증금 (원/㎡)	월임대료 (원/㎡)	월관리비 (원/㎡)	지하철역과의 거리
1	699	1	101	45%	100,000	10,000	6,000	0.63km

2. 임대사례는 기준시점 현재 해당 업무지대의 평균적인 사례임
3. 공실 및 대손충당금: 가능조소득의 10%
4. 영업경비: 연간관리비의 80%
5. 보증금, 월임대료, 월관리비는 전체면적 기준임
6. 종합환원이율: 연 4.0%, 보증금 운용이율: 연 3.0%
7. 가치형성요인의 경우 상기 자료 외에는 대상과 사례가 동일함

자료 11 기타자료

1. 도로접면 격차율

구분	광대한면	중로한면	소로한면	세로(가)	세로(불)
격차율	1.00	0.90	0.88	0.85	0.70

※ 도로접면이 각지인 경우는 한면에 접하는 경우에 비해 1% 우세함

2. 형상 격차율

구분	정방형	가장형	세장형	사다리형	부정형
격차율	1.00	0.99	0.99	0.98	0.90

3. 시점수정자료
   (1) 지가변동률 (단위: %)

기간	용도지역	
	주거지역	상업지역
2015.1.1 ~ 2015.7.31.(누계)	0.435	0.420
2015.7.1 ~ 2015.7.31.(당월)	0.020	0.010

   ※ 2015년 8월 이후 지가변동률은 미고시 상태이며, 2015년 7월 지가변동률과 동일하게 변동하는 것으로 추정함

   (2) 오피스 자본수익률 (단위: %)

기간	2015년 1분기	2015년 2분기
자본수익률	0.35	0.30

   ※ 2015년 2분기 이후 오피스 자본수익률은 미고시 상태이며, 2015년 2분기 오피스 자본수익률과 동일하게 변동하는 것으로 추정함

4. 거래사례 및 임대사례는 모두 정상적인 사례로 판단되며, 토지거래사례는 그 밖의 요인보정치 산정에 활용함
5. 건물의 감가수정은 정액법을 적용하며, 가치형성요인과 관련된 보정치는 계량분석 내용을 준용하여 적용 가능함
6. 유의수준이란 가설검증시 제1종 오류를 범할 확률의 허용한계, 즉 오차 가능성을 말함

[문제2] 감정평가사 김공정은 택지개발사업과 관련하여 보상목적의 감정평가를 의뢰받았다. 관련 법규 및 이론을 참작하고 제시된 자료를 활용하여 다음의 물음에 답하시오. (30점)

물음1) 자료와 같은 내용의 구분지상권이 설정된 토지가 공익사업에 편입되어 해당 송전선을 철거하는 경우 보상목적의 구분지상권 감정평가방법에 대해 구체적으로 기술하되, 각 방법의 장점과 단점도 포함하여 기술하시오. (10점)

물음2) 주어진 자료를 활용하여 대상물건의 보상액을 구하되, 적용가능한 방법을 모두 활용한 후 시산가액의 조정을 통해 구하시오. (20점)

자료 1 공익사업에 관한 사항

1. 사업명: ○○지구 택지개발사업(공익사업근거법:「택지개발촉진법」)
2. 사업지구면적: 180,000㎡
3. 사업시행자: G지방공사
4. 사업추진일정
   (1) 택지개발지구지정·고시일: 2011.9.9.
   (2) 보상계획공고일: 2012.2.20.
   (3) 실시계획승인·고시일: 2013.4.4.

자료 2 감정평가의 기본적 사항

1. 대상물건: 경기도 A시 B읍 C리 1번지의 구분지상권
2. 감정평가목적: 보상
3. 기준시점: 2015.9.2.

자료 3 구분지상권에 관한 사항

1. 구분지상권자: H전력공사
2. 구분지상권의 목적: 154kV 가공 송전선로 건설
   ※ 가공 송전선로: 송전철탑을 통해 공중으로 설치한 송전선로
3. 구분지상권의 범위: 경기도 A시 B읍 C리 1번지 토지 상공 15m에서 30m까지의 공중공간(선하지면적: 300㎡)
   ※ 선하지면적은 구분지상권 설정면적을 말함
4. 구분지상권의 존속기간: 해당 송전선로 존속 시까지
5. 구분지상권 설정일: 2010.3.3.
6. 당시 보상액(구분지상권 설정대가): 32,000,000원
7. 특약사항: 존속기간 동안 구분지상권 설정대가의 증감은 없음
8. 기타사항: 송전선로가 필지의 중앙을 통과함

자료 4 토지에 관한 사항

1. 소재지: 경기도 A시 B읍 C리 1번지
2. 면적: 300㎡, 지목: 전, 실제 이용상황: 전
3. 접면도로: 폭 6m의 도로와 접함
4. 토지이용계획의 변동사항
   (1) 2010.1.1. ~ 2013.4.3.: 자연녹지지역
   (2) 2013.4.4. ~ 2015.9.2.: 일반주거지역(택지개발사업으로 인해 변경)

자료 5 주변지역 현황

1. 구분지상권이 설정된 토지(경기도 A시 B읍 C리 1번지 토지) 주변은 송전선 건설 당시 농지지대에서 주택지대로 전환되는 중이었고(단독주택이 지속적으로 건설되고 있었음), 당시 인근지역에 속한 토지로서 ○○택지개발지구 인근의 지구 밖 토지 대부분은 기준시점 현재 단독주택부지로 이용하고 있음
2. 조사결과 기준시점 현재 ○○택지개발지구와 접한 지구 밖 토지의 표준적 이용은 2층의 단독주택부지이며, 주택의 표준적인 각 층의 층고는 3.5m임

자료 6 　 표준지공시지가 자료

기호	소재지 지번	면적(㎡)	지목	이용상황	도로교통	형상지세
가	B읍 C리 100	360	답	과수원	세로(불)	세장형 완경사
나	B읍 C리 250	280	대	주거나지	세로(가)	세장형 평지
다	B읍 D리 500	350	전	과수원	세로(가)	가장형 평지

※ 표준지 '가' ~ '다'는 모두 동일수급권 내에 소재함

| 기호 | 용도지역 | 공시지가(원/㎡) | | 비고 |
		공시기준일	공시지가	
가	자연녹지	2011.1.1.	300,000	○○지구 택지개발사업지구 내의 토지로 도시계획시설 도로에 40% 저촉함
	자연녹지	2013.1.1.	380,000	
	일반주거	2015.1.1.	480,000	
나	자연녹지	2011.1.1.	340,000	○○지구 택지개발사업지구 내의 토지로 가공송전선으로 인해 구분지상권이 설정되어 있음
	자연녹지	2013.1.1.	420,000	
	일반주거	2015.1.1.	500,000	
다	자연녹지	2011.1.1.	300,000	○○지구 택지개발사업지구 밖의 토지로 가공송전선으로 인해 구분지상권이 설정되어 있음
	자연녹지	2013.1.1.	360,000	
	자연녹지	2015.1.1.	500,000	

※ 도시계획시설 도로에 저촉하는 표준지의 경우 해당 부분에 대해 20%의 감가율을 적용하여 공시하였음

자료 7 　 시점수정자료: 경기도 A시 지가변동률

| 기간 | 지가변동률(단위: %) | |
	주거지역	녹지지역
2010.1.1. ~ 2010.12.31.(누계)	1.103	2.758
2011.1.1. ~ 2011.12.31.(누계)	2.154	3.085
2012.1.1. ~ 2012.12.31.(누계)	2.060	2.072
2013.1.1. ~ 2013.12.31.(누계)	2.058	2.085
2014.1.1. ~ 2014.12.31.(누계)	2.064	3.082
2015.1.1. ~ 2015.7.31.(누계)	-0.130	-0.120
2015.7.1. ~ 2015.7.31.(당월)	0.060	0.072

※ 2015년 8월 이후 지가변동률은 미고시 상태이며 2015년 7월 지가변동률과 동일하게 변동하는 것으로 추정함

자료 8 보상사례자료

1. 보상물건: 경기도 A시 B읍 D리 500번지[(자료 6)의 기호 '다' 토지임]의 구분지상권(구분지상권 설정일: 2010.3.3.)
2. 보상사유: 도시개발사업(사업인정고시일: 2013.5.1. 사업지구면적: 100,000㎡)에 편입되어 154kV 가공송전선로 철거
3. 보상액: 37,400,000원
4. 보상액 감정평가시 기준시점: 2015.7.31.
5. 구분지상권의 범위: 경기도 A시 B읍 D리 500번지 토지 상공 16m에서 30m까지의 공중공간(선하지면적: 280㎡)
6. 구분지상권의 존속기간: 해당 송전선로 존속 시까지
7. 특약사항: 존속기간 동안 구분지상권 설정대가의 증감은 없음
8. 기타사항: 송전선로가 필지의 중앙을 통과함

자료 9 구분지상권의 가치형성요인 비교자료 등

1. 조사결과 가공 송전선로를 위한 구분지상권의 가치는 해당 부지의 지역요인 및 개별요인, 송전선로로 인한 입체이용저해율 및 추가보정률(쾌적성 저해요인, 시장성 저해요인, 기타 저해요인), 선하지면적에 영향을 받음
2. 조사결과 (자료 8)의 보상사례와 대상물건은 (자료 10) 및 (자료 11)의 내용과 같이 비교치가 산정됨
3. 조사결과 구분지상권의 가치는 지가변동률과 동일하게 변동함

자료 10 지가형성요인 비교자료

1. 지역요인 비교치: 표준지와 비교한 B읍 C리 1번지의 비교치

표준지 '가'	표준지 '나'	표준지 '다'
1.00	1.00	1.10

※ 비교치는 표준지공시지가의 공시기준일이 상이해도 동일하게 적용함

2. 개별요인 비교치: 표준지와 비교한 B읍 C리 1번지의 비교치

표준지 '가'	표준지 '나'	표준지 '다'
1.10	0.90	1.00

※ 비교치는 표준지공시지가의 공시기준일이 상이해도 동일하게 적용함

3. 그 밖의 요인보정치

토지의 감정평가에 적용할 그 밖의 요인보정치는 공시기준일에 상관없이 표준지 '가' ~ '다' 모두 1.30으로 적용함

자료 11 보정률 산정자료

1. 건조물의 이격거리
   건조물은 가공전선의 전압 35kV 이하는 3m, 35kV를 초과하는 경우에는 초과하는 10kV 또는 그 단수마다 15cm를 가산한 수치씩 이격하여야 함

2. 주택지대의 층별 효용지수
   1층: 100, 2층: 100

3. 입체이용률 배분표

구분	건물이용률(α)	지하이용률(β)	그 밖의 이용률(γ)	γ의 상하배분비율
주택지대 · 택지후보지지대	0.7	0.15	0.15	3 : 1
농지지대	0.8	0.1	0.1	4 : 1

4. 추가보정률 산정기준표

구분	추가보정률 적용범위		상 · 중 · 하 구분기준
	주택지대 · 택지후보지지대	농지지대	
쾌적성 저해요인	상: 10.0% 중: 7.5% 하: 5.0%	상: 5.0% 중: 4.0% 하: 3.0%	송전선로의 높이를 기준으로 구분 적용 • 10m 이하: 전압에 관계없이 '상' • 10m 초과 20m 이하: 154kV 이하는 '중', 154kV 초과는 '상' • 20m 초과: 754kV 이상은 '상', 345kV 이상은 '중', 154kV 이하는 '하'
시장성 저해요인	상: 10.0% 중: 7.0% 하: 4.0%	상: 7.0% 중: 5.0% 하: 3.0%	선하지면적비율 또는 송전선로의 통과위치를 기준으로 구분 적용 • 선하지면적비율이 40%를 초과하거나 송전선로가 필지의 중앙을 통과하는 경우: '상' • 선하지면적비율이 20%를 초과하거나 송전선로가 필지의 측면을 통과하는 경우: '중' • 선하지면적비율이 20% 이하이거나 송전선로가 필지의 모서리를 통과하는 경우: '하'
기타 저해요인	상: 10.0% 중: 6.0% 하: 3.0%	상: 8.0% 중: 5.0% 하: 3.0%	송전선로의 존속기간을 기준으로 구분 적용 • 존속기간이 30년을 초과하는 경우: '상' • 존속기간이 10년을 초과하는 경우: '중' • 존속기간이 10년 이하인 경우: '하'
추가보정률 산정기준: 각 해당 항목을 가산하여 산정			

자료 12 기타 자료

일시금 운용이율(또는 환원율): 연 5.0%

[문제3] 감정평가사 김공정 씨는 ○○택지개발사업지구로 지정고시된 지역의 보상에 대하여 중앙토지수용위원회로부터 이의재결 평가를 의뢰받았다. 관련 법규를 참작하고 제시된 자료를 활용하여 다음의 물음에 답하시오. (20점)

물음1) 토지의 보상액을 감정평가하시오. (10점)

물음2) 관련 법규에 의거 농업손실보상대상 여부를 검토하시오. (5점)

물음3) 보상대상자별로 농업손실보상액을 산정하시오. (5점)

자료 1   사업의 개요

사업의 종류 및 명칭	사업시행자	사업의 위치 및 면적
○○ 택지개발사업지구	한국 △△ 공사	K도 P시 A동 및 Y동 일원 245,050㎡

1. 사업추진일정

택지개발사업 주민 등의 의견청취공고일	2013.6.19.
택지개발지구지정 · 고시일	2014.1.2.
보상계획공고일	2015.2.5.
재결일	2015.8.25.
현장조사 완료일	2015.9.19.
이의재결일	2015.10.5.

자료 2   의뢰물건의 내용

1. 토지조서

기호	소재지 지번	지목	공부면적(㎡)	편입면적(㎡)	비고(소유자)
1	P시 A동 10	임	1,200	1,200	이대한

2. 물건조서

기호	소재지 지번	물건의 유형	물건의 종류	구조 및 규격	수량	단위
1-1	P시 A동 10	농업손실 보상	당근	-	1	식

자료 3 현장조사내용

1. (자료 2)의 기호 (1) 토지는 토지소유자 이대한 씨가 산지전용허가를 받지 아니하고 형질변경하여 경작해 오다 건강악화로 김민국과 임대차계약서를 작성하고, 2013년 2월부터 김민국 씨가 당근을 재배하고 있음
2. 이대한 씨와 김민국 씨는 모두 해당 지역에 거주하는 「농지법」에서 정하는 농민으로, 농업보상에 대한 협의가 성립되지 아니한 상태임
3. (자료 2)의 기호 (1) 토지는 차량통행이 불가능한 노폭 약 2미터의 비포장도로에 접해 있고, 남서하향의 약 15도의 경사지에 위치한 부정형의 토지임. 한편, 용도지역은 계획관리지역임

자료 4 표준지공시지가

기호	소재지	면적 (㎡)	지목	이용 상황	용도 지역	도로 교통	형상 지세	공시지가(원/㎡) 2013.1.1.	2014.1.1.	2015.1.1.
가	P시 A동 101	1,000	전	전	계획 관리	세로 (불)	세장형 평지	68,000	74,000	77,000
나	P시 Y동 15	1,000	임	자연림	계획 관리	맹지	부정형 완경사	21,000	23,000	24,000
다	P시 A동 산 11	12,000	임	자연림	생산 관리	맹지	부정형 급경사	15,000	17,000	18,000

자료 5 시점수정자료

지가변동률(P시 계획관리지역, %)

구분	변동률
2013.1.1. ~ 2013.12.31.(누계)	4.213
2014.1.1. ~ 2014.12.31.(누계)	2.765
2015.1.1. ~ 2015.7.31.(누계)	1.175
2015.7.1. ~ 2015.7.31.(당월)	0.167

※ 2015년 8월 이후 지가변동률은 미고시 상태이며 2015년 7월 지가변동률과 동일하게 변동하는 것으로 추정함

자료 6 표준지공시지가 평균변동률(%)

구분	2013년 ~ 2014년	2014년 ~ 2015년	2013년 ~ 2015년
K도	1.54	1.69	3.26
P시	3.51	4.23	7.89

자료 7 지역요인 및 개별요인 비교자료

1. K도 P시 A동 및 Y동은 인근지역임
2. 도로접면격차율

광대세각	광대한면	소로한면	세로가	세로(불)	맹지
1.00	0.95	0.86	0.81	0.75	0.72

3. 형상격차율

정방형	장방형	사다리형	부정형
1.00	0.99	0.98	0.95

4. 지세격차율

평지	완경사
1.00	0.97

자료 8 농업보상자료

1. 통계청 농가경제조사 통계자료(도별 연간 농가평균 단위경작면적당 농작물 총수입)   (단위: 원, ㎡)

행정구역	농작물 총수입(원)	경지면적(㎡)	농작물총수입/경지면적(원/㎡)	2년분 농업손실보상액(원/㎡)
K도	18,856,086	11,086.12	1,701	3,402

2. 실제소득인정기준에서 정하는 기관(농협)에서 발급받은 거래실적자료

출하주	출하처	품목	중량(kg)	평균판매단가(원/kg)	판매금액(원)	발급기관	비고
김민국	L마트 외 4개소	당근	6,521	1,050	6,847,050	농협	연평균

※ 김민국 씨는 P시 A동 10번지 토지에서만 당근을 경작함

3. 농축산물소득자료집 중 작목별 평균소득   (기준 연1기작/1,000㎡)

구분	수량(kg)	단가(원)	금액(원)	비고
조수입	4,148	832	3,481,088	-
생산비	-	-	1,595,349	종자비, 비료비 등
소득	-	-	1,885,742	소득률 54.2%

자료 9 기타자료

1. (자료 4)의 기호 (가) ~ (다)는 사업지구 내의 토지로서, 기호 (가) ~ (다)의 평균변동률은 사업지구 내 표준지 전체의 평균변동률과 동일함
2. 그 밖의 요인보정: 대상토지의 인근지역 등의 정상적인 거래사례와 보상사례를 참작한 결과 농경지는 40% 상향보정, 임야는 80% 상향보정, 대지는 20%의 상향보정을 요함

[문제4] 감정평가사 김공정 씨는 다음 물건에 대하여 ○○지방법원으로부터 경매목적의 감정평가를 의뢰받았다. 기준시점을 2015.9.19.로 하여 관련 법규 및 이론을 참작하고 주어진 자료를 활용하여 감정평가하시오. (10점)

자료1 법원감정평가 명령서 내용요약 및 평가대상

1. 기호(1): S시 S구 S동 1210번지, 대, 200㎡, 제2종일반주거지역
2. 기호(가): S시 S구 S동 1210번지 지상 철근콘크리트조 및 벽돌조 슬래브지붕 2층
   주택(사용승인일: 2009.12.5., 완공일: 2008.5.5.)
   1층: 철근콘크리트조 단독주택 100㎡
   2층: 벽돌조 단독주택 12㎡(2012.2.3. 증축)
3. 현장조사사항: 기호(1) 토지 지상에는 (자료 2) 현황도와 같이 법원의 제시목록 외 기호 ㉠, ㉡이 소재함. 제시목록뿐만 아니라 등기사항전부증명서 및 대장에도 등재되어 있지 아니하여 소유권에 대한 재확인이 필요함
4. 유의사항: 제시외 건물이 있는 경우에는 반드시 그 가액을 평가하고, 제시외 건물이 경매대상에서 제외되어 그 대지가 소유권의 행사를 제한받는 경우에는 그 제한을 반영하여 평가함

자료2 현황도

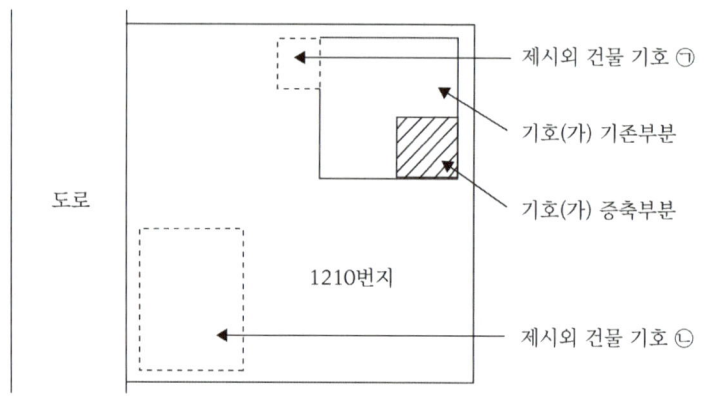

자료 3 건물평가자료

구분	구조	이용상황	재조달원가(원/㎡)	면적(㎡)	적용단가(원/㎡)
기호(가) 기존	철근콘크리트조 슬래브지붕	주택(방 1, 거실, 주방, 화장실 1)	750,000		
기호(가) 증축	벽돌조 슬래브지붕	방 1	600,000		
제시외 건물 기호 ㉠	경량철골조 판넬지붕	보일러실	-	4	100,000
제시외 건물 기호 ㉡	벽돌조 슬래브지붕	주택(방 1, 주방 1, 화장실 1)	600,000	48	

※ 철근콘크리트조 내용연수 50년, 벽돌조 내용연수 45년, 잔가율 0%
※ 제시외 건물 기호 ㉠은 신축연도가 불명확하여 관찰감가를 병용하여 적용단가를 산정하였으며, 면적은 실측면적임
※ 제시외 건물 기호 ㉡은 잔존내용연수가 20년으로 추정됨

자료 4 기타자료

제시외 건물이 토지에 미치는 영향을 고려하지 아니하고 공시지가기준으로 평가한 금액은 6,530,000원/㎡임. 제시외 건물이 토지에 미치는 영향이 있다고 판단될 경우에는 아래 사항을 감안하여 평가하기 바람

구분	전체 토지에 미치는 영향
제시외 건물 기호 ㉠	1%
제시외 건물 기호 ㉡	12%

2016년 제27회 감정평가실무 기출

> **공통 유의사항**
> 1. 각 문제는 해답 산정 시 산식과 도출과정을 반드시 기재
> 2. 단가는 관련 규정에서 정하고 있는 사항을 제외하고 천원 미만은 절사, 그 밖의 요인 보정치는 소수점 셋째 자리 이하 절사

[문제1] 감정평가사 甲은 부동산투자자 乙로부터 대상부동산 투자에 관한 정보의 제공을 의뢰받고, 관련 자료를 수집·분석하여 乙에게 제공하려고 한다. 제시된 자료를 참조하여 다음 물음에 답하시오. (40점)

물음1) 2016년 7월 1일 기준 대상부동산의 시장가치를 구하되, 비교방식, 수익방식, 건물을 원가법으로 하는 공시지가기준법에 의한 가격을 각각 제시하시오. (25점)

물음2) 乙이 대상부동산을 2016년 7월 1일 매입하고 3년간 보유한 후 매각한다고 했을 때, 순현재가치(NPV)를 구하고, 乙의 투자계획에 대하여 전문가로서 제시할 의견을 기술하시오. (15점)

자료 1 대상부동산 현황

1. 토지현황
   (1) 소재지: S시 T구 W동 500번지, 501번지
   (2) 용도지역: 일반상업지역
   (3) 토지특성(2필 일단의 토지로서, 부정형의 평지이며, 소로한면에 접함)
      - 500번지: 대, 350㎡, 세로장방형, 평지, 소로한면
      - 501번지: 대, 450㎡, 사다리형, 평지, 소로한면

2. 건물현황

   (1) 구조: 철근콘크리트조 슬래브지붕
   (2) 사용승인일자: 2005년 5월 1일
   (3) 세부현황: 500번지, 501번지 양 지상에 위치함

층별	구조	면적(㎡)	용도	비고
지하 1층	철근콘크리트조	260	주차장, 기계실	-
지상 1층	철근콘크리트조	520	사무실	P은행 임차
지상 2층	철근콘크리트조	520	사무실	P은행 임차
지상 3층	철근콘크리트조	520	사무실	R회사 임차
지상 4층	철근콘크리트조	520	사무실	R회사 임차
지상 5층	철근콘크리트조	400	사무실	공실
계		2,740		-

3. 기타현황

현재 대상부동산의 소유자는 丙과 丁이 공동소유(각각 50%)를 하고 있으며, 소유자 丙의 명의로 C은행에 근저당권 5억원이 설정되어 있음

자료 2 표준지공시지가 현황(공시기준일: 2016.1.1.)

기호	소재지 (지번)	면적(㎡)	지목	이용 상황	용도 지역	주위 환경	도로 교통	형상 지세	공시지가 (원/㎡)
1	V동 130	(일단지) 535	대	주상용	일반 상업	후면 상가지대	소로 한면	사다리형 평지	2,700,000
2	V동 150	800	대	상업용	일반 상업	노선 상가지대	소로 한면	가장형 평지	3,400,000
3	W동 485	420	대	상업기타 주차건물	일반 상업	후면 상가지대	세로 (가)	사다리형 평지	2,100,000
4	W동 520	450	대	상업용	일반 상업	노선 상가지대	소로 한면	사다리형 평지	3,000,000

자료 3 평가선례(공시지가기준법 적용시 그 밖의 요인에 적용함)

구분	사례 #1	사례 #2	사례 #3
소재지(지번)	V동 143	W동 504	W동 522
토지현황	대, 450㎡, 소로한면, 부정형, 평지, 일반상업지역	대, 780㎡, 소로한면, 사다리형, 평지, 일반상업지역	대, 350㎡, 세로(가) 가장형, 평지, 일반상업지역
건물현황	철근콘크리트조 슬래브지붕, 상업용, 지하 1층 ~ 지상 5층, 연면적 3,300㎡	철근콘크리트조 슬래브지붕, 상업용, 지하 2층 ~ 지상 8층, 연면적 5,200㎡	없음(상업나지)
토지단가	3,600,000원/㎡	3,400,000원/㎡	3,500,000원/㎡
기타사항	기준시점 2016.4.1. 일반거래목적의 정상적인 평가선례	기준시점 2016.1.1. 일반거래목적의 정상적인 평가선례	기준시점 2016.5.1. 담보목적의 정상적인 평가선례

자료 4 거래사례(거래사례비교법에 적용함)

구분	사례 #1	사례 #2	사례 #3
소재지(지번)	V동 135번지	W동 489번지	W동 515번지
토지현황	대, 900㎡, 소로한면, 부정형, 평지, 일반상업지역	대, 550㎡, 세로가, 사다리형, 평지, 일반상업지역	대, 750㎡, 소로한면, 가장형, 평지, 일반상업지역
건물현황	철근콘크리트조 슬래브지붕, 상업용, 지하 1층 ~ 지상 5층, 연면적 3,200㎡ 2006.5.1 사용승인	없음(상업나지)	철근콘크리트조 슬래브지붕, 상업용, 지상 2층, 연면적 800㎡ 1985.1.1 사용승인
거래가격	5,600,000,000원	1,600,000,000원	2,850,000,000원
기타사항	노선상가지대 2016.1.1. 거래 정상거래사례 (토지건물가격비중 6:4)	후면상가지대 2016.4.1. 거래 정상적인 거래사례	노선상가지대 2016.5.1. 거래 철거 전제의 정상거래, 매수자의 철거비 부담 (30,000,000원)

자료 5 표준건축비 등

인근지역 상업용 건축물(철근콘크리트조 5층 이하)의 표준건축비(부대설비 포함, 지상·지하 건축물에 동일하게 적용)는 770,000원/㎡이며, 건물의 잔존가치는 10%임

자료 6 대상부동산의 임대내역

구분	면적(㎡)	임차인	임대기간	임대료
지상 1층	520	P은행	2011.7.1. ~ 2016.6.30.	2015년 7월 1일부터 연간가능총소득(PGI) 120,000원/㎡ 적용
지상 2층	520	P은행	2011.7.1. ~ 2016.6.30.	2015년 7월 1일부터 연간가능총소득(PGI) 95,000원/㎡ 적용
지상 3층	520	R회사	2014.7.1. ~ 2019.6.30.	2015년 7월 1일부터 연간가능총소득(PGI) 80,000원/㎡ 적용
지상 4층	520	R회사	2014.7.1. ~ 2019.6.30.	2015년 7월 1일부터 연간가능총소득(PGI) 80,000원/㎡ 적용
지상 5층	400	공실	-	최근 1개월간 공실
계	2,480		-	

※ R회사는 회사 사정상 2016.6.30.에 이전할 계획이며, 현재 소유자도 중도계약해지에 동의하였고, 새로운 임차인을 시장임대료로 즉시 구할 수 있음

자료 7 최근 임대사례

1. 사례물건: V동 138번지 소재 5층
    (1) 토지현황: 일반상업지역, 대, 950㎡, 소로한면, 사다리형, 평지
    (2) 건물현황: 철근콘크리트조, 지하 1층 ~ 지상 5층, 연면적 3,200㎡, 상업용

2. 임대상황
    (1) 1 ~ 2층 임대사례: G은행 2016.7.1부터 5년 계약
        연간가능총소득(PGI) 1층 160,000원/㎡, 2층 120,000원/㎡
    (2) 3 ~ 5층 임대사례: H회사 2016.7.1부터 5년 계약
        연간가능총소득(PGI) 3 ~ 4층 100,000원/㎡, 5층 90,000원/㎡

자료 8 시점수정 등 관련 자료(T구)

1. 지가변동률

구분	일반상업지역
2016.1.1. ~ 2016.5.31.(누계)	1.687
2016.4.1. ~ 2016.5.31.(누계)	0.654
2016.5.1. ~ 2016.5.31.(당월)	0.323

※ 2016년 6월부터 지가변동률 미고시, 2016년 6월 지가변동률은 직전월 자료를 적용하고, 변동률의 계산은 백분율을 기준으로 소수점 넷째 자리에서 반올림함

2. 임대동향조사 중 소형부동산의 자본수익률

구분	T구
2016.1.1. ~ 2016.5.31.(누계)	2.113
2016.4.1. ~ 2016.5.31.(누계)	0.895
2016.5.1. ~ 2016.5.31.(당월)	0.356

3. 건축비지수: 2015.1.1. 이후 보합세임

자료 9 지역요인, 개별요인 등 품등비교자료

1. 지역요인자료: V동과 W동은 S시 T구에 속하며, 간선도로(소로한면)를 두고 맞은편에 위치하고 있음. 최근 V동 남측에 종합유통센터가 개장함에 따라 V동 상권으로 유동인구가 증가하여 V동이 W동에 비해 지역요인이 3% 우세를 보이고 있음

2. 개별요인자료
    (1) 도로접면격차율

구분	광대세각	광대한면	소로한면	세로(가)	세로(불)	맹지
광대세각	1.00	0.95	0.86	0.81	0.75	0.72
광대한면	1.05	1.00	0.91	0.86	0.78	0.75
소로한면	1.16	1.10	1.00	0.91	0.86	0.75
세로(가)	1.24	1.18	1.07	1.00	0.92	0.89
세로(불)	1.34	1.28	1.16	1.07	1.00	0.96
맹지	1.39	1.32	1.20	1.16	1.04	1.00

   (2) 형상격차율

구분	정방형	장방형	사다리형	부정형
정방형	1.00	0.99	0.98	0.95
장방형	1.01	1.00	0.99	0.96
사다리형	1.02	1.01	1.00	0.97
부정형	1.05	1.04	1.03	1.00

※ 가로장방형은 장방형을 적용

(3) 환경 조건 격차율
- 대상부동산은 표준지 기호 1보다 5% 우세하며, 표준지 기호 3보다 15% 우세함
- 대상부동산은 평가선례 #1보다 10% 열세하며, 거래사례 #2보다 15% 우세함

3. 임대사례(V동 138번지)와 대상부동산의 품등격차율(지역요인과 개별요인 포함): 임대사례가 대상부동산보다 총 10% 우세함
4. 거래사례 #1(V동 135번지)의 건축물과 대상부동산의 건축물은 동일한 등급수준으로 신축되었음

자료 10 수익환원법 적용자료 및 의뢰인 乙의 부동산 투자계획

1. 환원율 및 할인율
   (1) 현재시점 환원율: 시장추출법에 의한 산정

구분	사례 #1	사례 #2	사례 #3
매매가격(원)	3,500,000,000	2,200,000,000	2,400,000,000
순수익(원)	140,000,000	88,000,000	200,000,000
기타	최근사례, 정상거래	최근사례, 정상거래	최근사례, 사정개입

   (2) 재매도가치 산정을 위한 환원율: 현재 환원율에 장기위험프리미엄 등을 고려하여 0.5% 가산함
   (3) 할인현금흐름분석법에 사용할 할인율: 투자자의 요구수익률

2. 수익환원법 적용
   (1) 대상부동산의 시장가치 산정을 위한 수익환원법은 1년차 순영업소득(NOI)을 직접 환원하는 직접환원법을 적용함
   (2) 수익환원법에 적용되는 수익과 비용은 연간 단위로 산정하고 연말에 인식하는 것을 가정하며, 연간가능총소득(PGI)에는 관리비 등 제반 내역이 합리적으로 포함되어 있다고 전제함
   (3) 대상부동산의 수익환원법 적용 시, 연간가능총소득(PGI)은 최근 임대사례에서 산출하고, 공실손실상당액, 운영경비 등은 대상부동산을 기준으로 산정함
   (4) 연간가능총소득(PGI)은 매년 5% 상승하고, 공실률은 매년 5%로 예상되며, 운영경비는 각 층별 면적기준으로 25,000원/㎡이 소요되며, 운영경비는 매년 4% 상승을 적용함

3. 乙의 투자계획
   (1) 투자금액: 4,200,000,000원
   (2) 요구수익률: 6%
   (3) 투자기간: 3년간 보유한 후 매각
   (4) 보유기간말 매각 시 매각비용: 매각금액의 3%

4. 순현재가치(NPV)의 산정방법: 순현재가치(NPV)는 乙이 투자계획대로 대상부동산을 3년간 보유한 후 매각하는 것을 가정하여 산정하며, 수익환원법 적용자료와 같이 연간단위로 수익과 비용을 연말에 인식함

[문제2]
감정평가사 甲은 임대에 제공되고 있는 상업용 부동산(집합건물)을 시장가치로 매수할 것을 제안받은 잠재적 매수인 乙로부터 상담을 의뢰받는 바, 제시된 자료를 참조하여 다음 물음에 답하시오. (30점)

물음1) 의뢰인 乙이 제안을 받아들일 경우, 乙의 투자수익률(거래비용은 고려하지 않음)과 乙의 요구수익률을 충족시키는 매매가격을 구하시오. (10점)

물음2) 본건 부동산의 완전소유권에 기초한 수익률을 산출하여 직접환원법에 의한 수익가치를 구하시오. (10점)

물음3) 「완전소유권의 가치 = 임대권의 가치 + 임차권의 가치」라는 등식이 성립하고, 의뢰인 乙의 요구수익률을 충족시키는 매매가격이 적정한 임대권의 가치라 가정한다. 이 경우, 내재된 임차권 수익률을 구하고, 임차권 수익률이 임대권 수익률보다 큰 이유를 설명하시오. (10점)

자료1 기본적 사항

1. 의뢰일(기준시점): 2016년 7월 1일
2. 대상부동산 내역

소재지 지번	층·호수	면적(㎡)	임대료(원)		임대차 계약기간
			보증금	지불임대료/월	
S시 S구 S동 1000번지	지상 2층 201호	100.0	100,000,000	1,500,000	2015.7.1. ~ 2020.6.30.

※ 계약내용이나 조건은 전형적인 시장 관행에 따른 것임

자료2 의뢰인 면담내용 요약

1. 무위험률에 1.20% 가산한 수익률을 요구하며, 이러한 조건은 과거 상업용 부동산(집합건물) 투자수익률과 무위험률의 격차(spread) 추세 및 인근지역의 전형적인 임대용 부동산투자자의 요구조건과도 부합함
2. 본건에 투자할 경우, 임대차계약이 만료되는 시점에 재매도 예정임

자료 3 시장조사자료

1. 시장임대료(의뢰일 현재): 보증금 @1,100,000원/㎡ 및 지불임대료 @16,500원/㎡ 수준이고, 관리비는 별도로 임차인이 지불함
2. 매매사례

기호	소재지지번	층·호수	면적(㎡)	계약일	매매금액(원)	비고
1	S시 S구 S동 986번지	지상 2층 201호	30.0	2016.6.24	363,000,000	경사지에 위치한바, 주 도로기준 1층
2	S시 S구 S동 1021번지	지상 2층 205호	210.0	2016.6.19	1,000,000,000	-
3	S시 S구 S동 1004번지	지상 2층 207호	92.0	2016.6.20	540,000,000	-

※ 상기 매매사례 모두 최근의 것으로 별도의 시점수정은 불필요함

3. 개별요인

본건	매매사례 #1	매매사례 #2	매매사례 #3
1.00	0.50	0.85	1.03

4. 본건 부동산의 인근지역 내 상업용 부동산(집합건물)의 공급 증가로 본건 임대차 계약 만료 시에 5.00%의 시장가치의 하락이 예상됨

자료 4 시장금리 등 자료

1. 국고채(3년): 1.390%/연(최근 3개월 평균)
2. 회사채(장외 3년, AA- 등급): 1.943%/연(최근 3개월 평균)
3. 보증금 운용이율: 2.00%/연

[문제3] 감정평가사 甲은 국산 사출기 20대를 보유하고, 플라스틱 제품을 생산하여, 수출 중인 사업체 (K사) 전체에 대한 적정한 시장가치의 산정을 의뢰받았다. 토지, 건물 및 구축물, 영업권 등의 무형자산에 대한 가치까지 산정한 후, 최종적으로 사업체의 주 생산설비인 국산 사출기 20대에 대하여 관련 규칙 및 기준에 의거하여 평가하고자 한다. 제시된 자료를 참조하여 평가방법을 결정하고, 다음 물음에 답하시오. (20점)

물음1) 「감정평가에 관한 규칙」 별지서식인 "감정평가액의 산출근거 및 결정의견"을 최대한 활용하여 제1라인의 적정가격을 제시하시오. (10점)

물음2) 「감정평가에 관한 규칙」 별지서식인 "감정평가액의 산출근거 및 결정의견"을 최대한 활용하여 제2라인의 적정가격을 제시하시오. (10점)

자료 1 　 기본사항

1. 의뢰인 및 사업체명: 주식회사 K
2. 기준시점: 2016년 7월 1일
3. 생산라인구성: 제1라인과 제2라인으로 구성되어 있으며, 각 생산라인에 10대씩 설치되어 있으나, 제1라인의 사출기는 생산효율이 높지 아니하고 전용불가능한 과잉 유휴설비로 전체를 철거하여 매각할 예정임

자료 2 　 기계에 관한 사항

1. 제1라인: 2006년 7월 1일 10대 설치가동, 유지보수상태 보통 이하
2. 제2라인: 2011년 7월 1일 10대 설치가동, 유지보수상태 양호

자료 3 　 라인별 취득가격 및 유지보수비 등

1. 라인별 취득가격

구분	제1라인 단위당 취득가격(원)	제2라인 단위당 취득가격(원)
본체	50,000,000	80,000,000
부대설비	20,000,000	30,000,000
설치비	5,000,000	5,000,000
시험운전비	5,000,000	5,000,000
부가가치세	8,000,000	12,000,000

2. 제1라인의 경우, 설치 이후 현재까지 단위당 유지보수 등을 위한 수익적 지출에 20,000,000원, 자본적 지출에 20,000,000원이 각각 소요됨
3. 제2라인의 경우, 설치 이후 현재까지 단위당 유지보수 등을 위한 수익적 지출에 10,000,000원, 자본적 지출에 10,000,000원이 각각 소요됨

자료 4 내용연수 및 잔가율 등

1. 국내생산의 사출기는 물리적 내용연수가 12년, 경제적 내용연수는 10년 정도인 것으로 조사됨
2. 본 기계의 잔가율은 통상 10%로 조사되고, 감가수정은 관련 법령에서 제시한 원칙적 방법에 따를 예정임
3. 물가변동에 따른 기계가격 보정지수: 취득가격에만 적용
   (1) 제1라인은 기준시점까지 10% 상승
   (2) 제2라인은 기준시점까지 변동사항이 없음

자료 5 기타자료

1. 제1라인의 유사사양 사출기는 생산효율의 저감으로, 해체 및 포장된 상태에서 동남아 등지에 기계를 수출하는 업자에게 매각가능하며, 단위당 매각가능가격은 잔존가치와 유사한 것으로 조사됨
2. 제1라인의 해체 및 철거와 조립 및 포장, 운반 등에 소요되는 단위당 관련 비용은 아래와 같이 조사됨
   (1) 해체비: 1,000,000원
   (2) 철거비: 1,000,000원
   (3) 운반비 등: 1,000,000원
   (4) 설치비: 5,000,000원

[문제4] 감정평가사 甲은 S시장으로부터 '도시계획시설도로 개설사업'에 일부 편입되는 소규모 봉제공장에 대하여 '영업의 휴업손실'에 대한 보상평가를 의뢰받았다. 한편, 이 공장은 관계법령에 의하면, 일부 편입에 따른 잔여시설 보수 후 재사용이 가능한 경우에 해당되는 바, 제시된 자료를 참조하여 영업장소를 이전하는 경우와 비교하여 보상평가액을 산정하시오. (10점)

자료 1 공통사항

1. 사업인정고시 의제일: 2015년 7월 1일
2. 본 공장의 가동일: 2010년 7월 1일(적법한 허가취득)
3. 가격시점: 2016년 7월 1일
4. 사업시행자: S시장
5. 휴업기간 및 잔여시설 보수기간: 4개월

자료 2 조사내용

1. 연간 영업이익: 60,000,000원
2. 영업장소 이전 후 발생하는 영업이익 감소액: 연간 영업이익의 10%
3. 월간 고정적 비용항목: 2,000,000원
4. 전체 이전비 및 감손상당액: 4,000,000원
5. 개업비 등의 부대비용: 1,000,000원
6. 해당 시설의 보수비: 18,000,000원
7. 영업규모 축소에 따른 고정자산 등의 매각손실액: 5,000,000원

2017년 제28회 감정평가실무 기출

> **공통 유의사항**
> 1. 각 문제는 해답 산정 시 산식과 도출과정을 반드시 기재
> 2. 단가는 관련 규정에서 정하고 있는 사항을 제외하고 천원 미만은 절사, 그 밖의 요인 보정치는 소수점 셋째 자리 이하 절사

[문제1] 감정평가사 김○○은 W시 N구청장으로부터 도시계획시설(도로)사업과 관련하여 토지의 보상평가를 의뢰받았다. 관련 법규 및 이론을 참작하고 제시된 자료를 활용하여 다음 물음에 답하시오. (40점)

물음1) 미지급용지의 개념 및 평가기준을 기술하고, 대상토지의 감정평가액을 구하시오. (15점)

물음2) 사실상 사도의 개념 및 평가기준을 기술하고, 대상토지의 감정평가액을 구하시오. (15점)

물음3) 예정공도의 개념 및 평가기준에 대해 기술하고, 대상토지의 감정평가액을 구하시오. (10점)

자료 1 〈공통자료〉

1. 사업의 개요
   (1) 사업시행지: W시 N구 M동 100-4번지 일원
   (2) 사업의 종류: 도시계획시설(도로)사업(소로2-60호선) 개설공사
   (3) 사업시행자: W시 N구청장
   (4) 사업의 착수예정일 및 준공예정일: 인가일 ~ 2018.3.31.

2. 사업추진일정

구분	일정
도시계획시설(도로) 결정일	2010.8.21.
도시계획시설(도로)사업 실시계획인가고시일	2016.12.15.
보상계획 공고일	2017.3.31.
현장조사 완료일	2017.6.1.

※ 보상의뢰서상 가격시점 요일: 2017.7.1.

3. 대상토지의 개요(가격시점 현재)

기호	소재지	편입면적(㎡)	지목	현실 이용현황	용도지역	비고(소유자)
1	W시 N구 M동 100-4번지	381	전	도로	준주거지역	홍길동

4. 표준지공시지가 자료

기호	소재지	면적(㎡)	지목	이용상황	용도지역	도로교통	형상지세	공시지가(원/㎡) 2016.1.1.	공시지가(원/㎡) 2017.1.1.
A	W시 N구 M동 105번지	400	대	주거나지	2종일주	세로(불)	가장형 평지	770,000	860,000
B	W시 N구 M동 103번지	420	대	다세대	준주거	세로(가)	정방형 평지	1,050,000	1,160,000
C	W시 N구 M동 101번지	450	대	주상용	준주거	소로한면	사다리 평지	1,100,000	1,210,000

5. 시점수정자료(W시 N구 주거지역)

구분	지가변동률(%)	비고
2016.1.1. ~ 2016.12.31.	3.257	2016년 12월 누계
2017.1.1. ~ 2017.5.31.	1.426	2017년 5월 누계
2017.5.1. ~ 2017.5.31.	0.431	2017년 5월 변동률

※ 2017년 6월 이후의 지가변동률은 현재 미고시인 상태로 직전 월인 2017년 5월 지가변동률을 연장 적용하기로 함

6. 개별요인 품등비교자료

(1) 형상

구분	정방형	가장형	세장형	사다리	부정형	자루형
정방형	1.00	1.02	1.00	0.99	0.94	0.89
가장형	0.98	1.00	0.98	0.97	0.92	0.87
세장형	1.00	1.02	1.00	0.99	0.94	0.89
사다리	1.01	1.03	1.01	1.00	0.95	0.90
부정형	1.06	1.09	1.06	1.05	1.00	0.94
자루형	1.12	1.15	1.12	1.11	1.06	1.00

※ 부정형: 삼각형 포함
※ 자루형: 역삼각형 포함

(2) 도로접면

구분	중로한면	소로한면	세로(가)	세로(불)	맹지
중로한면	1.00	0.92	0.82	0.78	0.70
소로한면	1.09	1.00	0.89	0.85	0.79
세로(가)	1.22	1.12	1.00	0.95	0.88
세로(불)	1.28	1.18	1.05	1.00	0.93
맹지	1.43	1.27	1.13	1.07	1.00

7. 그 밖의 요인보정치 산정을 위한 자료

    (1) 보상평가사례

기호	소재지	면적(㎡)	지목	이용상황	용도지역	도로교통	형상지세	단가(원/㎡)	가격시점
ㄱ	W시 N구 M동 200번지	300	대	주거나지	일반상업	소로한면	부정형 평지	2,500,000	2017.1.1.
ㄴ	W시 N구 M동 250번지	350	대	다세대	준주거	세로(가)	세장형 평지	1,500,000	2017.1.1.
ㄷ	W시 N구 M동 300번지	380	대	주상용	준주거	소로한면	사다리 평지	1,800,000	2017.1.1.

    (2) 거래사례 (토지만의 정상거래사례임)

기호	소재지	면적(㎡)	지목	이용상황	용도지역	도로교통	형상지세	단가(원/㎡)	가격시점
ㄹ	W시 N구 M동 400번지	400	대	주상나지	2종일주	중로한면	부정형 평지	1,600,000	2017.1.1.
ㅁ	W시 N구 M동 420번지	380	대	상업나지	준주거	중로한면	세장형 평지	2,200,000	2017.1.1.
ㅂ	W시 N구 M동 500번지	350	대	주거나지	2종일수	세로(가)	사다리 평지	1,000,000	2017.1.1.

8. 현장조사 내용

    (1) 대상토지 주변은 도심지 내 기준 주택지를 중심으로 형성된 소규모 점포주택과 단독주택 및 다세대주택 등이 혼재하는 지역으로 조사되었음

    (2) 비교표준지, 보상평가사례 및 거래사례는 인근지역에 소재하며, 해당 도시계획시설(도로)사업에 따른 개발이익이 포함되어 있지 않은 것으로 조사되었음

9. 대상토지 주변 지적현황(축척 없음)

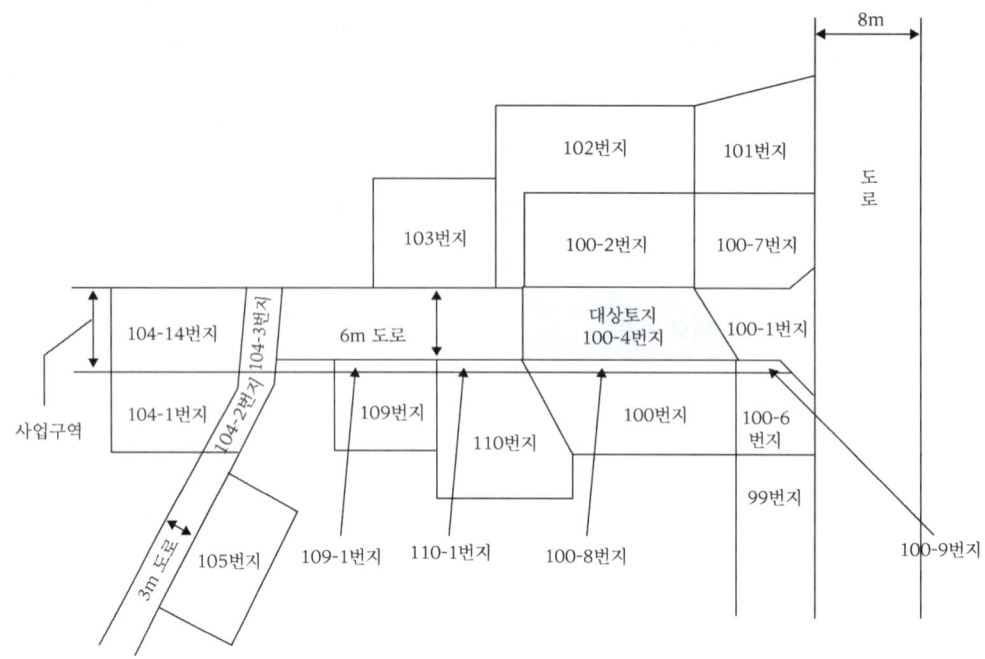

10. <공통자료> 외에는 아래 각 물음에 자료를 활용하여 기술하되, 물음1), 물음2), 물음3)은 각각 독립적인 사실관계임을 전제함

자료 2 〈물음1) 관련 자료〉

1. 사업시행자인 N구청장은 대상토지가 미지급용지임을 보상평가의뢰서에 명기하였음
2. 본건 토지는 종전 공익사업의 시행으로 M동 100번지에서 분필된 토지로 현재 도로로 이용 중인 사다리형 토지이나, 종전 편입 당시에는 부정형, 맹지인 토지였음
3. 본건 토지는 종전 공익사업 시행 이전에는 제2종일반주거지역이었으나, 종전의 공익사업으로 인하여 준주거지역으로 변경되었음
4. 본건 토지의 지목은 종전의 공익사업에 편입되기 전에도 "전"이었으나, 당시 주변 토지의 표준적 이용상황 등을 고려할 때 종전 편입 당시의 이용상황은 주거나지였음을 사업시행자로부터 확인하였음
5. 개별요인 비교시 도로접면과 형상을 제외한 토지 특성은 모두 동일한 것으로 봄
6. 비교표준지, 보상 평가사례 및 거래사례에는 종전 공익사업에 따른 가치변동이 포함되어 있지 아니함

자료 3 〈물음2) 관련 자료〉

1. 사업시행자인 N구청장은 대상토지가 사실상 사도임을 보상평가의뢰서에 명기하였음
2. 인접한 M동 100-2번지 소유권자는 대상토지와 동일한 홍길동이고, 1992년 8월부터 홍길동은 M동 100-2번지의 건축허가를 위하여 대상토지를 도로로 개설한 것으로 확인이 되었는바, 대상토지는 M동 100-2번지의 효용증진에 기여하고 있음
3. 대상토지평가시 기준이 되는 인근 토지 및 인근 토지의 토지 특성은 주어진 자료를 활용하여 판단할 것
4. 개별요인 비교시 도로접면과 형상을 제외한 토지의 특성은 모두 동일한 것으로 봄

자료 4 〈물음3〉 관련 자료〉

1. 사업시행자인 N구청장은 대상토지가 예정공도임을 보상평가의뢰서에 명기하였음
2. 인접한 M동 100-2번지 소유권자는 대상토지와 동일한 홍길동이며, 해당 도시계획시설사업 시행절차 등이 없는 상태에서 M동 100-2번지의 건축허가를 위하여 2012년 8월부터 도로로 개설한 후, 사실상 불특정 다수인의 통행에 이용 중임을 사업시행자로부터 확인하였음
3. 인근지역의 표준적인 이용상황은 주어진 자료를 활용하여 판단할 것
4. 개별요인 비교 시 도로접면과 형상을 제외한 토지의 특성은 모두 동일한 것으로 보며, 해당 도로의 개설로 인한 개발이익은 30%임
5. 주변토지 이용상황

구분	소재지	지목	이용상황	용도지역	비고
가	W시 N구 M동 104-1, 104-14번지	대	단독주택	2종일주	-
나	W시 N구 M동 104-2, 104-3번지	도	도로	2종일주	-
다	W시 N구 M동 109, 109-1번지	대	단독주택	준주거지역	-
라	W시 N구 M동 110, 110-1번지	대	단독주택	준주거지역	-
마	W시 N구 M동 102번지	대	단독주택	준주거지역	-
바	W시 N구 M동 100-2번지	대	다세대	준주거지역	-
사	W시 N구 M동 100, 100-8번지	대	다세대	준주거지역	-
아	W시 N구 M동 100-1번지	전	도로	준주거지역	-
자	W시 N구 M동 100-6, 100-9번지	전	주상나지	준주거지역	-
차	W시 N구 M동 100-7번지	대	주상용	준주거지역	-
카	W시 N구 M동 99번지	대	주상용	준주거지역	-

[문제2] 감정평가사 김○○은 산업단지 내의 염색공장으로 사용되었던 오염토지에 대하여 시가참고 목적의 감정평가를 의뢰받았다. 관련 법규 및 이론을 참작하고 제시된 자료를 활용하여 다음 물음에 답하시오. (30점)

물음1) 오염 전의 토지가액을 구하시오. (10점)

물음2) 오염 후의 토지가액을 구하시오. (15점)

물음3) 오염된 토지의 스티그마(Stigma) 감정평가방법을 기술하시오. (5점)

자료 1 대상토지의 개요

기호	소재지	지목	면적(㎡)	용도지역	도로교통	형상지세
1	서울특별시 A구 가동 99	공장용지	9,999	준공업지역	중로한면	사다리 평지

자료 2 기본적 사항

1. 감정평가 목적: 시가참고
2. 기준시점: 2017.7.1.
3. 현장조사: 2017.3.1. ~ 2017.7.1.
4. 대상토지는 2005년부터 산업단지 내에 공업용으로 사용되었고, 토양오염이 발견되어 최근 오염조사 및 정화전문업체가 시료채취를 하여 오염 여부를 조사하였음. 대상토지는 2010.7.1.부터 오염이 시작된 것으로 보이며, 현 상황에서 오염정화에 필요한 기간은 2017.7.1.부터 3년이 소요될 것으로 예상됨. 대상토지가 속한 인근지역은 최근 주택 건축이 늘어나고 있으며, 대상토지 역시 Y주택건설(주)이 주택부지로 분양하기 위하여 2015.7.1.에 29,997,000,000원에 매입하였음(종전 건물의 철거 비용 150,000,000원은 종전 소유자가 부담). Y주택건설(주)은 대상토지를 주택부지로 분양하기 위하여 기초공사를 하던 중 2016.7.1.에 토양이 오염된 것을 발견하였고 관련 조사가 진행 중임

자료 3 기본적 사항

구분	오염요인	조사된 오염물질(단위: mg/kg)
대상토지 일부	공장운영에 따른 배관 부식과 오염물질 누출로 추정됨	트리클로로에틸렌(TCE): 75 테트라클로로에틸렌(PCE) : 50 톨루엔: 110 페놀: 50 카드뮴: 110 납: 1,300 6가크롬: 80 비소: 400 수은: 60

- 감정평가사 김○○은 오염조사 및 정화전문업체 조사보고서를 검토한 결과, 대상토지 일부가 「토양환경보전법 시행규칙 제1조의5」 관련 [별표 3] 토양오염우려기준을 상당히 초과하였다고 판단함
- 향후 오염제거 및 정화공사가 필요하며 이는 합리적이라고 판단함
- 토양오염의 규모는 2,000㎡로 조사됨

자료 4 거래사례자료

구분	사례 1	사례 2	사례 3
소재지	서울특별시 A구 가동 97	서울특별시 B구 나동 100	서울특별시 C구 다동 101
지목	공장용지	공장용지	공장용지
면적(㎡)	9,000	8,000	7,500
이용상황	공업용	공업용	공업용
도로교통	중로한면	중로한면	중로한면
형상지세	사다리 평지	사다리 평지	사다리 평지
거래시점	2016.9.23.	2016.9.14.	2016.11.6.
거래금액(원)	15,500,000,000 (@1,722,000원/㎡)	12,500,000,000 (@1,562,000원/㎡)	35,000,000,000 (@4,666,000원/㎡)
용도지역	준공업지역		
오염 여부	오염(TCE, PCE 등, 1,000㎡ 정화필요)	오염(TCE, PCE 등, 500㎡ 정화필요)	토양오염 없음

※ 사례 3은 정상적인 거래라고 판단함

자료 5 시점수정자료(지가변동률)

구분	A구 공업지역	B구 공업지역	C구 공업지역
2016년 9월	-0.041%	0.021%	1.081%
2016년 10월	-0.042%	1.085%	0.752%
2016년 11월	-0.040%	0.024%	0.020%
2016년 12월	-0.044%	0.083%	1.080%
2017년 1월	1.025%	-1.022%	1.500%
2017년 2월	1.124%	0.099%	1.670%
2017년 3월	2.013%	0.077%	1.080%
2017년 4월	-1.012%	-0.044%	1.020%
2017년 5월	0.051%	0.022%	0.750%

※ 2017년 6월 이후의 지가변동률은 현재 미고시인 상태로 직전 월인 2017년 5월 지가변동률을 연장적용하기로 함

자료 6 기타 참고자료

1. 오염 전의 토지가액은 비교방식을 적용하고, 거래단가를 기준으로 산정함
2. 비교요인표

구분	본건	거래사례 1	거래사례 2	거래사례 3
지역요인비교	100	100	98	115
개별요인비교	100	95	85	135

※ 요인비교에서 본건과 사례의 가치형성요인 사항에는 오염에 대한 비교요인은 고려되지 않았음

3. 토양오염 조사비용자료: 토양오염의 규모는 2,000㎡로 조사되었고, 관련 토양오염 조사비용으로 토양이 오염된 규모를 기준으로 1,000,000원/㎡을 2017.7.1.에 지급함
4. 정화비용자료: 정화방법은 생물학적 처리, 화학적 처리 및 열처리를 복합적으로 적용할 예정이며, 정화기간은 3년이 소요될 것으로 추정되고 연간 정화비용은 600,000원/㎡이 소요되며 매년 연말에 지급함
5. 정화공사기간 중 토지이용제약에 따른 임대료손실 자료: 임대료 조사사항은 향후 4년간 시장임대료를 기준으로 보증금 3,000,000,000원, 연간 임대료는 600,000,000원이며, 정화공사기간 중 임대료 손실이 예상되고, 임대와 관련된 지출비용은 미미함
6. 스티그마 자료(오염 전 토지가액을 기준으로 한 가치감소분)

감가율	오염 전	오염된 상태	정화공사 중	정화공사 후
오염조사 전문업체 보고서 기준	0%	-30%	-10%	-5%
시장조사 자료	0%	-20%	-15%	-10%

※ 정화공사 기간은 3년이며, 스티그마 존속기간은 공사완료 후 1년까지 예상됨
※ 본건 스티그마 금액을 산정하는 경우에는 현재 '오염된 상태'의 보고서 및 시장조사 자료의 감가율을 기준으로 각각 산정한 후 평균금액을 적용

7. 이율 자료
   (1) 보증금은 기간 초 지급, 임대료기간 말 지급, 보증금 운용이율은 연 2% 적용함
   (2) 시장이자율(할인율) 연 6%, 화폐의 시간가치 고려함
   (3) 연복리표(이자율 6% 기준)

기간	일시불 내가계수	연금 내가계수	연금 현가계수
3년	1.191016	3.183600	2.673012
4년	1.262477	4.374616	3.465106

8. 기타
   (1) 토양오염 이외의 악취 등 가치감소요인은 없는 것으로 봄
   (2) Y주택건설(주) 대표 장○○은 대상토지의 오염으로 인하여 30,000,000원의 정신적 손실이 발생함
   (3) 종전 소유자(매도인)의 책임사항은 논외로 함
   (4) 토지단가는 천원 미만 절사, 물음1), 물음2)의 토지가액 및 비용산정 등 금액은 백만원 미만 절사함

[문제3] 감정평가사 김○○은 A법원으로부터 소송 참고용 토지임대료 평가를 의뢰받고, 관련 법률 등을 검토한 결과 적산법을 적용하여 토지의 임대료를 평가하기로 하였다. 관련 법규 및 이론을 참작하고 제시된 자료를 활용하여 다음 물음에 답하시오. (20점)

물음1) 본건 토지의 기초가액을 구하시오. (10점)

물음2) 기대이율 결정이유를 기술하고 본건 토지의 임대료를 구하시오. (10점)

자료 1 법원 감정신청 내용

1. 감정목적물: A시 B구 C동 60-1 대 200㎡
2. 감정사항: 2013.7.1.부터 1년간 임대료 및 2017.7.1.부터 1년간 임대료를 각각 감정평가할 것
3. 기준시점: 2013.7.1. 및 2017.7.1.

자료 2 기본적 사항

1. 대상물건

소재지	지목	면적(㎡)	이용상황	용도지역
A시 B구 C동 60-1	대	200	단독주택	2종 일주

2. 대상물건의 지목, 면적, 이용상황, 용도지역 내역은 2010.1.1. ~ 2017.7.1. 현재까지 동일함

자료 3   토지 개황

1. 인근은 단독주택, 다세대 및 다가구 주택, 근린생활시설 등이 혼재되어 있음
2. 본건은 인근 토지 대비 등고평탄한 세장형 토지임
3. 본건은 북측으로 약 6m의 포장도로에, 동측으로 약 6m의 포장도로에 접해 있음
4. 토지이용계획사항 등: 도시지역, 제2종일반주거지역
5. 상기 1. ~ 4.의 내용은 2010.1.1 ~ 2017.1.1 현재까지 동일함

자료 4   표준지 자료

1. 인근지역 내 표준지 내역(소재지 A시 B구 C동, 공시지가는 매년 1월 1일 기준)

기호	지번	지목	면적(m²)	이용상황	용도지역	도로교통	형상지세	주위환경	공시지가(원/m²)				
									2013년	2014년	2015년	2016년	2017년
가	10-1	대	170	단독주택	2종일주	세로(가)	세장형 평지	기존주택지대	2,830,000	2,950,000	3,150,000	3,270,000	3,430,000
나	50-1	대	180	단독주택	2종일주	세로(가)	세장형 평지	주택 및 상가지대			2,440,000	2,560,000	2,920,000
다	85-1	대	160	주상용	2종일주	소로각지	사다리 평지	주택 및 상가지대	3,000,000	3,230,000	3,350,000	3,540,000	3,700,000
라	100	대	210	단독주택	2종일주	소로각지	세장형 평지	주택 및 상가지대	2,650,000	2,730,000			

2. 상기 1.에서 공시지가가 표시되지 않은 연도는 해당 토지가 표준지로 선정되지 않은 연도임

자료 5   시점수정자료[지가변동률(A시 B구 주거지역, %)]

구분	변동률
2013.1.1. ~ 2013.6.30.(누계)	2.000
2013.7.1. ~ 2013.7.31.(당월)	0.350
2017.1.1. ~ 2017.5.31.(누계)	1.500
2017.5.1. ~ 2017.5.31.(당월)	0.200

※ 2017년 6월 이후의 지가변동률은 현재 미고시인 상태로 직전 월인 2017년 5월 지가변동률을 연장적용하기로 함

자료 6 인근지역 내 토지거래사례(소재지 A시 B구 C동)

기호	지번	지목	면적(㎡)	이용상황	용도지역	도로교통	형상지세	주위환경	토지단가(원/㎡)	거래시점
1	20-1	대	157	주상용	2종일주	중로각지	가장형 평지	주택 및 상가지대	4,500,000	2013.7.1.
2	30-1	대	250	단독주택	2종일주	세로(가)	세장형 평지	주택 및 상가지대	4,000,000	2013.7.1.
3	70-1	대	189	단독주택	2종일주	소로한면	세장형 평지	기존주택지대	5,100,000	2017.6.20.
4	80-1	대	210	단독주택	2종일주	소로각지	세장형 평지	주택 및 상가지대	5,400,000	2017.6.10.

자료 7 개별요인 비교자료

1. 도로접면격차율

구분	광대한면	중로한면	소로한면	세로(가)	세로(불)
격차율	1.00	0.90	0.88	0.85	0.70

※ 도로접면이 각지인 경우는 한면에 접하는 경우 비해 1% 우세함

2. 형상격차율

구분	정방형	가장형	세장형	사다리	부정형
격차율	1.00	0.99	0.99	0.98	0.90

자료 8 기대이율 관련 자료

1. 참고용 기대이율 적용기준율표 I(2016년 이후 기준)

대분류	소분류		실제이용상황	
			표준적 이용	임시적 이용
I	주거용	아파트	1.5% ~ 3.5%	0.5% ~ 2.5%
		연립·다세대	1.5% ~ 5.0%	0.5% ~ 3.0%
		다가구	수도권 및 광역시	2.0% ~ 6.0%	1.0% ~ 3.0%
		단독주택	1.0% ~ 4.0%	0.5% ~ 2.0%

2. 참고용 기대이율 적용기준율표 Ⅱ(2016년 이전 기준)

토지용도		실제이용상황		
		최유효이용	임시적 이용	나지
주거용지	아파트, 연립주택, 다세대주택	4 ~ 7%	2 ~ 4%	1 ~ 2%
	다중주택, 다가구주택	3 ~ 6%	2 ~ 3%	1 ~ 2%
	일반단독주택	3 ~ 5%	1 ~ 3%	1 ~ 2%

3. 참고용 CD금리 기준 기대이율표(모든 연도에 적용 가능)

대분류	소분류		실제이용상황	
			표준적 이용	임시적 이용
Ⅰ	주거용	아파트	수도권 및 광역시	CD금리+ -1.5% ~ 0.5%	CD금리+ -2.5% ~ -0.5%
		연립·다세대		CD금리+ -1.5% ~ 2.0%	CD금리+ -2.5% ~ 0.0%
		다가구		CD금리+ -1.0% ~ 3.0%	CD금리+ -2.0% ~ 0.0%
		단독주택		CD금리+ -2.0% ~ 1.0%	CD금리+ -2.5% ~ 1.0%

4. 각종 금리변동상황

구분	국고채수익률(%)	CD유통수익률(%)
2013.7.1.	3.10	3.00
2014.7.1.	2.70	2.60
2015.7.1.	2.30	2.20
2016.7.1.	2.10	2.10
2017.7.1.	2.00	2.00

5. 기대이율은 국고채수익률 및 CD유통수익률과 밀접한 관계가 있는 것으로 조사됨
6. 상기 1. ~ 3.에서 제시하는 기대이율범위에서 각각의 중간값 중 하나를 기대이율로 선정하되, 선정된 기대이율은 2%를 초과해야 함

자료 9   기타자료

1. 토지임대료와 관련된 필요제경비는 미미하여 고려하지 않음
2. 표준지공시지가를 기준으로 토지를 평가하는 경우 그 밖의 요인보정이 필요한 것으로 판단됨
3. 토지거래사례는 그 밖의 요인보정치 산정에만 활용할 것
4. 토지거래사례는 모두 정상적인 사례로 판단됨
5. A시는 수도권에 위치해 있음

[문제4] 감정평가사 김○○은 다음 물건에 대하여 A기업으로부터 일반거래 시가참고용 감정평가를 의뢰받았다. 기준시점을 2017.7.1.로 하여 관련 법규 및 이론을 참작하고 제시된 자료를 활용하여 감정평가하시오. (10점)

자료 1 대상물건 개요

소재지	A시 B구 C동 100 외 2필지			
건물명, 층, 호수	"D타운" 제10동 제17층 제1706호			
용도	아파트	사용승인일		2010.10.10.
면적	전유면적(㎡)	공용면적(㎡)	분양면적(㎡)	대지권면적(㎡)
	85	25	110	28.5

자료 2 현장조사내용

1. 본건 인근은 아파트, 다세대 및 다가구주택, 상가, 공장 등이 혼재하는 지역임
2. 본건까지 차량출입 가능하고 인근에 노선버스정류장이 위치해 있음
3. 본건은 현재 방 3개, 주방, 거실, 화장실 2개, 발코니로 구성되어 있으며, 위생 및 급·배수설비, 난방설비, 승강기설비, 소화전설비 등이 되어 있음
4. 본건은 발코니가 합법적으로 확장되어 있으며 확장면적은 10㎡임
5. 본건의 관리상태를 상, 중, 하로 나타낼 경우 '하'에 해당함
6. 대상물건이 위치한 동일 아파트단지 내의 거래사례를 분석한 결과, 거래시점, 발코니 확장 정도, 관리상태, 층·향·동에 따라 가격 차이가 존재함

자료 3 인근 아파트 거래사례(정상적인 거래로 판단됨)

기호	소재지, 지번, 명칭	동	층	호수	전유면적(㎡)	거래금액(원)	거래시점	관리상태
1	A시 B구 C동 100 외 2필지 D타운	제10동	4	406	85	338,750,000	2016.6.10.	하
2		제10동	18	1803	85	335,000,000	2016.12.10.	하
3		제10동	16	1605	85	350,000,000	2017.3.25.	중
4		제15동	8	802	85	338,000,000	2017.7.1.	상
5		제15동	8	801	85	345,000,000	2017.7.1.	중

자료 4 A시 월별 아파트 매매가격지수

2016년						2017년						
7월	8월	9월	10월	11월	12월	1월	2월	3월	4월	5월	6월	7월
103.4	103.6	103.8	104	104.4	104.4	104.4	104.4	104.5	104.6	104.7	105.0	105.1

자료 5 기타자료

1. 거래사례 중 기호 5는 발코니가 합법적으로 10㎡ 확장된 것으로 조사되었고 나머지는 확장되지 않은 것으로 조사됨
2. 본건과 거래사례는 방배치 등 기타 구조 측면에서 모두 동일함
3. 관리상태에 따른 가격격차 정도는 다음과 같음(D타운 전체 적용 가능)

하	중	상
100	101	102

4. 층에 다른 가격격차 정도는 다음과 같음(D타운 전체 적용 가능)

1층 ~ 3층	4층 ~ 10층	11층 ~ 20층
100	105	108

5. 본건 아파트의 1호 ~ 3호는 남동향이며, 4호 ~ 6호는 남향임

2018년 제29회 감정평가실무 기출

> **공통 유의사항**
> 1. 각 문제는 해답 산정 시 산식과 도출과정을 반드시 기재
> 2. 단가는 관련 규정에서 정하고 있는 사항을 제외하고 천원 미만은 절사, 그 밖의 요인 보정치는 소수점 셋째 자리 이하 절사

[문제1] 감정평가사 甲은 철도건설사업과 관련하여 지하공간 사용에 따른 보상목적의 감정평가를 의뢰받았다. 관련 법규 및 감정평가이론을 참작하고 제시된 자료를 활용하여 다음의 물음에 답하시오. (40점)

물음1) 감정평가사 甲은 대상토지의 지역요인을 분석하여 인근지역, 동일수급권, 유사지역의 범위를 판정하려고 한다. 인근지역의 개념과 판정기준에 대해 설명하고, 제시된 자료를 활용하여 표준지 기호 1과 기호 2, 보상선례 토지에 대해 각각 대상토지와 인근지역의 여부를 판정하시오. (10점)

물음2) 지하공간 사용에 대한 보상금을 산정하기 위한 대상토지의 적정가격을 감정평가하시오. (15점)

물음3) 대상토지의 지하공간 사용에 대한 보상금을 산정하시오. (10점)

물음4) 관련 법규상 지하공간 사용에 대한 보상금을 감정평가하는 기준의 문제점에 대해 설명하시오. (5점)

자료 1 공익사업에 관한 사항

1. 사업명: ○○ ~ ○○ 간 철도건설사업
2. 사업시행자: ○○공단
3. 사업추진일정
   (1) 기본계획의 수립·고시일: 2017.2.2.
   (2) 보상계획 공고일: 2017.8.8.
   (3) 실시계획승인·고시일: 2018.6.6.
4. 권원확보방법: 구분지상권 설정

자료 2 | 감정평가의 기본적 사항

1. 대상물건: 경기도 B시 C동 산1번지의 지하터널 사용부분
2. 구분지상권 설정(예정)면적: 1,200㎡
3. 감정평가목적: 협의보상
4. 가격시점(기준시점): 2018.6.1.

자료 3 | 대상토지에 관한 사항

1. 소재지: 경기도 B시 C동 산1번지
2. 면적: 12,000㎡, 지목: 임야, 실제 이용상황: 자연림
3. 토지이용계획: 자연녹지지역, 도시·군계획시설 공원 저촉(100%)
4. 등기사항증명서의 확인사항: 구분지상권이 설정됨
    (1) 구분지상권자: ○○전력공사
    (2) 목적: 154kV 가공 송전선로 건설
    (3) 범위: 동측 토지 상공 30m에서 60m까지의 공중공간
    (4) 구분지상권 설정면적: 1,800㎡, 존속기간: 해당 송전선로 존속 시까지
    (5) 구분지상권 설정일: 2010.9.9.

자료 4 | 지하공간 사용에 관한 사항

1. 지하시설물의 유형: 지하터널
2. 지하시설물의 크기: 높이 3m, 너비 8m
3. 토피: 대상토지가 완경사로서 위치마다 토피가 다르며, 최소 15m ~ 최대 22m임(사업시행자에게 질의한 결과 평균 토피는 18m임)
4. 지하시설물 시용기간: 지하터널 존속 시까지

자료 5 | 표준지공시지가 자료

기호	소재지	면적(㎡)	지목	이용상황	용도지역	도로접면	형상지세	공시지가(원/㎡) 2017년	공시지가(원/㎡) 2018년
1	경기도 B시 C동 산11	10,000	임야	자연림	자연녹지	맹지	부정형 완경사	62,000	66,000
2	경기도 E시 F동 산20	12,500	임야	자연림	자연녹지	세로(불)	세장형 완경사	58,000	60,000

※ 표준지 기호 1은 도시·군계획시설 공원에 100% 저촉함
※ 표준지 기호 2는 도시자연공원구역에 100% 저촉함
※ 도시·군계획시설 공원 또는 도시자연공원구역에 저촉하는 표준지의 경우 해당 부분에 대해 공시지가의 감정평가 시 40%의 감가율을 적용함
※ 표준지 기호 1과 표준지 기호 2에는 154kV 가공 송전선로 건설로 인한 구분지상권이 설정되어 있음

자료 6 지가변동률 자료

1. 경기도 B시

구분		지가변동률(단위: %)		
		2017년 (누계)	2018년 (1월~4월 누계)	2018년 4월 (당월)
용도지역별	자연녹지	2.010	0.890	-0.005
이용상황별	임야	2.110	0.990	-0.003

※ 2018년 5월 이후 지가변동률은 미고시 상태임

2. 경기도 E시

구분		지가변동률(단위: %)		
		2017년 (누계)	2018년 (1월~4월 누계)	2018년 4월 (당월)
용도지역별	자연녹지	2.120	1.008	0.002
이용상황별	임야	2.450	0.990	-0.002

※ 2018년 5월 이후 지가변동률은 미고시 상태임

자료 7 보상선례 자료

1. 소재지: 경기도 E시 F동 산50번지
2. 공익사업의 종류: 송전선로 건설사업(철탑부지)
3. 권원확보방법: 소유권 취득
4. 보상액: 80,000원/㎡
5. 가격시점(기준시점): 2018.5.1.
6. 면적: 15,000㎡, 지목: 임야, 실제 이용상황: 자연림
7. 토지이용계획: 자연녹지지역, 도시자연공원구역(100%)
8. 도시자연공원구역에 저촉하는 토지는 보상목적의 감정평가 시 40%의 감가율을 적용함

자료 8 토지의 지역요인에 관한 자료

1. 경기도 B시 C동과 E시 F동은 서로 지리적으로 접하고 있음
2. 대상토지, 표준지 기호 1과 기호 2, 보상선례 토지는 서로 대체·경쟁관계가 성립하고 가격(가치)형성에 서로 영향을 미치고 있음
3. 대상토지, 표준지 기호 1과 기호 2, 보상선례 토지는 모두 완경사의 국도주변 야산 지대에 속하고, 소나무와 활잡목이 혼재한 자연림지대로서 가격(가치)형성요인 중 지역요인이 같거나 유사하며 가격(가치)수준이 동일함
4. 대상토지와 표준지 기호 1이 속한 B시 C동과 표준지 기호 2와 보상선례 토지가 속한 E시 F동 사이에는 중앙분리대가 있는 왕복 4차선의 국도가 개설되어 있음

자료 9 토지의 위치도

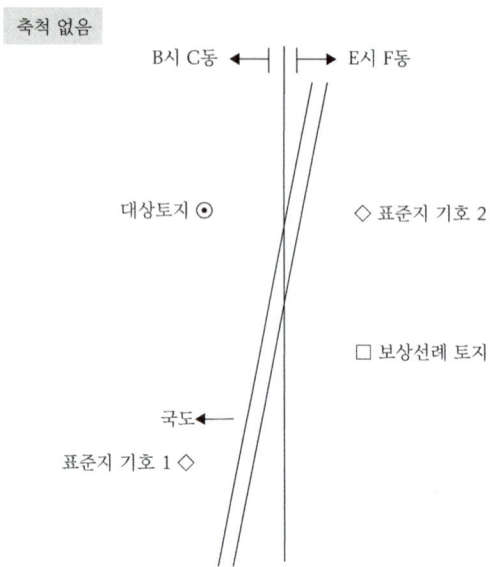

자료 10 토지의 개별요인에 관한 자료

각 토지의 개별요인에 관한 자료는 다음의 표와 같으며, 세항목별 격차율은 감정평가사가 판단할 사항임

구분	대상토지	표준지 기호 1	표준지 기호 2	보상선례 토지
면적	12,000㎡	10,000㎡	12,500㎡	15,000㎡
취락과의 거리	500m	750m	750m	750m
도로의 상태	폭 3m	맹지	폭 3m	맹지
방위	동향	남향	동향	동향
경사도	14°	10°	10°	14°
형상	세장형	부정형	세장형	부정형
용도지역	자연녹지지역	자연녹지지역	자연녹지지역	자연녹지지역
도시·군계획시설	공원(100%)	공원(100%)	없음	없음
도시자연공원구역	없음	없음	저촉(100%)	저촉(100%)
구분지상권(설정면적)	설정(1,800㎡)	설정(1,500㎡)	설정(2,500㎡)	없음

자료 11 구분지상권의 감가율

154kV 가공 송전선으로 인한 구분지상권이 설정된 임야(임지)는 주변의 시장조사 결과 필지별로 선하지의 면적비율에 따라 다음과 같이 토지가 감가되는 것으로 조사됨

구분	선하지 면적비율		
	10% 미만	10% ~ 20% 미만	20% ~ 30% 미만
토지감가율	15%	20%	25%

자료 12 입체이용률 배분표

구분	저층시가지	주택지	농지·임지
건물 등 이용률(α)	0.75	0.70	0.80
지하부분 이용률(β)	0.10	0.15	0.10
그 밖의 이용률(γ)	0.15	0.15	0.10
(γ)의 상하배분비율	1 : 1 ~ 3 : 1	1 : 1 ~ 3 : 1	1 : 1 ~ 4 : 1

※ 이용저해심도가 높은 터널 토피 20m 이하의 경우에는 (γ)의 상하배분비율을 최고치를 적용함

자료 13 심도별 지하이용저해율 표

한계심도 체감률(%) 토피심도(m)	30m		20m	
	p	$β × p$ $0.15 × p$	p	$β × p$ $0.10 × p$
0 ~ 5 미만	1.000	0.150	1.000	0.100
5 ~ 10 미만	0.833	0.125	0.750	0.075
10 ~ 15 미만	0.667	0.100	0.500	0.050
15 ~ 20 미만	0.500	0.075	0.250	0.025
20 ~ 25 미만	0.333	0.050	-	-

※ p는 심도별 지하이용효율

자료 14 한계심도에 관한 사항

1. 한계심도는 주택지는 30m, 농지 및 임지는 20m임
2. 한계심도를 초과하는 경우 보상율은 1.0% 이하임

[문제2] 감정평가사 甲은 ○○공사로부터 소유건축물의 일부(1층 101호)에 대해 2018.7.1. 기준시점의 임대료 감정평가를 의뢰받았다. 관련 법규와 감정평가이론을 참작하고, 제시된 자료를 활용하여 다음의 물음에 답하시오. (30점)

물음1) 적산법에 의한 임대료를 산정하시오. (20점)

물음2) 임대사례비교법에 의한 임대료를 산정하고, 적산법에 의한 임대료와 시산가액조정을 통해 임대료를 결정하시오. (10점)

자료 1 대상물건의 토지 내역

1. 소재지: A광역시 S구 S동 118번지
2. 용도지역: 근린상업지역
3. 대상토지 현황: 대, 350㎡, 광대한면, 부정형, 평지
4. 주위환경: 대로변을 따라 5층 ~ 10층 규모의 금융회사, 사무실 등 상업용 또는 업무용 건물이 밀집하여 위치함. 후면은 소로를 따라 저층규모의 주상용 건물, 일부 단독주택 등이 혼재하고 있음

자료 2 대상물건의 건물 내역

1. 건물 현황: 건축면적 250㎡, 연면적 1,740㎡
2. 건물구조 등: 철근콘크리트조 슬래브지붕 지하 1층, 지상 6층
3. 사용승인일: 2000.5.8.
4. 층별 현황(집합건축물대장) (단위: ㎡)

층별	용도	바닥면적	전유면적	공유면적	비고
지하 1층	업무시설	300	220	80	
1층	업무시설, 소매점	250	188	62	3개 호실
2층	업무시설	250	188	62	
3층	업무시설	240	180	60	
4층	업무시설	240	180	60	
5층	업무시설	240	180	60	
6층	업무시설	220	165	55	

5. 1층 호별 현황(집합건축물대장) (단위: ㎡)

1층	101호	102호	103호
전유면적	60	55	73

자료 3 표준지공시지가 현황(공시기준일: 2018.1.1.)

기호	소재지	지목	면적 (㎡)	이용 상황	용도 지역	도로 교통	형상 지세	공시지가 (원/㎡)	비고
1	S구 S동 9	대	588.0	상업용	근린 상업	광대 한면	세장형 평지	4,300,000	계획도로 20% 저촉
2	S구 S동 40	대	388.0	주상용	근린 상업	중로 한면	사다리 평지	3,600,000	
3	S구 S동 261	대	550.0	업무용	3종 일주	광대 소각	가장형 평지	4,000,000	

자료 4 평가사례

기호	소재지	지목	면적 (㎡)	이용 상황	용도 지역	도로 교통	형상 지세	토지단가 (원/㎡)	기준 시점	평가 목적
a	S구 S동 249	대	530.0	상업용	근린 상업	광대 한면	부정형 평지	6,400,000	2018.5.1.	담보
b	S구 S동 253	대	492.0	상업용	근린 상업	광대 한면	사다리 평지	7,000,000	2017.1.1.	일반 거래
c	S구 S동 261	대	550.0	업무용	3종 일주	광대 소각	가장형 평지	6,500,000	2018.1.1.	일반 거래

※ 사례는 토지의 그 밖의 요인 산정시 적용하되, 사례 중 담보목적의 평가는 안전성, 환가성 등이 고려된 단가임
※ 그 밖의 요인 보정방법은 표준지 기준 산정방식(비율법)을 적용함

자료 5 임대사례

소재지	임대면적 (㎡)	임대보증금 (원)	월임대료 (원)	임대계약 일자
S구 S동 185-28 1층 102호	70	30,000,000	2,750,000 (부가세 10% 포함)	2017.2.2.

※ 보증금 운용이율은 연 4%로 조사되어 이를 적용함
※ 부가가치세(부가세)는 임차인이 환급받을 수 있음

자료 6 시점수정 자료

1. 지가변동률(A광역시 S구)

기간	지가변동률(%)		비고
	상업지역	주거지역	
2017.1.1. ~ 2017.12.31.	1.112	1.238	
2018.1.1. ~ 2018.5.31.	1.396	1.574	2018.5.까지 누계
2018.5.1. ~ 2018.5.31.	0.227	0.235	2018.5. 당월

※ 2018.6. 이후 지가변동률은 기준시점 현재 고시되지 않아 2018.5. 지가변동률을 연장 추정하여 적용하되, 소수점 넷째 자리에서 반올림하여 셋째 자리까지 표시함

2. 자본수익률(A광역시)

기간	상업용 부동산 자본수익률(%)	비고
2017.1.1. ~ 2017.12.31.	2.930	2017년(365일) 누계
2018.1.1. ~ 2018.3.31.	0.731	2018년 1분기

※ 자본수익률은 2018년도 2분기 자료가 기준시점 현재 고시되지 않아 2018년도 1분기(90일) 자본수익률을 연장 추정하여 적용하되, 소수점 넷째 자리에서 반올림하여 셋째 자리까지 표시함

자료 7 가치형성요인 비교자료

1. 접근의 편리성: 대상물건의 토지는 표준지 기호 1) 대비 3%, 표준지 기호 2) 대비 25%, 표준지 기호 3) 대비 5% 각각 우세함
2. 격차율 자료
   (1) 토지이용상황

구분	주거용	상업업무용	주상복합용
주거용	1.00	1.30	1.11
상업업무용	0.77	1.00	0.85
주상복합용	0.90	1.17	1.00

   (2) 형상

구분	정방형	가장형	세장형	사다리형	부정형	자루형
정방형	1.00	1.05	0.99	0.98	0.95	0.90
가장형	0.95	1.00	0.94	0.93	0.90	0.86
세장형	1.01	1.06	1.00	0.99	0.96	0.91
사다리형	1.02	1.07	1.01	1.00	0.97	0.92
부정형	1.05	1.11	1.04	1.03	1.00	0.95
자루형	1.11	1.17	1.10	1.09	1.06	1.00

(3) 도시·군계획시설

구분	일반	도로	공원
일반	1.00	0.85	0.60
도로	1.18	1.00	0.71
공원	1.67	1.42	1.00

3. 임대사례 개별요인 비교자료: 대상물건의 건물 중 1층 101호는 임대사례 대비 외부 요인 25% 열세, 건물 요인 10% 열세, 호별요인 9% 열세, 기타요인은 동일함
4. 대상물건, 표준지, 평가사례, 임대사례 등은 모두 지역요인이 같거나 유사하고, 상기 제시자료 외의 개별요인은 모두 대등한 것으로 판단됨

자료 8 재조달원가 자료

1. 투자자 乙은 대상물건의 인근 토지에 신축을 통한 투자를 계획하고 있음
2. 건축구조 등: 철근콘크리트조 슬래브지붕 지하 1층, 지상 7층 상업용 건물
3. 건물면적: 지하 1층 300㎡, 지상 1층 180㎡, 지상 2층 ~ 7층 각각 250㎡
4. 건축기간: 1년(건축설계 및 허가 2개월, 공사기간 10개월)
5. 공사비 등 투자계획
   (1) 기준시점일(2018.7.1) 현재 도급계약금액은 20억원임
   (2) 기준시점에 5억원을 지급하고, 건물준공시점에 건물을 담보로 은행에서 잔액을 대출받아 지급함. 대출조건은 대출기간 10년, 대출이자율 연 4%, 매년 원리금 균등분할상환임
   (3) 乙은 건물준공시 5년간 임대예정이고, 5년 임대기간이 종료되는 시점에 임차인에게 해당 건물을 처분하면서 대출잔금을 일시상환하려고 함
   (4) 시장이자율은 연 5%임
6. 대상물건 중 건물의 재조달원가는 상기 조건을 고려한 건축비의 현가를 산정하여 적용하고, 내용연수는 50년, 감가수정은 정액법을 적용함
7. 자본환원표
   (1) 이자율 연 4%

기간(년)	일시불 내가계수	연금 내가계수	감채기금 계수	일시불 현가계수	연금 현가계수	저당상수
1	1.040000	1.000000	1.000000	0.961538	0.961538	1.040000
5	1.216653	5.416323	0.184627	0.821927	4.451822	0.224627
10	1.480244	12.006107	0.083291	0.675564	8.110896	0.123291

(2) 이자율 연 5%

기간(년)	일시불 내가계수	연금 내가계수	감채기금 계수	일시불 현가계수	연금 현가계수	저당상수
1	1.050000	1.000000	1.000000	0.952381	0.952381	1.050000
5	1.276282	5.525631	0.180975	0.783526	4.329477	0.230975
10	1.628895	12.577893	0.079505	0.613913	7.721735	0.129505

자료 9   효용지수자료

1. 층별 효용지수

층별	지하 1층	1층	2층	3층	4층	5층 이상
	45	100	52	46	44	42

※ 대상물건의 전유면적기준 층별 효용적수의 합계는 69,166임

2. 호별 효용지수

호별	101호	102호	103호
	100	95	90

※ 대상물건의 전유면적기준 1층 호별 효용적수의 합계는 17,795임

자료 10   기타 사항

1. 대상물건은 최유효이용으로 판단됨
2. 임대사례의 임대료는 신규계약된 정상임대료로 판단되며, 감정평가 대상인 1층 101호의 임대료도 연간 실질임대료로 산정함
3. 1층 101호의 기초가액은 층별·호별 효용비율에 의한 배분방법을 적용하여 산정함
4. 적산법에 적용되는 기대이율은 5%, 필요제경비는 순임대료(기대수익)의 7%임
5. 요인비교치는 소수점 셋째 자리에서 반올림하여 둘째 자리까지 표시함
6. 효용비율은 소수점 넷째 자리에서 반올림하여 셋째 자리까지 표시함

[문제3] 베트남 북동해역에서 석유시추용으로 운용되던 플랜트(선박)인 '스타호'는 경제성 저하 및 노후화로 '비운영 폐선'으로의 매각을 추진 중이며, 현재 싱가포르 외항에 정박 중이다. 소유자인 코리아석유공사는 2018.6.30. 기준의 유리한 매각방식을 결정하기 위한 자문을 감정평가사 甲에게 구하였다. 관련 법규 및 감정평가이론을 참작하고 제시된 자료를 활용하여 다음의 물음에 답하시오. (20점)

물음1) 해체처분가격의 성격을 약술하고, 전체를 해체처분가격으로 평가할 경우, 산출 가능한 시산가액을 매각처 별로 산정하시오. (10점)

물음2) 재사용이 가능한 기관 및 저장품은 분리하여 매각할 경우의 전체 시산가액을 산정한 후, 물음 1)과 비교하여 가장 유리한 매각방식을 결정하시오. (10점)

자료 1 '스타호'의 개요

1. 종류: 부선
2. 선질: 강
3. 조선사: 울산조선(주)
4. 진수일: 1990.6.30.
5. 길이: 75미터
6. 너비: 60미터
7. 깊이: 8미터
8. 총톤수: 10,000톤
9. 재화중량(dead weight): 13,000톤
10. 경하중량(light weight): 15,000톤
11. 기관: 디젤엔진(2,000hp) 2대 탑재되어 있고, 중량은 총 100톤으로 조사됨
12. 저장품: 선박에 탑재된 수리용 신품의 부속장비로 중량은 총 900톤으로 조사됨

자료 2 가격조사사항

1. 통상 선박의 해체처분은 정상운영 장비가 포함된 경하중량을 기준으로 거래되는 관행이며, 대형선박 또는 플랜트의 해체 조선소는 파키스탄 및 한국에 소재함.
2. 기준시점 현재 현지 인도조건의 scrap(고철) 매입단가는 파키스탄의 경우 톤당 260,000원 수준이고, 한국의 경우 톤당 240,000원 수준인 것으로 조사됨
3. 한편, 싱가포르 소재 대형선박 및 플랜트 관련 에이전트는 톤당 200,000원 수준에서 즉시 매입의사를 밝히고 있음
4. 본건은 자력항행이 불가능한 부선으로 현지 인도조건에 따른 운송비(보험료 포함)는 파키스탄의 경우 9억원, 한국의 경우 6억원이 소요되는 것으로 조사되고, 싱가포르 현지 매각의 경우 매수자가 모든 부대비용을 부담하는 조건임
5. 재사용 가능 부분의 분리매각의 경우, 원매자 탐색 및 분리작업 기간에 4개월이 소요되고, 이에 따른 매월 정박료 및 대기비용으로 월간 2억원의 부담이 예상되나, 분리에 따른 작업 직접비용은 매수자 부담이며, 잔여 scrap(고철)은 싱가포르 현지에서 매각 예정임

자료 3 재조달원가

1. 기준시점에서 기관의 재조달원가는 마력(hp)당 300,000원인 것으로 조사됨
2. 저장품은 미사용품으로 취득가격은 50억원이며, 이를 재조달원가로 할 수 있음
3. 선체 및 의장품은 노후화로 본래 용도로의 재사용은 불가능할 것으로 판단함

자료 4 내용연수 및 잔존가치율 등

1. 기관의 내용연수는 20년이고, 잔존가치율은 10%이나, 매년 정기적 유지보수로 경제적 측면의 잔존내용연수가 5년 정도 남아있는 것으로 조사되며, 정률법에 의한 감가수정을 함
2. 저장품의 내용연수는 10년이고, 잔존가치율은 20%이며, 미사용 신품이지만 원매자가 제한되어 있어 잔존가치 정도에서 거래가 가능함

자료 5   정률법에 의한 잔존가치율 표

구분 경과연수 \ 내용연수	잔존가치율(10%)	
	15년	20년
1	14/0.858	19/0.891
2	13/0.736	18/0.794
3	12/0.631	17/0.708
4	11/0.541	16/0.631
5	10/0.464	15/0.562
6	9/0.398	14/0.501
7	8/0.341	13/0.447
8	7/0.293	12/0.398
9	6/0.251	11/0.355
10	5/0.215	10/0.316
11	4/0.185	9/0.282
12	3/0.158	8/0.251
13	2/0.136	7/0.224
14	1/0.117	6/0.200
15	0.100	5/0.178
16		4/0.158
17		3/0.141
18		2/0.126
19		1/0.112
20		0.100

[문제4] 투자자 甲은 1동의 건물 전체를 주거용으로 임대 중인 '단지형 연립주택'에 대하여 아래의 (자료 1)과 (자료 2)를 참고하여, (자료 3)과 같이 대상부동산의 가치를 산정하였다. 관련 법규 및 감정평가이론을 참작하고, 제시된 자료를 활용하여 다음의 물음에 답하시오. (10점)

물음1) (자료 3)과 같은 甲의 가치산정과정과 결과에 대하여 '조소득승수(gross income multiplier)'를 활용하여 점검하되, 최종 조소득승수는 매매 사례 (a)와 (b)를 평균하여 산정하시오. (5점)

물음2) 甲의 가치산정 논리에 대하여, 물음1)의 결과에 기초한 평가 검토의견을 작성하시오. (5점)

자료 1 대상부동산의 개요

1. 총 20개호인 각 호의 구조는 2개의 룸으로 구획되어 있고 모두 동일함
2. 보증금 없이 각 호당 월 50만원에 전체를 공실 없이 임대 중임

자료 2 인근의 부동산 매매사례 등

1. 매매사례(a): 총 20개호인 각 호의 구조는 3개의 룸으로 구획되어 있고 모두 동일하며, 보증금 없이 각 호당 월 70만원에 전체를 공실 없이 임대 중이며, 최근 12억원에 거래되었음
2. 매매사례(b): 총 20개호인 각 호의 구조는 4개의 룸으로 구획되어 있고 모두 동일하며, 보증금 없이 각 호당 월 90만원에 전체를 공실 없이 임대 중이며, 최근 16억원에 거래되었음

자료 3 甲의 가치산정과정 및 결과

1. 매매사례(a): 12억원 전체 룸의 수 60개
2. 매매사례(b): 16억원 전체 룸의 수 80개
3. 룸당 평균단가: (12억원 + 16억원)/(60룸 + 80룸) = 2,000만원
4. 대상부동산의 시산가치: 2,000만원 × (2룸 × 20개호) = 8억원

2019년 제30회 감정평가실무 기출

> **공통 유의사항**
> 1. 각 문제는 해답 산정 시 산식과 도출과정을 반드시 기재
> 2. 단가는 관련 규정에서 정하고 있는 사항을 제외하고 천원 미만은 절사, 그 밖의 요인 보정치는 소수점 셋째 자리 이하 절사

[문제1] 감정평가사 甲은 식료품 제조업을 영위하는 (주)A로부터 일반거래(시가참고) 목적의 감정평가를 의뢰받았다. 관련 법규 및 이론을 참작하고 제시된 자료를 활용하여 다음의 물음에 답하시오(단, 기준시점은 2020.1.1.임). (40점)

물음1) (주)A의 기업가치를 평가하시오. (25점)

물음2) (주)A의 특허권의 유효 잔존수명을 산출하고, 특허권 가치를 평가하시오. (10점)

물음3) (주)A의 영업권 가치를 평가하시오. (5점)

자료 1 대상기업 및 특허권 개요

1. 대상기업 현황

상호	(주)A
대표자	이○○
설립일자	2012.6.17.
사업자번호	514-87-*****
주요제품	과자류

※ 대상기업은 식료품 제조업을 영위함

2. 특허권 개요

명칭	나선형 ** 코팅 장치
등록번호	10-13*****
출원일	2013.5.26.
특허권자	(주)A
존속기간 만료일	2033.5.26.

자료 2 주요가정

1. 추정기간이란 할인현금수지분석법 적용에 있어 현금흐름을 직접 추정하는 기간으로 대상기업의 특성 및 시장상황 등을 고려하여 5년(1기 ~ 5기)으로 가정함
2. 추정기간이 지난 6기부터는 성장율 0%를 적용하며, 5기의 현금흐름이 지속되는 것으로 가정함
3. 대상기업의 결산일은 매년 말일이며, 현금흐름은 편의상 기말에 발생하는 것으로 가정함
4. 대상기업의 현금흐름 추정시 비영업용 자산에 의한 수익, 비용은 제외된 것으로 가정함

자료 3 재무상태표 및 손익계산서 일부 발췌(2019.12.31. 현재)

1. 재무상태표(일부 발췌)

계정과목	금액(원)
자산	
Ⅰ. 유동자산	
1. 당좌자산	
(1) 단기금융상품	700,000,000
(2) 그 외	500,000,000
2. 재고자산 등	600,000,000
Ⅱ. 비유동자산	
1. 투자자산	
(1) 장기투자자산	300,000,000
2. 유형자산	
(1) 토지	2,500,000,000
(2) 건물	1,000,000,000
(3) 기계	800,000,000
부채	
Ⅰ. 유동부채	1,100,000,000
Ⅱ. 비유동부채	
1. 장기차입금	2,500,000,000

※ 대상 기업의 무형자산은 영업권과 특허권만 존재함
※ 대상 기업의 비영업용 항목은 단기금융상품, 장기투자자산임

2. 손익계산서(일부 발췌)
(단위: 원/주)

구분	2017년	2018년	2019년
매출액	2,000,000,000	2,100,000,000	2,205,000,000
매출원가	1,000,000,000	1,050,000,000	1,102,500,000
매출총이익	1,000,000,000	1,050,000,000	1,102,500,000
판매비와 관리비	200,000,000	210,000,000	220,500,000
영업이익	800,000,000	840,000,000	882,000,000

자료 4 재무제표 관련 추가 자료

1. 추정기간 동안 매출액은 다음에서 산출한 증가율과 동일한 비율로 증가할 것으로 판단됨
   (1) 매출액 증가율 결정방법: 대상기업의 과거 매출액 평균 증가율(2017년 ~ 2019년)과 동종 및 유사업종 매출액 평균 증가율의 산술 평균으로 결정함
   (2) 동종 및 유사업종 매출액 증가율

항목	단위	2017년	2018년	2019년
매출액 증가율	%	4.92	4.82	5.24

2. 매출원가는 과거와 동일한 매출원가율을 적용함
3. 판매비와 관리비는 향후에도 과거와 동일하게 매출액의 일정 비율만큼 발생할 것으로 봄
4. 감가상각비는 2019년에는 110,000,000원이며 추정기간 동안 매년 5,000,000원씩 증가됨
5. 향후 예상되는 자본적 지출액은 매출액의 3%가 소요될 것임
6. 순운전자본 증감
   (1) 대상기업의 경우 추정 매출액 증감액에 운전자본 소요율을 곱하여 산출함

   (추정매출액$_t$ - 추정매출액$_{t-1}$) × 운전자본 소요율

   (2) 운전자본 소요율은 한국은행 공시 재무정보를 이용한 회전율 등을 고려하여 대상 회사의 자료 등을 기준으로 산출하며, 추정기간 동안 동일하게 적용함

   $$운전자본 소요율 = \frac{1}{매출채권 회전율} + \frac{1}{재고자산 회전율} - \frac{1}{매입채무 회전율}$$

구분	매출채권회전율	재고자산회전율	매입채무회전율
회	8	10	20

7. 법인세 산정 시 세율은 22%를 적용함

자료 5 자기자본비용 관련

1. 본 기업의 자본구조는 자기자본비율 40%, 타인자본비율 60%임
2. 자기자본의 기회비용은 자본자산가격평가모델(CAPM법: Capital Asset Pricing Model)에 의함
3. 무위험자산의 수익률(Rf)은 평균 5년 만기 국고채 수익률 등을 고려하여 3.5%, 시장의 기대수익률 [E(Rm)]은 12%로 가정함
4. β계수는 최근 3년 유사업종에 속한 기업들의 β계수의 산술평균으로 함 (식료품 제조업)

기준연도	기업베타(β)
2017년	0.9654
2018년	0.9885
2019년	0.9763

자료 6 타인자본비용 관련

대상기업의 재정상태 및 금융상환 가능성 등을 종합적으로 고려하여 대상 기업의 차입 이자율을 7%로 결정함

자료 7 특허권 평가 자료

1. 특허권의 유효 잔존수명은 경제적 수명 잔존기간과 법적 잔존기간을 비교하여 결정하며, 산출된 유효 잔존수명은 연 단위로 절사함
2. 특허권의 경제적 수명 잔존기간은 아래의 자료로 산출함
   (1) 경제적 수명기간 산출방법: 특허인용수명 × (1 + 영향요인 평점 합계/20)
   (2) 특허인용수명

IPC	기술명	Q1	Q2(중앙값)	Q3
A23G	과자 등	5	9	13

※ 대상 특허의 특성 및 시장상황 등을 종합적으로 고려하여 대상 특허의 경제적 수명기간 산출에 적용할 특허인용수명은 중앙값으로 결정함

(3) 기술수명 영향요인 평가표

구분	세부요인	평점				
		-2	-1	0	1	2
기술요인	대체기술 출현가능성				✓	
	기술적 우월성				✓	
	유사·경쟁기술의 존재(수)			✓		
	모방 난이도				✓	
	권리 강도			✓		
시장요인	시장 집중도(주도기업 존재)				✓	
	시장경쟁의 변화			✓		
	시장경쟁강도			✓		
	예상 시장점유율				✓	
	신제품 출현빈도				✓	

3. 특허권은 물음1)에서의 "기업의 영업가치"에 해당 특허권의 기술기여도를 곱하는 방식으로 평가함

자료 8 기술기여도 산출 관련 자료

1. 결정방법: 기술기여도는 산업 특성을 반영하는 산업기술요소와 개별기술의 특성을 평가하는 개별기술강도의 곱으로 결정함
2. 산업기술요소

표준산업분류코드		최대무형자산가치비율(%)	기술자산비율(%)	산업기술요소(%)
C10	식료품 제조업	67.5	76.0	51.3
C28	전기장비제조업	90.4	75.3	68.1

※ 산업기술요소(%) = 최대무형자산가치비율(%) × 기술자산비율(%)

3. 개별기술강도
   (1) 기술성

구분	평가지표	평점				
		1	2	3	4	5
기술성	혁신성				✓	
	파급성				✓	
	활용성			✓		
	전망성			✓		
	차별성(독창성)				✓	
	대체성				✓	
	모방용이성			✓		
	진부화가능성(기술수명)			✓		
	권리범위				✓	
	권리 안정성				✓	

   (2) 사업성

구분	평가지표	평점				
		1	2	3	4	5
사업성	수요성				✓	
	시장진입성				✓	
	생산용이성			✓		
	시장점유율 영향			✓		
	경제적 수명				✓	
	매출 성장성			✓		
	파생적 매출			✓		
	상용화 요구시간			✓		
	상용화 소요자본			✓		
	영업 이익성				✓	

   (3) 개별기술강도
   개별기술강도(%) = (기술성 점수 합산 + 사업성 점수 합산)/100

자료 9 영업권 평가 자료

1. 영업권은 물음1)에서의 "기업의 영업가치(영업 관련 기업가치)"에서 영업투하자본을 차감하는 방법으로 평가하되, 물음2)에서 평가된 특허권도 차감함
2. 제시된 재무상태표를 기준으로 영업투하자본을 산출함

자료 10 기타

1. 기업가치는 "기업의 영업가치"와 비영업용자산으로 구성됨
2. 연도별 매출액과 "기업의 영업가치", 특허권 평가액, 영업권 평가액은 십만 단위에서 반올림함
3. 매출액 증가율을 제외한 모든 율은 백분율로 소수점 이하 셋째 자리에서 반올림하여 백분율로 소수점 이하 둘째 자리까지 표시함

[문제2] A감정평가법인에 근무 중인 감정평가사 甲은 B도 C시장으로부터 보상목적의 감정평가를 의뢰받아 사전조사 및 현장조사를 마쳤는바, 관련 법규 및 이론을 참작하고 제시된 자료를 활용하여 감정평가액을 산출 및 결정하시오. (30점)

자료 1 감정평가 의뢰 내역(요약)

1. 의뢰인: B도 C시장
2. 의뢰일자: 2019.5.10.
3. 가격시점: 2019.6.29.
4. 공익사업의 명칭: ○○○공원 조성사업
5. 의뢰목록(일부 발췌)

일련번호	소재지	지번	지목(실제)	면적(㎡)	용도지역	비고
1	B도 C시 D동	148	전(전)	1,235.0	자연녹지	공원 100%

자료 2 사업개요

1. 사업계획의 개요
   (1) 사업명칭: ○○○공원 조성사업
   (2) 사업시행지: B도 C시장
   (3) 위치: B도 C시 D동 100번지 일원
   (4) 사업면적: 1,028,520㎡(1단계 462,800㎡, 2단계 565,720㎡ 중 1단계 사업)
   (5) 사업기간: 2018.10.1. ~ 2020.12.31.

2. 사업추진 주요 경과
   (1) 2018.1.10.: ○○○공원 조성계획 결정(변경) 공람공고
   (2) 2018.5.30.: ○○○공원 조성계획 결정(변경) 및 지형도면 고시
   (3) 2018.10.1.: 보상계획 열람 공고
   (4) 2018.12.10.: 공익사업 준비를 위한 토지 출입 허가 공고
   (5) 2019.5.10.: 감정평가 의뢰

자료 3   공시지가 표준지, 매매사례 및 평가사례

1. 사업구역 및 인근의 공시지가 표준지 내역

기호	소재지	면적(㎡)	지목	이용상황	용도지역	도로교통	형상지세	공시기준일	공시지가(원/㎡)	비고
①	D동 121	1,452.0	전	전	자연녹지	맹지	부정형 완경사	2018.1.1.	156,000	사업구역 내 (공원 100%)
								2019.1.1.	160,000	
②	D동 214-1	2,564.0	과수원	과수원	자연녹지	세로(불)	부정형 완경사	2018.1.1.	166,000	사업구역 내 (공원 100%)
								2019.1.1.	171,000	
③	D동 산72-4	4,028.0	임야	자연림	자연녹지	맹지	부정형 완경사	2018.1.1.	28,000	사업구역 내 (공원 100%)
								2019.1.1.	29,000	
④	D동 457	1,321.0	잡종지	전기타	자연녹지	세로(불)	부정형 완경사	2018.1.1.	260,000	사업구역 외
								2019.1.1.	290,000	

※ 본 사업구역 내에 소재하는 공시지가 표준지는 모두 3개로, 표준지 기호 ①과 ③은 1단계 사업지 내에 그리고 기호 ②는 2단계 사업지 내에 각각 소재함
※ 2018.1.1. ~ 2019.1.1. 기간 중 B도 C시의 표준지공시지가 평균변동률은 7.216%임

2. 매매사례

기호	소재지	거래일자	지목	용도지역	면적(㎡)	이용상황	거래가액(원/㎡)	비고
가	D동 137	2018.9.1.	전	자연녹지	1,208.0	전	280,000	*
나	D동 648	2018.1.6.	전	자연녹지	1,532.0	전기타	360,000	**

* 기호 가: 사업구역 내(공원 100%) 토지로, 본건 토지보다 제반 개별요인 우세함
** 기호 나: 사업구역 외 토지로, 인근의 매매가격 수준 및 평가사례 등에 비추어 정상적인 매매로서 당해 사업으로 인한 영향을 받지 아니한 것으로 판단됨

3. 평가사례

기호	소재지	기준시점	평가목적(사업명칭)	지목	면적(㎡)	용도지역	평가액(원/㎡)	비고
ㄱ	A동 1207	2019.2.1.	보상 (△△테마공원 주차장조성사업)	전	2,004.0	자연녹지	320,000	*
ㄴ	E동 36	2018.4.8.	보상 (중로 3-××호 개설공사)	전	1,082.0	자연녹지	380,000	**

* 기호 ㄱ: 전체 65필지 중 협의체결률은 약 45%로서, 가격조사일 현재 나머지 필지는 수용재결 절차에 있는 것으로 조사됨
** 기호 ㄴ: 본 사업구역이 소재하는 D동과 인근의 E동을 남북으로 연결하는 도로 사업임

자료 4 지가변동률 등

기간	변동률(%) 평균	변동률(%) 녹지	비고
2018.1.1. ~ 2019.6.29.	4.108	4.202	C시
2019.1.1. ~ 2019.6.29.	1.403	1.470	C시
2018.10.1. ~ 2019.6.29.	2.567	2.718	C시
2018.10.1. ~ 2019.6.29.	2.479	2.692	B도
2018.1.6. ~ 2019.6.29.	3.549	3.892	C시
2018.4.8. ~ 2019.6.29.	3.002	3.112	C시
2018.9.1. ~ 2019.6.29.	2.651	2.847	C시
2019.2.1. ~ 2019.6.29.	1.082	1.236	C시

※ 생산자물가상승률은 인근지역의 적정한 지가변동을 반영하고 있지 아니하다고 판단하여 검토 생략

자료 5 요인비교 자료

1. 지역요인: 본건 및 공시지가 표준지, 매매사례 및 평가사례는 모두 인근지역에 소재하여 지역요인 대등함
2. 개별요인   (공시지가 표준지: 1.00)

공시지가표준지	본건(연번 1)	매매사례 가	매매사례 나	평가사례 ㄱ	평가사례 ㄴ
①	1.00	1.04	1.08	1.00	1.12
②	0.95	0.98	0.95	0.95	0.95
③	4.00	4.10	4.05	4.00	4.00
④	0.90	0.92	0.97	0.90	1.00

※ 상기 개별요인 비교 자료는 도시계획시설 공원 저촉에 따른 제한을 반영하지 않은 수치이며 인근지역에 대한 매매사례 기타 평가사례 등에 대한 조사 결과, 도시계획시설 공원에 저촉된 것에 비해 저촉되지 아니한 상태로의 가치 상승률은 20%(임야) ~ 80%(대) 수준을 나타내고 있는바, 필요 시 공원 저촉 여부에 따른 추가 요인비교를 행함

[문제3] 감정평가사 甲은 부동산개발업자 乙로부터 개발계획의 타당성 검토를 의뢰받았다. 관련 법규 및 이론을 참작하고 제시된 자료를 활용하여 개발계획의 타당성을 분석하시오. (20점)

자료 1 개발계획

1. 부동산개발업자 乙은 K구 M동에 소재하는 노후된 상업용 부동산을 매수한 후 기존 건물을 철거하고 업무용 건물을 신축하여 일정기간 임대한 후 처분할 계획임
2. 매수 대상부동산은 적정한 가격으로 매수 가능한 상태이며, 매수 대상토지와 건물 중 기준시점 현재 건물의 잔존가치는 150,000,000원으로 판단됨
3. 업무용 건물의 신축공사기간은 기준시점으로부터 1년이고, 1년 후 준공과 동시에 임대를 개시하며, 임대 개시 5년 후 처분할 계획임
4. 기준시점: 2019.8.1.

자료 2 매수 대상부동산

1. 소재지: K구 M동 300번지
2. 토지: 대, 530㎡, 상업용, 소로한면, 가장형, 평지
3. 건물: 위 지상 벽돌조 슬라브지붕 지상 2층, 상업용, 건축연면적 630㎡
4. 용도지역: 준주거지역

자료 3 표준지공시지가(공시기준일: 2019.1.1.)

기호	소재지	면적(㎡)	지목	이용상황	용도지역	도로접면	형상지세	공시지가(원/㎡)
1	K구 M동 293	400	대	상업용	준주거지역	세로가	가장형평지	1,760,000
2	K구 M동 307	520	대	상업용	준주거지역	소로한면	가장형평지	1,870,000

자료 4 거래사례 자료

1. 소재지: K구 M동 315번지
2. 토지: 대, 490㎡, 상업나지, 소로한면, 가장형, 평지
3. 건물: 없음(토지만의 거래사례임)
4. 용도지역: 준주거지역
5. 거래금액: 1,150,000,000원
6. 거래시점: 2019.5.1.
7. 기타사항: 대상지역의 거래관행은 거래시점에 매매대금을 모두 일시에 지급하는 것이나, 본건 거래사례의 경우 매매대금의 70%를 거래시점에 지급하고 나머지 30%는 1년 후에 지급하는 조건인 것으로 확인되었으며, 그 외의 거래내역은 정상적임

자료 5 시점수정, 지역요인, 개별요인, 그 밖의 요인 자료

1. 시점수정치(지가변동률)
   (1) 2019.1.1. ~ 2019.8.1.: 1.01752
   (2) 2019.5.1. ~ 2019.8.1.: 1.00697
2. 지역요인 비교치: 대상부동산, 표준지, 거래사례 모두 인근지역 내에 소재하여 지역요인은 동일함
3. 개별요인 비교치: 개별요인 비교항목을 검토한 결과 대상토지는 표준지 기호 1 대비 5% 우세하고, 표준지 기호 2 대비 1% 열세하며, 거래사례 대비 2% 우세한 것으로 격차율이 산정되었음
4. 그 밖의 요인 보정치: 1.25를 적용함

자료 6 건물 신축 관련 자료

1. 구조 및 용도 등: 철근콘크리트조 슬라브지붕, 지하 2층·지상 7층, 업무용
2. 면적: 건축면적 300㎡, 건축연면적 2,700㎡
3. 신축공사기간: 기준시점에 착공하여 1년 후 준공
4. 건축공사비: 900,000원/㎡(건축공사비에는 기존 건물의 철거비 및 기타 제반 부대 비용 등이 포함되어 있으며, 착공시점에 30%, 준공시점에 70%를 지급함)

자료 7 임대수익 관련 자료

1. 임대가능면적: 건축연면적의 70%임
2. 순영업소득: 연간 순영업소득은 145,000원/㎡이며, 보유기간 동안 변동 없이 유지될 것으로 판단됨

자료 8 대출조건 및 기타 자료

1. 대출조건: 대출비율 60%, 이자율 7%, 만기 20년임(매월 원리금균등상환)
2. 자기자본수익률: 10%
3. 할인율: 8%
4. 임대개시 5년 후 처분할 계획이며, 부동산가치는 임대개시(준공) 이후 매년 2% 상승할 것으로 판단됨
5. 수익환원은 직접환원법에 의함
6. 환원율 계산시 소수점 이하 다섯째 자리에서 반올림하여 소수점 이하 넷째 자리까지 표시함
7. 각 단계의 가격산정 시 천원 미만은 절사함

[문제4] 1년 전 임대차계약이 체결되어 있는 오피스텔에 대하여 동 임대차계약을 인수하는 조건으로 매매가 이루어졌다. 매매가는 시장의 전형적인 수익률 5.0%를 기준으로 산출되는 임대권의 가치를 기준으로 결정되었다. 임대차계약 내용은, 계약기간 5년으로 연간 순임대료(순영업소득)는 2,200만원이고 계약기간 중 임대차조건의 변경이 없다는 내용으로 이루어졌다. 매매 계약일 현재 동 오피스텔의 시장 순임대료(순영업소득)는 연간 3,000만원이고, 임대차계약 만료시 재매도 가치는 65,000만원으로 예상되고 있다. 제시된 자료를 활용하여 다음의 물음에 답하시오. (10점)

물음1) 이 매매사례를 평가에 채택할 경우 사정보정률(백분율로 표시하되, 소수점 이하에서 반올림)을 산출하시오. (5점)

물음2) 시장가치가 동일할 경우, 계약임대료(순영업소득)에 기한 환원율과 시장임대료(순영업소득)에 기한 환원율과의 차이를 산출하고 이 차이가 의미하는 바가 무엇인지 약술하시오. (5점)

2020년 제31회 감정평가실무 기출

> **공통 유의사항**
> 1. 각 문제는 해답 산정 시 산식과 도출과정을 반드시 기재
> 2. 단가는 관련 규정에서 정하고 있는 사항을 제외하고 천원 미만은 절사, 그 밖의 요인 보정치는 소수점 셋째 자리 이하 절사

[문제1] 주식회사A는 주식회사B를 인수합병하는 프로젝트에서 주식회사B의 영업권 가치를 파악하기 위해 감정평가사 甲에게 감정평가를 의뢰하였다. 관련 법규 및 이론을 참작하고 제시된 자료를 활용하여 다음의 물음에 답하시오(단, 기준시점은 2020.9.19.임). (40점)

물음1) 주식회사B 소유부동산의 공정가치를 3방식을 적용하여 감정평가하고, 시산가액 조정을 통해 결정하시오. (30점)

물음2) 「감정평가에 관한 규칙」, 「감정평가 실무기준」에 의거하여 영업권 가치를 감정평가하시오. (10점)

자료 1 공통사항

1. 단가는 유효숫자 셋째 자리까지 표시하되, 넷째 자리 이하는 절사함
2. 시산가액과 총액은 백만원 단위까지 표시하되, 십만원 단위 이하는 절사함

자료 2 주식회사B 소유부동산 현황

1. 평가대상(집합건물) 물건

소재지			S시 K구 J동 100-1번지(S시 K구 ○○로 5)		
층	호수	용도	전유면적(㎡)	공용면적(㎡)	계약면적(㎡)
지하 1층	B101	근린생활시설	1,200	630	1,830
지상 1층	101	근린생활시설	950	500	1,450
지상 2층	201	업무시설	1,200	630	1,830
지상 3층	301	업무시설	1,200	630	1,830
지상 4층	401	업무시설	1,200	630	1,830
지상 5층	501	업무시설	1,000	520	1,520

2. 대상토지 현황

위치 및 주위환경	본 건은 S시 K구 J동 소재 S시청 동측 인근에 위치하고 S시 도심지역에 속하며, 본 건 주위는 각종 업무용 빌딩, 근린생활 시설, 공공 청사 등이 소재하는 업무지대임
교통상황	본 건까지 차량 진출입 가능하고, 인근에 시내버스 정류장이 소재하며, 지하철 1호선 "○○역", 2호선 "○○역"이 소재하여 제반 교통상황은 양호함
지목 / 면적	대 / 1,800㎡
형상, 지세 및 이용상황	인접지와 등고 평탄한 가장형 토지로서, 업무용 건부지로 이용 중임
접면도로	서측으로 폭 약 40m, 남측으로 폭 약 10m 포장도로에 각각 접함
토지이용계획 및 공법상 제한사항	일반상업지역

3. 대상건물 현황

건물명	B빌딩
주용도	업무시설, 근린생활시설
건축규모	지하 2층 / 지상 5층
연면적	10,290㎡
호수 / 사용승인일	6개호 / 2000.12.31.
구조 및 지붕	철골철근콘크리트조 슬래브지붕
마감재	외벽: 화강석 및 복합판넬 마감 등 내벽: 몰탈 위 페인팅, 타일붙임 및 내부 인테리어 마감 등 창호: 강화 유리창 마감 등
층별 용도(임대현황 등)	지하 2층(1,695㎡): 주차장, 기계실 지하 1층(1,695㎡): 근린생활시설(임대: 음식점), 주차장 지상 1층(1,150㎡): 근린생활시설(임대: 카페) 지상 2층(1,500㎡): 업무시설(임대: W법무법인) 지상 3층(1,500㎡): 업무시설(자가사용: 주식회사B) 지상 4층(1,500㎡): 업무시설(자가사용: 주식회사B) 지상 5층(1,250㎡): 업무시설(자가사용: 주식회사B)

자료 3 비교방식 참고자료

1. 인근지역 집합건물 거래사례(소재지: S시 K구 J동)

기호	지번	층	호수	용도	전유면적 (㎡)	거래가격 (천원)	거래시점	용도지역	사용 승인일
1	50	3	301	업무시설	1,000	5,000,000	2020.2.15.	준주거	2005.10.31.
2	70	1	101	근린생활시설	750	9,750,000	2020.3.20.	일반상업	2000.9.15.
3	90	2	205	근린생활시설	100	900,000	2019.8.20.	일반상업	2003.6.10.
4	95	6	601	업무시설	1,050	6,825,000	2020.1.20.	일반상업	2002.10.20.

※ 상기 거래사례는 정상적인 거래임

2. 지역별 자본수익률
   (1) 집합상가(S시 도심지역)   (단위: %)

구분	1분기	2분기	3분기	4분기
2019년	0.42	0.75	0.92	0.78
2020년	0.35	0.32	-	-

   (2) 오피스(S시 도심지역)   (단위: %)

구분	1분기	2분기	3분기	4분기
2019년	0.57	0.92	1.13	0.93
2020년	0.54	0.48	-	-

   (3) 2020년 3분기 이후 자본수익률은 기준시점 현재 발표되지 않아 2020년 2분기 자본수익률을 연장 추정하여 적용하되, 소수점 넷째 자리에서 반올림하여 셋째 자리까지 표시함

3. 가치형성요인 비교 참고자료
   (1) 선정된 거래사례와 대상물건은 층별효용을 제외한 가치형성요인은 동일함
   (2) 인근지역 내 대상물건과 이용상황이 유사한 부동산의 임대료 수준, 평가사례 등을 종합적으로 고려한 결과 다음과 같은 층별효용비를 도출하였음(3방식 공통 적용)

층	용도	효용비
지하 1층	근린생활시설	35
지상 1층	근린생활시설	100
지상 2층 ~ 최상층	업무시설	50

자료 4 원가방식 참고자료

1. 표준지공시지가(공시기준일: 2020.1.1.)

기호	소재지	면적(㎡)	지목	이용상황	용도지역	도로접면	형상지세	공시지가(원/㎡)	비고
A	S시 K구 J동 97-1	1,332	대	상업용	일반상업	광대세각	가장형 평지	14,500,000	도로 15% 저촉
B	S시 K구 J동 98-1	1,665	대	업무용	준주거	중로한면	가장형 평지	10,200,000	-

※ 표준지 기호A의 도시계획시설(도로)은 장기미집행 도시계획시설로서 2020년 7월 1일자로 해제되었음

2. 인근지역 거래사례(소재지: S시 K구 J동)

기호	지번	용도지역	지목 이용상황	형상 도로조건	토지면적(㎡) 건물면적(㎡)	거래가격 (천원)	거래시점	사용 승인일
a	90-1	일반상업	대 상업용	세장형 광대소각	215 / -	4,100,000	2020.3.31.	-
b	93-2	일반상업	대 상업용	가장형 광대한면	520 / 3,250	12,500,000	2019.3.31.	1995.6.20

a) 매매계약서상 특약사항: 위 매매대금 중 200,000,000원은 지상에 소재하는 무허가 건축물의 거래대금인 것으로 양자 합의함

b)
- 기준시점 건물 재조달원가: 1,350,000원/㎡
- 거래시점 건물 재조달원가: 1,300,000원/㎡
- 구조 및 내용연수: 철골철근콘크리트구조 슬래브지붕, 55년

※ 기타 거래조건은 통상적인 것으로 전제함

3. 인근지역 평가사례(소재지: S시 K구 J동)

기호	지번	지목	면적(㎡)	이용상황	용도지역	도로교통	형상지세	토지단가(원/㎡)	기준시점	평가목적
ㄱ	101	대	320	상업용	일반상업	중로한면	가장형 평지	15,500,000	2020.8.1.	일반거래
ㄴ	102	대	1,500	업무용	일반상업	광대소각	정방형 평지	19,800,000	2020.1.1.	자산재평가
ㄷ	103	대	1,750	업무용	일반상업	광대소각	가장형 평지	21,500,000	2020.5.1.	담보

4. 지가변동률(S시 K구)

기간	지가변동률(%)		비고
	상업지역	주거지역	
2019.3.31. ~ 2019.12.31.	1.745	2.348	누계치
2020.1.1. ~ 2020.8.31.	1.323	1.565	누계치
2020.8.1. ~ 2020.8.31.	0.254	0.367	2020.8. 당월

※ 2020.9. 이후 지가변동률은 기준시점 현재 고시되지 않아 2020.8. 지가변동률을 연장 추정하여 적용하되, 소수점 넷째 자리에서 반올림하여 셋째 자리까지 표시함

5. 지역요인 비교: 대상부동산, 표준지, 거래사례, 평가전례 모두 인근지역 내에 소재하여 지역요인은 동일함

6. 개별요인 비교 참고자료

   (1) 가로조건

구분	광대한면	중로한면	소로한면	세로(가)	세로(불)
격차율	1.00	0.85	0.80	0.75	0.65

   (2) 획지조건

   1) 형상

구분	정방형	가장형	세장형	사다리	부정형
격차율	1.00	1.02	0.97	0.95	0.90

   2) 접면도로상태

구분	한면	세각	소각
격차율	1.00	1.03	1.05

   (3) 행정적 조건

   1) 용도지역

구분	일반상업	준주거
격차율	1.00	0.85

   2) 도시계획시설

구분	일반	도로
격차율	1.00	0.85

   (4) 상기에서 제시되지 않은 개별요인은 대상부동산, 표준지, 거래사례, 평가전례 모두 동일함
   (5) 항목, 세항목 간 및 조건단위 격차율은 상승식으로 산정하되, 조건단위 비교치는 소수점 셋째 자리에서 반올림하여 둘째 자리까지 표시함

7. 그 밖의 요인 보정: 평가사례 중 가장 적정하다고 판단되는 하나를 선택하되, 그 밖의 요인 보정방법은 표준지 기준 산정방식을 적용함

8. 재조달원가(기준시점)

용도	구조	급수	단가(원/㎡)	내용연수
근린생활시설	철골철근콘크리트조 슬래브지붕(6층 이하)	1급	1,300,000	55(50-60)
사무실	철골철근콘크리트조 슬래브지붕(6층 이하)	1급	1,500,000	55(50-60)

※ 상기 자료는 지상층 기준 단가이고, 지하층은 용도와 상관없이 지상 1층 단가의 70%를 적용함

9. 기타사항
   (1) 토지는 공시지가기준법과 거래사례비교법에 의한 시산가액을 산정하여 시산가액 조정함
   (2) 공시지가기준법과 거래사례비교법에서 비교표준지 및 사례 선정 시 가장 적정하다고 판단되는 하나를 선정하되 그 사유를 적시할 것
   (3) 요인비교치는 소수점 넷째 자리에서 반올림하여 셋째 자리까지 표시함
   (4) 층별효용비율은 백분율 기준 소수점 둘째 자리에서 반올림하여 첫째 자리까지 표시함

자료 5 수익방식 참고자료

1. 대상부동산의 현황 임대료

호수	용도	보증금(원/㎡)	월임대료(원/㎡)	월관리비(원/㎡)
B101	근린생활시설	150,000	15,000	3,000
101	근린생활시설	450,000	45,000	5,000
201	업무시설	190,000	19,000	5,000
301 ~ 501	업무시설	자가사용		

※ 상기 임대내역은 계약면적 기준임
※ 현황 임대료는 인근지역 내 평균적인 임대료 수준과 유사한 것으로 조사됨

2. 인근지역 유사 부동산의 표준적 공실 및 대손충당금 비율은 가능총소득(PGI)의 10%임
3. 영업경비: 연간관리비의 75%(감가상각비 미포함)
4. 감정평가사 甲은 최근 부동산시장의 동향을 분석한 결과 오피스 대비 상가의 수요가 하락추세이고, 배달문화와 비대면문화의 확산으로 오피스보다 상가의 대출금리가 높게 책정된 상황임. 이러한 상황을 고려하여 시장추출법으로 종합환원율을 결정함

구분	사례1	사례2	사례3
사례 집합건물	X빌딩 101호	Y빌딩 301호	Z빌딩 101호
용도	근린생활시설	업무시설	근린생활시설
계약면적(원/㎡)	1,500	1,800	1,200
연간 순영업소득(NOI)(원)	750,000,000	600,000,000	660,000,000
거래가격(원)	15,000,000,000	12,000,000,000	11,000,000,000
거래시점	2020.3.15.	2020.3.25.	2020.3.30.

※ 사례는 대상부동산의 인근지역 내 소재함

5. 보증금운용이율: 연 2.0%

자료 6 영업권평가 참고자료

1. 재무상태표

과목	2019.12.31. 현재 금액(원)	2020.9.19. 현재 금액(원)
자산		
Ⅰ. 유동자산	40,000,000,000	35,000,000,000
Ⅱ. 비유동자산		
1. 투자자산	22,000,000,000	21,500,000,000
2. 유형자산	20,000,000,000	19,500,000,000
자산총계	82,000,000,000	76,000,000,000
부채		
Ⅰ. 유동부채		
1. 외상매입금	20,000,000,000	20,000,000,000
2. 단기차입금	5,000,000,000	0
Ⅱ. 비유동부채		
1. 장기차입금	25,000,000,000	25,000,000,000
부채총계	50,000,000,000	45,000,000,000
자본총계	32,000,000,000	31,000,000,000
부채 및 자본총계	82,000,000,000	76,000,000,000

※ 2019년 12월 31일 기준 재무상태표상 자산, 부채, 자본의 규모는 과거 5개년 평균과 유사한 수준임
※ 2020년 9월 19일 기준 재무상태표는 비유동자산을 제외하고 공정가치로 조정되었음
※ 2020년 9월 15일 단기차입금(5,000,000,000원)을 현금으로 상환하였으나, 회사의 통상적인 영업경비 충당을 위해 2020년 9월 30일에 재차입예정임

2. 비영업용자산이 포함된 주식회사B의 기업가치는 70,000,000,000원으로 평가하였음
3. 주식회사B 소유 부동산 중 자가사용 외의 집합건물은 임대수익을 얻기 위해 보유하고 있음
4. 비유동자산은 주식회사B 소유 부동산 외에 다른 자산은 없다고 가정함
5. 대상기업의 무형자산은 영업권만 존재한다고 가정함

[문제2] 감정평가사 甲은 A자산운용사로부터 부동산 펀드에 새로이 편입되는 Z마트(대형할인점) 3개 점포의 금융기관 담보제공 목적 감정평가를 의뢰받았다. 관련 법규 및 이론을 참작하고, 제시된 자료 및 전제조건을 활용하여 다음의 물음에 답하시오(단, 기준시점은 2020.9.19.임). (30점)

물음1) 대상물건 각 점포에 적용되어야 하는 실무적·이론적으로 타당한 할인율과 재매도 환원율을 결정하고, 그 사유를 서술하시오(단, 할인율과 재매도환원율은 백분율 기준 소수점 둘째 자리에서 반올림함). (15점)

물음2) 결정된 할인율과 재매도환원율을 적용하여 대상물건의 수익환원법 시산가액을 산정한 후 원가법에 의한 시산가액과 비교·검토하고, 각 점포별 시산가액의 균형에 대해 서술하시오. (15점)

자료 1 대상물건 내역 및 원가법 시산가액

해당 자산	소재 지역	규모	용도 지역	사용승인일	원가법 시산가액 (단위: 백만원)
Z마트 a점포	A	대지면적: 3,866㎡ 연면적: 18,500㎡	준주거	2006.5.31.	토지: 57,990(79.8%) 건물: 14,652(20.2%) 합계: 72,642(100.0%)
Z마트 b점포	B	대지면적: 6,520㎡ 연면적: 28,000㎡	유통 상업	2011.12.10.	토지: 37,816(59.4%) 건물: 25,872(40.6%) 합계: 63,688(100.0%)
Z마트 c점포	C	대지면적: 12,630㎡ 연면적: 43,000㎡	유통 상업	2015.11.15.	토지: 17,682(30.8%) 건물: 39,732(69.2%) 합계: 57,414(100.0%)

※ 각 점포의 건물은 관련 법규에서 정하여진 허용 용적률을 전부 사용하여 건축되었음. 원가법 시산가액은 「대·중소기업 상생협력 촉진에 관한 법률」에 의한 사업조정비용 등 무형적 비용을 제외한 금액임

자료 2 전제조건 등

1. 대형할인점 운영기업은 유동성 확보 차원에서 최근 10년간 주요 대형할인점 점포를 매각 후 재임차(Sales and Lease Back)하였으며, 매각 후 재임차된 점포는 수익환원법 가치를 바탕으로 자산운용사에 매매되는 관행이 성립되었음. 자산운용사 및 기타 시장참여자(재무적 투자자 등)는 위험회피자임

2. 해당 펀드는 5년 후 청산을 목적으로 하는 펀드로서, 펀드에 대해 투자하는 금융기관은 펀드 만기에 대상물건 각 점포별 재매도 가치를 중요하게 생각하는 바, 의뢰인 A자산운용사는 5년 후 재매도 가치가 할인현금수지에 명확히 포함되는 평가모형을 사용하여 줄 것을 감정평가사 甲에게 요청하였음

3. 감정평가사 甲은 시장관행에 따라 순영업소득(NOI)을 기초로 할인현금수지법(DCF Method)을 적용하기로 하되, 재매도 가치는 내부추계법을 사용하기로 하였음

4. 감정평가사 甲이 소속된 D감정평가법인의 심사위원회는 감정평가사 甲에게 "Z마트의 경우 재무적 상황이 악화되어 임차계약 연장이 불투명하고, 의뢰인의 목표수익률도 자산별로 상이하므로, 해당 자산이 소속된 지역의 부동산 상황·자산별 특성 및 판매시설 운용추이 등을 종합적으로 검토하여 자산별로 할인율과 재매도환원율을 달리 사용할 것"을 권고하였음

5. 해당 부동산의 임대차내역: 대상물건은 Z마트 a, b, c 점포로서, 다음은 매도인 Z마트(임차인)와 매수인 A자산운용사가 설립한 특수목적법인 A사모부동산투자 신탁 제1호(임대인) 간에 체결된 임대차내역을 요약한 표임

해당 자산	소재 지역	연간 임대료(원)	비고
Z마트 a점포	A	3,800,000,000	임대 기간: 2020.9.19. ~ 2030.9.18. 기타 임대 조건: ① 대상물건에 대한 운영경비는 임차인이 전부 부단하는 순임대차임 ② 연간 임대료는 1년 단위 임대기간 말 후취 조건임 ③ 연간 임대료는 매년 1.5%씩 인상함
Z마트 b점포	B	3,600,000,000	
Z마트 c점포	C	3,500,000,000	

6. 보증금과 임대차기간 동안의 공실 및 기타수입은 없는 것으로 간주하며, 연간 임대료는 순영업소득과 일치함

7. 할인율 및 재매도환원율을 공공기관 통계를 기초로 결정하는 경우 최근의 경제상황을 고려하여 최근 1년 평균치와 최근 5년 평균치의 중앙값을 순영업소득 및 재매도가치에 적용하며, 자산운용사 제시 자료를 기초로 할인율 및 재매도 환원율을 결정하는 경우 타인자본 차입비율(L/V: 65%)을 고려한 가중평균수익률(종합할인율)을 순영업소득 및 재매도 가치에 적용함

8. 해당 부동산 펀드는 유보 없이 배당가능금액 전부를 배당하며, 편의상 부동산 영업 경비를 제외한 펀드 운용비용 등은 없는 것을 전제로 함

자료 3 취득 자료 및 조사사항

1. 공공기관에서 발표한 대형 상업용 부동산 수익률 통계는 다음과 같음. 소득수익률 통계는 각 지역에서 여러 개의 표본에 대해 최근 1년 및 5년의 원본가치 대비 순영업소득 비율을 취합한 결과로서, 원본가치는 토지 및 건물을 각각 산정하여 합산하였음

구분	소득수익률 (최근 1년 평균)	투자수익률 (최근 1년 평균)	자본이득률 (최근 1년 평균)
A지역	5.00%	6.50%	1.50%
B지역	4.80%	5.80%	1.00%
C지역	4.70%	5.20%	0.50%

구분	소득수익률 (최근 5년 평균)	투자수익률 (최근 5년 평균)	자본이득률 (최근 5년 평균)
A지역	6.20%	7.70%	1.50%
B지역	6.00%	7.10%	1.10%
C지역	5.60%	6.00%	0.40%

2. A자산운용사가 제시한 해당 펀드의 목표 배당수익률 및 금융기관 대출금리는 다음표와 같음. 대출금리는 5년간 고정금리이며, 펀드설정기간 동안 원금상환은 없음. 감정평가사 甲이 수집한 자료를 통해 검증해 본 결과 해당 자산운용사의 목표수익률은 유사지역 동종 부동산 펀드 목표수익률과 유사한 수준이며, 실현가능성이 매우 높은 것으로 판단됨

구분	초기(초년도) 목표배당수익률 (매각차익 배당 제외)	장기 목표배당수익률 (매각차익 배당 포함)	금융기관 대출금리
Z마트 a점포	6.80%	8.00%	3.50%
Z마트 b점포	7.50%	8.30%	3.50%
Z마트 c점포	7.80%	8.60%	3.50%

3. 감정평가사 甲이 분석한 해당 점포 소재지역의 지역분석 내용은 다음과 같음

구분	지역분석 내용
A지역	A지역은 S시의 남쪽에 위치하며, 해당 지역의 배후지는 S시 내에서 상대적으로 고소득 계층이 거주하는 지역으로서, 판매시설의 매출은 상대적으로 견고한 추이를 보이고 있음. A지역의 상업용 부동산 임대료는 과거 타 지역에 비해 상대적으로 낮은 변동성을 보이고 있으며, 장래 이자율·환율·GDP 상승률 등 거시경제 지표 변동과 상관계수가 낮을 것으로 예상됨
B지역	B지역은 S시의 서남쪽에 위치하며, 해당 지역의 배후지는 S시 내에서 상대적으로 저소득 계층이 거주하는 지역으로서, 판매시설의 매출은 인근 경공업 경기에 비교적 민감하게 반응하고 있음. B지역의 과거 상업용 부동산 임대료의 변동성은 A지역에 비해 상대적으로 높고 C지역에 비해 상대적으로 낮으며, 장래 B지역 임대료의 이자율·환율·GDP 상승률 등 거시경제지표와의 상관계수도 A지역에 비해 상대적으로 높고 C지역에 비해 상대적으로 낮을 것으로 예상됨
C지역	C지역은 K도 남부에 위치하며, 해당 지역의 배후지는 과거 K도 최고수준 소득 계층이 거주하는 지역이었으나, 최근 조선업의 불황으로 인구변동이 활발히 일어나고 있음. C지역 판매시설의 매출은 인근 조선업 경기에 매우 민감하게 반응하고 있음. C지역 상업용 부동산 임대료는 과거 B지역에 비해 상대적으로 높은 변동성을 보이고 있으며, 장래 이자율·환율·GDP 상승률 등 거시경제지표 변동과 상관계수도 B지역에 비해 상대적으로 높을 것으로 예상됨

자료 4 기타사항

1. 할인현금흐름수지표는 십만원 단위에서 반올림하여, 백만원 단위로 작성할 것
2. 재매도 비용은 매각자문비용 등으로서, 재매도 가치의 1.3%를 적용함
3. 현시점의 기입환원율(Going-in Cap-rate)과 펀드 자산 매각시기의 재매도환원율은 동일한 것으로 간주할 것
4. 할인현금흐름수지표는 회계기간을 고려하지 않고, 기준시점부터 1년 단위로 작성하되, 현재가치율은 백분율 기준 소수점 첫째 자리까지 계산하고 표기할 것
5. 각 점포에 대해 체결된 임대계약은 시장임대료 및 해당 점포 소재지 판매시설 부동산 시장 상황을 적절히 반영하고 있음
6. A사산운용시는 대형할인점 운영기업의 경우 최근 소셜커머스 기업의 대형화로 인해 성장이 둔화된 상황이므로, 향후 건물가치가 하락할 수 있다는 점을 고려하여 부동산 매입을 결정하였음. 지역별 할인율을 결정할 때, 건물가치의 운용기간 중 회수율을 고려하여 자산별 적용 할인율의 균형을 검토하여야 함
7. 상기 제시된 모든 수익률은 감가상각비를 비용으로 고려하지 않은 상각전 수익에 대한 원본가치 대비 수익률임
8. 해당 펀드는 대상 점포별로 다른 금융기관의 대출을 이용하고자 하는바, 각 점포별 담보가치의 균형에 유의하여야 함
9. 수익률 산정 및 수익환원법 시산가액 산정에 있어 세금효과는 배제함
10. 물음2)의 할인현금수지표에는 기간별 순영업소득, 재매도 가액에서 재매도 비용을 공제한 순재매도 가액, 이자지급전 현금흐름, 현재가치율, 할인현금흐름이 포함되어야 함
11. 평가개요 작성은 생략할 것

[문제3] 감정평가사 甲은 A지방법원 판사乙로부터 도시철도사업과 관련한 토지의 감정평가를 의뢰받았다. 감정평가사 甲은 본 소송 과정에서 원고와 피고의 이해관계가 첨예하게 대립하고 있는 점을 확인하고 각자의 입장에서 대상토지를 사전분석해 보기로 하였다. 관련 법규 및 이론을 참작하고 제시된 자료를 활용하여 다음의 물음에 답하시오. (20점)

물음1) 피고(사업시행자이자 매수인) 입장에서 주장할 것으로 판단되는 대상토지의 이용상황을 관련 법규 등을 근거로 검토한 후, 해당 이용상황에 따른 대상토지를 감정평가하시오. (10점)

물음2) 원고(피수용지이자 매도인) 입장에서 주장할 것으로 판단되는 대상토지의 이용상황을 관련 법규 등을 근거로 검토한 후, 해당 이용상황에 따른 대상토지를 감정평가하시오. (10점)

자료 1 사건 개요

1. 평가의뢰인: A지방법원 판사乙
2. 사건번호: 2020구합○○○○ 손실보상금
3. 원고: 丙
4. 피고: A시

자료 2 기본적 사항

1. 감정평가목적: 소송(감정목적물에 대한 수용 당시의 적정한 보상금 산정)
2. 감정목적물: A시 B구 C동 10-3번지
3. 감정할 사항: 감정목적물에 대한 2019.5.19.를 가격시점으로 한 적정한 시가(보상액)
4. 토지 변동내역
    (1) B동 10번
        1) 2014.5.24.: 건축허가 득함
        2) 2014.12.5.: 분할되어 본번에 -1을 부함
        3) 2014.12.12.: 건축물 사용승인 득함
        4) 2018.5.19.: 분할되어 본번에 -2를 부함
    (2) B동 10-1번지
        1) 2014.12.5.: B동 10번지에서 분할
        2) 2014.12.5.: 지목변경
        3) 2018.5.19.: 분할되어 본번에 -3을 부함

5. 대로1류(폭20M ~ 25M) 변동내역
   (1) 2008.2.15.: A시 도시계획시설(도로) 결정 및 지형도면고시
   (2) 2016.6.9.: A시 도시계획시설(도로) 결정(변경) 및 지형도면고시
   (3) 2016.7.15.: 보상계획공고
   (4) 2016.9.30.: 도시계획시설(도로) 실시계획인가고시
   (5) 2017.10.31.: 사업준공완료

6. 도시철도사업 관련
   2018.5.24.: 도시철도 A선 사업계획승인(「도시철도법 제7조 제1항」)

7. 감정평가 관련자료
   (1) 대상토지의 개요

소재지	편입면적(㎡)	지목	이용상황	공법상 제한사항
A시 B구 C동 10-3번지	19	도	도로	준주거지역, 도시철도

   (2) 표준지공시지가

기호	소재지	면적(㎡)	지목	이용상황	용도지역	도로교통	형상/지세	2016.1.1. (원/㎡)	2018.1.1. (원/㎡)
A	B구 C동 7번지	500	대	단독주택	준주거	세로(가)	사다리/평지	630,000	750,000
B	B구 C동 10번지	550	대	상업용	준주거	광대한면	세장형/평지	1,250,000	1,500,000

   ※ 2018.1.1.자 표준지 기호B는 도시계획시설(도시철도)에 30% 저촉됨

   (3) 시점수정치
   1) 2018.1.1. ~ 2019.5.19.: 1.09268
   2) 2016.1.1. ~ 2019.5.19.: 1.15069

   (4) 개별요인 비교치
   1) 도로접면

구분	광대한면	중로한면	소로한면	세로(가)	세로(불)
광대한면	1.00	0.91	0.85	0.80	0.72
중로한면	1.10	1.00	0.93	0.88	0.80
소로한면	1.18	1.07	1.00	0.94	0.86
세로(가)	1.25	1.14	1.06	1.00	0.91
세로(불)	1.38	1.25	1.17	1.10	1.00

2) 형상

구분	정방형	가장형	세장형	사다리
정방형	1.00	1.02	1.00	0.99
가장형	0.98	1.00	0.98	0.97
세장형	1.00	1.02	1.00	0.99
사다리	1.01	1.03	1.01	1.00

3) 도시계획시설

구분	일반	도로	도시철도
일반	1.00	0.9	0.85
도로	1.08	1.00	0.92
도시철도	1.18	1.09	1.00

(5) 그 밖의 요인 보정치

1) 표준지 기호A

(가) 2018.1.1. 표준지공시지가: 1.35

(나) 2016.1.1. 표준지공시지가: 1.45

2) 표준지 기호B

(가) 2018.1.1. 표준지공시지가: 1.50

(나) 2016.1.1. 표준지공시지가: 1.65

(6) 시계열 도면 자료(소재지: A시 B구 C동 10번지 일원)

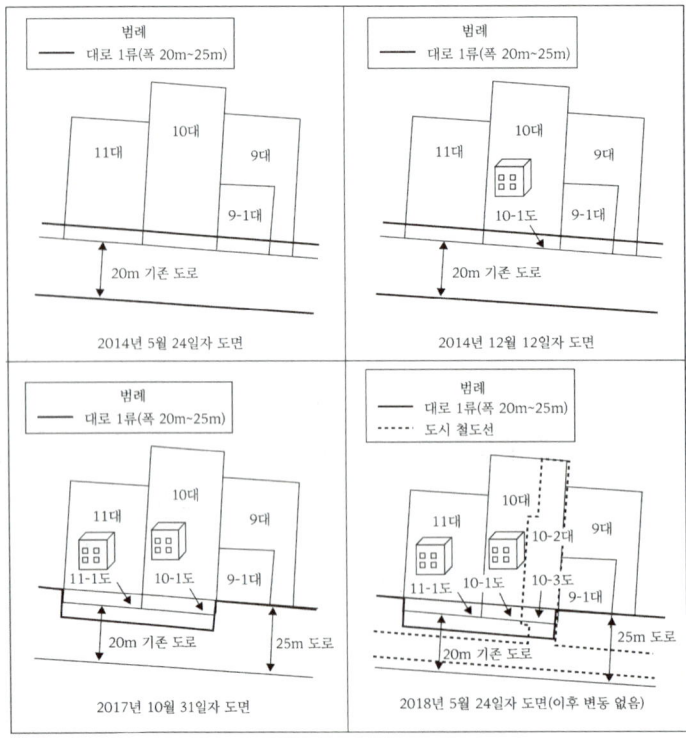

8. 기타 참고자료
   (1) 「도시철도법 제10조 제2항」: 「동법 제7조 제1항」에 따른 사업계획의 승인과 「같은 조 제6항」에 따른 고시는 「공익사업을 위한 토지 등의 취득 및 보상에 관한 법률(이하 토지보상법) 제20조 제1항 및 제22조」에 따른 사업인정 및 사업인정고시로 봄
   (2) 대상토지는 C동 10번지 건축허가 이전까지 상업나지 상태였으며, 건축허가를 득하는 과정에서 분필되어 현재까지 도로로 이용 중임
   (3) 대상토지의 수용재결 평가액은 15,390,000원(2개 법인 평균), 이의재결 평가액은 15,770,000원(2개 법인 평균)임
   (4) C동 10번지, C동 10-1번지, C동 10-2번지, C동 10-3번지는 모두 丙소유임
   (5) 공시지가기준법으로 평가한 대상토지의 평가액은 인근 거래사례의 가격수준과 적정한 균형을 이루고 있고, 그 합리성이 인정되는 것으로 봄
   (6) 본 사업은 도시철도 사업으로서 「토지보상법 제70조 제5항」, 「동법 시행령 제38조의2」 및 「동법 시행령 제37조」의 검토는 불필요함
   (7) 토지 평가단가는 천원 미만은 절사할 것
   (8) 개별요인은 조건 간 상승식으로 산정하되, 각 조건별 비교치는 소수점 셋째 자리에서 반올림하여 둘째 자리까지 표시하고, 개별요인 비교치는 소수점 넷째 자리에서 반올림하여 셋째 자리까지 표시함

[문제4] 감정평가사 甲은 A시 B구에서 시행하는 도시계획시설 도로 사업에 편입되는 주식회사K의 영업보상(휴업)에 대한 협의를 위한 감정평가를 의뢰받았다. 관련 법규 및 이론을 참작하고 제시된 자료를 활용하여 영업손실 보상액을 감정평가하시오. (10점)

자료 1 사업의 개요

1. 사업시행지: A시 B구 C동 5-19번지 일원
2. 사업의 종류: 도시계획시설(도로)사업(중로5-24호선) 개설공사
3. 사업시행자: B구청장
4. 사업인정고시일: 2020.1.24.
5. 가격시점: 2020.9.19.

자료 2   사업 토지 및 영업장 개황

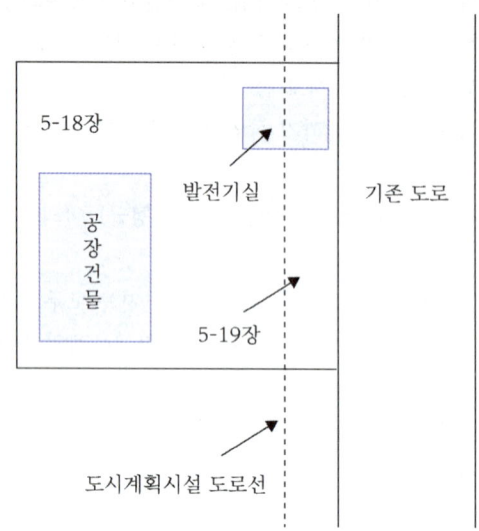

자료 3   관련 자료

1. 주식회사K는 2012년 6월경 개업하였으면, 최근 3년의 월평균 영업이익은 다음과 같음

구분	2017년	2018년	2019년
월평균 영업이익	3,650,000원	3,950,000원	4,250,000원

2. 발전기실
   (1) 구조: 벽돌조 슬래브지붕
   (2) 연면적: 9㎡
   (3) 사용승인일: 2012.5.24.

자료 4   기타 참고사항

1. 주식회사K는 공익사업을 위한 「토지 등의 취득 및 보상에 관한 법률(이하 토지보상법) 시행규칙 제45조」의 영업손실의 보상대상 요건을 갖추었음
2. 주식회사K는 발전기실 철거 후 재설치까지 공장가동이 불가능한 상태이며, 발전기실을 동일규모로 새로이 건축하고, 내부에 소재하는 발전기 및 그 부대설비를 이전 재설치하는 데 1개월이 소요될 예정임
3. 벽돌조 슬래브지붕의 발전기실를 신축하는 데 통상 1,300,000원/㎡가 소요됨
4. 발전기실 내 발전기 및 그 부대설비를 이전 재설치하는 데 3,500,000원이 소요되며, 시운전 비용 500,000원이 추가 소요됨
5. 도시근로자가구 월평균 가계지출비(3인 기구): 4,233,829원
6. 영업규모 축소에 따른 영업용 고정자산, 원재료, 제품 및 상품 등의 매각에 따른 손실은 없음
7. 발전기실은 지장물 조서 목록에 별도로 조사되어 있음
8. 본 영업장의 이전에 따른 휴업보상액(「토지보상법 제47조 제1항」)은 25,000,000원임

2021년 제32회 감정평가실무 기출

> **공통 유의사항**
> 1. 각 문제는 해답 산정 시 산식과 도출과정을 반드시 기재
> 2. 단가는 관련 규정에서 정하고 있는 사항을 제외하고 천원 미만은 절사, 그 밖의 요인 보정치는 소수점 셋째 자리 이하 절사

[문제1] 감정평가사 甲은 S시에 소재하는 대상부동산에 대하여 일반거래(시가참고) 목적의 감정평가를 의뢰받았다. 관련 법규 및 이론을 참작하고 제시된 자료를 활용하여 다음 각 물음에 답하시오. (40점)

물음1) 토지는 공시지가기준법, 거래사례비교법을 적용하고, 건물은 원가법을 적용하여 대상부동산의 시산가액을 산정하시오. (18점)

물음2) 일괄 거래사례비교법에 의한 시산가액을 산정하시오. (7점)

물음3) 일괄 수익환원법에 의한 시산가액을 산정하시오. (12점)

물음4) 시산가액 조정을 통하여 감정평가액을 결정하시오. (3점)

자료 1 기본적 사항

1. 기준가치: 시장가치
2. 기준시점: 2021년 8월 7일
3. 대상물건의 개황

   (1) 토지

소재지 지번	지목	면적(㎡)	용도지역	이용상황	도로접면	형상지세	주위환경
J구 M동 120	대	1,500	일반상업	업무용	광대세각	가장형 평지	일반 업무지대

   (2) 건물

   1) 건물 개황

소재지 지번	구조	층수	면적(㎡)	용도	급수	비고
J구 M동 120	철근 콘크리트조	지하 4층/ 지상 10층	13,800	업무용	3	허가일: 2015.7.15. 사용승인일: 2016.7.15. (지상 9~10층 증축: 2018.7.15)

   2) 건물 세부 내역

구분	면적(㎡)	이용상황	부대설비 내역
지하 1층~지하 4층	각 950	주차장, 기계실	전기설비, 소방설비, 승강기설비
지상 1층~지상 10층	각 1,000	업무시설	전기설비, 소방설비, 위생설비, 냉난방설비, 승강기설비

자료 2 공시지가표준지

(공시기준일: 2021.1.1.)

기호	소재지 지번	지목	면적(㎡)	용도지역	이용상황	도로접면	형상지세	주위환경	공시지가(원/㎡)
1	J구 M동 60	대	450	3종일주	상업용	중로한면	세장형 평지	후면 상가지대	22,000,000
2	J구 M동 110	대	1,400	일반상업	업무용	광대한면	세장형 평지	일반 업무지대	41,000,000
3	J구 M동 210	대	1,050	일반상업	업무용	소로한면	가장형 평지	후면 상가지대	30,000,000

자료 3 인근지역 평가사례 및 거래사례

1. 평가사례

기호	소재지 지번	지목	면적(㎡)	용도지역	이용상황	도로접면	형상지세	기준시점	토지단가(원/㎡)	평가목적
가	J구 M동 75	대	570	3종일주	상업용	중로한면	정방형 평지	2021.2.1.	38,500,000	담보
나	J구 M동 105	대	1,300	일반상업	업무용	광대한면	세장형 평지	2021.3.1.	62,000,000	시가참고
다	J구 M동 115	대	1,200	일반상업	업무용	광대한면	가장형 평지	2018.6.1.	58,000,000	시가참고
라	J구 M동 125	대	1,400	일반상업	업무용	광대한면	가장형 평지	2021.7.1.	61,000,000	자산재평가
마	J구 M동 195	대	1,360	일반상업	업무용	소로한면	가장형 평지	2021.1.1.	42,000,000	담보

※ 평가사례 기호 가, 마는 후면 상가지대, 기호 나 ~ 라는 일반 업무지대에 위치함

2. 거래사례

(1) 거래사례 #1

- 소재지: J구 M동 109
- 총 거래가격: 67,050,000,000원
- 거래시점: 2021년 3월 1일
- 토지: 일반상업, 주상용, 900㎡, 광대한면, 세장형, 평지
- 건물

구조	급수	연면적(㎡)	허가일/사용승인일	부대설비 내용
철근콘크리트조	4	12,500	2017.2.23./2018.2.20.	전기설비, 소방설비, 위생설비, 냉난방설비, 승강기설비

- 기타사항: 일반 업무지대에 위치하며, 정상 거래사례임

(2) 거래사례 #2

- 소재지: J구 M동 129
- 총 거래가격: 98,400,000,000원
- 거래시점: 2021년 2월 1일
- 토지: 일반상업, 업무용, 1,600㎡, 광대세각, 세장형, 평지
- 건물

구조	급수	연면적(㎡)	허가일/사용승인일	부대설비 내용
철근콘크리트조	3	5,000	1980.1.20./1981.1.25.	전기설비, 소방설비, 위생설비, 냉난방설비

- 기타사항: 일반 업무지대에 위치하는 정상적인 거래사례로, 매수자는 대상부동산을 매입하여 지하 4층, 지상 10층 규모의 업무시설을 신축할 예정임(철거비는 감안하지 않는 것으로 함)

(3) 거래사례 #3
   - 소재지: J구 M동 139
   - 총 거래가격: 99,636,000,000원
   - 거래시점: 2021년 3월 1일
   - 토지: 일반상업, 업무용, 1,500㎡, 광대한면, 가장형, 평지
   - 건물

구조	급수	연면적(㎡)	허가일/ 사용승인일	부대설비 내용
철근콘크리트조	3	13,600	2015.2.16./ 2016.2.19.	전기설비, 소방설비, 위생설비, 냉난방설비, 승강기설비

   - 기타사항: 일반 업무지대에 위치하며, 매도자의 사정으로 인해 급매된 사례임

(4) 거래사례 #4
   - 소재지: J구 M동 209
   - 총 거래가격: 81,940,000,000원
   - 거래시점: 2021년 4월 1일
   - 토지: 일반상업, 상업용, 1,470㎡, 소로한면, 가장형, 평지
   - 건물

구조	급수	연면적(㎡)	허가일/ 사용승인일	부대설비 내용
철근콘크리트조	3	11,000	2018.3.17./ 2019.3.29.	전기설비, 소방설비, 위생설비, 냉난방설비, 승강기설비

   - 기타사항: 후면 상가지대에 위치하며, K사의 펀드운용을 위한 투자목적으로 거래된 정상 거래사례임

(5) 거래사례 #5
   - 소재지: J구 M동 153
   - 총 거래가격: 111,573,000,000원
   - 거래시점: 2020년 10월 1일
   - 토지: 일반상업, 상업용, 1,600㎡, 광대한면, 가장형, 평지
   - 건물

구조	급수	연면적(㎡)	허가일/ 사용승인일	부대설비 내용
철근콘크리트조	3	14,700	2015.8.20./ 2016.9.20.	전기설비, 소방설비, 위생설비, 냉난방설비, 승강기설비

   - 기타사항: 일반 업무지대에 위치하는 정상 거래사례임

(6) 거래사례 #6
- 소재지: J구 M동 163
- 총 거래가격: 102,900,000,000원
- 거래시점: 2020년 9월 1일
- 토지: 일반상업, 업무용, 1,500㎡, 광대한면, 가장형, 평지
- 건물

구조	급수	연면적(㎡)	허가일/사용승인일	부대설비 내용
철근콘크리트조	3	14,000	2014.7.16./2015.8.19.	전기설비, 소방설비, 위생설비, 냉난방설비, 승강기설비

- 기타사항: 일반 업무지대에 위치하며, 대상부동산은 구분소유건물로서 매수 후 개별분양 예정임

(7) 거래사례 #7
- 소재지: J구 M동 173
- 총 거래가격: 62,300,000,000원
- 거래시점: 2020년 11월 1일
- 토지: 일반상업, 업무용, 1,800㎡, 광대한면, 가장형, 평지
- 건물

구조	급수	연면적(㎡)	허가일/사용승인일	부대설비 내용
철근콘크리트조	4	10,000	2001.9.22./2002.11.1.	전기설비, 소방설비, 위생설비, 냉난방설비, 승강기설비

- 기타사항: 일반 업무지대에 위치하며, 인근 중개업소에 탐문조사한 결과 거래에 따른 양도소득세는 매수자가 부담하는 것으로 조사되었음

자료 4 재조달원가 및 감가수정 관련 자료

1. 표준단가

용도	구조	급수	표준단가(원/㎡)	내용연수
업무시설	철근콘크리트조(6층~15층 이하)	1	1,400,000	50
업무시설	철근콘크리트조(6층~15층 이하)	2	1,300,000	50
업무시설	철근콘크리트조(6층~15층 이하)	3	1,200,000	50
업무시설	철근콘크리트조(6층~15층 이하)	4	1,100,000	50
업무시설	철근콘크리트조(6층~15층 이하)	5	1,000,000	50

- 지상·지하 구분 없이 적용 가능함

2. 부대설비 보정단가

구분	보정단가(원/㎡)
전기설비	10,000
소방설비	10,000
위생설비	50,000
냉난방설비	140,000
승강기설비	30,000

3. 건물 잔가율은 0%임
4. 건물의 감가수정은 정액법(만년감가)을 적용함

자료 5 시점수정 자료

1. 지가변동률(S시 J구)

구분	주거지역	상업지역
2018.6.1. ~ 2021.6.30.(누계)	12.825	12.846
2020.9.1. ~ 2021.6.30.(누계)	4.057	4.036
2020.10.1. ~ 2021.6.30.(누계)	3.715	3.694
2020.11.1. ~ 2021.6.30.(누계)	3.376	3.355
2020.12.1. ~ 2021.6.30.(누계)	3.018	2.997
2021.1.1. ~ 2021.6.30.(누계)	2.624	2.645
2021.2.1. ~ 2021.6.30.(누계)	2.265	2.285
2021.3.1. ~ 2021.6.30.(누계)	1.827	1.845
2021.4.1. ~ 2021.6.30.(누계)	1.278	1.293
2021.5.1. ~ 2021.6.30.(누계)	0.795	0.806
2021.6.1. ~ 2021.6.30.(누계)	0.414	0.420

※ 2021년 7월 이후 지가변동률은 미고시되었음

2. 오피스빌딩 자본수익률(S시 J구)

구분	2020.3분기	2020.4분기	2021.1분기	2021.2분기
자본수익률(%)	0.42	0.46	0.50	0.54

3. 건축비지수는 동일하다고 가정함

자료 6 지역요인

대상과 공시지가표준지 및 사례는 인근지역에 소재하여 지역요인은 유사함

자료 7 토지 개별요인

1. 가로조건(각지인 경우 가로조건에서 반영하기로 함)

구분	광대한면	광대소각	광대세각	중로한면	중로각지	소로한면	소로각지
광대한면	1.00	1.09	1.05	0.95	0.99	0.85	0.89
광대소각	0.92	1.00	0.96	0.87	0.91	0.78	0.82
광대세각	0.95	1.04	1.00	0.90	0.94	0.81	0.85
중로한면	1.05	1.15	1.11	1.00	1.04	0.89	0.94
중로각지	1.01	1.10	1.06	0.96	1.00	0.86	0.90
소로한면	1.18	1.28	1.24	1.12	1.16	1.00	1.05
소로각지	1.12	1.22	1.18	1.07	1.11	0.96	1.00

2. 접근조건

구분	대상	표준지	평가사례 가	평가사례 나	평가사례 다	평가사례 라	평가사례 마
평점	95	100	93	100	93	100	95

구분	거래사례 #1	거래사례 #2	거래사례 #3	거래사례 #4	거래사례 #5	거래사례 #6	거래사례 #7
평점	93	95	93	100	90	95	93

※ 상기의 접근조건 비교치 산정 시 소수점 셋째 자리에서 반올림하여 소수점 둘째 자리까지 산정함

3. 획지조건

구분	정방형	가장형	세장형	사다리형	부정형
정방형	1.00	1.00	0.98	0.95	0.92
가장형	1.00	1.00	0.98	0.95	0.92
세장형	1.02	1.02	1.00	0.97	0.94
사다리형	1.05	1.05	1.03	1.00	0.97
부정형	1.09	1.09	1.07	1.03	1.00

4. 제시된 조건 외의 조건은 동일함

자료 8 토지, 건물 일괄 개별요인

1. 개별요인

    (1) 대상물건/거래사례 #1

구분	입지적 특성	기능적 특성	물리적 특성
대상물건	102	103	102
거래사례 #1	100	100	100

    (2) 대상물건/거래사례 #2

구분	입지적 특성	기능적 특성	물리적 특성
대상물건	100	105	105
거래사례 #2	100	100	100

    (3) 대상물건/거래사례 #3

구분	입지적 특성	기능적 특성	물리적 특성
대상물건	102	103	102
거래사례 #3	100	100	100

    (4) 대상물건/거래사례 #4

구분	입지적 특성	기능적 특성	물리적 특성
대상물건	95	103	102
거래사례 #4	100	100	100

    (5) 대상물건/거래사례 #5

구분	입지적 특성	기능적 특성	물리적 특성
대상물건	105	102	100
거래사례 #5	100	100	100

    (6) 대상물건/거래사례 #6

구분	입지적 특성	기능적 특성	물리적 특성
대상물건	100	102	100
거래사례 #6	100	100	100

    (7) 대상물건/거래사례 #7

구분	입지적 특성	기능적 특성	물리적 특성
대상물건	102	103	102
거래사례 #7	100	100	100

2. 상기의 개별요인은 상승식으로 계산하며, 제시된 특성 외의 특성은 동일함

자료 9 대상부동산 및 인근지역 임대현황

1. 대상부동산 임대현황

구분	임대면적 (㎡)	월임대료 (원/㎡)	보증금 (원/㎡)	월관리비 (원/㎡)
지상 1층	1,000	47,000	470,000	12,000
지상 2층	1,000		공실	
지상 3층 ~ 지상 5층	3,000	25,000	250,000	12,000
지상 6층 ~ 지상 7층	2,000	35,000	350,000	12,000
지상 8층 ~ 지상 9층	2,000	27,000	270,000	12,000
지상 10층	1,000	35,000	350,000	12,000

※ 지상 3 ~ 5층과 지상 8 ~ 9층은 각각 특수관계회사가 저가로 임차하고 있음

2. 인근지역의 표준적 임대현황(최근 자료)

구분	월임대료(원/㎡)	보증금(원/㎡)	월관리비(원/㎡)
지상 1층	47,000	470,000	14,000
지상 2층 ~ 지상 10층(각)	35,000	350,000	14,000

자료 10 수익환원법 적용 자료

1. 인근지역 시장조사 결과 월임대료는 보증금의 10% 수준으로 조사됨
2. 보증금 운용이율은 연 2%임
3. 인근지역 건물의 전형적인 공실률은 5%임
4. 인근지역의 전형적인 운영경비는 관리비수입의 65%임
5. 인근지역에서 매년 1개월의 렌트프리(Rent Free)가 계약조건에 포함되는 것이 일반적인 시장관행임
6. 인근지역 업무시설의 임대료는 전형적인 수준이 형성되어 있으며, 공실률 감소를 위한 유인책으로 임대계약시 렌트프리(Rent Free)를 적극적으로 활용하고 있음

자료 11 환원이율 관련 자료

1. 인근지역 유사부동산 자료(최근)

    (1) 사례 #101
    - 총 거래가격: 151,120,000,000원
    - 토지면적(용도지역): 1,960㎡(일반상업지역)
    - 임대면적: 13,000㎡
    - 임대현황

보증금	관리비	렌트프리 (Rent Free)	가능조소득 (Potential Gross Income)
340,000원/㎡	13,000원/㎡	1개월	7,420,400,000원

    - 기타사항: 경매낙찰사례로, 최초 법사가격은 180,000,000,000원이며, 유치권 행사 중임

    (2) 사례 #102
    - 총 거래가격: 125,346,000,000원
    - 토지면적(용도지역): 1,887㎡(일반상업지역)
    - 임대면적: 11,000㎡
    - 임대현황

보증금	관리비	렌트프리 (Rent Free)	가능조소득 (Potential Gross Income)
320,000원/㎡	13,000원/㎡	1개월	6,010,400,000원

    - 기타사항: 장기임차인의 임대재계약으로 저가 임대 중 거래된 사례임

    (3) 사례 #103
    - 총 거래가격: 132,960,000,000원
    - 토지면적(용도지역): 1,695㎡(일반상업지역)
    - 임대면적: 12,000㎡
    - 임대현황

보증금	관리비	렌트프리 (Rent Free)	가능조소득 (Potential Gross Income)
350,000원/㎡	14,000원/㎡	1개월	7,140,000,000원

    - 기타사항: 2인이 공유지분으로 소유권이전등기된 사례임

(4) 사례 #104
- 총 거래가격: 102,250,000,000원
- 토지면적(용도지역): 2,070㎡(일반상업지역, 제3종일반주거지역)
- 임대면적: 10,000㎡
- 임대현황

보증금	관리비	렌트프리 (Rent Free)	가능조소득 (Potential Gross Income)
300,000원/㎡	14,000원/㎡	1개월	5,340,400,000원

- 기타사항: 정상 거래된 사례임

2. 환원이율은 백분율로 소수점 둘째 자리에서 반올림하여 백분율로 소수점 첫째 자리까지 표시함
3. 상기 각 사례의 보증금은 층별 임대면적을 가중평균하여 산정한 금액임

자료 12 기타사항

1. 공시지가표준지 및 사례 선정 시 선정 및 제외 사유를 반드시 기재할 것
2. (자료 6)을 이용한 시점수정치는 소수점 여섯째 자리에서 반올림하여 소수점 다섯째 자리까지 표시함
3. 개별요인은 조건 간 상승식으로 산정하되, 소수점 넷째 자리에서 반올림하여 소수점 셋째 자리까지 표시함
4. 그 밖의 요인 보정치를 산정하는 경우 비교표준지를 기준으로 하는 방식을 적용함
5. 공시지가기준법 및 거래사례비교법에 의한 토지 단가와 일괄 거래사례비교법에 의한 건물 면적당 단가는 반올림하여 각각 유효숫자 셋째 자리까지 표시하며, 각 평가 방법별 시산가액은 천만원 단위에서 반올림하여 억원 단위까지 표시함
6. 일괄 거래사례비교법 적용 시 건물 연면적을 기준으로 함

[문제2] 소송감정인인 감정평가사 甲은 부당이득반환청구와 관련된 소송에서 토지에 대한 임대료의 감정평가를 의뢰받았다. 본 사건에서 토지임대료에 대한 감정평가는 이미 다른 감정인에 의하여 완료되어 해당 재판부에 제출된 상황인데, 감정평가 결과에 대하여 피고는 부당함을 주장하였고 이것이 받아들여져 재의뢰가 된 사안이다. 제시된 자료를 활용하여 각 물음에 답하시오. (30점)

물음1) 감정평가 관련 법령 및 이론에 비추어 피고가 제기한 주장의 타당성 여부 및 그 근거를 약술하시오. (5점)

물음2) (자료 3) 실지조사, 자료수집 및 검토내용에 따라 시장가치에 기초한 기초가격에 적용할 기대이율(필요제경비 불포함)을 산출하시오. (15점)

물음3) 위 물음2)에서 산출된 기대이율(시장가치 기준)을 기초로 본건의 연도별 적산임료를 구하시오. (5점)

물음4) 적산법의 장·단점 및 적용상 유의사항에 대하여 약술하시오. (5점)

자료 1 종전 감정평가 내역(요약)

1. 감정 사항: 경기도 K시 H동 104-2 토지(전) 1,652㎡에 대한 2018년 5월 1일부터 2021년 4월 30일까지의 임료
2. 대상물건의 개요
    (1) 소재지: 경기도 K시 H동 104-2
    (2) 지목 및 이용상황: 전 / 전
    (3) 면적: 1,652㎡
    (4) 토지이용계획사항: 자연녹지지역, 개발제한구역
    (5) 인근환경: 본건 토지는 서울특별시 북서측에 소재하는 경기도 K시 도심 남동측에 위치하는 근교농경지대에 소재하며, 부근 일대는 대부분 개발제한구역으로 원예농업을 위한 농경지로 이용 중임

3. 감정평가액의 산출
   (1) 감정평가방식의 적용: 토지에 대한 임대사례가 희박하여 적산법을 적용하되 다른 방식에 의한 검토는 생략함
   (2) 기초가격(공시지가기준법 적용)

기간	단가(원/㎡)	면적(㎡)	기초가격(원)
2018.5.1. ~ 2019.4.30.	900,000	1,652	1,486,800,000
2019.5.1. ~ 2020.4.30.	956,000	1,652	1,579,312,000
2020.5.1. ~ 2021.4.30.	1,016,000	1,652	1,678,432,000

   (3) 기대이율: 1.0%/연(기대이율 적용기준율표 참작)
   ※ 기대이율 적용기준율표(일부 발췌) - 감정평가 실무매뉴얼(임대료 감정평가편)

대분류	소분류		실제이용상황
Ⅱ	농지	도시근교농지	1.0% 이내
		기타농지	1.0% ~ 3.0%

   (4) 필요제경비: 보유세(재산세 등) 금액이 미미하고 기타 필요제경비가 필요하지 아니한 것으로 판단하여 기대이율에 포함하였음
   (5) 감정평가액(보증금 없는 상태 기준)

기간	기초가격(원)	기대이율(%)	적산임료(원)
2018.5.1. ~ 2019.4.30.	1,486,800,000	1.0	14,868,000
2019.5.1. ~ 2020.4.30.	1,579,312,000	1.0	15,793,120
2020.5.1. ~ 2021.4.30.	1,678,432,000	1.0	16,784,320
합계	-	-	47,445,440

자료 2   감정평가 결과에 대한 피고의 이의제기 내역

1. 이의제기 요약: 감정평가에 의한 연간 임대료 약 1,582만원(3년 평균)은 인근의 유사한 토지들에 대한 실제 임대료 수준에 비추어 상당히 고가로서 정상적인 수준에서 크게 벗어나 감정평가 결과를 신뢰할 수 없으므로 다른 감정인에 의한 재감정평가를 신청
2. 재감정 신청 증빙자료
   (1) 임대차계약서 사본
      1) 소재지: 경기도 K시 H동 78
      2) 지목 및 이용상황: 전 / 전
      3) 면적: 1,998㎡
      4) 토지이용계획사항: 자연녹지지역, 개발제한구역

5) 주요 계약 내용

계약기간	2018.3.10. ~ 2021.3.9.
임대료	9,000,000원/연(보증금 없는 상태 기준)
특약사항	임대차 계약기간 중 상호 합의되는 경우를 제외하고는 계약조건의 변경은 없는 것으로 하고, 임대료는 계약기간 중 매년 초일에 연간임대료 지급

(2) 공인중개사의 사실확인서 사본: 2018년 기준 본건 및 임대차사례 토지가 소재한 지역의 연간 임대료(보증금이 없는 상태 기준)는 토지면적 약 660㎡ 기준 300만원 수준이고, 최근에는 350만원 내외의 수준임을 확인함

자료 3 실지조사, 자료수집 및 검토내용(요약)

1. 본건 토지는 수도권 도시 근교 개발제한구역 내에 소재하며, 원예농업에 할당된 농지로 대부분 이용 중임
2. 원예농업에 할당된 획지 규모는 일반적으로 약 1,600㎡ ~ 3,300㎡임
3. 2018년 초 기준 인근 원예농업을 위한 농지 임대차에 있어 전형적인 임대차조건은, 계약 기간 3년에 연간 임대료(보증금 없는 상태 기준, 계약기간 중 매년도 초일에 연간임대료 지불)는 @4,500/㎡ 수준이었고 이후 도시화에 따른 지가 상승 등의 영향으로 지속적으로 상승하여 2021년 5월 이후에는 @5,400원/㎡ 수준을 나타내고 있으며, 이와 같은 인근지역의 임대차시장 상황은 당분간 지속될 것으로 판단됨
4. 본건 및 임대차사례 토지가 속한 지역은 지속적인 도시화의 영향으로 2018년 5월 이후 2021년 4월까지 토지가격은 약 20% 상승하였고 이러한 추세는 향후 지속될 것으로 판단됨
5. 당초 감정평가서상의 연도별 기초가격은 시장가치에 부합하는 적정한 것으로 판단됨
6. 본건 토지 개별공시지가

공시기준일	개별공시지가(원/㎡)
2018.1.1.	360,000
2019.1.1.	382,000
2020.1.1.	406,000
2021.1.1.	431,000

7. 농지의 재산세율은 0.07%이고 과세표준액은 시기표준액(개별공시지가)의 70%이며, 재산세 부과 시 20%의 지방교육세가 부가됨
8. 본건 및 임대사례토지의 개별요인은 유사하며 공히 인근지역의 일반적·평균적인 수준을 나타내고 있음

[문제3] 감정평가사 甲은 중앙토지수용위원회로부터 이의재결평가를 의뢰받았다. 관련 법규 및 이론을 참작하고 제시된 자료를 활용하여 적정보상액을 산정하시오. (20점)

자료 1 사업개요

1. 사업명: ○○민자고속화도로사업
2. 사업시행자: ○○민자고속화도로 주식회사
3. 사업인정고시(의제)일: 2020년 10월 2일
4. 수용재결일: 2021년 4월 1일
5. 의뢰인: 2021년 8월 6일

자료 2 의뢰목록

1. 토지 목록

일련번호	소재지	지번	지목	이용상황	용도지역	편입면적 (㎡)	피수용자
1	A군 B읍 C리	산1	임야	전	자연녹지지역	3,000	A군
2	A군 B읍 C리	산2	임야	자연림	자연녹지지역 보전녹지지역	5,000 × 1/2	乙

2. 지장물 목록

일련번호	소재지	지번	물건종류	규격	수량	피수용자
3	A군 B읍 C리	산1	개간비	개간면적 (3,000㎡)	1식	丙

자료 3 인근지역 공시지가표준지(공시기준일: 2020년 1월 1일)

기호	소재지	지번	면적(㎡)	지목	이용상황	용도지역	도로접면	형상지세	공시지가(원/㎡)
A	A군 B읍 C리	10	1,820	전	대	자연녹지지역	세로(가)	세장형 완경사	350,000
B	A군 B읍 C리	20	950	답	전	자연녹지지역	세로(불)	부정형 완경사	120,000
C	A군 B읍 C리	45	8,452	임야	조림	자연녹지지역	세로(불)	부정형 완경사	60,000
D	A군 B읍 C리	산10-1	5,526	임야	자연림	보전녹지지역	맹지	부정형 완경사	35,000
E	A군 B읍 C리	산15	2,570	임야	자연림	자연녹지지역	맹지	부정형 급경사	15,000

자료 4 인근 평가사례 및 매매사례

1. 평가사례 (ㄱ)
    - 지목, 이용상황, 면적: 전, 전, 2,570㎡
    - 용도지역: 자연녹지지역
    - 평가목적: 담보
    - 기준시점: 2020년 8월 1일
    - 평가단가: 220,000원/㎡
    - 기타사항: 임야지대 내 적법하게 개간된 전으로 이용 중인 사례임

2. 평가사례 (ㄴ)
    - 지목, 이용상황, 면적: 전, 답, 416㎡
    - 용도지역: 자연녹지지역
    - 평가목적: 협의보상
    - 기준시점: 2020년 12월 1일
    - 평가단가: 270,000원/㎡
    - 기타사항: 대상 공익사업에 포함된 협의완료된 사례임

3. 평가사례 (ㄷ)
    - 지목, 이용상황, 면적: 임야, 자연림, 5,470㎡
    - 용도지역: 자연녹지지역
    - 평가목적: 체납처분
    - 기준시점: 2021년 3월 1일
    - 평가단가: 130,000원/㎡
    - 기타사항: 유찰사례로 처분절차 진행 중인 사례임

4. 평가사례 (ㄹ)
   - 지목, 이용상황, 면적: 임야, 자연림, 1,320㎡
   - 용도지역: 보전녹지지역
   - 평가목적: 협의보상
   - 기준시점: 2020년 9월 1일
   - 평가단가: 75,000원/㎡
   - 기타사항: 임지상에 소재하는 잡목을 포함한 일괄 평가사례임

5. 거래사례 (ㅁ)
   - 지목, 이용상황, 면적: 전, 전, 1,560㎡
   - 용도지역: 자연녹지지역
   - 거래시점: 2020년 7월 31일
   - 총 거래가격: 399,360,000원
   - 기타사항: 개인과 법인 간의 거래사례임

6. 거래사례 (ㅂ)
   - 지목, 이용상황, 면적: 전, 전, 1,906㎡
   - 용도지역: 자연녹지지역
   - 거래시점: 2020년 2월 1일
   - 총 거래가격: 590,860,000원
   - 기타사항: 친족 간의 지분거래사례임

7. 거래사례 (ㅅ)
   - 지목, 이용상황, 면적: 임야, 자연림, 3,750㎡
   - 용도지역: 자연녹지지역
   - 거래시점: 2020년 7월 1일
   - 총 거래가격: 562,500,000원
   - 기타사항: 임지상에 소재하는 잣나무(300그루)를 포함한 일괄 거래사례임

8. 거래사례 (ㅇ)
   - 지목, 이용상황, 면적: 임야, 자연림, 1,670㎡
   - 용도지역: 보전녹지지역
   - 거래시점: 2021년 3월 1일
   - 총 거래가격: 158,650,000원
   - 기타사항: 최근 지가상승이 반영된 정상거래사례임

자료 5 지가변동률(A군, 녹지지역)

2020년	1월	2월	3월	4월	5월	6월	7월	8월	9월	10월	11월	12월	누계액
변동률	0.092	0.313	0.223	0.252	0.252	0.170	0.363	0.230	0.280	0.223	0.223	0.312	2.972

2021년	1월	2월	3월	4월	5월	6월	7월	8월	9월	10월	11월	12월	누계액
변동률	0.282	0.221	0.235	0.310	0.289	0.287	미고시	미고시	미고시	미고시	미고시	미고시	미고시

자료 6 요인 격차율

1. 지역요인: 대상과 사례는 인근지역에 소재하여 지역요인은 유사함
2. 개별요인

구분	일련번호 1	일련번호 2
공시지가표준지 A	0.90	0.65
공시지가표준지 B	1.05	0.75
공시지가표준지 C	1.02	1.03
공시지가표준지 D	1.50	1.08
공시지가표준지 E	1.15	1.10

구분	공시지가 표준지 A	공시지가 표준지 B	공시지가 표준지 C	공시지가 표준지 D	공시지가 표준지 E
평가사례(ㄱ)	0.85	0.90	0.55	0.35	0.40
평가사례(ㄴ)	0.90	0.95	0.60	0.40	0.45
평가사례(ㄷ)	0.65	0.70	0.95	0.65	0.70
평가사례(ㄹ)	0.50	0.55	1.30	0.90	0.80
평가사례(ㅁ)	0.88	0.85	0.58	0.38	0.50
평가사례(ㅂ)	0.80	0.78	0.50	0.30	0.43
평가사례(ㅅ)	0.67	0.75	1.25	0.60	0.65
평가사례(ㅇ)	0.55	0.60	1.15	0.88	0.68

자료 7 기타자료

1. 대상은 20만㎡ 미만 공익사업으로 협의와 수용재결 절차가 완료된 상태로 일부 피수용자에 대한 이의재결이 진행 중임
2. 일련번호 (1), (2)의 지세는 완경사지임
3. 丙은 일련번호 (1)을 2018년 10월 2일부터 관계법령에 따라 적법하게 개간하고 현재까지 적법하게 점유하고 있으며, 개간소요비용은 개간 당시 250,000,000원이나, 가격시점 기준 300,000,000원이 소요됨
4. 일련번호 (2)의 자연녹지지역 비율은 전체의 60%임
5. 인근지역은 잣나무만의 거래가 일반적이며, 1그루당 500,000원에 거래됨
6. 토지단가 산출 시 백원 단위에서 반올림할 것

[문제4] 감정평가사 甲은 공익사업에 편입되는 물건에 대한 협의평가를 의뢰받았다. 관련 법규 및 이론을 참작하고 제시된 자료를 활용하여 적정보상액을 산정하시오. (10점)

자료 1 사업개요

1. 사업종류: 도시계획도로사업
2. 사업명칭: ○○ ~ △△ 도로 확·포장공사
3. 사업기간: 실시계획인가고시일부터 2년 이내
4. 실시계획인가고시일: 2020년 11월 30일

자료 2 감정평가 의뢰내역

1. 가격시점: 2021년 8월 7일
2. 지장물 의뢰목록

일련번호	소재지지번	물건종류	규격	수량	비고
1	○○동 151-6	조적조 (1, 2층건물/상가)	일부편입	6㎡	보수비 포함평가

자료 3 대상건물 현황

소재지지번	구조	주용도	층별내역	사용승인일	비고
○○동 151-6	조적조	상가	1층: 100㎡ 2층: 100㎡	2005.11.1	일부편입으로 인한 벽체보수 면적: 23.79㎡

자료 4 재조달원가 관련 자료 등

1. 표준단가

분류번호	용도	구조	급수	표준단가 (원/㎡)	내용연수
4-1-4-3	점포 및 상가	조적조	3	1,060,000	45

2. 부대설비 보정단가

항목	단가	비고
화재탐지설비	20,000원/㎡	연면적 기준
TV공시청설비	3,000원/㎡	연면적 기준
위생·급배수시설, 급탕설비	50,000원/㎡	연면적 기준, 급탕설비 미설치시 80% 적용
소화설비(옥내소화전)	6,000,000원/개	-

3. 보수공사비

항목	시장조사 내역	소유자 제시 내역
벽돌쌓기	800,000원/㎡	15,000,000원
테두리 보공사	1,300,000원	1,500,000원
보일러 보수공사	1,000,000원	2,000,000원
시설개선비	3,000,000원	3,500,000원
기타비용	제비용의 20%	제비용의 20%

자료 5 기타사항

1. 건물의 일부편입으로 인한 철거 시 시공하중에 대한 구조 안정성은 양호한 것으로 조사됨
2. 대상건물은 위생·급배수시설, 화재탐지설비, 옥내소화전(2개)이 설치되어 있음
3. 전체 건물 중 1층(창고) 및 2층(보일러실) 일부가 편입됨
4. 편입면적이 과소하여 보수 후 잔여건축물의 가격감소는 없음
5. 소유자는 건물보수공사 기술자로 소유자 제시 보수공사비 내역은 직접공사할 경우 공사비임
6. 건물의 감가수정은 정액법(만년감가)을 적용하여, 적용단가 산정 시 백원 단위에서 반올림함

2022년 제33회 감정평가실무 기출

> **공통 유의사항**
> 1. 각 문제는 해답 산정 시 산식과 도출과정을 반드시 기재
> 2. 단가는 관련 규정에서 정하고 있는 사항을 제외하고 천원 미만은 절사, 그 밖의 요인 보정치는 소수점 셋째 자리 이하 절사

[문제1] 감정평가사 甲은 A군수로부터 「도로법」에 따른 도로에 편입되는 토지·지장물 등에 대한 협의보상평가를 의뢰받았다. 관련 법률 및 이론에 의거 제시된 자료를 활용하여 다음의 각 물음에 답하시오. (40점)

물음1) 대상토지에 대한 보상액을 산정하시오. (단, 시산가액에 대한 합리성 검토는 하지 않음) (10점)

물음2) 소유자 乙은 아래 자료와 같이 주거용 건축물을 신축하여 현재까지 거주하고 있다. 지장물 중 건축물에 대한 보상액을 산정하시오. (단, 건축물은 이전이 불가능하며, 이주대책 등은 고려하지 않음) (10점)

물음3) 지장물 중 수목에 대한 보상평가방법을 설명하고, 소나무(관상수)에 대한 보상액을 산정하시오. (6점)

물음4) 소유자 乙씨 부부(부부와 함께 동거하던 아들 1명은 현재 징집으로 인한 입영 중임)는 주거용 건축물이 공익사업에 편입됨으로 인하여 추가적으로 지급받을 수 있는 보상으로 이주대책, 주거이전비, 이사비 등이 있다. 하지만 사업시행자는 이주대책을 별도로 수립·실시하지 않는다고 한다. 공익사업의 시행으로 주거용 건축물을 제공함에 따라 생활의 근거를 상실하게 된 소유자 乙이 수령할 수 있는 보상액은 각각 얼마인가? (8점)

물음5) 물건조서의 꿀벌(양봉), 닭(산란계)에 대하여 축산업의 손실에 대한 보상평가를 하려고 한다. 영업손실의 보상대상인 영업의 일반적인 요건은 성립하는 것으로 가정한다. 꿀벌(양봉), 닭(산란계)에 대하여 (자료 10)을 토대로 축산업 손실보상의 대상 여부를 판단하여 보상액을 산정하시오. (6점)

자료1 평가의뢰 내역 등

1. 사업의 종류: ○○ ~ ○○간 도로건설공사
2. 도로구역결정고시일: 2021.12.31.
3. 사업시행자: A군수
4. 보상평가의뢰일자: 2022.6.1.
5. 제시된 가격시점: 2022.7.31.
6. 현장조사완료일: 2022.6.30.
7. 토지조서 및 대상토지특성

기호	소재지	지번	지목	현실 이용 상황	전체 면적 (㎡)	편입 면적 (㎡)	용도지역 및 지구	비고 도로교통	비고 형상지세	비고 기타
1	A군 B면 C리	106번지	대	단독주택	330	330	계획관리지역	세로(가)	사다리형 완경사	후면 주택지대

※ 토지소유자: 乙

8. 물건조서 및 대상 건축물 특성

기호	소재지	지번	물건의 종류	구조 및 규격	수량	비고 사용승인일	비고 등급	비고 내용연수
1	A군 B면 C리	106번지	단독주택	벽돌조 슬래브지붕 1층	88㎡	2017.7.1.	상급	50년
2	A군 B면 C리	106번지	부속창고	벽돌조 슬래브지붕 1층	8㎡	2017.7.1.	중급	45년
3	A군 B면 C리	106번지	야외화장실	벽돌조 슬래브지붕 1층	3㎡	2017.7.1.	중급	45년
4	A군 B면 C리	106번지	소나무 (관상수)	H3.5 × W1.5 × R15	1주			
5	A군 B면 C리	106번지	꿀벌(양봉)		30군			
6	A군 B면 C리	106번지	닭(산란계)	70일령 이상	20마리			

※ 토지소유자: 乙

자료 2 표준지공시지가

기호	소재지	지목	면적(㎡)	이용상황	용도지역	도로교통	형상지세	공시지가(원/㎡)	비고	공시기준일
가	A군 B면 C리 50번지	대	210	주상용	계획관리지역	세로(가)	부정형 평지	400,000	계획도로 저촉 10%	2021.1.1.
나	A군 B면 C리 50번지	대	210	주상용	계획관리지역	세로(가)	부정형 평지	450,000	계획도로 저촉 10%	2022.1.1.
다	A군 B면 C리 65번지	대	300	단독주택	계획관리지역	소로한면	사다리형 평지	300,000	계획도로 저촉 25%	2021.1.1.
라	A군 B면 C리 65번지	대	300	단독주택	계획관리지역	소로한면	사다리형 평지	330,000	계획도로 저촉 25%	2022.1.1.

주 1) 상기 표준지공시지가는 공히 대상토지와 인근지역에 소재함
2) 표준지공시지가 기호 가), 나)는 주택상가혼용지대이고, 표준지공시지가 기호 다), 라)는 주택지대임

자료 3 거래사례

기호	소재지	지목	면적(㎡)	이용상황	용도지역	도로교통	형상지세	거래가액(원/㎡)	거래일자
A	A군 B면 C리 42번지	대	160	상업용	계획관리지역	소로한면	사다리형 평지	700,000	2021.12.1.
B	D군 E면 F리 15번지	대	270	단독주택	계획관리지역	세로(가)	사다리형 완경사	390,000	2021.12.1.

주 1) 거래사례는 대상토지 및 표준지공시지가와 동일수급권 유사지역 또는 인근지역에 소재하며, 공히 지역요인은 대등함
2) 거래사례는 거래당사자간의 사정이 개입되지 않은 정상적인 거래로 판단됨
3) 거래사례 중 기호 A)는 주택상가혼용지대이고, 기호 B)는 후면 주택지대임

자료 4 **지가변동률**

기간	A군 계획관리지역 지가변동률(%)	비고
2021.1.1. ~ 2021.12.31.(누계)	8.340	2021.12.1. ~ 2021.12.31.: 0.150%임
2022.1.1. ~ 2022.5.31.(누계)	5.270	
2022.5.1. ~ 2022.5.31.	0.132	

기간	D군 계획관리지역 지가변동률(%)	비고
2021.1.1. ~ 2021.12.31.(누계)	7.450	2021.12.1. ~ 2021.12.31.: 0.130%임
2022.1.1. ~ 2022.5.31.(누계)	5.070	
2022.5.1. ~ 2022.5.31.	0.145	

주 1) 지가변동률은 용도지역별 지가변동률을 적용하며, 생산자물가지수는 고려하지 않기로 함
  2) 지가변동률은 2022년 6월 이후는 고시되지 않아서 5월 지가변동률을 연장·추정하여 적용함
  3) 지가변동률은 백분율로서 소수점 넷째 자리에서 반올림하여 셋째 자리까지 표시함

자료 5 **토지 가치형성요인 비교자료**

1. 접근조건
    (1) 대상토지는 표준지 가), 나), 다), 라) 대비 각각 20% 열세함
    (2) 표준지 가), 나), 다), 라)는 거래사례 A)와 대등, 거래사례 B) 대비 20% 우세함
2. 환경조건
    (1) 대상토지는 표준지 가), 나) 대비 30%, 표준지 다), 라) 대비 10% 각각 열세함
    (2) 표준지 가), 나)는 거래사례 A)와 대등, 거래사례 B) 대비 30% 우세함
    (3) 표준지 다), 라)는 거래사례 A) 대비 30% 열세, 거래사례 B) 대비 10% 우세함
3. 기타 격차율 자료
    (1) 토지이용상황

구분	주거용	주상용	상업용
주거용	1.00	1.10	1.30
주상용	0.91	1.00	1.18
상업용	0.77	0.85	1.00

(2) 형상

구분	사다리형	부정형
사다리형	1.00	0.95
부정형	1.05	1.00

(3) 경사

구분	평지	완경사
평지	1.00	0.91
완경사	1.10	1.00

(4) 도로접면

구분	세로가	소로한면
세로가	1.00	1.18
소로한면	0.85	1.00

(5) 도시 · 군계획시설

구분	일반	도로
일반	1.00	0.85
도로	1.18	1.00

※ 도시 · 군계획시설에 대한 요인비교치는 소수점 이하 셋째 자리에서 반올림하여 둘째 자리까지 표시함

자료 6 건축물 재조달원가 관련 자료

1. 표준단가 (단위: 원/㎡)

용도	구조	상급	중급	하급	내용연수
단독주택	벽돌조 슬래브 지붕	1,400,000	1,200,000	1,000,000	50년
창고	벽돌조 슬래브 지붕	400,000	360,000	320,000	45년
화장실	벽돌조 슬래브 지붕	1,300,000	1,100,000	900,000	45년

※ 대상건축물 및 주거용 건축물 거래사례에도 동일하게 적용함

2. 단독주택 부대설비 보정단가 (단위: 원/㎡)

구분	위생 · 급배수설비	난방설비
보정단가	30,000	70,000

※ 대상건축물 및 주거용 건축물 거래사례에도 동일하게 적용함

자료 7 　 주거용 건축물 거래사례 자료 등

1. 주거용 건축물 거래사례

소재지	건축물 면적(㎡)	이용 상황	구조	사용승인일	등급	거래가액 거래일자	비고
A군 B면 C리 200번지	88	단독 주택	벽돌조 슬래브지붕 1층	2017.6.1.	상급	130,000,000원 2022.6.1.	건축물 일체의 거래임
	8	부속 창고	벽돌조 슬래브지붕 1층	2017.6.1.	중급		
	3	야외 화장실	벽돌조 슬래브지붕 1층	2017.6.1.	중급		

주 1) 거래사례는 토지를 수반하지 않은 주거용 건축물만의 거래로서 보상대상 건축물과 유사하여 비교가능성이 높은 것으로 판단됨
　2) 거래사례는 인근지역 내의 거래당사자 간의 사정이 개입되지 않은 정상적인 거래로 판단됨

2. 건축물 가치형성요인 비교자료
　(1) 대상건축물은 주거용 건축물 거래사례 대비 현상 및 관리상태에서 5% 우세함
　(2) 건축비는 연간 6% 증가함
　　※ 건축비 상승률을 고려한 지수는 소수점 셋째 자리에서 절사하여 둘째 자리까지 표시함
　(3) 면적 등 기타 제반 가치형성요인은 대등함

자료 8 　 수목 보상평가 참고자료

1. 이식에 소요되는 비용은 다음과 같이 조사됨　　　　　　　　　　　　　　　(단위: 주당)

구분	굴취비	운반비	상하차비	식재비	재료비	부대비용	소계
이식비	70,000	50,000	30,000	130,000	30,000	20,000	330,000

※ 이식은 물리적으로 가능한 것으로 판단됨

2. 수목의 취득가격은 400,000원/주임
3. 고손율을 적용할 경우 20%임
4. 감수율을 적용할 경우 이식 1차년: 100%, 이식 2차년: 80%, 이식 3차년: 40%임

자료 9 　 이사비 등 보상 관련 참고자료

1. 가구원수에 따른 1년분의 평균생계비는 1인당 15,106,000원임
　※ 가구원수에 따른 1년분의 평균생계비 = 농가경제조사통계의 연간 전국평균 가계지출비 ÷ 가구당 전국평균 농가인구
2. 도시근로자가구의 가구원수별 월평균 명목가계지출비

구분	1인 가구	2인 가구	3인 가구
월평균 가계지출비	2,277,700원	3,334,200원	4,665,400원

3. 이사비

주택연면적	이사비	비고
66㎡ ~ 99㎡ 미만	1,540,000원	노임, 차량운임, 포장비 등 포함
99㎡ 이상	1,790,000원	노임, 차량운임, 포장비 등 포함

※ 연면적은 부속건축물을 합한 면적을 적용하기로 함

자료 10 축산업 관련 보상평가 참고자료

1. 축산업의 가축별 기준마리 수

가축	기준마리 수	가축	기준마리 수
소	5마리	닭	200마리
사슴	15마리	토끼	150마리
염소·양	20마리	오리	150마리
꿀벌	20군	돼지	20마리

※ 자료: 「공익사업을 위한 토지 등의 취득 및 보상에 관한 법률 시행규칙」 [별표 3]

2. 꿀벌(양봉)
    (1) 축산이익은 최근 3년간의 평균소득을 토대로 연간 240,000원/군임
    (2) 수송비는 5,000원/군이고, 이전손실은 벌통폐사에 따른 손실, 채밀능력 저하 등으로 인한 손실, 이전 시 유실 및 치사에 따른 손실 등을 고려할 때 25,000원/군임(단, 그 외 추가적인 손실은 없는 것으로 함)

3. 닭(산란계)
    (1) 축산이익은 최근 3년간의 평균소득을 토대로 연간 3,600원/수임
    (2) 수송비는 200원/수이고, 이전손실은 산란율 저하로 인한 손실, 폐사율 증가로 인한 손실, 제반 사육경비 등을 고려할 때 1,300원/수임(단, 그 외 추가적인 손실은 없는 것으로 함)

4. 기타 참고사항
    (1) 도시근로자가구 월평균 가계지출비(3인 가구 기준)는 4,665,400원임
    (2) 휴업기간은 4개월로 함
    (3) 영업이익감소액은 휴업기간에 해당하는 영업이익의 100분의 20으로 하되, 1천만원을 초과하지 못함

자료 11 기타 사항

1. 지역요인비교치 및 개별요인비교치는 소수점 넷째 자리에서 반올림하여 셋째 자리까지 표시함
2. 그 밖의 요인 보정치는 표준지기준 산정방식을 적용함
3. 대상토지의 결정단가는 백원단위에서 반올림하여 천원 단위까지 표시함
4. 건축물의 감가수정은 정액법으로 하며, 경과연수는 연 단위로 산정함
5. 건축물의 단가는 백원 단위에서 절사하여 천원 단위까지 표시함

[문제2] 평가대상 토지는 주거지역의 소로에 접한 나지이다. 감정평가사 甲은 거래사례비교법으로 대상토지를 평가하기 위하여 인근의 주거지역에서 최근 3년 이내에 거래된 총 4건의 거래 관련 사례 등을 아래와 같이 수집하였다. 이들 사례 등에 대하여 거래 당시의 조건 등에 다른 차이를 정상화하기 위한 보정(Adjustments)작업을 한 후, 보정된 토지만의 가격과 단가를 구하고자 한다. (다만, 모든 사례 등은 거래시점과 기준시점의 차이에 따른 가격의 변동은 포착되지 아니하여, 고려하지 아니하기로 함) (30점)

구분	거래금액 등	토지	건물	거래상황 및 조건	비고
거래사례 (1)	14억원	500㎡	연면적 1,000㎡	공사 중단된 건물을 포함하여 인수	
거래사례 (2)	10억원	500㎡	없음	저당대부액 신규인수	
낙찰사례 (3)	5억원	400㎡	없음	경매에서 수회 유찰 후 낙찰	점유자 및 적치물 소재
평가사례 (4)	10억원	400㎡	없음	낙찰사례 (3)의 평가사례	경매목적 평가

물음1) 상기의 거래사례 (1)에 대하여, (자료 1)과 (자료 2)를 활용, 공사중단된 상태의 건물의 공정률을 추정하고, 토지만의 보정된 거래가격과 단가를 구하시오. (10점)

물음2) 상기의 거래사례 (2)에 대하여, (자료 3)과 (자료 4)를 활용, 저당대부액의 신규 인수조건을 고려한 저당지불액 및 저당지불액의 현가합(백원 단위에서 반올림)을 구한 후, 토지의 보정된 거래가격과 단가를 구하시오. (10점)

물음3) 상기의 낙찰사례 (3)에 대하여, (자료 5)를 활용, 토지의 보정된 가격과 단가를 구하되, 낙찰자 입장의 보정된 가격과 평가선례 (4)를 활용한 통계적 측면의 보정된 가격을 각각 구한 후, 그 결과를 평균하여 가격과 단가를 구하시오. 또한, 낙찰사례 (3)과 평가선례 (4)에 대한 가격의 성격 및 보정방식별 특징을 쓰시오. (10점)

자료 1 거래사례 (1)에 대한 개요

1. 토지: 면적은 500㎡이고, 토지만의 정상화 보정을 위하여 건물은 공정률을 고려한 원가법으로 평가하고, 전체 거래가격에서 공제하는 방식을 채택하여 산정하기로 하였다.
2. 건물: 철근콘크리트조 슬래브지붕 3층규모의 원룸형 도시형생활주택으로, 연면적은 1,000㎡이고, 최근 공사가 중단된 상태이며, 현상태의 건물과 토지가 총 14억원에 거래되었다.
3. 공사진행 사항
   - 공정률은 최근 발행된 (자료 2)의 건물신축단가표를 활용하여 간접법으로 산정하며, 신축단가(백원단위에서 반올림)로도 활용할 예정이다.

- 각 공정별로 철근콘크리트공사, 조적공사, 방수공사 등은 완료되었으나, 대부분의 내부공사가 남은 상태이고, 가설물은 존치된 상태이어서 이를 고려할 때, 가설공사가 90% 진행된 것으로 추정하였다.
- 기초 및 토공사는 건물 주변의 되메우기 및 정리가 남은 상태로 80% 진행된 것으로 추정하였다.
- 이외의 공사는 착수되지 아니하였고, 설비부문에 대한 별도의 보정은 고려치 아니하기로 하였다.
- 설계비는 모두 지급되었고, 감리비는 50%만 지급된 상태이다.
- 제경비의 처리에 대하여서는 직접적인 공사비(1 ~ 12번 공사)의 집행정도에 따라 그 비율에 의거 추정할 예정이다.

자료 2 건물신축단가표: 공사항목에 따른 법정비율은 고려치 아니한다.

1. 개요

용도	구조	표준단가(㎡)	내용연수(년)
도시형생활주택 (원룸형)	철근콘크리트조 슬래브지붕	1,600,000	50

2. 단위면적(㎡)당 공사비 적산표

구분	주요공사내역	공사비	구성비
01. 가설공사	공통가설, 일반가설	80,000	5.00
02. 기초 및 토공사	터파기, 되메우기, 잔토처리, 잡석다짐	20,000	1.25
03. 철근콘크리트공사	레미콘, 철근가공조립, 합판거푸집, 유로폼	280,000	17.50
04. 조적공사	시멘트벽돌쌓기(0.5B), 치장벽돌쌓기(0.5B)	20,000	1.25
05. 방수공사	도막방수, 우레탄방수	40,000	2.50
06. 미장공사	시멘트모르타르미장	60,000	3.75
07. 타일공사	자기질타일, 포슬란타일, 석재타일	60,000	3.75
08. 창호공사	칼라알루미늄단열바, 강화도어 등	180,000	11.25
09. 유리공사	로이복층유리 24mm, 강화유리 10mm	20,000	1.25
10. 도장공사	페인트 및 수성페인트(내부), 무늬코트	220,000	13.75
11. 수장공사	압출보온판, 걸레받이, 몰딩, 원목마루	200,000	12.50
12. 기타공사	우편함, 카스토퍼, 맨홀	60,000	3.75
소계		1,240,000	(77.50)
제경비	간접노무비, 산재보험료, 안전관리비, 경비, 일반관리비, 이윤, 건강보험료, 환경보존비	260,000	16.25
건축 공사비 합계		1,500,000	(93.75)
설계비		24,000	1.50
감리비		16,000	1.00
전기기본설비비		60,000	3.75
합계		1,600,000	100%

자료 3 거래사례 (2)에 대한 개요

1. 토지: 면적은 500㎡이고, 유리한 조건의 신규 저당대부가 설정되어 이의 인수를 전제로 거래가 이루어졌다.
2. 건물: 없음
3. 저당대부 관련 사항
   - 본 거래사례 (2)는 매수인이 시장이자율보다 낮은 이율로 승계 가능한 신규 설정된 저당대부를 인수하는 조건으로 매매한 것이다.
   - 거래금액은 10억원이며, 대부비율은 70%여서 차액인 30%만이 매도인에게 지불되었다.
   - 저당기간은 20년이고, 저당이자율은 연간 10%이며, 현재의 전형적인 시장이자율은 연간 12%이다.
   - 한편, 저당대부는 만기까지 존속되는 것을 가정하고, 원리금의 지불은 편의상 연단위로 계산하며, (자료 4)의 연복리표를 활용한다.

자료 4 연복리표(20년, 소수점 다섯째 자리에서 절사함)

이자율	일시불 내가계수	연금 내가계수	감채기금 계수	일시불 현가계수	연금 현가계수	저당상수
10%	6.7275	57.2749	0.0174	0.1486	8.5135	0.1174
12%	9.6462	72.0524	0.0138	0.1036	7.4694	0.1338

자료 5 낙찰사례 (3)에 대한 개요

1. 토지: 면적은 400㎡이고, 별도 명도비용의 발생이 예상된다.
2. 건물: 없음
3. 경매 관련 사항
   - 낙찰사례 (3)의 가격은 최초의 경매개시 가격의 50%에서 결정되었으며, 평가 선례 (4)는 낙찰사례 자체를 대상으로 한 경매목적의 평가로 평가액은 10억원이 있고, 점유자 및 적치물은 고려치 못한 상태에서 평가가 이루어진 것으로 조사된다.
   - 낙찰자는 점유자 및 그 적치물의 상태를 고려(인수조건)하여 입찰에 참여하였고, 이에 따른 명도비용은 약 1억5천만원이 소요될 것으로 예상되며, 기간이자 및 자가노력비는 고려치 아니하였다.
   - 관련 통계에 의하면, 사례가 속한 지역의 해당기간 평균적인 경매의 낙찰률(최초 평가가격 대비 낙찰가격)은 다음과 같이 조사된다.

구분	상업지역	주거지역	녹지지역	지역평균
낙찰률	90%	80%	70%	80%

   - 한편, 낙찰률의 적용은 낙찰사례가 속한 지역이 주거지역이지만, 녹지지역과 연접하기 때문에 녹지지역과 주거지역 낙찰률의 평균을 적용하였다.

[문제3] 감정평가사 甲은 토지의 장기임차권을 매입하여 지상에 공장 건물을 신축하여 사업체를 운영하고 있는 사업자 乙로부터 일반거래 목적의 감정평가를 의뢰받았다. 이해관계인은 공정한 자산 거액의 산정을 위하여 복수의 감정평가를 요구하고 있다. 제시된 자료를 활용하여 각 물음에 답하시오. (20점)

물음1) 대상토지의 장기임차권 매입금액을 기준으로 한 시산가액을 산정하시오. (6점)

물음2) 토지의 장기임차권 거래사례 중 감정평가에 활용할 거래사례 하나를 선정하여 그 사유를 설명하고, 이를 기준으로 한 시산가액을 산정하시오. (6점)

물음3) 산정된 시산가액을 검토하여 감정평가액을 결정하시오. (4점)

물음4) 복수감정평가의 장단점을 설명하시오. (4점)

자료1 기본적 사항

1. 기준가치: 시장가치
2. 기준시점: 2022.7.16.
3. 대상물건의 개황

소재지 지번	지목	면적(㎡)	용도지역	이용상황	도로접면	형상지세	주위환경
A시 B동 110	공장용지	2,000	일반공업지역	공업용	중로각지	가장형 평지	일반공장지대

4. 대상토지의 장기임차권 내용
   (1) 계약일: 2011년 1월 1일
   (2) 계약기간: 50년(2011년 1월 1일 ~ 2060년 12월 31일)
   (3) 매입금액: 120,000원/㎡
   (4) 계약내용: 토지의 장기임차권 매입금액은 계약일에 토지의 소유권자에게 일괄 지급하고, 계약기간 50년 동안 토지상에 건물과 공작물의 설치 등 토지를 안정적으로 사용할 수 있으며, 장기임차권 만료일이 경과되면 토지와 건물 등 모든 시설의 소유권은 토지의 소유권자에게 무상으로 반납된다.

자료 2 시점수정 자료

1. 토지의 장기임차권에 대한 변동률이 고시되지 아니하며 당해 시의 공업지역 지가변동률을 적용함
2. 지가변동률

구분	A시 공업지역(%)	비고
2011.1.1. ~ 2011.12.31.	5.001	누계
2012.1.1. ~ 2012.12.31.	6.505	누계
2013.1.1. ~ 2013.12.31.	6.312	누계
2014.1.1. ~ 2014.12.31.	7.322	누계
2015.1.1. ~ 2015.12.31.	8.457	누계
2016.1.1. ~ 2016.12.31.	5.023	누계
2017.1.1. ~ 2017.12.31.	4.505	누계
2018.1.1. ~ 2018.12.31.	3.255	누계
2019.1.1. ~ 2019.12.31.	2.975	누계
2020.1.1. ~ 2020.12.31.	2.523	누계
2021.1.1. ~ 2021.12.31.	2.350	누계
2022.1.1. ~ 2022.5.31.	1.244	누계
2022.5.1. ~ 2022.5.31.	0.198	5월

※ 지가변동률은 2022년 6월 이후는 고시되지 않아서 5월 지가변동률을 연장·추정하여 적용함

자료 3 잔존가치율 산정 자료

토지 장기임차권의 상각은 정액법에 따르고, 상각은 월 단위 만월 상각을 적용하며, 잔존가치율 산정은 소수점 넷째 자리를 반올림하여 셋째 자리까지 표기한다.

자료 4 토지의 장기임차권 거래사례

대상토지의 인근지역에 위치하고 확인 가능한 토지의 장기임차권 거래사례는 다음 표와 같으며, 검토 결과 거래가액은 적정한 것으로 판단됨

기호	소재지 지번	지목	면적 (㎡)	용도 지역	이용 상황	도로 접면	형상지세	단가 (원/㎡)	계약일	계약기간
가	A시 B동 115	공장용지	2,800	일반공업지역	공업용	광대한면	가장형 평지	130,000	2011.7.16.	계약일로부터 50년
나	A시 B동 210	공장용지	3,000	일반공업지역	공업용	중로한면	정방형 평지	280,000	2022.7.1.	계약일로부터 50년
다	A시 B동 220	공장용지	800	일반공업지역	상업용	중로한면	정방형 평지	450,000	2022.7.1.	계약일로부터 50년
라	A시 B동 230	공장용지	1,200	준공업지역	공업용	중로각지	세장형 평지	360,000	2022.7.5.	계약일로부터 50년

자료 5 토지의 개별요인

1. A시 B동 공업지대 가로조건, 획지조건의 개별요인 비교치는 아래와 같으며, 나머지 개별요인은 대등한 것으로 상정함
2. A시 B동 공업지대의 가로조건

구분	광대한면	중로각지	중로한면
광대한면	1.00	0.97	0.95
중로각지	1.03	1.00	0.98
중로한면	1.05	1.02	1.00

3. A시 B동 공업지대의 획지조건

구분	정방형	가장형	세장형
정방형	1.00	1.01	0.99
가장형	0.99	1.00	0.98
세장형	1.01	1.02	1.00

자료 6 기타 사항

1. 시점수정치인 지가변동률은 백분율로서 소수점 넷째 자리를 반올림하여 셋째 자리까지 표기한다.
2. 단가 산정은 천원 미만 단위에서 반올림하여 천원 단위까지 표기한다.
3. 개별요인 산정은 소수점 넷째 자리를 반올림하여 셋째 자리까지 표기한다.
4. 주어진 자료 이외의 사항은 고려하지 아니한다.

[문제4] 부동산을 명도받기 위한 소송을 제기한 임대인 원고에 맞서, 임차인이자 개인사업자인 피고는 「상가건물 임대차보호법」의 권리금 회수기회 보호 등의 규정을 들어 원고로부터 권리금의 지급을 요청하는 '감정신청서'를 법원에 제출하였다. 재판장은 피고의 감정신청을 받아들여 감정평가사 甲에게 권리금에 대한 감정평가를 의뢰하였다. 제시된 자료를 활용하여 대상 사업체의 권리금을 산정하시오. (단, 권리금은 시설권리금, 영업권리금, 바닥권리금으로 구분하여 제시할 것) (10점)

자료 1 기본적 사항

1. 기준가치: 시장가치
2. 기준시점: 2022년 7월 16일
3. 대상 사업체의 개황
   (1) 소재지: C시 D동 120
   (2) 업종: 커피숍
   (3) 개업일: 2017년 1월 1일
   (4) 면적: 120㎡

자료 2 시설권리금 자료

1. 시설권리금 대상인 유형재산은 인테리어뿐이며, 사업자는 개업일 당시 인테리어 비용 600,000원/㎡이 소요되었다는 자료를 제출하였고, 제반 상황을 고려할 때 비용은 적정한 것으로 판단됨
2. 기준시점의 재조달원가는 개업일 당시 비용에 건축공사비지수를 적용하여 산정하며, 조사된 건축공사비지수는 다음 표와 같다.

구분	2017년 1월	2022년 7월
건축공사비지수	112	147

※ 건축공사비 변동률 산정은 일할계산하지 않고, 해당 월에 고시된 건축공사비지수를 적용하며, 소수점 넷째 자리를 반올림하여 셋째 자리까지 표기함

3. 단가 산정은 천원 단위 미만에서 반올림하여 천원 단위까지 표기함
4. 감가수정은 정액법에 따르고, 총내용연수는 동종업의 인테리어 수명 주기를 고려하여 10년으로 하며, 연 단위 만년감가를 적용함

자료 3 영업권리금 자료

1. 영업권리금 산정을 위한 영업이익은 기준시점 이전 3년의 평균영업이익인 연간 23,000,000원으로 하였음
2. 개인사업자로서 영업이익에서 공제해야 하는 비용은 자가인건비 상당액으로 기준시점 이전 3년 평균인 연간 19,000,000원으로 하였으며, 감가상각비는 고려하지 않음
3. 무형재산 귀속 영업이익은 브랜드를 선호하는 업종의 특성을 고려할 때, 50%를 적용하는 것이 타당한 것으로 판단됨
4. 인근지역 브랜드 커피숍 증가로 기준시점 이후 영업이익은 동일할 것으로 추정함
5. 할인기간은 5년으로 하고, 기준시점 이후 5년간 추정된 영업이익에 대응하는 할인율은 아래 표와 같음

구분	1년	2년	3년	4년	5년
할인율	0.899	0.808	0.726	0.653	0.587

자료 4 바닥권리금 자료

대상 사업체가 속한 상권은 위치와 업종, 가로의 상태에 따라 일부 바닥권리금이 형성되는 상가가 있으나, 시설권리금과 영업권리금을 받을 수 있는 상가는 별도의 바닥권리금이 없는 것으로 조사됨

2023년 제34회 감정평가실무 기출

> **공통 유의사항**
> 1. 각 문제는 해답 산정 시 산식과 도출과정을 반드시 기재
> 2. 단가는 관련 규정에서 정하고 있는 사항을 제외하고 천원 미만은 절사, 그 밖의 요인 보정치는 소수점 셋째 자리 이하 절사

[문제1] 감정평가사 甲은 (주)A자산운용으로부터 현황 부동산(이하 '대상부동산') 및 최유효이용 상정 부동산(이하 '최유효이용 부동산')에 대해 감정평가를 의뢰받았다. 제시된 자료를 활용하여 다음 물음에 답하시오. (40점)

물음1) 공시지가기준법 및 원가법으로 대상부동산을 감정평가하시오. (5점)

물음2) 거래사례비교법으로 대상부동산을 감정평가하시오. (5점)

물음3) 수익환원법(직접환원법)으로 대상부동산을 감정평가하시오. (5점)

물음4) 물음1) ~ 물음3)의 시산가액을 기준으로 대상부동산의 감정평가액을 결정하시오. (5점)

물음5) 할인현금흐름분석법을 적용하여 최유효이용 부동산을 감정평가하시오. (15점)

물음6) 최유효이용에 미달하는 부분의 가치를 구하시오. (5점)

자료 1 대상부동산 및 최유효이용 부동산 개요

1. 기준가치: 시장가치
2. 기준시점: 2023.7.15.
3. 대상부동산 개요

   (1) 토지

소재지	지목	면적 (㎡)	용도지역	이용상황	도로접면	형상지세	주위환경
K구 S동 100	대	800	일반상업	업무용	광대소각	세장형 평지	업무지대

   (2) 건물

소재지	구조	층수	연면적 (㎡)	용도	급수	비고
K구 S동 100	철근 콘크리트조	지하 2층/ 지상 5층	2,700	업무용	3	사용승인일: 1985.7.10.

4. 최유효이용 부동산 개요

   (1) 토지

소재지	지목	면적 (㎡)	용도지역	이용상황	도로접면	형상지세	주위환경
K구 S동 100	대	800	일반상업	업무용	광대소각	세장형 평지	업무지대

   (2) 건물

소재지	구조	층수	연면적 (㎡)	용도	급수	비고
K구 S동 100	철근 콘크리트조	지하 5층/ 지상 18층	9,600	업무용	1	사용승인일: 2025.7.15.

자료 2   표준지공시지가

(공시기준일: 2023.1.1)

기호	소재지	지목	면적(㎡)	이용상황	용도지역	도로교통	형상지세	공시지가(원/㎡)
1	K구 S동 90	대	900	상업용	일반상업	중로한면	정방형 평지	54,000,000
2	K구 S동 120	대	850	업무용	일반상업 3종일주	광대한면	부정형 평지	80,000,000
3	K구 S동 140	대	1,200	업무용	근린상업	광대세각	정방형 평지	90,000,000
4	K구 S동 160	대	1,000	업무용	중심상업	광대소각	정방형 평지	100,000,000
5	K구 S동 190	대	900	업무용	일반상업	광대소각	정방형 평지	90,000,000
6	S구 R동 150	대	1,250	업무용	중심상업	광대세각	정방형 평지	95,000,000
7	S구 R동 200	대	700	상업용	일반상업	중로각지	정방형 평지	68,000,000

※ 1) S구 R동은 K구 S동과 동일수급권 내 유사지역에 소재함
2) 기호 1, 7은 노선 상가지대, 기호 2 ~ 6은 업무지대에 소재함
3) 일반상업과 근린상업, 일반상업과 중심상업, 근린상업과 중심상업은 지역격차가 있음
4) 기호 2의 3종일주 면적은 30%임

자료 3   인근지역 평가사례 및 거래사례

1. 평가사례(평가목적: 일반거래)

기호	소재지	지목	면적(㎡)	용도지역	이용상황	도로접면	형상지세	기준시점	토지단가 (원/㎡)
가	K구 S동 80	대	770	일반상업	상업용	중로한면	정방형 평지	2022.2.1.	55,500,000
나	K구 S동 115	대	3,000	일반상업 3종일주	업무용	광대한면	세장형 평지	2023.3.3.	85,000,000
다	K구 S동 185	대	2,000	일반상업	상업용	광대한면	가장형 평지	2020.6.1.	80,000,000
라	K구 S동 200	대	850	일반상업	업무용	광대한면	세장형 평지	2023.7.1.	90,000,000
마	K구 S동 250	대	1,360	일반상업	업무용	중로한면	가장형 평지	2021.1.1.	52,000,000

※ 기호 나 3종일주에 속하는 면적은 미미하여 일반상업으로 판단함

2. 거래사례
   (1) 거래사례 #1
      - 소재지: K구 S동 70
      - 총 거래가격: 45,000,000,000원
      - 거래시점: 2023.4.1.
      - 토지: 일반상업, 상업용, 750㎡, 중로한면, 세장형, 평지
      - 건물

구조	급수	연면적(㎡)	사용승인일	부대설비 내역
철근콘크리트조	2	3,000	2016.2.20.	대상건물과 유사함

      - 기타사항: 노선 상가지대에 위치하며, 정상 거래사례임

(2) 거래사례 #2
- 소재지: K구 S동 380
- 총 거래가격: 71,400,000,000원
- 거래시점: 2023.2.1.
- 토지: 일반상업, 업무용, 840㎡, 광대세각, 세장형, 평지
- 건물

구조	급수	연면적(㎡)	사용승인일	부대설비 내역
철근콘크리트조	3	2,500	1984.1.25.	대상건물과 유사함

- 기타사항: 업무지대에 소재하며, 정상 거래사례임

(3) 거래사례 #3
- 소재지: K구 S동 355
- 총 거래가격: 48,750,000,000원
- 거래시점: 2023.5.1.
- 토지: 일반상업, 업무용, 650㎡, 광대소각, 부정형, 평지
- 건물

구조	급수	연면적(㎡)	사용승인일	부대설비 내역
철근콘크리트조	4	2,000	1979.2.19.	대상건물과 유사함

- 기타사항: 업무지대에 위치하며, 건물 노후화로 총 거래가격에 건부감가가 포함되어 있는 사례임

(4) 거래사례 #4
- 소재지: K구 S동 60
- 총 거래가격: 47,740,000,000원
- 거래시점: 2023.4.1.
- 토지: 일반상업, 업무용, 770㎡, 중로한면, 가장형, 평지
- 건물

구조	급수	연면적(㎡)	사용승인일	부대설비 내역
철근콘크리트조	4	2,500	1983.3.29.	대상건물과 유사함

- 기타사항: 노선 상가지대에 위치하며, 정상 거래사례임

자료 4 시점수정 관련 자료

1. 지가변동률(S시 K구)

구분	주거지역(%)	상업지역(%)
2020.6.1. ~ 2023.7.15.(누계)	15.345	16.565
2021.1.1. ~ 2023.7.15.(누계)	11.050	12.115
2022.2.1. ~ 2023.7.15.(누계)	7.585	7.885
2023.1.1. ~ 2023.6.30.(누계)	1.270	1.295
2023.2.1. ~ 2023.7.15.(누계)	1.150	1.165
2023.3.3. ~ 2023.7.15.(누계)	1.020	1.035
2023.4.1. ~ 2023.7.15.(누계)	1.050	1.070
2023.5.1. ~ 2023.7.15.(누계)	1.010	1.020
2023.6.1. ~ 2023.6.30.	0.100	0.150

※ 2023년 7월 이후 지가변동률은 미고시되었음

2. 오피스빌딩 자본수익률(S시 K구)

구분	2022년 3분기	2022년 4분기	2023년 1분기	2023년 2분기
자본수익률(%)	0.22	0.26	0.20	0.24

3. 건축비지수는 변동이 없다고 가정함

자료 5 지역요인 관련 자료

1. 대상부동산과 동일한 구(區)에 소재하는 표준지공시지가, 평가사례 및 거래사례는 지역요인이 동일함
2. 다른 구(區)에 소재하는 표준지공시지가, 평가사례 및 거래사례는 지역요인의 비교가 필요함

자료 6 개별요인 관련 자료

1. 가로조건(각지인 경우 가로조건에서 반영함)

구분	광대한면	광대소각	광대세각	중로한면	중로각지	소로한면	소로각지
광대한면	1.00	1.10	1.06	0.96	0.98	0.86	0.90
광대소각	0.93	1.00	0.97	0.88	0.92	0.79	0.83
광대세각	0.96	1.05	1.00	0.91	0.95	0.82	0.86
중로한면	1.06	1.16	1.12	1.00	1.05	0.90	0.95
중로각지	1.02	1.11	1.07	0.97	1.00	0.87	0.91
소로한면	1.19	1.29	1.25	1.13	1.17	1.00	1.05
소로각지	1.13	1.23	1.19	1.08	1.12	0.97	1.00

2. 획지조건

구분	정방형	가장형	세장형	사다리형	부정형
정방형	1.00	1.00	0.97	0.93	0.91
가장형	1.00	1.00	0.97	0.93	0.91
세장형	1.02	1.02	1.00	0.95	0.93
사다리형	1.06	1.06	1.04	1.00	0.96
부정형	1.10	1.10	1.08	1.04	1.00

3. 상기 제시된 조건 이외의 다른 조건은 동일함

자료 7 토지, 건물 일괄 거래사례비교법 적용 개별요인 관련 자료

1. 개별요인

    (1) 대상물건/거래사례 #1

구분	입지적 특성	기능적 특성	물리적 특성
대상물건	115	100	95
거래사례 #1	100	100	100

    (2) 대상물건/거래사례 #2

구분	입지적 특성	기능적 특성	물리적 특성
대상물건	104	100	100
거래사례 #2	100	100	100

    (3) 대상물건/거래사례 #3

구분	입지적 특성	기능적 특성	물리적 특성
대상물건	100	100	105
거래사례 #3	100	100	100

    (4) 대상물건/거래사례 #4

구분	입지적 특성	기능적 특성	물리적 특성
대상물건	115	100	105
거래사례 #4	100	100	100

2. 토지, 건물 일괄 개별요인은 상승식으로 계산하되 소수점 셋째 자리에서 반올림하여 둘째 자리까지 표기하고, 제시된 특성 이외의 특성은 동일함

자료 8 재조달원가 및 감가수정 관련 자료

1. 표준단가

용도	구조	급수	표준단가(원/㎡)	내용연수(년)
업무시설	철근콘크리트조 (5층 ~ 15층 이하)	1	2,000,000	50
업무시설	철골철근콘크리트조 (10층 ~ 20층 이하)	1	2,300,000	55
업무시설	철근콘크리트조 (5층 ~ 15층 이하)	2	1,700,000	50
업무시설	철골철근콘크리트조 (10층 ~ 20층 이하)	2	2,000,000	55
업무시설	철근콘크리트조 (5층 ~ 15층 이하)	3	1,500,000	50
업무시설	철근콘크리트조 (5층 ~ 15층 이하)	4	1,300,000	50
업무시설	철근콘크리트조 (5층 ~ 15층 이하)	5	1,200,000	50

2. 부대설비 보정단가는 상기 표준단가에 포함되었음
3. 건물 잔가율은 0%임
4. 건물의 감가수정은 정액법(만년감가)을 적용함
5. 최유효이용 건물의 건축비는 표준단가를 적용함

자료 9 대상부동산 및 최유효이용 부동산의 시장임대료 관련 자료

1. 대상부동산 관련 시장임대료

구분	임대사례 1	임대사례 2	임대사례 3	대상부동산
소재지	S시 K구 S동	S시 K구 S동	S시 K구 S동	S시 K구 S동 100
건물명	가 빌딩	나 빌딩	다 빌딩	○○ 빌딩
층(지상/지하)	17F/B3	5F/B2	5F/B2	5F/B2
구조	철골철근 콘크리트	철근 콘크리트	철근 콘크리트	철근 콘크리트
건물연면적(m^2)	10,000	2,800	2,600	2,700
토지면적(m^2)	900	850	750	800
용적률(%)	800	230	210	220
용도지역	일반상업	일반상업	일반상업	일반상업
사용승인(년)	2022	1986	1987	1985
오피스빌딩 하위시장	B북부	B북부	B남부	B북부
보증금(원/m^2)	300,000	270,000	260,000	250,000
월임대료(원/m^2)	30,000	27,000	26,000	25,000
월관리비(원/m^2)	15,000	12,000	11,000	12,000
비고	시장임대료	시장임대료	시장임대료	계약임대료

※ 1) 오피스빌딩 하위시장이 다른 경우 그 격차는 〈자료 10〉을 기준으로 보정해야 함
  2) 시장임대료 및 계약임대료는 기준시점에서 조사된 임대료이며, 연면적을 기준으로 함

2. 최유효이용 부동산 관련 시장임대료

구분	임대사례 4	임대사례 5	임대사례 6	최유효이용 부동산
소재지	S시 K구 S동	S시 K구 S동	S시 K구 S동	S시 K구 S동 100
건물명	라 빌딩	마 빌딩	바 빌딩	○○ 빌딩
층(지상/지하)	19F/B5	17F/B5	18F/B5	18F/B5
구조	철골철근 콘크리트	철골철근 콘크리트	철골철근 콘크리트	철골철근 콘크리트
건물연면적(㎡)	10,000	9,000	12,000	9,600
토지면적(㎡)	950	850	1,000	800
용적률(%)	799	780	800	800
용도지역	일반상업	일반상업	일반상업	일반상업
사용승인(년) (사용승인예정)(년)	2021	2022	2018	(2025)
오피스빌딩 하위시장	B남부	B북부	B북부	B북부
보증금(원/㎡)	270,000	300,000	290,000	-
월임대료(원/㎡)	27,000	30,000	29,000	-
월관리비(원/㎡)	14,000	15,000	15,000	-
비고	시장임대료	시장임대료	시장임대료	-

※ 1) 오피스빌딩 하위시장이 다른 경우 그 격차는 〈자료 10〉을 기준으로 보정해야 함
  2) 시장임대료는 기준시점에서 조사된 최유효이용 부동산 관련 시장임대료이며, 연면적을 기준으로 함

자료 10 수익환원법 적용 관련 자료

1. 오피스빌딩 하위시장의 격차를 보정하는 자료는 조사가 불가능함
2. 렌트프리(Rent Free)는 없음
3. 임대사례와 대상부동산 및 최유효이용 부동산의 개별요인은 동일함
4. 직접환원법 및 할인현금흐름분석법에 적용할 조건은 다음과 같음
   (1) 환원율은 투자결합법으로 산출한 결과 연 4.5%임
   (2) 보증금 운용수익률은 연 3%, 공실손실상당액 및 대손충당금은 가능총수익의 5%, 보증금·연간 임대료·연간 관리비 상승율은 연 2%, 할인율은 시장에서 발표된 부동산투자수익률 및 물가상승률을 고려할 때 연 5%임
   (3) 직접환원법에 적용할 운영경비는 연간 관리비 중 70%, 할인현금흐름분석법에 적용할 운영경비는 연간 관리비 중 60%임
   (4) 복귀가액은 내부추계법을 적용하며, 재매도비용은 2%임
   (5) 대상부동산이 속한 B북부 오피스빌딩 하위시장은 최유효이용 부동산이 사용승인 된 후 인근지역에 GTX-A 노선 역이 신설 예정이고, C그룹 본사의 오피스빌딩이 신축되는 등 개발호재로 인해 복귀가액 산정을 위한 최종환원율은 할인율에서 0.5%p를 공제하여 적용하는 것이 타당한 것으로 조사됨
   (6) 할인현금흐름분석법은 최유효이용 부동산을 5년 보유 후 6년차에 매도하는 것으로 가정함

(7) 할인율 및 기별 현재가치 계수는 다음과 같음

구분	1기	2기	3기	4기	5기	6기
4.0%	0.961	0.924	0.889	0.854	0.821	0.790
4.5%	0.956	0.915	0.876	0.838	0.802	0.767
5.0%	0.952	0.907	0.863	0.822	0.783	0.746
5.5%	0.947	0.898	0.851	0.807	0.765	0.725

자료 11 기타 자료

1. 표준지공시지가 및 사례 선정 시 선정사유를 반드시 기재
2. 개별요인은 상승식으로 산출하되, 소수점 셋째 자리에서 반올림하여 둘째 자리까지 표기
3. 그 밖의 요인 보정치는 "표준지 기준 산정방식"을 적용
4. 각 감정평가방법의 시산가액은 천만원 단위 이하에서 절사하여 억원 단위로 표기
5. 최유효이용에 미달하는 거래사례의 총 거래가격은 토지 면적을 기준으로 거래되어 시점수정은 <자료 4> 시점수정 관련 자료를 적용
6. 할인현금흐름분석법의 현금흐름표는 1 ~ 6년차를 모두 기재
7. 대상부동산의 감정평가액은 공시지가기준법 및 원가법 시산가액의 40%, 거래사례비교법 시산가액의 30%, 수익환원법 시산가액의 30%로 적용하여 조정 및 결정
8. 대상부동산 건물의 철거비는 고려하지 않음

[문제2] 감정평가사 甲은 ○○가로주택정비사업의 관리처분계획수립을 위한 종전자산 및 종후자산 감정평가를 의뢰받았다. 관련 법규 및 이론에 의거 제시된 자료를 활용하여 다음 물음에 답하시오. (30점)

물음1) 종전자산을 감정평가하시오. (20점)

물음2) 가로주택정비사업에 따른 조합원 F의 분담금(또는 환급금)을 구하시오. (5점)

물음3) 가로주택정비사업의 관리처분계획 수립을 위한 종전자산 감정평가와 종후자산 감정평가 업무 수행 시 유의사항을 비교하여 설명하시오. (5점)

자료 1 공통사항

1. 비교사례 선정 시 선정사유 및 제외사유를 기재
2. 요인비교치는 상승식으로 산출하되, 소수점 셋째 자리에서 반올림하여 둘째 자리까지 표기
3. 감정평가액은 십만원 단위에서 반올림하여 백만원 단위까지 표기
4. 조합원 F는 종후자산(아파트) 중 101동 5층 502호를 분양받을 예정
5. 비례율 산정 시 소수점 셋째 자리에서 반올림하여 둘째 자리까지 표기

자료 2 사업추진 경과

- 2022.9.15.: 조합설립인가
- 2022.12.15.: 감정평가법인 약정 체결
- 2023.2.15.: 건축심의 신청
- 2023.3.15.: 건축심의 조건부 의결
- 2023.5.15.: 건축심의 결과 통지서 수령
- 2023.6.15.: 종전자산 현장조사 실시
- 2023.7.15.: 종전자산 현장조사 완료

자료 3 종전자산 평가목록

1. 종전자산 건축물 현황

소재지	평가동 1-1번지	평가동 1-2번지
건물명	○○빌라 가동	○○빌라 나동
구조	연와조 스라브지붕 3층	연와조 스라브지붕 3층
주용도	다세대주택	다세대주택
사용승인일	1985.1.2.	1985.1.7.
건축면적/연면적	73.2㎡ / 219.6㎡	74.4㎡ / 223.2㎡
세대수	6	6
향	남향	동향
형태	계단식	계단식

2. 토지 등 소유자 명부

| 연번 | 부번 | 조합원 | 물건내역 ||| 권리내역 ||||| 비고 |
| | | | 동 | 층 | 호 | 토지(㎡) || 건축물(㎡) ||| |
						지목	지분	구조	전유	공용	
1	1	A	가	1	101	대	24.6	연와조	32.2	4.4	
2	1	B	가	1	102	대	12.3	연와조	16.1	2.2	공유
2	2	C	가	1	102	대	12.3	연와조	16.1	2.2	공유
3	1	D	가	2	201	대	24.6	연와조	32.2	4.4	
4	1	E	가	2	202	대	24.6	연와조	32.2	4.4	
5	1	F	가	3	301	대	24.6	연와조	32.2	4.4	
6	1	G	가	3	302	대	12.3	연와조	16.1	2.2	공유
6	2	H	가	3	302	대	12.3	연와조	16.1	2.2	공유
7	1	I	나	1	101	대	25.2	연와조	32.8	4.4	
8	1	J	가	1	102	대	12.6	연와조	16.4	2.2	공유
8	2	K	가	1	102	대	12.6	연와조	16.4	2.2	공유
9	1	L	가	2	201	대	25.2	연와조	32.8	4.4	
10	1	M	가	2	202	대	25.2	연와조	32.8	32.8	
11	1	N	가	3	301	대	25.2	연와조	32.8	32.8	
12	1	O	가	3	302	대	25.2	연와조	32.8	32.8	

자료 4 거래사례

1. 거래사례(1)
    (1) 소재지: 평가동 1-1번지 ○○빌라 가동 1층 102호(사용승인일: 1985.1.2.)
    (2) 거래시점: 2020.3.10.
    (3) 거래금액: 300,000,000원
    (4) 건물내역: 전유(32.2㎡), 공용(4.4㎡), 소유권대지권(24.6㎡), 남향, 계단식
    (5) 기타사항: 당해 정비사업에 따른 개발이익이 포함되지 않은 정상거래사례임

2. 거래사례(2)
    (1) 소재지: 평가동 1-2번지 ○○빌라 나동 2층 202호(사용승인일: 1985.1.7.)
    (2) 거래시점: 2022.10.10.
    (3) 거래금액: 450,000,000원
    (4) 건물내역: 전유(32.8㎡), 공용(4.4㎡), 소유권대지권(25.2㎡), 동향, 계단식
    (5) 기타사항: 인테리어비용이 포함된 거래로 사업구역 내 가장 최근 거래사례임

3. 거래사례(3)
    (1) 소재지: 평가동 6번지 일동빌라 2층 202호(사용승인일: 1982.4.20.)
    (2) 거래시점: 2023.3.20.
    (3) 거래금액: 300,000,000원
    (4) 건물내역: 전유(29.5㎡), 공용(4.05㎡), 소유권대지권(22.5㎡), 서향, 복도식
    (5) 기타사항: 2인이 공유로 매수한 정상거래사례임

4. 거래사례(4)
    (1) 소재지: 평가동 5번지 이동빌라 1층 101호(사용승인일: 1988.2.10.)
    (2) 거래시점: 2023.4.28.
    (3) 거래금액: 350,000,000원
    (4) 건물내역: 전유(30㎡), 공용(3.05㎡), 소유권대지권(10㎡), 남향, 계단식
    (5) 기타사항: 사례는 △△가로주택정비사업을 위한 추진위원회가 구성되어 있음

5. 거래사례(5)
    (1) 소재지: 평가동 7번지 삼동빌라 2층 204호(사용승인일: 1987.3.16.)
    (2) 거래시점: 2023.7.10.
    (3) 거래금액: 500,000,000원
    (4) 건물내역: 전유(33.5㎡), 공용(5.5㎡), 소유권대지권(25.5㎡), 동향, 복도식
    (5) 기타사항: 법인이 소유한 물건으로 정상거래사례임

자료 5 시점수정 자료

거래사례(1)	거래사례(2)	거래사례(3)	거래사례(4)	거래사례(5)
1.05131	0.96353	0.99209	0.99702	0.98722

자료 6 지역요인 자료

평가대상과 거래사례는 인근지역에 소재하여 지역요인은 대등함

자료 7 가치형성요인 자료

1. 외부요인

거래사례(1)	거래사례(2)	거래사례(3)	거래사례(4)	거래사례(5)
1.00	1.00	1.05	1.10	0.95

2. 내부요인

거래사례(1)	거래사례(2)	거래사례(3)	거래사례(4)	거래사례(5)
1.00	1.00	0.97	1.00	1.02

3. 호별요인

   (1) 층별 효용비율

구분	지하 1층	1층	2층	3층	4층
지하 1층	1.00	1.11	1.17	1.14	1.09
1층	0.90	1.00	1.05	1.03	0.98
2층	0.86	0.95	1.00	0.98	0.93
3층	0.87	0.97	1.02	1.00	0.95
4층	0.92	1.02	1.07	1.05	1.00

   (2) 향별 효용비율

구분	동향	서향	남향	북향
동향	1.00	0.98	1.02	0.95
서향	1.02	1.00	1.04	0.97
남향	0.98	0.96	1.00	0.93
북향	1.05	1.03	1.07	1.00

(3) 형태별 효용비율

구분	계단식	복도식
계단식	1.00	0.95
복도식	1.05	1.00

(4) 주거환경 영향지수

주거환경 영향지수는 전문기관이 수행한 다음 자료를 적용

구분	일조지수	조망지수	소음지수	사생활 침해지수	주거환경 영향지수
명부 연번 1	0.97	0.95	0.99	1.01	0.92
명부 연번 2	0.98	0.95	0.99	1.01	0.93
명부 연번 3	0.98	0.96	1.00	1.01	0.95
명부 연번 4	0.98	0.96	1.01	1.01	0.96
명부 연번 5	0.98	0.97	1.01	1.02	0.98
명부 연번 6	0.99	0.97	1.01	1.02	0.99
명부 연번 7	0.98	0.97	0.98	1.01	0.94
명부 연번 8	0.98	0.97	0.99	1.01	0.95
명부 연번 9	0.99	0.97	0.99	1.02	0.97
명부 연번 10	0.99	1.00	0.99	1.02	1.00
명부 연번 11	1.01	1.00	0.99	1.02	1.02
명부 연번 12	1.01	1.00	0.99	1.05	1.05
거래사례(3)	0.98	0.99	1.02	0.98	0.97
거래사례(4)	0.97	0.97	0.99	1.01	0.94
거래사례(5)	0.99	1.01	0.99	0.99	0.98

4. 기타요인

제시된 자료 이외 기타 가격에 영향을 미치는 요인은 없음

자료 8 종후자산(아파트) 감정평가액

구분	동	층	호	타입	전유 (㎡)	공용 (㎡)	공급 (㎡)	감정평가액 (원)
1	101	2	201	40A	40.11	12.3	52.41	422,000,000
2	101	3	301	40A	40.11	12.3	52.41	426,000,000
3	101	4	401	40A	40.11	12.3	52.41	439,000,000
4	101	5	501	40A	40.11	12.3	52.41	454,000,000
5	101	6	601	40A	40.11	12.3	52.41	472,000,000
6	101	7	701	40A	40.11	12.3	52.41	491,000,000
7	101	8	801	40A	40.11	12.3	52.41	516,000,000
8	101	9	901	40A	40.11	12.3	52.41	539,000,000
9	101	2	202	40B	40.11	12.3	52.41	425,000,000
10	101	3	302	40B	40.11	12.3	52.41	429,000,000
11	101	4	402	40B	40.11	12.3	52.41	442,000,000
12	101	5	502	40B	40.11	12.3	52.41	457,000,000
13	101	6	602	40B	40.11	12.3	52.41	476,000,000
14	101	7	702	40B	40.11	12.3	52.41	495,000,000
15	101	8	802	40B	40.11	12.3	52.41	519,000,000
16	101	9	902	40B	40.11	12.3	52.41	543,000,000
17	101	2	203	40C	40.11	12.3	52.41	424,000,000
18	101	3	303	40C	40.11	12.3	52.41	428,000,000
19	101	4	403	40C	40.11	12.3	52.41	441,000,000
20	101	5	503	40C	40.11	12.3	52.41	456,000,000
21	101	6	603	40C	40.11	12.3	52.41	475,000,000
22	101	7	703	40C	40.11	12.3	52.41	494,000,000
23	101	8	803	40C	40.11	12.3	52.41	518,000,000
24	101	9	903	40C	40.11	12.3	52.41	542,000,000
		합계			962.64	295.2	1,257.84	11,323,000,000

자료 9 정비사업비 관련 제시자료

항목		금액(원)	귀속
토지	원가산입 종전자산가액	물음1) 적용	토지
	시유지 매입비	210,000,000	토지
	측량 및 지질조사 등	110,000,000	토지
	취득세 및 등록세 등	155,000,000	토지
건축비	직접공사비	4,520,000,000	건물
	간접공사비(인입비, 부담금 등)	25,000,000	건물
	설계비, 감리비 등	300,000,000	건물
부대경비	외주용역비(정비사업, 감정평가 등)	150,000,000	공통
	회계감사비, 신탁등기비, 보존등기비 등	265,000,000	공통
	이주정착금, 예비비 등	500,000,000	공통
금융비용	대출수수료	150,000,000	공통
	조합원이주이자	100,000,000	공통
	사업비이자 등	150,000,000	공통
합계(원가산입 종전자산가액 제외)		6,635,000,000	-

[문제3] 감정평가사 甲은 수도권 북동부 소재 A택지개발지구 내에 분양 중인 상업용지 개발과 관련된 자문을 의뢰받았다. 제시된 자료를 활용하여 다음 물음에 답하시오. (20점)

물음1) 해당 토지의 개발이 가능한 임대료(Feasibility Rent)를 구하고, 그 결과를 바탕으로 현재의 개발 타당성을 판단하시오. (10점)

물음2) 현재 개발이 타당하지 않다면, 개발사업에 소요되는 기간을 고려할 경우 얼마 후 사업에 착수하는 것이 타당한지 그 시기를 구하시오. (10점)

자료 1 기본적 사항

1. 토지면적: 3,000㎡
2. 용적률: 250%
3. 토지 분양가격(부대비용 포함): @6,000,000원/㎡
4. 건축비(부대비용 포함): @1,800,000원/㎡
5. 건물 전용률: 60%

자료 2 시장조사 내용 요약

1. 시장임대료(전유면적 기준): 보증금 @400,000원/㎡, 월임료 @40,000원/㎡(전환율: 연 9.0%)
2. 운영경비
   (1) 연간 조세공과(보유세 등): 토지가격 및 건물가격의 0.25%
   (2) 연간 보험료: 건물가격의 0.2%
   (3) 변동비용: 유효총수익(EGI)의 5.0%
   (4) 건물설비 중 엘리베이터(현재 재조달원가 1.2억원)는 내용연수 12년으로 내용연수 만료 시에 신품으로 대체하여야 함
3. 공실률: 6.0%
4. 할인율: 연 7.0%

자료 3 시장전망 요약

1. 최근 금리 상승 등에 따른 영향으로 향후 토지 분양가격 및 건축비, 인근지역의 상업용 부동산가격은 보합세를 보일 것으로 예상됨
2. 개발 착수 후 사용승인까지는 9개월이 소요될 것으로 예상되며, 개발기간 중의 제반비용(금융비용 등)은 고려하지 않음
3. 향후 주변 신축 아파트의 지속적인 입주로 상업시설공간에 대한 안정적인 수요가 있어 사용승인과 더불어 현재 공실률 수준의 임대가 가능할 것으로 예상되며, 시장임대료는 연 5.0%, 운영경비(엘리베이터 가격 포함)는 연 2.0% 상승할 것으로 예상됨

[문제4] 다음과 같이 도로개설사업에 편입되고 남은 토지(잔여지)가 있다. 잔여지손실보상 기준을 약술하고, 적정한 보상액을 구하시오. (10점)

자료 1 기본적 사항

1. 토지면적: 2,000㎡ (편입면적: 1,700㎡)
2. 토지특성: 소로한면 / 세장형 / 평지
3. 편입토지 보상평가액(평균): @600,000원/㎡

자료 2 토지특성 자료

1. 도로접면

구분	소로한면	세로(가)	세로(불)	맹지
소로한면	1.00	0.90	0.80	0.65
세로(가)	1.10	1.00	0.89	0.72
세로(불)	1.25	1.12	1.00	0.81
맹지	1.53	1.38	1.23	1.00

2. 형상

구분	가장(정방)형	세장형	사다리형	부정형
가장(정방)형	1.00	0.98	0.97	0.92
세장형	1.02	1.00	0.99	0.94
사다리형	1.03	1.01	1.00	0.95
부정형	1.08	1.06	1.05	1.00

3. 고저

구분	평지	완경사	급경사	저지
평지	1.00	0.98	0.92	0.90
완경사	1.02	1.00	0.94	0.92
급경사	1.08	1.06	1.00	0.98
저지	1.11	1.08	1.02	1.00

자료 3 기타 자료

1. 잔여지 특성: 맹지 / 부정형 / 저지
2. 잔여지는 도로사업의 시행으로 맹지가 됨은 물론 일반적인 경우와는 달리 기존의 마을과 단절되어 마을과 연결되는 통로의 개설이 필요한 상태로 사업시행자도 이를 인정하고 있음
3. 마을과 잔여지를 연결하는 통로[세로(가)]의 개설 비용: 150,000,000원/식(제반 부대비용을 포함)

2024년 제35회 감정평가실무 기출

공통 유의사항
1. 각 문제는 해답 산정 시 산식과 도출과정을 반드시 기재
2. 개별 문제에서 제시하는 바에 따름
3. 그 밖의 요인 보정치는 소수점 셋째 자리 이하 절사

[문제1] 감정평가사 甲은 중앙토지수용위원회로부터 수용재결평가를 의뢰받았다. 관련 법규 및 이론을 참고하고, 제시된 자료를 활용하여 다음의 물음에 답하시오. (40점)

물음1) 대상토지의 감정평가에서 <자료 4>의 연도별 표준지공시지가 중 적정한 비교표준지의 공시기준일을 정하고 그 근거를 제시하시오. (10점)

물음2) 대상토지의 감정평가에서 적용할 지가변동률은 첫째, 비교표준지가 소재하는 해당 시·군·구의 용도지역별 지가변동률, 둘째, 해당 공익사업과 관계없는 인근 시·군·구의 용도지역별 지가변동률 중 어느 것인지를 결정하고 그 근거를 제시하시오. (10점)

물음3) 대상토지에 대하여 시산가액에 대한 합리성 검토는 생략하고 보상평가액을 산정하시오. (10점)

물음4) 대상지장물인 건물에 대한 보상평가액을 <자료 10>과 <자료 11>을 참고하여 산정하시오. (10점)

자료 1　평가개요

1. 의뢰인: 중앙토지수용위원회위원장
2. 사업시행자: ○○공사
3. 평가목적: 수용재결
4. 평가의뢰일자: 2024.6.1.
   제시된 가격시점(재결일): 2024.7.1.
   사업인정고시일: 2015.12.30.

자료 2　사업개요

1. 사업명: ○○산업단지 재생사업지구 기반시설공사
2. 사업시행지의 위치: A광역시 B구 C동 10번지 일원
3. 사업의 규모: 500,000m²
4. 사업추진 경위
   - 2009.9.30.: 재생사업 우선사업지구 선정(국토교통부)
   - 2010.2.25.: ○○산업단지 재생계획 수립용역 착수
   - 2013.12.30.: 재생사업지구 지정(재생계획) 및 지형도면 고시
   - 2015.12.30.: 재생사업지구 지정(재생계획) 변경, 재생시행계획 승인 고시 및 지형 도면 고시

자료 3　의뢰목록

1. 대상토지 목록

일련번호	소재지	지목	이용상황	전체면적(m²)	편입면적(m²)	용도지역	도로교통	형상지세	주위환경	피수용자
1	B구 C동 10	공장용지	공업용	990	990	일반공업	소로한면	사다리형 평지	기존공장지대	乙

2. 지장물 목록

일련번호	소재지	물건의 종류	구조 및 규격	수량(m²)	사용승인일	등급	내용연수(년)	피수용자
가	B구 C동 10	공장	철골조 철골지붕틀 샌드위치판넬 잇기	660	2012.3.2.	중급	40	乙

자료 4 사업지구 내 표준지공시지가 현황

기호		1	2	3	4	5
소재지		B구 C동 70	B구 C동 100	B구 C동 200	B구 C동 300	B구 C동 400
면적(㎡)		850	450	600	290	1,800
지목		공장용지	대	공장용지	공장용지	대
이용상황		공업용	주상용	공업용	공업용	공업용
용도지역		일반공업	일반공업	일반공업	일반공업	일반공업
도로교통		소로각지	중로한면	소로한면	세로(가)	중로한면
형상 지세		세장형 평지	세장형 평지	부정형 평지	세장형 평지	가장형 평지
연도별 표준지 공시지가 (원/㎡)	2013.1.1.	700,000	900,000	690,000	610,000	850,000
	2014.1.1.	770,000	970,000	760,000	680,000	920,000
	2015.1.1.	850,000	1,030,000	840,000	750,000	990,000
	2024.1.1.	1,230,000	1,550,000	1,200,000	1,000,000	1,500,000

주 1) 주위환경은 공히 기존공장지대임
 2) 대상토지와 지리적으로 인접한 정도는 기호 1, 2, 3, 4, 5번의 순서임

자료 5 A광역시 B구 전체 표준지공시지가의 평균변동률

2014년/2013년	2015년/2013년	2024년/2013년	2024년/2015년
3.523%	7.179%	12.055%	11.412%

자료 6 지가변동률 현황

- A광역시

구분	기간	지가변동률(%)
A광역시 공업지역	2013.12.30. ~ 2024.7.1.	12.321(1.12321)
	2015.12.30. ~ 2024.7.1.	10.850(1.10850)

- A광역시 B구

구분	기간	지가변동률(%)
B구 공업지역	2013.1.1. ~ 2013.12.29.	3.795(1.03795)
	2013.12.30. ~ 2024.7.1.	36.158(1.36158)
	2015.1.1. ~ 2015.12.29.	3.662(1.03662)
	2015.12.30. ~ 2024.7.1.	19.450(1.19450)
	2024.1.1. ~ 2024.7.1.	0.225(1.00225)

- A광역시 B구와 인접한 인근 시·군·구

구분	기간	지가변동률(%)
C구 공업지역	2013.12.30. ~ 2024.7.1.	29.092(1.29092)
	2015.12.30. ~ 2024.7.1.	25.350(1.25350)
	2024.1.1. ~ 2024.7.1.	2.358(1.02358)

구분	기간	지가변동률(%)
D구 공업지역	2013.12.30. ~ 2024.7.1.	15.355(1.15355)
	2015.12.30. ~ 2024.7.1.	13.270(1.13270)
	2024.1.1. ~ 2024.7.1.	2.032(1.02032)

구분	기간	지가변동률(%)
E구 공업지역	2013.12.30. ~ 2024.7.1.	17.266(1.17266)
	2015.12.30. ~ 2024.7.1.	15.850(1.15850)
	2024.1.1. ~ 2024.7.1.	1.985(1.01985)

주 1) 해당 월의 지가변동률이 미고시된 경우에는 직전 월의 지가변동률을 연장하여 적용함
   2) 생산자물가지수는 고려하지 않기로 함

자료 7 거래사례 현황

기호	소재지	면적(㎡)	지목	이용상황	용도지역	도로교통	형상지세	거래단가(원/㎡)	거래시점
가	B구 C동 30	780	공장용지	공업용	일반공업	소로한면	사다리평지	1,600,000	2013.2.18.
나	B구 D동 55	950	공장용지	공업용	일반공업	소로각지	세장형평지	2,400,000	2015.5.6.

주 1) 기호 가)는 인근지역의 기존공장지대이고, 매수자가 양도소득세를 부담하는 조건으로 거래된 사례로 조사되며, 2013.2.18. ~ 2024.7.1.의 공업지역 지가변동률은 38.456%임

2) 기호 나)는 인근지역의 기존공장지대이고, 특수관계인 간의 거래로서 고가로 거래된 사례로 조사되며, 2015.5.6. ~ 2024.7.1.의 공업지역 지가변동률은 20.795%임

자료 8 평가사례 현황

기호	소재지	면적(㎡)	지목	이용상황	용도지역	도로교통	형상지세	보상가액(원/㎡)	가격시점	평가목적
다	B구 C동 330	880	공장용지	공업용	일반공업	소로한면	사다리평지	2,600,000	2021.12.25.	협의보상
라	D구 F동 100	1,100	공장용지	공업용	일반공업	소로한면	세장형평지	1,400,000	2022.5.30.	협의보상
마	E구 G동 180	1,050	공장용지	공업용	일반공업	소로한면	사다리평지	1,800,000	2022.7.25.	담보

주 1) 기호 다)는 인근지역의 기존공장지대로 ○○산업단지 재생사업지구 기반시설 공사에 편입되어 협의보상이 완료된 사례이고, 2021.12.25. ~ 2024.7.1.의 공업지역 지가변동률은 3.456%임

2) 기호 라)는 동일수급권 유사지역의 기존공장지대로 ○○관리소 건설공사에 편입되어 협의보상이 완료된 사례이고, 해당 공익사업의 시행에 따른 가격의 변동이 반영되어 있지 않다고 인정되며, 2022.5.30. ~ 2024.7.1.의 공업지역 지가변동률은 2.495%임

3) 기호 마)는 동일수급권 유사지역의 기존공장지대에 위치하며, 담보목적의 평가사례로서 2022.7.25. ~ 2024.7.1.의 공업지역 지가변동률은 2.793%임

자료 9 가치형성요인 비교자료

- 지역요인 격차율

비교표준지가 있는 지역의 표준적인 획지의 최유효이용과 사례가 있는 지역의 표준적인 획지의 최유효이용을 판정하여 비교함. B구 C동(비교표준지 소재)은 D구 F동(사례 소재)과 지역요인을 비교하였을 때 가로의 계통 및 연속성 등에서 5% 정도 우세하며, 산업도로 등과의 접근의 용이성에서 20% 정도 우세한 것으로 나타남. 그 외 지역 간 지역요인은 상호 대등한 것으로 판단됨

- 개별요인 격차율

토지용도		주거용	상업업무	주상복합	공업용
토지용도	주거용	1.00	1.43	1.20	0.98
	상업업무	0.70	1.00	0.84	0.69
	주상복합	0.83	1.19	1.00	0.82
	공업용	1.02	1.46	1.22	1.00

형상		정방형	(가로·세로) 장방형	사다리형	부정형
형상	정방형	1.00	1.00	0.98	0.95
	(가로·세로) 장방형	1.00	1.00	0.98	0.95
	사다리형	1.02	1.02	1.00	0.97
	부정형	1.05	1.05	1.03	1.00

도로접면		중로한면	중로각지	소로한면	소로각지	세로(가)	세각(가)
도로접면	중로한면	1.00	1.06	0.89	0.94	0.84	0.88
	중로각지	0.94	1.00	0.84	0.88	0.79	0.83
	소로한면	1.12	1.19	1.00	1.05	0.94	0.99
	소로각지	1.07	1.14	0.95	1.00	0.90	0.94
	세로(가)	1.19	1.27	1.06	1.12	1.00	1.05
	세각(가)	1.13	1.21	1.01	1.06	0.95	1.00

주) 격차율 자료를 이용한 요인 비교치 산정은 상승식을 적용할 것

자료 10 건물 재조달원가 자료

- 재생사업지구 인근에 대상건물과 유사하게 신축예정인 공장건물이 있다. 아래의 "공장건물 신축개요"와 "자본환원표"를 참고하여 산정한 재조달원가를 대상건물의 재조달원가로 적용할 것

- 공장건물 신축개요

구분		내용	비고
도급금액		630,000,000원	
건축연면적		700㎡	
건축구조		철골조 철골지붕틀 샌드위치판넬잇기	
건축공사계약일 및 공사기간		2024.7.1.부터 1년간	
도급금액 지급일정	계약금	계약 시 도급금액의 10%	소유자는 잔금을 준공시점에 건물을 담보로 대출 받아 지급할 예정임
	중도금	6개월 후 도급금액의 20%	
	잔금	준공시점에 도급금액의 70%	
대출조건		대출이율 연 5.0%, 10년간 매월 원리금균등분할상환	
시장조건		시장이자율 연 6.0%	
상환계획		대출을 받고 4년 후의 시점에 미상환잔액을 일시에 상환하려고 함	

- 자본환원표

  □ 이자율 연 5.0%

기간(월)	일시불 내가계수	연금 내가계수	감채기금 계수	일시불 현가계수	연금 현가계수	저당상수
6개월	1.025262	6.062848	0.164939	0.975361	5.913463	0.169106
12개월	1.051162	12.278855	0.081441	0.951328	11.681222	0.085607
48개월	1.220895	53.014885	0.018863	0.819071	43.422956	0.023029
60개월	1.283359	68.006083	0.014705	0.779205	52.990706	0.018871
72개월	1.349018	83.764259	0.011938	0.741280	62.092777	0.016105
120개월	1.647009	155.282279	0.006440	0.607161	94.281350	0.010607

☐ 이자율 연 6.0%

기간(월)	일시불 내가계수	연금 내가계수	감채기금 계수	일시불 현가계수	연금 현가계수	저당상수
6개월	1.030378	6.075502	0.164595	0.970518	5.896384	0.169595
12개월	1.061678	12.335562	0.081066	0.941905	11.618932	0.086066
48개월	1.270489	54.097832	0.018485	0.787098	42.580318	0.023485
60개월	1.348850	69.770031	0.014333	0.741372	51.725561	0.019333
72개월	1.432044	86.408856	0.011573	0.698302	60.339514	0.016573
120개월	1.819397	163.879347	0.006102	0.549633	90.073453	0.011102

자료 11 건물의 감가수정 자료

- 대상건물의 감가수정액은 아래의 내용을 모두 참작하여 적용할 것
- 대상건물에 대하여 시간의 경과, 노후화 등에 따른 물리적 감가수정은 정액법을 적용하고, 경과연수는 연 단위로 산정하며, 잔가율 등은 고려하지 아니함
- 대상건물은 건축 당시 층고가 낮게 설계되어 정상적인 임대료 대비 월임대료는 50원/㎡ 낮은 실정이다. 이러한 문제에 관하여 조임대료승수(GRM; Gross Rent Multiplier)를 활용하여 감가수정액을 산정하며, GRM은 12를 적용하기로 함
- 대상건물은 인접한 혐오시설에 기인한 악취 등으로 인하여 정상적인 임대료 대비 월임대료는 100원/㎡ 낮은 실정이다. 이 문제로 인한 임대료손실액 중 건물부분이 20%를 차지하는 것으로 판단된다. 환원율은 연 6%를 적용하기로 함

자료 12 기타 사항

1. 공시지가변동률 산정 시 백분율로서 소수점 셋째 자리에서 반올림하여 둘째 자리까지 표시함
2. 지가변동률 산정 시 백분율로서 소수점 넷째 자리에서 반올림하여 셋째 자리까지 표시함
3. 지역요인비교치 및 개별요인비교치는 소수점 넷째 자리에서 반올림하여 셋째 자리까지 표시함
4. 그 밖의 요인 보정치는 표준지 기준 산정방식을 적용할 것
5. 대상토지의 결정단가는 백원 단위에서 반올림하여 천원 단위까지 표시함
6. 대상건물의 재조달원가 및 감가수정액 등은 백원 단위에서 절사하여 천원 단위까지 표시함

[문제2] 상업용 부동산의 감정평가에 대하여 주어진 자료를 바탕으로 물음에 답하시오. (30점)

물음1) 시산가액 조정기준(reconciliation criteria)을 설명하고, 이와 관련지어 본건 시산가액 조정을 통한 감정평가액 결정의 적정성에 대한 의견을 기술하시오. (10점)

물음2) 주어진 자료상 본건에 적용한 환원율이 부적정할 가능성이 있는 사유에 대하여 설명하고, 제시된 자료 외에 추가적으로 부적정한 원인이 될 수 있는 사유를 기술하시오. (10점)

물음3) 인근지역의 시장상황에 비추어 적정하다고 판단되는 환원율을 산출하고, 이를 기초로 산출된 수익방식에 의한 시산가액이 대상부동산의 적정한 감정평가액(시장가치)일 경우 본건 건물의 유효잔존내용연수를 구하시오. (내용연수 만료 시 잔존가치와 철거비는 없음) (10점)

자료 1 감정평가 요약

1. 기본적 사항
   - 소재지: S시 S구 B동 157
   - 토지: 3종일반주거지역, 대, 500㎡
   - 건물: 연조 슬래브지붕, 지하 1층 지상 2층, 연면적 900㎡, 사용승인일 1994.7.13.
   - 평가목적: 일반거래(시가참고)
   - 기준시점: 2024.7.13.
   - 기준가치: 시장가치

2. 인근지역 및 본건 개황
   (1) 인근지역 개황
   - 본건의 인근지역은 S시 부도심 서측의 N로(중로)에 접하고 있는 노선상가지대로, 최근 개통된 터널로 S시 부도심의 간선도로와 동서로 연결되었음
   - 인근지역의 부동산은 그동안 낮은 상업성으로 인해 저밀도로 이용되고 있었는데, 터널의 개통과 함께 경과연수가 오래된 건물들부터 철거 후 신축 또는 대수선을 수반한 증축이 일어나고 있어 지역의 변모와 함께 부동산 거래량이 증가하는 양상을 나타내고 있음
   - 인근지역 시장조사 결과, 유사부동산에 대한 투자수익률은 8.00%이고 순임료(NOI)와 부동산가격이 매년 3.00% 상승할 것으로 예상됨

(2) 대상부동산 개황
- 본건 토지는 N로에 북측으로 접하고 있는 가장형 평지임
- 본건 건물은 30년 경과된 지하 1층 지상 2층 연와조 슬래브지붕으로, 신축 후 양호한 관리 및 소매판매점 용도에 비추어 시간의 경과에 따른 감가 외에 기능적 감가는 없는 것으로 판단됨

3. 원가방식에 의한 시산가액 산출
    (1) 토지가치의 산출
    - 공시지가기준법에 의한 토지가치: @18,000,000원/㎡
    - 거래사례비교법에 의한 토지가치: @18,200,000원/㎡
    - 거래사례비교법에 의하여 충분히 지지되는 공시지가기준법에 의한 토지가치로 결정
    - @18,000,000원/㎡ × 500㎡ = 9,000,000,000원

    (2) 건물가치의 산출
    - 재조달원가: @1,500,000원/㎡ (표준건축비에 따른 적정한 수준)
    - 감가수정(정액법): @1,500,000원/㎡ × 30년/45년 = @1,000,000원/㎡
    - 건물가치: (@1,500,000원/㎡ - @1,000,000원/㎡) × 900㎡ = 450,000,000원

    (3) 원가방식에 의한 시산가액
        ① 토지가치: 9,000,000,000원
        ② 건물가치: 450,000,000원
        ③ 합계: 9,450,000,000원

4. 수익방식에 의한 시산가액 산출
   (1) 계약임대료: @42,500원/㎡, 월(순임료)
   (2) 계약내용: 본건 부동산 전체를 할인마트에 장기임대 중으로 최근에 시장임대료 수준으로 계약임대료를 갱신하였는바, 잔존 임대차기간은 7년임
   (3) 순영업소득: @42,500원/㎡ × 900㎡ × 12 = 459,000,000원
   (4) 환원율의 산출

매매사례	매매가격(원)	순영업소득(원)(NOI)	환원율(Ro)	토지가격(원)	건물가격(원)
1	8,500,000,000	488,000,000	5.74%	5,400,000,000	3,100,000,000
2	5,300,000,000	300,000,000	5.66%	3,200,000,000	2,100,000,000
3	14,000,000,000	798,000,000	5.70%	8,700,000,000	5,300,000,000

   ※ 상기 매매사례는 모두 3종일반주거지역에 속하고 매매가격, 토지 및 건물가격, 순영업소득 등은 모두 정상적인 최근 사례임

   최근 본건 인근에 소재하는 상기 매매사례의 매매가격과 순영업소득을 기초로 산출된 환원율이 유사한 수준을 나타내고 있어 신뢰성이 있다고 판단되어 본건 평가에 적용할 환원율을 5.70%로 결정함

   (5) 수익방식에 의한 시산가액
   459,000,000원/5.70% ≒ 8,052,000,000원

5. 시산가액의 조정 및 감정평가액 결정
   - 원가방식에 의한 시산가액은 거래사례비교법에 의하여 충분히 지지되는 공시지가기준법에 의하여 산출된 시산가액에 정액법에 의하여 감가수정한 건물가치를 합산하여 산출하였음
   - 수익방식에 의한 시산가액은 최근 시장임대료 수준으로 갱신된 계약임대료를 기초로 산출된 순영업소득에 인근의 정상적인 매매사례의 순영업소득과 매매가격에 기초하여 산출된 환원율 5.66% ~ 5.74%를 고려하여 환원율 5.70%를 적용하여 산출하였음
   - 이와 같이 원가방식 및 수익방식에 적용한 자료 등이 모두 기준시점 현재 인근의 시장상황을 반영하고 있는바, 각 감정평가방식에 특별한 문제가 없는 것으로 판단됨
   - 따라서 양 시산가액의 평균액을 최종 감정평가액 8,751,000,000원으로 결정함

[문제3] 도시개발사업이 시행 중인 구역 내의 토지 기호(1) 및 기호(2)에 대하여 해당 '토지대장'과 '환지확정처분조서'에 근거하여 <자료 1>과 같이 정리하였다. <자료 2>의 가격자료를 참고하여 다음 물음에 답하시오. (20점)

물음1) 청산금이 정산(교부 또는 납부)된 상태를 전제로 기호(1) 및 기호(2) 토지의 과도 또는 부족면적을 판정하여 사정면적을 확정하고, 청산금의 정산 상태를 고려한 현재의 가격을 각각 추정하여 면적의 차이를 분석하시오. (10점)

물음2) 청산금이 미정산된 상태를 전제로 기호(1) 및 기호(2) 토지의 과도 또는 부족면적을 판정하여 사정면적을 확정하고, 청산금의 미정산 상태를 고려한 현재의 가격을 각각 추정하여 면적의 차이를 분석하시오. (10점)

자료 1 토지의 상황

구분	종전토지(토지대장기준)				종후의 환지예정지				과도면적 (㎡)	부족면적 (㎡)
	소재지	지번	지목	면적 (㎡)	BL	LT	권리면적 (㎡)	환지면적 (㎡)		
기호(1)	A시 B동	10번지	전	600	35	13	420	460	-	-
기호(2)	A시 B동	20번지	답	1,200	35	14	840	800	-	-

자료 2 가격자료

1. A시 B동에서 기호(1) 및 기호(2)와 유사한 지목 '전'과 '답' 등의 농경지 가격은 100,000원/㎡수준에 형성되어 있다.
2. A시 B동에서 도시개발사업이 기 완료된 기호(1) 및 기호(2)와 유사한 환지된 토지의 가격은 200,000원/㎡ 수준에 형성되어 있다.
3. 본 도시개발사업과 관련한 교부 또는 납부(징수) 청산금의 단위면적당 가격은 도시개발사업 완료 후 가격과 유사한 200,000원/㎡수준이다.
4. 현재의 시점은 사업의 종료가 임박한 추상적 시점으로 시점차이에 대한 보정의 필요성은 없는 것으로 조사되고, 기호(1)과 기호(2)의 소유자는 상이하여 상계처리대상이 아니다.

[문제4] 영업권에 대하여 "대상기업이 같은 업종의 다른 기업과 비교하여 초과수익을 확보할 수 있는 능력으로서 경제적 가치가 있다고 인정되는 권리"로 정의할 때, 영업권이 존재하기 위한 초과수익과 관련된 다음 물음에 답하시오. (10점)

물음1) 영업권이 존재하기 위한 초과수익이 갖추어야 할 요건을 나열하시오. (5점)

물음2) 초과수익을 "현재수익에서 정상수익을 차감한 값"으로 정의할 때, 정상수익(또는 정상수익률)을 산정하는 제반 방법을 기술하시오. (5점)

2025년 제36회 감정평가실무 기출

> **공통 유의사항**
> 1. 각 문제는 해답 산정 시 산식과 도출과정을 반드시 기재
> 2. 단가는 개별 문제에서 제시하는 바에 따름
> 3. 그 밖의 요인 보정치는 소수점 셋째 자리 이하 절사

[문제1] 감정평가사 甲은 고객으로부터 건축공사가 중단된 부동산과 관련한 감정평가 및 관련 자문을 의뢰받았다. 관련 법규와 이론에 따라, 제시한 자료를 활용하여 다음 물음에 답하시오. (40점)

물음1) <자료 1 ~ 10>을 활용하여 대상부동산에 대한 현재 상태대로의 적정 매수가격(2025.7.12. 시점)과 개발을 완료할 경우의 적정 매수가격(2026.7.12. 시점)을 제시하시오. (20점)

물음2) 개발을 완료할 경우의 적정 수익가격을 구하시오. (10점)

물음3) 주어진 자료에 따른 향후 시장동향을 기술하고, 이에 따른 수익성지수(PI), 내부수익률(IRR), 순현재가치(NPV)의 변화를 해당 구조식(산식)을 활용하여 설명하시오. (10점)

자료 1 기본적 사항 확정

1. 기준가치: 시장가치
2. 기준시점
    (1) 2025.7.12.(현재시점)
    (2) 2026.7.12.(개발완료시점)
3. 대상부동산의 개요
    (1) 토지

소재지	지목	면적(㎡)	용도지역	이용상황	도로접면	형상지세	주위환경
K시 H구 A동 100	대	1,000	일반상업	업무용	광대한면	가장형 평지	업무지대

(2) 건물: 지하 3층, 지상 7층으로 설계된 건물로, 현재 지하층 공사는 완료되었으나 지상층은 5층까지 주요구조부 공사 중 중단상태임

소재지	구조	층	면적(㎡)	용도
K시 H구 A동 100	철근콘크리트조 슬래브지붕	지상 1 ~ 7층	각층 800	업무용
		지하 1 ~ 3층	각층 800	주차장, 창고

4. 표준지, 거래사례, 평가선례, 임대사례의 선정은 가장 비교성이 높은 것 하나만 선정하기로 함

자료 2 공사중단 건물과 관련한 조사자료

1. 기성공사 내역   (단위: 천원)

구분	설계안		기성공사	
	공사비	구성비(%)	공사비	공정률(%)
01. 가설공사	1,000,000	6.25	800,000	80
02. 기초 및 토공사	400,000	2.50	400,000	100
03. 철근콘크리트공사	2,800,000	17.50	2,240,000	80
04. 조적공사	200,000	1.25	160,000	80
05. 방수공사	400,000	2.50	320,000	80
06. 미장공사	600,000	3.75	180,000	30
07. 타일공사	600,000	3.75	180,000	30
08. 창호공사	1,800,000	11.25	540,000	30
09. 유리공사	400,000	2.50	120,000	30
10. 도장공사	2,000,000	12.50	600,000	30
11. 수장공사	1,600,000	10.00	480,000	30
12. 기타공사	600,000	3.75	480,000	80
소계	12,400,000	(77.50)	6,500,000	(52.41)
제경비	2,600,000	16.25	2,080,000	80
건축 공사비 합계	15,000,000	(93.75)	8,580,000	(57.20)
설계비	240,000	1.50	240,000	100
감리비	160,000	1.00	80,000	50
전기기본설비비	600,000	3.75	600,000	100
총 공사비 합계	16,000,000	100	9,500,000	(59.37)

주) 동 공사비 내역서는 적정한 것으로 판단되어 2025년 7월 12일자 재조달원가로 적용할 수 있으며, 건축공사비와 공정률은 층별로 동일(기초공사 및 토공사는 공통비용)한 것으로 가정함

2. 공사중단에 따른 감가비용 등 관련 조사자료

   기성공사 중 공사중단에 따른 일부 물리적, 기능적 감가에 따른 비용은 기성건축공사비의 5% 정도로 추정되며 이는 적정한 것으로 조사되었고 건축허가사항과의 이점 및 구조안전진단 결과 등에서 문제점이 발견되지는 않았으며, 이 경우 토지에 대한 별도 감가는 불필요함

자료 3 향후 개발방안 관련 조사자료

1. 기존 건축물 추가공사 방안

   1년이 소요되는 추가공사를 진행할 경우의 공사완료시점 재조달원가는 원자재비 및 금리 인상 등의 시장여건 변화를 반영하되, 설계안을 기준하여 미성 건축공사비의 20% 증가요인으로 보정하는 것이 적정한 것으로 조사되었고, 정상적인 사용승인을 득하는데도 문제가 없을 것으로 조사됨

2. 기존 건축물 철거 후 신축방안

   매수인이 부담할 철거비용은 기성 건축공사비의 10%가 적정한 수준이며, 신축시 신자재 및 신공법 도입으로 총 공사기간은 1년으로 동일하나, 총 공사비는 설계안 대비 25% 증가요인이 있고 이는 적정한 것으로 조사되었고, 정상적인 사용승인을 득하는데도 문제가 없을 것으로 조사됨

자료 4 표준지공시지가 자료

1. 표준지공시지가 (공시기준일: 2025.1.1.)

기호	소재지	지목	면적(㎡)	이용상황	용도지역	도로접면	형상지세	공시지가(원/㎡)
1	H구 A동 88	대	1,000	업무용	근린상업	광대세각	정방형 평지	6,600,000
2	H구 A동 102	대	750	업무용	일반상업 근린상업	광대한면	부정형 평지	6,000,000
3	H구 A동 147	대	900	상업용	일반상업	중로한면	정방형 평지	4,500,000
4	H구 A동 180	대	1,200	업무용	중심상업	광대소각	정방형 평지	10,000,000
5	H구 A동 196	대	900	업무용	일반상업	광대소각	정방형 평지	7,000,000

2. 표준지 조사자료

   기호 3 표준지는 위치를 확인한 바 주변 상업지대 토지였음

자료 5 평가선례 자료[평가목적: 일반거래(시가참고용)]

기호	소재지	지목	면적(㎡)	용도지역	이용상황	도로접면	형상지세	기준시점	토지단가(원/㎡)
a	H구 A동 123	대	1,500	일반상업	업무용	광대한면	세장형 평지	2024.1.1.	8,500,000
b	H구 A동 188	대	1,300	일반상업	상업용	광대한면	가장형 평지	2023.1.1.	8,000,000
c	H구 A동 215	대	950	중심상업	업무용	광대한면	세장형 평지	2021.1.1.	9,000,000

자료 6 거래사례 자료

1. 거래사례

기호	소재지	지목	면적(㎡)	용도지역	이용상황	도로접면	형상지세	거래시점	토지단가(원/㎡)
가	H구 A동 87	대	290	일반상업	업무용	중로한면	정방형 평지	2024.1.1.	5,550,000
나	H구 A동 125	대	3,000	일반상업 3종일주	업무용	광대한면	세장형 평지	2025.1.1.	8,500,000
다	H구 A동 190	대	2,000	일반상업	업무용	광대한면	가장형 평지	2023.1.1.	8,000,000
라	H구 A동 220	대	950	일반상업	업무용	광대한면	세장형 평지	2021.1.1.	9,000,000
마	H구 A동 363	대	1,160	일반상업	업무용	광대한면	가장형 평지	2025.1.1.	8,500,000

2. 거래사례 조사자료
   (1) 기호 가 거래사례는 위치를 확인한 바 후면 상업지대 토지였음
   (2) 기호 다 거래사례는 등기사항전부증명서를 확인한 바 미등재상태였음

자료 7 시점수정 자료: 지가변동률(K시 H구)

(단위: %)

구분	주거지역	상업지역
2021.1.1. ~ 2025.6.30.(누계)	2.624	2.645
2022.1.1. ~ 2025.6.30.(누계)	2.265	2.285
2023.1.1. ~ 2025.6.30.(누계)	1.827	1.845
2024.1.1. ~ 2025.6.30.(누계)	1.278	1.293
2025.1.1. ~ 2025.6.30.(누계)	0.795	0.806
2025.6.1. ~ 2025.6.30.	0.000	0.000

주) 2025년 7월 이후 지가변동률은 미고시되었음

자료 8 토지 지역요인

대상, 표준지, 평가선례 및 거래사례는 인근지역에 소재하여 지역요인은 대등함

자료 9 토지 개별요인

1. 가로조건(각지인 경우 가로조건에서 반영하기로 함)

구분	광대한면	광대소각	광대세각	중로한면	중로각지	소로한면	소로각지
광대한면	1.00	1.09	1.05	0.95	0.99	0.85	0.89
광대소각	0.92	1.00	0.96	0.87	0.91	0.78	0.82
광대세각	0.95	1.04	1.00	0.90	0.94	0.81	0.85
중로한면	1.05	1.15	1.11	1.00	1.04	0.89	0.94
중로각지	1.01	1.10	1.06	0.96	1.00	0.86	0.90
소로한면	1.18	1.28	1.24	1.12	1.16	1.00	1.05
소로각지	1.12	1.22	1.18	1.07	1.11	0.96	1.00

2. 획지조건

구분	정방형	가장형	세장형	사다리형	부정형
정방형	1.00	1.00	0.98	0.95	0.92
가장형	1.00	1.00	0.98	0.95	0.92
세장형	1.02	1.02	1.00	0.97	0.94
사다리형	1.05	1.05	1.03	1.00	0.97
부정형	1.09	1.09	1.07	1.03	1.00

자료 10 기타 사항

1. 제시된 이외의 조건은 동일한 것으로 가정함
2. 지역요인비교치 및 개별요인비교치는 소수점 넷째 자리에서 반올림하여 셋째 자리까지 표시함
3. 그 밖의 요인 보정치는 표준지 기준 산정방식을 적용하고 소수점 셋째 자리 이하는 절사함
4. 대상토지의 결정단가는 백원 단위에서 반올림하여 천원 단위까지 표시함

자료 11 업무용빌딩 수익 관련자료

1. 업무용빌딩 소득수익률(K시 H구)

구분	2024.3분기	2024.4분기	2025.1분기	2025.2분기
소득수익률(%)	3.4	3.3	3.2	3.2

주) 소득수익률 = $\dfrac{NOI}{V_0}$ (NOI: 순영업소득, V_0: 분기초 자산가액)

2. 업무용빌딩 영업경비율(K시 H구)

구분	2024.3분기	2024.4분기	2025.1분기	2025.2분기
영업경비율(%)	48	49	50	50

3. 임대사례 자료

구분	대상물건	임대사례 1	임대사례 2	임대사례 3	임대사례 4
소재지	H구 A동	H구 A동	H구 A동	H구 B동	H구 B동
오피스 권역	KG서부 권역	KG서부 권역	KG서부 권역	KG서부 권역	KG동부 권역
용도지역	일반상업	일반상업	일반상업	일반상업	일반상업
층(지상/지하)	7F/B3	18F/B3	9F/B3	8F/B3	25F/B6
구조	철근 콘크리트	철골철근 콘크리트	철근 콘크리트	철근 콘크리트	철골철근 콘크리트
건물연면적(㎡)	8,000	45,000	8,500	9,000	59,000
토지면적(㎡)	1,000	3,300	1,260	1,200	3,200
사용승인(년)	2026.7.12.	2020.7.12.	2010.7.12.	2025.7.12.	2015.7.12.
연간실질임대료(원/㎡)	-	221,000	185,000	213,000	252,000
임대(계약)시점	2026.7.12.	2025.7.12.	2025.7.12.	2025.7.12.	2025.7.12.

주) 임대면적은 건물연면적으로 계약함

4. 임대료지수

구분	2025.7.12.	2026.7.12.
임대료지수	100	98

5. 지역 및 개별요인 통합비교치

구분	대상	임대사례			
		1	2	3	4
평점	100	102	98	98	102

6. 대상부동산의 순영업소득(NOI) 등과 관련하여 전문AI프로그램에 가격자료와 관련 자료를 제시하고 계량분석을 실시한 결과 다음 결과를 얻었음
   (1) 인근지역 업무시설의 최근 5년간 시계열 임대사례를 이용하여 대상부동산 순영업소득을 종속변수와 다수의 설명변수로 구축한 모형의 설명력은 0.306(R^2: 수정된 결정계수)이고, 모형과 설명변수들의 F값과 t값의 유의확률이 유의수준보다 커서 추정된 모형이 유의하다는 가설을 기각하였음
   (2) 인근지역 업무시설의 최근 5년간 시계열 임대사례를 이용하여 구축한 임대료변동률 추정모형의 설명력은 0.825(R^2: 수정된 결정계수)이고, 모형과 독립변수의 F값과 t값의 유의확률이 유의수준보다 작아 추정된 모형이 유의하다는 가설을 채택하였으나 이를 장기간의 추이로 보기에는 어려움이 있다는 심사 감정평가사의 의견이 있었음

$$\hat{g}_t = -0.002 g_{t-1} + 5.125$$

($\hat{g}_t$: t시점의 임대료변동률 추정치, g_{t-1}: t-1기의 임대료변동률)

7. 자본환원표
   (1) 이자율 연 4%

기간(년)	일시불 내가계수	연금 내가계수	감채기금 계수	일시불 현가계수	연금 현가계수	저당상수
1	1.040000	1.000000	1.000000	0.961538	0.961538	1.040000
5	1.216653	5.416323	0.184627	0.821927	4.451822	0.224627

   (2) 이자율 연 5%

기간(년)	일시불 내가계수	연금 내가계수	감채기금 계수	일시불 현가계수	연금 현가계수	저당상수
1	1.050000	1.000000	1.000000	0.952381	0.952381	1.050000
5	1.276282	5.525631	0.180975	0.783526	4.329477	0.230975

8. 기타 사항
   소득수익률과 영업경비율은 2025.2분기 이후 변동이 없다고 봄

[문제2] 감정평가사 甲은 상품 판매업을 하는 개인기업 A의 법인전환에 따른 영업권 감정평가를 의뢰받았다. 관련 법규 및 이론을 참고하고, 제시된 자료를 활용하여 다음 물음에 답하시오. (30점)

물음1) 대상기업 A의 영업 관련 기업가치를 평가하시오. (20점)

물음2) 대상기업 A의 영업권 가치를 평가하시오. (10점)

자료 1 대상기업 개요

상호	A	대표자	Z
개업일	2017.1.1.	사업의 종류	도매업, 소매업
종목	전자상거래업, 소매업	주요상품	각종 액세서리 등

자료 2 주요 가정

1. 대상기업의 특성 및 시장상황 등을 고려하여 고속성장기는 5년(1기 ~ 5기)이고, 6기부터는 안정성장기로 가정함. 안정성장기의 영구성장율은 0%를 적용하며, 5기와 동일한 현금흐름이 지속되는 것으로 가정함 (단, 고속성장기 1기는 2025.1.1. ~ 2025.12.31.임)
2. 대상기업의 결산일은 매년 말일이며, 현금흐름은 편의상 기말에 발생하는 것으로 가정함
3. 대상기업의 현금흐름 추정시 비영업용 자산에 의한 수익, 비용은 제외된 것으로 가정함

자료 3 재무상태표 및 손익계산서(2024.12.31. 현재)

1. 재무상태표 (단위: 원)

과목	금액	
자산		
Ⅰ. 유동자산		178,000,000
(1) 당좌자산		118,000,000
현금 및 현금성 자산	18,000,000	
매출채권	80,000,000	
선급비용	20,000,000	
(2) 재고자산		60,000,000
상품	60,000,000	
Ⅱ. 비유동자산		159,000,000
(1) 투자자산		8,000,000
매도가능증권	8,000,000	
(2) 유형자산		151,000,000
토지	100,000,000	
차량운반구	60,000,000	
감가상각누계액	(10,000,000)	
비품	5,000,000	
감가상각누계액	(4,000,000)	
(3) 무형자산		
(4) 기타 비유동자산		
자산총계		337,000,000
부채		
Ⅰ. 유동부채		155,000,000
매입채무	70,000,000	
미지급금	36,000,000	
예수금	31,000,000	
단기차입금	18,000,000	
Ⅱ. 비유동부채		62,000,000
장기차입금	62,000,000	
부채총계		217,000,000
자본		
Ⅰ. 자본금		120,000,000
자본금	120,000,000	
자본총계		120,000,000
부채 및 자본 총계		337,000,000

2. 손익계산서 (단위: 원)

과목	금액	
Ⅰ. 매출액		1,000,000,000
상품매출	1,000,000,000	
Ⅱ. 매출원가		600,000,000
기초상품재고액	50,000,000	
당기상품매입액	610,000,000	
기말상품재고액	60,000,000	
Ⅲ. 매출총이익		400,000,000
Ⅳ. 판매비와 관리비		176,000,000
직원급여	75,000,000	
상여금	12,000,000	
퇴직급여	8,000,000	
복리후생비	14,000,000	
여비교통비	5,000,000	
접대비	7,000,000	
통신비	1,000,000	
세금과공과금	11,000,000	
감가상각비	10,000,000	
보험료	4,000,000	
차량유지비	8,000,000	
운반비	3,000,000	
소모품비	10,000,000	
지급수수료	8,000,000	
Ⅴ. 영업이익		224,000,000
Ⅵ. 영업외 수익		2,000,000
잡이익	2,000,000	
Ⅶ. 영업외 비용		1,000,000
잡손실	1,000,000	
Ⅷ. 소득세차감전 이익		225,000,000

자료 4 　매출액 및 매출원가 관련 자료

1. 매출액은 고속성장기에서는 과거 3년간의 매년 상승률 추세가 지속될 것으로 예측되며, 안정성장기에는 상승률 0%로 가정함. 상승률은 백분율로 소수점 첫째 자리에서 반올림하고, 매출액은 십만원 단위에서 반올림함
(단위: 원)

구분	2021년	2022년	2023년
매출액	915,141,600	942,595,900	970,873,800

2. 매출원가는 2024년의 매출원가율과 동일한 매출원가율을 적용하여 추정함

자료 5 　판매비와 관리비, 임차료, 대표자 급여(자가 노력비) 관련 자료

1. 판매비와 관리비는 2024년의 판매비와 관리비 비율과 동일한 비율을 적용하여 추정하되, 판매비와 관리비 비율에는 임차료가 포함되고, 대표자 급여(자가 노력비)는 포함되지 아니함
2. 대상기업은 특수관계자의 건물을 임차해서 영업에 사용하고 있어 임차료를 지급하지 않고 있으며, 적정한 임대차 조건은 2024.12.31. 현재 매월 임차료 2,000,000원과 보증금 20,000,000원으로 조사되었음
3. Z는 실질적으로 영업활동에 기여하고 있으며, 관리자급 직원의 급여 수준은 2024.12.31. 현재 연간 70,000,000원이고, 고속성장기 동안 매년 1,000,000원씩 증가됨

자료 6 　자본적 지출 관련 자료

감가상각비와 동일한 금액이 자본적 지출로 재투자되는 것으로 가정함

자료 7 　세금 관련 자료

1. 계산의 편의상 지방소득세를 포함하여 소득세율은 33%, 법인세율은 22%를 적용함(단, 누진세율은 적용하지 아니함)
2. 세금 계산시 제시된 자료 외의 감면 등은 없는 것으로 가정함

자료 8 　추가운전자본 관련 자료

1. 추가운전자본은 운전자본소요율을 이용하여 산정함

$$\text{운전자본소요율} = \frac{1}{\text{매출채권회전율}} + \frac{1}{\text{재고자산회전율}} - \frac{1}{\text{매입채무회전율}}$$

추가운전자본 = 매출액 증가분 × 운전자본소요율

2. 운전자본소요율 계산 자료

구분	매출채권회전율	재고자산회전율	매입채무회전율
회	10	10	20

자료 9 할인율 관련 자료

1. 할인율은 가중평균자본비용(WACC)을 사용하며, 백분율로 소수점 둘째 자리에서 반올림함
2. 대상기업의 자본구조는 제시된 2024.12.31. 현재의 재무상태표를 기준으로 결정함
3. 자기자본비용은 자본자산가격결정모형(CAPM: Capital Asset Pricing Model)에 의하여 결정하며, 무위험자산의 수익률(Rf)은 국고채 수익률 등을 고려하여 4.0%, 시장의 기대수익률[E(Rm)]은 10.0%를 적용함
4. β계수는 유사업종에 속한 기업들의 β계수 등을 고려하여 1.1로 결정함
5. 대상기업의 규모 등을 고려한 위험프리미엄은 7.4%임
6. 타인자본비용 결정시 차입이자율은 시장의 대출금리 등을 종합적으로 고려하여 8.2%를 적용함
7. 고속성장기와 안정성장기의 가중평균자본비용(WACC)은 동일하다고 가정함

자료 10 재무상태표 관련 자료

1. 재무상태표상 비영업용 항목은 매도가능증권임
2. 토지는 2017년에 취득한 영업 관련 자산으로, 현재가치(시가) 산정을 위해 감정평가한 결과는 160,000,000원임
3. 그 외 자산, 부채는 장부가액과 시가와의 차이가 없음

자료 11 기타 사항

1. 기준시점: 2025.1.1.
2. 영업권은 대상기업의 영업 관련 기업가치에서 영업투하자본을 차감하는 방법으로 평가할 것
3. 영업 관련 기업가치는 십만원 단위에서 반올림할 것

[문제3] 감정평가사 甲은 법원으로부터 피고가 시행한 도시계획시설사업(이하 "공익사업"이라 함)에 편입된 토지에 대하여 원고의 환매권 상실로 인한 손해액을 증명하기 위한 감정평가를 의뢰받았다. 관련 법규 및 이론을 참고하고, 제시된 자료를 활용하여 다음 물음에 답하시오. (20점)

물음1) 환매권 상실 당시를 기준으로 한 목적물의 감정평가액을 구하시오. (10점)

물음2) 손해액 산정을 위한 인근 유사 토지의 지가변동률을 구하시오. (10점)

자료 1 _ 감정평가 대상의 확정

일련번호	소재지	지번	면적(㎡)	비고
1	A시 B구 C동	100	700	토지
2	A시 B구 C동	200	900	토지

자료 2 _ 법원 제시 기준일자

일련번호	소유권 상실일	환매권 발생일	환매권 상실일
1	2008.12.29.	2013.12.29.	2014.12.29.
2	2016.6.17.	2021.6.17.	2022.6.17.

자료 3 _ 토지의 개황

1. 소유권 상실일 당시

일련번호	소재지	지번	지목	이용상황	용도지역	형상 지세	도로접면
1	A시 B구 C동	100	전	주거기타	자연녹지	사다리형 평지	세로(가)
2	A시 B구 C동	200	전	주거나지	2종일주	가장형 평지	소로한면

2. 환매권 발생일 및 환매권 상실일 당시

일련번호	소재지	지번	지목	이용상황	용도지역	형상 지세	도로접면
1	A시 B구 C동	100	전	주거기타	자연녹지	부정형 평지	소로한면
2	A시 B구 C동	200	전	주거나지	2종일주	부정형 평지	중로한면

3. 당해 공익사업으로 인해 토지 등의 가격이 변동된 것으로 조사됨

자료 4 표준지공시지가

1. 인근 표준지공시지가 특성항목

기호	소재지	지목	면적(㎡)	이용상황	용도지역	형상지세	도로접면
1	A시 B구 C동 60	전	700	전	자연녹지	부정형 평지	맹지
2	A시 B구 C동 80	전	500	전	자연녹지	부정형 평지	세로(가)
3	A시 B구 C동 120	전	400	주거기타	자연녹지	부정형 평지	세로(가)
4	A시 B구 C동 140	전	600	주거기타	자연녹지	부정형 평지	소로한면
5	A시 B구 C동 160	전	700	주거나지	2종일주	부정형 완경사	세로(불)
6	A시 B구 C동 180	전	600	주거나지	3종일주	가장형 평지	세로(가)
7	A시 B구 C동 220	전	900	주거기타	2종일주	부정형 평지	세로(가)
8	A시 B구 C동 240	전	800	주거나지	2종일주	부정형 평지	소로한면

주 1) 기호 2, 4, 6, 8 표준지공시지가는 당해 공익사업에 따른 가격변동이 있는 것으로 조사됨
주 2) 기호 1, 3, 5, 7 표준지공시지가는 당해 공익사업과 직접 관계가 없는 것으로 조사됨
주 3) 기호 1, 2 표준지공시지가는 2013년, 기호 5, 8 표준지공시지가는 2021년 신규표준지임

2. 인근 표준지공시지가의 연도별 공시지가

(1) 자연녹지지역의 표준지 공시지가   (단위: 원/㎡)

기호	소재지	2007.1.1.	2008.1.1.	2009.1.1.	2013.1.1.	2014.1.1.	2015.1.1.
1	A시 B구 C동 60	-	-	-	70,000	75,000	85,000
2	A시 B구 C동 80	-	-	-	45,000	50,000	55,000
3	A시 B구 C동 120	42,000	44,000	44,000	50,000	55,000	60,000
4	A시 B구 C동 140	100,000	102,000	102,000	110,000	115,000	120,000

(2) 주거지역 표준지공시지가 (단위: 원/㎡)

기호	소재지	2015.1.1.	2016.1.1.	2017.1.1.	2021.1.1.	2022.1.1.	2023.1.1.
5	A시 B구 C동 160	-	-	-	450,000	460,000	460,000
6	A시 B구 C동 180	167,000	174,000	175,000	240,000	250,000	230,000
7	A시 B구 C동 220	143,000	146,000	147,000	185,000	189,000	173,000
8	A시 B구 C동 240	-	-	-	310,000	320,000	300,000

자료 5 지가변동률(A시 B구)

기간	지가변동률(%)	
	녹지지역	주거지역
2013.1.1. ~ 2013.12.29.	6.00	5.00
2013.1.1. ~ 2014.12.29.	10.00	8.00
2014.1.1. ~ 2014.12.29.	4.00	3.00
2021.1.1. ~ 2021.6.17.	5.00	4.00
2021.1.1. ~ 2022.6.17.	8.00	6.00
2022.1.1. ~ 2022.6.17.	3.00	2.00

자료 6 지역요인, 개별요인 및 그 밖의 요인

1. 본건 토지와 기호 1 ~ 8 표준지공시지가는 인근지역에 위치하므로 지역요인 대등함
2. 개별요인 및 그 밖의 요인 비교

구분	표준지 1	표준지 2	표준지 3	표준지 4	표준지 5	표준지 6	표준지 7	표준지 8
개별요인	1.150	1.100	1.050	1.050	1.150	1.080	1.050	1.050
그 밖의 요인	2.00	2.00	2.00	2.00	3.00	3.00	3.00	3.00

주 1) 개별요인과 관련된 수치(= 평가대상 ÷ 표준지)는 평가대상과 각각의 표준지를 비교하여 산정된 결과임
주 2) 그 밖의 요인과 관련된 수치는 "표준지 기준 산정방식"에 의해 산정된 결과임
주 3) 개별요인 및 그 밖의 요인과 관련된 수치는 본건 일련번호 1, 2 토지에 동일하게 적용됨

자료 7 기타

1. 윤년은 고려치 않음
2. 인근 표준지공시지가의 특성항목은 연도에 따른 변동은 없음
3. 법원 확인 결과 일련번호 "1" 토지는 2008.12.29.에, 일련번호 "2" 토지는 2016.6.17.에 협의취득에 따른 매매대금이 지급되었고, 같은 날 소유권이전등기를 마침
4. 가격조사완료일: 2025.7.12.
5. 산정단가는 백원 단위에서 반올림함
6. 인근 유사 토지의 지가변동률은 %로 표시하되 소수점 첫째 자리에서 반올림함
   (예) 11.4% 상승 → 11% 상승, 11.6% 상승 → 12% 상승)
7. 상기자료 등은 법원, 감정평가사, 원고, 피고가 모두 확인하고 동의한 사항임

[문제4] 감정평가사 甲은 법원으로 부터 유연분묘가 소재하는 토지에 대한 경매평가를 의뢰받았다. 현장조사 결과 봉분 등이 외부에서 분묘의 존재로 인식될 수 있는 형태임을 확인하였고, 시신의 안장 여부 역시 확인된 경우 다음 물음에 답하시오. (10점)

물음1) 타인의 토지 위에 있는 유연분묘에 "분묘기지권"이 성립될 수 있는 요건을 3가지만 설명하시오. (5점)

물음2) "분묘기지권"이 성립되어 토지에 영향을 미치는 경우 유연분묘가 소재하는 토지의 감정평가방법을 설명하시오. (5점)

해커스 감정평가사
ca.Hackers.com

해커스 감정평가사
이성준 감정평가실무
2차 기출문제집

답안편

2001년 제12회 감정평가실무 기출

문제1 (40점)

Ⅰ. 평가개요

- 본건은 대상부동산의 투자타당성 검토로, 기준시점은 2001.8.26.임
- 대상부동산의 시장가치와 투자 내역에 따른 현금흐름 비교를 통해 투자의 타당성을 검토함

Ⅱ. 대상부동산 시장가치

1. 개별물건기준

(1) 토지

1) 공시지가기준 평가

(가) 비교표준지 적부: 일반주거지역, 상업용으로 위치적·물적 유사성 인정되어 적정함

(나) 시점수정치(2001.1.1. ~ 2001.8.26. 주거지역)

$$1.0274 \times 1.0152 \times (1 + 0.0152 \times \frac{57}{91}) ≒ 1.0530$$

(다) 지역요인 비교치: 인근지역(1.000)

(라) 개별요인 비교치: $1.00 \times 0.89 ≒ 0.890$

(마) 그 밖의 요인 보정치 결정

가) 사례 선정

일반주거지역, 상업용 기준 <사례 2> 선정

(사례 3: 평가목적 상이)

나) 사례 토지 가액(낙찰률 미고려)

$$3,100,000,000 - 800,000 \times {}^*1.00000 \times \frac{95}{98} \times (1 - \frac{4}{50} - 0.05 - 0.05) \times 3,500$$

$$≒ 874,286,000원(874,000원/㎡)$$

<small>* 건물 변동률 보합세 전제(이하 동일)</small>

다) 그 밖의 요인 비교치 결정

$$\frac{874{,}000 \times {}^*1.0501 \times 1.00 \times 1.13}{1{,}050{,}000 \times 1.0530} ≒ 0.938$$

* 2001.1.10. ~ 2001.8.26. 주거지역

$$(1 + 0.0274 \times \frac{81}{90}) \times 1.0152 \times (1 + 0.0152 \times \frac{57}{91})$$

∴ 상기와 같이 산정된 바, <0.95>로 결정함

(바) 공시지가기준액

1,050,000 × 1.0530 × 1.000 × 0.890 × 0.95 ≒ 935,000원/㎡

2) 거래사례비교법

(가) 사례 선정

일반주거지역, 상업용, 배분법 적용 가능한 <사례 1> 선정

(나) 사례 토지 가액

3,300,000,000 - *2,400,000,000 ≒ 900,000,000원

(÷ 800㎡ ≒ 1,130,000원/㎡)

* 사례건물가격: 800,000 × 3,000

(다) 대상토지 비준가액

$$1{,}130{,}000 \times \underbrace{1.00}_{사} \times \underbrace{{}^*1.02490}_{시} \times \underbrace{1.000}_{지} \times \underbrace{0.890}_{개} ≒ 1{,}030{,}000원/㎡$$

* 시점(2001.4.1. ~ 2001.8.26. 주거지역) $1.0152 \times (1 + 0.0152 \times \frac{57}{91})$

3) 토지가격 결정

양 시산가액 유사한바, 「감정평가에 관한 규칙」에 의거 합리성 인정됨. 「감정평가에 관한 규칙」에 의거 공시지가기준액으로 결정함

∴ 935,000원/㎡ × 1,000㎡ ≒ 935,000,000원

(2) 건물

1) 재조달원가(건물명 A가 본건 건물임)

$$800{,}000 \times 1.00 \times 1.00000 \times \frac{104}{98} ≒ 848{,}000원/㎡ (\times 3{,}000㎡ ≒ 2{,}544{,}000{,}000원)$$

2) 감가수정

(가) 물리적 감가

$$848,000 \times \frac{5}{50} \times 3,000 ≒ 254,400,000원$$

(나) 기능적 감가

$$848,000 \times 0.03 \times 3,000 ≒ 76,320,000원$$

(다) 합: 330,720,000원

3) 건물가액

재조달원가 - 감가수정 ≒ 2,213,000,000원

(3) 물건별 평가액

$$\underbrace{935,000,000}_{\text{토지}} + \underbrace{2,213,000,000}_{\text{건물}} ≒ 3,148,000,000원$$

2. 일괄평가(수익환원법, 직접환원법)

(1) 순수익

1) 가능총수익

(가) 임대료(인근 표준적 수익기준)

인근 표준적 임대료기준, 임대면적기준, 현황 공실 미고려함

$[400 \times 10,000 + 600 \times (7,000 + 5,000 \times 3)] \times 12 \times 1.1 ≒ 227,040,000원$

(나) 보증금 운용수익

$[400 \times 100,000 + 600 \times (70,000 + 50,000 \times 3)] \times 1.1 \times 0.1 ≒ 18,920,000원$

(다) 관리비

$6,000 \times (400 + 600 \times 4) \times 12 ≒ 201,600,000원$

(라) 가능총수익: 447,560,000원

2) 유효총수익(인근지역 내 적정 공실률 5% 적용)

$447,560,000 \times 0.95 ≒ 425,182,000원$

3) 운영경비

공실 부분 운영경비 제외

$201,600,000 \times 0.95 \times 0.83 ≒ 158,962,000원$

4) 순수익 산정

$425,182,000 - 158,962,000 ≒ 266,220,000원$

(2) 대상 일체수익가액

$$\frac{266,220,000}{0.08} ≒ 3,327,750,000원$$

3. 감정평가액 결정

양 시산가액 유사한바, 「감정평가에 관한 규칙」에 의거 합리성 인정됨. 「감정평가에 관한 규칙」 의거 개별물건기준 합으로 결정함

∴ 3,148,000,000원

Ⅲ. 투자타당성 분석

1. 처리방침

물음1)에서 산정한 대상부동산의 시장가치와 갑의 임대에 따른 DCF법에 의한 투자가치를 상호 비교하여 타당성 여부를 판단함

2. 현금흐름표 및 기말 기분복귀액

(1) 현금흐름표

1) 가능총수익

(가) 임대료: 227,040,000원

(나) 보증금 운영수익

투자가치 산정 고려 임대보증금 현행 인수에 따라 인근 수준 보정은 전환이율을 적용함

$[400 \times 100,000 + 600 \times (70,000 + 50,000 \times 3)] \times [0.1 + (1.1 - 1) \times 0.15] ≒ 19,780,000$원

(다) 관리비: 201,600,000원

(라) 합계: 448,420,000원

2) 유효총수익

$448,420,000 \times 0.95 ≒ 425,999,000$원

3) 운영경비

$201,600,000 \times 0.95 \times 0.83 ≒ 158,962,000$원

4) 순수익

$425,999,000 - 158,962,000 ≒ 267,037,000$원

5) 현금흐름표

(단위: 천원)

구분	1기	2기	3기	4기	5기
1)임대료	227,040	234,827	242,882	251,213	259,830
보증금	19,780	19,780	19,780	19,780	19,780
관리비수입	201,600	201,600	201,600	201,600	201,600
PGI	448,420	456,207	464,262	472,593	481,210
EGI	425,999	433,397	441,049	448,963	457,149
OE	158,962	158,962	158,962	158,962	158,962
NOI	267,037	274,435	282,087	290,001	298,187
2)DS	96,000	96,000	96,000	96,000	96,000
BTCF	171,037	178,435	186,087	194,001	202,187
3)감가상각비	50,880	50,880	50,880	50,880	50,880
4)TAX(20%)	24,031	25,511	27,041	28,624	30,261
ATCF	147,006	152,924	159,046	165,377	171,926
현가계수	0.909	0.826	0.751	0.683	0.621
현가액	133,628	126,315	119,443	112,952	106,766
합계	599,105				

1) 임대료 상승률(임료 지수 연장 적용)

$$\therefore (\frac{102}{100} - 1) \times \frac{12}{7} ≒ 0.0343(연 3.43\% 증가)$$

2) DS: 1,200,000,000 × 0.08 ≒ 96,000,000원(원금상환 없음)

3) 감가상각비: 848,000 × 3,000 × $\frac{1}{50}$ ≒ 50,880,000원

4) 영업소득세 ≒ (BTCF - 감가상각비) × 0.2

(2) 기말 지분복귀액

1) 기말 복귀액

 *306,634,000 ÷ 0.08 × 0.95 ≒ 3,641,278,000원

  * (259,830,000 × 1.0343 + 19,780,000 + 201,600,000) × 0.95 - 158,982,000

2) 기말 지분복귀액

 3,641,278,000 - 1,200,000,000 ≒ 2,441,275,000원

3. 투자가치

$$\underbrace{\sum_{n=1}^{5} \frac{\text{ATCF}_n}{1.10^n} + \frac{\text{기말지분복귀액}}{1.10^5}}_{\text{지분가치}} + \underbrace{1,200,000,000원}_{\text{저당가치}} ≒ 3,274,947,000원$$

4. 타당성 분석

- 시장가치: 3,148,000,000원
- 투자가치: 3,274,947,000원

시장가치 대비 투자가치가 높은 바, 해당 빌딩 매입 건에 대한 투자타당성은 긍정됨. 다만, 임대료 상승률, 공실률, 기출환원율, 요구수익률 등의 변화에 따라 투자가치의 변동 가능성이있으므로 이에 유의함

문제2 (25점)

Ⅰ. 물음1), 가격시점

이의재결 목적의 평가인바, 수용재결일인 2001.7.1.이 가격시점임

Ⅱ. 물음2), 표준지 선정

해당 공익사업의 시행을 직접 목적으로 용도지역이 일반주거지역으로 변경되었는바, 변경 전인 "자연녹지지역"을 기준함. 1989.1.24. 이후 무허가건축물 등의 부지로 건축 당시 이용상황인 "전" 기준하여 표준지 <#121> 선정
(#122: 이용상황 상이, #123: 용도지역 상이)

Ⅲ. 물음3), 적용공시지가

① 해당 공익사업의 면적 등 미제시로 취득하여야 할 토지의 가격 변동 여부는 미고려함
② 사업인정의제일인 택지개발예정지구지정고시일 이전 공시된 1999.1.1. 기준 공시지가를 적용함

Ⅳ. 물음4), 시점수정치

1. 지가변동률 기준(S시 P구 녹지지역, 1999.1.1. ~ 2001.7.1.)

해당 공익사업의 면적 등 미제시로 해당 공익사업으로 인한 지가 변동 여부는 미고려함

$$1.1020 \times 1.0483 \times 1.0073 \times 1.0137 \times (1 + 0.0137 \times \frac{1}{91}) ≒ 1.17978$$

2. 생산자물가지수 기준 $\left(\frac{2001.6월 \ 지수}{1998.12월 \ 지수}\right)$

$\frac{123.1}{118.5} ≒ 1.03882$

3. 시점수정치 결정

해당 지역의 국지적 지가 수준을 적절하게 반영하고 있는 지가변동률로 결정함

∴ 1.17978

V. 물음5), 지역요인 및 개별요인

1. 지역요인

인근지역 내 소재함

∴ 1.000

2. 개별요인

$\frac{102}{100} \times \frac{98}{100} \times 1 \times 1 \times \frac{105}{100} \times 1 ≒ 1.050$

VI. 물음6), 그 밖의 요인 보정치

해당 공익사업의 개발이익은 미반영하고 다른 공익사업의 개발이익 또는 공법상 제한은 반영함. 1999년 기준하여 10% 보정함

∴ 그 밖의 요인보정률: $\frac{100}{90} ≒ 1.10$

VII. 물음7), 토지 보상액 산정

120,000 × 1.17978 × 1.000 × 1.050 × 1.10 ≒ 164,000원/㎡(× 1.200㎡ ≒ 196,800,000원)

VIII. 물음8), 무허가건물의 보상 여부

1. 보상 대상 여부 판단

「토지보상법」상 지장물의 보상 대상 여부는 허가 여부에 따라 판단하지 아니하며, 개별법상 행위제한일을 기준으로 보상 대상 여부를 판단함. 다만, 「토지보상법」은 「동법 제25조」에 의한 토지 등의 보전의무일인 사업인정고시일을 기준함. 따라서, 본건에 대해서는 택지개발예정지구 지정고시일 이전 지장물에 해당하므로 보상 대상으로 판단함

2. 적정보상평가액

(1) 이전비

6,000,000 + 2,000,000 + 1,500,000 + 33,000,000 − <u>10,000,000</u> + 4,000,000 + 5,000,000
　　　　　　　　　　　　　　　　　　　　　　　　　추가설치비용

≒ 41,500,000원

(2) 물건가격

$$400,000 \times 150 \times \frac{16}{20} ≒ 48,000,000원$$

(3) 보상액 결정

물건가격 이내 이전비 보상인바, 이전비인 41,500,000원으로 결정함

IX. 물음9), 관상수 보상액

1. 향나무

(1) 이전비

$(9,000 + 2,000 + 1,000 + 25,000 + 2,000 + 8,000) + 50,000 \times 0.1 ≒ 52,000원/주$

(2) 물건가격

50,000원/주

(3) 결정

물건가격 이내 이전비 보상인바, 물건가격인 2,500,000원(50,000원/주 × 50주)으로 결정함

2. 단풍나무

(1) 이전비

$(6,000 + 1,000 + 500 + 15,000 + 1,500 + 6,000) + 45,000 \times 0.1 ≒ 34,500원/주$

(2) 취득가격

45,000원/주

(3) 결정

물건가격 이내 이전비 보상인바, 이전비인 1,035,000원(34,500원/주 × 30주)으로 결정함

X. 물음10), 영업손실보상

1. 보상 대상 여부 판단

영업손실보상 대상 여부는 ① 사업인정고시일 등 전부터 적법한 장소에서 인적·물적시설을 갖추고 계속적으로 행하고 있는 영업. 다만, 무허가건축물등에서 임차인이 영업하는 경우에는 그 임차인이 사업인정고시일 등 1년 이전부터 「부가가치세법 제8조」에 따른 사업자등록을 하고 행하고 있는 영업을 말한다. ② 영업을 행함에 있어서 관계법령에 의한 허가 등을 필요로 하는 경우에는 사업인정고시일 등 전에 허가 등을 받아 그 내용대로 행하고 있는 영업을 기준으로 판단함

본건은 소유자 영업으로 관계법령에 의한 허가 또는 신고를 하지 않은 무허가건축물 내의 영업으로 보상 대상에 해당하지 아니함. 다만, 이전비 및 이전에 따른 감손상당액은 보상에 해당함

2. 보상액

$$\underbrace{3,600,000}_{\text{이전비}} + \underbrace{700,000}_{\text{감손액}} ≒ 4,300,000원$$

문제3 (10점)

Ⅰ. 물음1), 보상평가기준 등

1. 허가어업의 취소 시 보상평가기준

어선, 어구, 그 밖의 요인시설물 등의 잔존가액은 피수용자의 보상청구가 있는 경우에만 평가함

[평년수익액 × 3년 + 어선·어구 등 시설물 잔존가액]

2. 어선의 평가방법

어선의 보상평가는 원가법을 적용하되, 선체, 기관, 의장별로 구분하여 평가한다. 다만, 원가법에 의한 평가가 적정하지 아니한 경우에는 거래사례비교법에 위할 수 있으며, 효용가치가 없는 것은 해체처분가격으로 평가함

3. 어선평가 기초자료

선적증서, 선박등록원부, 어업허가증, 검사증 사본 등

Ⅱ. 물음2), 손실보상액 산정

1. 평년수익액

(1) 평균연간어획량

$$\frac{(114,000 + 110,000 + 112,000)}{3} ≒ 112,000kg$$

(2) 평균연간판매단가

$$\frac{(5,300 × 5 + 5,200 × 2 + 5,100 + 5,400 × 4)}{12} ≒ 5,300원/kg$$

(3) 평년수익액

112,000 × 5,300 × (1 - 0.85) ≒ 89,040,000원

2. 어선 등 잔존가액

(1) 선체

4,500,000 × 0.773 ≒ 3,478,000원/ton(× 79ton ≒ 274,762,000원)

(2) 기관

200,000 × 0.631 ≒ 126,000원/HP(× 600HP ≒ 75,600,000원)

(3) 의장

250,000,000 × 0.541 ≒ 135,250,000원

(4) 어구

100,000,000 × 0.464 ≒ 46,400,000원

(5) 계

532,012,000원

3. 보상평가액

89,040,000 × 3년 + 532,012,000 ≒ 799,132,000원

문제4 (10점)

Ⅰ. 일단지의 개념

일단지라 함은 용도상 불가분의 관계에 있는 2필지 이상의 일단의 토지를 말한다. 용도상 불가분의 관계란 2필지의 일단의 토지로 이용되고 있는 상황이 사회적·경제적·행정적 측면에서 합리적이고 당해 토지의 가치형성적 측면에서도 타당하다고 인정되는 관계에 있는 경우를 의미한다.

Ⅱ. 일단지 판단기준

1. 용도상 불가분의 관계의 판정

일단지의 범위는 용도상 불가분의 관계의 범위와 직접 관련된다. 용도상 불가분의 관계의 판정은 용도상 불가분의 관계의 현실적이고 외부적인 인식 및 사회관념에의 적합성 등을 참작하여 개별적인 토지용도별로 구체적으로 판정될 수 있다.

2. 「공간정보의 구축 및 관리 등에 관한 법률」상 지목과의 관계

일단지의 범위는 용도상 불가분의 관계를 기준으로 판정하므로 「공간정보의 구축 및 관리 등에 관한 법률」상의 지목 개념과는 반드시 일치하는 것은 아니다. 용도상 가치가 명확하게 구분되어 사회통념상 가치형성이 달라 용도상 불가분의 관계가 명확하지 않다고 인정되는 경우에는 용도상 불가분의 관계로 볼 수 없다.

3. 토지소유권과의 관계

일단으로 이용되고 있는 2필지 이상의 토지는 일반적으로 토지소유자가 1인이거나 공유관계에 있는 것이 대부분이지만, 각각의 토지소유자가 다른 경우에도 토지의 최유효이용의 결과로서 「표준지공시지가 조사·평가 기준 제20조 제2항」의 규정에 따라 용도상 불가분의 관계에 있는 경우에는 일단지로 평가한다.

4. 일단지와 일시적인 이용상황

일시적인 이용상황은 표준지 조사·평가시에 배제하고 있으므로 현재의 이용상황이 주위환경 등의 사정으로 보아 일시적인 것으로 인정되는 경우에는 일단지의 판정기준이 되는 용도상 불가분의 관계에 대한 확정성이 결여되므로 일단지로 보지 않는 것이 타당하다.

5. 건축 중인 토지의 일단지 조사·평가 적용시점

「표준지공시지가 조사·평가 기준 제20조 제4항」에 의하여 건축 중에 있는 토지와 공시기준일 현재 나지상태이나 건축허가 등을 받고 공사를 착수한 때에는 일단지로 조사·평가하게 되며, 토지특성 중 이용상황을 나지상태로 조사하지 아니한다. 「건축법 제11조」의 규정에 의한 건축허가와 「동법 제21조」의 규정에 의한 착공신고를 필하고 건축물의 기초공사 등을 착수하여 일단의 토지가 하나의 건축물(부속 건축물을 포함한다) 등의 부지로서 이용되는 것이 객관적으로 인식되는 시점을 "공사를 착수한 때"로 본다.

Ⅲ. 일단지 평가방법

일단지 중에서 대표성 있는 1필지가 표준지로 선정된 때에는 그 일단지를 1필지로 보고 평가한다.

문제5 (10점)

Ⅰ. 물적 불일치 의의

물적 불일치란 대상부동산에 관한 기본적 사항의 내용(위치·경계·면적·용도 등)이 실제의 내용과 일치하지 않아 그 동일성 여부가 문제되는 경우를 말한다.

Ⅱ. 물적 불일치의 처리방법

1. 토지

(1) 위치 불일치

경계측량도면이나 위치확인자료가 실지조사시 현지에서 의뢰인 또는 관계인으로부터 제시되는 경우에는 실지조사를 계속할 수 있으나, 그렇지 못할 경우에는 자료보완을 요청해야한다. 또한 대상부동산의 위치가 공부상의 위치와 불일치하는 경우에는 그 정도가 심하면 등기가 무효로 될 수도 있고 평가액의 차이가 발생할 수도 있으므로 유의해야 한다. 불일치의 정도가 경미할 경우에는 해당부분만을 평가에서 제외하든지 아니면 현황을 토대로 평가해야 할 것이며, 그 내용을 감정평가서에 기재해야 한다. 그러나 토지의 대부분을 타인건물이 점유하는 경우에는 평가를 중지하는 것이 좋다.

(2) 지적 불일치

지적을 측량한 결과 감량이 있으면 측량면적에 의하여 평가하는 것이 원칙이나, 측량의 결과 증량이 있는 경우에는 어떠한 법적요인에 의하여 이루어졌는가를 추적해야 하는 권언 문제가 발생한다. 따라서 증량이 된 경우에는 즉시 증량 처리하여서는 안 되고 그 합법적인 권리관계를 먼저 파악하고 평가하되 권원이 확실치 아니하면 공부대로 평가하며 그러한 내용을 감정평가서에 기재하여야 한다.

(3) 지목 불일치

현황의 지목이 공부상 지목과 일치하지 않는 경우에는 현황의 지목에 따라 평가하되 그 내용을 감정평가서에 기재하여야 한다. 현황지목으로 평가하여야 하는 이유는 부동산의 가치가 공부상 지목보다는 현실적인 지목에 따라 형성되기 때문이다. 다만, 법률상 또는 기타의 이유에 의하여 지목의 변경이 불가능한 토지를 타용도의 지목으로 이용하는 경우는 원상회복시킬 수 있는지의 여부를 확인하여 그것이 가능하다면 원상회복에 필요한 비용을 감액하여 평가한다.

2. 건물

물적 불일치가 경미한 경우에는 그 사유를 감정평가 의뢰인에게 고지하며, 물적 불일치를 해소하여 감정평가하거나 감정평가액의 결정 의견에 그 사유를 적시하고 현황대로 평가할 수 있다. 다만, 경미하지 않은 경우에는 물적 동일성을 인정할 수 없으므로 감정평가를 반려한다.

문제6 (5점)

1. 적용법률
「도시정비법」이 적용된다.

2. 기준시점
사업시행계획인가 고시가 있는 날이 기준시점이 된다. 다만, 사업시행계획(변경)인가 고시가 있는 경우에도 '3년'의 기산일은 최초의 사업시행계획인가 고시일이며, 기준시점 또한 최초의 사업시행계획인가 고시일이다.

3. 점유지 감정평가

(1) 대상
대상이 점유지(인접지의 주거용 건부지 등)인 경우 지방자치단체조례에 따라 기준 면적 이하로 점유자에게 우선 매각할 수 있다.

(2) 이용상황 및 기여도 고려
국·공유지의 기존 용도는 폐지됨을 전제로 하여 매각이 이루어지므로 인근지역의 표준적 이용상황을 고려하여 국·공유지와 일단으로 이용되고 있는 사유지를 기준으로 형상 등을 고려하여 감정평가하여야 한다. 다만, 사인이 점유하고 있는 국·공유지는 지목 여하에도 불구하고 지목에 따른 열세를 감안하지 않고 감정평가한다. 또한, 일단지로 이용되고 있는 경우라면 일단의 이용에 따른 기여도를 고려하여 평가한다.

4. 비점유지 감정평가

(1) 대상
대상이 비점유지(소규모 국·공유지)인 경우 사업시행자에게 우선 매각한다.

(2) 이용상황
비점유지의 경우도 점유지와 같이 「국유재산법 제44조」에서는 [시가(時價)]로 매각가격을 결정하도록 규정되어 있으며 기존 용도는 폐지됨을 전제로 하여 매각이 이루어지므로 인근지역의 표준적 이용상황을 고려하여 감정평가하여야 한다. 다만, 해당 정비사업에 따른 이용상황이 동일한 경우와 다른 경우가 있어 이에 따라 구분하여 감정평가하여야 한다.

2002년 제13회 감정평가실무 기출

문제1 (30점)

Ⅰ. 물음1), 확인자료

1. 개요

자료의 종류에는 확인자료, 요인자료, 사례자료로 구분되며, 확인자료란 대상물건의 확인 및 권리상태의 확인에 필요한 자료로서, 대상물건의 물적사항과 법적사항을 조사하여 물적 동일성을 인정할 수 있는지를 판단하게 된다.

2. 확인자료

(1) 등기사항전부증명서(토지, 건물, 집합건물)

대상물건의 소유권 등의 법적 권리상태를 확인할 수 있는 자료로서 소유자, 지상권·담보권 등과 같이 소유권 이외의 권리 및 가등기 등의 여부를 확인할 수 있다.

(2) 토지(임야)대장등본

토지의 물적 상황을 확인할 수 있는 자료로서 소재지, 지번, 지목, 면적 등을 확인할 수 있다.

(3) (일반, 집합)건축물대장등본

건물의 물적 상황을 확인할 수 있는 자료로서 소재지, 지번, 구조, 용도, 면적, 일단지 판단, 동, 호수, 전유면적, 공용면적, 등을 확인할 수 있다.

(4) 지적도(임야도)

토지의 물적 상황인 형상, 접면도로와 인근 필지의 개략적인 형태 등을 확인할 수 있다.

(5) 토지이용계획확인서

토지의 공법상 제한인 용도지역, 용도지구, 용도구역, 도시계획시설의 저촉 여부, 기타 제한 등을 확인할 수 있다.

(6) 그 밖의 확인자료

건축허가서, 착공신고서, 배치도 등과 같은 도면, 매매계약서, 임대차계약서, 환지예정지증명원, 등이 있다.

Ⅱ. 물음2), 비교표준지 선정원칙 등

1. 비교표준지의 선정원칙 「감칙 제14조 제2항 제1호」

비교표준지는 ① 인근지역에 있는 표준지 중에서 대상 토지와 용도지역 · 이용상황 · 주변환경 등이 같거나 비슷한 표준지를 선정할 것. ② 다만, 인근지역에 적절한 표준지가 없는 경우에는 인근지역과 유사한 지역적 특성을 갖는 동일수급권 안의 유사지역에 있는 표준지를 선정할 수 있다.

2. 대상토지의 비교표준지 선정이유

상기 비교표준지 선정원칙을 기준으로 "일반주거지역, 상업용, 중로한면" 고려하여 비교 가능성이 가장 높은 표준지 <#2> 선정(#1: 용도지역 상이, #3: 도로 상이)

Ⅲ. 물음3), 개별물건기준 「감칙 제7조 제1항」

1. 평가개요

- 평가대상: 토지 · 건물
- 평가목적: 일반거래
- 기준시점: 2002.8.25.
- 기준가치: 시장가치

2. 토지가액

(1) 공시지가기준가액 「감칙 제14조 제1항」

$$3,000,000 \times \underset{시}{^*1.07566} \times \underset{지}{1.000} \times \underset{개}{1.000} \times \underset{그}{1.00} ≒ 3,230,000원/㎡$$

* 시점수정(주거지역, 2002.1.1. ~ 2002.8.25.)

$$1.0254 \times 1.03 \times (1 + 0.03 \times \frac{56}{91})$$

(2) 비준가액 「감칙 제14조 제3항」

1) 사례 적부 판정

일반주거지역, 상업용, 중로한면, 건물의 구조 및 물적 유사성 인정되며, 배분법 적용이 가능하여 적정하다고 판단됨

2) 사례 토지가격 산정

(가) 사례 건물가액

$$720,000 \times \underset{사}{1.00} \times \underset{시}{^*0.96154} \times \underset{개}{1.000} \times \underset{잔}{^{**}0.968} ≒ 670,000원/㎡$$

($\times 8,100㎡ = 5,427,000,000원$)

* 시점수정: $\frac{125}{130}$

** 잔가율(정액법, 만년감가 기준, 이하 동일함)

$$0.75 \times \frac{49}{50} + 0.25 \times \frac{14}{15}$$

(나) 사례 토지가액

11,205,000,000 - 5,427,000,000 ≒ 5,778,000,000원

3) 비준가액

$5,778,000,000 \times \underset{사}{1.00} \times \underset{시}{{}^*1.04902} \times \underset{지}{100/102} \times \underset{개}{1.100} \times \underset{면}{1/1,980} ≒ 3,300,000원/㎡$

* 시점수정(주거지역, 2002.4.1. ~ 2002.8.25.)

$1.03 \times (1 + 0.03 \times \frac{56}{91})$

(3) 수익가액

1) 사례 적부 판정

일반주거지역, 상업용, 중로한면, 임대면적 및 용도 등이 유사하여 적정하다고 판단됨

2) 사례 순수익 산정(상각 전)

(가) 가능총수익

100,000,000 + 85,000,000 × 12 + 15,000,000 × 12 = 1,300,000,000원

(나) 운영경비

감가상각비, 장기차입금이자, 소득세 제외

50,000,000 + 80,000,000 + 20,000,000 + 20,000,000 = 170,000,000원

(다) 순수익(공실률 미제시)

1,300,000,000 - 170,000,000 = 1,130,000,000원

3) 사례 토지귀속순수익 산정

(가) 사례 건물가액

$720,000 \times \underset{사}{1.00} \times \underset{시}{1.0000} \times \underset{개}{0.970} \times \underset{잔}{{}^*0.842} ≒ 588,000원/㎡$

(× 9,200㎡ ≒ 5,409,600,000원)

* 잔가율

$0.75 \times \frac{45}{50} + 0.25 \times \frac{10}{15}$

(나) 사례 건물귀속순수익(상각 전)

$5,409,600,000 \times [0.12 + (0.75 \times \frac{1}{50} + 0.25 \times \frac{1}{15})] ≒ 820,456,000원$

(다) 사례 토지귀속순수익

1,130,000,000 - 820,456,000 ≒ 309,544,000원(÷ 2,100㎡ ≒ 147,000원/㎡)

4) 대상토지 수익가액

(가) 대상토지 귀속순수익

$$147{,}000 \times \underset{사}{1.00} \times \underset{시}{1.00000} \times \underset{지}{100/85} \times \underset{개}{(1.20 \times 1.10 \times 1.30)} ≒ 297{,}000원/㎡$$

(나) 수익가액 산정

$$\frac{297{,}000}{0.1} ≒ 2{,}970{,}000원/㎡$$

(4) 토지가격의 결정

- 공시지가기준액: 3,230,000원/㎡
- 비준가액: 3,300,000원/㎡
- 수익가액: 2,970,000원/㎡

공시지가기준액 및 비준가액 유사한바, 「감칙 제12조 제2항」 의거 합리성 인정됨. 다만, 수익가액의 경우 토지 및 건물귀속순수익의 개념적 문제와 환원율 산정의 문제점 등에 있어 오류 가능성이 있는바, 이를 배제하고 「감칙 제14조 제1항」 의거 공시지가기준액으로 결정함

∴ 3,230,000원/㎡ × 2,000㎡ ≒ 6,460,000,000원

3. 건물가액

(1) 처리방침

대상건물 준공 당시 총 공사비는 사정 개입된바, 표준적인 건설사례를 기준하되 원가법을 적용하여 산정함

(2) 재조달원가

720,000 × 1.00 × 1.0000 × 0.980 ≒ 705,000원/㎡

(3) 적산가액

$$705{,}000 \times (0.75 \times \frac{45}{50} + 0.25 \times \frac{10}{15}) ≒ 593{,}000원/㎡$$

(× 11,200㎡ = 6,641,600,000원)

4. 대상부동산 가액(개별물건기준) 「감칙 제7조 제1항」

$$\underset{토지}{6{,}460{,}000{,}000} + \underset{건물}{6{,}641{,}600{,}000} ≒ 13{,}101{,}600{,}000원$$

문제2 (15점)

Ⅰ. 물음1), 광산 및 광업권 평가

1. 광산평가 「감칙 제19조」

(1) 상각 전 순수익

1) 총매출

$50,000 \times 12 \times 5,000 ≒ 3,000,000,000$원

2) 소요(영업)경비(감가상각비 제외)

$\underline{500,000,000}_{채} + \underline{350,000,000}_{선} + \underline{3,000,000,000 \times 0.1}_{일} + \underline{150,000,000}_{운} ≒ 1,300,000,000$원

3) 상각 전 순수익

$3,000,000,000 - 1,300,000,000 ≒ 1,700,000,000$원

(2) 가행연수 산정

$$\frac{5,500,000 \times 0.7 + 8,000,000 \times 0.42}{5,000 \times 12} ≒ 12년$$

(3) 환원율(16%는 상각 후 환원율로 전제함)

$$0.16 + \frac{0.1}{1.1^{12} - 1} ≒ 20.68\%$$

(4) 광산평가액

$$\frac{1,700,000,000}{0.2068} - \underline{1,450,000,000}_{장래소요기업비} ≒ 6,771,961,000원$$

2. 광업권 평가 「감칙 제23조」

[광산평가액 - 광산의 현존시설가액]으로 결정함
광산의 현존시설가액은 기준시점 당시 감정평가액으로 결정함

∴ $\underline{6,771,961,000}_{광산} - \underline{3,300,000,000}_{현존시설가액} ≒ 3,471,961,000$원

Ⅱ. 물음2), 사전조사 및 현장조사 사항

1. 사전조사사항

광업재단을 감정평가하기 위하여는 광업원부, 광업재단등기사항전부증명서, 광구도, 갱내도 및 배치도 등에 의거 다음과 같은 사항을 조사한다.
① 소재지, 등록번호, 면적, 위치, 기계·기구, 차량 등 부속물
② 광종, 광구면적, 등록번호, 등록연월일, 광업권 존속기간 및 부대조건 지상권 등
③ 교통, 광산 부근의 지질·지형, 광산의 상황, 갱내외의 설비
④ 수도시설, 동력관계 등
⑤ 종업원 수, 평균임금 등

2. 현장조사사항

사전조사 후 실지조사에서 다음 같은 사항을 조사하여야 한다.
① 입지조건: 광산의 위치, 교통상황, 공업용수, 동력 및 노동력 확보 사항
② 지질 및 광상: 암층, 구조, 노두, 광상의 형태, 광물품위 및 매장량 등
③ 채광 및 선광: 채굴방법, 선광방법, 지주, 배수, 통지, 운반방법 및 갱도현황 등
④ 설비: 채광, 선광, 제련, 운반, 배수, 통기 등

Ⅲ. 물음3), 환원이율과 축척이율의 비교

1. 정의

환원율이란 수익과 가치의 비율을 말하며, 축적이율이란 소모성(상각성) 자산의 자본회수분을 안전하게 회수하는데 적용하는 이율을 의미한다.

2. 양자의 비교

① 환원율은 상각 전 환원율과 상각 후 환원율로 구분되며 상각 전 환원율은 상각 후 환원율에 자본수수율을 포함한 개념이다.
② 환원율은 물건의 가치를 산정함에 있어 대상물건의 위험성을 반영한 자본수익률이나, 축척이율은 자본회수를 고려한 안전율의 개념이다.
③ 광산의 경우 대규모 자본투입에 따른 자본회수를 고려하여 환원율(수익률)을 산정하게 되는데, 광산의 특성상 동일한 광산의 재투자가 불가함 따라 자본회수율을 안전율로 적용하여 수익가액을 보수적으로 결정하게 된다. 즉, 자본회수율이 낮을수록 자본회수분을 크게 인식하고 전체 수익가액이 낮아지는 현상을 보이게 된다.

문제3 (20점)

I. 물음1), 담보평가

1. 담보가격 산정

(1) 대상물건 확정

현황도로부분 50㎡, 동측 토지일부 10㎡는 단독효용가치가 희박함에 <담보평가> 고려 감정평가외함. 기준시점은 2001.3.31.임

(2) 공시지가기준가액 「감칙 제14조 제1항」

1) 표준지 선정

도시지역(미지정), 답 기준 표준지 <#2> 선정
(#1: 이용상황 상이, #3: 도로 상이)

2) 공시지가기준액

$$18,000 \times {}^*1.00000 \times 1.000 \times \frac{100}{90} \times 1.00 ≒ 20,000원/㎡$$
　　　　　　　시　　　　지　　　　개　　　그

* 시점수정(2001.1.1. ~ 2001.3.31.)
　도시지역 내 용도미세분으로 녹지지역 기준함(이하 동일)

(3) 비준가액 「감칙 제14조 제3항」

1) 사례 선정

도시지역(미지정), 답 기준, 사정보정 가능한 <거래사례 1> 선정
(거래사례 2: 사정보정 불가능)

2) 평가액

$$6,000,000 \times \frac{100}{100+21} \times 1.00000 \times 1.000 \times 1.111 \times 1/400 ≒ 22,000원/㎡$$
　　　　　　　사　　　　　　시　　　　지　　　개　　　면

(4) 토지가액 결정

양 시산가액 유사한바, 「감칙 제12조 제2항」 의거 합리성 인정됨. 「감칙 제14조」 의거하여 공시지가기준가액으로 결정함

∴ 20,000원/㎡ × 300㎡ ≒ 6,000,000원

2. 담보감정평가시 적정성 검토방법

감정평가업자는 감정평가서를 발송하기 전 다음 각 호의 사항을 미리 검토한다.
① 감정평가서의 위산·오기 여부
② 의뢰내용 및 공부와 현황의 일치 여부
③ 감정평가관계법규 및 협약서에 위배된 내용이 있는지 여부
④ 감정평가서 기재사항이 적절히 기재되었는지 여부
⑤ 감정평가액의 산출근거 및 결정 의견이 적절히 기재되었는지 여부

Ⅱ. 물음2), 경매평가

1. 일괄경매 조건인 경우 경매가액

(1) 대상물건 확정

① 동측 10㎡ 부분은 122번지와 합병되어 소유권 이전되었는바, 평가제외 처리함
② 121-1번지는 해당 공익사업으로 인해 직권분할 후 보상금 미수령 상태로 보상평가 기준액으로 평가하되, 기존 담보권자는 「토지보상법」상 "관계인"으로 향후 공탁된 보상금에 대해 압류 후 채권회수(재결 후 사업시행자 원시취득) 가능하므로 별도 기재 가능하나 일괄경매 조건을 고려 합계액으로 제시함
③ 기준시점은 2002.3.31.임

(2) 토지

1) 표준지 선정

자연녹지지역, 답, 세로(가) 기준 표준지 <#3> 선정
(#1: 이용상황 상이, #2: 도로 상이)

2) "답" 기준 공시지가기준액

$22,000 \times \underset{시}{^*1.02000} \times \underset{지}{1.000} \times \underset{개}{1.000} \times \underset{그}{1.00} ≒ 22,000원/㎡$

* 시점수정(녹지지역, 2002.1.1 ~ 2002.3.31.)

3) 토지가액 결정

본건 부지조성을 위해 조성 중인 토지로 투입된 조성비를 고려하여 결정함
∴ 22,000 + 3,000,000 ÷ 300 ≒ 32,000원/㎡(× 300㎡ ≒ 9,600,000원)

(3) 50㎡ 보상 토지 부분(별도 기재 가능)

8,500원/㎡ × 50㎡ ≒ 425,000원

(4) 제시외 건물 가액(정액법, 만년감가기준)

$(150,000 + 30,000) \times \underset{사}{1.0} \times \underset{시}{1.00000} \times \underset{개}{1.000} \times \underset{잔}{1.000} ≒ 180,000원/㎡$

(× 30㎡ = 5,400,000원)

(5) (일괄)경매평가액

9,600,000 + 425,000 + 5,400,000 ≒ 15,425,000원

2. 제시외 건물이 타인 소유인 경우 경매가격 산정

(1) 대상물건 확정

지상 건물(정착물)의 소유자가 다른 토지의 경우로 법정지상권 성립 가능성에 따라 지상권이 설정된 토지와 설정되지 않은 정상 토지를 구분하여 감정평가함

(2) 법정지상권 설정 면적(건폐율 최대치를 적용함)

$\dfrac{30}{0.6} = 50㎡$

(3) 경매가액 산정

1) 정상토지

32,000원/㎡ × (300㎡ - 50㎡) ≒ 8,000,000원

2) 법정지상권 설정 토지

32,000원/㎡ × 0.7 × 50㎡ ≒ 1,120,000원

3) 합계: 9,545,000원

문제4 (15점)

Ⅰ. 평가개요

각 부동산의 투자수익률을 산정하여 상호배타적 투자안에 대한 투자타당성을 검토함

Ⅱ. A부동산 투자수익률

1. 소득수익률

(1) NOI(1기 기준)

1) PGI

$$[5{,}000 \times 100 \times 0.9 \times (\frac{100}{80} + \underbrace{1}_{\text{2층 기준}} + \frac{70}{80}) \times 12 + 3{,}000{,}000] \times 1.02 ≒ 20{,}273{,}000원$$

2) NOI

PGI × 0.97 × (1 - 0.4) ≒ 11,799,000원

(2) A부동산 가치(기초)

150,000,000원

(3) 소득수익률

11,799,000 ÷ 150,000,000 ≒ 0.0787

2. 자본수익률

2%(1년 기준)

3. 투자수익률

0.0787 + 0.02 ≒ 0.0987(9.87%)

Ⅲ. B부동산 투자수익률

1. 소득수익률

(1) NOI

10,500,000 × 1.04 = 10,920,000원

(2) B부동산 가치

1) 토지 가치

300,000 × 1.0200 × 100 ≒ 30,600,000원

2) 건물 가치(회귀분석법)

y = ax + b일 때, x: 경과연수, y: 건물가치

구분	x	y	xy	x^2
1	3	580,000	1,740,000	9
2	10	500,000	5,000,000	100
3	7	520,000	3,640,000	49
4	5	560,000	2,800,000	25
5	0	600,000	0	0
Σ	25	2,760,000	13,180,000	183

$$a ≒ \frac{2,760,000 \times 183 - 25 \times 13,180,000}{5 \times 183 - 25^2} ≒ 605,448$$

$$b ≒ \frac{5 \times 13,180,000 - 25 \times 2,760,000}{5 \times 183 - 25^2} ≒ -10,690$$

∴ y ≒ 605,448 - 10,690x

x가 1(년)일 때, y는 118,952,000원

3) B부동산 가치

30,600,000 + 118,952,000 ≒ 149,552,000원

(3) 소득수익률

10,920,000 ÷ 149,552,000 ≒ 0.0730

2. 자본수익률

4%

3. 투자수익률

0.0730 + 0.04 ≒ 0.1130(11.30%)

Ⅳ. 투자타당성 검토

지분투자액 고려 상호배타적 투자안인바, 투자수익률이 높은 B부동산에 투자가 타당한 것으로 판단됨

문제5 (10점)

Ⅰ. 개요

개발제한구역은 일반적 제한으로 그 제한을 받는 상태를 기준으로 평가하며, 구체적인 감정평가방법은 다음과 같이 일반평가와 보상평가 및 매수대상토지로 구분하여 기술한다.

Ⅱ. 일반평가

1. 건축물이 있는 경우

건축이 가능한 상태를 기준으로 감정평가한다.

2. 건축물이 없는 토지로 개발제한구역 지정 당시부터 공부상 지목이 "대"인 토지

① 건축이 가능한 경우에는 건축이 가능한 상태를 기준하여 평가하되, ② 건축이 불가능한 경우(이축권이 이전된 경우 등)에는 건축이 불가능한 토지를 기준하여 평가한다.

Ⅲ. 보상평가

1. 개요

개발제한구역 안의 토지에 대한 감정평가는 개발제한구역의 지정이 일반적인 계획제한으로서 그 공법상 제한을 받는 상태를 기준으로 한다.

2. 개발제한구역 지정 당시부터 공부상 지목이 "대"인 토지

(1) 건축물이 없는 토지

　1) 형질변경허가 절차 등의 이행이 필요하지 아니한 경우

　　건축물이 없는 토지를 기준하여 평가한다.

　2) 형질변경허가 절차 등의 이행이 필요한 경우

　　이행이 필요하지 아니한 경우를 기준하되, 형질변경 등 대지조성에 통상 필요한 비용 상당액을 고려하여 평가한다.

(2) 건축물이 있는 토지

　건축물이 있는 상태를 기준하여 평가하되, 건축물이 없는 토지를 기준할 경우 그 가격격차율을 개별요인 비교시에 고려한다.

Ⅳ. 「개발제한구역의 지정 및 관리에 관한 특별조치법 제17조 제3항」 매수 대상토지

1. 매수청구일 당시에 공시되어 있는 표준지공시지가 중 매수청구일에 가장 근접한 시점의 표준지공시지가를 기준으로 하되, 그 공시기준일부터 가격시점까지의 지가변동률·생산자물가상승률, 그 밖에 해당 토지의 위치·형상·환경·이용상황 등을 고려한 적정가격으로 감정평가한다.

2. 이용상황의 판단은 개발제한구역의 지정으로 해당 토지의 효용이 뚜렷하게 감소되기 전 또는 사용·수익이 사실상 불가능하게 되기 전의 토지의 상황을 기준으로 하되, 의뢰자가 제시한 기준에 따른다. 다만, 그 제시가 없는 때에는 개발제한구역 지정 이전의 공부상 지목을 기준으로 한다.

3. 비교표준지의 선정은 인근지역에 있는 종전토지의 상황과 비슷한 이용상황의 것으로 하되, 공부상 지목이 "대"인 토지는 인근지역에 있는 건축물이 없는 토지로서 실제용도가 "대"인 공시지가 표준지를 선정한다.

문제6 (5점)

Ⅰ. 개요

경매평가란 해당 집행법원(경매사건의 관할 법원을 말한다)이 경매의 대상이 되는 물건의 경매에서 최저매각가격(물건의 매각을 허가하는 최저가격을 말한다)을 결정하기 위해 의뢰하는 감정평가를 말한다. 경매평가시에는 아래와 같은 내용을 "감정평가액 산출근거 및 그 결정에 관한 의견"에 기재하여야 한다.

Ⅱ. 기재할 사항

1. **감정평가명령서상 기재사항**

   (1) 사건의 표시

   (2) 부동산의 표시(아파트, 다세대주택 등 집합건물의 경우 평형 표시)

   (3) 부동산의 평가액 및 평가년월일

   　1) 집합건물인 경우에는 건물 및 토지의 배분가액 표시

   　2) 제시외 건물이 있는 경우에는 반드시 그 가액을 평가하고, 제시외 건물이 경매대상에서 제외되어 그 대지가 소유권 행사를 제한받는 경우에는 그 가액도 평가

   　3) 등기부상 지목과 현황이 다른 토지의 경우는 등기부상 지목 및 현황에 따른 각 평가액을 명기

   (4) 평가의 목적이 토지인 경우에는 「국토이용관리법」, 「도시계획법」, 기타 법령에 의한 규제의 유무 및 그 내용과 공시지가(표준지가 아닌 경우에는 비교대상 표준지의 공시지가와 함께 표준지의 위치와 주변의 상황을 평가 대상토지와 비교할 수 있도록 도면·사진 등을 붙여야 한다), 그 밖에 평가에 참고가 된 사항(토지이용계획확인서 등 첨부)

(5) 평가의 목적이 건물인 경우에는 그 종류, 구조, 평면적(공부상 및 실제면적), 추정되는 잔존 내구년수 등 평가에 참고가 된 사항

(6) 평가액의 구체적 산출과정(평가근거를 고려한 요소들에 대한 평가내역을 개별적으로 표시하여야 하고 통합형 설시 통해 결론만 기재하여서는 아니 된다)

(7) 대지권등기가 되어 있지 아니한 집합건물인 경우에는 분양계약내용, 분양대금, 납부 여부, 등기되지 아니한 사유

(8) 그 밖의 집행법원이 기재를 명한 사항

2. 「감칙 제13조 제2항」 관련 감정평가서 기재사항(법령 참고)

문제7 (5점)

Ⅰ. 보상선례 등을 적용하여 그 밖의 보정률을 산출하는 방법

1. 대상토지기준방식

$$\frac{(사례기준\ 대상토지\ 평가)사례가격 \times 시점수정 \times 지역요인 \times 개별요인}{(공시지가기준\ 대상토지\ 평가)공시지가 \times 시점수정 \times 지역요인 \times 개별요인} ≒ 격차율(산출치)$$

2. 비교표준지기준방식

$$\frac{(사례기준\ 대상토지\ 평가)사례가격 \times 시점수정 \times 지역요인 \times 개별요인}{(표준지공시지가\ 시점수정)공시지가 \times 시점수정} ≒ 격차율(산출치)$$

Ⅱ. 보상선례의 참작

1. 보상선례의 참작이란 해당 공익사업 이외의 보상평가선례로 토지보상 절차상 가장 최후절차에 평가된 보상선례 가액을 기준으로 그 밖의 요인 보정치를 결정하는 것을 말한다.

2. <판례>는 인근 유사 토지의 정상거래사례가 있고 그 거래가격이 정상적인 것으로서 적정한 보상액 평가에 영향을 미칠 수 있는 것임이 입증된 경우에는 이를 참작할 수 있다고 할 것이고, 한편 인근 유사 토지의 정상거래가격이라고 하기 위해서는 대상토지의 인근에 있는 지목·등급·지적·형태·이용상황·법령상의 제한 등 자연적·사회적 조건이 수용 대상토지와 동일하거나 유사한 토지에 관하여 통상의 거래에서 성립된 가격으로서 개발이익이 포함되지 아니하고 투기적인 거래에서 형성된 것이 아닌 가격이어야 한다고 판시하였다.

3. 보상선례 선정기준

(1) 그 밖의 요인을 보정하는 경우에는 대상토지의 인근지역 또는 동일수급권 안의 유사지역의 정상적인 거래사례나 보상사례를 참작할 수 있다. 다만, 이 경우에도 그 밖의 요인 보정에 대한 적정성을 검토하여야 한다.

(2) 거래사례 등(보상사례의 경우 해당 공익사업에 관한 것은 제외한다)은 다음 각 호의 요건을 갖추어야 한다. 다만, 아래 4호는 해당 공익사업의 시행에 따른 가격의 변동이 반영되어 있지 아니하다고 인정되는 사례의 경우에는 적용하지 아니한다.

1. 용도지역 등 공법상 제한사항이 같거나 비슷할 것
2. 실제 이용상황 등이 같거나 비슷할 것
3. 주위환경 등이 같거나 비슷할 것
4. 적용공시지가의 선택기준에 적합할 것

2003년 제14회 감정평가실무 기출

문제1 (40점)

Ⅰ. 평가개요

- 평가대상: 토지·건물
- 평가목적: 매입타당성 검토
- 기준시점: 2003년 8월 31일 「감칙 제9조 제2항」(가격조사완료일)

Ⅱ. 물음1), 3방식 적용 시장가치

1. **개별물건기준(원가방식)**

    (1) 토지

    1) 공시지가기준법

        (가) 비교표준지 선정

        일반상업지역, 상업용 기준 표준지 <#1> 선정

        (#2, 3: 용도지역 상이)

        (나) 공시지가기준액

        $$3,800,000 \times \underset{\text{시}}{*1.06325} \times \underset{\text{지}}{1.000} \times \underset{\text{개}}{0.900} \times \underset{\text{그}}{1.00} ≒ 3,640,000원/㎡$$

        * 시점수정(2003.1.1. ~ 2003.8.31. 상업지역)

        $$1.025 \times 1.022 \times (1 + 0.022 \times \frac{62}{91})$$

    2) 거래사례비교법

        (가) 사례 선정

        일반상업지역, 토지만의 거래사례인 <거래사례 ㉮> 선정

        (사례 ㉯: 일괄거래사례 적용)

        (나) 사례 철거비 보정

        $$2,100,000,000 + (50,000,000 - 20,000,000) ≒ 2,130,000,000원$$

(다) 대상토지 비준가액

$$2{,}130{,}000{,}000 \times \underbrace{\frac{100}{105}}_{\text{사}} \times \underbrace{{}^{*}1.22362}_{\text{시}} \times \underbrace{\frac{100}{102}}_{\text{지}} \times \underbrace{0.900}_{\text{개}} \times \underbrace{\frac{1}{580}}_{\text{면}} ≒ 3{,}780{,}000원/㎡$$

* 시점수정(2002.4.1. ~ 2003.8.1.)

$$1.0326 \times 1.0791 \times 1.0328 \times 1.025 \times 1.022 \times (1 + 0.022 \times \frac{62}{91})$$

3) 수익환원법(토지잔여법)

  (가) 사례 선정

   토지잔여법 적용 가능하며, 일반상업지역, 상업용 기준 <임대사례 ㉯> 선정

  (나) 사례 순수익 산정(상각 후, 2002.1.1. 기준)

   $430{,}000{,}000 \times (1 - 0.2) ≒ 344{,}000{,}000원$

  (다) 사례 토지귀속순수익

   가) 사례 건물 가액

   $$\underbrace{(2{,}500{,}000 \times \frac{121}{400})}_{\text{평 → ㎡}} \times \underbrace{1.00}_{\text{사}} \times \underbrace{\frac{137}{141}}_{\text{시}} \times \underbrace{1.000}_{\text{개}} \times \underbrace{\frac{49}{50}}_{\text{감가수정}} ≒ 720{,}000원/㎡$$

   (× 2,700㎡ ≒ 1,944,000,000원)

   나) 사례 토지귀속순수익

   $344{,}000{,}000 - (1{,}944{,}000{,}000 \times 0.1) ≒ 149{,}600{,}000원$

   다) 대상토지귀속순수익

   $$149{,}600{,}000 \times \underbrace{1.00}_{\text{사}} \times \underbrace{\frac{127}{110}}_{\text{시}} \times \underbrace{\frac{100}{110}}_{\text{지}} \times \underbrace{0.900}_{\text{개}} \times \underbrace{\frac{1}{550}}_{\text{면}} ≒ 257{,}000원/㎡$$

  (라) 대상토지수익가액

   $$\frac{257{,}000}{0.08} ≒ 3{,}210{,}000원/㎡$$

4) 토지가격 결정

  공시지가기준액 및 비준가액 유사하여 「감칙 제12조 제2항」 의거 합리성이 인정되는 바, 「감칙 제14조 제1항」에 의거 공시지가기준액으로 결정함

  ∴ 3,640,000원/㎡ × 600㎡ ≒ 2,184,000,000원

(2) 건물

  1) 재조달원가

  직접법은 사정 개입된바, 객관적인 건설사례 기준(간접법)하여 산정함

  $(2,500,000 \times \dfrac{121}{400}) \times \underset{\text{사}}{1.00} \times \underset{\text{시}}{1.00000} \times \underset{\text{개}}{0.980} ≒ 741,000원/㎡$
  $\underset{\text{평→㎡}}{}$

  2) 적산가액(경제적 내용연수 기준)

  $(741,000 \times \dfrac{45}{50}) ≒ 666,000원/㎡ (\times 3,200㎡ ≒ 2,131,200,000원)$

(3) 개별물건기준 가액(적산가액)

토지(50%) + 건물(50%) ≒ 4,315,000,000원

2. 일괄거래사례비교법(비교방식)

(1) 사례 선정

복합부동산 거래사례로 대상부동산과 위치적·물적 유사성이 인정되는 <거래사례 ⑭> 선정

(2) 대상 일체비준가액

개별요인에 면적요인 포함됨

$4,150,000,000 \times \underset{\text{사}}{1.00} \times \underset{\text{시}}{1.10000} \times \underset{\text{지}}{\dfrac{100}{105}} \times \underset{\text{개}}{\dfrac{100}{105}} ≒ 4,140,000,000원$

3. 일괄수익환원법(수익방식)

(1) 순수익(상각 후, 대상 임대내역 기준, 기준시점 기준)

  1) 가능총수익

  384,000,000 + 50,000,000 ≒ 434,000,000원

  2) 운영경비(필요제경비)

  장기차입금이자 제외

  $\underset{\text{유}}{8,000,000} + \underset{\text{제}}{2,500,000} + \underset{\text{보}}{1,000,000} + \underset{\text{대}}{10,000,000} + \underset{\text{감}}{(2,371,200,000 \times \dfrac{1}{50})}$

  ≒ 68,924,000원

  3) 상각 후 순수익

  434,000,000 - 68,924,000 ≒ 365,076,000원

(2) 환원율(물리적 투자결합법)

대상토지·건물가격구성비(개별물건기준 가액 기준) 적용

0.50 × 0.08 + 0.50 × 0.1 ≒ 0.09

(3) 대상수익가액

$$\frac{365,076,000}{0.09} ≒ 4,056,000,000원$$

4. 평가액 결정

- 개별물건기준가액: 4,315,000,000원
- 비준가액: 4,140,000,000원
- 수익가액: 4,056,000,000원

시산가액 모두 유사한 바,「감칙 제12조 제2항」의거 합리성 인정됨.「감칙 제7조 제1항」의거 개별물건기준가액으로 결정함

∴ 4,315,000,000원

III. 물음2), 금융조건을 고려한 대상부동산가치

1. 현금지급액

3,900,000,000 - (4,315,000,000 × 0.6) ≒ 1,311,000,000원

2. 저당지불액의 현가

(4,315,000,000 × 0.6) × $\underbrace{0.0726}_{MC}$ × $\underbrace{8.0551}_{PVAF}$ ≒ 1,514,048,000원

3. 금융조건을 고려한 대상부동산가치(매입자금의 현재가치)

1,311,000,000 + 1,514,048,000 ≒ 2,825,048,000원

IV. 물음3), 매입타당성 검토

- 시장가치: 4,315,000,000원
- 금융조건을 고려한 가치: 2,825,048,000원

상기와 같이 산정된바, 시장가치 대비 저렴한 금융조건을 고려한 가치로 매입 가능하므로 매입타당성은 긍정됨. 이는 대부비율(60%) 및 시장이자율(12%) 대비 대출이자율(6%)이 2배 정도 낮음에 따라 발생하는 정의레버리지 효과 때문으로 검토됨

문제2 (35점)

I. 평가개요

- 평가대상: 토지·지장물
- 평가목적: 보상평가(사업인정 후 협의평가)
- 가격시점: 2003년 8월 28일 「토지보상법 제67조 제1항」(가격조사완료일)

II. 토지 보상평가

1. 적용공시지가

① 사업인정의제일: 2003.5.1.(실시계획 인가일)
② 하천 정비사업으로 「토지보상법 시행령 제38조의2」 취득하는 토지의 가격변동은 미고려함
③ 「토지보상법 제70조 제4항」 의거 사업인정고시일 이전인 [2003.1.1.] 기준 공시지가를 적용함

2. 비교표준지의 선정 및 처리방침

(1) 선정기준

환경보전가치 4등급 및 5등급은 현행 조정가능지역으로 분류 가능하나, 2등급 및 3등급 원칙적으로 [개발제한구역을 유지]하는 지역으로 설정됨. 따라서, 개발제한구역, 자연녹지지역을 기준하되 각 토지의 용도의 유의하여 비교표준지를 선정함

(2) 기호 1, 2 토지

현황 농경지로 "전"기준하여 <표준지 나> 선정

(3) 기호 3 토지

토지 형질변경 허가 후 미착공 상태로, 현황 "전" 기준하여 <표준지 나> 선정. 허가 득한 토지로 가치상승분 15%는 고려하되 허가비용은 가치상승분에 포함되었다고 전제함

(4) 기호 4 토지

개발제한구역 지정 당시부터 지목 "대", 건축물이 없는 상태로 형질변경이 필요 있는 경우인바, "주거나지" 기준하여 <표준지 가>를 선정하되 형질변경비용을 차감하여 보상액을 산정함

(5) 기호 5 토지

새마을사업으로 편입된 토지로, 공도부지 성격을 기준하여 인근지역 내 표준적 이용상황인 "전"을 기준하여 <표준지 나> 선정

> **Advice**
> 새마을도로의 경우 법령 연혁에 따라 "공도" 또는 "사실상 사도"로 평가되어 왔으나, 공익적 성격 등을 고려하여 해당 답안에서는 "공도"를 기준하여 평가함

3. 시점수정

(1) 지가변동률(2003.1.1. ~ 2023.8.28. 녹지지역)

$$1.0314 \times (1 + 0.0195 \times \frac{59}{91}) ≒ 1.0444$$

(2) 생산자물가상승률$\left(\frac{2003.7.}{2002.12.}\right)$

$$\frac{128.8}{126.4} ≒ 1.01890$$

(3) 결정

본건 소재지의 국지적 지가변동을 보다 잘 반영하고 있는 지가변동률로 결정함

4. 지역요인

인근지역으로서 대등함(1.000)

5. 개별요인

(1) 기호 1 토지: 1.050

(2) 기호 2 토지: 전·답·과수원 간 지목 감가는 미고려하나, 해당 문제에서는 격차율을 제시하였는바, 현실적인 가격 격차율(성토비용 등)로 판단하여 이를 고려함

$1.00 \times 1.00 \times 1.00 \times 1.020 ≒ 1.020$

(3) 기호 3 토지: $1.00 \times 1.05 \times 1.15 \times 1.02 ≒ 1.230$

(4) 토지 4: 1.000

(5) 토지 5: $1.00 \times 1.00 \times 0.90 \times 1.02 ≒ 0.920$

6. 그 밖의 요인(기호 1 토지기준)

(1) 필요성 및 사례 선정

[92누2131] 판결 및 정당보상 원칙이 근거 그 밖의 요인 보정의 필요성이 인정됨
∴ 자연녹지, 개발제한구역, "전" 기준 (보상)평가선례를 선정함

(2) 격차율 산정(대상기준)

$$\frac{7,500,000 \times {}^*1.20150 \times 0.90 \times 0.95 \times 1/100}{58,000 \times 1.0444 \times 1.00 \times 1.05} ≒ 1.211$$

* 시점수정(2002.7.1. ~ 2003.8.28.)

$$1.1504 \times 1.0314 \times (1 + 0.0195 \times \frac{59}{91})$$

(3) 실거래가 검증

$$\frac{91,200,000 \times {}^*1.0324 \times 1.00 \times 0.97 \times 1/1,200}{58,000 \times 1.0444 \times 1.00 \times 1.05} ≒ 1.196$$

* 시점수정(2003.4.1. ~ 2003.8.28.)

$$1.0195 \times (1 + 0.0195 \times \frac{59}{91})$$

(4) 결정

평가선례 및 거래사례 기준 격차율이 유사한바, 합리성 인정됨 ∴ <1.21>로 결정함

그 밖의 요인 보정치는 보상지역 내 표준지와 거래사례의 지가수준의 격차로 이하 이용상황에 구애됨 없이 적용함

7. 토지 보상액 산정

(1) 기호 1 토지

$$58,000 \times \underbrace{1.04440}_{시} \times \underbrace{1.000}_{지} \times \underbrace{1.050}_{개} \times \underbrace{1.21}_{그} ≒ 77,000원/㎡$$

(× 300㎡ ≒ 23,100,000원)

(2) 기호 2 토지

1) 나지상정 토지가액

$$58,000 \times \underbrace{1.04440}_{시} \times \underbrace{1.000}_{지} \times \underbrace{1.020}_{개} \times \underbrace{1.21}_{그} ≒ 74,800원/㎡$$

(× 150㎡ ≒ 11,220,000원)

2) 구분지상권 가액

(가) 기 설정된 구분지상권 가액: 2,400,000원

(나) 입체이용저해율 기준

① 현황 농지인바, 송전선로 설치에 따른 건축 제한은 없으므로 건물등이용저해율은 미고려함
② 송전선로에 의한 구분지상권 설정이므로 지하이용저해율은 미고려함
③ 기타이용저해율 중 상하배분비는 지상부분 기준 최고치를 기준하며, 추가보정률을 고려함

입체이용저해율: $(0.10 \times \frac{4}{5}) + 0.16 + 0.04 ≒ 0.28$

74,800 × 0.28 ≒ 20,900원/㎡
(× 80㎡ ≒ 1,672,000원)

> **Advice**
>
> 지하부분 구분지상권(수도 및 하수도 설치) 설정 시 기준이 되는 현행 보상기준은 농지로 토피심도 2m 이하인 경우 건물등이용저해율은 0.1 ~ 0.15 범위로 결정하도록 규정하고 있음

(다) 보상액 결정

「토지보상법 시행규칙 제28조」 고려 기 설정된 구분지상권 가액인 2,400,000원으로 결정함

3) 기호 2 토지 보상액

나지상정 토지 - 구분지상권 ≒ 8,820,000원

(3) 기호 3 토지

$$58,000 \times \underbrace{1.04440}_{\text{시}} \times \underbrace{1.000}_{\text{지}} \times \underbrace{1.230}_{\text{개}} \times \underbrace{1.21}_{\text{그}} ≒ 90,200원/㎡$$

(× 120㎡ ≒ 10,824,000원)

(4) 기호 4 토지

사업인정고시 전 근저당권자의 경우 「토지보상법」상 "관계인"인바, 이에 구애됨 없이 토지만의 보상액으로 결정함

$$150,000 \times \underbrace{1.04440}_{\text{시}} \times \underbrace{1.000}_{\text{지}} \times \underbrace{1.000}_{\text{개}} \times \underbrace{1.21}_{\text{그}} - \underbrace{12,000}_{\text{대지조성비}} ≒ 189,600원/㎡$$

(× 100㎡ ≒ 18,960,000원)

(5) 기호 5 토지

$58,000 \times 1.04440 \times 1.000 \times 0.920 \times 1.21 ≒ 67,400원/㎡$

(× 40㎡ ≒ 2,696,000원)

Ⅲ. 지장물 보상평가

1. 기호 1, 2 지장물

(1) 처리방침

「토지보상법 제75조」 의거 물건가격 내 이전비 보상으로, 물건가격 미제시인바, "이전비 + 잔여부분 보수비"로 산정함

(2) 기호 1 지장물

5,000 × 30 + 50,000 ≒ 200,000원

(3) 기호 2 지장물

5,000 × 30 + 50,000 ≒ 200,000원

2. 기호 3 지장물

(1) 처리방침

① 무허가건축물이나, 사업인정고시 전 신축한 무허가건물이므로 보상대상임
② 이전 시 잔여부분의 보수가 불가능한바, 전체 물건가격 내 전체 이전비로 보상함

(2) 전체 물건가격

$180,000 \times (1 - \frac{5}{20}) ≒ 135,000원/㎡$

(× 97.5㎡ ≒ 13,163,000원)

(3) 전체 이전비

종래의 목적대로 사용할수 있도록 그 유용성을 동일하게 유지하는데 필요한 보충자재비는 포함하되, 시설개선비인 유류난로 교체비용은 제외함

$2,700,000 + 500,000 + (10,500,000 - 1,000,000) + 1,800,000 ≒ 14,500,000원$

(4) 보상액 결정

"이전비 > 물건가격"인바, 물건가격인 13,163,000원으로 결정함

▌문제3 (10점)

Ⅰ. 개요

「토지보상법 제67조 제2항」은 "보상액을 산정할 경우에 해당 공익사업으로 인하여 토지 등의 가격이 변동되었을 때에는 이를 고려하지 아니한다."라고 규정하여 "개발이익배제원칙"을 명문화하고 있으며, [판례] 또한, 개발이익은 사업시행자의 투자에 의한 것으로서 피수용자인 토지소유자의 노력이나 자본에 의하여 발생하는 것이 아니어서 피수용 토지가 수용 당시 갖는 객관적 가치에 포함된다고 볼 수 없다고 하여 개발이익배제의 위헌성을 부정하고 있다.

Ⅱ. 개발이익 배제방법

1. 적용공시지가의 선정

(1) 사업인정 전 협의에 의한 취득 「토지보상법 제70조 제3항」

사업인정 전 협의에 의한 취득의 경우에 제1항에 따른 공시지가는 해당 토지의 가격시점 당시 공시된 공시지가 중 가격시점과 가장 가까운 시점에 공시된 공시지가로 한다.

(2) 사업인정 후 취득 「토지보상법 제70조 제4항」

사업인정 후의 취득의 경우에 제1항에 따른 공시지가는 사업인정고시일 전의 시점을 공시기준일로 하는 공시지가로서, 해당 토지에 관한 협의의 성립 또는 재결 당시 공시된 공시지가 중 그 사업인정고시일과 가장 가까운 시점에 공시된 공시지가로 한다.

(3) 취득하는 토지의 가격 변동이 있는 경우 「토지보상법 제70조 제5항」

제3항 및 제4항에도 불구하고 공익사업의 계획 또는 시행이 공고되거나 고시됨으로 인하여 취득하여야 할 토지의 가격이 변동되었다고 인정되는 경우에는 제1항에 따른 공시지가는 해당 공고일 또는 고시일 전의 시점을 공시기준일로 하는 공시지가로서 그 토지의 가격시점 당시 공시된 공시지가 중 그 공익사업의 공고일 또는 고시일과 가장 가까운 시점에 공시된 공시지가로 한다.

2. 지가변동률 적용 「토지보상법 제70조 제1항」, 「시행령 제37조」

(1) 원칙

협의나 재결에 의하여 취득하는 토지에 대하여는 「부동산가격공시법」에 따른 공시지가를 기준으로 하여 보상하되, 그 공시기준일부터 가격시점까지의 관계 법령에 따른 그 토지의 이용계획, 해당 공익사업으로 인한 지가의 영향을 받지 아니하는 지역의 대통령령으로 정하는 지가변동률, 생산자물가상승률과 그 밖에 그 토지의 위치·형상·환경·이용상황 등을 고려하여 평가한 적정가격으로 보상하여야 한다.

(2) 해당 공익사업으로 지가가 변동된 경우

(1)을 적용할 때 비교표준지가 소재하는 시·군 또는 구의 지가가 해당 공익사업으로 인하여 변동된 경우에는 해당 공익사업과 관계없는 인근 시·군 또는 구의 지가변동률을 적용한다. 다만, 비교표준지가 소재하는 시·군 또는 구의 지가변동률이 인근 시·군 또는 구의 지가변동률보다 작은 경우에는 그러하지 아니하다.

3. 공법상 제한 「시행규칙 제23조」

① 공법상 제한을 받는 토지에 대하여는 제한받는 상태대로 평가한다. 다만, 그 공법상 제한이 당해 공익사업의 시행을 직접 목적으로 하여 가하여진 경우에는 제한이 없는 상태를 상정하여 평가한다.
② 당해 공익사업의 시행을 직접 목적으로 하여 용도지역 또는 용도지구 등이 변경된 토지에 대하여는 변경되기 전의 용도지역 또는 용도지구 등을 기준으로 평가한다.

4. 그 밖의 요인의 보정 「토지보상평가지침 제16조 제2항」

그 밖의 요인 보정을 하는 경우에는 해당 공익사업의 시행에 따른 가치의 변동은 고려하지 아니한다.

문제4 (10점)

Ⅰ. 평가개요

- 평가대상: 영업권
- 평가목적: 일반거래(시가참조용)
- 가격시점: 2003년 12월 31일

대상 영업권을 초과수익환원법에 의하여 산정함

Ⅱ. 초과수익 산정

1. 영업이익

$\underset{\text{매출}}{6,861,000,000} - \underset{\text{매입원가}}{2,900,000,000} - \underset{\text{판관비}}{1,157,000,000} ≒ 2,804,000,000$원

2. 정상영업이익

(1) 순자산가치

현금예금 등 전체 자산 항목을 영업용 자산으로 판단함

380,000,000 + 530,000,000 + (1,100,000,000 - 210,000,000) + 2,000,000,000
+ 8,500,000,000 + (6,500,000,000 - 650,000,000) + (3,500,000,000 - 1,876,000,000)
≒ 19,774,000,000원

(2) 정상영업이익

19,774,000,000 × 0.1 ≒ 1,977,400,000원

3. 초과수익

2,804,000,000 - 1,977,400,000 ≒ 826,600,000원

Ⅲ. 영업권 평가액

향후 3년 지속 기준

$826,600,000 \times \dfrac{1.09^3 - 1}{0.09 \times 1.09^3} ≒ 2,092,000,000$원

문제5 (5점)

1. 층별, 호별 위치의 차이에 따른 가격 격차

아파트의 경우 동일 평형일지라도 층별, 호별 위치에 따라 일조 및 채광, 조망 등에 있어 차이가 나며, 간선도로 및 철도 등에 의한 소음의 발생 정도, 층에 따른 압박감 정도, 외부 전망에 따른 선호도 차이에 따라 가격 격차를 보이게 된다.

2. 내부평면방식

동일 평형일지라도 내부평면방식이 2베이, 3베이 등으로 구분됨에 따라, 선호도가 달라지며 이에 따른 가격 격차를 보이게 된다.

2004년 제15회 감정평가실무 기출

문제1 (40점)

Ⅰ. 평가개요

- 평가대상: 복합부동산
- 평가목적: 일반거래
- 기준시점: 2004년 9월 1일 「감칙 제9조 제2항」(가격조사완료일)
- 기준가치: 시장가치 「감칙 제5조 제1항」

Ⅱ. 물음1), 개별물건기준 「감칙 제7조 제1항」

1. 토지

    (1) 공시지가기준법 「감칙 제14조 제1항」

    1) 표준지 선정

    일반상업, 상업용, 소로한면 기준 표준지 <표준지 #5> 선정
    (#1: 면적 상이, #2: 도시계획시설 도로 저촉 보정 불가, #3, #4: 용도지역 상이)

    2) 공시지가기준액

    $$2,500,000 \times \underset{\text{시}}{*1.03460} \times \underset{\text{지}}{1.000} \times \underset{\text{개}}{**1.123} \times \underset{\text{그}}{1.00} ≒ 2,900,000원/㎡$$

    * 시점수정(2004.1.1. ~ 2004.9.1. 상업지역)

    $$1.0136 \times 1.0122 \times (1 + 0.0122 \times \frac{63}{91})$$

    ** 개별요인: 1.04(도) × 1.08(형) × 1.00(지)

    (2) 거래사례비교법 「감칙 제14조 제3항」

    1) 사례선정

    일반상업, 소로한면, 철거 고려 최유효이용 상태로 판단되는 <거래사례 1> 선정
    (2, 3, 4: 소재지 상이, 지역요인 비교 불가)

    2) 사례 거래가액 보정

    철거인 매도인 부담으로 제외함

    $$1,830,000,000 + (400,000000 \times \underset{\substack{\text{MC} \\ (6\%, 8년)}}{0.161} \times \underset{\substack{\text{PVAF} \\ (8\%, 8년)}}{5.747}) ≒ 2,200,107,000원$$

3) 비준가액

$$2,200,107,000 \times \underbrace{1.00}_{\text{사}} \times \underbrace{{}^*1.01250}_{\text{시}} \times \underbrace{1.000}_{\text{지}} \times \underbrace{1.080}_{\text{개}} \times 1/750 ≒ 3,208,000원/㎡$$

* 시점수정(2004.6.1. ~ 2004.9.1. 상업지역)

$$(1 + 0.0122 \times \frac{30}{91}) \times (1 + 0.0122 \times \frac{63}{91})$$

(3) 원가법

1) 사례적부

일반상업, 상업용, 소로한면 기준 정상적인 조성사례로 판단됨

2) 준공시점 당시 사례 토지가액(2004.1.1.)

(가) 토지매입비용

예상 철거비 기준, 착공 시까지 지가변동률 적용

$$(2,000,000 \times 700 + 50,000 \times 240 - 5,000,000) \times (1 + 0.0171 \times \frac{153}{365}) \times 1.08$$

$$≒ 1,530,452,000원$$

Advice

토지매입 시부터 착공 시까지 (투하)자본수익률 적용 가능

(나) 조성공사비 등

$$450,000,000 \times \frac{1}{4} \times (1.080 + 1.06 + 1.04 + 1.02) + 450,000,000 \times 0.1 + 450,000,000 \times 1.1 \times 0.08 ≒ 557,100,000원$$

(다) 준공시점 당시 사례 토지가액

(토지매입비용 + 조성공사비 등) ÷ 700 ≒ 2,982,000원/㎡

3) 기준시점 당시 대상 적산가액

$$2,982,000 \times \underbrace{1.00}_{\text{사}} \times \underbrace{1.03460}_{\text{시}} \times \underbrace{1.000}_{\text{지}} \times \underbrace{1.060}_{\text{개}} ≒ 3,270,000원/㎡$$

(4) 토지가격 결정

- 공시지가기준가액: 2,900,000원/㎡
- 비준가액: 3,208,000원/㎡
- 적산가액: 3,270,000원/㎡

비준가액의 경우 저당대부조건의 차이점이 발생할 수 있다는 점, 적산가액의 경우 조성공사기간 및 적정이윤의 주관성 개입 소지가 있다는 점에서 「감칙 제14조 제1항」 의거 공시지가기준액으로 결정함

∴ 2,900,000원/㎡ × 820㎡ = 2,378,000,000원

2. 건물평가

(1) 원가법 「감칙 제15조 제1항」

1) 지상부분

$$2{,}500{,}000 \times \frac{121}{400} \times \frac{48}{50} ≒ 726{,}000원/㎡(\times 574㎡ \times 5층 = 2{,}083{,}620{,}000원)$$

2) 지하부분

$$2{,}500{,}000 \times \frac{121}{400} \times 0.7 \times \frac{48}{50} ≒ 508{,}000원/㎡(\times 287㎡ = 145{,}796{,}000원)$$

3) 적산가액

2,229,416,000원(÷ 3,157㎡ ≒ 706,000원/㎡)

(2) 거래사례비교법

1) 사례선정

철근콘크리트조, 상업용, 규모가 유사한 <거래사례 2> 선정

2) 사례 토지가액

(가) 사례 선정

C동 소재, 일반상업지역, 상업용 기준 <거래사례 3> 선정

(나) 사례 토지가액 산정

$$2{,}350{,}000{,}000 \times \underset{사}{1.00} \times \underset{시}{{}^{*}1.03250} \times \underset{지}{1.000} \times \underset{개}{{}^{**}0.970} \times \underset{면}{1/780} ≒ 3{,}017{,}000원/㎡$$

(× 900㎡ ≒ 2,715,300,000원)

* 시점수정(2002.8.1. ~ 2003.10.5.)

$$(1 + 0.0171 \times \frac{153}{365}) \times (1 + 0.0330 \times \frac{278}{365})$$

** 0.96 × 1.01 × 1.00

3) 사례 건물가액

$$(4{,}800{,}000{,}000 \times \frac{100}{95} - \underset{사례토지}{2{,}715{,}300{,}000}) ≒ 2{,}337{,}331{,}000원$$

4) 대상건물 비준가액

$$2,337,331,000 \times \underbrace{1.00}_{사} \times \underbrace{{}^*1.04660}_{시} \times \underbrace{\frac{48}{49}}_{잔} \times \underbrace{\frac{100}{97}}_{개} \times 1/3,465 ≒ 713,000원/㎡$$

(× 3,157㎡ = 2,250,941,000원)

* 시점수정($\frac{2004.9.1.}{2003.10.5.}$, 건축비지수, 월기준)

$$\frac{117 + 3 \times 2/6}{109 + 5 \times 9/12}$$

(3) 수익환원법

1) 사례선정

   철근콘크리트조, 상업용, 규모가 유사한 <최근 임대사례> 선정

2) 임대사례 복합부동산 전체 수익가액

   (가) 상각 전 순수익 산정

   가) 가능총수익

   3,000,000,000 × 0.1 + 660,000,000 × 0.402 = 565,320,000원

   나) 운영경비

   *7,482,000 + 20,000,000 + 2,500,000 × 12월 + 50,000,000 = 107,482,000원

   * 손해보험료

   30,000,000 × 0.388 - 30,000,000 × 0.4 × 1.125 × 0.308 ≒ 7,482,000원

   다) 상각 전 순수익

   565,320,000 - 107,482,000 = 457,838,000원

   (나) 자본회수기간 산정

   인근지역 표본 모두 적절한 것으로 판단하여 평균으로 결정함

   $$\frac{9.9 + 9.7 + 10.3 + 10.0 + 10.2 + 9.6}{6} ≒ 9.95$$

   (다) 사례 복합부동산 전체 수익가액

   457,838,000 × 9.95 ≒ 4,555,488,000원

3) 임대사례 토지가액

   (가) 사례 선정

   D동 소재, 일반상업, 상업용 기준 <거래사례 4> 선정

(나) 임대사례 토지가액

$$2{,}130{,}000 \times \underbrace{1.00}_{\text{사}} \times \underbrace{^*1.10550}_{\text{시}} \times \underbrace{1.000}_{\text{지}} \times \underbrace{0.920}_{\text{개}} ≒ 1{,}990{,}000원/㎡$$

(× 920㎡ = 1,830,800,000원)

* 시점수정(2004.5.10. ~ 2004.9.1.)

$$(1 + 0.0122 \times \frac{52}{91}) \times (1 + 0.0122 \times \frac{63}{91})$$

4) 임대사례 건물가액

4,555,488,000 - 1,830,800,000 ≒ 2,724,688,000원

5) 대상건물 수익가액

$$2{,}724{,}688{,}000 \times \underbrace{1.00}_{\text{사}} \times \underbrace{1.00000}_{\text{시}} \times \underbrace{\frac{48}{48}}_{\text{잔}} \times \underbrace{\frac{100}{105}}_{\text{개}} \times \underbrace{1/3{,}400}_{\text{면}} ≒ 763{,}000원/㎡$$

(× 3,157㎡ = 2,408,791,000원)

(4) 건물가격 결정

- 적산가액: 706,000원/㎡
- 비준가액: 713,000원/㎡
- 수익가액: 763,000원/㎡

수익사례는 대상건물 대비 규모에서 다소 차이가 있으며, 자본회수기간의 통계적 오류 가능성이 있다는 점에서 배제하고 적산가액 및 비준가액이 유사한바, 「감칙 제12조 제2항」 합리성이 인정됨. 따라서, 「감칙 제15조 제1항」 의거 적산가액으로 결정함

∴ 2,229,416,000원(706,000원/㎡)

3. 대상복합부동산 개별물건기준 감정평가액

토지가액 + 건물가액 ≒ 4,607,416,000원

Ⅲ. 물음2), 일괄수익환원법 「감칙 제7조 제2항」

1. (상각 전)순수익

(1) 4층 기준 순수익

1) 4층 기준 가능총수익

165,000 × 574 × (1 - 0.03) ≒ 91,868,700원

2) 4층 기준 운영경비

부가물설치비는 자본적 지출, 수도료, 전기료, 연료비는 부가사용료 및 공익비실비, 소유자급여(건물관리자급여를 별도 지급), 소득세 및 저당이자 제외함

$\underbrace{500{,}000}_{\text{손}} + \underbrace{1{,}500{,}000}_{\text{수}} + (\underbrace{1{,}300{,}000}_{\text{관}} + \underbrace{1{,}000{,}000}_{\text{기}}) \times 12 = 29{,}600{,}000원$

3) 4층 기준 순수익

가능총수익 - 운영경비 ≒ 62,268,700원

(2) 대상 전체 순수익

$62{,}268{,}700 \times \dfrac{100 + 60 + 42 + 38 + 36}{38} ≒ 452{,}267{,}000원$

2. 복귀가치 산정(6년 말 순영업소득 기준)

$\dfrac{452{,}267{,}000 \times 1.05^4 \times 1.02}{0.12} ≒ 4{,}672{,}734{,}000원$

3. DCF에 의한 수익가액 산정

$452{,}267{,}000 \times \underbrace{\dfrac{1 - (1.05/1.08)^5}{0.08 - 0.05}}_{\text{K계수} \times \text{PVAF}} + 4{,}672{,}734{,}000 \times \underbrace{\dfrac{1}{1.08^5}}_{\text{기말복귀액}} ≒ 5{,}160{,}876{,}000원$

Advice

물음에서는 할인현금흐름분석법을 제시한 경우에는 매기 NOI를 기준한 Table을 표기하는 것이 원칙이나 빠른 계산식을 보여주기 위해 산식으로 답안을 기재하였음

IV. 물음3), 감정평가액 결정 등

1. 시산가액 결정

양 시산가액 차이는 12% 차이로 일반거래 목적 등을 고려할 때 「감칙 제12조 제2항」의거 합리성은 인정된다고 판단할 수 있음. 대상복합부동산의 일괄 효용측면에서 아래와 같은 금액으로 감정평가액을 결정함

∴ 5,160,000,000원

2. 감정평가액 결정의견

개별물건 기준 가액은 현행 법령에 부합하며, 토지만의 감정평가시 유용한 측면이 있으나, 복합부동산의 경우 토지·건물의 복합적 이용에 따른 효용의 일체성을 반영하기 어렵고 실제 거래관행에 부합하지 않는다는 단점을 지니고 있다. 따라서 일반거래 목적상 토지·건물이 일체로 거래되며, 기준시점 현재 최유효이용인 상업용 건물인 상태를 유지하며 소유 및 임대가 이루어지므로 효용의 일체성을 반영하고 있는 일괄수익가액으로 결정함

3. 일괄평가에 확대 적용할 수 있는 산정기법 및 유의사항

(1) 산정기법

「감칙 제7조 제2항」 및 「감정평가 실무기준」 의거 일괄 거래사례비교법 및 일괄수익환원법이 적용될 수 있다.

(2) 유의사항

일괄평가의 경우 복합부동산의 용도에 따라 가치형성요인이 상이하고, 지역별·규모별로 가치형성요인의 구성요소와 시장거래관행에 따라 고려할 사항 등이 달라질 수 있다. 거래사례의 경우 토지·건물 등의 유형자산 이외에 기타자산(허가권, 동산, 무형자산 등)이 포함된 가액일 수 있으므로 이에 대한 확인이 필요하며, 수익사례의 경우 운영경비비율의 차이점, 임대료 상승률, 용도별 시장의 가치형성요인 비교에 유의하여야 한다. 또한, 복합부동산의 일괄가액 산정 이후 부가세 등과 관련하여 건물가액 배분이 필요할 경우 개별물건기준 가액과의 균형성을 고려하여야 하며, 건부증가와 건부감가에 대한 처리 문제도 유의하여야 한다.

▎문제2 (25점)

Ⅰ. 물음1), 지분환원율 산정 등 (12점)

1. 지분환원율 산정

(1) 시나리오별 지분환원율

(단위: 원)

구분	비관적인 경우	일반적인 경우	낙관적인 경우
*NOI	266,800,000	308,884,000	345,800,000
(-)DS	255,000,000	255,000,000	255,000,000
**BTCF	11,800,000	53,884,000	90,800,000
지분환원율	0.0262	0.1197	0.2018
확률	25%	50%	25%

* NOI = PGI × (1 - 공실률) × (1 - 영업경비비율)

** 지분환원율 = $\dfrac{BTCF}{450,000,000}$

(2) 가중평균 지분환원율

0.0262 × 0.25 + 0.1197 × 0.50 + 0.2018 × 0.25 ≒ 0.1169

2. 표준편차 산정

(1) 분산

0.25 × (0.0262 - 0.1169)² + 0.5 × (0.1197 - 0.1169)² + 0.25 × (0.2018 - 0.1169)² ≒ 0.0039

(2) 표준편차

$\sqrt{0.0039}$ ≒ 0.0625

Ⅱ. 물음2), 투자안 결정 (5점)

투자 관점에서 상호배타적 투자안(지분투자액의 제한)의 경우 수익과 위험의 상관관계를 통해 투자안을 결정하게 된다. 즉, 위험이 동일한 경우(표준편차가 동일한 경우) 수익률(지분환원율)이 높은 투자안을, 수익률이 동일한 경우 위험이 낮은 투자안을 선택하는 것이 합리적 투자안이 된다. 상기의 부동산 투자안 A와 B의 경우 수익률(가중평균 지분환원율)은 유사한 반면, 투자안 B의 위험(표준편차)가 낮으므로 투자안 B가 선택된다. 투자안 B와 C의 경우 수익률이 높은 투자안의 C가 위험 또한 높으므로 이는 투자자의 투자선호도에 따라 결정된다. 위험회피형일 경우 투자안 B를 선택, 위험선호형일 경우 투자안 C를 선택하게 된다.

Ⅲ. 물음3), 확률 변화 (4점)

1. 확률 변화 후 부동산 A의 지분환원율과 표준편차

(1) 지분환원율

0.0262 × 0.10 + 0.1197 × 0.60 + 0.2018 × 0.30 ≒ 0.1350

(2) 분산

0.10 × (0.0262 - 0.1350)² + 0.60 × (0.1197 - 0.1350)² + 0.30 × (0.2018 - 0.1350)² ≒ 0.0027

(3) 표준편차

$\sqrt{0.0027}$ ≒ 0.0520

2. 투자자 선택 결정

공공시설 입점에 따른 시장변화가 잠재적 가능총수익(PGI) 확률에 긍정적 영향을 미쳐 투자안 A의 수익률이 약 1.8%P 상승한 반면, 위험은 1.05%P 낮아졌다. 따라서, 수익과 위험의 상관관계를 통해 투자안 A와 C의 경우 수익률은 높고 위험이 낮은 투자안 A를 선택, 투자안 A와 B의 경우 수익률이 높은 투자안 A가 위험 또한 높게 변화되므로 투자자의 투자선호도에 따라 결정된다.

따라서, 현금흐름에 영향을 미치는 다양한 변수들의 변화에 따라 투자안 결정이 변화되므로, 투자안 결정 시 중요한 변수들에 대한 민감도 분석 및 확률분석 등이 요구된다.

Ⅳ. 물음4), 투자대안 검토 (4점)

1. 지분환원율

0.25 × 0.017 + 0.50 × 0.109 + 0.25 × 0.189 ≒ 0.1060

2. 표준편차

(1) 분산

0.25 × (0.0170 - 0.1060)² + 0.5 × (0.1090 - 0.1060)² + 0.25 × (0.1890 - 0.1060)² ≒ 0.0037

(2) 표준편차

$\sqrt{0.0037}$ = 0.0608

3. 대체 투자안 D와 비교 결정

투자안 A와 D의 경우 수익률이 높고 위험이 낮은 투자안 A를 선택하게 된다. 이는 동일수급권 내 부동산 A와 D의 경우 공실률은 유사하나 영업경비비율에서 차이가 나는 것으로 분석된다(주어진 자료 내 변수만 기준).

문제3 (20점)

Ⅰ. 물음1), 무허가건축물 등 (10점)

1. 무허가건축물의 개념

「토지보상법 시행규칙 제24조」에서는 「건축법」 등 관계법령에 의하여 허가를 받거나 신고를 하고 건축 또는 용도변경을 하여야 하는 건축물을 허가를 받지 아니하거나 신고를 하지 아니하고 건축 또는 용도변경한 건축물을 "무허가건축물 등"을 규정하고 있다.

2. 무허가건축물 및 그 부지의 처리방법

(1) 무허가건축물

「토지보상법 제25조」 토지 등의 보전의무와 관련하여 사업인정고시일 이전 신축된 무허가건축물은 그 허가 또는 신고 여부와 관계없이 손실보상대상에 포함되나(판례 동지) 사업인정고시일 이후 신축된 무허가건축물은 보상대상에서 제외된다. 다만, 특별법우선원칙에 따라 개별법령에 그 행위제한일을 규정한 경우 행위제한일을 기준으로 보상 여부를 판단한다.

(2) 무허가건축물 부지

「토지보상법 제70조 제2항」의 현황평가 예외로 무허가건축물부지는 무허가건축물이 건축 또는 용도 변경될 당시의 이용상황을 상정하여 평가하며, 「동법 시행규칙 부칙 제5조」(2002.12.31.)에 따라 1989년 1월 24일 당시의 무허가건축물에 대하여는 적법한 건축물로 보아 가격시점 당시 토지의 현황을 기준으로 평가한다. 다만, 적법한 건축물로 보는 경우 그 "대지" 면적은 사업시행자가 제시한 면적을 원칙으로 하되 그 외에는 바닥면적 및 그 사용·수익에 필요한 범위 내 면적(판례)을 기준하며 건폐율을 적용하여 산정한 면적을 최고한도로 한다.

3. 무허가건축물에서의 영업보상 처리방법

1989년 1월 24일 이전 신축한 무허가건축물 내 영업보상의 경우에는 적법한 건축물로 의제되어 기타 영업손실보상 요건 충족 여부에 따라 보상대상이 구분된다. 다만, 1989년 1월 24일 이후 무허가건축물에서의 임차인이 영업하는 경우에는 「토지보상법 시행규칙 제45조 제1호」에 의거 사업인정고시일 등 1년 전부터 「부가가치세법」에 따른 사업자등록을 하고 행하는 영업의 경우에는 영업보상대상이 된다. 이 경우 영업손실보상액 한도는 1천만원으로 한다(영업시설 이전비 및 감손액은 별도로 산정).

4. 무허가건축물과 관련된 생활보상 처리방법

건축물과 관련된 생활보상에는 주로 주거용 건축물과 관련된 보상으로 ① 주거이전비 ② 최저보상액 ③ 재편입가산금 ④ 이주대책 ⑤ 이주정착금 ⑥ 비준가액 고려가 있다. 무허가건축물의 경우 주거이전비는 「토지보상법 시행규칙 제54조」 의거 소유자의 경우에는 보상대상에서 제외되나, 세입자의 경우 사업인정고시일 등 당시 또는 공익사업을 위한 관계 법령에 따른 고시 등이 있은 당시 그 공익사업지구 안에서 1년 이상 거주한 세입자에 대해서 보상대상에 포함된다. 다만, 1989년 1월 24일 이전 무허가건축물의 경우 「동법 시행규칙 제54조 제2항」 의거 사업인정고시일등 당시 또는 공익사업을 위한 관계 법령에 따른 고시 등이 있은 당시 해당 공익사업시행지구 안에서 3개월 이상 거주한 경우에는 보상대상에 포함된다. 최저보상액, 재편입가산금, 이주대책, 이주정착금, 비준가액 고려의 경우 무허가건축물은 보상대상에서 제외되나 1989년 1월 24일 이선 무허가건축물의 경우 최저보상액, 재편입가산금은 보상대상이 된다.

Ⅱ. 물음2), 가설건축물 및 그 부지에 대한 처리의견 (5점)

1. 가설건축물 개념

가설건축물이란 도시·군계획시설 및 도시·군계획시설예정지에 특별자치시장·특별자치도지사 또는 시장·군수·구청장의 허가를 받거나 재해복구, 흥행, 전람회, 공사용으로 특별자치시장·특별자치도지사 또는 시장·군수·구청장에게 신고하여 건축한 건축물로 존치기간 3년 이내, 4층 이하, 철근콘크리트조 또는 철골철근콘크리트조가 아니며, 전기·수도·가스 등 새로운 간선 공급설비의 설치를 필요로 하지 아니하고 공동주택·판매시설·운수시설 등으로서 분양을 목적으로 건축하는 건축물이 아닌 건축물을 의미한다.

2. 가설건축물의 처리의견

도시계획시설사업에 따른 보상이 아닌 다른 공익사업에 편입되는 허가대상인 가설건축물은 소유자의 부담으로 원상회복을 하여야 하므로 보상대상이 아니나, 신고대상 가설건축물의 경우에는 존치기간 이후 원상회복의무를 별도로 규정하고 있지 않으므로 견해가 대립한다. 다만, 사업인정고시일 이전 무허가건축물도 보상대상에 포함되므로 형평성을 고려하여 보상대상에 포함하여야 한다고 판단된다.

3. 가설건축물 부지

가설건축물 부지는 도시계획사업이 시행될 때까지 그 토지를 일시적으로 이용하기 위해 허가 또는 신고를 해주는 것으로 가설건축물의 건축 당시 이용상황을 기준으로 보상한다.

Ⅲ. 물음3), 불법형질변경토지의 판단기준 및 평가방법 (5점)

1. 불법형질변경토지의 개념

불법형질변경토지란 절토·성토·정지·포장 및 공유수면매립 시 관계법령에 의하여 허가를 받거나 신고를 하지 아니하고 형질변경을 한 토지를 의미한다.

2. 불법형질변경토지의 판단기준

(1) 형질변경의 불법 판단시점

불법의 판단시점은 형질변경의 행위시점이 아닌 보상 당시를 기준으로 판단한다.

(2) 불법형질변경으로 보지 않는 경우

사후에 허가나 신고를 받는 경우와 불법형질변경으로 인하여 현실적인 이용상황이 더 나빠진 경우에는 불법형질변경으로 보지 않는다.

3. 평가방법

(1) 원칙

불법형질변경될 당시의 이용상황을 상정하여 평가한다.

(2) 예외

1995년 1월 7일 당시 공익사업시행지구에 편입된 토지는 기준시점에서의 현실적인 이용상황을 기준으로 감정평가한다. 공익사업시행지구에 편입된 때는 보상계획공고 또는 사업인정고시 중 선행행위가 있는 시점을 기준하되, 개별법령에서 규정하고 있는 객관적인 공익사업의 절차가 있는 경우에는 개별법령에서 규정하는 시점을 기준한다.

Ⅳ. 기타

무허가건축물부지와 불법형질변경토지 간의 이용상황 결정에 있어 양자 모두 불법행위를 하였음에도 불구하고 그 판단기준을 달리하는 것은 형평의 문제가 있다고 볼 수 있다. 다만, <대법원>은 해당 규정을 소급입법에 의한 재산권 박탈로 인정하지 않고 소급입법의 예외로 허용되는 부분이라 보고 있으며 이에 대한 학계의 비판이 있다.

문제4 (15점)

Ⅰ. 평가개요

- 평가대상: 토지 및 지장물
- 평가목적: 보상평가(사업인정 후 협의보상)
- 가격시점: 2004년 8월 29일 「토지보상법 제67조 제2항」

Ⅱ. 물음1), 토지 보상

1. 적용공시지가

① 사업인정의제일: 2004.2.5. 실시계획인가 고시일
② 해당 공익사업은 [도로]사업으로 「토지보상법 시행령 제38조의2」 취득하는 토지의 가격변동을 미고려함
③ 「동법 제70조 제4항」 의거 사업인정고시일 이전 최근 공시된 <2004.1.1.> 기준 공시지가를 적용함

2. 비교표준지 선정

1989년 1월 24일 이전 신축된 무허가건축물등 부지로 별도의 건폐율이 제시되지 않았으므로 재결례에 따라 바닥면적만을 "대지" 부분으로 적법의제하며, 그 외 부분은 지목 고려하여 "전" 기준하여 평가함
- "대" 부분: 자연녹지, 상업용 기준 <표준지 D> 선정
- "전" 부분: 자연녹지, 전기타 기준 <표준지 B> 선정

Advice

① 출제 당시 「토지보상평가지침 제18조」 의거 자역녹지지역 내 무허가건축물부지를 5배까지로 "대"로 산정하였으나(400㎡ 전체 "대" 부분), 2007년 개정 당시 해당 규정이 삭제되어 현행 <판례> 및 <재결례>를 기준으로 "대지" 면적을 산정하고, 그 외 부분은 구분평가함
② "전" 부분 또한 순수 "전"이 아닌 무허가건축물부지의 일부로 사용되고 있음이 해당 문제 출제 당시 상황을 고려할 때 타당하다 보아 <표준지 B> 선정함

3. "대" 부분

   (1) 생산자물가지수: 미제시

   (2) 시점수정(2004.1.1. ~ 2004.8.29. 녹지지역 지가변동률)

   $$1.0198 \times 1.0230 \times (1 + 0.0230 \times \frac{60}{91}) ≒ 1.05900$$

   (3) 지역요인: 1.000

   (4) 개별요인: 1.00 × 1.05 ≒ 1.050

   (5) 그 밖의 요인 비교(비교표준지 기준)

   최근 보상사례로 해당 공익사업과 관련 없으므로 정당보상을 위해 고려함

   $$\frac{1,250,000 \times {}^*1.07931 \times 1.000 \times 1.180}{1,100,000 \times 1.05908} ≒ 1.367$$

   * 시점수정(2003.5.7 ~ 2004.8.29.)

   $$(1 + 0.0104 \times \frac{55}{91}) \times 1.0071 \times 1.0056 \times 1.0198 \times 1.0230 \times (1 + 0.0230 \times \frac{60}{91})$$

   ∴ 상기와 같이 산정된바, <1.35> 결정함

   (6) 토지 보상액

   1,100,000 × 1.05908 × 1.000 × 1.050 × 1.35 ≒ 1,650,000원/㎡(× 80㎡ ≒ 132,000,000원)

4. "전" 부분

   그 밖의 요인 보정치는 "대" 부분 격차율을 적용함

   350,000 × 1.05908 × 1.000 × 1.250 × *1.35 = 626,000원/㎡(× 270㎡ ≒ 169,020,000원)

   * 그 밖의 요인비교치는 대지와 같은 것으로 본다.

5. 토지 보상액

   "대" 부분 + "전" 부분 ≒ 301,020,000원

Ⅲ. 물음2), 건축물 보상

1. 보상대상 여부 및 처리방침

행위제한일인 도시계획시설 결정고시일 이전 신축된 건축물로 보상대상에 포함되며 「토지보상법 제75조」 의거 이전비 내 물건가격 보상으로 보상액을 산정함

2. 이전비 산정

45,000,000 × 0.45 ≒ 20,250,000원

3. 물건가격 산정

$$39,000,000 \times \underbrace{1.0}_{\text{사}} \times \underbrace{1.00000}_{\text{시(최근)}} \times \underbrace{\frac{24}{40}}_{\text{잔}} \times \underbrace{\frac{100}{98}}_{\text{개}} \times \underbrace{\frac{80}{100}}_{\text{면}} ≒ 19,102,000원$$

4. 건축물 보상액

"이전비 > 물건가격"인바 물건가격을 보상액으로 결정함

∴ 19,102,000원

Ⅳ. 물음3), 영업손실 보상

1. 보상대상 여부 및 처리방침

1989년 1월 24일 이전 무허가건축물(적법건물 의제) 내 소유자 영업으로 적법한 영업허가 또는 신고를 받은 경우로 전제하여, 영업휴업손실보상액을 산정함. (현행 법령 기준) 휴업기간은 4개월로 봄(출제 당시 법령은 3개월 기준)

2. 영업이익

(1) 월매출액

1) 매출액 기준

가격시점 이전 최근 3년 평균

$$\frac{159,446,000 + 172,075,000 + 180,246,000}{3} \times \frac{1}{12} ≒ 14,216,000원/월$$

2) 동종업종 기준

16,000,000원/월

3) 월매출액

매출액 및 동종업종 기준 월매출액 유사한바, 본건 영업장의 개별성을 고려하여 매출액 기준을 월매출액으로 결정함

(2) 영업이익률 결정

표준소득률 및 인근 동종 유사규모업종의 영업이익률 유사한바, 본건 영업장의 개별성을 고려하여 10%로 결정함

(3) 영업이익

14,216,000 × 0.1 ≒ 1,422,000원

3. 영업손실 보상액

시설개선비인 진열대증설비 제외, 간판은 물건가격 내 이전비 보상으로 장부가액 기준으로 보상, 보험료는 휴업기간인 4개월분만 적용함

$1,422,000 \times 4 \times (1 + 0.2) + [1,200,000 + 850,000 + 5,000,000 \times 0.1 + 200,000 + 200,000 \times \frac{4}{12}]$

≒ 9,642,000원

2005년 제16회 감정평가실무 기출

문제1 (35점)

I. 평가개요

본건은 복합부동산에 대한 개발타당성분석 및 시장가치 산정으로, 기준시점은 2025년 8월 1일임

II. 물음1), 개발방안의 타당성 분석

1. 최유효이용분석

(1) 최유효이용의 개념

최유효이용이란 객관적으로 보아 양식과 통상의 이용능력을 가진 사람이 부동산을 합법적이고 합리적이며 최고·최선의 방법으로 이용하는 것을 말한다. 최유효이용은 대상부동산의 가치를 최대로 발휘할 수 있는 효율적 이용으로 합리적 이용·합법적 이용·물리적 채택가능성·경제적 타당성·경험적 자료에 의한 지지와 최고가치를 기준으로 판단하게 된다.

(2) 분석방법

최유효이용분석은 크게 토지와 개량부동산에 대한 분석으로 구분된다. 토지분석의 경우 건부감가가 발생하는 현황 토지를 나지로 상정하는 방법으로 개발 후 가치에서 개발비용을 차감한 가치를 기준으로 최유효이용을 결정한다. 개량부동산의 경우 현상태의 가치와 개발 후 가치에서 개발비용을 차감한 가치(현금흐름)를 상호비교하여 최고가치를 실현하는 이용을 최유효이용으로 결정한다. 다만, 개발에 따른 임대료 손실, 공시기간, 할인율 등에 따라 양 분석의 결과가 달라질 수 있다는 점에 유의하여야 한다.

2. 합리적·합법적·물리적 타당성 검토

일반상업지역 내 최소면적 150㎡, 최고높이(30m, 층고 3.5m, 8층 이하), 건폐율 70%, 용적률 600% 기준하며, 연암 및 최고높이 규정에 따라 지하 2층 ~ 지상 8층까지 건축이 가능하고, 인근지역의 지역개황상 주거지능이 쇠퇴하여 주거용도는 제외함

- 개발계획안 1: 합리적·합법적·물리적 타당성 인정
- 개발계획안 2: 대지귀속면적이 최소면적 이하로 분할되므로 법적 타당성 부정
- 개발계획안 3: 주거기능 쇠퇴 고려 소형아파트 건축계획은 합리적 타당성 부정
- 개발계획안 4: 합리적, 합법적, 물리적 타당성 인정
- 개발계획안 5: 연암 및 최고높이 고려 물리적 타당성(지하 3층) 및 합법적 타당성(9층) 부정

이하에서 개발계획안 1, 4의 경제적 타당성(최고수익)을 검토함

3. 경제적 타당성 분석

(1) 개발계획안 1(업무용)

1) 개발 후 부동산가치

(가) 순수익의 현가

$$(1,000,000,000 \times 0.12 + 24,000,000 \times 12) \times (1 - 0.30) \times \frac{1.1^5 - 1}{0.1 \times 1.1^5} \times \frac{1}{(1 + 0.1/12)^{10}}$$

≒ 996,429,000원

(나) 기말복귀액의 현가

$$[350,000,000 \times {}^*1.05^{10} + 2,100,000,000] \times \frac{1}{1.1^5} \times \frac{1}{(1 + 0.1/12)^{10}} ≒ 1,525,896,000원$$

* 채권 매각시점: 2011.6.1. 기준

(다) 개발 후 부동산가치

996,429,000 + 1,525,896,000 ≒ 2,522,325,000원

2) 개발비용(자본적 지출)

철거비 준공 당시 기준

$$75,000,000 \times (280 + 340 \times 6) \times \frac{1}{(1 + 0.1/12)^{10}} + 60,000 \times 450 \times \frac{1}{(1 + 0.1/12)^2}$$

≒ 1,627,986,000원

3) <개발계획안 1> 기준 부동산가치

$\underset{\text{개발 후 부동산가치}}{2,522,325,000} - \underset{\text{개발비용}}{1,627,986,000}$ ≒ 894,339,000원

(2) 개발계획안 4(상업용)

1) 개발 후 부동산가치

(가) 순수익 현가

$$(12,000,000 \times 1.01 \times 12 + 2,000,000,000 \times 0.1) \times (1 - 0.25) \times \frac{1.1^5 - 1}{0.1 \times 1.1^5} \times \frac{1}{1.1}$$

$$\times \frac{1}{(1 + 0.1/12)^2} ≒ 878,137,000원$$

(나) 기말복귀액의 현가

$$2,400,000,000 \times \frac{1}{1.1^6} \times \frac{1}{(1 + 0.1/12)^2} ≒ 1,332,438,000원$$

(다) 개발 후 부동산가치

878,137,000 + 1,332,438,000 ≒ 2,210,575,000원

2) 개발비용

 (가) 건축비

$$480{,}000 \times (300 \times 2 + 180 + 320 \times 6) \times \frac{1}{1.1} \times \frac{1}{(1+0.1/12)^2} \times \{ \frac{0.08 \times 1.08^{10}}{1.08^{10}-1} \times \frac{1.1^5-1}{0.1 \times 1.1^5}$$

$$+ (1 + \frac{1.08^5-1}{1.08^{10}-1}) \times \frac{1}{1.1^5} \} ≒ 1{,}082{,}780{,}000원$$

 (나) 철거비 및 대형 광고스크린 설치비용

$$60{,}000 \times 450 \times \frac{1}{(1+0.1/12)^2} + 200{,}000{,}000 \times \frac{1}{1.1} \times \frac{1}{(1+0.1/12)^2} ≒ 205{,}381{,}000원$$

 (다) 합계

  1,082,780,000 + 205,381,000 ≒ 1,288,161,000원

3) <개발계획안 4> 기준 부동산가치

  $\underset{\text{개발 후 부동산가치}}{2{,}210{,}575{,}000}$ − $\underset{\text{개발비용}}{1{,}288{,}161{,}000}$ ≒ 922,414,000원

4. 최종 개발계획안 결정

개발계획안 1, 4 중 최고가치를 창출하는 <개발계획안 4>를 최종 개발계획안(최유효이용)으로 결정함

Ⅲ. 물음2), 대상부동산 시장가치 결정

1. 현재상태의 대상부동산 시산가액

 (1) 개별물건기준 평가「감칙 제7조 제1항」

  1) 토지「감칙 제14조 제1항」

   (가) 비교표준지 선정

    일반상업, 주상용, 소로한면 기준 <표준지 #4> 선정
    (#1, 5: 이용상황 상이, #2: 용도지역 상이, #3: 주상나지)

   (나) 시점수정치(2005.1.1. ~ 2005.8.1. 상업지역)

    $1.01980 \times (1 + 0.00075 \times \frac{1}{31}) ≒ 1.01982$

   (다) 지역요인 비교치

    인근지역 내 소재(1.000)

   (라) 개별요인 비교치

    $1.08 \times 0.95 \times 1.00 ≒ 1.026$

   (마) 그 밖의 요인 비교치

    대등한 것으로 판단됨(1.00)

(바) 공시지가기준액

$$1,300,000 \times \underset{\text{시}}{1.01982} \times \underset{\text{지}}{1.000} \times \underset{\text{개}}{1.026} \times \underset{\text{그}}{1.00} ≒ 1,360,000원/㎡$$

(× 500㎡ ≒ 680,000,000원)

2) 건물 「감칙 제15조 제1항」

$$660,000 \times \frac{35}{45} ≒ 513,000원/㎡ (× 450㎡ = 230,850,000원)$$

3) 개별물건기준

토지 + 건물 ≒ 910,850,000원

(2) 일괄거래사례비교법 「감칙 제7조 제2항」

1) 사례의 선정

일반상업, 주상용, 소로한면 기준 현황 건부감가 상태인 <거래사례 2> 선정
(1: 이용상황 상이)

2) 토지요인 비교치

현황기준 토지건물가격구성비 적용

$$0.75 \times {}^*1.00187 \times 1.000 \times \frac{95}{103} \times 1.00 \times \frac{500}{520} ≒ 0.666$$

* 시점수정치(2005.6.5 ~ 2005.8.1. 상업지역)

$$(1 + 0.00126 \times \frac{26}{30}) \times 1.00075 \times (1 + 0.00075 \times \frac{1}{31}) ≒ 1.00187$$

3) 건물요인 비교치

$$0.25 \times 1.00000 \times \frac{35/45}{36/44} \times 1.00 \times \frac{450}{400} ≒ 0.267$$

Advice
거래사례 건물의 내용연수는 경제적 내용연수인 45년으로 결정할 수 있음

4) 일괄비준가액

$$900,000,000 \times 1.00 \times (\underset{\text{토지요인}}{0.666} + \underset{\text{건물요인}}{0.267}) \times 1.000 ≒ 839,700,000원$$

(3) 일괄수익환원법

1) 순수익(대상 임대자료 기준)

부동산위탁관리 고려 소유자 급여는 제외함

[(700,000,000 + 100,000,000) × 0.12 + (5,000,000 + 500,000) × 12)] × (1 - 0.03 - 0.2 + 0.01))
≒ 123,120,000원

2) 수익가액 산정

   $$\frac{123,120,000}{0.15} ≒ 820,800,000원$$

(4) 현재상태의 부동산가치 결정
   - 개별물건기준: 910,850,000원
   - 비준가액: 839,700,000원
   - 수익가액: 820,800,000원

   개별물건기준 가액은 인근지역의 지역개황에 따른 기능적·경제적 감가가 미포함되어 과대계상되었다는 점에서 제외하며 비준가액 및 수익가액이 유사한바, 「감칙 제12조 제2항」 의거 합리성이 인정됨. 대상부동산은 수익용 부동산으로 지역개황이 임대료에 반영되었다고 판단되며, 타당성 검토 목적 등을 고려하여 현재상태인 <주상용> 부동산가치를 수익가액으로 결정함

   ∴ 820,800,000원

2. 개발방안과 비교하여 결정한 시장가격

   대상부동산의 감정평가액은 최유용이용기준원칙에 따라 결정되며, 상기와 같이 개량부동산의 부동산가치가 현재상태의 대상부동산 가액보다 크므로 중도적 이용에 할당된다고 보기 어려운바, 최유효이용인 <개발계획안 4>를 기준한 <상업용> 기준 가액을 대상부동산의 시장가치로 결정함

   ∴ 922,414,000원

문제2 (30점)

Ⅰ. 평가개요

- 평가대상: 복합부동산
- 평가목적: 일반거래(현물출자)
- 기준시점: 2005년 6월 30일(소급평가) 「감칙 제9조 제2항 단서」
- 기준가치: 시장가치 「감칙 제5조 제1항」

Ⅱ. 물음1), 지역요인분석 및 비교표준지 선정

1. 지역요인분석

(1) 개요

H구 내 각 동별 개발시기 및 생애주기의 차이가 있어 소득과 경비에서 차이가 있고 이에 공실률과 영업경비, 순수익에 차이가 발생하고 있으므로 이를 고려한 순수익을 기준으로 지역요인을 분석함

(2) 지역요인 비교치 산정(대상 소재 N동 100 기준)

구분	L동	M동	N동(대상)	O동	P동
순수익(원/m²)	66,500	74,240	77,000	80,840	101,300
지역요인 비교치	86.4	96.4	100	105.0	131.6

(3) 유사지역 결정

상기의 지역요인 비교치 산정 결과, H구 내 각 동별 공실률과 영업경비의 유사성, M동의 표준적 이용이 대상부동산이 속한 N동과 유사하다는 점 등을 종합적으로 고려하여 <H구 M동>을 유사지역으로 결정함

2. 비교표준지 선정

대상이 속한 N동과 표준적 이용이 유사하며 지역요인 비교치가 유사한 유사지역인 <M동> 소재한 표준지 중 N동의 최근 리모델링을 행하고 있는 주위환경 등을 고려하여 "준주거, 업무용" 기준 <표준지 #2>를 선정함

Ⅲ. 물음2), 경제적 내용연수

1. 사례 선정

대상건물의 경제적 내용연수 산정을 고려하여 철근콘크리트조 슬래브지붕, 층수, 사용승인일, 건물의 상태 등을 고려하여 <거래사례 B> 선정
(A: 층수 상이 및 비수익공간, C: 구조(철골조) 상이, D: 건물상태 상이)

2. 사례 건물가액

(1) 사례 거래가액 보정

$$700,000,000 + 225,490,000 \times \left\{ 1 - \frac{(1 + 0.072/12)^{60} - 1}{(1 + 0.072/12)^{120} - 1} \right\} \times \frac{0.078/12 \times (1 + 0.078/12)^{60}}{(1 + 0.078/12)^{60} - 1}$$

$$\times \frac{1.01^{60} - 1}{0.01 \times 1.01^{60}} ≒ 820,447,000원$$

(2) 사례 토지가액

인근지역에 속하는 동일 소재지인 M동, 업무용 기준 <표준지 #2> 선정

$$640{,}000 \times \underset{\text{시}}{^*1.01380} \times \underset{\text{지}}{1.000} \times \underset{\text{개}}{(\frac{1.05}{0.95} \times \frac{0.98}{0.94})} ≒ 748{,}000원/㎡$$

(× 650㎡ ≒ 486,200,000원)

* 시점수정(2006.1.1. ~ 2006.3.31. 주거지역)
  1.00342 × 1.00468 × 1.00564

(3) 사례 건물가격

820,447,000 - 486,200,000 = 334,247,000원

3. 사례 재조달원가

사용승인일로부터 거래시점까지를 기준함

234,000 × 2.7928 × 1,100 ≒ 718,867,000원

4. 경제적 내용연수

(1) 연간감가율

$$\frac{718{,}867{,}000 - 334{,}247{,}000}{718{,}867{,}000} \times \frac{1}{17} ≒ 3.147\%$$

(2) 경제적 내용연수

$$\frac{1}{0.3147} ≒ 31.77$$

∴ 경제적 내용연수는 <32년>으로 결정함

Advice

아래와 같이 경제적 내용연수 산정 가능함

$$\frac{\text{재조달원가}}{\text{연간감가액}} ≒ \frac{718{,}867{,}000}{(718{,}867{,}000 - 334{,}897{,}000)/17} ≒ 31.827$$

Ⅳ. 물음3), 대상부동산 시장가치 「감칙 제7조 제1항」

1. 토지 「감칙 제14조 제1항」

콜금리 인하에 따른 지가변동률을 그 밖의 요인 보정치로 반영함

$$640,000 \times \underbrace{^*1.03113}_{\text{시}} \times \underbrace{\frac{100}{96.4}}_{\text{지}} \times \underbrace{(\frac{100}{0.95} \times \frac{0.98}{0.94})}_{\text{개}} \times \underbrace{1.05}_{\text{그}} ≒ 789,000원/㎡$$

(× 780㎡ ≒ 615,420,000원)

* 시점수정(2006.1.1. ~ 2006.6.30. 주거지역)
  1.00342 × 1.00468 × 1.00564 × 1.01122 × 1.00260 × 1.00320

2. 건물 「감칙 제15조 제1항」

$$321,000 \times 2.2437 \times \frac{32-15}{32} ≒ 383,000원/㎡(\times 1,850㎡ ≒ 708,550,000원)$$

3. 대상부동산 시장가치

토지 + 건물 ≒ 1,323,970,000원

Q감정평가법인은 토지 평가에 있어 콜금리 인하로 인한 지가변동을 미고려하였고, 건물 평가에 있어서도 건물의 상태 등 시장에 근거한 경제적 내용연수를 미고려한 문제점이 있는바, 상기와 같은 문제점을 고려하여 본건 감정평가액을 결정함

문제3 (20점)

Ⅰ. 평가개요

본건은 복합부동산에 대한 담보·경매·매각·보상목적의 감정평가로 기준시점은 2005년 8월 28일임. 단, 본건 부동산의 물적특성은 토지대장 및 일반건축물대장을 기준함

Ⅱ. 물음1), 담보평가

1. 처리방침

공법상 제한인 문화재보호구역 및 도시계획시설도로 저촉은 제한받는 상태를 기준하되, 현황도로 및 타인 점유부분, 제시외 건물은 담보협약 및 담보평가목적 고려 감정평가외 처리함

2. 토지 「감칙 제14조 제1항」

2종일주, 주상용 기준 제시된 표준지는 적정한 것으로 판단됨

그 밖의 요인 보정치는 대등한 것으로 전제함

$2,000,000 \times \underset{시}{{}^*1.03226} \times \underset{지}{1.000} \times \underset{개}{{}^{**}0.670} \times \underset{그}{1.00} ≒ 1,380,000원/㎡$

(× 452㎡ = 623,760,000원)

* 시점수정(2005.1.1. ~ 2005.8.28. 주거지역)

$1.00512 \times 1.00235 \times 1.00901 \times 1.00623 \times 1.00225 \times 1.00237 \times 1.00237 \times (1 + 0.00237 \times \frac{28}{31})$

** 개별요인(기타 개별요인은 동일한 것으로 전제함)

$\frac{0.7}{0.8 + 0.2 \times 0.7} \times 0.9$

3. 건물 「감칙 제15조 제1항」

정액법, 경제적 내용연수, 잔가율 0 기준

건물의 경우에도 도시계획시설도로에 저촉 감가 적용함

$750,000 \times 0.7 \times \frac{45 - 7}{45} ≒ 443,000원/㎡(× 1,380㎡ = 611,340,000원)$

4. 담보평가액

토지 + 건물 = 1,235,100,000원

III. 물음2), 경매평가

1. 처리방침

공법상 제한인 문화재보호구역 및 도시계획시설도로 저촉은 제한받는 상태를 기준하되, 현황도로는 「토지보상법 시행규칙 제26조 제2항」상 "사실상 사도"로 보상규정 준용하여 인근 토지의 3분의 1 이내로 평가하며, 타인점유부분은 건물이 토지에 미치는 영향을 고려하여 감가평가함. 제시외 건물은 건물 소유자와 동일 소유자의 종물로 주물 처분에 따르므로 평가대상에 포함함

2. 토지

(1) 대지부분

1,380,000원/㎡ × 452㎡ = 623,760,000원

(2) 도로부분

1,380,000 × 1/3 ≒ 460,000원/㎡(× 50㎡ = 23,000,000원)

(3) 타인점유부분

1,380,000 × 0.95 ≒ 1,310,000원/㎡(× 30㎡ = 39,300,000원)

(4) 소계

686,060,000원

3. 건물

611,340,000원

4. 제시외 건물

291,000 × 0.7 × $\frac{40-7}{40}$ ≒ 168,000원/㎡(× 30㎡ = 5,040,000원)

5. 경매평가액

토지 + 건물 + 제시외 건물 = 1,302,440,000원

IV. 물음3), 국유자산 매각

1. 처리방침

공법상 제한인 문화재보호구역은 제한받는 상태를 기준함. 「국유재산법」의거 국유재산 중 일반재산의 경우 용도폐지를 전제하나 현황 대지부분은 별도의 용도폐지가 필요치 아니하므로 현황평가원칙에 따라 '주상용' 기준하여 평가함. 현황 도로부분은 분할대상으로 평가 제외하되, 매각평가 시 나지상정기준인바, 타인점유부분은 미고려하고 제시외 건물은 건물 소유자와 동일 소유자인 종물로써 주물 처분에 따르므로 평가대상에 포함함

2. 토지

2,000,000 × $\underset{시}{1.03226}$ × $\underset{지}{1.000}$ × $\underset{개}{*0.957}$ × $\underset{그}{1.00}$ ≒ 1,980,000원/㎡

(× 482㎡ = 954,360,000원)

* 개별요인(기타 개별요인은 동일한 것으로 전제함)

$\frac{1}{0.8 + 0.2 \times 0.7} \times 0.9$

3. 건물

750,000 × $\frac{45-7}{45}$ ≒ 633,000원/㎡(× 1,380㎡ = 873,540,000원)

4. 제시외 건물

$291,000 \times \dfrac{40-7}{40} ≒ 240,000원/㎡(\times 30㎡ = 7,200,000원)$

5. 평가액 산정

토지 + 건물 + 제시외 건물 = 1,835,100,000원

V. 물음4), 보상평가

1. 처리방침

「토지보상법 시행규칙 제23조」의거 일반적 제한은 공법상 제한을 받는 상태대로, 해당 공익사업에 의한 개별적 제한인 도시계획시설 저촉은 제한받지 않은 상태를 기준하여 평가하되 "사실상 사도"의 경우 「동법 시행규칙 제26조」의거 인근 토지의 3분의 1 이내로 평가함. 보상평가의 경우 「동법 시행규칙 제22조 제2항」의거 나지상정평가이므로 타인점유부분 및 제시외 건물부분은 이에 구애됨 없이 정상평가하되, 지장물인 건물은 「동법 제75조」의거 이전비 내 물건가격으로 보상함

2. 토지

(1) 적용 공시지가

해당 공익사업은 "도로"사업으로 「동법 시행령 제38조의2」의 취득하는 토지의 가격변동률은 미검토함. 사업인정고시일은 실시계획인가 고시일인 2005년 3월 25일바, 「동법 제70조 제4항」의거 <2005년 1월 1일> 기준 공시지가를 적용함

(2) 시점수정

1) 지가변동률 기준: 1.03226

2) 생산자물가지수 기준 $\left(\dfrac{2005.7.}{2004.12.}\right) : \dfrac{109.9}{108.4} ≒ 1.01384$

3) 결정

해당 지역의 국지적 지가변동을 잘 나타내는 지가변동률을 적용함

(3) 지역요인: 1.000(인근지역 소재)

(4) 개별요인

$\dfrac{1}{0.8 + 0.2 \times 0.7} \times 0.9 ≒ 0.957$

(5) 그 밖의 요인

    1) 보상선례 적정성 여부

        최근의 해당 사업과 무관한 보상 완료된 적정한 보상사례로 판단됨

    2) 그 밖의 요인 비교치

$$\frac{2,300,000 \times {}^*1.00690 \times 1.000 \times 1.000}{2,000,000 \times 1.0322} ≒ 1.122$$

        * 시점수정(2005.6.1. ~ 2005.8.28. 주거지역)

$$1.00237 \times 1.00237 \times (1 + 0.00237 \times \frac{28}{31}) ≒ 1.00690$$

    3) 결정

        상기와 같이 산정된바, <1.12>로 결정함

(6) 대지부분

    2,000,000 × 1.03226 × 1.000 × 0.957 × 1.12 ≒ 2,210,000원/㎡
    (× 482㎡ = 1,065,220,000원)

(7) 도로부분

    2,000,000 × 1.03226 × 1.000 × 0.957 × 1/3 × 1.12 ≒ 738,000원/㎡
    (× 50㎡ = 36,900,000원)

(8) 토지 보상액

    대지부분 + 도로부분 ≒ 1,102,120,000원

3. 건물

이전비 내 물건가격인바, 물건가격인 873,540,000원임

4. 제시외 건물

사업인정고시일이전 신축인바, 보상대상임
∴ 7,200,000원

5. 보상 평가액

토지 + 건물 + 제시외 건물 = 1,982,860,000원

문제4 (10점)

I. 물음1), 농업손실 보상액 산정

1. B군이 산정한 농업손실 보상액

도별연간농가평균단위경작면적당농작물총수입(직전 3년 평균)
1,059 × 2년 × 900 ≒ 1,906,200원

2. 실제소득산정기준에 의한 농업손실 보상액(출제 당시 제시된 법령 기준)

(1) 연간단위경작면적당실제소득(직전 3년 평균)

$$\frac{28,208,000 + 35,310,000}{2} \times \frac{1}{900} \times 0.56 ≒ 19,761원/㎡$$

(2) 연간단위면적당전국작목별평균소득

$$16,365,000 \times \frac{1}{100 \times 400/121} ≒ 49,504원/㎡$$

(3) 결정

"실제소득 < 작목별평균소득 × 1.30"인바, 실제소득 기준으로 보상액을 산정함

∴ 19,761 × 2(년) × 900 ≒ 35,569,800원

> **Advice**
> 버섯재배사 면적 333㎡ 적용 가능

II. 물음2), 현행 법령에 따른 합리적인 손실보상 처리방법

1. 버섯재배사가 농지인지 여부

현행 「토지보상법 시행규칙 제48조 제1항」상 농지란 「농지법 제2조 제1호 가목」 및 「동법 시행령 제2조 제3항 제2호 가목」에 해당하는 토지로 규정하고 있는바, 버섯재배사는 지력을 이용하는 농업이 아니므로 상기 법령 해석상 "농지"에 해당하지 않는다.

2. 농업손실보상 가능성 여부

현행 「토지보상법 시행규칙 제48조 제2항 제2호」에서는 "농작물실제소득인정기준에서 직접 해당 농지의 지력(地力)을 이용하지 아니하고 재배 중인 작물을 이전하여 해당 영농을 계속하는 것이 가능하다고 인정하는 경우 단위경작면적당 실제소득(제1호의 요건에 해당하는 경우에는 제1호에 따라 결정된 단위경작면적당 실제소득을 말한다)의 4개월분을 곱하여 산정한 금액"을 농업손실 보상액으로 보상한다고 규정하고 있으므로 "농지"에 해당하지 않으나 농업손실 보상이 가능하다. 해당 규정은 2013년 당시 영업손실 보상과의 형평성 제고와 현행 제도의 운영상 나타난 일부 미비점을 개선하기 위해 개정되었다.

문제5 (5점)

1. 「건축법」상 "대지"와 「지적법」상 "대"

「건축법」상 "대지"란 「공간정보의 구축 및 관리 등에 관한 법률」에 따라 각 필지로 나눈 토지로, 건축물이 소재하거나 건축물을 신축할 수 있는 토지를 의미하며, 건축물의 용도, 건폐율, 용적률 등 산정 시 기준이 되는 개념이다.

「공간정보의 구축 및 관리 등에 관한 법률 제67조」 (구)「지적법」상 "대"란 토지의 건축물 소재 여부와 관계없이 각 필지의 이용목적에 따라 분류한 것으로 토지의 관리를 위한 개념이다.

"대지"와 "대"는 일치하는 것이 통상적이나 2필지 이상의 토지를 하나의 토지로 보는 일단지의 경우 지목은 두 개로 지정되나 "대지"는 전체로 부여될 수 있으며, 한 필지 일부에 대해서도 "대지"로 볼 수 있음에 유의한다.

2. 다가구주택과 다세대주택

다가구주택이란 「주택법」상 단독주택의 하나로 ① 주택으로 쓰는 층수(지하층은 제외한다)가 3개 층 이하로 ② 1개 동의 주택으로 쓰이는 바닥면적의 합계가 660제곱미터 이하이며 ③ 19세대 이하가 거주할 수 있는 주택으로 공동주택에 해당하지 아니한 주택을 의미한다. 다가구주택은 토지와 건물로 구성된 복합부동산으로써 감정평가시 복합부동산을 기준으로 평가하여야 한다.

다세대주택이란 「주택법」상 공동주택의 하나로 ① 주택으로 쓰는 1개 동의 바닥면적 합계가 660제곱미터 이하이고 ② 층수가 4개 층 이하인 주택을 의미한다. 다세대주택은 공동주택으로 각 구분호수별 등기가 독립적으로 등재되며 소유권의 객체가 되므로 구분건물을 기준으로 평가하여야 한다.

3. 소재불명, 확인불능

소재불명이란 실지조사시 대상물건의 소재를 확인할 수 없는 경우를 의미하고, 확인불능이란 대상물건과 동일·유사한 물건이 소재하나 공부 등과 비교하여 그 동일성 여부를 명확하게 판단하기 어려운 경우를 의미한다. 통상 기계·기구 감정평가시 발생하는 개념이다.

2006년 제17회 감정평가실무 기출

문제1 (40점)

Ⅰ. 평가개요

본건은 오피스빌딩 2동에 대한 예상 매입가격 및 투자타당성 검토로 기준시점은 2006년 8월 27일임

Ⅱ. 물음1), 각 오피스빌딩 예상 매입가격, 거래사례비교법 「감칙 제7조 제2항」

1. 사례 선정

- 토지 및 건물 면적 기준하여 사례 선정하되, 제시된 거래사례 모두 비교가능성이 높은 것으로 전제함(이하 동일)
- 대상부동산 A: 사례 1, 3
- 대상부동산 B: 사례 2, 4

2. 대상부동산 A

(1) 사례 1 기준

1) 대상부동산 A 일괄비준가액

제시된 요인 비교치는 면적요소 포함된 토지·건물 전체 요인 비교치로 전제함(이하 동일)

$9,900,000,000 \times (\dfrac{0.2}{1.02} + \dfrac{0.3}{1.04} + \dfrac{0.3}{1.06} + \dfrac{0.2}{1.08}) \times 1.06 \times \dfrac{100}{105} \times 1.00 ≒ 9,521,996,000$원

2) 토지단가

$9,521,996,000 \times \underbrace{0.65}_{\text{토·가·구}} \times \dfrac{1}{1,500} ≒ 4,130,000$원/㎡

Advice

토지단가 산정시 사례 토지 면적을 적용할 수 있으나, 일괄비준가액으로 산정 후 이를 토지·건물가격 비율로 배분하므로 대상토지 면적을 기준하여 풀이함

3) 건물단가

$9,521,996,000 \times 0.35 \times \dfrac{1}{6,000} ≒ 555,000$원/㎡

(2) 사례 3 기준

1) 대상부동산 A 일괄비준가액

$$8,000,000,000 \times 1.00 \times (1 + 0.06 \times \frac{3}{12}) \times \frac{100}{95} \times \frac{100}{105} ≒ 8,140,351,000원$$

2) 토지단가

$$8,140,351,000 \times 0.65 \times \frac{1}{1,500} ≒ 3,530,000원/㎡$$

3) 건물단가

$$8,140,351,000 \times 0.35 \times \frac{1}{6,000} ≒ 475,000원/㎡$$

3. 대상부동산 B

(1) 사례 2 기준

1) 대상부동산 B 일괄비준가액

$$5,800,000,000 \times [0.6 + 0.4 \times (0.045 \times \frac{1.08^5 - 1}{0.08 \times 1.08^5} + \frac{1}{1.08^5})] \times (1 + 0.06 \times \frac{6}{12}) \times \frac{95}{110} \times \frac{100}{105}$$

$$≒ 4,639,015,000원$$

2) 토지 및 건물단가 산정

(가) 토지단가

$$4,639,015,000 \times 0.65 \times \frac{1}{1,200} ≒ 2,510,000원/㎡$$

(나) 건물단가

$$4,639,015,000 \times 0.35 \times \frac{1}{3,600} ≒ 451,000원/㎡$$

(2) 사례 4 기준

1) 대상부동산 B 일괄비준가액

$$4,800,000,000 \times [0.2 + 0.8 \times (0.085 \times \frac{1.08^3 - 1}{0.08 \times 1.08^3} + \frac{1}{1.08^3})] \times (1 + 0.06 \times \frac{9}{12}) \times \frac{95}{90} \times \frac{100}{95}$$

$$≒ 5,630,785,000원$$

2) 토지 및 건물단가 산정

   (가) 토지단가

   $$5,630,785,000 \times 0.65 \times \frac{1}{1,200} ≒ 3,050,000원/㎡$$

   (나) 건물단가

   $$5,630,785,000 \times 0.35 \times \frac{1}{3,600} ≒ 547,000원/㎡$$

4. 예상 매입가격 결정(사례 평균)

(1) 대상부동산 A 매입가격

$$\frac{(4,130,000 + 3,530,000)}{2} \times 1,500 + \frac{(555,000 + 475,000)}{2} \times 6,000 ≒ 8,835,000,000원$$

(2) 대상부동산 B 매입가격

$$\frac{(2,510,000 + 3,050,000)}{2} \times 1,200 + \frac{(451,000 + 547,000)}{2} \times 3,600 ≒ 5,132,400,000원$$

(3) 전체 매입가격

대상부동산 A + 대상부동산 B = 13,967,400,000원

Ⅲ. 물음2), 1주당 예상 배당수익률

1. 1차년도 현금흐름 예상

(1) 임대사례 선정

- 대상부동산 A: 사례 1, 3
- 대상부동산 B: 사례 2, 4

(2) 대상부동산 A 순수익

   1) 가능총수익

   (가) 사례 1 기준

   $$17,500 \times [1 + (2 \times 0.01 + 8 \times 0.03 - 0.3 \times 0.05)] ≒ 21,800원/㎡$$

   (나) 사례 3 기준

   $$17,100 \times [1 + (5 \times 0.01 - 2 \times 0.03 + 0.3 \times 0.05)] ≒ 17,200원/㎡$$

   (다) 가능총수익

   $$\frac{21,800 + 17,200}{2} \times 6,000 \times 12 ≒ 1,404,000,000원$$

   2) 순수익

   $$1,404,000,000 \times (1 - 0.4 - 0.05 - 0.025) ≒ 737,100,000원$$

(3) 대상부동산 B 순수익

1) 가능총수익

(가) 사례 2 기준

17,800 × [1 + (3 × 0.01 + 0 × 0.03 - 0.1 × 0.05)] ≒ 18,200원/㎡

(나) 사례 4 기준

17,000 × [1 + (4 × 0.01 - 10 × 0.03 + 0.2 × 0.05)] ≒ 12,800원/㎡

(다) 가능총수익

$$\frac{18,200 + 12,800}{2} \times 3,600 \times 12 ≒ 669,600,000원$$

2) 순수익

669,600,000 × (1 - 0.35 - 0.05 - 0.02) ≒ 388,368,000원

(4) 전체 부동산 순수익

대상부동산 A + 대상부동산 B ≒ 1,125,468,000원

2. 배당가능액

(1) 지급이자

지분투자액 50억원 기준함

(13,799,400,000 - 5,000,000,000) × 0.065 = 571,961,000원

(2) 배당가능액(BTCF)

1,125,468,000 - 571,961,000 = 553,507,000원

3. 주당 배당수익률 산정

$$\frac{553,507,000 \times 0.95}{5,000 \times 1,000,000} ≒ 10.52\%$$

Ⅳ. 물음3), 1차년도 지분배당률

1. 처리방침

금융적투자결합법(Ross 방식)에 의한 방식으로 산정함

산식 $\left[R = \frac{E}{V} \times R_e + \frac{L}{V} \times i \right]$ 적용함

2. 종합환원율

(1) 대상부동산 A

$$\frac{737{,}100{,}000}{8{,}835{,}000{,}000} \fallingdotseq 8.34\%$$

(2) 대상부동산 B

$$\frac{388{,}368{,}000}{5{,}132{,}200{,}000} \fallingdotseq 7.57\%$$

3. 지분배당률(R_E)산정

(1) 대상부동산 전체 지분비율

$$\frac{5{,}000{,}000{,}000}{13{,}967{,}400{,}000} \fallingdotseq 0.36(36\%)$$

(2) 대상부동산 A 지분배당률

$0.36 \times R_E + (1 - 0.36) \times 0.065 \fallingdotseq 8.34\%$일 때,

∴ $R_E \fallingdotseq 11.61\%$

(3) 대상부동산 B 지분배당률

$0.36 \times R_E + (1 - 0.36) \times 0.065 \fallingdotseq 7.57\%$일 때,

∴ $R_E \fallingdotseq 9.47\%$

V. 물음4), 이론적 주당가치

1. 처리방침

$\left[\dfrac{\text{주당배당금(주당순수익)}}{\text{주당배당수익률(환원율)}} \fallingdotseq \text{주당가치}\right]$로 산정함

2. 2차년도 현금흐름 예상

(1) 임대료 변동률

1) 대상부동산 A

$0.4 \times 0.1 + 0.4 \times 0.05 + 0.2 \times -0.03 \fallingdotseq 0.054(5.4\%)$

2) 대상부동산 B

$0.4 \times 0.08 + 0.4 \times 0.03 + 0.2 \times -0.02 \fallingdotseq 0.04(4\%)$

(2) 2차년도 순수익

   1) 대상부동산 A

      737,100,000 × 1.054 ≒ 776,903,000원

   2) 대상부동산 B

      388,368,000 × 1.04 ≒ 403,903,000원

(3) 전체 배당가능액(BTCF)

   (776,903,000 + 403,903,000) - 571,961,000 = 608,845,000원

3. 이론적 주당가치

(1) 주당배당금

$$\frac{608,845,000 \times 0.95}{1,000,000} ≒ 578원/주$$

(2) 이론적 주당가치

$$\frac{578}{0.1052} ≒ 5,494원/주$$

▌문제2 (25점)

Ⅰ. 평가개요

본건은 재개발사업 구역 내 종전자산평가 등으로 기준시점, 비교표준지 선정 등에 유의하여 평가함

Ⅱ. 물음1), P씨 종전가산

1. 기준시점

「도시정비법 제72조 제1항」 의거 사업시행(계획)인가고시일인 2005.8.1.이 기준시점임

2. 토지 「감칙 제14조 제1항」

(1) 적용공시지가

   기준시점 이전 최근에 공시된 <2005.1.1.> 기준 공시지가를 적용함

(2) 표준지 선정

종전자산의 공부상 물적특성 기준함. 해당 사업구역 내 2종일주, 주거용(일반주거지역 내 표준적 이용상황), 세로(가) 기준하여 <표준지 #1> 선정
(#2: 도로 상이, #3: 용도지역 상이, #4: 이용상황 상이)

(3) 공시지가기준가액

$$2,400,000 \times \underbrace{1.02000}_{\text{시}} \times \underbrace{1.000}_{\text{지}} \times \underbrace{^*1.000}_{\text{개}} \times \underbrace{^{**}1.00}_{\text{그}} ≒ 2,450,000원/㎡$$

(× 120㎡ ≒ 294,000,000원)

* 1.00 × 1.00 × 1.00

** 그 밖의 요인은 대등한 것으로 봄

3. 건물 「감칙 제15조 제1항」

(1) 평가대상 여부

1989년 1월 24일 이전 특정무허가건축물로 재개발사업의 경우 종전자산 평가대상에 포함됨

(2) 적산가액

$$500,000 \times \frac{20}{40} ≒ 250,000원/㎡(\times 90㎡ ≒ 22,500,000원)$$

4. P씨 종전자산가액

토지 + 건물 ≒ 316,500,000원

Ⅲ. 물음2), 조합 전체 분양예정자산

1. 기준시점

전체 분양예정자산 산정의 경우 현행 「도시정비법」상 기준시점을 규정하고 있지 않는바, 「감칙 제9조 제2항」 및 일반적인 감정평가이론에 따라 현장조사완료일인 2006년 7월 1일을 기준시점으로 결정함

2. 평가대상

조합 전체 분양예정자산은 일반분양분과 조합원분양분으로 결정함

3. 본건 10층 1호 기준 일반분양가

$$350,000,000 \times \underbrace{1.00}_{\text{사}} \times \underbrace{^*0.90000}_{\text{시}} \times \underbrace{1.000}_{\text{지}} \times \underbrace{^{**}1.235}_{\text{개}} ≒ 389,025,000원$$

* 시세하락분을 시점수정으로 적용함

** 개별요인 $1.05 \times \frac{100}{85}$

4. 일반분양분

389,025,000 × (100 + 106 + 110 × 12 + 104) × $\frac{1}{110}$ × 2 ≒ 11,529,286,000원

5. 조합원분양분

조합원분양분은 층별효용비를 적용하지 않음

350,000,000 × 90 ≒ 31,500,000,000원

6. 조합 전체 분양예정자산

일반분양분 + 조합원분양분 ≒ 43,029,286,000원

Ⅳ. 물음3), P씨 정산금(청산금)

1. 비례율

$$\frac{\text{분양예정 대지 또는 건물추산액 - 총사업비}}{\text{종전 토지 및 건축물 가격}} = \frac{43,029,286,000 - 23,000,000,000}{\frac{316,500,000}{0.1}} ≒ 63.28\%$$

2. 권리가액

316,500,000 × 0.6328 ≒ 200,281,000원

3. 정산금(청산금) 산정

350,000,000 - 200,281,000 ≒ 149,719,000원(납부)

문제3 (10점)

Ⅰ. 평가개요

- 평가대상: 사용료
- 평가목적: 소송
- 기준시점: 2006.8.27.

「감칙 제22조」의거 임대사례비교법을 적용하여야 하나, 인근지역 내 유사토지의 적정 임대사례가 없어 「감칙 제12조 제1항」의거 적산법을 적용하여 본건 임대료를 산정함

Ⅱ. 기초가액

1. 처리방침

기초가액은 기존 <판례> 견해인 "용익가치"를 기준할 수 있으나 용익가치 산정의 현실적 어려움, 제시된 자료 미비 등을 이유로, "시장가치"를 기준하여 산정하되, 대상토지의 개별성은 기대이율에서 고려함

2. 비교표준지 선정

대상토지는 광대로인 노선을 따라 업무용·상업용 빌딩이 표준적 이용상황으로 판단되므로, 일반상업, 업무용·상업용, 광대로, 세장형 기준하여 <표준지 #4> 선정
(#1: 도로 상이, #2, 3: 이용상황 상이)

3. 시점수정치(2006.1.1. ~ 2006.8.27. 상업지역)

$$1.012 \times (1 + 0.00005 \times \frac{58}{30}) ≒ 1.01210$$

4. 지역요인 비교치: 1.000(인근지역)

5. 개별요인 비교치

$$\frac{100}{110} \times \frac{1}{0.7 + 0.3 \times 0.85} ≒ 0.952$$

6. 기초가액(시장가치) 산정

$$1,400,000 \times \underset{시}{1.01210} \times \underset{지}{1.000} \times \underset{개}{0.952} \times \underset{그}{1.00} ≒ 1,350,000원/㎡$$

(× 600㎡ ≒ 810,000,000원)

Ⅲ. 기대이율 결정

기초가액은 인근지역 내 최유효이용을 기준한 시장가치로 산정하였는바, 기대이율은 대상토지의 개별성을 고려하여 결정함. 기준시점 현재 아파트 모델하우스는 임시적이용으로 기대이율 적용 기준율표상 "상업용지, 임시적 이용, 중앙값"인 <5%>로 결정함

Ⅳ. 대상토지 적산임료

대상토지에 부과된 조세공과는 필요제경비에 포함함

$$∴ 810,000,000 \times (\underset{기대}{0.05} + \underset{필·제}{0.003}) ≒ 42,930,000원$$

문제4 (10점)

Ⅰ. 평가개요

- 평가대상: (도입)기계
- 평가목적: 담보평가
- 기준시점: 2006년 8월 27일

본건은 기계는 「감칙 제21조 제2항」 의거 원가법을 적용하여 산정하되, CIF 기준가액, 신고일자 일자 기준함

Ⅱ. 재조달원가 산정

1. 도입기계가액(CIF 기준가액)

신고일자인 2004.8.1. 기준함

$$\underbrace{100{,}000}_{\text{CIF}} \times \underbrace{105.0198}_{\$ \to ¥} \times \underbrace{0.9979}_{\text{기·보}} \times \underbrace{8.3228}_{¥ \to ₩} ≒ 87{,}222{,}000원$$

2. 관세 및 농어촌특별세

87,222,000 × 0.08 × (1 - 0.5) × (1 + 0.2) ≒ 4,186,000원

3. 설치비 및 부대비용

공장저당법상 일체 사업체의 담보평가로 설치비는 포함
87,222,000 × (0.015 + 0.03) ≒ 3,925,000원

4. 재조달원가

87,222,000 + 4,186,000 + 3,925,000 ≒ 95,333,000원

Ⅲ. 적산가액

잔존가치율 10%, 내용연수 15년, 경과연수 2년 기준

∴ 95,333,000 × 0.736 ≒ 70,165,000원

문제5 (10점)

Ⅰ. 평가개요

- 평가대상: 지장물(건축물 및 수목)
- 평가목적: (사업인정 후 협의) 보상평가
- 가격시점: 2006년 8월 27일

Ⅱ. 건축물 보상액

1. 처리방침

「토지보상법 제75조」 의거 이전비 내 물건가격으로 보상액을 산정함

2. 이전비

630,000 × (0.142 + 0.030 + 0.168 + 0.538) ≒ 553,000원/㎡
(× 100㎡ ≒ 55,300,000원)

3. 물건가격(잔가율 0, 만년감가기준)

(1) 원가법

$630,000 \times \frac{25}{45} \fallingdotseq 350,000원/㎡ (\times 100㎡ \fallingdotseq 35,000,000원)$

(2) 거래사례비교법

「토지보상법 제67조 제2항」 의거 해당 공익사업으로 인한 가격변동은 제외하는바, 주택입주권 가치는 미고려함

$(80,000,000 - 30,000,000) \times 1.00 \times 1.00000 \times 1.000 \times 0.95 \times \frac{1}{105} \fallingdotseq 452,000원/㎡$
　　　　　입주권　　　　사　　　시　　　지　　　개　　면

(× 100㎡ ≒ 45,200,000원)

(3) 결정

「토지보상법 시행규칙 제33조 제2항」 의거 주거용 건축물로써 비준가액이 적산가액 보다 크므로 비준가액으로 결정함

4. 건축물 보상액

"이전비 > 물건가격"인바, 물건가격인 45,200,000원으로 결정함

Ⅲ. 수목(배나무) 보상액

1. 이전비

(1) 이식비

$$\underline{[(45{,}000 \times 0.7 + 30{,}000 \times 0.29)}_{\text{굴취·식재}} \times \underline{1.1}_{\text{재료}} + \underline{43{,}000 \times 0.03}_{\text{운반}} + \underline{2{,}000}_{\text{상하차}}] \times \underline{1.2}_{\text{부대}} ≒ 57{,}000원/주$$

(2) 고손액(배나무 이식부적기 고손율 20%)

120,000 × 0.2 ≒ 24,000원/주

(3) 감수액

20,000 × (1 - 0.2) × 2.2 ≒ 35,000원/주

(4) 이전비

이식비 + 고손액 + 감수액 ≒ 116,000원/주

2. 수목평가액 결정

"이전비 < 수목가격(120,000원/주)"인바, 이전비로 결정함

∴ 116,000원/주 × 50주 ≒ 5,800,000원

문제6 (5점)

1. 평가처리방법

대지권이 미등기된 구분건물의 경매평가시에는 원칙적으로 대지권과 건물부분을 포함하여 일괄평가하되, 토지 및 건물배분가격을 배분하여 평가서에 기재한다.

2. 1.과 같이 처리하는 이유

「집합건물의 소유 및 관리에 관한 법률」상 구분건물의 소유권 대지권은 전유부분의 종된 권리로 전유부분과 분리하여 처분할 수 없기 때문이며, 통상 대규모 공공주택사업 및 택지개발사업 등의 사업완료 후 실질적인 소유권 대지권은 각 전유부분에 배분되었으나 확정지번 미부여 상태, 개인적 사유 등에 의해 공부상 미등재되어 있는 경우이다. 다만, 실제적인 소유권 대지권을 수반하지 못하는 경우에는 그 사유를 평가의 견란에 기술하고 상기와 같이 일괄평가하되, 건물가격배분비율 등을 적용하여 건물만의 가액을 산정하여 평가서에 그 가액을 병기하여야 하며, 이는 원활한 경매진행을 위함이다.

3. 감정평가서에 기재할 사항

대지권이 미등기된 구분건물의 경우에는 대지권이 없는 사유, 대지권을 포함하여 평가하였는지, 건물만의 가격으로 평가하였는지, 분양계약 내용, 분양대금납부 여부 등을 조사하여 감정평가서에 기재하여야 한다.

2007년 제18회 감정평가실무 기출

문제1 (35점)

I. 평가개요

- 평가대상: 복합부동산
- 평가목적: 일반거래
- 기준시점: 2007년 8월 26일

본건은 상업용 부동산에 대한 일반거래목적의 감정평가로 기준시점은 2007년 8월 26일임

II. 처리방침

① 「감칙 제7조 제1항」 의거 토지와 건물 개별물건기준하여 평가하되, 토지는 3방식 및 공시지가기준법을 적용하여 시산가액 산정한 후 시산가액 조정을 통해 결정함
② 제3종일반주거지역, 노선상가지대, 상업용, 중로한면(2m 도로는 골목길은 각지로 판단하지 아니함) 기준하며, 도시계획시설도로 일부(35㎡) 저촉은 개별요인에서 반영하여 평가함
③ 건물은 증축부분 고려하여 내용연수 조정하여 평가함

III. 물음1), 공시지가기준법 「감칙 제14조 제1항」

1. 표준지 선정

3종일주, 상업용, 노선상가지대, 중로한면 기준 <표준지 #3> 선정
(#1, 2, 5: 주위환경 상이, #4: 용도지역 및 면적 상이)

2. 시점수정치

2007.1.1. ~ 2007.8.26, 주거지역 지가변동률

$1.00136 \times 1.00519 \times 1.00328 \times 1.00137 \times 1.00420 \times 1.00256 \times (1 + 0.00256 \times \frac{57}{30}) ≒ 1.0230$

3. 공시지가기준액

당해 연도 공시지가는 지가 수준을 적정하게 반영하고 있다고 판단함

$$1,100,000 \times \underbrace{1.02304}_{시} \times \underbrace{1.000}_{지} \times \underbrace{0.93}_{개} \times \underbrace{(1.00 \times \frac{465}{500} + 0.85 \times \frac{35}{500})}_{도시계획시설 저촉} \times \underbrace{1.00}_{그} ≒ 1,040,000원/㎡$$

IV. 물음2), 거래사례비교법 「감칙 제14조 제3항」

1. 사례 선정

3종일주, 상업용, 토지·건물면적 및 사례와의 비교치를 고려하여 <거래사례 1> 선정
(2: 비교치, 토지면적 등 상이)

2. 사례 토지가액 산정

(1) 사례 건물가액 산정

1) 재조달원가

(가) 주체부분

$$600,000 \times \underbrace{^{*}0.98905}_{시} ≒ 593,000원/㎡$$

* 시점수정(생산자물가지수 기준)

$$\frac{2007.1.13}{2007.8.26} ≒ \frac{108.4}{109.6}$$

(나) 부대부분

$(50,000 + 4,000 + 6,000 + 65,000) \times 0.98905 ≒ 123,000원/㎡$

2) 사례 건물가액

주체 및 부대부분 잔가율 10% 적용, 주체부분 잔존내용연수 기준함

$$593,000 \times (1 - 0.9 \times \frac{8}{40}) + 123,000 \times (1 - 0.9 \times \frac{8}{20}) ≒ 564,000원/㎡$$

(× 1,232㎡ ≒ 694,848,000원)

(2) 사례 토지가액 산정

1,235,000,000 - 694,848,000 × 1.1 ≒ 470,667,000원

3. 대상토지 비준가액

제시된 비교치는 도시계획시설 저촉이 포함된 요인치로 판단함(이하 동일)

$$470,667,000 \times \underline{1.00}_{사} \times \underline{{}^*1.02250}_{시} \times \underline{1.000}_{지} \times \underline{1.050}_{개} \times \underline{\frac{1}{505}}_{면} ≒ 1,000,000원/㎡$$

* 시점수정(2007.1.13 ~ 2007.8.26.)

$(1 + 0.00136 \times \frac{19}{31}) \times 1.00519 \times 1.00328 \times 1.00137 \times 1.00420 \times 1.00256 \times (1 + 0.00256 \times \frac{57}{30})$

Ⅴ. 물음3), 원가법 「감칙 제12조 제2항」

1. 사례토지 준공 당시 가액(2006.1.1.)

(1) 소지매입비

900,000,000 × 1.083 ≒ 1,133,741,000원

(2) 조성공사비

400,000,000 × {(0.5 × 1.08^2 + 0.5 × 1.08) + 0.2} ≒ 529,280,000원

(3) 준공시점 사례토지가격

1,663,020,000원

2. 대상토지 적산가액

$$1,663,020,000 \times \underline{1.00}_{사} \times \underline{{}^*1.04512}_{시} \times \underline{1.000}_{지} \times \underline{0.970}_{개} \times \underline{\frac{1}{1,770}}_{면} ≒ 952,000원/㎡$$

* 시점수정(2006.1.1 ~ 2007.8.26.)

$1.02158 \times 1.00136 \times 1.00519 \times 1.00328 \times 1.00137 \times 1.00420 \times 1.00256 \times (1 + 0.00256 \times \frac{57}{30})$

Ⅵ. 물음4), 수익환원법(토지잔여법)

1. 사례 상각 후 순수익 산정

(1) 가능총수익

10,000,000 + 144,000,000 + 14,000,000 ≒ 168,000,000원

(2) 운영경비

  1) 감가상각비

  $600,000 \times 1,200 \times 0.9 \times \dfrac{1}{40} + [(60,000 + 4,000 + 6,000 + 65,000) \times 1,200 + 180,000,000]$

  $\times 0.9 \times \dfrac{1}{20} ≒ 31,590,000원$

  2) 기타 경비

  대상부동산 운영과 관계없는 장기차입이자 제외

  $6,000,000 + 8,000,000 + 3,000,000 + 15,000,000 + 2,000,000 ≒ 34,000,000원$

  3) 계

  65,590,000원

(3) 사례 상각 후 순수익

  168,000,000 - 65,590,000 ≒ 102,410,000원

2. 사례 토지귀속 순수익 산정

  (1) 사례 건물가액

  주체부분 잔존내용연수 기준

  $600,000 \times (1 - 0.9 \times \dfrac{6}{40}) + (60,000 + 4,000 + 6,000 + 65,000 + {}^*150,000) \times (1 - 0.9 \times \dfrac{6}{20})$

  $≒ 727,000원/㎡(\times 1,200㎡ ≒ 872,400,000원)$

  * 주차타워: $\dfrac{180,000,000}{1,200}$

  (2) 사례 (상각 후)토지귀속 순수익

  $102,410,000 - 872,400,000 \times 0.1 ≒ 15,170,000원(\div 550㎡ ≒ 27,582원/㎡)$

3. 대상토지귀속 순수익 산정

  $15,170,000 \times 1.00 \times 1.00000 \times 1.000 \times 0.970 \times \dfrac{1}{550} ≒ 26,754원$

4. 대상토지 수익가액

  $\dfrac{26,754}{0.08} ≒ 334,000원/㎡$

Ⅶ. 물음5), 대상부동산 감정평가액 결정

1. 토지가액 결정

- 공시지가기준액: 1,040,000원/㎡
- 비준가액: 1,000,000원/㎡
- 적산가액: 952,000원/㎡
- 수익가액: 334,000원/㎡

「감칙 제12조 제2항」 의거 공시지가기준액, 비준가액, 적산가액은 유사하여 그 합리성이 인정됨. 수익가액의 경우 주위환경(노선상가지대)의 차이 및 건물가액의 차이에서 그 비교가능성이 적절하지 않을 수 있다는 점에서 제외하되, 「감칙 제14조 제1항」 의거 공시지가기준액으로 토지가액을 결정함

∴ 1,040,000원/㎡ × 500㎡ ≒ 520,000,000원

2. 건물가액 「감칙 제15조 제1항」

(1) 처리방침

본건 공사비는 예상치 못한 공사비 투입인바, 객관적 자료인 건물신축단가를 기준함

(2) 기존부분

$600,000 \times (1 - 0.9 \times \frac{13}{40}) + (50,000 + 4,000 + 65,000) \times (1 - 0.9 \times \frac{13}{20}) ≒ 473,000$원/㎡

(× 1,200㎡ ≒ 567,600,000원)

(3) 증축부분

$510,000 \times (1 - 0.9 \times \frac{4}{27 + 4}) + (50,000 + 4,000 + 65,000) \times (1 - 0.9 \times \frac{4}{20}) ≒ 547,000$원/㎡

(× 60㎡ ≒ 32,820,000원)

(4) 건물 적산가액

기존부분 + 증축부분 ≒ 600,420,000원

3. 대상부동산 감정평가액

토지 + 건물 ≒ 1,120,420,000원

문제2 (30점)

Ⅰ. 평가개요

- 평가대상: 복합부동산
- 평가목적: 담보
- 기준시점: 2007년 8월 25일(가격조사완료일)「감칙 제9조 제2항」

Ⅱ. 물음1), 담보평가 시 준수사항 (5점)

1. 직업윤리에 따라 업무에 임할 것

감정평가업자는 의뢰인의 의뢰목적과 의뢰내용을 충분히 이해하고, 의뢰인과 이해관계인들에게 성실하게 응대하며, 감정평가가 적정하고 합리적으로 이루어질 수 있도록 노력한다.

2. 관계법규와 협약서를 준수하여 업무에 임할 것

① 감정평가업자는 감정평가관계법규에서 규정한 제반 의무 및 윤리규정을 준수해야 한다.
② 감정평가업자는 의뢰인과 체결한 협약서를 확인하고 그에 따라 업무를 처리한다.

3. 공정하게 업무에 임할 것

① 감정평가업자는 공정하고 성실하게 감정평가를 함으로써 의뢰인이 올바르고 정확하게 업무를 처리할 수 있도록 한다.
② 감정평가업자는 의뢰인이 금융기관인 경우 담보평가의 의뢰는 영업점이 하지만 감정평가업무협약의 체결이나 담보평가 관련 정책·제도의 집행은 본점의 소관부서에서 담당한다는 점을 이해해야 한다.
③ 따라서 영업점인 의뢰인이 윤리규정이나 협약서에 위배되는 업무수임을 요구하는 경우에는 의뢰인에게 담보평가를 의뢰하기 전에 먼저 윤리규정이나 협약서를 확인하거나 본점 소관부서의 승인을 받을 것을 안내할 수 있다.

Ⅲ. 물음2), 권리내역 분석 등 (4점)

1. 등기부상 권리내역분석

(1) 토지 및 건물소유자: 박○○

(2) 근저당권

채권최고액 336,000,000원(토지 및 건물 공동담보, 근저당권자: IBK은행)

2. 대출 가능금액 판단 시 필요한 사항

   (1) 담보취득 제한물건 해당 여부 및 감정평가금액

   (2) 소유권 외 권리내역

   　선순위 저당권, 지상권 등

   (3) 임대차내역

   　본건 임대보증금 총 175,000,000원

   (4) 「주택임대차보호법」 및 「상가건물 임대차보호법」 대상 여부 및 최우선변제금과 실제 주거용으로 사용가능한 방 개수

Ⅳ. 물음3), 대상부동산 감정평가액 「감칙 제7조 제1항」 (16점)

1. 기본적 사항의 확정

   (1) 토지

   　제1종일반주거지역, 주상용, 251.8㎡. 본건 토지 남측 토지는 시설녹지인바, 접면도로는 소로한면으로 판단함

   > **Advice**
   >
   > 시설녹지가 소재함에 따라 본건 남측 동서간 도로는 간선도로 또는 지상도로 등과 같은 직접적으로 통행이 불가능한 도로로 판단됨

   (2) 건물

   　철근콘크리트조 경사슬라브지붕, 지하 1층 ~ 지상 3층, 주상용, 높이 10.5m, 사용승인일 1996년 12월 26일임. 지하 1층 ~ 지상 2층 면적은 공부 및 현황이 일치하나, 3층 면적은 공부 및 현황이 불일치하여 「감칙 제6조 제1항」 및 담보목적을 고려하여 실제면적인 60㎡를 기준함

2. 토지 「감칙 제14조 제1항」

   (1) 표준지 선정

   　1종일주, 주상용, 소로한면, 동일 노선에 소재하는 <표준지 #2> 선정

   (2) 시점수정치(2007.1.1 ~ 2007.8.25. 주거지역)

   　$1.01373 \times (1 + 0.00246 \times \frac{31}{30}) \times (1 + 0.00246 \times \frac{25}{30}) ≒ 1.01839$

   (3) 지역요인 비교치

   　인근지역으로서 대등(1.000)

(4) 개별요인 비교치

$$\frac{100}{105}$$

(5) 그 밖의 요인 비교치

1) 사례 적부(선정)

제시된 담보사례는 적정사례로 판단됨

2) 격차율 산정(대상 기준)

$$\frac{2{,}170{,}000 \times 1.000 \times {}^*1.00230 \times 1.000 \times 1.000}{2{,}250{,}000 \times 1.01839 \times 1.000 \times \dfrac{100}{105}} ≒ 0.997$$

* 시점수정: $(1 + 0.00246 \times \dfrac{28}{30})$

3) 적정성 검토

인근지역 내 지가수준인 "2,150,000원/㎡ ~ 2,250,000원/㎡"과 해당 담보사례와의 가격수준이 유사한바, 그 밖의 요인 격차율은 적정한 것으로 판단됨

4) 결정

인근 지가수준을 고려하여 <0.99>로 결정함

(6) 공시지가기준액

$$2{,}250{,}000 \times 1.01839 \times 1.000 \times \frac{100}{105} \times 0.99 ≒ 2{,}160{,}000원/㎡$$

(× 215.8㎡ ≒ 446,128,000원)

3. 건물 「감칙 제15조 제1항」

(1) 지하 및 지상 1층(창고 및 근린생활시설)

$[600{,}000 \times (1 + 0.7) + 20{,}000] \times \dfrac{40}{50} ≒ 832{,}000원/㎡$ (× 213.4㎡ ≒ 177,549,000원)

(2) 지상 2, 3층(주거용)

$(800{,}000 + 40{,}000 + 50{,}000) \times \dfrac{40}{50} ≒ 712{,}000원/㎡$ (× 167.48㎡ ≒ 119,246,000원)

(3) 적산가액

296,795,000원

4. 대상부동산 감정평가액(개별물건기준 합)

토지 + 건물 ≒ 743,501,000원

V. 물음4), 발송 전 심사(검토)사항 「감정평가 실무메뉴얼(담보평가편)」 (5점)

1. 감정평가서의 위산·오기 여부
2. 의뢰내용 및 공부와 현황의 일치 여부
3. 감정평가관계법규 및 협약서에 위배된 내용이 있는지 여부
4. 감정평가서 기재사항이 적절히 기재되었는지 여부
5. 감정평가액의 산출근거 및 결정 의견이 적절히 기재되었는지 여부

문제3 (20점)

I. 평가개요

- 평가대상: 토지 및 지장물
- 평가목적: (사업인정 후) 협의보상
- 가격시점: 2007년 1월 20일 「토지보상법 제67조 제1항」

① 본건은 토지 및 지장물에 대한 총보상액 산정으로 가격시점은 별도로 제시되어 있지 않으므로 현장조사 완료일자인 2007년 1월 20일을 기준한다.

② 본건 토지평가시 해당 공익사업으로 인한 사업지구 내 개발이익은 배제하고 다른 공익사업으로 인한 개발이익은 고려하여 평가한다.

③ 개별적 제한인 도시계획시설도로 저촉은 제한받지 않는 상태로 평가하되, 일반적 제한인 군사시설보호구역은 제한받는 상태로 평가한다.

④ 지장물은 현황을 기준으로 해당 물건의 가격을 상한으로 한 이전비로 평가하되, 축사는 행위제한일 이전에 신축된 것이므로 보상대상이다.

⑤ 총보상액 산정시 주거용 건축물의 재편입에 따른 가산보상문제, 별도의 이주대책이 없는 경우에는 이주정착금 보상문제 그리고 소유자에 대한 2개월분의 주거이전비 및 이사비 등의 생활보상이 검토되어야 한다.

Ⅱ. 토지 보상액 산정

1. 처리방침

「토지보상법 제67조 제2항」 및 <판례> 의거 해당 공익사업에 의한 개발이익은 배제하되, 다른 공익사업에 의한 개발이익(서울 ~ 태평고속화도로 공사사업)인 토지가액 10% 상승분을 고려하여 평가함

2. 적용공시지가

① 사업인정의제일: 2004.6.22. (택지개발예정지구 지정일)
② 해당 공익사업은 "공익사업의 계획 또는 시행의 공고·고시일"이 제시되지 않아 「토지보상법 시행령 제38조의2」의 취득하는 토지의 가격변동 여부는 미고려함
③ 「동법 제70조 제4항」 의거 사업인정의제일 이전 <2004.1.1.> 기준 공시지가를 적용함

3. 비교표준지 선정

① 「토지보상법 시행규칙 제23조」 의거 개별적 제한인 도시계획시설도로 저촉은 저촉받지 아니한 상태로 평가하되, 일반적 제한인 군사시설보호구역은 제한받는 상태로 평가함
② 당해 공익사업구역 내 자연녹지, 군사시설보호구역, 주거용, 세로(가) 기준 <표준지 #2> 선정

4. 시점수정치

2004.1.1. ~ 2007.1.20. 태평시 남구, 녹지지역
2004년 지가변동률은 미제시된바, 2005년 지가변동률을 적용함

$1.02365 \times 1.02365 \times 1.03016 \times (1 + 0.02333 \times \frac{20}{90}) ≒ 1.08506$

5. 지역요인 비교치

인근지역(1.000)

6. 개별요인 비교치

$\frac{1.07}{1.10} \times \frac{1.05}{1.00} \times \frac{1.00}{1.00} ≒ 1.021$

7. 그 밖의 요인 비교치

본건 소재한 태평시 남구 내 주거지역 지가변동률상 다른 공익사업에 의한 개발이익(10%)이 미반영되어 있다고 판단되어, 10%의 개발이익을 그 밖의 요인 비교치로 적용함

8. 토지 보상액 산정

$160,000 \times 1.08506 \times 1.000 \times 1.021 \times 1.10 ≒ 195,000$원/㎡($\times 500$㎡ ≒ 97,500,000원)

Ⅲ. 지장물 보상액 산정

1. 보상대상 여부

해당 공익사업의 행위제한일(별도 행위제한일이 미제시된바, 시기상 가장 빠른 택지개발예정지구 지정일로 전제함) 이전 신축된바, 보상대상에 포함됨

2. 기호 1

(1) 처리방침

「토지보상법 제75조」의거 이전비 내 물건가격으로 보상액을 산정하되, 현황평가기준원칙에 따라 현황 면적 45㎡ 기준함(이하 동일)

(2) 이전비

520,000 × (0.207 + 0.143 + 0.135 + 0.208 - 0.053 + 0.168) ≒ 420,000원/㎡
(× 45㎡ ≒ 18,900,000원)

(3) 물건가격

$520,000 \times \frac{19}{35}$ ≒ 282,000원/㎡(× 45㎡ ≒ 12,690,000원)

(4) 결정

물건가격인 12,960,000원으로 결정함

3. 기호 2

(1) 이전비

480,000 × (0.120 + 0.153 + 0.141 + 0.111 + 0.165 - 0.065) ≒ 300,000원/㎡
(× 18㎡ ≒ 5,400,000원)

(2) 물건가격

$480,000 \times \frac{32}{45}$ ≒ 341,000원/㎡(× 18㎡ ≒ 6,138,000원)

(3) 결정

이전비인 5,400,000원으로 결정함

4. 기호 3

   (1) 이전비

   150,000 × (0.115 + 0.145 + 0.140 + 0.110 + 0.169 - 0.014) ≒ 100,000원/㎡
   (× 155㎡ ≒ 15,500,000원)

   (2) 물건가격

   $150,000 \times \dfrac{10}{20} ≒ 75,000원/㎡$ (× 155㎡ ≒ 11,625,000원)

   (3) 결정

   물건가격인 11,625,000원으로 결정함

Ⅳ. 기타 보상액 문제

1. 재편입가산금

「토지보상법 시행규칙 제58조 제2항」의거 "공익사업의 시행으로 인하여 주거용 건축물에 대한 보상을 받은 자가 그 후 당해 공익사업시행지구밖의 지역에서 매입하거나 건축하여 소유하고 있는 주거용 건축물이 그 보상일부터 20년 이내에 다른 공익사업시행지구에 편입되는 경우 그 주거용 건축물 및 그 대지(보상을 받기 이전부터 소유하고 있던 대지 또는 다른 사람 소유의 대지 위에 건축한 경우에는 주거용 건축물에 한한다)에 대하여는 당해 평가액의 30퍼센트를 가산하여 보상한다."고 규정하고 있음. 따라서, 해당 문제에서는 토지 및 지장물 보상액(기호 3 무허가건축을 제외)의 30%에 해당하는 금액을 1천만원 한도로 추가로 보상하여야 한다.

(97,500,000 + 12,960,000 + 5,400,000) × 0.3 ≒ 34,758,000(1천만원 한도)
∴ 1천만원을 재편입가산금으로 결정함

2. 이주정착금

「토지보상법 시행규칙 제53조」의거 "이주정착금은 보상대상인 주거용 건축물에 대한 평가액의 30퍼센트에 해당하는 금액으로 하되, 그 금액이 1천2백만원 미만인 경우에는 1천2백만원으로 하고, 2천4백만원을 초과하는 경우에는 2천4백만원으로 한다."고 규정하고 있다.

∴ 24,000,000원으로 결정함

3. 주거이전비

「토지보상법 시행규칙 제54조」의거 주거이전비 지급대상이 될 수 있으나, 해당 문제에서 자료 미제시로 생략한다.

문제4 (15점)

Ⅰ. 평가개요

본건은 비상장주식에 대한 감정평가로 순자산가치법으로 적용하여 산정하되, 기준시점은 2006년 12월 31일임

Ⅱ. 자산 항목(시가주의)

1. 토지(감정평가액 기준)

1,260,000,000원

2. 건물

$500,000 \times \dfrac{145}{100} \times 1,800 \times (1 - 0.9 \times \dfrac{5}{50}) ≒ 1,187,550,000$원

3. 기계기구

잔가율 10%, 경과연수 5년 적용
$3,800,000,000 \times 0.464 ≒ 1,763,200,000$원

4. 기말수정분개 후 계정 내역

차변		대변	
과목	금액	과목	금액
현금예금	550,000,000	외상매입금	400,000,000
유가증권	130,000,000	지급어음	600,000,000
외상매출금	500,000,000	미지급비용	180,000,000
받을어음	800,000,000	단기차입금	2,000,000,000
재고자산	200,000,000	대손충당금	26,000,000
선급비용	20,000,000		
부도어음	50,000,000		
토지	1,260,000,000	퇴직급여충당금	200,000,000
건물	1,187,550,000		
기계기구	1,763,200,000		
창업비	-		
합계	6,460,750,000	합계	3,406,000,000

5. 자산 항목 총액

6,460,750,000원

Ⅲ. 부채 항목

3,406,000,000원

Ⅳ. 비상장주식 평가액

$$\frac{\text{자산} - \text{부채}}{\text{발행주식수}} = \frac{6,460,750,000 - 3,406,000,000}{300,000} ≒ 10,183원/주$$

(× 300,000주 ≒ 3,054,900,000원)

2008년 제19회 감정평가실무 기출

문제1 (40점)

I. 평가개요

- 평가대상: 토지 및 지장물(건축물, 영업손실보상)
- 평가목적: (이의재결)보상

II. 물음1), 토지 보상액 산정

1. 가격시점

「토지보상법 제67조 제1항」의거 수용재결일인 2008년 8월 25일을 가격시점으로 결정함

2. 적용공시지가

(1) 기호 1~기호 3

① 사업인정의제일: 2007년 10월 24일(개발계획승인 고시일)
② 해당 공익사업의 면적 미제시인바, 「토지보상법 시행령 제38조의2」의 취득하는 토지의 가격변동 여부는 미고려함
③ 따라서, 「동법 제70조 제4항」의거 사업인정의제일 이전 최근 공시된 <2007.1.1.> 기준 공시지가를 적용함

> **Advice**
> 출제 당시 「택지개발촉진법」상 사업인정의제일은 "개발계획승인 고시일"이며, 현행 법령상 사업인정의제일은 "택지개발지구지정일"임. 출제 당시 법령 기준함

(2) 기호 4

사업구역의 확장에 의한 추가세목고시된바, <판례> 및 「토지보상평가지침 제10조」의거 "추가세목고시일"을 사업인정의제일로 보아 <2008.1.1.> 기준 공시지가를 적용함

3. 비교표준지의 선정

(1) 처리방침

「토지보상법 시행규칙 제23조」의거 당해 공익사업의 시행을 직접 목적으로 용도지역이 제2종일반주거지역으로 변경된바, 변경 전인 "자연녹지, 개발제한구역"을 기준하되, 개별적 제한인 도시계획시설 도로 저촉은 고려하지 아니함

(2) 기호 1

개발제한구역, 자연녹지지역, 주상용 건부지 기준하여 <표준지 D> 선정하되, 이용상황에 대한 격차율은 개별요인에서 고려함

(3) 기호 2

개발제한구역, 자연녹지지역 기준하며 당해 공익사업으로 인해 착공이 불가능해진바, 착공이 가능한 상태인 건부지를 기준하여 <표준지 D> 선정하되, 제2종일반주거지역 내 표준적 이용상황인 "주거용"을 전제하여 개별요인 고려함

(4) 기호 3

1995.1.7. 당시 편입되지 않은 불법형질변경토지로 「토지보상법 시행규칙 제24조」 의거 편입 당시인 개발제한구역, 자연녹지지역, 임야를 기준하여 <표준지 G> 선정하되, 접면도로는 현황 세로(불) 기준함

(5) 기호 4

개발제한구역, 자연녹지지역, 전 기준하여 <표준지 F> 선정

4. 시점수정치

(1) 처리방침

본건이 속한 서울시 서초구는 해당 공익사업의 영향으로 지가변동률이 높게 나타나고 있는바, 해당 공익사업에 의한 개발이익 배제를 위해 인접한 시·군·구의 평균 지가변동률을 적용하되, 생산자물가상승률을 고려함

> **Advice**
> 출제 당시 「토지보상법 시행령 제37조 제2항」 지가변동 여부 판단 등은 미규정 상태였는바, 기존 법령 및 출제자의 의도에 따라 지가변동률 적용을 처리함

(2) 기호 1 ~ 3, 2007.1.1.~2008.8.25.

1) 지가변동률

강남구: $1.03555 \times 1.02373 \times 1.00335 \times (1 + 0.00385 \times \frac{25}{31})$ (이하 동일 방법)

강남구	동작구	수정구	평균
1.06698	1.04772	1.04243	1.05238

2) 생산자물가상승률 $\left(\frac{2008.8.}{2006.12.}\right)$

$\frac{133.5}{130.2} \fallingdotseq 1.02535$

(3) 기호 4, 2008.1.1. ~ 2008.8.25.

   1) 지가변동률

강남구	동작구	수정구	평균
1.03035	1.01968	1.02019	1.02341

   2) 생산자물가상승률$\left(\dfrac{2008.8.}{2007.12.}\right)$

   $\dfrac{133.5}{132.5} ≒ 1.00755$

(4) 결정

   본건이 속한 지역 내 국지적 가격변동을 보다 잘 반영하는 지가변동률을 기준함

5. **지역요인 비교치**: 인근지역(1.000)

6. **개별요인 비교치**

   (1) 기호 1

   $1.20 \times 1.05 \times 0.92 \times 0.90 \times 1.03 ≒ 1.075$

   (2) 기호 2

   $0.95 \times 1.03 ≒ 0.979$

   (3) 기호 4

   $1.11 \times 1.14 ≒ 1.265$

7. **그 밖의 요인 보정치**

   (1) 기호 1, 2(표준지 D)

   1) 선례선정

   개발제한구역, 자연녹지지역, 주상용 기준 <강남구 세곡동 424-5번지> 사례 선정

   2) 격차율(표준지 기준, 이하 동일)

   $\dfrac{700,000 \times 1.01200 \times 1.000 \times {}^{*}1.171}{500,000 \times 1.05238} ≒ 1.576$

   $^{*}\ 0.83 \times 1.11 \times 1.18 \times 1.11 \times 0.97$

   3) 결정

   상기와 같이 산정된바, <1.57>로 결정함

(2) 기호 4

  1) 선례 선정

    개발제한구역, 자연녹지지역, 전 기준 <강남구 세곡동 500번지> 사례 선정

  2) 격차율(표준지 F)

    $$\frac{240,000 \times 1.01200 \times 1.000 \times {}^*1.154}{180,000 \times 1.02341} ≒ 1.521$$

    * $1.13 \times 0.92 \times 1.11$

  3) 결정

    상기와 같이 산정된바, <1.52>로 결정함

8. 토지 보상액 산정

(1) 기호 1

  $500,000 \times 1.05238 \times 1.00 \times 1.075 \times 1.57 ≒ 877,000원/㎡$
  ($\times 350㎡ ≒ 310,800,000원$)

(2) 기호 2

  $500,000 \times 1.05238 \times 1.00 \times 0.979 \times 1.57 ≒ 798,000원/㎡$
  ($\times 450㎡ ≒ 364,050,000원$)

(3) 기호 4

  $180,000 \times 1.02341 \times 1.00 \times 1.265 \times 1.52 ≒ 350,000원/㎡$
  ($\times 900㎡ ≒ 318,600,000원$)

III. 물음2), 건축물 보상액 산정

1. 기호 가

(1) 처리방침

「토지보상법 제75조」 의거 이전비 내 물건가격 보상이나, 일부 편입으로 "전체 이전비", "전체 물건가격", "편입부분 가격 + 잔여부분 보수비" 중 가장 낮은 가액으로 보상액을 결정하되, 잔여 건축물의 가격하락분은 물건 조서상 미제시된바 고려하지 아니함

(2) 전체 물건가격

주거용 건축물로 비준가액 고려 대상이나, 자료 미제시로 원가법을 적용하여 산정함

$550,000 \times \dfrac{27}{45} ≒ 330,000원/㎡(\times 50㎡ ≒ 16,500,000원)$

(3) 전체 이전비

시설개선비 제외, 보충자재비 및 건축허가비는 기존건물의 효용유지에 이바지하여 포함함

4,000,000 + 1,500,000 + 1,200,000 + (20,000,000 - 5,000,000) + 5,000,000 + 5,000,000
+ 12,000,000 ≒ 43,700,000원

(4) 편입부분 가격 + 보수비

1) 편입부분 가격

330,000 × 20㎡ ≒ 6,600,000원

2) 보수비

(가) 보수면적

$(5^2 + 8^2)^{1/2} \times 2 ≒ 18.9$㎡

(나) 보수비

화장실은 잔여건축물 면적 기준함

400,000 × 18.9㎡ + 50,000 × 30㎡ ≒ 9,060,000원

3) 소계

(가) + (나) ≒ 15,660,000원

(5) 보상액 결정

"편입부분 가격 + 잔여부분 보수비"인 15,660,000원으로 결정함

2. 기호 나

(1) 물건가격

$450,000 \times \dfrac{11}{40} ≒ 123,000$원/㎡(× 40㎡ ≒ 4,920,000원)

(2) 이전비

건축허가비용은 기호 가 이전에 따른 비용으로 전제함

2,000,000 + 1,200,000 + 1,000,000 + (15,000,000 - 5,000,000) + 3,000,000 + 3,000,000
≒ 20,200,000원

(3) 보상액 결정

∴ 물건가격인 4,920,000원으로 결정함

Ⅳ. 물음3). 영업손실(휴업) 보상액 산정

1. 영업허가를 득하고 영업장소가 적법인 경우

(1) 처리방침 「토지보상법 시행규칙 제47조」

개인영업으로 "영업이익 + 영업이익 감소액 + 고정적 비용 + 이전비 + 이전에 따른 감손상당액 + 부대비용" 기준하되, 휴업기간은 미제시된바, 4개월을 기준함

(2) 영업이익

1) 재무제표 기준(단위: 원)

최근 3년 평균을 기준하되, 해당 사업으로 인한 매출감소는 미고려함

구분	2004년	2005년	2006년	평균(4개월)
영업이익	58,000,000	65,000,000	77,000,000	22,222,000

2) 과세표준액 기준

$$\frac{110,000,000 + 120,000,000 + 150,000,000}{3} \times 0.2 \times \frac{4}{12} ≒ 8,444,000원$$

3) 동종 유사규모업종 기준

$220,000,000 \times 0.3 \times \frac{4}{12} ≒ 22,000,000원$

4) 최저 한도액

개인영업, 도시근로자 월평균 가계지출비 3인 가구 기준
$3,000,000 \times 4개월 ≒ 12,000,000원$

5) 결정

과세표준액은 영업이익 과소신고 관행으로 인해 다소 낮으며, 재무제표 및 동종 유사규모업종 기준액이 유사한바, 최저 한도액 이상인 재무제표 기준 영업이익으로 결정함
∴ 22,222,000원

(3) 영업이익 감소액(1천만원 한도)

$22,222,000 \times 0.2 ≒ 4,444,000원$

(4) 고정적 비용

$600,000 \times \frac{4}{12} + 500,000 \times 4 ≒ 2,200,000원$

(5) 이전비 및 감손상당액

$3,000,000 + 2,000,000 + 30,000,000 \times 0.1 ≒ 8,000,000원$

(6) 부대비용

2,000,000원

(7) 영업손실 보상액

$$\underset{\text{영·이}}{22,222,000} + \underset{\text{감소}}{4,444,000} + \underset{\text{고정}}{2,200,000} + \underset{\text{이·감}}{8,000,000} + \underset{\text{부대}}{2,000,000} ≒ 38,866,000원$$

2. 영업허가를 득하고 영업장소가 무허가건축물인 경우

   (1) 처리방침 「토지보상법 시행규칙 제45조 제1호 단서」

   무허가건축물에서 임차인이 영업하는 경우로 사업인정고시일 등 1년 이전부터 「부가가치세법」에 따른 사업자등록을 하고 행하고 있는 영업으로 "영업이익 + 영업이익 감소액 + 고정적 비용 + 부대비용 ≤ 1천만원 + 이전비 + 이전에 따른 감손상당액"으로 산정함

   (2) 영업손실 보상액

   22,222,000 + 2,200,000 + 2,000,000 + 4,444,000 ≒ 30,866,400원 ≤ 1천만원 + 8,000,000 ≒ 18,000,000원

3. 무허가영업이며, 영업장소가 적법한 경우

   (1) 처리방침 「토지보상법 시행규칙 제52조」

   무허가영업보상 특례 의거 "도시근로자 3인가구 3개월분 가계지출비 + 이전비 + 이전에 따른 감손상당액"으로 산정함

   (2) 영업손실 보상액

   3,000,000 × 3 + 8,000,000 ≒ 17,000,000원

4. 무허가영업이고 영업장소가 무허가건축물인 경우

   (1) 처리방침

   영업손실 보상 대상에 미포함되는바, "이전비 + 이전에 따른 감손상당액"으로 산정함

   (2) (영업손실) 보상액

   8,000,000원

문제2 (35점)

I. 평가개요

본건은 토지에 대한 각 시기별, 목적별 및 성격별 가치산정으로 가치기준에 유의하여 각 물음에 답함

Ⅱ. 물음1), 토지 정상가격(기준시점: 2008.1.1.) - 시장가치 (5점)

1. 기준가치

정상가격이란 대상물건이 통상적인 시장에서 충분한 기간 거래된 후 그 대상물건의 내용에 정통한 거래당사자 간에 통상 성립한다고 인정되는 적정가격을 말하며, 물음1)에서는 최유효이용을 기준한 정상가격으로 「감칙 제14조 제1항」의거 공시지가기준법을 적용하여 평가함

> **Advice**
> 현행 「감칙」 기준은 "시장가치"임

2. 처리방침

기준시점 당시 토지대장상 기존 C시 D읍 E리 30번지는 30번지 및 30-1번지로 분필되었는바, 분필된 상태를 기준하되, 지상에 소재했던 건물은 현장조사사항 등을 고려할 때 멸실 후 멸실등기 이전 절차 상태로 판단되므로 이에 구애됨 없이 토지만을 정상평가함

3. C시 D읍 E리 30번지 평가액

현황 주차장 이용은 일시적 이용상황으로 정상가격(시장가치) 개념에 따라 지목 및 인근지역 내 표준적 이용상황 등을 고려하여 관리지역, 전 기준 <표준지 #1>을 선정하되, 가장형, 평지, 세로(가) 기준함

$$62{,}000 \times \underbrace{1.00000}_{\text{시}} \times \underbrace{1.000}_{\text{지}} \times \underbrace{(1.00 \times 1.04 \times 1.03)}_{\text{개}} \times \underbrace{{}^*1.00}_{\text{그}} \fallingdotseq 66{,}000원/㎡$$

(× 300㎡ ≒ 19,800,000원)

* 적정시가 반영(2008.1.1. 기준 이하 동일)

4. C시 D읍 E리 30-1번지 평가액

현황 및 인근지역 내 표준적 이용상황 고려 본건 토지임야로 판단되므로, 관리지역, 임야 기준 <표준지 #6>을 선정하되, 가장형, 평지, 세로(가) 기준함. 보존묘지 부분은 거래제한 등의 사유로 정상가격 개념에 부합하지 않는바, 감정평가외(30㎡) 처리함

$$43{,}000 \times \underbrace{1.00000}_{\text{시}} \times \underbrace{1.000}_{\text{지}} \times \underbrace{(1.09 \times {}^*1.04 \times 1.03)}_{\text{개}} \times \underbrace{1.00}_{\text{그}} \fallingdotseq 50{,}000원/㎡$$

(× 300㎡ ≒ 15,000,000원)

* 남서측 P씨 종중묘지 부분 포함 및 미포함 모두 전반적인 형상은 가장형으로 판단함

III. 물음2), 토지 기초가액(가격시점: 2008.1.1.) - 사용가치 (5점)

1. 기준가치

기초가액이란 적산법을 적용하여 적산임료를 산정하는데 기초가 되는 대상물건의 원본가치를 말한다. 즉, 계약내용이 따라 사용할 것을 전제로 한 가액으로 계약내용에 따른 사용가치를 기준으로 한 가액을 의미한다.

> **Advice**
> 기초가액은 그 성격에 따라 사용가치 또는 시장가치로 산정할 수 있음

2. 처리방침

기준시점 당시 본건 2필지에 대한 임대차계약서 및 임대용도 등에 대한 제시가 있으므로, 계약내용을 고려한 사용가치를 기준하여 평가함

3. C시 D읍 E리 30번지 평가액

계약용도인 주차장(사용가치 기준), 관리지역 기준 <표준지 #4> 선정하되, 가장형, 평지, 세로(가) 기준함

$$68{,}000 \times \underset{\text{시}}{1.00000} \times \underset{\text{지}}{1.000} \times \underset{\text{개}}{(1.00 \times 1.04 \times 1.00)} \times \underset{\text{그}}{1.00} \fallingdotseq 71{,}000원/㎡$$

(× 300㎡ ≒ 21,300,000원)

4. C시 D읍 E리 30-1번지 평가액

계약용도인 전(사용가치 기준), 관리지역 기준 <표준지 #1> 선정하되, 가장형, 평지, 세로(가) 기준함. 계약면적 330㎡로 P씨 종중묘지 부분 포함함

$$62{,}000 \times \underset{\text{시}}{1.00000} \times \underset{\text{지}}{1.000} \times \underset{\text{개}}{(1.00 \times 1.04 \times 1.03)} \times \underset{\text{그}}{1.00} \fallingdotseq 66{,}000원/㎡$$

(× 330㎡ ≒ 21,780,000원)

IV. 물음3), 토지 투자가격(기준시점: 2008.1.1.) - 투자가치 (15점)

1. 기준가치

투자가치란 개별 투자안에 부여되는 주관적인 가치로 투자자의 요구수익률이 반영된 가치를 말한다.

2. 처리방침

주어진 자료에 따라 소득수익률로 투자타당성을 검토한 후 투자타당성이 있는 경우 토지잔여법을 통해 본건 토지의 투자가치를 산정함

3. 투자타당성 검토

(1) NOI

1) 객실당 PGI

   x: 규모, y: 객실당 PGI

   y ≒ 6.80x + 596(R^2 ≒ 98%로서 유의함)

   ∴ x = 30일 때, 객실당 PGI ≒ 6.80 × 30 + 596 ≒ 800,000원/객실

2) 객실 점유율

   x: 규모, y: 객실 점유율

   y ≒ 0.46x + 66.86(R^2 ≒ 88%로서 유의함)

   ∴ x = 30일 때, 객실 점유율 ≒ 0.46 × 30 + 66.86 ≒ 80.66%

3) PGI

   800,000 × 30 × 12월 + 10,000 × 30 × 12월 ≒ 291,600,000원

4) EGI

   291,600,000 × 0.8066 ≒ 235,205,000원

5) NOI

   235,205,000 - (1,200,000 + 291,600,000 × 0.4) ≒ 117,365,000원

(2) 부동산 평가액(V)

1) 토지

   관리지역, 상업용 기준 <표준지 #5> 선정. 가장형, 평지, 세로(가) 기준함. 기부채납 면적 제외한 허가면적 기준함

   190,000 × $\underset{시}{1.00000}$ × $\underset{지}{1.000}$ × $\underset{개}{(0.93 × 0.99 × 1.00)}$ × $\underset{그}{1.00}$ ≒ 175,000원/㎡

   (× 560㎡ ≒ 98,000,000원)

   > **Advice**
   > 투자타당성으로 대상토지 2필지 매입비용[물음1), 2)의 정상가격 또는 사용가치]으로 산정할 수 있음

   > **Advice**
   > 인근지역 내 대지 수요 성숙도가 기준시점 당시 낮아 그 밖의 요인은 1.00인 상태임

2) 건물

   집기비품, 개업준비금, (초기)운영자금은 건물가액에서 제외함

   730,000,000 × (1 - 0.04 - 0.04 - 0.02) ≒ 657,000,000원

3) 부동산 평가액

   토지 + 건물 ≒ 755,000,000원

(3) 투자타당성 검토

1) 소득수익률

$$\frac{117,365,000}{755,000,000} ≒ 15.545\%$$

2) 투자타당성

소득수익률이 15% 이상인바, 투자타당성은 긍정됨

4. 토지 평가액

(1) 환원율

1) 토지

$0.08 × 0.1 + 0.1 × 0.4 + 0.12 × 0.5 ≒ 0.108$

2) 건물

$0.1 × 0.1 + 0.11 × 0.4 + 0.12 × 0.5 ≒ 0.114$

(2) 토지 수익가액

$$\frac{(117,365,000 - 657,000,000 × 0.114)}{0.108} ≒ 393,213,000원 (÷560㎡ ≒ 702,000원/㎡)$$

V. 물음4), 토지 정상가격(기준시점: 2008.9.21.) - 시장가치 (5점)

1. 처리방침

기준시점 당시 대지에 대한 수용증가와 국지적인 가격변동에 따라 인근의 표준적 이용상황이 상업용으로 이행되고 있는 상황으로 현황 상업용 건물 공정률 80%인 점을 감안하여 「감칙 제6조 제1항」 의거 현황 상업용, 관리지역 기준 <표준지 #5>를 기준하여 평가함

2. 토지 평가액

190,000 × 1.01000 × 1.000 × (0.93 × 0.99 × 1.00) × 1.30 ≒ 230,000원/㎡

(× 560㎡ ≒ 128,800,000원)

VI. 물음5), 가치기준에 따른 가격비교 (5점)

1. 가격다원론

대상물건이 가지는 가치는 시기별·목적별·성격별 등 다양한 견해의 가치가 성립될 수 있으므로 가치에 대한 기준을 명확히 하여야 하며, 대상물건의 가치기준에 적합한 감정평가방법을 적용하여감정평가액을 산정하여야 함

2. 교환(시장)가치와 사용가치(정상가격과 기초가액)

정상가격(시장가치)은 시장에서 합리적 시장참여자의 거래를 통해 성립되는 가격으로 최유효이용을 기준한 교환가치의 성격을 가지는 반면, 기초가액은 계약내용을 반영한 계약용도로의 사용을 전제한 사용가치이다.

3. 객관적 가치 vs 주관적 가치(정상가격과 투자가격)

정상가격(시장가치)은 시장에서 불특정다수의 합리적 시장참여자의 당사자간 거래에 의한 객관적 가치인 반면, 투자가격은 개별 투자안에 대한 투자자의 요구수익률에 의한 주관적 가치이다.

문제3 (15점)

I. 평가개요

- 평가대상: 입목
- 평가목적: 매입
- 기준시점: 현재

입목의 시장가치를 시장가역산법을 적용하여 산정함

II. 입목의 평가액

1. 산식

$$V = f \times \left(\frac{A}{1 + mp + r} - B \right)$$

(f: 조재율, A: 시장가, B: 생산비용, m: 자본회수기간, p: 이자율, r: 기업자이윤)

2. 조재율

천연림과 인공림 각각 평균경급이 18cm, 20cm인바, 각각 <중등급, 85%>를 적용함

3. 시장가

(1) 활엽수(참나무 시들음병 반영)

1,653.8 × 90,000(참나무) × (0.5 × 0 + 0.3 × 1.0 + 0.2 × 0.9) + 3,307.5 × 85,000(기타활엽수)

≒ 352,582,000원

(2) 침엽수

551.3 × $\underset{\text{소나무}}{95,000}$ + 1,047.4 × $\underset{\text{잣나무}}{90,000}$ + 748.1 × $\underset{\text{낙엽송}}{95,000}$ + 1,197.0 × $\underset{\text{리기다소나무}}{90,000}$

≒ 325,439,000원

(3) 원목의 시장가

활엽수 + 침엽수 ≒ 678,021,000원(÷ 8,505.1㎥ ≒ 79,710원/㎥)

4. 적용이율

$1.00 + 0.1 + 0.05 + 0.07 \times \frac{6}{12} ≒ 1.185$

5. 생산비용

(1) 필요인부

$\frac{8,505.1}{10} ≒ 851$명

(2) 생산비용

$[\{(80,000 + 80,000 + 30,000) + 80,000 + (80,000 + 110,000)\} \times 851명 + 90,000 \times \frac{2.1}{0.3}] \times 1.1$

≒ 431,299,000원(÷ 8,505.1㎥ ≒ 50,700원/㎥)

6. 평가액

중등급으로 해당 조재율 8%를 반영함

$0.85 \times (\frac{79,710}{1.185} - 50,700) ≒ 14,080$원/㎥(× 8,505.1㎥ ≒ 119,752,000원)

문제4 (5점)

1. 대여시설(리스자산)의 개념

대여시설(리스자산)이란 일정기간 동안 리스회사가 물건의 사용권을 리스이용자에게 이전하고 그 대가(사용료)를 지불하는 자산을 말하며, 운용리스와 금융리스로 구분된다. 자산재평가 및 공장 등의 감정평가 시 개별물건인 리스자산이 존재하는 경우 그 평가대상 목록 확정에 있어 문제가 된다.

2. 감정평가 시 현장조사 유의사항

시설대여업자가 대여한 리스물건은 시설대여업의 소유물건으로 보아 감정평가하지 않는 것이 원칙이나, 실무적으로는 리스물건인지 여부에 대한 판별이 어렵다는 문제가 있다. 따라서 기계기구 등에 부착된 명판 또는 표지판에 대한 확인을 통해 소유자를 확인한 후 해당 공적장부 등을 통해 검토 또는 리스계약서 등을 통해 관련 사항 등을 확인하여야 한다. 실무상 자동차, 건설기계, 기계기구 등에서 리스자산이 제시되므로 등록원부, 등록증, 근저당권 확인, 세금계산서, 자산관리대장 등을 통해 리스 여부를 확인한다.

문제5 (5점)

1. 개발이익 개념

개발이익이란 공익사업의 계획 또는 시행이 공고 또는 고시되거나 공익사업의 시행, 그 밖에 공익사업의 시행에 따른 절차로서 행하여진 토지이용계획의 설정·변경·해제 등으로 인하여 토지소유자가 자기의 노력에 관계없이 지가가 상승되어 현저하게 받은 이익으로서 정상지가 상승분을 초과하여 증가된 부분을 말한다.

2. 표준지 평가시 반영 여부

「표준지 조사·평가 기준 제19조 제1항」에서는 "표준지의 평가에 있어서 다음과 같은 개발이익은 이를 반영하여 평가한다. 다만, 그 개발이익이 주위환경 등의 사정으로 보아 공시기준일 현재 현실화·구체화되지 아니하였다고 인정되는 경우에는 그러하지 아니하다."라고 하여 공시기준일 현재 현실화·구체화된 개발이익은 이를 반영하도록 규정하고 있다.

3. 개발이익 반영

(1) 공익사업의 계획 또는 시행이 공고 또는 고시됨으로 인한 지가의 증가분

(2) 공익사업의 시행에 따른 절차로서 행하여진 토지이용계획의 설정·변경·해제 등으로 인한 지가의 증가분

(3) 그 밖에 공익사업의 착수에서 준공까지 그 시행으로 인한 지가의 증가분

   개발이익을 반영함에 있어서 공익사업시행지구 안에 있는 토지는 해당 공익사업의 단계별 성숙도 등을 고려하여 평가하되, 인근지역 또는 동일수급권 안의 유사지역에 있는 유사용도 토지의 지가수준과 비교하여 균형이 유지되도록 하여야 한다.

2009년 제20회 감정평가실무 기출

문제1 (40점)

I. 평가개요

본건은 대상토지의 기준시점별 담보목적 평가로, 각 기준시점별 이용상황 및 성숙도에 유의하되 김갑동씨 지분만을 평가함

II. 물음1), 기준시점 2009.1.1. - 소지 (5점)

1. 처리방침

① 기준시점 현재 분할 전 상태로, 토지가분할 측량성과도에도 불구하고 전체 <임야> 기준하되, 소유자별 위치가 특정되지 않아 전체 시산가액으로 평가한 후 지분비율로 결정함
② 기준시점 현재 관리지역 세분화로 계획관리 기준함
③ 소로한면(대상 거래사례 참조), 부정형, 완경사, 23,955㎡ 기준함
④ 담보목적 고려 임목은 감정평가외 처리함
⑤ 제시된 거래사례는 개발이익의 상당 부분이 매도자에게 귀속된 것으로 보이는바, 사정개입에 따른 보정이 불가능하여 거래사례비교법은 적용치 아니함
⑥ 그 밖의 요인 보정치는 1.00으로 결정함(적정 사례 미제시)

2. 공시지가기준액 「감칙 제14조 제1항」

(1) 표준지 선정 및 적용공시지가 결정

계획관리, 임야 기준 <표준지 #1> 선정. 기준시점 당시 2009년 공시지가 미공시된바, 기준시점 이전 최근 공시된 2008년 기준 공시지가를 적용함

(2) 시점수정치

2008.1.1 ~ 2009.1.1. 관리지역

$(1 - 0.01245) \times (1 - 0.00389 \times \frac{1}{31}) ≒ 0.98743$

(3) 지역요인 비교치

인근지역(1.000)

(4) 개별요인 비교치

$1.20 \times 1.00 \times 1.00 ≒ 1.200$

(5) 그 밖의 요인 비교치

1.00

(6) 공시지가기준액(김갑동 지분, 7,985㎡)

51,000 × 0.98743 × 1.000 × 1.200 × 1.00 ≒ 60,000원/㎡

(23,955 × $\frac{1}{3}$ ≒ 479,100,000원)

Ⅲ. 물음2), 기준시점 2009.3.31. - 이행지 (10점)

1. 처리방침

① 기준시점 현재 등록전환, 분할 및 공장신설허가 승인 후 공장조성 중인 이행지로 <공장용지> 기준하되, 성숙도 수정을 통해 이행지 상태를 보정함
② 분할 후 위치확정된바, 11번지 기준 위치가액으로 평가함. 소로한면, 사다리형, 평지 기준함
③ 등록전환 후 면적 변화에 따라 분할 후 토지대장상 면적인 7,780㎡와 11-3번지 도로(예정) 부분의 지분 면적인 200㎡(지분 면적)를 평가대상으로 하되, 도로 부분은 담보목적으로 감정평가외 처리함
④ 임시허가대상건물(제시외 건물)은 철거예정 및 담보목적 고려 감정평가외 처리하며, 토지에 미치는 영향 또한 없다고 판단되어 이에 구애됨 없이 토지는 정상평가함

Advice

도로 부분과 같이 평가대상에는 포함되나 감정평가외 처리하는 경우, 이에 대한 이해가 필요함

2. 공시지가기준액

(1) 표준지 선정 및 적용공시지가 결정

계획관리지역, 공장용지 기준 <표준지 #3> 선정. 기준시점 당시 2009년 공시지가 공시된바, 기준시점 이전 최근 공시된 2009년 기준 공시지가를 적용함

(2) 시점수정치

2009.1.1 ~ 2009.3.31. 관리지역

1 - 0.00454 ≒ 0.99546

(3) 지역요인 비교치

인근지역(1.000)

(4) 개별요인 비교치

1.00 × 1.03 × $\frac{1}{1.10}$ × 1.00 ≒ 0.936

(5) 공시지가기준액

$$150{,}000 \times \underset{\text{시}}{0.99546} \times \underset{\text{지}}{1.000} \times \underset{\text{개}}{0.936} \times \underset{\text{그}}{1.00} ≒ 140{,}000원/㎡$$

3. 원가법(가산법)

(1) 소지가액(기간이자 미고려, 원가법 이하 동일)

가산법의 성격 고려 제시된 본건 거래가액을 기준으로 결정함. 매입 당시 등록전환 전 면적 기준함 (23,955 × 1/3 ≒ 7,985㎡)

∴ 110,000원/㎡ × 7,985㎡ ≒ 878,350,000원

> **Advice**
> 제시된 본건 매매사례가 없는 경우 <표준지 #1>을 통해 매입금액 산정 가능함

(2) 조성비용

조경 및 바닥은 공사 미착수로 제외함

$$45{,}000{,}000 + 150{,}000{,}000 \times \frac{100}{150} + 30{,}000{,}000 + 72{,}000{,}000 ≒ 247{,}000{,}000원$$

(3) 적산가액

대지조성 완료 후, 등록전환 후 면적 기준함

$$(878{,}350{,}000 + 247{,}000{,}000) \times \frac{1}{7{,}780} ≒ 145{,}000원/㎡$$

4. 평가선례 기준 적정성 검토

(1) 사례 적부

계획관리, 공장예정지(이행시), 소로한면, 난직 기준 적정하다고 판단됨

(2) 적정성 평가액

$$120{,}000 \times \underset{\text{사}}{1.00} \times \underset{\text{시}}{0.99546} \times \underset{\text{지}}{1.000} \times \underset{\text{개}}{(1.00 \times 1.03 \times 1.03 \times \frac{100}{90})} ≒ 141{,}000원/㎡$$

> **Advice**
> 평가선례를 기준으로 그 밖의 요인 보정치를 산정할 수 있으나, <임야> 및 <공장부지>의 공시지가기준법 시 격차율 형평성을 위해 적정성 검토로 문제를 풀이함

5. 토지 감정평가액 결정

공시지가기준액, 적산가액, 평가선례 평가액 모두 유사한바, 「감칙 제12조 제2항」 의거 합리성은 인정됨. 적산가액의 경우 미성숙도 보정이 미반영되어 다소 높은 점을 고려하여 「감칙 제14조 제1항」 의거 아래와 같이 결정함

∴ 140,000원/㎡ × 7,780㎡ ≒ 1,089,200,000원

IV. 물음3), 기준시점 2009.9.6. - 조성 완료 토지 (25점)

1. 처리방침

조성 완료 후 건물 신축된 공장으로 「감칙 제7조 제1항」 의거 공장을 구성하는 개별물건평가액 합으로 평가함

2. 토지

(1) 표준지 선정

계획관리지역, 공장용지 기준하여 <표준지 #3>를 선정하되, 지목감가는 별도로 고려치 아니하며, 성숙 완료된 토지로 성숙도 보정은 지가변동률을 적용함

(2) 공시지가기준액

$$150{,}000 \times \underset{\text{시}}{^*1.00997} \times \underset{\text{지}}{1.000} \times \underset{\text{개}}{(1.00 \times 1.03 \times 1.00 \times 1.00)} \times \underset{\text{그}}{1.00} ≒ 156{,}000원/㎡$$

(× 7,780㎡ ≒ 1,213,680,000원)

* 시점수정: 2009.1.1 ~ 2009.9.6. 계획관리

3. 건물 「감칙 제15조 제1항」

(1) 처리방침

기준시점 현재 건물등기부등본 미등재 상태이나 건축물대장상 소유자인 김갑동과 의뢰인이 동일하다는 점을 고려 소유권으로 적정하게 등재될 것으로 보아 담보목적물에 포함하여 평가함

(2) 재조달원가(직접법)

1) 공장동

토지가치에 화체되는 기초공사 및 옹벽공사비는 제외함. 수배전설비, 크레인설비는 별도의 효용가치를 인정할 수 있는바, 기계기구 목록으로 분리하여 평가함
250,000,000 + 120,000,000 + 100,000,000 + 170,000,000 + 50,000,000 + 100,000,000 ≒ 790,000,000원

> **Advice**
> 기초공사 및 옹벽공사비는 토지 및 건물에 배분하거나 토지가치에 포함하여 평가 가능함

2) 사무실동

30,000,000 + 15,000,000 + 13,000,000 + 31,000,000 + 25,000,000 + 19,000,000
≒ 133,000,000원

(3) 건물 적산가액

공장동 + 사무동 ≒ 923,000,000원

4. 기계기구 「감칙 제21조 제2항」

(1) 대상 기계기구 목록 조정

유휴설비인 CNC 1대는 이동 가능한바, 담보목적 고려 평가제외하며, 수배전설비, 크레인설비는 기계기구 목록에 추가함

(2) CNC

1) 도입가격

$$100{,}000 \times 132.7669 \times \underbrace{1.000}_{\text{기계가격보정지수}} \times \underbrace{\frac{1{,}405.22}{100}}_{(\yen \to \text{₩})} ≒ 186{,}567{,}000원/대$$
($ → ¥)

2) 적산가액

공장 전체 담보평가인 점 고려 설치비 포함함

$186{,}567{,}000 \times (1 + 0.015 + 0.08 \times 0.5 + 0.08 \times 0.5 \times 0.2 + 0.03) \times 1대 ≒ 203{,}917{,}000원$

Advice
과잉유휴설비(신품) 가액은 설치비 제외한 가액으로 별도 목적 평가 가능함

(3) 선반

50,000,000 × 3개 ≒ 150,000,000원

(4) 컴프레셔

잔가율 10%, 경과연수 1년 적용
12,000,000 × 0.858 × 1개 ≒ 10,296,000원

(5) 수배전설비

150,000,000원

(6) 크레인설비

15,000,000원

(7) 기계기구 적산가액

CNC + 선반 + 컴프레셔 + 수배전설비 + 크레인설비 ≒ 529,213,000원

5. 공장의 평가액

토지 + 건물 + 기계기구 ≒ 2,665,893,000원

문제2 (25점)

Ⅰ. 평가개요

본건은 대상토지의 투자가치 산정을 통한 투자타당성 검토로, 토지가치 및 위험 등을 고려하여 적절한 투장방안을 제시함

Ⅱ. 처리방침

① 해당 투자안은 물리적 측면에서 상호독립적이나 하나의 투자안에 대한 결정으로 상호배타적 투자안으로 비교 검토함
② 토지매입금액을 별도로 제시하지 않은바, 개발 후 예상되는 토지의 투자가치만을 고려하여 의견을 제시하되 개발 후 전체 부동산 가치는 직접환원법을 적용하여 산정함
③ 직접환원법에 적용하는 환원율은 요소구성법을 적용하여 산정하되, 위험할증률은 시장추출법을 적용함

Ⅲ. 대상부동산 A 토지가치(투자가치)

1. 개발 후 부동산 전체 가치(직접환원법)

(1) 순수익

1) 가능총수익

(가) 임대료

$$(30{,}000 + 15{,}000 \times 2 + 12{,}000 \times 2) \times \frac{2{,}000}{5층} \times 12월 ≒ 403{,}200{,}000원$$

(나) 관리비

$9{,}000 \times 2{,}000 \times 12월 ≒ 216{,}000{,}000원$

(다) 보증금 운용이익

$403{,}200{,}000 \times 0.08 ≒ 32{,}256{,}000원$

(라) 가능총수익

$403{,}200{,}000 + 216{,}000{,}000 + 32{,}256{,}000 ≒ 651{,}456{,}000원$

2) 순수익(공실률 미제시)

651,456,000 - 216,000,000 × 0.8 ≒ 478,656,000원

(2) 환원이율(요소구성법)

1) 기대수익률

0.7 × 0.12 + 0.15 × 0.13 + 0.15 × 0.11 ≒ 0.12

2) 표준편차(위험할증률)

$[0.7 × (0.12 - 0.12)^2 + 0.15 × (0.13 - 0.12)^2 + 0.15 × (0.11 - 0.12)^2]^{\frac{1}{2}}$ ≒ 0.0055

3) 환원이율

0.07 + 0.0055 ≒ 7.55%

(3) 개발 후 부동산 전체 가치

$\dfrac{478,656,000}{0.0755}$ ≒ 6,339,815,000원

2. 개발비용(건물 신축비용)

950,000 × 2,000 ≒ 1,900,000,000원

3. 대상부동산 A 토지가치(투자가치)

개발 후 부동산 전체 가치 - 개발비용 ≒ 4,439,815,000원

Ⅳ. 대상부동산 B 토지가치(투자가치)

1. 개발 후 부동산 전체 가치(직접환원법)

(1) 순수익

1) 가능총수익(비율임대차)

(가) 할인점 매출액

$\dfrac{300,000}{3.5}$ × 0.4 × (30,000,000 × 0.03) ≒ 30,857,143,000원

(나) 임대료

할인점 매출액 × 0.02 ≒ 617,143,000원

(다) 보증금 운용이익

617,143,000 × 0.08 ≒ 49,371,000원

(라) 가능총수익

617,143,000 + 49,371,000 ≒ 666,514,000원

2) 순수익

666,514,000 - 617,143,000 × 0.3 ≒ 481,371,000원

(2) 환원이율

1) 기대수익률

0.7 × 0.12 + 0.15 × 0.14 + 0.15 × 0.1 ≒ 0.12

2) 표준편차

$[0.7 × (0.12 - 0.12)^2 + 0.15 × (0.14 - 0.12)^2 + 0.15 × (0.1 - 0.12)^2]^{\frac{1}{2}}$ ≒ 0.011

3) 환원이율

0.07 + 0.011 ≒ 8.1%

(3) 개발 후 부동산 전체 가치

$\dfrac{481,371,000}{0.081}$ ≒ 5,942,852,000원

2. 개발비용(건물 신축비용)

700,000 × 2,000 ≒ 1,400,000,000원

3. 대상부동산 B 토지가치(투자가치)

개발 후 부동산 전체 가치 - 개발비용 ≒ 4,542,852,000원

V. 투자방안 결정 및 그 이유

- 대상부동산 A 토지가치: 4,439,815,000원
- 대상부동산 B 토지가치: 4,542,852,000원

상기와 같이 각 투자안에 따른 토지가치가 유사하게 산정된 바, 투자안의 위험이 및 부동산임대수익의 특성 등을 고려하여 의사를 결정함. 대상부동산 A의 경우 상대적 위험이 다소 낮고 개발 후 전체 부동산 가치가 높은 반면, 대상부동산 B의 경우 비율임대차로 부동산 경기변동 이외의 해당 할인점의 매출 변동성에 의해 임대료 변동 가능성이 높은 점을 고려하여 상기 토지가치의 차이가 다소 작고 위험선호도를 고려할 때 <A투자계획>으로 투자안을 결정함

문제3 (20점)

Ⅰ. 평가개요

본건은 대상부동산과 관련된 NPL 투자 타당성 분석으로 기준시점은 2009년 9월 6일임

Ⅱ. 물음1), 기준시점 당시 대상부동산 가액 (10점)

1. 개별물건기준 「감칙 제7조 제1항」

   (1) 토지 「감칙 제14조 제1항」

   $5,000,000 \times 1.00300 \times 1.000 \times (1.00 \times 1.00 \times 1.00) \times 1.00 ≒ 5,020,000$원/㎡
   (× 250㎡ ≒ 1,255,000,000원)

   (2) 건물 「감칙 제15조 제1항」

   $700,000 \times 200 \times \dfrac{21}{50} ≒ 58,800,000$원

   (3) 개별물건기준

   인근 거래관행 고려 단가는 토지면적 기준함

   토지 + 건물 ≒ 1,313,800,000원(× $\dfrac{1}{250}$ ≒ 5,260,000원/㎡)

2. 일괄거래사례비교법 「감칙 제7조 제2항」

   (1) 사례 적부

   일반상업지역, 주거용, 구조 및 면적 등 대상부동산과 비교가능성이 높아 적정한 사례로 판단됨

   (2) 대상 토지건물 일괄비준가액

   인근 거래관행 고려 비교요인치 및 면적비교는 토지 기준함

   $1,455,000,000 \times \underbrace{1.00}_{\text{사}} \times \underbrace{1.01000}_{\text{시}} \times \underbrace{1.000}_{\text{지}} \times \underbrace{(\dfrac{95}{100} \times \dfrac{100}{95} \times \dfrac{100}{95})}_{\text{개}} \times \underbrace{\dfrac{250}{300}}_{\text{면}} ≒ 1,289,079,000$원

3. 일괄수익환원법

   (1) 순수익

   $(50,000,000 \times 0.06 + 1,400,000 \times 12) \times 2 ≒ 39,600,000$원

   (2) 일괄수익가액

   $\dfrac{39,600,000}{0.06} ≒ 660,000,000$원

4. 대상부동산 감정평가액 결정

재개발구역 내 노후화된 주거용건물로 임대료가 다소 낮은 바, 수익가액은 배제하되 개별물건기준가액 및 일괄비준가액은 양자 유사하여 「감칙 제12조 제2항」 합리성이 인정됨. 본건 평가목적 및 인근지역 내 거래관행 등을 고려하되 「감칙 제7조 제1항」 의거 개별물건기준가액으로 결정함

∴ 1,313,800,000원

III. 물음2), 예상낙찰가 및 예상현금흐름 (10점)

1. 예상낙찰가

(1) 낙찰가율 결정

1) 낙찰가율자료 기준

본건은 복합부동산의 주거용건물로 낙찰가율 자료상 <단독주택>과 유형이 유사함
∴ 70%

2) 낙찰사례 기준

$$\frac{1,070,000,000}{1,600,000,000} ≒ 66.9\%$$

3) 예상낙찰가율 결정

낙찰가율자료 및 낙찰사례 모두 유사한바, 동일 소재지인 C동 사례로 대상부동산과 비교가능성이 높은 낙찰사례를 기준으로 결정함
∴ 66.9%

(2) 예상낙찰가

1,318,800,000 × 0.669 ≒ 882,277,000원

2. 예상현금흐름

(1) 처리방침

대상부동산 예상낙찰가액에서 선순위 배당금을 차감하여 산정함

(2) 선순위 배당금

일반채권은 선순위배당금에서 제외함
7,000,000 + 16,000,000 + 400,000,000 ≒ 423,000,000원

(3) 예상현금흐름

882,277,000 - 423,000,000 ≒ 459,277,000원

3. 투자타당성 검토

해당 부실채권은 500,000,000원인 반면 대상채권의 예상 현금흐름은 459,277,000원으로, 부실채권(NPL)의 최대매입액은 459,277,000원임. 이에 최대매입금액 이하로 본건 채권을 매입하는 경우 부실채권 투자수익률은 증가하게 됨

문제4 (5점)

I. 물음1), 표준주택 중 건물의 선정기준 (5점)

「표준주택의 선정 및 관리지침 제10조 제1항 제2호」
가. 건물가격의 대표성: 표준주택선정단위구역 내에서 건물가격수준을 대표할 수 있는 건물 중 인근지역 내 가격의 층화를 반영할 수 있는 표준적인 건물
나. 건물특성의 중용성: 표준주택선정단위구역 내에서 개별건물의 구조ㆍ용도ㆍ연면적 등이 동일 또는 유사한 건물 중 건물특성빈도가 가장 높은 표준적인 건물
다. 건물용도의 안정성: 표준주택선정단위구역 내에서 개별건물의 주변이용상황으로 보아 건물로서의 용도가 안정적이고 장래 상당기간 동일 용도로 활용될 수 있는 표준적인 건물
라. 외관구별의 확정성: 표준주택선정단위구역 내에서 다른 건물과 외관구분이 용이하고 위치를 쉽게 확인할 수 있는 표준적인 건물

II. 물음2), 공정가치 (5점)

IFRS는 공정가치란 측정일에 시장 참가자 사이의 정상거래에서 자산을 매도할 때 받거나 부채를 이전할 때 지급하게 될 가격으로 정의하며, OECD는 공정시장가치란 공개된 시장의 거래에서 자발적인 매수인이 자발적인 매도인에게 지불하는 가격으로 정의한다.

III. 물음3), 새로이 하천구역에 편입되는 토지의 평가 (5점)

「하천편입 토지보상 등에 관한 특별조치법 제2조」 각 호의 어느 하나에 해당하는 토지에 대한 감정평가는 그 하천구역 편입 당시의 지목 및 토지이용상황, 해당 토지에 대한 공법상 제한, 현재의 토지이용상황 및 비슷한 인근토지의 적정가격 등을 고려하여 감정평가하되, 가격시점은 「특별조치법 제5조」에 따라 보상청구절차를 통지 또는 공고한 날짜로 하되, 의뢰자가 제시한 바에 따른다.

2010년 제21회 감정평가실무 기출

총평

21회 기출문제는 전체 16페이지 구성으로 전반적인 난이도는 다소 낮은 것으로 판단되나, 문제 1번의 경우 "서술식 감정평가서 작성"의 제시로 인해 수험생에게 많은 혼란을 가져왔을 것이다. 문제 2~5번의 경우 주어진 자료에 따라 배점 안에 풀이가 가능했다고 보여지나 문제 1번에서 초과된 배점을 남은 문제에서 어떻게 처리할지가 고민이었을 것이다. 난이도가 낮은 문제일수록 정확한 사례 선정 및 숫자 제시가 중요함을 숙지하고 있어야 한다.

문제1 (40점)

<물음1)> 목적별 감정평가 (20점)

Ⅰ. 담보평가

1. **평가개요**
   - 평가대상: 토지·건물(복합부동산)
   - 평가목적: 담보
   - 기준시점: 2010.9.2. 「감칙 제9조 제2항」 가격조사완료일
   - 기준가치: 시장가치

2. **처리방침**

   ① 기호 1 토지·건물 복합부동산 개별물건기준평가 「감칙 제7조 제1항」
   ② 소유자 "이대한"씨 지분평가
   ③ 기호 1 소유 건물의 위치확인 기준위치에 따른 토지 구분평가 「감칙 제7조 제3항」
   ④ 기호 1 "이대한"씨 소유 건물 위치 기준 서측 250㎡, 일반상업, 상업용, 광대한면, 세장형
   ⑤ 기호 1 도시계획시설도로 저촉 고려 평가(토지·건물)
   ⑥ 기호 2 토지면적은 대장 기준, 전체 토지 기준 평가 후 지분면적 고려
   ⑦ 담보목적 고려 무허가건축물인 제시외 건물 ㉠(창고)은 감정평가외 처리

3. 토지 「감칙 제14조 제1항」

(1) 기호 1

1) 표준지 선정

   일반상업, 상업용 기준 <#A> 선정

   기준시점 최근 <2010.1.1.> 공시지가 적용

2) 그 밖의 요인 보정(대상기준 격차율)

   일반상업, 상업용, 기준시점 최근, 담보목적 고려 <평가사례 A> 선정

   $$\frac{1,300,000 \times 1.05500 \times 1.000 \times 1.000}{1,100,000 \times 1.05500 \times 1.000 \times 0.95} ≒ 1.244$$

   ∴ <1.24>로 결정

3) 공시지가기준액

   $1,100,000 \times {}^*1.05500 \times 1.000 \times 0.95 \times 1.24 ≒ 1,370,000$원/㎡

   (40㎡ × <u>0.85</u> + 250㎡ ≒ 334,280,000원)
   　　　　저촉보정

   * 2010.1.1. ~ 2010.9.2. 甲구 상업 지변

(2) 기호 2

자연녹지, 자연림 기준 <#C> 선정

기준시점 최근 <2010.1.1.> 공시지가 적용

$50,000 \times 1.07500 \times 1.000 \times (1.12 \times 1.00 \times 1.00) \times 1.24 ≒ 75,000$원/㎡

(× 2,800㎡ × 1/2 ≒ 105,000,000원)

4. 건물 「감칙 제15조 제1항」

저촉부분 감가 고려

$700,000 \times 42/50 ≒ 588,000$원/㎡(× 20㎡ × 0.85 + 60㎡ ≒ 45,276,000원)

5. 이대한씨 복합부동산 담보평가액

토지 + 건물 ≒ 485,956,000원

Ⅱ. 보상평가

1. 평가개요

- 평가대상: 토지·지장물
- 평가목적: 사업인정 후 협의 보상
- 가격시점: 2010.9.2.(협의 당시) 「토지보상법 제68조 제1항」
- 기준가치: 적정가치
- 사업인정의제일: 2009.9.15.

2. 처리방침

① 둘 이상 용도지역에 속한 토지이나 위치확정되어 일반상업, 상업용, 광대한면, 세장형으로 편입면적 100㎡ 기준
② 개별적 제한인 도시계획시설도로 저촉 미고려(토지·건물) 「시행규칙 제23조」
③ 건축물은 "편입부분 + 보수비(시설개선비 제외)"로 보상
④ 제시외 건물은 무허가건축물이나 행위제한일 이전 신축으로 보상대상임

3. 토지

(1) 적용공시지가

「토지보상법 시행령 제38의2」 의거 철도·하천·도로 사업 아님, 구역 내 표준지 평균변동률과 시·군·구 전체 표준지 평균변동률이 3%point 이상, 30% 이상 차이나므로, 「토지보상법 제70조 제5항」 의거 <2008.1.1.> 기준 공시지가 적용

> **Advice**
> 당해 사업인 택지개발사업의 사업면적이 미제시되었으나, 출제자 의도상 취득하는 토지의 가격변동을 고려함

(2) 기호 1

1) 표준지 선정

   일반상업, 상업용 기준 <#A> 선정

2) 그 밖의 요인

   일반상업, 상업용, 공람·공고일 이전, 보상목적 고려 <평가선례 I> 선정

   $$\frac{1,100,000 \times 1.15500 \times 1.000 \times 1.000}{900,000 \times 1.15500 \times 1.000 \times 0.95} ≒ 1.287$$

   ∴ <1.28>로 결정함

3) 토지 보상액

900,000 × *1.15500 × 1.000 × 0.95 × 1.28 ≒ 1,260,000원/㎡(× 100㎡ ≒ 126,000,000원)

* 2008.1.1. ~ 2010.9.2. 甲구 상업 지변
생산자물가상승률 미제시

(2) 기호 2

자연녹지, 자연림 기준 <#C> 선정

38,000 × *1.25500 × 1.000 × (1.12 × 1.00 × 1.00) × 1.28 ≒ 68,000원/㎡

(× 500㎡ × 1/2 ≒ 17,000,000원)

* 2008.1.1. ~ 2010.9.2. 甲구 녹지 지변

4. 지장물

(1) 기호 가

588,000 × 20 + 3,000,000 ≒ 14,760,000원
　　　　　　　　　보수비

(2) 기호 ㉠

400,000 × 22/30 ≒ 293,000원/㎡(× 10㎡ ≒ 2,930,000원)

5. 이대한씨 보상평가액

토지 + 지장물 ≒ 160,690,000원

<물음2)> 감정평가서 작성 (20점)

I. 담보평가

(1) 감정평가법인 등: 공정감정평가법인

(2) 의뢰인: 한강은행

(3) 감정평가조건: -

(4) 조사기간: 2010.8.30. ~ 2010.9.2.

(5) 작성일자: 2010.9.4.

(6) 대상물건

- 기호 1: 甲구 乙동 54번지, 대, 500㎡
- 기호 2: 甲구 乙동 산75, 임, 2,800㎡
- 기호 가: 甲구 乙동 54번지 지상 건물

중 "김대한"씨 지분

(7) 대상물건 목록의 표시근거

등기사항전부증명서, 토지대장, 건축물대장 등

(8) 감정평가액 산출근거 및 의견

1) 감정평가방법의 적용

(가) 감정평가의 방법

감정평가의 방법은 대상물건의 재조달원가에 감가수정을 하여 대상물건의 가액을 산정하는 원가법, 대상물건과 가치형성요인이 같거나 비슷한 물건의 거래사례와 비교하여 대상물건의 현황에 맞게 사정보정, 시점수정, 가치형성요인 비교 등의 과정을 거쳐 대상물건의 가액을 산정하는 거래사례비교법, 「감정평가 및 감정평가사에 관한 법률 제3조」 등에 따라 감정평가의 대상이 된 토지와 가치형성요인이 같거나 비슷하여 유사한 이용가치를 지닌다고 인정되는 표준지의 공시지가를 기준으로 대상토지의 현황에 맞게 시점수정, 지역요인 및 개별요인 비교, 그 밖의 요인의 보정을 거쳐 대상토지의 가액을 산정하는 공시지가기준법, 대상물건이 장래 산출할 것으로 기대되는 순수익이나 미래의 현금흐름을 환원하거나 할인하여 대상물건의 가액을 산정하는 수익환원법 등이 있음

2) 감정평가방법의 결정

(가) 토지의 평가

토지의 가격은 「감정평가 및 감정평가사에 관한 법률 제3조」 및 「감정평가에 관한 규칙 제14조 제1항」에 의거 공시지가기준법으로 평가하고, 「감정평가에 관한 규칙 제12조 제1항 및 제2항」에 의거 거래사례비교법으로 산출한 시산가액과 비교하여 그 합리성을 비교·검토하였음

(나) 건물의 평가

건물의 평가는 「감정평가에 관한 규칙 제15조」에 의거 구조, 사용자재, 시공상태, 마감재의 상태, 부대설비, 용도, 현상 및 관리상태 등을 종합 참작하여 원가법으로 평가하였으며, 「감정평가에 관한 규칙 제12조 제2항 단서」에 따라 대상물건의 특성 등으로 인해 원가법 외의 다른 평가방법을 적용하는 것이 곤란하여 주된 방법 외 다른 방법에 의한 시산가액 비교·검토는 생략하였음

3) 기타의견(처리방침 참조)

Ⅱ. 보상평가

(1) 감정평가법인 등: 공정감정평가법인

(2) 의뢰인: 甲구청

(3) 대상물건
- 기호 1: 甲구 乙동 54번지, 대, 500㎡
- 기호 2: 甲구 乙동 산75, 임, 2,800㎡
- 기호 가: 甲구 乙동 54번지 지상 건물

중 당해 사업 편입면적 기준

(4) 감정평가액 산출근거 및 의견

1) 토지

① 본건 토지는 「공익사업을 위한 토지 등의 취득 및 보상에 관한 법률 제70조」 및 「동법 시행규칙 제22조」에 의거 유사한 이용가치를 지닌다고 인정되는 인근지역 내 표준지의 공시지가를 기준으로 공시기준일로부터 가격시점까지의 지가변동률, 생산자물가상승률 및 기타 사항을 참작하고, 당해 토지의 위치·형상·환경·이용상황 등과 인근 토지의 정상적인 가격수준, 보상선례 등을 종합적으로 고려하여 적정가격으로 평가하였음

② 본건 토지는 「공익사업을 위한 토지 등의 취득 및 보상에 관한 법률 시행규칙 제23조 제1항」에 의거 공법상 제한을 받는 토지는 제한 받는 상태대로 평가하되, 공법상 제한이 당해 공익사업의 시행을 직접 목적으로 가하여진 경우에는 제한이 없는 상태를 상정하여 평가하였음

2) 건축물 등 지장물

본건 지장물 등은 「공익사업을 위한 토지 등의 취득 및 보상에 관한 법률 제75조」 및 「동법 시행규칙 제33조」에 의거 그 구조·이용상태·면적·내구연한·유용성 및 이전가능성 그 밖에 가격형성에 관련되는 제요인을 종합적으로 고려하여 당해 물건의 가격 범위 내에서 이전비로 평가하였으며, 이전이 어렵거나 그 이전으로 인하여 종래의 목적대로 사용할 수 없게 된 경우 및 이전비가 물건의 가격을 넘는 경우에는 당해 물건의 가격으로 평가하였음

문항별 논점

공유 토지의 목적별 평가 (40점)

공유 토지에 대한 목적별 평가로, 각 감정평가 목적별로 판단사항을 구분하고 정확한 처리방침을 제시하여 문제를 해결하여야 한다. 토지는 다양한 이해관계에 의해 실제 위치를 확정하고 소유하고 있음에도 개인 사정에 따라 공부상 정리가 되지 않은 상태로 존속되는 경우가 다반사이므로 감정평가시에도 이러한 점을 유의하여 반드시 대상물건의 확정을 명확히 할 필요가 있다. 지시자료에서 각각의 "건물은 합법적인 건축물로서 소유자별로 각각 점유하고 있음"과 지적도상 일반상업지역과 2종일반주거지역 지시 등을 통해 공유 토지이나 위치확정에 따른 근거를 제시하고 있다.

대상물건 확정의 경우 소유관계가 불분명하거나 확인되는 경우라도 경제적 가치를 부여할 수 없는 정도의 부합물·종물이 소재하는 경우 담보평가 시 그 가액의 결정의견을 제시하지 않는 상태인 "감정평가외" 처리를 하는 것이 채권회수 및 안정성 측면에서 일반적이다. 반면, 보상평가 시에는 정당보상 및 완전보상 원칙에 따라 피수용자의 권리가 미치는 행위제한일 이전 모든 지장물에 대해 물건별 평가액을 제시하므로 양자의 차이를 숙지하여야 한다.

공법상 제한의 경우 일반평가인 담보목적 평가의 경우 「감칙 제5조 제1항」에 의거 현황기준원칙에 따라 도시계획도로에 저촉된 상태를 기준으로 토지와 건물을 각각 저촉된 상태로 평가하는 반면, 보상평가의 경우 개별적제한인 도시계획도로 저촉에 따른 감가율을 고려하지 않음에 유의하여야 한다.

물음2)에서는 감정평가서를 서술형으로 작성하는 방법은 여러 형태로 제시할 수 있을 것이다. 다만, 현행 「감칙 제9조 및 제13조」에서 규정하고 있는 "감정평가서 작성 시 포함되어야 하는 사항"을 정확하게 기재하고, 아울러 처리방침을 제시함으로써 "감정평가액의 산출근거 및 결정 의견"을 보여주어야 한다.

「감정평가 실무기준」 [610-1.7.9] 공유지분 토지
① 1필지의 토지를 2인 이상이 공동으로 소유하고 있는 토지의 지분을 감정평가할 때에는 대상토지 **전체의 가액에 지분비율을 적용**하여 감정평가한다. 다만, 대상지분의 **위치가 확인되는 경우에는 그 위치에 따라 감정평가할 수 있다.**
② 공유지분 토지의 위치는 공유지분자 전원 또는 인근 공유자 2인 이상의 위치확인동의서를 받아 확인한다. 다만, 공유지분 토지가 건물이 있는 토지(이하 "건부지"라 한다)인 경우에는 다음 각 호의 방법에 따라 위치 확인을 할 수 있으며

「감칙」 제9조(감정평가서의 기재사항) - 2010.1.9. 시행 당시
① 감정평가서에는 다음 각 호의 사항을 기재하여야 한다.
1. 감정평가업자의 사무소 또는 법인의 명칭
2. 평가의뢰인
3. 평가목적
4. 평가조건
5. 가격시점·조사기간 및 작성일자
6. 대상물건의 내용(소재지·종별·수량 기타 필요한 사항)
7. 평가가액
8. 평가가액의 산출근거 및 그 결정에 관한 의견
9. 대상물건목록의 표시근거
10. 전문가의 자문등을 거쳐 평가한 경우 그 자문등의 내용

「감칙」 제9조(감정평가서의 기재사항) - 현행
① 감정평가법인등은 감정평가를 의뢰받았을 때에는 의뢰인과 협의하여 다음 각 호의 사항을 확정해야 한다.
1. 의뢰인
2. 대상물건
3. 감정평가 목적
4. 기준시점
5. 감정평가조건
6. 기준가치
7. 관련 전문가에 대한 자문 또는 용역(이하 "자문등"이라 한다)에 관한 사항
8. 수수료 및 실비에 관한 사항

「감칙」 제13조(감정평가서 작성) - 현행
① 감정평가법인등은 법 제6조에 따른 감정평가서(「전자문서 및 전자거래기본법」에 따른 전자문서로 된 감정평가서를 포함한다. 이하 같다)를 의뢰인과 이해관계자가 이해할 수 있도록 명확하고 일관성 있게 작성해야 한다.
② 감정평가서에는 다음 각 호의 사항이 포함돼야 한다.
1. 감정평가법인등의 명칭
2. 의뢰인의 성명 또는 명칭
3. 대상물건(소재지, 종류, 수량, 그 밖에 필요한 사항)
4. 대상물건 목록의 표시근거

5. 감정평가 목적
6. 기준시점, 조사기간 및 감정평가서 작성일
7. 실지조사를 하지 않은 경우에는 그 이유
8. 시장가치 외의 가치를 기준으로 감정평가한 경우에는 제5조 제3항 각 호의 사항. 다만, 같은 조 제2항 제1호의 경우에는 해당 법령을 적는 것으로 갈음할 수 있다.
9. 감정평가조건을 붙인 경우에는 그 이유 및 제6조 제3항의 검토사항. 다만, 같은 조 제2항 제1호의 경우에는 해당 법령을 적는 것으로 갈음할 수 있다.
10. 감정평가액
11. 감정평가액의 산출근거 및 결정 의견
12. 전문가의 자문 등을 거쳐 감정평가한 경우 그 자문 등의 내용
13. 그 밖에 이 규칙이나 다른 법령에 따른 기재사항

③ 제2항 제11호의 내용에는 다음 각 호의 사항을 포함해야 한다. 다만, 부득이한 경우에는 그 이유를 적고 일부를 포함하지 아니할 수 있다.
1. 적용한 감정평가방법 및 시산가액 조정 등 감정평가액 결정 과정(제12조 제1항 단서 또는 제2항 단서에 해당하는 경우 그 이유를 포함한다)
2. 공시지가기준법으로 토지를 감정평가한 경우 비교표준지의 선정 내용, 비교표준지와 대상토지를 비교한 내용 및 제14조 제2항 제5호에 따라 그 밖의 요인을 보정한 경우 그 내용
3. 재조달원가 산정 및 감가수정 등의 내용
4. 적산법이나 수익환원법으로 감정평가한 경우 기대이율 또는 환원율(할인율)의 산출근거
5. 제7조 제2항부터 제4항까지의 규정에 따라 일괄감정평가, 구분감정평가 또는 부분감정평가를 한 경우 그 이유
6. 감정평가액 결정에 참고한 자료가 있는 경우 그 자료의 명칭, 출처와 내용
7. 대상물건 중 일부를 감정평가에서 제외한 경우 그 이유

④ 감정평가법인등은 법 제6조에 따라 감정평가서를 발급하는 경우 그 표지에 감정평가서라는 제목을 명확하게 적어야 한다.
⑤ 감정평가법인등은 감정평가서를 작성하는 경우 법 제33조 제1항에 따른 한국감정평가사협회가 정하는 감정평가서 표준 서식을 사용할 수 있다.

문제2 (20점)

<물음1> 잔여지 손실보상 (10점)

1. 잔여지 손실보상 요건

(1) 잔여지의 손실과 공사비 보상 「토지보상법 제73조」

① 사업시행자는 동일한 소유자에게 속하는 일단의 토지의 일부가 취득되거나 사용됨으로 인하여 잔여지의 가격이 감소하거나 그 밖의 손실이 있을 때 또는 잔여지에 통로·도랑·담장 등의 신설이나 그 밖의 공사가 필요할 때에는 국토교통부령으로 정하는 바에 따라 그 손실이나 공사의 비용을 보상하여야 한다. 다만, 잔여지의 가격 감소분과 잔여지에 대한 공사의 비용을 합한 금액이 잔여지의 가격보다 큰 경우에는 사업시행자는 그 잔여지를 매수할 수 있다.

② 제1항 본문에 따른 손실 또는 비용의 보상은 관계 법률에 따라 사업이 완료된 날 또는 제24조의2에 따른 사업완료의 고시가 있는 날부터 1년이 지난 후에는 청구할 수 없다.

③ 사업인정고시가 된 후 제1항 단서에 따라 사업시행자가 잔여지를 매수하는 경우 그 잔여지에 대하여는 제20조에 따른 사업인정 및 제22조에 따른 사업인정고시가 된 것으로 본다.

(2) 잔여지 매수수용청구 「토지보상법 제74조」

① 동일한 소유자에게 속하는 일단의 토지의 일부가 협의에 의하여 매수되거나 수용됨으로 인하여 잔여지를 종래의 목적에 사용하는 것이 현저히 곤란할 때에는 해당 토지소유자는 사업시행자에게 잔여지를 매수하여 줄 것을 청구할 수 있으며, 사업인정 이후에는 관할 토지수용위원회에 수용을 청구할 수 있다. 이 경우 수용의 청구는 매수에 관한 협의가 성립되지 아니한 경우에만 할 수 있으며, 사업완료일까지 하여야 한다.

③ 제1항에 따른 토지의 취득에 관하여는 제73조 제3항을 준용한다.

(3) 잔여지매수수용 판단 「시행령 제39조」

① 잔여지가 다음 각 호의 어느 하나에 해당하는 경우에는 해당 토지소유자는 사업시행자 또는 관할 토지수용위원회에 잔여지를 매수하거나 수용하여 줄 것을 청구할 수 있다.

   1. 대지로서 면적이 너무 작거나 부정형 등의 사유로 건축물을 건축할 수 없거나 건축물의 건축이 현저히 곤란한 경우
   2. 농지로서 농기계의 진입과 회전이 곤란할 정도로 폭이 좁고 길게 남거나 부정형 등의 사유로 영농이 현저히 곤란한 경우
   3. 공익사업의 시행으로 교통이 두절되어 사용이나 경작이 불가능하게 된 경우
   4. 제1호부터 제3호까지에서 규정한 사항과 유사한 정도로 잔여지를 종래의 목적대로 사용하는 것이 현저히 곤란하다고 인정되는 경우

② 잔여지가 제1항 각 호의 어느 하나에 해당하는지를 판단할 때에는 다음 각 호의 사항을 종합적으로 고려하여야 한다.

   1. 잔여지의 위치·형상·이용상황 및 용도지역
   2. 공익사업 편입토지의 면적 및 잔여지의 면적

(4) 「토지보상평가지침 제54조 제2항」상 요건

② 제1항에 따라 가치가 하락된 잔여지의 감정평가액을 결정할 때에는 다음 각 호의 사항을 조사하여 개별요인의 비교 시에 반영한다.
1. 잔여지의 위치·면적·형상 및 지세·이용상황
2. 잔여지 용도지역등 공법상 제한
3. 잔여지와 인접한 동일인 소유토지의 유·무 및 이용상황
4. 잔여지의 용도변경 등이 필요한 경우에는 주위토지의 상황
5. 해당 공익사업으로 설치되는 시설의 형태·구조·사용 등
6. 잔여지에 도로·구거·담장·울 등 시설의 설치 또는 성토·절토 등 공사의 필요성 유·무 및 공사가 필요한 경우에 그 공사방법 등

2. 잔여지 손실보상 평가방법 등

(1) 평가방법 「시행규칙 제32조」

① 동일한 토지소유자에 속하는 일단의 토지의 일부가 취득됨으로 인하여 잔여지의 가격이 하락된 경우의 잔여지의 손실은 공익사업시행지구에 편입되기 전의 잔여지의 가격(당해 토지가 공익사업시행지구에 편입됨으로 인하여 잔여지의 가격이 변동된 경우에는 변동되기 전의 가격을 말한다)에서 공익사업시행지구에 편입된 후의 잔여지의 가격을 뺀 금액으로 평가함

② 동일한 토지소유자에 속하는 일단의 토지의 일부가 취득 또는 사용됨으로 인하여 잔여지에 통로·구거·담장 등의 신설 그 밖의 공사가 필요하게 된 경우의 손실은 그 시설의 설치나 공사에 필요한 비용으로 평가함

③ 동일한 토지소유자에 속하는 일단의 토지의 일부가 취득됨으로 인하여 종래의 목적에 사용하는 것이 현저히 곤란하게 된 잔여지에 대하여는 그 일단의 토지의 전체가격에서 공익사업시행지구에 편입되는 토지의 가격을 뺀 금액으로 평가한다.

(2) 이대한씨 손실보상액

1) 편입부분

75,000,000원

2) 잔여지 가치하락 보상청구 시

(1,500,000 - 700,000) × (150㎡ - 50㎡) ≒ 80,000,000원

3) 잔여지 수용청구 시

1,500,000 × (150㎡ - 50㎡) ≒ 150,000,000원

<물음2)> 영업손실보상 (10점)

1. 영업손실보상

   (1) 「토지보상법 시행규칙 제45조」

   1) 영업폐지의 판단

      ② 제1항에 따른 영업의 폐지는 다음 각 호의 어느 하나에 해당하는 경우로 한다.
      1. 영업장소 또는 배후지의 특수성으로 인하여 당해 영업소가 소재하고 있는 시·군·구 또는 인접하고 있는 시·군·구의 지역 안의 다른 장소에 이전하여서는 당해 영업을 할 수 없는 경우
      2. 당해 영업소가 소재하고 있는 시·군·구 또는 인접하고 있는 시·군·구의 지역 안의 다른 장소에서는 당해 영업의 허가 등을 받을 수 없는 경우
      3. 도축장 등 악취 등이 심하여 인근주민에게 혐오감을 주는 영업시설로서 해당 영업소가 소재하고 있는 시·군·구 또는 인접하고 있는 시·군·구의 지역안의 다른 장소로 이전하는 것이 현저히 곤란하다고 특별자치도지사시·군·구청장이 객관적인 사실에 근거하여 인정하는 경우

   2) 영업이익 등 「시행규칙 제46조」

      ③ 제1항에 따른 영업이익은 해당 영업의 최근 3년간(특별한 사정으로 인하여 정상적인 영업이 이루어지지 않은 연도를 제외한다)의 평균 영업이익을 기준으로 하여 이를 평가하되, 공익사업의 계획 또는 시행이 공고 또는 고시됨으로 인하여 영업이익이 감소된 경우에는 해당 공고 또는 고시일전 3년간의 평균 영업이익을 기준으로 평가한다. 이 경우 개인영업으로서 최근 3년간의 평균 영업이익이 다음 산식에 의하여 산정한 연간 영업이익에 미달하는 경우에는 그 연간 영업이익을 최근 3년간의 평균 영업이익으로 본다.

      연간 영업이익 = 「통계법 제3조 제3호」에 따른 통계작성기관이 같은 법 제18조에 따른 승인을 받아 작성·공표한 제조부문 보통인부의 임금단가 × 25(일) × 12(월)

      ④ 제2항에 불구하고 사업시행자는 영업자가 영업의 폐지 후 2년 이내에 해당 영업소가 소재하고 있는 시·군·구 또는 인접하고 있는 시·군·구의 지역 안에서 동일한 영업을 하는 경우에는 영업의 폐지에 대한 보상금을 환수하고 제47조에 따른 영업의 휴업 등에 대한 손실을 보상하여야 한다.

      ⑤ 제45조 제1호 단서에 따른 임차인의 영업에 대한 보상액 중 영업용 고정자산·원재료·제품 및 상품 등의 매각손실액을 제외한 금액은 제1항에 불구하고 1천만원을 초과하지 못한다.

   3) 휴업보상액 관련 「시행규칙 제47조」

      ① 공익사업의 시행으로 인하여 영업장소를 이전하여야 하는 경우의 영업손실은 휴업기간에 해당하는 영업이익과 영업장소 이전 후 발생하는 영업이익감소액에 다음 각 호의 비용을 합한 금액으로 평가한다.
      1. 휴업기간 중의 영업용 자산에 대한 감가상각비·유지관리비와 휴업기간 중에도 정상적으로 근무하여야 하는 최소인원에 대한 인건비 등 고정적 비용
      2. 영업시설·원재료·제품 및 상품의 이전에 소요되는 비용 및 그 이전에 따른 감손상당액
      3. 이전광고비 및 개업비 등 영업장소를 이전함으로 인하여 소요되는 부대비용

② 제1항의 규정에 의한 휴업기간은 4개월 이내로 한다. 다만, 다음 각 호의 어느 하나에 해당하는 경우에는 실제 휴업기간으로 하되, 그 휴업기간은 2년을 초과할 수 없다.
1. 당해 공익사업을 위한 영업의 금지 또는 제한으로 인하여 4개월 이상의 기간동안 영업을 할 수 없는 경우
2. 영업시설의 규모가 크거나 이전에 고도의 정밀성을 요구하는 등 당해 영업의 고유한 특수성으로 인하여 4개월 이내에 다른 장소로 이전하는 것이 어렵다고 객관적으로 인정되는 경우

③ 공익사업에 영업시설의 일부가 편입됨으로 인하여 잔여시설에 그 시설을 새로이 설치하거나 잔여시설을 보수하지 아니하고는 그 영업을 계속할 수 없는 경우의 영업손실 및 영업규모의 축소에 따른 영업손실은 다음 각 호에 해당하는 금액을 더한 금액으로 평가한다. 이 경우 보상액은 제1항에 따른 평가액을 초과하지 못한다.
1. 해당 시설의 설치 등에 소요되는 기간의 영업이익
2. 해당 시설의 설치 등에 통상 소요되는 비용
3. 영업규모의 축소에 따른 영업용 고정자산·원재료·제품 및 상품 등의 매각손실액

④ 영업을 휴업하지 아니하고 임시영업소를 설치하여 영업을 계속하는 경우의 영업손실은 임시영업소의 설치비용으로 평가한다. 이 경우 보상액은 제1항의 규정에 의한 평가액을 초과하지 못한다.

⑤ 제46조 제3항 전단은 이 조에 따른 영업이익의 평가에 관하여 이를 준용한다. 이 경우 개인영업으로서 휴업기간에 해당하는 영업이익이 「통계법 제3조 제3호」에 따른 통계작성기관이 조사·발표하는 가계조사통계의 도시근로자가구 월평균 가계지출비를 기준으로 산정한 3인 가구의 휴업기간 동안의 가계지출비(휴업기간이 4개월을 초과하는 경우에는 4개월분의 가계지출비를 기준으로 한다)에 미달하는 경우에는 그 가계지출비를 휴업기간에 해당하는 영업이익으로 본다.

⑥ 제45조 제1호 단서에 따른 임차인의 영업에 대한 보상액 중 제1항 제2호의 비용을 제외한 금액은 제1항에 불구하고 1천만원을 초과하지 못한다.

⑦ 제1항 각 호 외의 부분에서 영업장소 이전 후 발생하는 영업이익 감소액은 제1항 각 호 외의 부분의 휴업기간에 해당하는 영업이익(제5항 후단에 따른 개인영업의 경우에는 가계지출비를 말한다)의 100분의 20으로 하되, 그 금액은 1천만원을 초과하지 못한다.

(2) 「영업손실보상평가지침」

제7조(조사사항) ① 영업손실의 감정평가 시에 조사할 사항은 다음 각 호와 같다.
1. 영업장소의 소재지·업종·규모
2. 수입 및 지출 등에 관한 사항
3. 과세표준액 및 납세실적
4. 영업용 고정자산 및 재고자산의 내용
5. 종업원 현황 및 인건비 등 지출내용
6. 그 밖의 필요한 사항

② 영업손실의 감정평가 시에는 별지 제1호 서식 또는 제2호 서식 등을 활용하여 제1항 각 호의 사항 중 필요한 사항을 조사한다.

제8조(자료의 수집) 영업손실의 감정평가 시에는 다음 각 호의 자료 중 해당 영업의 감정평가에 필요한 자료를 수집한다.
1. 법인 등기사항전부증명서 및 정관
2. 최근 3년간의 재무제표(재무상태표 · 손익계산서 · 잉여금처분계산서 또는 결손금처리계산서 · 현금흐름표 등) 및 부속명세서 (제조원가명세서 · 잉여금명세서 등)
3. 회계감사보고서
4. 법인세과세표준 및 세액신고서(세액조정계산서) 또는 종합소득과세표준확정신고서
5. 영업용 고정자산 및 재고자산 목록
6. 취업규칙, 급여대장, 근로소득세원천징수영수증 등
7. 부가가치세과세표준증명원
8. 그 밖에 필요한 자료

▍문제3 (15점)

1. 1안 비례율

    (1) 분양예정 대지 · 건물추산액

    $160,000,000 \times 3 + 200,000,000 \times 7 ≒ 1,880,000,000$원

    (2) 총사업비

    $100,000,000 + 1,400,000,000 ≒ 1,500,000,000$원

    (3) 종전 토지 및 건축물 가액(종전자산)

    $80,000,000 + 140,000,000 + 180,000,000 ≒ 400,000,000$원

    (4) 비례율

    $$\frac{\text{분양예정 대지 · 건물추산액} - \text{총사업비}}{\text{종전 토지 및 건축물 가액}} ≒ 0.95$$

    (5) 청산금

    1) 김한국

    $160,000,000 - 80,000,000 \times 0.95 ≒ 84,000,000$원

    2) 이대한(동일방법)

    27,000,000원

    3) 박조선(동일방법)

    -11,000,000원

2. 2안 비례율

(1) 분양예정추산액

140,000,000 × 3 + 200,000,000 × 7 ≒ 1,820,000,000원

(2) 비례율(동일방법)

0.80

(3) 청산금

1) 김한국

140,000,000 - 80,000,000 × 0.80 ≒ 76,000,000원

2) 이대한(동일방법)

28,000,000원

3) 박조선(동일방법)

-4,000,000원

3. 유리한 조합원 순서 및 그 이유

(1) 유·불리 판단

1) 김한국

2안이 8,000,000원(84,000,000 - 76,000,000) 유리

2) 이대한

2안이 1,000,000원 불리

3) 박조신

2안이 -7,000,000원 불리

(2) 유리한 순서

김한국 > 이대한 > 박조선

(3) 그 이유

① 조합원 분양가가 낮아지면 총분양예정토지·건물추산액이 낮아지고(수익) 그에 따라 비례율이 하락하며 이에 각 조합원의 권리가액에 영향을 미치게됨

② 비례율이 하락하는 경우에는 전체 종전자산의 평균가액보다 낮은 종전자산 조합원의 경우가 유리함. 이는 종전자산 전체 평균가액 보단 낮은 종전가액에 속하는 조합원은 조합원 분양가가 하락된 차액이 비례율 하락에 따른 권리가액 하락폭 보다 커 청산금이 낮아지는 현상이 나타남

③ 반대로 비례율이 상승하는 경우에는 전체 종전자산의 평균가액보다 높은 종전자산 조합원의 경우가 유리하게 됨

문항별 논점

비례율과 청산금의 관계 (15점)

1. 권리가액

(1) 의의

관리처분계획기준일 현재 조합원의 종전자산가액에 비례율을 곱하여 산정한 조합원의 출자자산의 가액으로 조합원이 행사할 수 있는 권리금액을 말한다.

(2) 산식

$$\text{권리가액} = (\text{조합원})\text{종전자산 가액} \times \text{비례율}$$

2. 청산금

(1) 의의

청산금이란 정비사업에 따른 조합원의 분양가액과 조합원 출자자산인 종전자산에 비례율을 곱하여 산정한 권리가액과의 차액을 말한다. 조합원의 토지(지분) 등의 가액이 높아 권리가액이 조합원 분양가액 보다 높게 산정될 경우 청산금을 지급받게 되며, 반대의 경우 청산금을 납부하게 된다.

(2) 산식

$$\text{청산금} = \text{조합원 분양가액} - \text{권리가액}$$

3. 종전자산 감정평가와 권리가액

(1) 개설

정비사업구역 내 종전자산 감정평가액과 조합원 권리가액, 비례율 간의 관계를 이해하고 종전자산 평가액과 시가와의 개념적 차이를 숙지하여야 한다.

(2) 산식

$$\text{甲조합원 권리가액} = \text{甲종전자산 가액} \times \frac{\text{분양예정 대지 또는 건물추산액} - \text{총사업비}}{\text{전체 종전 토지 및 건축물 가격}} \times 100(\%)$$

※ 전체 종전 토지 및 건축물 가격 = 甲가액 ÷ 출자자산자비율

(3) 검토

상기의 권리가액 산정 식에서 조합원 권리가액은 비례율 산정 시 분모에 해당하는 종전 토지 및 건축물 가격과 종전자산 가액의 상쇄를 통해 조합원 개인의 권리가액과 종전자산 감정평가액과의 관계가 없음을 알 수 있다. 따라서, 종전자산 평가액이 기준시점 당시 해당 구역 인근지역의 지가 대비 과소하게 감정평가(정비사업에 따른 용도지역 변경 전 기준 평가 등에 의해)되었다 하더라도 이는 종전자산 감정평가의 목적 등을 고려할 때 적정한 감정평가방법이며 또한, 조합원 개인의 권리가액과 종전자산 평가액과 상관관계는 없음을 알 수 있다. 다만, 조합원 개별 종전자산만을 높이는 경우에만 청산금에 영향을 미치나 종전자산 감정평가가 조합원 출자자산의 균형이라는 점을 고려할 때, 개인별 종전자산의 상승만은 이기적 주장으로 종전자산의 균형을 깨는 문제가 발생할 수 있다.

4. 종후자산 감정평가와 권리가액 및 청산금

앞선 논의와 같이 종전자산 감정평가액은 조합원 개인의 권리가액에 미치는 영향은 없지만 종후자산의 감정평가액과는 밀접한 관계를 가지고 있다. 종후자산 감정평가액이 높은 경우 비례율은 상승하며 이에 따라 조합원 권리가액은 높아지게 되고, 청산금액 또한 영향을 받게 된다. 다만, 「(구) 도시정비법」상 지방자치단체 조례에 의한 종후자산의 원가방식 적용의 경우 종전자산은 원가의 성격을 가지는바, 종후자산의 상승은 조합원 분양가를 상승시키므로 청산금의 개선을 가져올 수 없다.

문제4 (15점)

1. 대상 수익가치 (시장가치)

(1) 순수익

$(10,000,000 \times 0.04 + 800,000 \times 12) \times 18개호 \times (1 - 0.08) \times (1 - 0.2) ≒ 132,480,000원$

(2) 환원율

$(0.25 \times 220/2,000 + 0.25 \times 180/2,000 + 0.5 \times 180/1,800) ≒ 10\%$

(3) 수익가치

순수익 ÷ 환원율 ≒ 1,324,800,000원

2. 최대 매수지불 가능액(투자가치)

(1) 종합적 요구수익률(투자가치 적용 환원율)

$0.5 \times 0.1 + 0.5 \times 0.2 ≒ 15\%$

Advice
제시자료는 수익률로 표현하고 있으나 출제자 의도는 대상이 갖는 객관적인 시장가치와 투자자가 갖는 투자가치의 차액에 따른 매수지불액 산정임. 따라서, 직접환원법에 의한 시장가치와 대응되는 투자가치 또한 직접환원법에 의한 가액으로 산정함이 타당함

(2) 최대 매수지불 가능액

132,480,000 ÷ 0.15 - 550,000,000 ≒ 333,200,000원

Advice
시장에서의 객관적인 최대 매수지불 가능액은 "974,800,000 - 333,200,000 = 441,600,000원"으로 양자의 차액인 441,600,000원이 투자자 이대한씨의 위험에 따른 대가로 판단할 수 있음

문항별 논점

최대매수지불 가능액 (15점)

출제 당시에는 현재 발표되고 있는 시장수익률(투자수익률, 자본수익률, 소득수익률 등)에 대한 개념이 모호한 상태였으며 기출 회차에 따라 다양한 용어로 언급되고 있었다. 신축 후 객관적인 대상의 순수익과 시장의 환원율을 제시하고 있고, <자료 3>에서 "종합적인 요구수익률"로 표현하고 있었으므로(당시에는 환원율의 개념을 종합환원율로 표기하는 것이 다반사였음) 양자를 동일한 방식인 직접환원법을 통해 산정하여 비교하는 것이 타당하다고 판단된다. 또한, 기말부동산가액 변화를 고려하는 "자본수익률"의 개념을 통해 투자가치를 산정할 수 있으나, 제시된 설문에서 "매각 가능성"을 유추하기는 어려워 단순한 환원율의 개념을 통해 문제를 해결하였다.

문제5 (10점)

1. 범위 및 평균

① 범위: 180,000 ~ 238,000
② 평균: 204,000

2. 중위값 및 최빈치

① 중위값: 205,000
② 최빈치: 210,000

3. 적정가격 결정 및 사유

적정가격 결정: 210,000원

"성립될 가능성이 가장 높다고 인정되는 가격"은, 시점·지역별·개별적 요인이 동일·유사한 경우 통계 및 확률상 가장 빈번하게 발생하는 최빈값의 의미로 해석될 수 있음. 따라서, 상기와 같은 가격으로 결정함. 다만, 감정평가액은 대상에 장래 기대될 기대이익의 현재가액으로 미래의 창출 가능한 수익을 현가화하는 "가치"의 산정임을 고려할 때, 단순 통계치에 의한 최빈값으로 결정하는 것은 감정평가액의 개념과 부합하지 않으며, 최근 제정된 감정평가실무기준상 "자동가치산정모형 활용(200.5, 500-3)"과 관련하여서도 부수적 가치추정모델로 활용하고 감정평가의 보조적 수단임을 규정하고 있는바, 감정평가액 결정에 있어 주의를 요함

2011년 제22회 감정평가실무 기출

총평

22회 기출문제는 전체 17페이지로 구성되었으나, 시험장에서 배점 시간 내에 전체 문제를 풀기란 어려웠을 것이다. 출제 당시 현업 및 이론, 실무상 문제되는 건부감가에 대한 문제를 1번 문제로 제시함에 따라 대부분의 수험생들이 과락을 면하기 어려웠다. 또한, 3번 문제에서 투자수익률의 논점을 파악하기에는 다소 과한 배점이라 판단된다. 따라서, 전체 다섯 문제를 시간 내에 해결하기에는 현실적으로 어려웠을 것이므로 전략적인 답안 구성과 답안 배열을 통해 문제를 해결하였어야 했다.

문제1 (40점)

I. 평가개요

- 평가대상: 토지·건물 복합부동상
- 평가목적: 일반거래(매매참고용)
- 기준시점: 2011.9.4.「감칙 제9조 제2항」

II. 개별물건기준 합「감칙 제7조 제1항」

1. 처리방침

① 개별요인 전체 제시 및 전체 6필지 지상 건축물과의 용도상불가분관계 인정되어 일단지로 판단, ② 사실상 사도부분 구분평가하지 않고 일괄하여 개별요인 비교함

2. 토지

(1) 공시지가기준법「감칙 제14조 제1항」

1) 적용공시지가

기준시점 최근 공시된 <2011.1.1.> 기준 적용

2) 공시지가기준액

그 밖의 요인 비교자료 미제시, 적정시가 반영

$430,000 \times \underbrace{1.00000}_{\text{시}} \times \underbrace{1.000}_{\text{지}} \times \underbrace{0.78}_{\text{개}} \times \underbrace{1.00}_{\text{그}} ≒ 335,000원/㎡$

(2) 거래사례비교법 「감칙 제14조 제3항」

1) 사례 선정

토지만의 거래사례, 적정 사례인 <#1> 선정

2) 비준가액

481,100,000 × $\underline{1.00}_{사}$ × $\underline{1.00000}_{시}$ × $\underline{1.000}_{지}$ × $\underline{0.78/1.15}_{개}$ × $\underline{1/974}_{면}$ ≒ 335,000원/㎡

(3) 토지가액 결정

양자 동일한 바, 「감칙 제12조 제2항」 합리성 인정됨

∴ 335,000원/㎡ × 2,294㎡ ≒ 768,490,000원

3. 건물 「감칙 제15조 제1항」

(1) 경제적 내용연수 산정

1) #3 기준

(가) 2009.8.20. 사례 토지가액(공시지가기준법)

420,000 × 1.00000 × 1.000 × 0.97 × 1.00 ≒ 407,000원/㎡(× 1,405㎡ ≒ 571,835,000원)

(나) 경제적 내용연수

(685,100,000 - 571,835,000) = $\underline{1,060,000}_{매매금액}$ × 1.03 × 975.24 × (N - 10)/N일 때,

∴ N = 11.19년

2) #4 기준

(가) 2011.2.27. 사례 토지가액

430,000 × 1.00000 × 1.000 × 0.95 ≒ 409,000원/㎡(× 1,258㎡ ≒ 514,522,000원)

(나) 경제적 내용연수

(850,100,000 - 514,522,000) = 1,060,000원 × 2,410.27 × (N - 8)/N일 때,

∴ N = 9.21년

3) 경제적 내용연수 결정

양자 비교가능성 인정되는바, 10년으로 결정함

(2) 적산가액

① 인근지역 내 숙박업소의 경우 경제적 내용연수가 10년으로 분석됨
② 본건 건물의 경우 사용승인 후 14년 경과되어 경제적 내용연수가 만료된 상태로
③ 토지가치에 감가를 발생하는 건부감가 상태로 판단됨
④ 후술하는 수익가액의 검토 및 인근지역 분석 내용이 이를 뒷받침하고 있음
⑤ 따라서, 철거비를 본건 건물의 건부감가액으로 결정함

$\underline{15,000원/㎡}_{철거비}$ × (1,254.3㎡ + 72.24㎡) ≒ -19,898,100원

4. 개별물건기준 합

토지 + 건물(건부감가) ≒ 748,592,000원(326,000원/㎡)

Ⅲ. 일괄 거래사례비교법 「감칙 제7조 제2항」

1. 사례선정

숙박업소, 규모 기준, 현재 영업 중 사례인 <#2> 선정

2. 사례 가치형성요인 비교치

(1) 토지가격구성비

1) 사례 토지가격(2010.1.7.)

425,000 × 1.00000 × 1.000 × 1.07 ≒ 454,000원/㎡(× 1,327㎡ = 602,458,000원)

2) 사례 토지가격구성비

602,458/903,500 ≒ 66.7%

(2) 가치형성요인 비교치

[0.667 × 1.00000 × 0.78/1.07 × 2,297/1,327 + 0.333 × 0.01/(1 - 0.99 × 5/10) × 1,326.54/1,349.74]

× <u>1.00</u> ≒ 0.848
　　일체품등

3. 일체비준가액

903,500,000 × 1.00 × 0.848 ≒ 766,168,000원

Ⅳ. 일괄수익환원법

1. 처리방침

① 모텔 전체 영업이익은 모텔 운영에 따른 기업가치의 성격을 가지나 ② 동산항목 이외의 기타 귀속이익은 없는 것으로 전제하되 ③ 직접환원법 및 부동산잔여법 적용하여 결정함

2. 직접환원법

(1) 순수익

(5,500,000 - 4,500,000) × 12 ≒ 12,000,000원

(2) 환원율(Ross식)

0.12 × 0.55 + 0.0673 × 0.45 ≒ 0.096

(3) 숙박시설 전체 수익가액

12,000,000/0.96 ≒ 125,000,000원

(4) 숙박시설 부동산가치

전체 - $\frac{600,000 \times 29호}{\text{가구 및 전자제품}}$ ≒ 107,600,000원

4. 부동산잔여법

12,000,000 × PVAF(15%,5년) + X × 1/0.65/1.15 ≒ X일 때,

∴ X ≒ 59,432,0000원

∴ 59,432,000 - 600,000 × 29호 ≒ 42,032,000원

5. 부동산잔여법의 적정성 및 수익가액 결정

① 경제적 내용연수 도과한 본건 숙박시설의 수익가액은 매기 순수익과 기말복귀가액을 고려한 부동산잔여법이 영구 순수익을 가정하는 직접환원법에 비해 보다 객관적임

② 따라서, 부동산잔여법에 의한 가액으로 수익가액을 결정함

∴ 42,032,000원

V. 감정평가액 결정

1. 시산가액

- 개별물건: 748,592,000원
- 비준가액: 766,168,000원
- 수익가액: 42,032,000원

2. 감정평가액 결정

① Y시는 대중교통 접근조건 개선에 따라 대규모 택지개발사업 등에 따라 인구유입이 지속적으로 증가되어 도소매업이 증가되고 급격한 도시화로 이러한 현상은 본건 소재 인근지역으로 향후 영향이 미칠 것으로 판단됨

② 본건 소재한 M저수지 인근지역 내 집단화된 숙박시설은 시설 노후화 및 지역성 변화에 따라 경쟁력이 약화 되고 있으며, 이에 따라 지속적인 감소세를 나타내고 있음

③ 쇠퇴기에 접어든 숙박시설의 경우 Y시의 지역개황에 따라 도소매업 및 향후 주택으로의 용도전환이 예상되고, Y시의 토지거래량이 안정적임에 비추어 용도전환의 객관적 근거를 뒷받침함

④ 현 숙박시설의 순수익(영업이익)이 급격한 하락 및 경제적 내용연수 경과에 따라 건물의 용도전환 타당성이 가속화되고 있으며, 이는 주변 매매사례의 "영업중단"이 이에 근거가 됨

⑤ 수익가액의 경우 현황 기능적·경제적 감가를 고려할 수 있으나 영구적 순수익 및 환원율을 가정하는 것이 경제적 내용연수를 도과한 현 상태와 논리적 전제가 부합되지 않으며,
⑥ 일제비준가액은 경제적 내용연수가 미 도과된 상태인 사례로 대상과의 비교가능성에 있어 제한이 있음
⑦ 따라서, 일반거래 목적 및 건부감가인 철거비를 고려한 개별물건 기준 가액이 용도전환에 따른 건물의 감가요인을 보다 객관적으로 반영하고 있다고 판단되어 아래와 같이 개별물건기준 합으로 대상의 감정평가액을 결정함

∴ 748,592,000원

문항별 논점

숙박시설의 감정평가 (40점)

이론적으로 문제가 되었던 "건부감가"에 대한 문제이다. 숙박시설의 경우 건물 자체의 물리적 내용연수가 아닌 인근지역 내 유사부동산의 수요·공급현황 및 건물 내 설치된 인테리어시설 등에 따라 경제적 내용연수가 결정되며, 타 용도 부동산 대비 짧은 생애주기를 가지고 있는 것이 특징이다. 이에 숙박시설에 대한 감정평가 시 대상부동산 내 시설물의 감가정도를 고려하여 경제적 내용연수를 결정하고 대체·경쟁부동산과 비교한 흡수율 분석을 통해 대상의 경제적 위치를 결정하여야 한다. 대상부동산 용도에 따른 개별성을 이해하고 제시된 자료를 통해 경제적 내용연수 및 건부감가 즉, 철거비를 고려하는 것이 핵심이었던 문제이다.

또한, 출제자는 상당히 많은 양의 지역개황 및 인근지역 분석을 제시함으로써 건부감가 및 용도전환에 대한 가능성을 시사하였고, '<자료 12> 기타 1)'에서 경제적 내용연수에 대한 언급을 통해 숙박시설의 특징을 힌트로 제시하였다. 따라서 시산가액 조정 및 결정 시에도 이러한 출제자의 의도에 맞게 풍부한 자기 견해와 근거를 제시하여 평가액을 결정하였다면 높은 점수를 획득할 수 있었다.

사실상 사도의 경우 구분평가하는 것이 일반적이나, 출제자는 토지 개별요인 비교치인 "전체 기준, 0.78"을 제시함으로써 구분평가가 아닌 전체 일괄평가를 요구하고 있다. 「감정평가 실무기준」에서도 사도 부분의 감정평가액 총액을 "전면적에 균등 배분하여 감정평가할 수 있다."고 규정하고 있는바, 이를 기준하여 출제하였다고 판단된다.

> 「감정평가 실무기준」 [610-1.7.4] 사도
> ① 사도가 인근 관련 토지와 함께 의뢰된 경우에는 인근 관련 토지와 사도부분의 감정평가액 총액을 전면적에 균등 배분하여 감정평가할 수 있으며 이 경우에는 그 내용을 감정평가서에 기재하여야 한다.
> ② 사도만 의뢰된 경우에는 다음 각 호의 사항을 고려하여 감정평가할 수 있다.
> 1. 해당 토지로 인하여 효용이 증진되는 인접 토지와의 관계
> 2. 용도의 제한이나 거래제한 등에 따른 적절한 감가율
> 3. 「공익사업을 위한 토지 등의 취득 및 보상에 관한 법률 시행규칙 제26조」에 따른 도로의 감정평가방법

일괄비교방식의 경우 토지·건물 개별물건기준 합과 큰 가액 차이는 없으나, 비교사례 숙박시설의 경우 경제적 내용연수가 아직 도과 하지 않은 상태로 현재 영업 중임을 고려할 때, 단순한 가액의 차이가 작다하여 시산가액으로 결정하는 것은 이론적인 문제가 제기될 수 있다.

일괄수익방식의 경우 숙박시설의 영업에 의한 영업이익은 기업가치의 성질을 갖는 것으로 부동산 이외의 귀속이익을 차감한 후 부동산 귀속이익을 기준으로 감정평가하는 것이 토지·건물 복합부동산의 수익가액이 된다, 해당 영업시설의 매출 및 영업이익을 기준 한 감정평가 관행을 문제화하였으며 이에 대한 이론적 문제점을 지적하였다면 높은 점수를 획득하였을 것이다. 또한, 당시 수험계에서 출제 빈도가 높았던 "부동산잔여법"에 대한 자료를 제시하여 숙박시설의 특성과 부합하는 수익가액 산정을 제시하였다.

출제 당시 건부감가에 대해 생소한 문제를 접한 수험생들은 (-)값을 가진 건물가치에 대한 의구심으로 건물가액을 (+)값으로 결정하였다.

문제2 (20점)

Ⅰ. 평가개요

- 평가대상: 토지
- 평가목적: 국·공유지 무상양수도
- 기준시점: 2011.11.30.(사업시행계획인가 고시일 예정일로 판단)
  신설 설치 비용 미고려로 무상양수도 가액 차이에 따른 유상양수도 전환은 미고려함

Ⅱ. 용도폐지되는 기존 정비기반시설 부지

1. 처리방침

① 구역 내 기존 용도지역은 "2종일반주거지역"으로 판단하되, 일련번호 1은 해당 재개발사업에 의해 용도지역이 변경된바 변경 전인 "1종일반주거지역" 기준함

② 용도폐지 된 기존시설부지로 각 접면도로에 따른 표준적 이용상황 기준하여 평가함
  접면도로별 [표준적 이용상황] 판단
  - 광대로: 상업용
  - 소로: 주상용
  - 세로: 주거용

③ 구역 내 표준지공시지가의 정비시설 저촉은 공시지가 적정가격 평가 시 미고려된 바, 저촉보정은 미반영함

2. 일련번호 1

(1) 표준지 선정

1종일주, 주상용 기준하여 <#380> 선정하되, 용도 차이에 따른 개별요인 보정 미고려함

(2) 공시지가기준액

990,000 × *1.02061 × 1.000 × (0.85/0.75 × 1.03 × 1.08 × 0.92/0.96) × **1.00
　　　　　　시　　　　　지　　　　도로　　　각지　　　이용상황　　　형상　　　　그

≒ 1,220,000원/㎡

(× 3,216㎡ ≒ 3,923,520,000원)

* 시점수정(○○시 주거지역, 2011.1.1. ~ 2011.11.30.)
　1.01584 × (1 + 0.00160 × 91/31)

** 해당 표준지공시지가는 적정시세를 반영하고 있다고 전제함(이하 동일)

3. 일련번호 2

(1) 표준지 선정

2종일주, 주상용 기준 <#372> 선정

(2) 공시지가기준액

1,330,000 × 1.02061 × 1.000 × (1.00/1.03 × 0.78/0.98) × 1.00 ≒ 1,050,000원/㎡
(× 1,303.3㎡ ≒ 1,368,465,000원)

4. 합계

5,291,985,000원

Ⅲ. 새로이 설치되는 정비기반시설 부지

1. 처리방침

해당 재개발사업 정비기반시설 지정(도로, 공원)에 따른 저촉은 미고려함. 설치비용 미고려

2. 일련번호 3

(1) 표준지 선정

2종일주, 상업용 기준 <#371> 선정

(2) 공시지가기준액

2,350,000 × 1.02061 × 1.000 × (1.00/1.03 × 1.00) × 1.00 ≒ 2,330,000원/㎡
(× 95.6㎡ ≒ 222,748,000원)

3. 일련번호 4

(1) 표준지 선정

2종일주, 주상용 기준 <#372> 선정

(2) 공시지가기준액

1,330,000 × 1.02061 × 1.000 × 1.000 × 1.00 ≒ 1,360,000원/㎡(× 91.5㎡ ≒ 124,440,000원)

4. 일련번호 5

(1) 표준지 선정
2종일주, 주거용 기준 <#373> 선정

(2) 공시지가기준액
1,180,000 × 1.02061 × 1.000 × (1.00 × 0.96/1.00) × 1.00 ≒ 1,160,000원/㎡
(× 138.7㎡ = 160,891,000원)

5. 합계
580,079,000원
(용도폐지 기반시설부지 가액이 크나 새로이 설치하는 시설의 형질변경 및 공사비 등를 고려하지 않아 그 차액이 큼)

문항별 논점

정비기반시설 감정평가 (20점)

「도시 및 주거환경정비법」의 정비기반시설의 감정평가와 관련된 다양한 문제를 제시하였으며, 인근지역의 표준적 이용상황을 표준지와 지적개황도로 판단하게 함으로써 많은 고민과 배점을 부여한 문제였다.

정비기반시설 및 국·공유자산의 감정평가 시 용도지역의 문제는 현 시점에서도 정리되지 않았으나 "<자료 3> 3)"의 해석을 통해 당해 주택재개발사업 이전에도 해당 구역은 "2종일반주거지역"으로 판단할 수 있어 전체적인 논리적 흐름을 해결하였다고 본다.

정비기반시설 감정평가의 경우 사업시행계획인가 고시일이 기준시점이 되나 지문에서는 이에 따른 정확한 제시가 없어 혼란이 있었을 것이나 정비기반시설 감정평가의 경우 사업시행계획인가 고시 예정일을 기준하여 평가하는 관행이 있다는 점을 고려할 때 가격시점을 예정일로 보아 평가함이 합리적이라 판단된다.

정비구역 내 도시계획시설 및 정비기반시설의 경우에는 표준지공시지가 적정가액 평가 시 이를 적시함에 그치고 정비기반시설 저촉에 따른 감가를 별도로 고려하지 않는다. 구역 내 정비기반시설의 경우 일반적인 「국토계획법」상의 도시계획시설과는 달리 계획 변경 가능성이 있다는 점, 구역 내 전체 토지에 대한 변경금지 원칙에 따라 별도의 감가를 고려하지 않는다는 점에서 별도의 저촉 감가를 고려치 아니한다.

기존 정비기반시설은 국·공유재산으로써 「국유재산법」상 용도폐지 후 일반행정재산으로써 처분이 가능하다는 점과 현행 「도시 및 주거환경정비법 제98조 제5항」에 따라 "종전의 용도가 폐지가 된 것으로 본다."를 고려할 때, 인근지역 내 표준적 이용상황을 판단 및 결정하는 것이 출제자의 의도로 판단된다.

문제3 (20점)

I. 평가개요

- 평가대상: (일조 침해에 따른) 가치하락분
- 평가목적: 일반거래
- 기준시점: 2011.8.1.

II. 환불 대상 세대 결정

연속 일조시간 120분 및 총 일조시간 240분 모두 고려하여 <101동 301호, 401호>, <102동 602호>, <110동 602호> 결정함

III. 환불금액

1. 101동 301호

(1) 가치 하락 전

$$322{,}000{,}000 \times \underset{사}{1.00} \times \underset{시}{{}^*121/120} \times \underset{층}{96/99} \times \underset{호}{1.00} \times \underset{타입}{1.00} ≒ 315{,}000{,}000원$$

* 아파트가격 변동지수, 2011.8.1. ~ 2011.6.25.

(2) 가치하락률

0.06 × (1 - 165/240) ≒ 0.0188

(3) 환불액

(1) × 0.0188 ≒ 5,922,000원

2. 101동 401호

(1) 가치 하락 전

$$322{,}000{,}000 \times \underset{사}{1.00} \times \underset{시}{121/120} \times \underset{층}{98/99} \times \underset{호}{1.00} \times \underset{타입}{1.00} ≒ 321{,}400{,}000원$$

(2) 가치하락률 기준

1) 가치하락률

0.06 × (1 - 170/240) ≒ 0.0175

2) 환불액

1) × 0.0175 ≒ 5,625,000원

(3) 거래사례 기준

321,400,000 - 305,000,000 × 121/116 ≒ 3,253,000원

(4) 환불액 결정

낮은 가액인 3,253,000원으로 결정

3. 102동 602호

(1) 가치 하락 전

322,000,000 × 1.00 × 121/120 × 100/99 × 100/98 × 1.00 ≒ 335,000,000원

(2) 가치하락률

0.06 × (1 - 160/240) ≒ 0.0200

(3) 환불액

(1) × 0.0200 ≒ 6,700,000원

4. 110동 602호

(1) 가치 하락 전

322,000,000 × 1.00 × 121/120 × 100/99 × 100/98 × 104/100 × 110/85 ≒ 450,400,000원

(2) 가치하락률

0.06 × (1 - 160/240) ≒ 0.0200

(3) 환불액

(1) × 0.0200 ≒ 9,088,000원

문항별 논점

일조권 침해 (20점)

도시 중심지역 고도화에 따른 일조권 침해에 대한 감정평가 수요가 증가함에 따라 당시 논란이 많았던 논점이 출제되었다. 일조권 피해율은 많은 논문에서 검증된 계량적 분석에 따른 결과를 토대로 출제자가 제시한 산식에 맞게 차근차근 풀이했다면 문제 접근이 다른 문제에 비해 다소 평이하다 볼 수 있으나, 출제 당시에는 생소한 논점으로써 시험장에서의 문제 분석은 상당히 난해했을 것으로 판단된다.

문제4 (10점)

Ⅰ. 물음1) (5점)

남측 최단 거리 전면부 1층 9호 대비 13호 분양 단가는 약 25% 저렴한 바, 분양광고와 달리 후면 상가의 1.2m 높이인 상태로 고객의 통행이 불편한 구조로 되어 있어 고분양가에 해당한다는 원고의 주장은 타당하지 아니하다. 따라서, 후면 상가의 분양가격은 적정한 바, 이하에서 그 근거를 약술함

Ⅱ. 물음2), 근거 약술 (5점)

1. **전면부 상가와 후면부 상가의 분양가액 차이**

    (1) 전면부

    $(19,154,000 + 18,462,000 + 18,269,000) ÷ 3 ≒ 18,628,000$원/㎡

    (2) 후면부

    $(14,655,000 + 14,655,000 + 14,375,000) ÷ 3 ≒ 14,562,000$원/㎡

    (3) 전면부 비율

    $18,628/14,562 - 1 ≒ 27.92\%$ 고가

2. **전면부 투자수익률**

    (1) 소득수익률

    $(3.97\% + 3.72\%) ÷ 2 ≒ 3.85\%$

    (2) 자본수익률

    $10.44\% × 12/23$개월 $≒ 5.45\%$

    (3) 투자수익률

    소득 + 자본 ≒ 9.30%

3. **후면부 투자수익률**

    (1) 소득수익률

    $(3.81\% + 3.80\%) ÷ 2 ≒ 3.81\%$

    (2) 자본수익률

    $(8.24\% × 12/8 + 8.70\% × 12/13) ÷ 2 ≒ 10.20\%$

    (3) 투자수익률

    소득 + 자본 ≒ 14.01%

4. 적정한 근거

2009년 분양 당시 전면부는 후면부 대비 약 28%(평균 단가 기준) 높은 가액으로 분양되었으나, 기준시점 현재 투자수익률은 오히려 약 4.71%point 낮게 산정되었는바, 분양 당시 후면부 분양가액은 적정하다고 판단됨

문항별 논점

분양가액 반환 소송평가 (10점)

주어진 자료를 토대로 다양한 의견을 합리적으로 제시하였다면 득점 차이가 크지 않았을 것이나, 임대수익률 및 가격상승률의 개념을 위주로 풀이하였다면 보다 효과적인 답안이 구성되었을 것이다.

▌문제5 (5점)

① 일반경기변동 및 부동산경기변동 추이
② 지역성 및 지역분석 내역
③ 인근지역 내 상권의 변화
④ 대체・경쟁 부동산의 공급 추이
⑤ 상가 용도에 따른 소비자 선호도 추이 변화
⑥ 예상 매출액 및 영업이익
⑦ 이자율 변화 및 만기 상환 가능성

▌문제6 (5점)

1. 부적정한 담보평가액이 국민경제에 미치는 영향

① 부적정한 담보평가액을 기준 한 대출 실행으로 인해 과도한 유동성 증가와 ② 부동산 버블 생성, ③ 최근 전세보증금과 연관된 부적정한 감정평가액으로 갭 투자 유발 및 ④ 세입자의 권리 보호 문제, ⑤ 대출회수 불가능으로 인한 부동산 가격 하락 및 ⑥ PF 대출과 같은 대규모 대출 손실 가능성이 있다.

2. 적정한 담보평가를 저해하는 요인

① 감정평가사의 자질 문제, ② 부적정한 담보평가액을 요구하는 시장관계자, ③ 매출경쟁에서 비롯되는 감정평가액 경쟁, ④ 수수료 할인 및 ⑤ 낮은 감정평가 수수료율 등이 요인이 된다.

2012년 제23회 감정평가실무 기출

총평

23회 기출문제는 전체 17페이지 구성으로 평균적인 지문의 양을 제시하였다. 문제 1번의 경우 오피스빌딩에 대한 특징의 이해를 기준으로 문제를 출제하였으며, 시장 상황과 괴리되는 개별 부동산에 대한 감정평가 시 감정평가액 결정에 대한 의견 제시 부분이 핵심인 문제이다. 문제 2번은 출제 당시 다소 생소한 문제 유형으로 7페이지나 되는 분량을 제시하여 문제에 대한 해석이 난해했으며 문제풀이 순서에 따라 배점 배분이 어려웠을 것이다.

문제1 (40점)

I. 평가개요

- 평가대상: 복합부동산(오피스빌딩)
- 평가목적: 매입타당성 검토
- 기준시점: 2012.9.30.(거래예정시점)

II. 물음1), 계약임대료 기준 (10점)

1. 할인율 등

(1) WACC(대상, 자기자본비율 40%)

110/275 × 0.0625 + 165/275 × 0.05 ≒ 5.5%

(2) 기타

① 기출환원율: 0.055 + 0.005 ≒ 6%

② 임대료 등 상승률: 3.5%

2. 현금흐름

(1) 0기 현금흐름

1) 지불임대료(연면적을 임대면적으로 봄)

24,000 × 12 × 49,587㎡ ≒ 14,281,000,000원

2) 관리비

10,000 × 12 × 49,587㎡ ≒ 5,950,000,000원

3) 보증금 운용이익

   240,000 × 49,587㎡ × 0.05 ≒ 595,000,000원

4) 계

   20,826,000,000원

(2) 현금흐름표 (단위: 백만원)

구분	0	1	2	3	4	5	6
PGI	20,826	21,555	22,309	23,090	23,898	24,735	25,600
공실		754	781	808	836	866	896
EGI		20,800	21,529	22,282	23,062	23,869	24,704
OE							
고정비	2,380	2,463	2,550	2,639	2,731	2,827	2,926
*변동비	1,723	1,783	1,846	1,910	1,977	2,046	2,118
대체충당금			100		150		
OE 계		4,247	4,495	4,549	4,858	4,873	5,044
NOI		16,554	17,033	17,733	18,204	18,996	19,661
현가계수		0.948	0.898	0.852	0.807	0.767	
현재가치		15,693	15,296	15,108	14,690	14,570	
매기현금흐름현가액		75,358					
기말복귀액		246,304				321,127	
수익가액		321,662					

* 변동비: 관리비 × 30% × (1 - 0.035)

(3) 기말복귀액

19,661,000,000 ÷ 0.06 × (1 - 0.02) ≒ 321,127,000,000원

(4) 계약임대료 기준 수익가액

$$\sum_{n=1}^{5} \frac{NOI}{1.055^n} + \frac{321,127백만원}{1.055^5} ≒ 321,662,000,000원$$

Ⅲ. 물음2), 시장임대료 기준 (15점)

1. 사례선정

YS북부, 임대면적 유사한 <임대사례 2> 기준
(사례 1: 규모 상이, 사례 3: 하위시장 상이)

2. 할인율 등

(1) WACC

110/275 × 0.0650 + 165/275 × 0.0567 ≒ 6.0%

(2) 기타

1) 기출환원율: 0.06 + 0.005 ≒ 6.5%

2) 임대료 등 상승률: 1, 2년차 5%, 3년 ~ 5년차 4%

3. 현금흐름

(1) 0기 현금흐름

1) 지불임대료

21,000 × 12 × 49,587㎡ ≒ 12,496,000,000원

2) 관리비

8,000 × 12 × 49,587㎡ ≒ 4,760,000,000원

3) 보증금 운용이익

210,000 × 49,587㎡ × 0.05 ≒ 520,000,000원

4) 계

17,776,000,000원

(2) 현금흐름표

(단위: 백만원)

구분	0	1	2	3	4	5	6
PGI	17,776	18,665	19,598	20,382	21,197	22,045	22,927
공실		933	980	1,019	1,060	1,102	1,146
EGI		17,732	18,618	19,363	20,137	20,943	21,781
OE							
고정비	1,904	1,999	2,099	2,183	2,270	2,361	2,455
변동비	1,357	1,425	1,496	1,556	1,618	1,683	1,750
대체충당금			100		150		
OE 계		3,424	3,695	3,739	4,038	4,044	4,205
NOI		14,308	14,923	15,624	16,099	16,899	17,576
현가계수		0.943	0.890	0.840	0.792	0.747	
현재가치		13,492	13,282	13,124	12,751	12,623	
매기현금흐름현가액		65,272					
기말복귀액		197,945				264,987	
수익가액		263,217					

(3) 기말복귀액

17,576,000,000 ÷ 0.065 × (1 - 0.02) ≒ 264,987,000,000원

(4) 시장임대료 기준 수익가액

$$\sum_{n=1}^{5} \frac{NOI}{1.06^n} + \frac{264,987백만원}{1.06^5} ≒ 263,217,000,000원$$

VI. 물음3), NPV 및 IRR (5점)

1. 계약임대료 기준

(1) NPV

321,662,000,000 - 275,000,000,000 ≒ (+)46,662,000,000원

(2) IRR

$$\sum_{n=1}^{5} \frac{NOI}{(1+r)^n} + \frac{321,127백만원}{(1+r)^n} - 275,000,000,000 = 0일 때,$$

∴ r = 9.2%

2. 시장임대료 기준

(1) NPV

263,217,000,000 - 275,000,000,000 ≒ (-)11,783,000,000원

(2) IRR

$$\sum_{n=1}^{5} \frac{NOI}{(1+r)^n} + \frac{264,987백만원}{(1+r)^5} - 275,000,000,000 = 0일 때,$$

∴ r = 5.0%

V. 물음4), 거래예정금액 제시 (10점)

1. 벤치마크 투자수익률 기준 시산가액

(1) 계약임대료 기준

대상 소재 오피스 권역인 YS북구 기준 7% 적용

$$\sum_{n=1}^{5} \frac{NOI}{1.07^n} + \frac{321,127백만원}{1.07^5} ≒ 301,215,000,000원$$

(2) 시장임대료 기준

$$\sum_{n=1}^{5} \frac{NOI}{1.07^n} + \frac{264,987백만원}{1.07^5} ≒ 252,423,000,000원$$

2. 거래예정금액 제시

① 2008년 금융위기 이후 일반경기 회복의 둔화, 공실률 증가, 향후 오피스빌딩시장의 가격변동률 하락, 부동산경기 및 일반경기 침체 등 전반적 부동산 시장상황이 악화되고 있는 상황에도 불구하고

② 양호한 임차인이 입주한 상태에서 계약기간 동안 임대차가 지속될 경우 공실 및 대손충당금 비율이 낮은 상태인 대상부동산의 개별성이 반영되어 시장상황과의 괴리 상태를 보이고 있음

③ 따라서, 시장임대료를 기준한 감정평가액과 계약임대료를 기준한 감정평가액의 차이가 나며 시장가치 관점에서 적정임대료 선정 및 시산가액 결정에 대한 문제점이 발생할 수 있음. 시장에서의 통상적인 임대료가 하락국면에 있다 하더라도 개별 부동산의 임대료가 지속성을 보이고 있다면 계약임대료 또한 시장가치에 부합하는 속성을 가진다고 판단할 수 있음

④ 또한, 할인율의 경우 타 오피스시장 권역의 투자수익률 및 일반 회사채 금리보다 높은 상황을 고려할 때, 시산가액이 다소 낮게 평가될 수 있음

벤치마크투자수익률 기준 시산가액은 252,423,000,000원 ~ 301,215,000,000원으로 거래예정금액인 275,000,000,00원이 그 시산가액 범주 안에 있으나, 계약임대료 및 할인율의 변동 가능성에 따라 계약임대료를 기준한 시산가액이 변동될 수 있음을 제시하여야 하며, 전반적인 오피스빌딩시장의 침체국면을 상기시켜 거래 협상 시 보수적 관점에서 접근하도록 권고하여야 함

∴ 거래예정금액은 시장임대료 기준한 가액으로 제시함. 252,423,000,000원

문항별 논점

매입타당성 검토 (40점)

대형 오피스빌딩 및 판매시설의 경우 일반적으로 개별 임차인과의 직접적인 임대계약을 체결하는 형태가 아닌 마스터리스 등을 통해 부동산을 운영·투자하게 된다. 부동산리츠 및 사모펀드 등을 통해 대량의 투자금액이 유입되는 형태로 수익성 부동산의 투사가 이루어지고 있다. 또한, 대형 오피스빌딩의 경우 각 지역(권역)별·규모별·업종별 특징을 가지며 임대료 및 관리비 등에 있어 지역적 차이를 가지며, 동일권역 내에서도 연면적 및 교통시설과의 접근성에 따라 오피스빌딩 등급이 구분되고 임대료 수준도 차이가 있다.

시험 출제 당시인 2012년은 부동산시장이 하락국면으로 다소 낮은 거래가격으로 부동산투자가 가능한 시기였다. 다만, 2008년 금융위기 이후 일반경기 및 부동산시장의 침체를 벗어나지 못한 시장상황에서 우량 임차인을 확보한 경우(마스터리스 등) 시장상황과 안정적인 수익을 확보한 개별 부동산과의 괴리를 어떻게 처리할 것인지를 판단하여야 하는 문제였다. 감정평가사 시험은 단순한 가액산정의 문제가 아닌 대상물건의 가치부여 시 객관적이고 합리적인 판단근거를 제시할 수 있는지를 묻는 시험이다. 이러한 시험의 특징을 이해하고 항상 문제에서 어떻게 근거를 제시할지 연습하여야 한다.

물음1), 2) 각 상황에 따른 임대료, 상승률 및 그에 대응하는 할인율을 산정하는 것으로 대형부동산의 경우 거래금액(거래예정금액 2천7백5십억원)이 크고 레버리지 효과 등에 따라 타인자본을 이용하는 것이 일반적이다. 다만, 타인자본의 경우 개별성이 부여되는 저당대부액 산정의 어려움(자료 미제시)에 따라 순수익을 기준한 DCF법을 사용할 수 있으며, 그와 상응되는 할인율을 WACC법을 적용하여 산정한 이유를 이해하여야 한다.

물음3) 배점에 유의하여야 한다. 5점의 배점은 출제자의 의도상 단순 계산만을 제시하라는 것으로 이해하여야 한다. 즉, 항상 연습하고 있는 NPV법과 IRR법의 차이점과 유용성 등을 설명하는 것이 아닌 단순 계산식만을 제시하여야 한다(배점의 여유가 있는 경우에는 특징 등 적시).

물음4) 다소 생소한 "벤치마크 투자수익률"이라는 용어에 흔들리면 안 된다. "벤치마크"가 아닌 "투자수익률"에 집중하고 제시한 수익률이 해당 권역에서 요구되는 "요구수익률"의 개념을 갖는다는 것을 파악하여야 한다. 따라서 해당 권역에서 최소한 요구되는 수익률을 달성하기 위한 거래예정금액을 산정하되, 시장임대료를 기준하는 경우와 계약임대료를 기준하는 경우를 각각 제시하고 감정평가사의 객관적이고 전문적인 시장상황에 대한 판단을 고려하여 전체적인 매입 타당성을 결정해 주는 것으로 결론을 내려야 한다. 해당 문제에서 물음의 순서와 매입 타당성 컨설팅 업무 절차가 유사하다는 것을 문제를 통해 파악할 수 있다.

문제2 (30점)

Ⅰ. 평가개요

본건은 복합부동산에 대한 감정평가서 심사에 대한 검토로 주어진 물음에 답함

Ⅱ. 물음1), 부적정한 평가내용 (15점)

1. 지상 건축물 등재 전제

감정평가는 「감칙 제6조 제1항」에 의거 현황기준원칙을 준수하여야 하는바, 기준시점 당시 사용승인 미필의 건물을 등재될 것으로 전제하고 있으며 제시 된 「감칙 제6조 제3항」에 따른 "조건의 합리성·적법성·실현가능성"을 검토하고 있지 않다. 따라서, 상기 조건의 합리성 등을 검토하여야 하며 합리성이 없는 경우 지상 건축물이 등재되지 아니한 상태를 고려하여 감정평가하여야 하고 제시외 건물 기재 및 건물이 토지에 미치는 영향을 제시하여야 한다.

2. 비교표준지 선정

비교표준지는 「감칙 제14조 제2항 제1호」에 따라 인근지역의 표준지 중 이용상황 등이 유사한 표준지를 선정하여야 하나 기존 감정평가서는 "주상용" 표준지를 선정하는 문제점이 있다. 따라서, 지상 건축물의 등재를 전제하는 경우에는 "상업용"을 기준하여야 하며, 등재를 전제하지 않는 경우에는 "준공업지역" 및 "소규모 협동화공장단지 내" 소재 등을 고려하여 표준적 이용상황인 "공업용"을 기준하여 표준지를 선정하여야 한다(다만, 문제에서 가장 유사한 표준지는 ②이므로, 비교표준지 선정 문제를 논외로 할 수 있음. 개별요인 비교에 대한 제시 필요).

3. 개별요인(도로, 형상, 이용상황) 반영

본건 토지 남측에 위치한 "105번지, 도로" 토지는 본건 토지소유자와 동일한 乙외 1인이 공동소유한 토지로 본건 토지의 진입로로 사용 중이다. 이는 현황 도로이며, 본건 토지의 편익을 위해 스스로 설치된 "사실상 사도"이다. 따라서, 너비 3m, 길이 6m인 사실상 사도의 접한 본건 토지의 가로의 판단은 "세로(가)"로 판단함이 타당하며, 남측 도로에 접한 소로한면으로 판단하는 경우 형상은 "사다리형"으로 판단하여 토지 개별요인에 반영하여야 한다. 또한, 현황 "상업용"과 표준지의 "주상용"과의 가격 격차를 반영하는 개별요인 비교가 미제시되어 있으므로 이에 대한 고려가 필요하다.

4. 기타요인(그 밖의 요인) 사례선정 및 산출내역

「감칙 제14조 제2항 제5호」는 기타요인(그 밖의 요인) 보정 시 대상토지와 가치형성이 유사한 정상적인 거래사례 및 평가사례를 고려할 것으로 규정하고 있으나, 본건 기타요인 선정 사례는 토지 · 건물가액이 아닌 기타 동산 등에 대한 가액이 포함되어 이를 차감한 가액으로 비교하여야 하며, 보상평가의 경우 평균가액으로 보상액이 결정되므로 3개 법인 평균단가로 수정하여 비교하여야 한다. 또한, 기타요인의 구체적인 산출 내역을 기재하여야 하고, 감정평가목적이 다른 사례 선정에 대한 문제점도 언급하여야 한다.

5. 토지 감정평가액의 합리성 검토

「감칙 제12조 제2항」에서는 다른 방법에 의한 시산가액을 주된 감정평가방법에 의한 시산가액과 비교하여 합리성을 검토하도록 규정하고 있는 바, 수익방식 등에 따른 시산가액을 산정하여 합리성을 검토하여야 한다.

6. "105번지" 공동담보목록 제시

남측 소재한 "105번지"는 본건 토지의 진입로(사실상 사도)로 공동담보목록에 포함하여야 하며, 명세표에 이를 기재하고 담보목적 등을 고려하여 감정평가외 처리함. 다만, 본건 토지의 1/3 가액으로 감정평가 가능하나 구분지상권 설정 내역을 기재하되 "토지가치에 미치는 영향이 미미할 것으로 정상평가함"으로 처리 가능하다.

7. 재조달원가 산정

재조달원가 산정 시 직접법에 의해 산정된 재조달원가를 객관적인 공사비와 비교하여 합리성을 검토하여야 하나 이를 고려하지 않았으며, 재조달원가에 포함되지 않는 "옹벽공사비 및 조경공사비"를 포함하여 건물가액이 과대평가 되었는바, 조경공사비는 토지가액에 포함시켜야 한다. 또한, 집기 및 비품비는 비용 처리하여야 할 것이다.

Ⅲ. 물음2), 다른 방식(수익방식) (5점)

1. 대상 전체 수익가액 산정

(1) 유효조소득승수(EGIM)

준공업지역, 상업용, 임대면적 유사하여 사례 평균을 적용하되, 시장 내 공실률 15% 적용함

$$\left[\frac{304,000,000}{15,000,000 \times 0.85} + \frac{345,000,000}{20,000,000 \times 0.85}\right] \div 2 ≒ 22.07$$

(2) 대상 가능총수익

연간 시장임대료 기준, 공실률 5% 확실 시 되므로 공실로 5% 적용함

$59,000 \times 300 \times (1 - 0.05) ≒ 16,815,000원$

(3) 대상 전체 수익가액

$16,815,000 \times 22.07 ≒ 371,107,000원$

2. 대상 건물가액 산정

옹벽공사비, 조경공사비는 토지가치에 화체를 전제하며, 집기 및 비품비는 제외함

$12,000,000 + 54,000,000 + 47,000,000 + 22,000,000 + 16,000,000 + 14,000,000$
$≒ 165,000,000원$

3. 대상 토지가액

$371,107,000 - 165,000,000 ≒ 206,107,000원 (÷ 400㎡ ≒ 515,000원/㎡)$

Ⅳ. 물음3), 명세표 재작성 (10점)

1. 조건 요구하지 않을 경우 감정평가액

(1) 처리방침

① 지상 건물 등재 미전제, 제시외 건물 담보평가 목적 고려 감정평가외 처리하되 지상 건물에 따른 토지에 미치는 영향을 감안하여 평가한 가액을 "비고"란에 병기함
② 기타요인 산출근거 제시
③ "105번지, 도로" 일괄담보목록에 등재하되 감정평가외 처리함

(2) 토지 평가액

1) 그 밖의 요인

평가선례 ①은 동산가액 배분 불가, <선례 ②> 적용하여 요인치 산정함. 3개 법인 평균단가 적용

$$\frac{505,000 \times 1.00750 \times 1.000 \times 101/99}{420,000 \times 1.00750} ≒ 1.227$$

상기와 같이 산출된 바, <1.22>로 결정

2) 공시지가기준액(정상평가)

$420,000 \times \underset{시}{1.00750} \times \underset{지}{1.000} \times \underset{개}{100/101} \times \underset{그}{1.22} ≒ 511,000원/㎡$

3) 감정평가액 결정

공시지가기준액 및 수익가액 유사한바, 「감칙 제12조 제2항」의거 합리성 인정됨. 「감칙 제14조 제1항」의거 공시지가기준액으로 결정함

511,000원/㎡ × 400㎡ ≒ 204,400,000원

4) 건물이 토지에 미치는 영향(감가율)

$$\frac{90,000 \div 18}{250,000} \times 10배 ≒ 20\%$$

5) 건물이 미치는 영향 고려 토지 단가(건물 소재분)

511,000원/㎡ × (1 - 0.2) ≒ 409,000원/㎡

Advice
송유관 부분의 감가 평가가 아닌 송유관 설치에 따른 감가율을 법정지상권 감가율로 판단하는 문제임

2. 달라지는 항목

① 토지의 기타요인 산출 내역 제시
② 건물이 미치는 영향 고려한 금액 병기
③ 건물 감정평가외 처리
④ "105번지" 공동담보목록으로 명세표 기재

3. 명세표 작성

기호	소재지	지목 용도	용도지역 구조	면적(㎡) 공부	면적(㎡) 사정	평가가액 단가	평가가액 금액	비고
1	K시 H구 A동 103-1	잡	준공업 지역	400	400	511,000	204,400,000	• 본건 지상에 공사 중인 건물 소재 현황 "대" • 제시외 건물이 미치는 영향 고려 시 토지단가 409,000원/㎡
2	K시 H구 A동 105	도로	준공업 지역	400	200	-	평가외	현황 도로 구분지상권 소재
	합계						204,000,000	

Advice

사실상 사도부분 1/3 이내 평가 후 금액 제시 가능하나 금융기관 협약사항 고려 선택적으로 풀이 가능함

문항별 논점

미사용승인 건물의 담보평가 및 평가검토 (30점)

현업에서 많이 발생하는 담보평가의 유형을 제시하였다. 담보평가 시 사용인인 미필 상태에서 건물의 처리방침을 기준으로 개별적 사안에 대한 전반적인 이해를 물어보는 문제로 자료의 양과 난이도를 고려할 때 문제 해석에 많은 시간이 소요되었을 것으로 판단된다.

사용승인 미필의 건물의 등재 여부는 건축허가서, 착공신고서, 감리보고서, 토지 및 건물의 소유자 관계 등 다양한 객관적 자료와 공사 진행상태 등을 종합적으로 고려하여 판단하여야 한다. 공부상 등재가 확실하다고 판단되는 경우 사용승인을 전제로 토지와 건물을 감정평가할 수 있지만, 공부 등재 여부가 불확실한 경우에는 제시외 건물로 처리하고 건물이 토지에 미치는 영향을 고려하여 평가하여야 할 것이다.

조성된 소규모 공장지대의 표준적 이용상황은 공업용으로 판단될 것이나, 인근지역 내 상업용 부동산에 대한 수요에 따라 개별적 이용이 가능하며 독점적 위치 등 대상토지의 특수성이 인정된다면 이를 고려하여 상업용 기준으로 감정평가할 수 있다. 다만, 인근지역 내 적정 표준지 선정의 문제가 발생할 수 있으나 이는 이용상황 등의 보정을 통해 가능할 것이다.

수익방식 적용의 경우 산정 자체의 난이도는 없으나 건물의 공부 등재 여부에 따라 감정평가액의 비교 대상이 달라짐에 유의하여야 한다.

문제3 (20점)

Ⅰ. 평가개요

- 평가대상: 토지
- 평가목적: 개발부담금 산정
- 개시시점: 개발사업 인가일: 2011.10.1.
- 종료시점: 개발사업 준공인가일: 2012.8.30.

Ⅱ. 물음1), 30-2번지(개별공시지가 미제시) (10점)

1. **개시시점지가(감정평가액)**

   (1) 표준지 선정

   계획관리, 전 기준 <#①> 선정

   (2) 시점수정

   2011.1.1. ~ 2011.10.1. 계획관리: 1.07500

   (3) 개별요인

   세로(가), 부정형, 완경사 기준
   1.00 × 1.00 × 1.00 × 0.96 × 0.97 × 1.00 ≒ 0.931

   (4) 그 밖의 요인 보정

   1) 사례선정

   계획관리, 전 기준, 기준시점 고려 <①> 선정

   2) 격차율 산정

   $$\frac{65,000 \times 1.07500 \times 1.000 \times 1.000}{50,000 \times 1.07500 \times 1.000 \times 0.931} ≒ 1.396$$

   3) 결정

   ∴ <1.39>로 결정

   (5) 개시시점지가(기부채납 면적 제외)

   50,000 × 1.07500(시) × 1.000(지) × 0.931(개) × 1.39(그) ≒ 70,000원/㎡(× 3,000㎡ ≒ 210,000,000원)

2. 종료시점지가(감정평가액)

(1) 표준지 선정

계획관리, 공업용 기준 <#②> 선정

(2) 시점수정

2012.1.1. ~ 2012.8.30. 계획관리: 1.09500

(3) 개별요인

소로한면, 세장형, 평지 기준

$1.07 \times 1.00 \times 1.00 \times 1.00 \times 1.00 ≒ 1.070$

(4) 그 밖의 요인 보정

1) 사례선정

계획관리, 공업용 기준, 최근 고려 <④> 선정

2) 격차율 산정

$$\frac{270,000 \times 1.09500 \times 1.000 \times 1.000}{210,000 \times 1.09500 \times 1.000 \times 1.070} ≒ 1.202$$

3) 결정

∴ <1.20>로 결정

(5) 종료시점지가(기부면적 제외)

$210,000 \times \underbrace{1.09500}_{시} \times \underbrace{1.000}_{지} \times \underbrace{1.070}_{개} \times \underbrace{1.20}_{그} ≒ 295,000원/㎡ (\times 3,000㎡ ≒ 885,000,000원)$

Ⅲ. 물음2), 30-4번지(개별공시지가 기준) (5점)

1. 개시시점지가

정상지가상승분은 평균지가변동률로 결정함

B시 평균 2011.1.1. ~ 2011.10.1.

$45,000 \times 1.10000 ≒ 50,000원/㎡ (\times 3,000㎡ ≒ 150,000,000원)$

2. 종료시점지가

정상지가상승분은 평균지가변동률로 결정함, 개별요인 비교는 토지가격비준표 적용

$210,000 \times 1.10500 \times 1.000 \times 1.070 ≒ 248,000원/㎡ (\times 3,000㎡ ≒ 744,000,000원)$

Ⅳ. 물음3), 30-5번지(매입가액) (5점)

1. 개시시점지가(경매낙찰가액)

2011.6.10. ~ 2011.10.1. 정상지가상승분
60,000 × 1.02500 ≒ 62,000원/㎡(× 1,000㎡ ≒ 62,000,000원)

2. 종료시점지가

감정평가액으로 결정함
∴ 295,000원/㎡ × 1,000㎡ ≒ 295,000,000원

문항별 논점

「개발이익 환수에 관한 법률」 개발부담금 관련 (20점)

1. 개발부담금 산식

> 개발부담금 = 종료시점지가 - [개시시점지가 + 정상지가상승분 + 개발비용] × 부담률

2. 기준시점

개발부담금 산정을 위한 개시시점 지가 산정의 기준시점은 개발사업의 인가 등을 받은 날이며, 종료시점 지가 산정의 기준시점은 개발사업의 준공인가 등을 받은 날로 한다.

3. 지가의 산정(개시시점지가, 종료시점지가)

(1) 공시지가기준

1) 개시시점지가

개별공시지가를 기준하여 산정한다. 다만, 개별공시지가 없는 경우에는 감정평가액으로 산정한다.

> 개별공시지가 × 정상지가상승분

> 감정평가 시 = 표준지공시지가 × 용도지역별 지가변동률 × 지역요인 × 개별요인

2) 종료시점지가

표준지공시지가를 기준하여 산정한다. 다만, 표준지공시지가를 기준하여 개시시점지가를 산정한 경우에는 감정평가액으로 산정한다.

> 표준지공시지가 × 정상지가상승분 × 토지가격비준표 적용

> 감정평가 시 = 표준지공시지가 × 용도지역별 지가변동률 × 지역요인 × 개별요인

(2) 경매 등으로 매입하는 경우
   1) 개시시점지가
   매입가액에 정상지가상승분을 고려한다.

   $$\text{매입가액} \times \text{정상지가상승분}$$

   2) 종료시점지가
   매입가액으로 산정한다. 다만, 매입가액이 없는 경우에는 감정평가액으로 산정한다.

   $$\text{매입가액} \times \text{정상지가상승분}$$

   $$\text{감정평가 시} = \text{표준지공시지가} \times \text{용도지역별 지가변동률} \times \text{지역요인} \times \text{개별요인}$$

(3) 산정 면적
개시시점지가 및 종료시점지가를 산정할 때 부과 대상토지에 국가나 지방자치단체에 기부하는 토지 등이 포함된 경우에는 그 면적은 개시시점지가 및 종료시점지가의 산정 면적에서 제외한다.

(4) 정상지가상승분
정상지가상승분은 연도별 또는 월별 평균지가변동률로 산정한다.

4. 정상지가상승분
정상지가상승분은 부가 개시시점 또는 종료시점에 속한 기간 내의 평균지가변동률과 시중은행의 1년 만기 정기예금이자율 중 높은 비율로 한다.

5. 개발비용
순 공사비, 조사비, 설계비 및 일반관리비, 납부 의무자가 국가나 지방자치단체에 공공시설이나 토지 등을 기부채납 한 경우에는 그 가액, 납부 의무자가 부담금을 납부하였을 경우에는 그 금액, 해당 토지의 개량비, 각종 세금과 공과금, 보상비 및 그 밖에 대통령령으로 정하는 금액으로 한다.

6. 부담률
20 ~ 25%

문제4 (10점)

1. 물음1), 개발이익 배제 (5점)

① 적용공시지가 선정 「토지보상법 제70조 제3항 ~ 제5항」
② 비교표준지 선정 「동법 시행규칙 제22조 제3항 각 호」
③ 지가변동률 「동법 시행령 제37조 제2항」
④ 개별요인 비교 등 「동법 시행규칙 제23조」
⑤ 그 밖의 요인 보정치 「동법 시행규칙 제22조 제3항 각 호」 및 적용공시지가 선정사유와 동일하게 적용 (예외 있음)

2. 물음2), EBITDA (5점)

EBITDA는 법인세, 이자, 감가상각비 차감 전 영업이익을 말하며, 기업이 영업활동을 통해 얻는 현금창출 능력을 나타내는 지표로 기업가치 산정에 적용되는 순수익을 의미한다. 영업경비에 감가상각비와 영업용 금융비용이 포함되어 있다면 영업이익에 이를 합산하여 산정한다.

2013년 제24회 감정평가실무 기출

총평

24회 기출문제는 전체 19페이지 구성되었으며, 문제 1번의 지문 양보다 문제 2번의 지문 양이 많았다는 특징을 갖는다. 숫자 계산 위주의 문제풀이가 아닌 개념의 이해를 묻는 문제로 실제 시험장에서 느끼는 난이도는 상당히 높았을 것으로 판단된다. 각 문제의 물음에서 풀이방식에 대한 약술을 제시함으로써 단순한 숫자 맞추기 시험이 아닌 논점에 대한 정확한 이해를 묻고 있다는 점에서 수험생들에게 부담감이 더욱 컸을 것으로 판단된다.

▌문제1 (35점)

Ⅰ. 평가개요

- 평가대상: 토지(골프장)
- 평가목적: 일반거래(타당성 검토)
- 기준시점: 2013.1.1.

Ⅱ. 물음1), 甲 소유 토지 평가액 (20점)

1. 처리방침

① 2013.1.1. 준공 완료된 골프장, 제외지 구분평가
② 공시지가기준법, 원가법(가산법) 적용
③ 사업승인면적 1,450,000㎡, 일단지
④ 골프장 영업이익은 토지 귀속이익 별도 산출 불가하여 수익분석법 제외

2. 골프장 부지(사업승인면적: 1,450,000㎡, 일단지)

(1) 공시지가기준법 「감칙 제14조 제1항」

1) 표준지 선정
   계획관리, 준공 완료된 골프장 기준 <#1> 선정

2) 공시지가기준액

   $50,000 \times \underline{1.00000}_{시} \times \underline{1.000}_{지} \times \underline{1.02}_{개} \times \underline{1.00}_{그} ≒ 51,000원/㎡$

(2) 원가법

1) 소지가액

(가) 전 부분: 계획관리, '전', <#2> 선정

30,000 × 1.00000 × 1.000 × 1.03 × 1.10 ≒ 34,000원/㎡

(× 10,700㎡ ≒ 363,800,000원)

(나) 답 부분: 계획관리, '답', <#3> 선정

20,000 × 1.00000 × 1.000 × 1.02 × 1.10 ≒ 22,000원/㎡

(× 6,050㎡ ≒ 133,100,000원)

(다) 임야 부분: 계획관리, '임야' <#4> 선정

제외지 면적 제외

12,000 × 1.00000 × 1.000 × 1.01 × 1.20 ≒ 15,000원/㎡

(× 1,433,250㎡ ≒ 21,498,750,000원)

(라) 계

21,995,650,000원

2) 개발비용

(가) 인허가 비용

7,5000,000,000원

(나) 조성비용

27홀 × 1,400,000,000 ≒ 37,800,000,000원

(다) 계

45,300,000,000원

3) 적산가액

토지 + 개발비용 ≒ 67,295,650,000원(÷ 1,450,000㎡ ≒ 46,400원/㎡)

(3) 수익환원법

토지 임차료 기준(골프장 준공 전 상태 기준)

$1,000,000,000 \times \dfrac{1 - (1.02/1.07)^{10}}{0.07 - 0.02} \times 1.07 + 51,000 \times \dfrac{1,450,000}{1.07^{10}} ≒ 45,731,000,000원$

(÷ 1,450,000㎡ ≒ 32,000원/㎡)

(4) 골프장 가액 결정

① 공시지가기준액 및 적산가액은 유사하나 수익가액은 다소 낮은 상태임

② 적산가액은 공급자 입장 가액이며, 시장성을 반영하지 못하는 한계점 등이 있음

③ 수익가액의 경우 토지개발임대차로 골프장 조성 전 상태의 토지 임차료 기준인바, 현황 골프장 평가기준과 다소 괴리가 있음

④ 따라서, 「감칙 제14조 제1항」 의거 상기 의견 고려하여 공시지가기준액으로 결정함

∴ 51,000원/㎡ × 1,450,000㎡ ≒ 73,950,000,000원

Advice

수익가액을 영업이익 기준하여 산정할 수 있으나, 이는 골프장의 무형적 귀속이익(운영 노하우, 골프장의 네임밸류)까지 포함된 가액으로 [물음1]에서 묻고 있는 [토지가치]와는 괴리가 있는바, 토지 임차료를 기준하여 산정함

3. 제외지(임야) 부지

15,000원/㎡ × 71,250㎡ ≒ 1,068,750,000원

4. 甲 소유 토지 가치

골프장 + 제외지 ≒ 75,018,750,000원

5. 평가방법 기술

① 토지의 감정평가는 「감칙 제14조 제1항」에서 규정하고 있는 공시지가기준법을 원칙으로 하여 감정평가함

② 「감칙 제12조 제2항」에 따라 다른 방법에 의한 시산가액과의 검토를 통해 주된 방법에 의한 시산가액의 합리성을 검토하고, 시산가액 조정을 통해 대상물건의 감정평가액을 결정함

③ 원가법의 경우 가산법의 논리로 기초가 되는 소지구입액에 대상토지를 개발하는데 필요한 각종 인허가 비용 및 개발비용 등을 합산하여 공급자 성격을 갖는 적산가액으로 산정함

④ 수익환원법은 대상토지로부터 기대되는 순수익 등을 환원 또는 할인하여 산정하는 방식이나, 본건에서 제시된 영업이익은 토지만의 귀속이익이 아닌 토지 이외의 구성부분에 대한 귀속이익까지 포함된 이익으로 토지 가치 산정에 적용하는 것은 타당치 아니함. 따라서, 토지 임차료를 기준하여 산정하되 토지개발임대차의 경우 일반적으로 낮은 임차료를 지급하고 계약 종료 후 개발비용 등이 원 토지소유자에게 귀속되는 특징 등을 가지고 있다는 점에서 적정 임차료로 판단하기 어려움

⑤ 제외지의 경우 합리성 검토 가능한 자료 미비로 「감칙 제14조 제1항」 기준하여 평가함

III. 물음2), 타당성 검토(토지개발임대차) (15점)

1. 甲 입장(임대 타당성)

(1) 수입의 현가

1) 매기 임차료

매기 2% 증가 현가액

$$1,000,000,000 \times \frac{1 - (1.02/1.07)^{10}}{0.07 - 0.02} \times 1.07 ≒ 8,139,000,000원$$

2) 기말 복귀액

$$(\underbrace{73,950,000,000 \times 1.10}_{\text{골프장}} - \underbrace{37,800,000,000 \times 0.3}_{\text{조성공사비}}) \times 0.5083 ≒ 35,584,000,000원$$

3) 수입의 현가

43,723,000,000원

(2) 비용의 현가

1) 소지가액

21,995,650,000 + 1,068,750,000 ≒ 23,064,400,000원

2) 인허가비용

7,500,000,000원

3) 계

30,564,400,000원

(3) 타당성 검토(NPV법)

[수입 - 비용 > 0]인바, 토지임대차가 타당함. 이는 ① 토지 개발비용의 대부분을 임차인이 부담하게 되고 ② 토지임차료가 적정임차료 대비 다소 적을 수 있으나 개발 후 토지의 개발이익 및 자본소득을 원소유자가 대부분 향유하게 되며, ③ 토지임대차기간 10년이 다소 짧기 때문으로 판단됨 ④ 다만, 기말 복귀액 및 이자율 변화에 따른 현가액 차이로 분석 결과가 달라질 수 있음에 유의하여야 함

2. 乙 입장(토지개발임대차 타당성)

(1) 수입의 현가

영업이익 매기 1% 상승, 22억원 최대, 10년

$$\underbrace{20억원 \times 3}_{27홀} \times \frac{1 - (1.01/1.07)^{10}}{0.07 - 0.01} \times 1.07 + 37,800,000,000 \times 0.3 \times 0.5083 ≒ 52,680,000,000원$$

(2) 비용의 현가

$$37,800,000,000 + 1,000,000,000 \times \frac{1 - (1.02/1.07)^{10}}{0.07 - 0.02} ≒ 45,939,000,000원$$

(3) 타당성 검토

[수입 - 비용 > 0]인바, 토지임차개발이 타당함

이는 ① 토지 매입비용 없이 ② 10년간의 낮은 비용으로 토지를 임차할 수 있으며 ③ 토지임차를 통해 골프장의 운용이익을 향유할 수 있고 ④ 기말에 골프장 조성비용의 일정부분을 환급 받을 수 있기 때문이다. ⑤ 다만, 영업이익 상승률의 한계점이 있다는 점과 이자율 변화에 따라 분석 결과가 달라질 수 있다는 점에 유의하여야 함

문항별 논점

토지개발임대차 타당성 검토 (35점)

물음1) 제시된 <계약 내용>의 이해가 중요했다. 전반적인 토지개발임대차의 내용을 알고 있었다면 문제 접근이 보다 용이했을 것으로 판단된다. 3페이지 분량에 모든 개념을 담아 놓았기 때문에 계산은 단순했지만 출제자의 의도를 파악하지 못했다면 답안구성이 어려웠을 것이다.

甲 소유 토지의 시장가치를 3방식을 통해 산정하는 물음으로 사업승인면적과 제외지 모두 甲 소유 토지로 가치를 달리하는 부분은 「감칙 제7조 제3항」 의거 구분평가를 하여야 한다. 골프장평가의 경우 제외지의 포함 여부는 감정평가 목적 및 사업의 진행사항, 제시된 목록 등을 해석하여 결정하여야 한다. 클럽하우스 등 건물의 경우 감정평가 대상이 되나, 지문에서 이를 배제하고 있다는 점도 유의하여야 한다.

사업승인면적 전체 면적은 골프장 조성 토지로 기준시점 당시 조성이 완료된 상태로, 용도상 불가분의 관계인 일단지를 기준하여 평가한다.

공시지가기준법의 경우 본건 토지가 표준지인지를 확인하여야 한다. 골프장의 경우 본건이 표준지로 선정되는 경우가 일반적이며, 타 지역 골프장 표준지를 비준하는 경우에는 지역요인 비교가 핵심이 될 것이다. 또한, 대중제골프장과 회원제골프장을 구분하여야 한다.

원가법의 경우 가산법의 논리로 시산가액을 산정하되, 소지가액은 동일·유사한 토지의 "집단"을 기준으로 대량으로 평가하는 것이 일반적이다.

수익환원법의 적용이 당해 물음에서 가장 중요 포인트라고 생각된다. 골프장평가 시 골프장으로부터 발생 되는 영업이익을 기준으로 수익가액을 산정함이 통상 실무상 관례이나 영업이익은 골프장의 기업가치의 성격을 반영하고 있다. 해당 골프장의 명성 및 운영 노하우 등에 따른 이점은 결국 매출과 영업이익으로 반영되고 있으므로 甲 소유 토지의 가치를 산정하는 경우 영업이익에서 토지의 귀속이익을 분리하여 산정(甲이 운영하는 경우)거나 토지 임차료를 기준하여 수익가액을 산정함이 타당하다. 다만, 토지개발임대차의 성격상 지급되는 토지의 계약 임차료는 정상적인 시장임차료와 차이가 있다는 점을 들어 시산가액 조정에서 이를 고려하여야 한다. 실제 시험장에 이러한 점을 약술을 통해 지적하였다면 높은 점수를 받을 수 있었을 것이다.

(2013.1.1. 시행) 「감칙 제12조」 감정평가방법의 적용 및 시산가액 조정, 「감칙 제14조」 토지의 감정평가 부분이 개정됨에 따라 주된 감정평가방법의 적용 및 시산가액 조정에 대한 기술에 배점이 있었을 것으로 판단된다.

물음2) 甲과 乙의 각각의 타당성을 NPV법을 통해 판단하되, 그 판단 근거를 제시하는 것이 가장 중요한 논점이었다. 토지개발 임대차에서 양자의 입장을 각각 검토하는 점이 다소 생소했으며, 수입과 지출의 개념이 명확하지 않았다면 다소 난해한 문제풀이가 되었을 것이다.

개발업자의 경우에는 해당 골프장 영업을 통해 획득하는 영업이익과 토지 임대차 종료 후 유입되는 골프장 조성비용 일부가 유입항목이며, 매기 지출되는 토지 임차료와 준공 시 발생되는 골프장 개발비용이 유출항목임에 유의하여야 한다.

토지 소유자의 경우에는 매기 지급 받는 토지 임차료와 기말에 복귀되는 골프장의 조성 후 토지가액이 현금의 유입항목이며, 기초에 소유하고 있는 토지의 소지가액과 기말에 지급하는 골프장 조성비용의 일부가 유출항목임에 유의하여야 한다. 다만, 조성 후 토지가액에서 소지가액을 차감한 골프장 개발에 따른 이익만을 고려하는 방법도 있을 수 있다.

문제2 (30점)

I. 평가개요

- 평가대상: 토지, 건축물 등
- 평가목적: (재개발구역 내) 타당성 검토

II. 물음1), 보상평가액(현금청산) (15점)

1. 처리방침

① 2013.7.31. 기준시점, 재개발구역 내 현금청산 평가로 「도시정비법 제65조」에 의거 「토지보상법」 준용하여 평가함

② 도시계획시설도로는 개별적제한으로 미고려

2. 토지

(1) 사업인정의제일: 2012.4.5.(사업시행계획인가고시일)

(2) 표준지 선정

일반상업, 업무용 기준, 광대소각 기준 <#①> 선정
(#②: 도로 상이)

(3) 적용공시지가

20만㎡ 이하 사업으로 「토지보상법 제70조 제5항」 미고려, 「토지보상법 제70조 제4항」 의거 <2012.1.1.> 공시지가 적용

(4) 시점수정(생산자물가지수 미제시)

동대문구, 상업지역, 2012.1.1. ~ 2013.7.31.
$1.02240 \times 1.00512 \times (1 + 0.00155 \times 122/31) ≒ 1.03390$

(5) 그 밖의 요인

1) 사례선정

일반상업, 광대소각, 사업인정 이전 사례(개발이익 배제) 기준 <선례 C> 선정

2) 격차율 산정

$$\frac{9,500,000 \times {}^*1.02876 \times 1.000 \times 100/102}{6,000,000 \times 1.03390} ≒ 1.544$$

* 2012.4.2. ~ 2013.7.31.
　$(1 + 0.0240 \times 264/366) \times 1.00512 \times (1 + 0.00155 \times 122/31)$

3) 결정

∴ <1.54> 결정

(6) 토지 보상액

$6,000,000 \times \underset{시}{1.03390} \times \underset{지}{1.000} \times \underset{개}{100/100} \times \underset{그}{1.54} ≒ 9,550,000$원/㎡

(× 820㎡ ≒ 7,831,000,000원)

3. 건축물

실측면적 기준

$950,000 \times 18/50 ≒ 342,000$원/㎡(× 650㎡ ≒ 222,300,000원)

4. 제시외 건물

사업인정의제일 이전으로 보상대상이며 개별적 제한 미고려

$320,000 \times 13/40 \times 10 + 600,000 \times 13/40 \times 60 ≒ 12,740,000$원

5. 지장물

$40,000 \times 110 + 90,000 \times 530 + 120,000 \times 54 ≒ 58,580,000$원

6. 수목 「시행규칙 제37조」

물건가격 범위 내 이전비 보상 「토지보상법 제75조」

① 소나무

15,000,000 × 0.2 + 4,200,000 < 15,000,000인바, 이전비 보상

∴ 7,200,000원/주 × 3주 ≒ 21,600,000원

② 감나무(동일 방식)

물건가격 < 이전비인바, 물건가격으로 보상

500,000원/주 × 5주 ≒ 2,500,000원

③ 대추나무(물건가격)

200,000원/주 × 5주 ≒ 1,000,000원

④ 계

25,100,000원

7. 보상액 합계

토지 + 건축물 등 = 8,174,720,000원

III. 물음2), 종후자산 (5점)

1. 종후자산 가치(일반분양 기준)

(1) 거래사례비교법

단지 내 1층 상가 거래사례인 <F> 선정

7,040,000,000 × 1.02^5 × 1.000 × 100/95 × 720/640 ≒ 9,200,000,000원

(2) 조합원 분양가 기준

8,000,000 × 720 × 1.45 ≒ 8,352,000,000원

(3) 결정

조합원 분양가 기준액은 공급자 성격으로, 5년 후 시장성 반영한 비준가액으로 결정

9,200,000,000원

2. 청산금

8,000,000 × 720 - 7,956,400,000 × 0.95 ≒ -1,798,580,000원(수령)

3. 청산금 포함 종후자산 가치

9,200,000,000 + 1,798,580,000 ≒ 10,998,580,000원

Ⅳ. 물음3), 적절한 방안 (10점)

1. 2013.4.30. 기준 각 방안 현가액

(1) 매각 방안

80억원

(2) 보상 받는 경우

8,179,720,000 × $1/1.005^3$ ≒ 8,028,686,000원

(3) 분양 받는 경우

10,998,580,000 × $1/1.06^5$ ≒ 8,218,778,000원

2. 적절한 방안의 조언

① 각 방안에 따른 현가액 기준으로 판단하는 경우 [분양 받는 경우]가 가장 타당함
② 현금청산의 경우 당해 재개발사업에 따른 개발이익을 향유하지 못하는 점, ③ 매수제안액의 경우 「토지보상법」에 의한 보상가액을 기준으로 제안되었다는 점을 고려할 때 분양 받는 경우가 타당함
이는 ④ 조합원 분양가 대비 45%나 높은 일반분양가가 ⑤ 70%에 달하는 분양률로 매각되었고, ⑥ 상가 상승률도 연간 2%로 당해 재개발사업의 개발이익을 조합원이 대부분 흡수한다는 점에 있음
⑦ 다만, 분양을 받는 경우는 2018.4.30. 기준가액으로 경기변동 및 지역 시장의 변화, 상권 및 이자율 등 변화에 따라 가액이 변동될 가능성이 있는 점을 의뢰인에게 주지시켜야 함

문항별 논점

현금청산 등 재개발구역 내 타당성 검토 (30점)

문제 1번과 더불어 문제 2번에서도 타당성 검토가 출제되었다. 「도시정비법」상 재개발구역 내 목적별 감정평가방법 및 재개발사업의 절차 등을 숙지하고 있어야 문제의 흐름 파악 및 타당성 검토를 원활하게 수행할 수 있었다. 「토지보상법」과 「도시정비법」상 감정평가방법 및 양자의 관계를 정확히 숙지하여야 한다는 점에서 다소 난이도가 높은 문제라 판단된다.

재개발사업은 공익사업으로 의뢰목적에 따라 「토지보상법」에 의해 감정평가하는 경우와 「도시정비법」에 의해 감정평가하는 경우로 구분할 수 있으며, 현금청산의 경우 「토지보상법」을 준용하여 현금청산액을 산정하도록 규정되어 있다. 개별적 제한과 당해 재개발사업에 의한 제한 및 지장물의 보상대상 여부(사업인정의제일 기준)에 대한 검토가 필요했으며 수목의 경우 물건가격 내 이전비 보상을 기준으로 평가하여야 했다. 「토지보상법」은 현황평가 기준으로 공부상 차이가 있는 경우 실측면적을 기준하는 반면, 종전자산의 경우 조합원 출자자산의 상대적 균형을 위해 공부상 면적을 기준하는 것도 주의하여야 한다.

종후자산은 일반분양분과 조합원 분양분을 구분하여야 한다. 비례율 산정 시 고려되는 종후자산은 조합원 분양분을 의미하나 물음에서 종후자산은 조합원이 5년 후 분양받는 자산으로 시장에서 매각 가능(타당성 검토 목적)한 개발 후 자산의 가치이므로 일반분양분의 종후자산을 의미하고 있다(현업에서도 양자를 혼용하여 사용하기도 한다). 따라서, 5년 후 매각 가능한 종후자산은 시장성을 반영하여야 함에 따라 거래사례비교법을 통해 가액을 산정하여야 한다. 또한, 조합원 분양가액과 일반 분양가액이 상호 연동되고 있음을 이해하고, 비례율 산정 및 권리가액, 청산금 산정 방법 등을 숙지하여야 한다.

상기 가액을 통해 ㈜H전력의 전략을 검토하되, 물음에서 그 이유를 설명하도록 제시하고 있으므로 풍부한 결정 의견을 제시하여야 한다. 일반 분양가액이 조합원 분양분 대비 45%나 높음에도 불구하고 70%의 높은 초기 분양률을 제시하고 있다는 점을 기술하였다면 보다 쉽게 답안을 작성할 수 있었을 것이다. 「도시정비법」상 사업은 해당 구역 내 허용되는 용적률과 용도, 일반분양분의 가액, 종전자산 평가액 등에 따라 수익성이 결정된다는 것을 숙지하여야 한다.

문제3 (20점)

Ⅰ. 평가개요

- 평가대상: 토지
- 평가목적: 보상평가
- 가격시점: 2013.4.1.「토지보상법 제67조 제1항」

Ⅱ. 물음1), 비교표준지 선정 (5점)

1. 적용공시지가 선정

미보상토지로 부당이득 성격, 가격시점 최근 공시지가 적용
∴ <2013.1.1.>

2. 비교표준지 선정

① 대상토지 종전 공익사업에 편입된 토지로 보상금 지급이 안된 "미보상토지"임
② 미보상토지의 경우 「시행규칙 제25조」인 미지급용지에 준하여 평가하며, 종전 공익사업에 편입될 당시의 이용상황을 기준함
③ 지목 "임야"이나 1970년경부터 무허가건축물 부지로 이용 중으로 "1989.1.24." 이전으로 「시행규칙 제24조」 의거 평가하되 당시 불량주택지대임을 고려하여, "주거용" 기준함
④ 인근지역 내 구획정리사업 감보율 40% 고려함
⑤ 용도지역은 「시행규칙 제23조」 의거 당해 공익사업으로 인해 변경되기 전 "일반주거지역" 기준함
⑥ 따라서, <#1> 선정

> **Advice**
> 무허가건축물이 소재하는 부분 및 건축면적에 대한 언급이 없었는바, 출제자 의도상 전체 무허가건축물부지로 보아 보상평가함

Ⅲ. 물음2), 지목 등 (5점)

① 종전 편입 당시 기준하여 지목은 "임야"이나
② 실제용도는 1989.1.24. 이전 무허가건축물 부지로, "주거용"
③ "세로(가), 부정형, 완경사"
④ 종전 편입 당시 면적인 10,000㎡ 기준함

Ⅳ. 물음3), 개별요인 비교치 (5점)

1. 가로조건

세로(가)/소로한면
100/105 ≒ 0.952

2. 접근조건

대등한 것으로 판단
∴ 1.000

3. 환경조건

대등한 것으로 판단
∴ 1.000

4. 획지조건

1 - 0.15 - 0.05 - 0.10 ≒ 0.700

5. 행정적 조건

대등한 것으로 판단
∴ 1.000

6. 기타조건

감보율 40% 고려
∴ 0.600

Advice

감보율로 제시되어 의뢰면적인 1,000㎡ × (1 - 0.4) ≒ 600㎡를 적용하면 안 된다.

7. 개별요인 비교치

0.952 × 1.000 × 1.000 × 0.700 × 1.000 × 0.600 ≒ 0.400

V. 물음4), 보상감정평가액 (5점)

1. 시점수정

(1) 지가변동률

2013.1.1. ~ 2013.4.1.: 1.00000

(2) 생산자물가상승률

1.01000

(3) 결정

국지적 부동산가격 변동을 보다 잘 반영하는 지가변동률 적용
∴ <1.00000>

2. 토지 보상액 산정

표준지 인근 지가수준 반영, 그 밖의 요인 1.00
1,000,000 × 1.00000 × 1.000 × 0.400 × 1.00 ≒ 400,000원/㎡
(× 1,000㎡ ≒ 400,000,000원)

문항별 논점

미보상토지의 보상평가 (20점)

미보상토지란 하나의 공익사업이 완료된 후에도 보상금이 지급되지 아니한 토지로서, 두 개의 공익사업이 존재하는 미지급용지와의 차이점이 있으나 실무상 토지보상액 산정에 있어서는 유사점이 많다. 미보상토지는 가격시점 현재 최근의 공시지가를 기준하여 부당이득의 개념을 반영하나 공익사업의 시행으로 인한 보상으로 공법상 제한 및 이용상황의 결정은 「토지보상법」상 규정을 적용하게 된다. 도로·형상·지세 등은 종전 공익사업의 편입될 당시를 기준하나 적용공시지가 및 접근조건 등은 가격시점을 기준하여 부당이득과 수익자가 입은 손해 양자를 모두 고려하는 평가가 된다.

문제4 (15점)

1. 시장가치

(1) 개요

복합부동산의 경매평가로 「감칙 제7조 제1항」의 개별물건기준 합으로 시장가치 산정함. 기준시점은 2013.9.7.임

(2) 토지 「감칙 제14조 제1항」

① 4필지상 1개의 건축물이 소재, 용도상 불가분관계로 "일단지" 기준하여 평가함. "중로각지, 정방형, 평지" 기준

② 준주거, 상업용, 평지 기준 <#1> 선정

5,200,000 × 1.00000 × 1.000 × (1.05 × 1.00 × 1.00) × 1.00 ≒ 5,460,000원/㎡
(× 600㎡ ≒ 3,276,000,000원)

(3) 건물 「감칙 제15조 제1항」

소유자 다른 100번지 적정지료 지불 후 정상사용 가능한 바, 건물정상평가함

1,400,000 × 40/50 ≒ 1,120,000원/㎡(× 480㎡ × 4층 ≒ 2,150,400,000원)

(4) 시장가치

토지 + 건물 ≒ 5,426,400,000원

2. 예상낙찰가

최근 낙찰가율 75%를 기준함

5,426,400,000 × 0.75 ≒ 4,069,800,000원

3. 산출방법 약술

예상낙찰가액은 인근지역의 동일유사 부동산의 최근 낙찰가율을 기준하여 산정하나, 대상부동산의 개별성과 부동산과 결부된 다양한 권리(특허권, 기술권 포함 여부, 공장의 경우 허가 가능 여부 등)를 고려하여 개별성을 반영하여야 한다.

본건의 경우 100번지 토지소유자가 그 외 3필지 소유자와 달라 4필지 지상의 건물의 사용 시 사용·수익의 제한 정도를 감안하여야 하며, 이는 적정지료의 지급으로 그 개별성을 고려할 수 있다. 따라서, 일반적인 낙찰가율인 75% 이하의 낙찰율을 적용하여야 하나 이에 대한 개별성 반영 요건이 제시자료가 없으며, 토지 매입 없이 적정지료 지급 후 건물의 정상사용이 가능하다는 점을 고려할 때, 최근 낙찰가율을 적용하여 산정하였다.

다만, 대상건물의 정상사용을 위한 지료지급분을 낙찰율에 고려함이 타당하다 판단된다.

문항별 논점

경매평가 및 낙찰가액 (15점)

4필지상에 소재하는 건물과 일단지의 경매감정평가로 소유자가 다른 경우 감정평가방법 및 낙찰가율 결정을 묻는 문제이다. 용도상 불가분의 관계는 소유관계를 기준으로 하는 것이 아닌 경제적 관점에서 판단하여야 한다. 일단지의 경우 소유자가 동일함이 일반적이나 현실적인 복잡한 이해관계에 따라 소유자가 달리하는 경우에도 용도상 불가분의 관계가 성립되는 경우가 경매평가 시 자주 발생한다.

경매 목적의 시장가치(법사가액) 산정에는 큰 어려움이 없으나 물음에서 낙찰가액 산정 시 낙찰가율 결정에 대한 의견제시를 요구하고 있는 점에 유의하여, 토지소유자가 다른 경우 사용·수익의 제한 여부 및 임차료 지급에 따른 경제적 불이익 등 개별성을 고려하여 낙찰률을 결정하여야 한다는 점을 기술하여야 할 것이다.

2014년 제25회 감정평가실무 기출

총평

25회 기출문제는 전체 14페이지 구성으로 문제가 단순 명료하게 제시되었다. 기존 기출문제 대비 실제 문제 분석 시간도 다소 줄었을 것이며, 100분 이내로 문제풀이가 가능했다. 시점수정치가 제시되는 등 복잡한 계산이 없어 수험생들이 시험장에서 느끼는 부담감이 상대적으로 낮았을 것이나 문제 1번의 성숙도와 관련하여 「도시정비법」상 국·공유지 매각평가의 정확한 이해가 필요했다. 난이도가 낮다고 판단하여 정확한 논리 없이 문제를 풀이할 경우 오히려 과락을 걱정하여야 하는 시험이었다고 판단된다.

문제1 (30점)

I. 평가개요

- 평가대상: 토지
- 평가목적: 매각(공유지)
- 기준시점: 2014.9.5.
  (사업시행계획인가 고시일 3년 이후 매각, 「공유재산법」 적용, 현장조사완료일이 기준시점임)
- 기준가치: 시장가치

II. 토지 평가액

1. 처리방침

    ① 재개발구역 내 공유지로 용도폐지 전제함
    ② 인근 표준적 이용상황인 "주택지대" 기준
    ③ 기준시점 현재 착공 후 일단지 상태로 아파트부지로의 성숙도를 고려하여 평가함
    ④ 「공유재산법」 적용 감정평가

2. 공시지가기준법 「감칙 제14조 제1항」

    (1) 표준지 선정

    2종일주, 주택지대, 개별요인 동일한 <#②> 선정

(2) 적용공시지가

기준시점 최근 2014.1.1. 기준 공시지가 적용

(3) 그 밖의 요인

1) 사례 선정

택지비 목적, 최근 사례인 <선례 ㉠> 선정

2) 격차율

$$\frac{5,700,000 \times 1.00221 \times 1.000 \times 100/118}{3,220,000 \times 1.00057} ≒ 1.502$$

∴ <1.50>로 결정

(4) 공시지가기준액

$3,220,000 \times \underset{시}{1.00057} \times \underset{지}{1.000} \times \underset{개}{1.000} \times \underset{그}{1.50} ≒ 4,830,000원/㎡$

3. 거래사례비교법 「감칙 제14조 제2항」

(1) 사례선정

주택지대 고려, 토지만의 거래사례인 <사례 (가)> 선정

(2) 비준가액(사례 선정 배제 가능성 있음)

$400,000,000 \times \underset{사}{1.00} \times \underset{시}{1.00999} \times \underset{지}{1.000} \times \underset{개}{100/90} \times \underset{면}{1/92} ≒ 4,880,000원/㎡$

4. 토지 감정평가액 결정

양 시산가액 유사 「감칙 제12조 제2항」 합리성 인정됨. 「감칙 제14조 제1항」 의거 공시지가기준액으로 결정함

- 기호1: 4,830,000원/㎡ × 106㎡ ≒ 511,980,000원
- 기호2: 4,830,000원/㎡ × 48㎡ ≒ 231,840,000원
- 기호3: 4,830,000원/㎡ × 151㎡ ≒ 729,330,000원
- 기호4: 4,830,000원/㎡ × 72㎡ ≒ 347,760,000원
- 기호5: 4,830,000원/㎡ × 108㎡ ≒ 521,640,000원
- 계: 2,342,550,000원

문항별 논점

재개발구역 내 국·공유지 매각 평가 (30점)

I. 개별 논점

재개발구역 내에서 국·공유지 감정평가는 적용법령의 문제이다. 「국유재산법 시행령 제42조」에서는 처분재산의 예정가격을 「토지보상법」에 따른 보상가액으로 결정할 수 있도록 규정하고 있어 문제가 생긴다.

사업시행계획인가 고시일 기준 3년 이내 매각이 체결되는 경우에는 사업시행자 또는 국·공유지 처분청이 제시하는 적용법령에 따라 감정평가를 하되, 3년 이내 매각이 미체결되는 경우에는 국·공유지 매각의 성질상 「국유재산법」이 적용됨이 타당하고 이는 "시가평가" 원칙으로 「토지보상법」을 적용한 가액은 과소매각에 따른 부담을 처분청이 지게 되는 문제점이 있다.

사업시행계획인가 고시일 이후 3년이 되는 기간 동안 국·공유지를 사업시행자가 협의 매수하지 못하는 경우 당해 사업에 따른 개발이익 반영의 문제가 생긴다. 기준시점 당시 재개발구역 내 대부분 토지는 조성 진행 중이므로 "시가평가" 원칙에 따라 조성 후 토지를 기준으로 한 경우 성숙도를 어디까지 고려할 것인지 문제가 생긴다.

또한, 착공 후의 매각가액 결정 시 일단지에 대한 인식이 문제가 될 수 있다. 재개발사업 완료 시 조성된 전체 공동주택 부지로 이용되는 일단지로 인식할 수 있으나 이는 앞선 내용과 같이 성숙도 및 공정률 보정을 통해 감액하여 감정평가하여야 한다. 사안에서는 제시된 개별토지는 기존 주택지대 내 소재하는 면적이 다소 작은 부지로 아파트 전체 부지의 일단지에 대한 판단 및 성숙도 보정에 대한 제시가 없었으며, 인근 표준지 공시지가(일단지 면적 미제시) 및 그 밖의 요인 보정 사례와의 면적 차이에서도 다소 난해한 문제풀이가 이어진다. 다만, 성숙도 등에 따른 보정 문제를 개별요인치(표준지 100, 평가선례 118)에서 반영된 것으로 풀이된다.

표준지 기호 ②는 B12구역 내 신규 표준지로 표준지평가 당시에도 공동주택 부지의 조성완료 상태를 기준한 것이 아닌, 조성 중인 상태를 고려하여 현황평가 하였으므로 대상과의 성숙도 보정이 별도로 필요치 아니하다는 것은 토지단가에서 알 수 있다.

거래사례비교법 적용 시 사례 (가)를 선정할 것이냐의 문제가 생길 수 있다. 기호 (가) 사례는 매매 당시 다세대주택을 기준 한 거래가액으로 현황 아파트 부지로 성숙 중인 공유지와 비교하여 기호 (가)를 기준한 비준가액은 당해 사업에 의한 개발이익을 반영할 수 없다. 즉, 다세대주택 부지와 공동주택 부지의 가격 격차를 반영할 수 없게 되는 문제점이 있다. 이와 같은 논리를 통해 사례에서 배제할 수 있으나 시험장에서 이러한 논리까지 인식하고 문제를 풀기에는 상당히 어려웠을 것으로 판단된다. 상기 논의에 대한 이해를 바탕으로 시산가액 조정 시 풍부한 기술을 통해 비준가액을 배제하는 형식으로 답안을 구성하면 충분하다고 생각된다.

평가선례 ㉠의 경우 조성 완료된 상태(또는 전제)로 평가되어 성숙도 100%를 기준한 가액이다. 이는 감정평가 목적 및 개별요인 비교치에서 비교표준지와 선례의 요인치를 통해 확인할 수 있다(표준지: 100, 선례: 118). 매매사례 (가)의 단가 4,347,000원/㎡, 평가사례 단가 5,700,000원/㎡와 요인비교치를 고려한 단가인 4,830,000원/㎡[매매사례 (가)], 4,830,000원/㎡(선례 ㉠)가 동일한 의미를 알아야 할 것이다.

Ⅱ. 관련 논점

1. 정비기반시설 감정평가와 매각평가의 비교

구분	정비기반시설 감정평가	매각평가
근거규정	「도시정비법 제97조 제1항 및 제2항」	「도시정비법 제98조 제6항」
감정평가 실시시기	사업시행계획인가 전	사업시행계획인가 후 (통상 관리처분계획인가 신청 전에 실시)
감정평가 목적물	정비구역 내 무상양도대상인 국·공유재산 및 신설 정비기반시설 예정지	무상양도 대상에서 제외된 국·공유재산

2. 정비구역 내 국·공유재산 매각평가 적용법규의 유형

(1) 유형

사업시행계획인가 고시일 기준		우선 적용 법률	기준시점	용도지역·이용상황	
				재개발	재건축
3년 이내 매각 계약 ○	사업시행자 매각	「도시정비법」	사업시행계획인가 고시일	[A] 「국유재산법」 또는 「토지보상법」	[E] 「국유재산법」
	그 외 매각	「도시정비법」		[B] 「국유재산법」	[F] 「국유재산법」
3년 이내 매각 계약 ×	사업시행자 매각	「국유재산법」	매각 계약 체결 당시 (실무상 가격조사완료일)	[C] 「국유재산법」 또는 「토지보상법」	[G] 「국유재산법」
	그 외 매각	「국유재산법」		[D] 「국유재산법」	[H] 「국유재산법」

「도시정비법」에서는 기준시점, 용도지역, 이용상황, 도시계획시설 저촉의 감안 여부 등 매각 감정평가액 결정의 주요 변수 중 오로지 기준시점만 규정하고 있으며, 그나마 사업시행계획인가 고시가 있은 날로부터 3년 이내 매매계약이 체결되는 경우만 기준시점을 규정하고 있으므로 기준시점을 제외한 나머지 사항은 상기 표와 같이 판단한다.

(2) 관련 규정(A, C 유형)

> 「국유재산법」 시행령 제42조(처분재산의 예정가격) ⑨ 「공익사업을 위한 토지 등의 취득 및 보상에 관한 법률」에 따른 공익사업에 필요한 일반재산을 해당 사업의 사업시행자에게 처분하는 경우에는 제1항에도 불구하고 해당 법률에 따라 산출한 보상액을 일반재산의 처분가격으로 할 수 있다.

상기 법령과 같이 「국유재산법」은 스스로 국유재산법이 아닌 토지보상법에 따른 보상평가액으로 매각가격을 결정할 수 있도록 규정하고 있음으로 국·공유재산 관리청에 조회한 후 이에 따라 감정평가하여야 한다.

3. 용도폐지의 전제
상기의 정비기반시설의 '용도폐지 전제'와 같이 국·공유지의 기존 용도는 폐지됨을 전제하여 감정평가하여야 할 것이다.

Ⅲ. 사업시행계획인가 고시일로부터 3년 이내 매각

1. 적용법률
「도시정비법」이 적용된다.

2. 기준시점: 사업시행계획인가 고시가 있는 날이 기준시점이 된다.

3. 점유지 감정평가
(1) 대상
국·공유지 중 인접지 소유자가 점유하는 일부 짜투리 토지를 매각하는 경우로, 서울시에서는 200㎡를 초과할 수 없다. 점유지는 향후 점유자의 종전자산이 된다.

(2) 이용상황
앞선 논의와 같이 「국유재산법 제44조」에서는 [시가(時價)]로 매각가격을 결정하도록 규정되어 있으며, 시가의 의미에 따라 「감칙」 및 감정평가의 기준원칙을 적용함이 타당시 된다. 인근지역의 표준적 이용상황을 고려하여 국·공유지와 일단으로 이용되고 있는 사유지를 기준으로 형상 등을 고려하여 감정평가하여야 한다. 다만, 사인이 점유하고 있는 국·공유지는 지목 여하에도 불구하고 지목에 따른 열세를 감안하지 않고 감정평가한다.

(3) 일단의 이용 및 기여도 문제
사유지와 인접한 국·공유지를 함께 점유하고 있는 경우에는 그 사유지와 일단의 상태로 감정평가한다. 이 경우 사유지와 함께 일단의 이용에 기여하고 있는 일부 국·공유지의 기여도 고려한다.

4. 비점유지 감정평가
(1) 대상: 토지 및 건축물(동사무소, 복지시설)

(2) 이용상황
인근지역의 표준적 이용상황을 고려하여 감정평가하여야 한다. 해당 정비사업과 이용상황이 동일하지 않은 경우에는 실 착공에 따른 해당 정비사업에 의한 이용상황을 기준하되 성숙도·공정률 보정을 통해 감정평가하여야 한다.

Ⅳ. 사업시행계획인가 고시일로부터 3년 이내 매각 미체결

1. 적용법률
「국유재산법」이 적용된다.

2. 기준시점: 「감칙 제9조 제2항」에 따라 기준시점을 적용한다. 실무상 가격조사완료일이 된다.

3. 감정평가
(1) 대상: 토지 및 건축물
국·공유재산에 대한 사업시행자와의 협의가 성립되지 않은 물건을 그 대상으로 한다.

(2) 이용상황

점유지 및 비점유지의 이용상황 판단과 동일하다.

문제2 (30점)

I. 평가개요

- 평가대상: 환매권
- 평가목적: 소송평가(손해배상액)
- 기준시점: 2011.9.20.
- 환매권 상실시점은 취득일로부터 10년임
  (전부 또는 일부가 필요 없게 된 경우)

II. 물음1), 비교표준지 선정 등 (5점)

1. 비교표준지 선정

환매권 상실 당시 다른 공익사업에 편입된바, 편입 당시 이용상황(현황평가)인 기준하며, 당시 인근의 표준적 이용상황인 주거용(다가구주택) 고려함
당해 공익사업이 아닌 사유로 용도지역 변경된바, 변경 후 "2종일주" 기준함
∴ <#5> 선정

2. 적용공시지가

공이사업 변환 미적용 ∴ H택지개발사업 편입지인 보상평가액이 상실 당시 가액임
∴ 사업인정의제일인 2007.10.27. 이전 고시된 <2007.1.1.> 표준지공시시가 적용함

III. 물음2), 환매권 상실 당시 토지평가액 (5점)

H택지개발사업의 편입 보상액으로 평가함

530,000 × <u>1.05000</u> × <u>1.000</u> × <u>1.050</u> × <u>1.30</u> ≒ 760,000원/㎡(× 315㎡ ≒ 239,400,000원)
     시   지   개   그

VI. 물음3), 반환하여야 할 환매금액 (15점)

1. 처리방침

① [환매 당시 적정가액 > 지급보상금 × 인근 유사토지 지가변동률]인 경우
"지급보상금 + [환매 당시 적정가액 - 지급보상금 × 인근 유사토지 지가변동률]"

② [환매 당시 적정가액 ≤ 지급보상금 × 인근 유사토지 지가변동률]인 경우 "지급보상금"

2. 지급보상금 × 인·유·토·지변

(1) 지급보상금

지장물 보상액 제외 ∴ 56,700,000원

(2) 인·유·토·지변

1) 표본지 선정

인근 지역 내 소재, 이용상황이 유사한 토지로 해당 공익사업에 따른 개발이익이 반영되지 않는 표준지로 대상토지와 용도지역 등의 변경과정이 같거나 유사한 표준지를 표본지로 선정함
∴ <#6>

2) 2001.9.20. 가액

360,000 + (380,000 - 360,000) × 263/365 ≒ 374,411원/㎡

3) 2011.9.20. 가액

550,000 + (600,000 - 550,000) × 263/365 ≒ 586,027원/㎡

4) 인·유·토·지변

586,027/374,411 ≒ 1.56520

(3) 지급보상금 × 인·유·토·지변

56,700,000 × 1.56520 ≒ 88,747,000원

3. 환매금액 결정

상기 ①의 해당하는 경우인바,
56,700,000 + (293,400,000 - 88,747,000) ≒ 261,353,000원

V. 물음4), 손해배상액 (5점)

[환매 당시 적정가액 - 환매금액]으로 결정함
293,400,000 - 261,353,000 ≒ 32,047,000원

문항별 논점

환매권 상실에 따른 손해배상금 산정 (30점)

I. 관련 법령 및 헌법불합치 결정

> 현행 「토지보상법」 제91조(환매권) ① 공익사업의 폐지·변경 또는 그 밖의 사유로 취득한 토지의 전부 또는 일부가 필요 없게 된 경우 토지의 **협의취득일 또는 수용의 개시일**(이하 이 조에서 "취득일"이라 한다) 당시의 토지소유자 또는 그 포괄승계인(이하 "환매권자"라 한다)은 다음 각 호의 구분에 따른 **날부터 10년 이내**에 그 토지에 대하여 받은 보상금에 상당하는 금액을 사업시행자에게 지급하고 그 토지를 환매할 수 있다. <개정 2021.8.10.>
> 1. 사업의 폐지·변경으로 취득한 토지의 **전부 또는 일부가 필요 없게 된 경우**: 관계 법률에 따라 **사업이 폐지·변경된 날** 또는 제24조에 따른 **사업의 폐지·변경 고시**가 있는 날
> 2. 그 밖의 사유로 취득한 토지의 전부 또는 일부가 필요 없게 된 경우: **사업완료일**
> ② 취득일부터 5년 이내에 취득한 토지의 전부를 해당 사업에 이용하지 아니하였을 때에는 제1항을 준용한다. 이 경우 환매권은 취득일부터 6년 이내에 행사하여야 한다.
>
> 부칙 <법률 제18386호, 2021.8.10.>
> 제1조(시행일) 이 법은 공포한 날부터 시행한다.
> 제3조(환매권의 발생 및 행사기간에 관한 적용례) 제91조 제1항의 개정규정은 이 법 시행 당시 환매권을 행사할 수 있는 경우에도 적용한다.
>
> 개정 전 「토지보상법」 제91조(환매권) ① 토지의 협의취득일 또는 수용의 개시일(이하 이 조에서 "취득일"이라 한다)부터 10년 이내에 해당 사업의 폐지·변경 또는 그 밖의 사유로 취득한 토지의 **전부 또는 일부가 필요 없게 된 경우** 취득일 당시의 토지소유자 또는 그 포괄승계인(이하 "환매권자"라 한다)은 그 토지의 **전부 또는 일부가 필요 없게 된 때부터 1년** 또는 **그 취득일부터 10년 이내**에 그 토지에 대하여 받은 보상금에 상당하는 금액을 사업시행자에게 지급하고 그 토지를 환매할 수 있다.

상기 헌법재판소 헌법불합치 결정에 따라 환매권의 행사기간이 2가지 경우로 구분될 수 있으며, 부칙에 의거 (구)법령 조항에 따른 환매권자도 환매권을 행사할 수 있으므로 **현행 및 기존 법령**에서 규정한 환매권의 인정 여부를 모두 검토할 수 있어야 한다.

II. 환매권의 감정평가

1. 환매권의 기준시점 [기준·심사팀-615(2018-05-04)]
환매 당시의 가액 산정의 기준시점은 **환매권자가 환매의 의사표시를 하고 보상금 상당액을 지급한 날**이다.

2. 환매금액

(1) 환매 당시의 감정평가액 ≤ 지급보상액 × 인근 유사토지의 지가변동률

지급보상액

(2) 환매 당시의 감정평가액 > 지급보상액 × 인근 유사토지의 지가변동률

환매금액 = 지급보상액 + [환매 당시의 감정평가액 - (지급보상액 × (1 + 인근 유사토지의 지가변동률))]

3. 환매 당시의 감정평가액

(1) 적용공시지가
환매 당시에 가장 근접한 시점의 표준지공시지가를 기준으로 한다. 당해 공익사업으로 인한 개발이익이 있는 경우 이를 고려한 가액으로 결정한다.

(2) 공법상 제한
당해 공익사업에 따른 공법상 제한이나 가치의 변동이 있는 경우에는 이를 고려한 가액으로 결정한다. 다만, 그 공법상 제한 등이 해당 공익사업의 폐지·변경 또는 그 밖의 사유에 따른 환매권의 행사로 그 공법상 제한 등이 없어지게 되는 경우에는 그러하지 아니하다.

(3) 비교표준지 선정
인근지역에 있는 것으로서 그 공부상 지목 및 이용상황 등이 비슷한 것으로 하되, 그 공법상 제한 등이 없는 상태를 기준으로 감정평가하는 경우에는 인근지역에 있는 것으로서 그 공법상 제한 등이 없는 상태로 공시된 표준지를 선정한다.

(4) 이용상황 판단
환매 당시를 기준으로 하되, 해당 공익사업의 시행 등으로 토지의 형질변경 등이 이루어진 경우에는 그 형질변경 등이 된 상태를 기준으로 한다. 다만, 원상회복을 전제로 하는 등 의뢰자로부터 다른 조건의 제시가 있는 경우에는 그에 따른다.

(5) 환매토지가 다른 공익사업에 편입되는 경우
비교표준지의 선정, 적용공시지가의 선택, 지가변동률의 적용, 그 밖의 감정평가 기준은 그 다른 공익사업시행지구에 편입되는 경우와 같이 한다.

> **질의회신** 환매토지가 다른 공익사업에 편입되는 경우 보상평가 규정의 적용 취지 [감정평가기준센터 2022-00719(2022-05-24)]
>
> [질의요지]
> 가. 공익사업에 편입되었으나 공익사업의 변환이 인정되지 않는 다른 공익사업에 편입되어 환매권이 발생하였을 때에 환매 대상 토지의 환매권 감정평가에 있어서 비교표준지의 선정, 적용공시지가의 선택, 지가변동률의 적용, 그 밖의 감정평가 기준은 다른 공익사업지구에 편입되는 것을 기준으로 하는지 아니면 다른 공익사업지구와 상관없이 감정평가 당시를 기준으로 하는지 여부
> 나. 「토지보상평가지침 제55조 제1항 제2호」는 "환매토지가 다른 공익사업시행지구에 편입되는 경우에는 제1호에도 불구하고 비교표준지 선정, 적용공시지가의 선택, 지가변동률의 적용, 그 밖의 감정평가기준은 다른 공익사업시행지구에 편입되는 경우와 같이 한다"라고 규정하고 있는 바, 환매토지가 다른 공익사업시행지구에 편입되는 경우 비교표준지 선정 등 감정평가 기준을 다른 공익사업시행지구에 편입되는 경우와 같이 하는 취지나 이유
>
> [회신내용]
> 가. 「감정평가 실무기준 [810-6.3.5] 제4호」에서는 환매토지가 다른 공익사업에 편입되는 경우에는 비교표준지의 선정, 적용공시지가의 선택, 지가변동률의 적용, 그 밖의 감정평가기준은 다른 공익사업에 편입되는 경우와 같이 한다고 규정하고 있습니다.
> 따라서 환매 토지가 공익사업의 변환이 인정되지 않는 「토지보상법 제4조(공익사업) 제6호」 이하의 공익사업에 다시 편입되는 경우 환매 당시의 토지가격은 다른 공익사업에 편입되는 경우의 감정평가기준을 적용해야 합니다.
> 나. 환매 당시의 토지가격은 환매토지의 시장가치를 의미하고, 환매 토지가 다른 공익사업에 다시 편입되는 경우에는 다른 공익사업에 따른 보상금액이 환매토지의 시장가치가 된다고 보아야 하므로, 비교표준지 선정 등 환매토지의 감정평가 기준은 다른 공익사업시행지구에 편입되는 경우와 같이 하여야 하기 때문으로 사료됩니다.

4. 인근 유사토지의 지가변동률

(1) 산정

> 인근 유사토지 지가변동률 ≒ 환매 당시의 표본지 적정가격 ÷ 취득 당시 표본지 적정가격

(2) 환매 당시 표본지 적정가격

> 취득(환매)당시의 표본지 단위면적당 적정가격 ≒ 취득(환매) 당시 연도의 표준지공시지가
> + [(다음 연도의 표준지공시지가 – 취득(환매) 당시 연도의 표준지공시지가) × 경과일수/해당 연도 총일수]

5. 환매권 상실에 따른 손해배상

> 손해배상액 = 환매권 상실 당시의 목적물의 시가 - 환매권 행사 가액
> = 환매 당시 적정가액 - 환매금액

문제3 (20점)

Ⅰ. 평가개요

- 평가대상: 토지, 건물
- 평가목적: 일반거래(시가참조)
- 기준시점: 현재
- 기준가치: 한정가치

Ⅱ. 물음1), 적정 토지 매입가액 (10점)

1. 증분가치

18,000,000,000 - (9,000,000,000 + 4,000,000,000) ≒ 5,000,000,000원

2. B 토지 적정매입액

(1) 기여도

$$\frac{18,000 - 9,000}{2 \times 18,000 - (9,000 + 4,000)} ≒ 0.391$$

(2) B 토지 배분액

5,000,000,000 × 0.391 ≒ 1,955,000,000원

(3) B 토지 적정매입액

4,000,000,000 + 1,955,000,00 ≒ 5,955,000,000원

Ⅲ. 물음2), 건물 (10점)

1. 재조달원가(직접법)

일반관리비 5%, 이윤 15% 이하 적용

재료비, 노무비, 경비 적정, 변동비인 일반관리비 이윤은 재료비 등 합계액의 비율로 산정

- 일반관리비: 40억 × 0.05 ≒ 2억원 한도
- 이윤: 40억 × 0.15 ≒ 6억원 한도, 4억원 인식

∴ 40억 + 2억 + 4억 ≒ 46억원

2. 건물가액(정률법)

46억원 × $0.1^{1/20}$ ≒ 4,099,754,000원

문항별 논점

한정가치 개념의 적정매입가액 (20점)

시장가치외 가치의 개념인 한정가치를 기준으로 한 기여도의 문제이다. 차액배분법을 통해 합병 후 증분가치의 배분을 고려하는 방법으로 문제 난이도는 매우 낮으나 출제자가 제시한 배점을 고려할 경우 숫자만의 표현이 아닌 "기여도"에 대한 이론적 고민을 적시할 필요가 있다고 판단된다.

문제4 (20점)

Ⅰ. 물음1), 수익률 채택 등 (10점)

1. 물음 (1), 산술평균수익률, 기하평균수익률

(1) 산술평균(arithmetic mean) = N개의 변수를 모두 합한 후 N으로 나눈 값

산술평균 수익률은 산술평균해 산출한 수익률을 의미하며 각각의 수익률이 개별적으로 발생했다고 보아 독립된 수익률로 산정한다. 매기를 기준으로 독립적인 개별수익으로 재투자한다고 가정하여 연속된 투자의 경우 매기 독립된 수익률과 기초 기말의 최종 수익률과의 괴리가 생길 수 있다.

(2) 기하평균(geometric mean) = N개의 변수를 모두 곱한 후 N으로 제곱근 한 값

기하평균 수익률은 가가이 수익률을 연속적으로 이어 붙여서 발생한 결과라고 생각하고 도출한 평균값으로 연속된 투자를 기초로 산정되는 수익률을 말한다. 즉, 장기적인 연속적 투자의 경우 매기의 독립된 투자가 아닌 연속된 시계열상에서의 투자로 투자의 기초와 기말 및 변동성을 고려하게 된다.

(3) 부동산투자 시 수익률의 활용

매기 독립된 산술평균수익률을 적용하는 경우 즉, 매기 부동산의 매도와 매수가 이루어짐을 가정할 때 수익률은 상승과 하락을 반복하게 되나, 기하평균수익률을 적용하는 경우 장기간의 걸친 시계열상의 기초와 기말의 최종 수익률을 기준함에 따라, 부동산투자의 성격을 보다 잘 반영할 수 있다.

2. 물음 (2), 표준편차와 시계열상관계수

REITs(부동산투자신탁)는 부동산 또는 이와 관련된 상품에 투자하여 그 수익을 배당하는 간접 투자상품으로 다양한 부동산 채권을 증권화하여 주식시장에서 주식으로써 인식되는 투자상품의 하나를 말한다. 부동산의 직접 투자형태와 달리 리츠의 경우 다양한 상품의 결합과 주식시장에서의 거래를 통해 환가성이 높아지고 보다 많은 투자자의 시장참여가 가능하게 만들었다. 이를 통해 단순한 부동산의 매입·운영·매각을 통한 직접투자 형태를 벗어나 주식의 대체투자상품으로 인식되어 주식시장과 부동산시장이 통합되는 과정에서 장래의 기대에 따른 주식 수익률과 더불어 부동산시장에서의 자본수익을 반영하게 되는 성격을 가지게 되었다. 이에 따라, 기존 안정적 투자상품의 성격을 지닌 부동산 자체의 상품성 변화를 통해 투자상품으로써의 위험도가 증가하여 표준편차가 높게 나타나며, 시계열상관계수 또한 "S&P 500" 대비 높지만 "CREF"와 "C&S" 대비 낮게 산정된다.

반면, 감정평가액의 경우 감정평가의 자체 성질에 영향을 받게 된다. 시장에서 거래되는 거래시점의 "가격"의 성격이 아닌 대상부동산이 갖는 장기적 관점에서의 "가치"를 산정하는 것으로 매년의 감정평가액은 "가치"의 개념상 안정성이 기초가 되며 과거의 감정평가액에 영향을 다소 크게 받게 된다. 또한, 표준지공시지가의 정책적 목적 실현을 위한 현실화율 및 전년도 표준지공시지가의 가격균형에 따라 감정평가액은 시장가액 대비 다소 변동성이 낮다고 볼 수 있다. 즉, "C&S" 표준편차보다 더 낮은 위험성을 갖게 된다. 다만, "장래기대수익의 현가액"이라는 개념을 고려해 볼 때, 시계열 상관계수와의 관계가 보다 개선되어야 할 문제점을 가지고 있다.

II. 물음2), 임차권 수익률 등 (10점)

1. 물음 (1), 임차권 수익률 (5점)

(1) 임대권 가치

$9,000,000 \times PVAF(10, 9\%) + 120,000,000/1.09^{10} ≒ 108,448,000$원

(2) 임차권 가치

$120,000,000 - 임대권\ 가치 ≒ 11,552,000$원

(3) 임차권 수익률

$11,552,000 = (12,000,000 - 9,000,000) \times PVAF(10, x\%)$일 때,

∴ $x = 22.6\%$

2. 물음 (2), 등식 불성립 경우 (5점)

(1) 일반적인 등식

시장가치 ≠ 임대권가치 + 임차권가치

(2) 등식이 성립하지 않는 경우

① 소유자(임대인)가 제시하는 시장가치에 대한 할인율, 임차인이 요구하는 할인율이 다름

② 완전소유권의 가치인 시장가치는 최유효이용을 전제로 한 가치이나 임차권의 가치는 임차인 사용을 기준으로 한 가치임

③ 임차인의 "질"의 따라 임차권의 가치의 변동(즉, 지급 임대료가 결정됨, 유흥주점과 프렌차이즈의 지급 임대료가 같을 수 없다)이 있기 때문임

2015년 제26회 감정평가실무 기출

총평

제26회 기출문제는 전체 19페이지 구성으로 지문의 양이 다소 많이 제시되었다. 문제 1번의 경우 3방식의 이해와 대상물건의 이해, 빠른 계산을 요구하는 문제로 시간 배분이 관건이었다. 문제 2번, 3번은 출제 당시 실무적으로 논란이 되었던 논점으로 수험생에게는 생소하였으나 문제의 난이도 및 제시된 자료를 고려할 때 배점 내 풀이가 가능했을 것으로 판단된다. 대부분의 수험생들이 문제 4번 또는 문제 2번의 물음1)을 풀지 못했던 회차였다.

문제1 (40점)

I. 평가개요

- 평가대상: 집합건물(업무시설)
- 평가목적: 일반거래(시가참조용)
- 기준시점: 2015.8.2.

II. 물음1), 층별 효용지수 (10점)

1. 처리 방침

① 층별 효용지수는 해당 지역 내 표준적 이용상황, 지역특성 및 개별 부동산의 특성과 시간에 따른 차이도 발생할 수 있음

② 또한, 각 층에 따라 효용지수는 격차를 보이며 일반적으로 지상에서 상층부로 올라갈수록 낮아지는 경향을 가짐

③ 상기와 같은 이유에 따라, 통계적으로 유의한 지역 내 집합건물인 업무시설의 계량모형을 기준으로 층별 효용지수를 산정함
(평가사례 1, 2: 시간적 한계, 사례 3, 실무기준해설서: 지역 내 층에 따른 격차 미반영)

④ 다만, 평가사례 3에 의한 통계적 분석의 경우에도 설명력에 따른 공간적 한계를 지니고 있음

2. 층별 효용지수

층	가격(원/㎡)	효용비
1	3,500,000	100
2	3,090,000	88
3	3,205,000	92
4	3,115,000	89
5	3,150,000	90
6	3,100,000	89
지하 1층	2,620,000	75

※ 전체 면적기준 효용비 산정 가능

Ⅲ. 물음2), 감정평가액 결정 (30점)

1. 거래사례비교법 「감칙 제16조」

(1) 사례선정

본건 전용률 45%, 지하철 거리 0.62km, 준주거 기준하여 <거래사례 B> 선정

(2) 4층 기준 비준가액 단가(전용률 미반영)

6,780,000,000 × 1.00 × *1.00664 × 1.000 × 1.000 × 1/2,500 ≒ 2,730,000원/㎡

* 2015.2.10. ~ 2015.8.20. 오피스 자본수익률

(1 + 0.0035 × 50/90) × 1.003(1 + 0.003 × 51/91)

(3) 대상 호별 비준가액(전체 면적 기준)

층	단가(원/㎡)	면적 및 전용률 비교치	효용비	단가	면적(㎡)	평가액(원)
1		1	100	3,067,000	3,000	9,201,000,000
2		1	88	2,699,000	2,700	7,287,300,000
3		1	92	2,822,000	2,700	7,619,400,000
4	2,730,000 (기준)	0.97	89	2,648,000	2,700	7,149,600,000
5		1	90	2,761,000	2,700	7,454,700,000
6		1	89	2,730,000	2,000	5,460,000,000
지하 1층		0.95	75	2,186,000	5,000	10,930,000,000
						55,102,000,000

※ 본건 4층 전용률 41%임

2. 원가법

   (1) 토지 「감칙 제14조 제1항」

   1) 표준지 선정

   준주거, 지하철역(1km 이내) 고려 <#다> 선정

   2) 시점수정

   1.00435 × (1 + 0.0002 × 20/31) ≒ 1.00448

   3) 개별요인

   100/90 × 1.00 × 1.00 × 100/110 × 1.01 ≒ 1.020

   4) 그 밖의 요인

   준주거, 지하철역 고려 적정함

   $$\frac{5,800,000 \times 1.00021 \times 1.000 \times 97/100 \times 100/98 \times 1.01}{2,800,000 \times 1.00448 \times 1.000 \times 1.020} ≒ 2.022$$

   ∴ <2.02>로 결정함

   5) 공시지가기준액

   2,800,000 × 1.00448 × 1.000 × 1.020 × 2.02 ≒ 5,795,000원/㎡
                  시   지   개   그

   (× 3,637㎡ ≒ 21,076,000,000원)

   (2) 건물 「감칙 제15조 제1항」

   1,540,000 × 53/55 ≒ 1,484,000원/㎡(× 20,800㎡ ≒ 30,867,000,000원)

   (3) 개별물건 기준 합

   토지 + 건물 ≒ 51,743,000,000원

   (4) 대상 호별 시산가액

층	면적 및 전용률 비교치	효용비	면적 (㎡)	효용적수	층별 효용비율	평가액(원)
1	1	100	3,000	300,000	16.7%	8,641,000,000
2	1	88	2,700	237,600	13.2%	6,844,000,000
3	1	92	2,700	248,400	13.8%	7,155,000,000
4	0.97	89	2,700	233,091	13.0%	6,714,000,000
5	1	90	2,700	243,000	13.5%	7,000,000,000
6	1	89	2,000	178,000	9.9%	5,127,000,000
지하 1층	0.95	75	5,000	356,250	19.8%	10,262,000,000
				1,796,341	100.0%	51,743,000,000

3. 수익환원법

(1) 대상 1층 NOI

1) 대상 1층 PGI

임대사례 평균적 사례로 적정함

$(100{,}000 \times 0.03 + 10{,}000 \times 12 + 6{,}000 \times 12) \fallingdotseq 195{,}000$원/㎡

2) 대상 1층 NOI

$195{,}000 \times 0.9 - 6{,}000 \times 12 \times 0.8 \fallingdotseq 178{,}000$원/㎡

(2) 대상 1층 수익가액

$178{,}000 / 0.04 \fallingdotseq 2{,}950{,}000$원/㎡

(3) 대상 호별 수익가액

층	단가 (원/㎡)	면적 전용률 비교치	효용비	단가	면적 (㎡)	평가액(원)
1	2,950,000 (기준)	1.00	100	2,950,000	3,000	8,850,000,000
2		1.00	88	2,596,000	2,700	7,009,200,000
3		1.00	92	2,714,000	2,700	7,327,800,000
4		0.97	89	2,547,000	2,700	6,876,900,000
5		1.00	90	2,655,000	2,700	7,168,500,000
6		1.00	89	2,626,000	2,000	5,252,000,000
지하 1층		0.95	75	2,102,000	5,000	10,510,000,000
						52,994,400,000

4. 대상 감정평가액 결정

3방식에 의한 시산가액 모두 유사한바, 「감칙 제12조 제2항」 의거 합리성 인정

① 대상 소재 인근지역은 상업 및 업무지대로 거래사례가 풍부한 지역으로 시장성을 반영하는 비준가액의 타당성이 높으며 ② 적산가액의 경우 1동 전체가액을 층별효용비율로 단순하게 배분하여 집합건물이 갖는 시장성을 반영하기 어려운 단점이 있고 ③ 수익가액의 경우 가치형성요인 비교치가 거래사례를 기준한 통계적 방법으로 직접 비교 시 차이가 있는 점 ④ 일반거래인 매각 목적 감정평가임을 고려하여, 「감칙 제16조」의 거래사례비교법에 의한 비준가액으로 결정함

⑤ 다만, 통계분석에 대한 시간적·공간적 한계치가 존재하며 과거의 값으로 대상부동산의 개별성을 직접적으로 반영하지 못하는 점에 유의하여야 한다.

문항별 논점

집합건물의 3방식 (40점)

대상부동산은 1인 소유의 공부상 집합건물로 등재된 중대형 오피스(업무용)빌딩이다. 대상과 동일한 유형(소유형태 포함)의 오피스빌딩의 경우 공부상 집합건물이나 통상적으로 빌딩 전체가 일괄로 거래되고 전체 연면적을 기준하는 거래하는 시장관행이 존재한다는 특징이 있다. 집합건물의 거래단가 및 층별효용비의 비교기준은 전유면적이 원칙이나, 대상부동산의 특징 및 시장참여자의 거래 관행상 연면적을 기준하는 경우 감정평가 시 이를 기준하여 평가하여야 한다. 집합건물의 연면적을 기준 한 계량분석 결과를 제시하였고, 임대사례 자료 또한 연면적을 제시하면서 연면적 기준으로 자료를 풀이하도록 출제자가 유도하고 있다.

물음1) 집합건물의 거래사례를 통한 층별가격과 인접 유사 건물의 평가사례 및 실무기준해설서상의 층별효용비의 결정을 묻고 있다. 층별효용비는 대상부동산의 용도, 지역의 시장상황, 시간적 격차에 따라 많은 차이를 가진다. 대형 오피스빌딩의 감정평가 시 객관적이고 합리적인 층별효용비 산정을 위해 실무적으로 인근지역 내 평가사례, 거래사례, 관련 법령 및 연구자료 등을 고려하여 결정한다. 따라서, 물음1)에서는 이러한 현업의 이해와 적용을 묻고 있는 것으로 단순한 층별효용비의 숫자 풀이가 아닌 결정 근거를 제시하여야 한다. 또한, 통계치에 대한 시간적 공간적 한계 등의 지적을 통해 그 논거를 뒷받침하여야 했다.

물음2) 3방식에 의한 시산가액을 산정하고 각 시간가액이 갖는 특징을 통해 감정평가액 결정을 묻는 문제이다. 시산가액 조정은 대상부동산에 대한 개별성을 인식하고 인근지역 내 부동산과의 관계 및 시장상황 등을 종합적으로 고려하여 판단하는 부분으로 그 결정에 있어 풍부한 근거가 제시되어야 하며, 문제에서 출제자가 의도하는 바를 명확하게 이해하고 답안지에 이를 적시하여야 한다.

가치형성요인 비교가 계량분석을 통해 다소 생소한 형태로 제시되었고, 토지와 집합건물로 구분하여 다소 혼동이 올 수 있으나, 오피스빌딩의 가치형성요인 중 교통시설과의 접근성과 층별효용비, 전용률의 성격 및 중요성을 이해하고 있었다면 단순한 해석에 불과했던 자료였다. 즉, 시간과의 싸움이었다.

전체적으로 3방식에 의한 감정평가액 산정은 다소 평이하였으나 원가방식과 수익방식에 대한 문제풀이와 시간배분이 어려웠다. 집합건물은 각 호별로 가치를 달리하고 소유권의 객체가 되므로, 각 호(층)별로 가액을 산정함이 원칙이다. 출제 당시 전체 오피스빌딩에 대한 비준가액 합과 전체 적산가액 및 수익가액으로 비교하여 합리성을 판단하는 관행이 있었으나, 원칙적으로 각 호별로 가액을 산정하여야 한다. 또한, 출제자가 층별효용비를 제시하였음은 반드시 각 호별로 가액을 제시하라는 의도임을 인지하여야 했다.

문제2 (30점)

Ⅰ. 평가개요

- 평가대상: 구분지상권
- 평가목적: 사업인정 후 협의 보상
- 가격시점: 2015.9.2.「토지보상법 제67조 제1항」

Ⅱ. 물음1), 구분지상권 보상평가방법 (10점)

1. 토지소유권 외의 권리의 평가방법을 기준하는 경우

(1) 적용 법령

이는 「토지보상법 시행규칙 제28조 제2항」에 의한 감정평가방법으로, 거래사례비교법, 권리 유무에 따른 토지의 가격차액 기준방법, 권리설정계약을 기준하는 방법으로 평가한다.

(2) 구체적 평가방법

1) 구분지상권 거래사례를 기준하는 방법

이는 「토지보상법 시행규칙 제28조 제2항 전단」에 의한 감정평가방법으로 ① 감정평가가 용이하나 ② 공적 권리인 송전선로 구분지상권의 경우 양도성이 없으며, 양도성이 있는 기타 권리의 거래사례는 그 권리의 특성에 따른 가치형성요인 비교가 불가하다는 문제점이 있다.

2) 구분지상권 유무에 따른 토지가치의 차이를 기준하는 방법

이는 권리가 설정되지 않은 정상토지의 가치에서 소유권 이외의 권리가 설정된 토지의 가치를 차감하여 구분지상권 보상액을 산정하는 방법으로 ① 이론적으로 가장 부합하는 감정평가방법이나 ② 구분지상권이 설정된 토지의 거래사례 포착이 현실적으로 어렵고 토지가격 상승 시 구분지상권의 가액(양자의 차이)이 커지는 문제점이 생긴다.

3) 권리설정계약을 기준하는 방법

송전선로 설치에 따른 구분지상권은 양도성이 없는 특징을 고려하여 지상권 설정 당시 감정평가되어 공부상에 등재된 기 지급 보상금액을 기준하여 감정평가한다. ① 보상액 산정이 용이하며 설정 당시 가액을 기준하므로 가장 설득력 있는 방법이나 ② 기 지급된 보상액을 사용료로 볼 경우 기 사용기간 동안의 사용료가 차감되어야 함에도 불구하고 설정된 가액으로 보상되는 문제가 있으며, 전세금의 성격으로 볼 경우 설정 기간 말 환급되지 않는다는 점에서 개념적인 문제가 있다.

2. 지하·지상공간의 사용에 대한 평가를 기준하는 방법(입체이용저해율을 기준하는 방법)

이는 「토지보상법 시행규칙 제31조」에 의한 감정평가방법으로, 가격시점 당시 나지 상정한 정상토지가액에서 새로운 송전선로 설치에 따른 보상액을 입체이용저해율을 고려하여 구분지상권 설정 보상액을 산정하는 방법이다. ① 가격시점 최근의 권리의 감정평가로 이론적 측면에서 우수하나 ② 토지가치가 상승하는 경우 소유자에게 귀속되는 재산권의 가치 일부를 용익물권인 지상권자가 향유하는 문제점이 있다.

3. 지료의 차이로 보상하는 방법

이는 [(정상실질임료 - 지불임료) × PVAF]로 산정하는 방식으로 ① 구분지상권의 이론적 개념에 부합하는 방식이나 ② 구분지상권의 경우 기 보상된 설정금액을 존속기간 동안 배분하는 문제점이 있으며, 현가 시 적용되는 할인율 선정에 어려움이 있다. ③ 또한, 토지소유자 입장에서 정상실질임료보다 낮은 지불임료로 수취한다는 현실적 사례가 없는 문제점이 있다.

Ⅲ. 물음2), 구분지상권 보상액 산정 (20점)

1. 기 설정된 보상액 기준

32,000,000원
(지가변동률을 고려하면 토지의 객관적 가치 상승분이 구분소유권자에게 귀속되는 문제점이 생기므로 지가변동률은 미고려함)

2. 구분지상권 거래사례 기준

구분지상권 보상사례로 154kv, 설정 범위 등 비교가능성 높은 표준지 <#다> 사례 기준함
37,400,000 × 100/110 × 100/100 × 300/280 ≒ 36,428,000원

3. 입체이용저해율 기준

(1) 정상 토지가액(나지상정)

1) 적용공시지가

사업인정의제일: 2011.9.9.(택지개발지구지정고시일)
사업면적 20만㎡ 이하인바, 「토지보상법 제70조 제5항」 미고려, 「동법 제70조 제4항」 의거 <2011.1.1.> 공시지가 적용함

2) 표준지 선정

「시행규칙 제23조」 의거 변경 전 용도지역인 "자연녹지지역" 기준, "전", 당해 사업구역 내 표준지인 <#가> 선정. 개별적 제한인 도시계획시설도로 저촉 미반영함

3) 시점수정(생산자물가변동률 미제시)

20만㎡ 이하로 「시행령 제37조 제2항」 미고려, 녹지지역 지가변동률 적용
2011.1.1. ~ 2015.9.2.
1.03085 × …… × (1 + 0.00072 × 33/31) ≒ 1.10677

4) 정상 토지가액(나지상정)

300,000 × 1.10677 × 1.000 × 1.100 × 1.30 ≒ 475,000원/㎡

(2) 입체이용저해율 산정

1) 저해층수
- 이격거리: 3m - (154 - 35)/10 × 0.15 ≒ 4.785m
- (15 - 4.785) ÷ 3.5 ≒ 2.91층

본건 소재 지역은 주택지대로 전환되는 이행지로 현황은 "전"이나 용도지대는 단독주택지대임. 주변지역 현황 고려 표준적 이용은 2층 단독주택임
∴ 저해층수 없음

2) 입체이용저해율

건물 및 지하저해율 없음. 추가보정률은 송전선로 설치에 따른 토지의 경제적 가치하락에 대한 보상으로 재산권의 하락분인바, 토지소유자 귀속분임
∴ 구분지상권자 보상 시 추가보정률 미포함, 최대치 고려
0.15 × 3/4 ≒ 0.1125

(3) 구분지상권 보상액

475,000원/㎡ × 300㎡ × 0.1125 ≒ 16,000,000원

4. 구분지상권 보상액 결정

① 입체이용저해율을 적용하는 방식은 지가상승으로 인한 재산적 가치상승분이 구분지상권자에게 귀속하는 문제점이 있으며 ② 송전선로에 의한 구분지상권은 공적권리로 양도성이 없음을 고려함
∴「토지보상법 시행규칙 제28조 제2항」의거 권리설정계약액을 기준으로 결정함
32,000,000원

문항별 논점

구분지상권의 보상평가 (30점)

출제 당시부터 현 시점까지 현업에서 문제가 되는 기 설정된 구분지상권의 보상평가 문제이다. 기존 공익사업에 의해 기 설정된 구분지상권이 다른 공익사업의 시행으로 인해 보상평가가 의뢰된 경우이다. 토지의 보상평가가 아닌 구분지상권자에게 지급되는 보상액 산정이라는 점에 유의하여야 한다.

해당 논점과 관련하여「토지보상법 시행규칙 제28조 및 제31조」의 관계를 우선 정리하여야 한다.「시행규칙 제28조」(토지에 관한 소유권 외의 권리의 평가)가 해당 문제에 대한 적용 법령이 되는 경우에는 거래사례비교법이 감정평가방법의 원칙이 되나,「시행규칙 제31조」(토지의 지하·지상공간의 사용에 대한 평가)가 적용 법령이 되는 경우에는 입체이용저해율을 고려하는 감정평가방법이 원칙이 될 것이다. 이해 대한 감정평가협회 유권해석을 참조한다.

> **질의회신** 유권해석 토지정책과 – 5710(2021.4.29.)
>
> [질의요지]
> 「도시철도법」, 「전기사업법」 등 규정에 따라 도시철도, 송전선로 등 시설의 설치를 목적으로 지상 또는 지하의 일정부분에 지료를 지급하고 협의 또는 수용으로 구분지상권(이하 "구분지상권")을 설정하였으나, 공공주택지구사업으로 인해 구분지상권이 설정된 토지를 사업시행자가 취득(수용)하는 경우, '개별법에 따라 설정된 구분지상권' 및 '해당 구분지상권이 설정된 토지'의 감정평가 방법으로 「토지보상법 시행규칙 제28조, 제29조 및 제31조」의 적용 방법은?
>
> [회신내용]
> 「공익사업을 위한 토지 등의 취득 및 보상에 관한 법률(이하 토지보상법)」, 「도시철도법」, 「전기사업법」 등 관련 법령에 따라 사용료를 지급하고 취득(수용)한 구분지상권은 **같은 규칙 제28조**에 따른 토지에 관한 소유권외의 권리에 해당하고, 이러한 권리의 목적이 되고 있는 토지는 같은 규칙 제29조에 따른 소유권외의 권리의 목적이 되고 있는 토지에 해당한다 할 것입니다.
> 따라서 구분지상권이 설정된 토지는 「토지보상법 시행규칙 제29조」에 따라 "취득하는 토지에 설정된 소유권외의 권리의 목적이 되고 있는 토지에 대하여는 당해 권리가 없는 것으로 하여 제22조 내지 제27조의 규정에 의하여 평가한 금액에서 **제28조의 규정에 의하여 평가한 소유권외의 권리의 가액을 뺀 금액으로 평가**"하여야 할 것이므로, 사용료를 평가하기 위한 규정인 같은 규칙 제31조를 질의와 같은 경우의 권리의 평가 방법으로 적용할 수 없다고 봅니다.
> 다만 토지에 관한 소유권외의 권리로서 구분지상권은 통상의 권리와 그 성질 및 특성이 다르다고 볼 수 있으므로, 원칙적으로 같은 **규칙 제28조 제2항에 따른 권리설정계약기준을 기준으로 평가하되**, 그 권리의 설정과 관련된 개별 법률의 취지와 목적, 계약의 조건과 내용 등 구체적인 사실관계를 바탕으로 감정평가법인등이 보상 및 감정평가의 원칙에 부합되도록 그 적정가액을 평가할 사항으로 봅니다. 끝.

입체이용저해율을 적용하여 구분지상권을 평가하는 경우 토지의 이용상황은 현재의 이용상황인 "전"을 기준하되, 용도지대는 단독주택지로 전환 중인 이행지의 성격을 고려하여 주택지대로 판단하여야 한다. 이용상황이 "전"인 표준지더라도 인근지역 내 이행지에 따른 지가 변동과 성숙도는 이미 거래사례 등에 반영되어 있으며, 거래사례를 통해 평가되는 표준지공시지가도 성숙도 관점에서 지가상승분이 평가액에 포함되어 있다는 것을 이해하여야 한다.

추가보정률이란 기본율 이외 송전선로가 건설되는 것에 따른 당해 토지의 경제적 가치가 감소되는 정도를 나타내는 '율'을 말한다. 즉, 토지의 가치 감소인 재산권의 하락분을 보상하는 것으로 이는 토지소유자에게 귀속되어야 하는 것으로써 구분지상권 철거를 위한 보상의 경우 추가보정률을 고려하게 되면 지상권자가 재산권 하락분에 대한 손실보상을 향유하는 문제가 발생하므로 기 보상된 구분지상권을 평가하는 경우에는 미반영하여야 한다.

> **판례** 송전선로 보상범위에 대한 판례 [대법원 2022.11.30. 선고 2017다257043 판결]
>
> [판결요지]
> 토지의 상공에 고압전선이 통과하게 됨으로써 토지소유자가 그 토지 상공의 사용·수익을 제한 받게 되는 경우, 특별한 사정이 없는 한 고압전선의 소유자는 토지소유자의 사용·수익이 제한되는 상공 부분에 대한 차임 상당의 부당이득을 얻고 있으므로, 토지소유자는 이에 대한 반환을 구할 수 있다. 이때 **토지소유자의 사용·수익이 제한되는 상공의 범위**에는 고압전선이 통과하는 부분뿐만 아니라 관계 법령에서 고압전선과 건조물 사이에 일정한 거리를 유지하도록 규정하고 있는 경우 **그 거리 내의 부분도 포함된다**(대법원 2014.11.13. 선고 2012다108108 판결 등 참조). 한편 고압전선의 소유자가 해당 토지 상공에 관하여 일정한 사용권원을 취득한 경우, 그 양적 범위가 토지소유자의 사용·수익이 제한되는 상공의 범위에 미치지 못한다면, 사용·수익이 제한되는 상공 중 사용권원을 취득하지 못한 부분에 대해서 고압전선의 소유자는 특별한 사정이 없는 한 차임 상당의 부당이득을 토지소유자에게 반환할 의무를 부담한다.

종래 대법원은 이른바 '선하지 소송'에서 고압전선이 사용권원 없이 토지 상공을 지나는 경우 '법정이격거리(전압에 따라 달라지는데, 고압전선으로부터 7.65m 또는 13.95m인 경우가 많음) 내 상공'에 대하여 토지소유자의 사용수익이 제한된다고 보아 이를 기준으로 고압전선 소유자인 한국전력공사(이하 '한전')의 부당이득반환의무를 인정해 왔다(대법원 2012다108108 판결 등).

그런데 한전은 법정이격거리 내 상공에 미달하는 범위(통상 실무상 보상기준인 고압전선으로부터 약 3m 내) 상공에 한정하여 토지소유자와 지상권 또는 임차권 설정계약을 체결하거나 사용재결을 받아 손실보상금을 지급하는 방식으로 사용권원을 취득해 왔다.

이처럼 한전의 실무상 보상기준(사용권원 취득 범위)이 종래 대법원이 인정하던 부당이득반환 인정기준(사용수익 제한 범위)에 미달하게 된 상황에서 다음과 같은 형태로 다수의 분쟁이 발생하였는데, '부당이득 성립 또는 소멸 여부'에 관한 하급심의 판단이 엇갈리고 있었다.

① 토지소유자가 한전을 상대로 그 미달 범위 상공에 대하여 부당이득반환청구소송을 하는 형태
② (역으로) 한전이 토지소유자를 상대로 선행판결(한전의 철거 및 부당이득반환의무를 인정한 기존 판결)에 대하여 청구이의소송을 하는 형태

당해 판결은 한전이 취득한 사용권원의 양적 범위가 토지소유자가 사용수익 제한을 받는 범위에 미달한다면 그 미달 범위에서는 특별한 사정이 없는 한 여전히 부당이득반환의무가 인정됨을 분명히 함으로써, 하급심의 혼란을 정리하였다는데 의의가 있다.

[기존 규율 상황 도해(평면도 기준)]

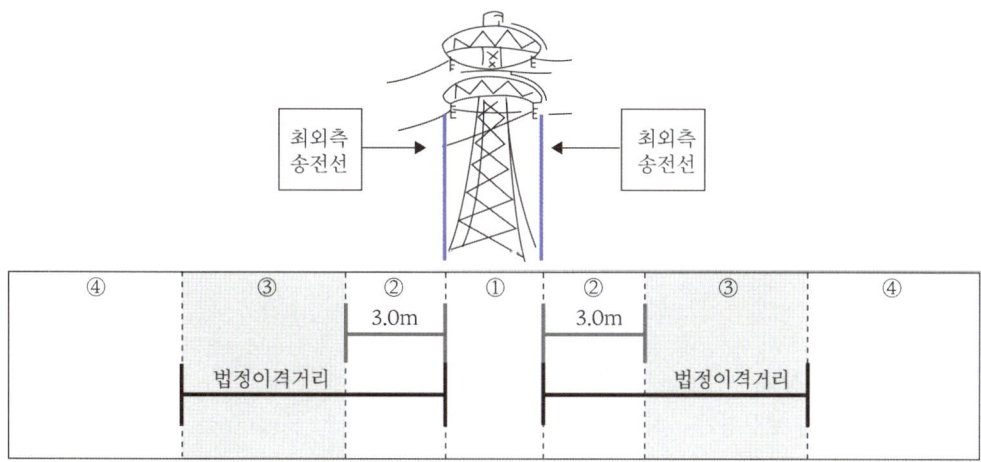

① 및 ② 부분 토지
  - 건조물 등 설치가 원칙적으로 불가능함(2차 접근상태)
  - 판례상 부당이득반환 범위에 포함됨
  - 실무상 보상 범위에 포함됨

③ 부분 토지
  - 건조물 등 설치가 일부 제한됨(1차 접근상태 중 법정이격거리 내 상공 침범 불가)
  - 판례상 부당이득반환 범위에 포함됨(예외적으로 최대횡진거리 상당 범위 확장 가능)
  - 실무상 보상 범위에 포함되지 않는 경우가 대부분임

④ 부분 토지
  - 건조물 등 설치 가능. 그러나 다른 법령의 제한(예 건축허가를 위한 최소 면적 미달 등)이나 사실상의 장애(예 토지의 형상 등)가 있을 수 있음
  - 판례상 예외적으로 부당이득반환 범위에 포함됨('과소토지')
  - 실무상 보상 범위에 포함되지 않는 경우가 대부분임

송전선로 보상범위

1. 송전선로 이격거리

이격거리 = 3m + (전압 − 35,000) ÷ 10,000 × 0.15m

구분	345kv	765kv
이격거리	7.65m	13.95m

2. 송전선로 면적 산정

선하지 면적 = [전선 너비 + 이격거리 × 2] × 세로 너비

문제3 (20점)

I. 평가개요

- 평가대상: 토지, 지장물
- 평가목적: 이의재결 보상평가
- 가격시점: 2015.8.25.「토지보상법 제67조 제1항」

II. 물음1), 토지 보상액 (10점)

1. 적용공시지가

(1) 사업인정의제일: 2014.1.2.

(2) 가격 변동여부 「시행령 제38조의2」

1) 사업요건

20만㎡ 이상, 도로·하천·철도사업 아님. 요건 충족함

2) 변동률(공고일: 2013.6.19.)
- 2013.1.1. ~ 2014.1.1. 구역 내 표준지 변동률
  [(74/68 - 1) + (23/21 - 1) + (17/15 - 1)]/3 ≒ 10.56%
- P시 표준지 평균변동률: 3.51%

3) 변동 여부

3%point 이상, 30% 이상 변동된바, 「토지보상법 제70조 제5항」 의거 <2013.1.1.> 공시지가 적용

2. 표준지 선정

산지전용허가 미필, 불법형질변경토지로 「시행규칙 제24조」 의거 형질변경 당시인 "임야" 기준함. 계획관리, 세로(불), 부정형, 완경사 기준 ∴ <#나> 선정

3. 시점수정(생산자물가상승률 미제시)

K도 지가변동률 미제시로, 「시행령 제37조 제2항」 미고려

2013.1.1. ~ 2015.8.25. P시 계획관리

$1.04213 \times 1.02765 \times 1.01175 \times (1 + 0.00167 \times 25/31) ≒ 1.08499$

4. 토지보상액 산정

$21,000 \times \underline{1.08499}_{시} \times \underline{1.000}_{지} \times \underline{(0.75/0.72 \times 1.00 \times 1.00)}_{개} \times \underline{1.80}_{그} ≒ 43,000원/㎡$

(× 1,200㎡ ≒ 51,600,000원)

Ⅲ. 물음2), 농업손실대상 여부 (5점)

본건 토지는 불법형질변경 토지이나 ①「산지관리법 임시특례」 규정 고려, 2016.1.21. 이전부터 3년 이상 경작한 "사실상 농지"로 판단됨 ② 경작자 및 소유자 모두 해당 지역 내 거주하는 "농민"으로 ③ 공고·고시일 이전부터 농작하고 있는바, <농업손실보상대상임>
「시행규칙 제48조 제3항 각 호」 미해당

실제소득인정기준 제시된 바, 「시행규칙 제48조 제2항」 의거 농업손실보상액 산정함. 소유자와 협의 미성립으로 「시행규칙 제48조 제4항 나목」에 의해 대상별 보상액 산정함

Ⅳ. 물음3), 농업손실보상액 (5점)

1. 이대한씨(소유자)

3,402 × 1,200㎡ ÷ 2 ≒ 2,041,000원/㎡

2. 김민국씨(경작자)

(1) 실제소득 기준

6,847,050 × 0.542/1,200 ≒ 3,093원/㎡

(2) 작목별 평균소득

1,885,742/1,000㎡ × 2배 ≒ 3,772원/㎡

(3) 결정

"1) < 2)"인바, 실제소득기준으로 보상함

6,847,050 × 0.542 × 2년 - 2,041,000 ≒ 5,381,000원/㎡

문항별 논점

불법형질변경 토지 및 농업손실보상 (20점)

「산지관리법 임시특례」 시행일 이전에 출제된 문제로 사실상 농지와 농업손실보상에 관한 관계를 묻는 문제이나 현 시점에서는 임시특례 규정에 따라 토지의 이용상황 및 농업손실보상의 대상이 되는 "사실상 농지"로 판단하여야 한다.

> **불법 형질 변경된 토지의 농지 여부**
> 「농지법 시행령」 및 「산지관리법」 개정에 따라 [2016.1.21.] 기준으로 개정 전 법령적용 및 경과조치에 따라 농업손실보상 대상을 구분한다.
>
> 「농지법 시행령」 부칙 <대통령령 제26903호, 2016.1.19.>
>
> 제1조(시행일) 이 영은 <u>2016년 1월 21일부터</u> 시행한다. 다만, 제49의2의 개정규정은 2017년 1월 1일부터 시행한다.
>
> 제2조(농지의 범위에 관한 경과조치) 다음 각 호의 어느 하나에 해당하는 토지에 대해서는 제2조 제2항 제1호 및 제2호의 개정규정에도 불구하고 종전의 규정에 따른다.
> 1. 이 영 시행 당시 「공간정보의 구축 및 관리 등에 관한 법률」에 따른 지목이 전·답, 과수원이 아닌 토지로서 농작물 경작지 또는 제2조 제1항 제1호에 따른 다년생식물의 재배에 이용되고 있는 토지
> 2. 이 영 시행 당시 「공간정보의 구축 및 관리 등에 관한 법률」에 따른 지목이 임야인 토지로서 토지 형질을 변경하고 제2조 제1항 제2호 또는 제3호에 따른 다년생식물의 재배에 이용되고 있는 토지

상기 규정에 따라 2016년 1월 21일 이전 지목이 임야인 토지로서 농작물 경작지 또는 다년생 식물 재배지로 계속하여 이용되는 기간이 3년 이상인 경우에는 "사실상 농지"로 보고 농업손실보상 대상에 포함되어야 한다.

[농업손실보상액 산정]

1. 원칙「토지보상법 제48조 제1항」

$$\text{농업손실 보상액 산정}$$

$$\text{도별 연간 농가평균 단위경작면적당 농작물총수입}\left(\frac{\text{농작물수입}}{\text{표본농가 경지면적}}\right) \times \text{편입농지면적} \times 2년$$

$$[\text{직전 3년 평균}]$$

2. 예외「토지보상법 제48조 제2항」[실제소득기준]

구분	산식
A	연간 단위경작면적당 실제소득 $\left(\frac{\text{농작물총수입}}{\text{경작농지 전체면적}}\right) \times$ 소득률(가격시점 최근, $\frac{\text{소득}}{\text{총수입}}$) [직전 3년 평균]
B	(단위 면적당)작목별 평균소득 × 2배

구분	농업손실보상액 산정
A > B	단위면적당 평균생산량 × 2배 × 작목별 단가 × 2년 × 편입농지면적
A < B	실제소득 × 2년 × 편입농지면적
지력이용 × (이농 가능)	연간 단위 경작면적당 실제소득 × 4개월 ÷ 12개월

3. 농업손실보상액 지급 대상「시행규칙 제48조 제4항, 제5항」

구분	지급 대상		
자경농지인 경우	농지 소유자		
자경농지가 아닌 경우 & 농지 소유자가 당해 지역 거주 농민인 경우	협의 성립	협의 내용에 따라 보상액 지급	
	협의 불성립	제48조 제1항	각각 50% 지급
		제48조 제2항	소유자: 원칙 × 50% 실경작자: 나머지
자경농지가 아닌 경우 & 농지 소유자가 당해 지역 거주 농민이 아닌 경우	실제 경작자		
실제 경작자의 이동 & 농지 소유자가 당해 지역 거주 농민인 경우	농지 소유자		

문제4 (10점)

Ⅰ. 평가개요

- 평가대상: 토지, 건물
- 평가목적: 경매
- 가격시점: 2015.9.19. 「감칙 제9조 제2항」

Ⅱ. 토지(일괄경매 여부는 법원 판단)

1. 정상토지가액(소유자 동일한 경우)

6,530,000원/㎡ × 200㎡ ≒ 1,306,000,000원

2. 소유권 제한을 받는 경우(단가 비고란 병기)

(1) 토지에 미치는 영향: 13%

(2) 토지 평가액

6,530,000 × (1 - 0.13) ≒ 5,680,000원/㎡(× 200㎡ ≒ 1,136,000,000원)

Ⅲ. 건물(제시외 건물 포함)

1. 기호 (가)

(1) 기존 부분

완공 후 1년 이상 경과, 물리적 감가 고려 완공일 기준 정액법 적용

750,000 × 43/50 × 100㎡ ≒ 64,500,000원

(2) 증축 부분

기존 부분 잔존연수 기준하여 조정함

600,000 × 43/46 × 12㎡ ≒ 6,730,000원

(3) 계

71,230,000원

2. 제시외 건물

(1) 기호 ㉠

100,000 × 4 ≒ 400,000원

(2) 기호 ㉡

600,000 × 20/45 × 48 ≒ 12,800,000원

(3) 계

13,200,000원

3. 계

84,430,000원

2016년 제27회 감정평가실무 기출

총평

27회 기출문제는 전체 14페이지 구성으로 기존 기출시험 대비 다소 적은 페이지를 제시하였고 불충분한 자료 제시로 인해 문제 파악이 어려웠던 시험으로 판단된다. 명확한 자료 제시가 없었더라도 수험생은 시험장에서 논리적 흐름과 출제자 의도를 최대한 파악하여 문제풀이 방향을 결정하고 주어진 시간 내에 완주하는 전략을 보여야 한다.

▎문제1 (40점)

I. 평가개요

- 평가대상: 복합부동산
- 평가목적: 투자타당성 검토
- 기준시점: 2016.7.1. 「감칙 제9조 제2항」

II. 물음1), 시장가치 (25점)

1. 대상물건 확정 「감칙 제9조 제2호」

   ① 2필지 이상의 1개동 건물 소재, 일단지, 소로한면, 부정형, 평지, 800㎡
   ② 소로한면 등 고려 노선상가지대 소재
   ③ 건물 내용연수 50년 기준(후술)

2. 비교방식 「감칙 제7조 제2항」

   (1) 사례 선정

   일반상업, 상업용, 노선상가지대, 건물 규모 고려하여 일괄거래사례인 <사례 #1> 선정
   (사례 #2: 후면상가, 사례 #3: 토지거래사례)

   (2) 시점수정

   일괄거래사례 고려 자본수익률 적용, 2016.1.1. ~ 2016.7.1.
   $1.02113 \times (1 + 0.00356 \times 31/31) ≒ 1.02477$

(3) 토지 요인

100/103 × 1.00 × 1.00 × 1.00 × 800/900 ≒ 0.863

(4) 건물요인

1) 건물 내용연수 결정

(가) 건물가액

규모·구조 유사한 <사례 1> 거래가액 기준

5,600,000,000 × 0.4 ≒ 2,240,000,000원

(나) 내용연수 산정(원가법 기준가액 비교)

2,240,000,000 = 770,000 × (1 - 0.9 × 9/N) × 3,200일 때,

∴ N ≒ 89.1년

(다) 내용연수 결정

상기와 같이 산정된바, 시장에서 발표되는 건물신축물단가표상 내용연수 대비 다소 높은 점을 고려하여 경제적 내용연수 기준 통상적인 50년을 기준함

2) 건물요인

$$\underbrace{\frac{1 - 0.9 \times 11/50}{1 - 0.9 \times 9/50}}_{\text{잔}} \times \underbrace{1.000}_{\text{개}} \times \underbrace{2,740/3,200}_{\text{면}} ≒ 0.819$$

(5) 일체비준가액

$$5,600,000,000 \times \underbrace{1.02477}_{\text{시}} \times (\underbrace{0.6}_{\text{토·가·구}} \times \underbrace{0.863}_{\text{토지요인}} + \underbrace{0.4}_{\text{건·가·구}} \times \underbrace{0.819}_{\text{건물요인}}) \times \underbrace{1.00}_{\text{일체품 등 비교}}$$

≒ 4,852,000,000원

3. 수익방식(직접환원법)

(1) NOI

1) PGI

최근 임대사례 기준, 각 층 면적 임대면적으로 봄, 시장가치 산정으로 지상 5층 시장임대료 기준하되, 공실률 5% 적용함

[(160,000 + 120,000 + 100,000 × 2) × 520㎡ + 90,00 × 400㎡] × 100/110 ≒ 259,636,000원

2) EGI

PGI × 0.95 ≒ 246,654,000원

3) OE

운영경비 지하 1층 제외

25,000 × (2,740㎡ - 260㎡) ≒ 62,000,000원

4) NOI

EGI - OE ≒ 184,654,000원

(2) 환원율(시장추출법)

사정개입된 <사례 #3> 제외

(140/3,500 + 88/2,200) ÷ 2 ≒ 4%

(3) 일체수익가액

NOI ÷ R ≒ 4,616,000,000원

4. 개별물건기준원칙 「감칙 제7조 제1항」

(1) 토지

1) 공시지가기준법 「감칙 제14조 제1항」

(가) 표준지 선정

일반상업, 상업용, 노선상가지대, W동 소재한 <사례 #4> 선정
(사례 #1, 3: 후면상가지대, 사례 #2: V동 소재)

(나) 시점수정

지가변동률, 2016.1.1. ~ 2016.7.1.
1.01687 × (1 + 0.00323 × 31/31) ≒ 1.02015

(다) 그 밖의 요인 비교

노선상가지대, 일반거래목적 <사례 #1> 선정

$$\frac{3,600,000 \times {}^*1.00979 \times 100/103 \times (0.90 \times 1.00 \times 1.00)}{3,000,000 \times 1.02015 \times 1.000 \times (1.00 \times 0.97 \times 1.00)} ≒ 1.070$$

* 2016.4.1. ~ 2016.7.1 지변
  1.00654 × 1.00323

∴ <1.07> 로 결정함

(라) 공시지가기준액

3,000,000 × 1.02015 × 1.000 × (1.00 × 0.97 × 1.00) × 1.07 ≒ 3,180,000원/㎡
　　　　　　　시　　　지　　　　개　　　　　　그

2) 거래사례비교법 「감칙 제14조 제3항」

일반상업, 노선상가지대 기준 <사례 #3> 선정

(2,850,000,000 + 30,000,000) × 1.00 × 1.00323^2 × 1.000 × (1.00 × 0.96 × 1.00)
　　　　　　　　　철거비　　　사　　　시　　　　지　　　　개

× 1/750㎡ ≒ 3,710,000원/㎡
　　그

3) 토지가액 결정

비준가액은 매수자 철거비 부담인 사정개입 있는바, 제외하고 「감칙 제14조 제1항」 의거하여 공시지가기준액으로 결정함

3,180,000원/㎡ × 800㎡ ≒ 2,544,000,000원

(2) 건물 「감칙 제15조 제1항」

770,000 × (1 - 0.9 × 11/50) × 2,740㎡ ≒ 1,692,000,000원

(3) 개별물건기준가액

토지 + 건물 ≒ 4,236,000,000원

5. 대상 시장가치 결정

- 비교방식: 4,852,000,000원
- 수익방식: 4,616,000,000원
- 개별물건기준: 4,236,000,000원

상기와 같이 산정된 바, 최근 V동 남측 종합유통센터의 개장으로 인한 상권이동 및 유동인구 변화를 고려할 때, 대상물건의 시장성 및 수익성의 변동이 있다고 판단됨. 개별물건기준가액은 원가성격 및 최근 시장변동 반영의 어려움 등이 있으며, 수익가액이 비준가액의 합리성을 검토해 주는 바(「감칙 제12조 제2항」), 복합부동산의 일괄거래관행 및 「감칙 제7조 제2항」 의거 비준가액으로 결정함

∴ 4,852,000,000원

> **Advice**
> 출제자 의도 및 지역분석에 내용에 따라 다른 시산가액으로 결정 가능함

Ⅲ. 물음2), NPV 및 투자타당성 (15점)

1. NPV

(1) 현금유입

1) 현금흐름표

(단위: 천원)

구분	1	2	3	4
PGI	259,636	272,618	286,249	300,561
EGI	246,654	258,987	271,937	285,533
OE	62,000	64,480	67,059	69,741
NOI	184,654	194,507	204,878	215,792
현가계수	1.06000	1.12360	1.19102	
현가액	174,202	173,111	172,020	
기말복귀액				4,651,516
현금유입의 현가	4,425,000			

2) 기말 복귀액

215,792,000/0.045 × 0.97 ≒ 4,651,516,000원

3) 현금유입

투자자의 요구수익률 6% 적용

$$\sum_{n=1}^{3} \frac{NOI_n}{1.06^n} + \frac{4,651,516,000}{1.06^5} ≒ 4,425,000,000원$$

(2) 현금유출

4,200,000,000원

(3) NPV

현금유입 - 현금유출 ≒ 225,000,000원

2. 투자타당성 검토

상기와 같이 [NPV > 0, (+)225,000,000원]으로 투자 타당성 있는 것으로 판단됨.

다만, ① 대상의 시장가치가 48억원임을 감안할 때, 시장가치를 하회하는 42억원으로 대상부동산의 매입이 가능한지 검토하여야 하며 ② 또한, 공동소유자 명의인 丙의 근저당권 5억원의 채무 인수 여부를 확인하여야 한다. 다만, ③ 丙의 근저당권을 인수하는 조건이라면 수익방식 적용에 있어서 순수익을 기준할 때, 환원율 및 요구수익률에 해당 저당대부액에 대한 영향을 고려하였는지에 따라 투자 타당성이 달라질 수 있음에 유의하도록 한다.

④ 또한, V동의 상권 변화에 따른 W동의 영향에 따라 향후 임대료 수익의 변화 및 요구수익률의 변화될 수 있으며, 이에 따라 투자계획에 타당성 여부도 달라질 수 있음을 검토하여야 한다.

문항별 논점

시장가치 vs 투자가치, 투자타당성 (40점)

업무용 부동산의 투자 타당성 검토로 통상적인 시장에서 가지는 대상의 시장가치와 매입가능금액 산정, 운영 후 매각을 통해 회수되는 투자가치를 비교하여 투자의 타당성을 묻는 문제로, 대상부동산 확정을 위한 명확한 자료가 없어 판단의 혼란이 있을 수 있었으나, 제시된 다양한 자료를 통해 대상부동산의 상황을 유추할 수 있었다. 이는 난이도 조절과 실제 감정평가 현장에서 발생하는 '대상물건의 확정'에 대한 판단 능력을 시험하기 위함으로 해석할 수 있다. 또한, "해당 투자계획에 대한 전문가로서 제시할 의견 기술"을 제시함으로써 단순한 산술적 계산 문제가 아닌 자료의 검토와 대상물건의 특수성, 시장상황의 판단 등의 종합적 이해를 통해 객관적이고 합리적인 의견 제시를 요구하고 있다는 점을 파악하여야 한다.

물음1) 대상물건의 시장가치를 3방식으로 산정하는 문제로, 감정평가 수험생의 평균적인 문제해결 능력을 묻고 있다. 비교방식의 경우 건물의 내용연수 미제시로 인한 혼란이 있었을 것이나 시험장에서 이를 파악하여 대상 건물 구조의 내용연수를 산정하기란 상당히 어려울 것으로 판단된다. 3방식의 풀이는 단순하면서도 다양한 자료의 해석과 적용에 있어 상당히 많은 시간이 소요되는 것으로 내용연수 산정은 전략적으로 다가갈 수 있을 것이다.

수익방식의 경우 전체 임대료를 시장임대료인 신규임대료를 기준으로 산정하되, 지상 5층 부분의 현황 공실 여부는 고려치 아니하고 1기 전체를 기준 한 공실률 적용하는 것이 시장가치 개념에 부합한다. 개별물건기준의 경우 대상물건의 확정인 "노선상가지대"를 기준으로 사례를 선정하여야 하며, 그 밖의 요인 보정 시 <평가선례 #1>의 경우 건물 규모를 대상과 유사한 사례로 제시한 것으로 보아 출제자의 의도상 이를 선정하도록 유도한 것이며, 토지의 거래사례비교법 적용은 물음1)의 해석과 전략상 생략이 가능한 것으로 판단된다.

물음2) NPV 산정에 있어 현금유출액인 투자금액 42억원에 대한 해석이 문제가 된다. 시장가치가 48억원인 반면 42억의 투자금액이 제시된바, 대상부동산은 매입 가능성은 없다고 봄이 타당하나 공동소유자 丙 명의의 근저당권 5억원의 제시를 통해 출제자가 저당금액 인수를 포함하는 것으로 풀이하도록 유도하고 있다. 다만, 근저당권 인수에 따른 저당대부액을 고려할 자료가 미제시된 점에서 다양한 수험생의 의견 제시를 보고자 했음으로 판단된다. 레버리지 효과는 대상 투자계획의 수익률이 저당수익률보다 높을 경우에 일반적으로 발생하나 제시된 자료만으로는 요구수익률 6%의 제시가 저당수익률 보다 높다고 단정할 수 없으므로 이에 대한 유의를 제시하였어야 한다. 또한, 시장상황의 대한 의견 제시가 있어야 한다.

문제2 (30점)

I. 평가개요

- 평가대상: 구분건물
- 평가목적: 투자타당성 검토
- 기준시점: 2016.7.1. 「감칙 제9조 제2항」

II. 물음1), 투자수익률 등 (10점)

1. 乙 투자수익률

(1) 시장가치

2층 기준, 면적 유사한 <매매사례 3> 선정

540,000,000 × 1.00 × 1.0000 × 1.000 × 1.03 × 100/92 ≒ 605,000,000원

(2) 투자수익률(1기 기준)

　1) 1기 임대료(관리비 임차인 지불)

　　현 계약내용 기준

　　100,000,000 × 0.02 + 1,500,000 × 12개월 ≒ 20,000,000원

　2) 1기 말 재매도가치

　　(가) 매기 가치변화율

　　　4기 말 매재도가치 5% 하락 적용

　　　$(1 + x)^4 ≒ 0.95$일 때, ∴ $x ≒ 0.0127$

　　(나) 투자수익률

　　　$$\frac{20,000,000}{(1+x)^1} + \frac{605,000,000 \times (1-0.0127)}{(1+x)^1} ≒ 605,000,000원일 때,$$

　　　∴ $x ≒ 2.03\%$

> [별해]
> 1. 투자수익률
>   1) 소득수익률
>   20,000,000 ÷ 605,000,000 ≒ 3.31%
>   2) 자본수익률: -1.27%
> 2. 투자수익률
>   소득수익률 + 자본수익률 ≒ 2.04%

2. 요구수익률 충족 매매가격

(1) 요구수익률

　1.39% + 1.20% ≒ 2.59%

(2) 매매가격

$$\sum_{n=1}^{4} \frac{20,000,000}{1.0259^n} + \frac{575,000,000}{1.0259^4} ≒ 594,000,000원$$

III. 물음2), 수익가치 (10점)

1. 완전소유권 기초한 수익률(소득수익률)

20,000,000 ÷ 605,000,000 ≒ 3.31%

2. 완전소유권의 수익가치

(1) 1기 임대료

(1,100,000 × 0.02 + 16,500 × 12개월) × 100㎡ ≒ 22,000,000원

(2) 수익가치

22,000,000 ÷ 0.0331 ≒ 665,000,000원

IV. 물음3), 수익률 비교 (10점)

1. 임차권 수익률

(1) 임차권 가치

[완전소유권 가치 - 임대권 가치]
665,000,000 - 594,000,000 ≒ 71,000,000원

(2) 임차인 귀속 이익

22,000,000 - 20,000,000 ≒ 2,000,000원

(3) 임차권 수익률

2,000,000/71,000,000 ≒ 2.82%

2. 임차권 수익률이 임대권 수익률보다 높은 이유

- 임대권 수익률: 2.59%
- 임차권 수익률: 2.82%

① 임차권 수익률은 시장임대료와 계약임대료의 차이에서 발생하나 임대권 수익률은 계약임대료(지불임대료)와 기말복귀액의 가치변동액에 따른 이익으로 발생한다.

② 임차권 수익률은 기말가치변동액의 고려가 없는 반면, 임대권 수익률은 기말가치변동에 따른 위험을 내재하고 있으며,

③ 또한, 임차자의 질, 대체 부동산의 공급, 부동산 경기 및 일반경기 변동에 따른 다양한 위험에 보다 더 노출됨으로 임대권 수익률이 낮게 산정된다.

문항별 논점

임대권 수익률, 임차권 수익률 (30점)

수익률에 대한 개념을 정확히 이해하고 있어야 논리적으로 풀이가 가능한 문제이다. 실제 시험장에서 각 물음에 대한 이해가 쉽지 않았을 것으로 판단되며, 2페이지의 짧은 지문만으로는 출제자의 의도 파악이 어려웠을 것이다. 전반적인 수익방식에 대한 이해와 임대권 및 임차권 가치에 대한 개념 정리가 정확히 숙지되어 있어야 풀이가 가능한 문제라고 생각된다.

물음1) 시장가치로 매수할 경우 乙의 투자수익률 산정은 임대차기간 동안 수취되는 계약임대료 및 거래사례비교법을 통한 비준가액 비교를 통해 IRR를 산정함으로써 다소 평이한 풀이가 가능하다. 다만, 제시된 개별요인이 개별요인비교치인지 평점인지 명확한 제시가 없어 다소 혼란스러웠을 것으로 판단된다.

물음2) 직접환원법에 의한 수익가치 산정을 물음으로 제시하였으므로 앞선 완전소유권에 기초한 수익률이 할인율의 개념이 아닌 "환원율"의 개념이라는 것을 파악했어야 한다. 수익률에 대한 다양한 해석에 따라 기출문제 상 표현이 상이하므로 수험생입장에서는 출제자의 의도를 파악하는 것이 가장 효율적인 문제풀이 방식이라 생각된다. 출제자의 의도 상 환원율은 대상의 계약(계속)임대료와 비준가액의 비율로 산정하고, 수익가치는 시장에서의 시장(신규)임대료를 기준으로 산정하여야 한다. 한편, 환원율 산정에 대한 보다 구체적인 자료가 제시되었다면 문제의 해석이 좀 더 용이했을 것으로 생각된다.

물음3) 계약에 따른 지불임대료와 시장임대료의 차이가 임차권의 가치를 구성한다는 점을 숙지하였다면 접근이 용이하였을 것이다. 다만, 임차권의 수익률은 1년(1기, 단기)을 기준한 수익률인 반면, 임대권 수익률은 4년(4기, 장기)에 걸친 수익률임을 고려할 때 양자를 직접 비교하는 것은 타당치 않다고 판단된다. 그러나 문제에서 양자의 차이점을 묻고 있으므로 상기의 문제점을 기준으로 답안을 구성했다면 높은 점수를 득점했을 것이다.

문제3 (20점)

Ⅰ. 평가개요

- 평가대상: 기계기구
- 평가목적: 일반거래(시가참조)
- 기준시점: 2016.7.1. 「감칙 제9조 제2항」
- 기준가치: 시장가치

Ⅱ. 물음1), 제1라인 (10점)

1. 처리방침

① 「감칙 제13조 제3항 제1호」에서는 감정평가서에 [감정평가액의 산출근거 및 결정의견]을 감정평가서에 포함하도록 규정하고 있으며, "적용한 감정평가방법 및 시산가액 조정 등 감정평가액 결정 과정(제12조 제1항 단서 또는 제2항 단서에 해당하는 경우 그 이유를 포함한다)"을 결정의견에 포함하도록 규정하고 있다.

② 또한, 「감칙 제12조 제1항」은 "제14조부터 제26조까지의 규정에서 대상물건별로 정한 감정평가방법(이하 "주된 방법"이라 한다)을 적용하여 감정평가해야 한다. 다만, 주된 방법을 적용하는 것이 곤란하거나 부적절한 경우에는 다른 감정평가방법을 적용할 수 있다."고 규정하고 있다.

③ 「감칙 제26조」는 "감정평가법인등은 제14조부터 제25조까지에서 규정되지 아니한 대상물건을 감정평가할 때에 이와 비슷한 물건이나 권리 등의 경우에 준하여 감정평가해야 한다."고 규정하고 있으며

④ 현행 「감칙」은 기계기구에 대한 정확한 감정평가방법을 규정하지 않고 있으나, (출제 당시)

⑤ 「감정평가 실무기준」[630.1.3 기계기구류]의 감정평가에서 "원가법"을 적용하여 감정평가하되, 감가수정은 "정률법" 적용을 원칙으로 규정하고 있다.

⑥ 다만, 과잉유휴시설의 경우 "다른 사업으로 전용이 가능한 과잉유휴시설은 정상적으로 감정평가하되, 전환 후의 용도와 전환에 드는 비용 및 시차 등을 고려하거나, 다른 사업으로 전용이 불가능한 과잉유휴시설은 해체·철거 및 운반에 드는 비용 등을 고려하여 처분이 가능한 금액으로 감정평가할 수 있다"고 규정하고 있다.

따라서, 제1라인의 경우 과잉유휴시설로 [잔존가치 - 전환 비용]으로 평가함

2. 잔존가치

매각액 평가로 설치비·시험운전비·부가가치세 제외, 경제적 내용연수 10년 기준, 자본적 지출 고려
[(50,000,000 + 20,000,000) × 1.10 + 20,000,000] × 0.1 ≒ 9,700,000원/대

3. 전환비용(설치비 제외)

1,000,000 + 1,000,000 + 1,000,000 ≒ 3,000,000원/대

4. 제1라인 적정가격

(9,700,000 - 3,000,000) ≒ 6,700,000원/대(× 10대 ≒ 67,000,000원)

Ⅲ. 물음2), 제2라인 (10점)

1. 처리방침

유지보수상태 양호 고려, 원가법으로 평가하되 감가수정은 정률법을 적용함

2. 제2라인 적정가격

(1) 재조달원가

기업체 평가로 설치비·시험운전비, 자본적지출 포함, 부가가치세 제외(계속 운영)

80,000,000 + 30,000,000 + 5,000,000 + 5,000,000 + 10,000,000 ≒ 130,000,000원/대

(2) 적정가격(5년 경과)

130,000,000 × $0.1^{5/10}$ ≒ 41,110,000원/대

(× 10대 ≒ 411,100,000원)

실무기준 630.2(기계기구)
과잉유휴시설의 감정평가
① 다른 사업으로 전용이 가능한 과잉유휴시설은 정상적으로 감정평가하되, 전환 후의 용도와 전환에 드는 비용 및 시차 등을 고려하여야 한다.
② 다른 사업으로 전용이 불가능한 과잉유휴시설은 해체, 철거 및 운반에 드는 비용 등을 고려하여 처분이 가능한 금액으로 감정평가할 수 있다.

문항별 논점

기계기구 평가 (20점)

「감칙」에 대한 전반적인 이해와 「감정평가 실무기준」상 기계기구 평가에 대한 문제이다. 「감칙 제12조, 제13조」의 내용과 「감정평가 실무기준」에 규정되어 있는 기계기구에 대한 정확한 감정평가방법을 숙지하여야 한다. 또한, 감정평가 목적에 따라 재조달원가로 인식되는 비용문제와 과잉유휴시설의 경우에 대한 처리방법도 익혀두어야 한다. 한편, 현시점에서의 기계·기구 평가는 2023년 신설된 「감칙 제21조 제2항」에 따라 원가법을 적용해야 한다.

문제4 (10점)

Ⅰ. 평가개요

- 평가대상: 영업(휴업)손실보상
- 평가목적: 사업인정 후 협의보상
- 가격시점: 2016.7.1.「토지보상법 제67조 제1항」
- 기준가치: 적정가격

Ⅱ. 영업손실보상액

1. **일부 편입보상「시행규칙 제47조 제3항」**

   "영업이익 × 4개월 + 통상의비용(고정비 포함) + 매각손실액"으로 평가함

   60,000,000 × 4/12 + 2,000,000 × 4개월 + 18,000,000 + 5,000,000 ≒ 51,000,000원

2. **한도액(이전 보상)**

   $\underbrace{60,000,000}_{영업이익} × 4/12 × \underbrace{(1 + 0.2)}_{감손} + \underbrace{2,000,000 × 4개월}_{고정비} + \underbrace{4,000,000}_{이전비·감손} + \underbrace{1,000,000}_{부대비용} ≒ 37,000,000원$

3. **영업손실보상액 결정**

   한도액 내 보상인바, 37,000,000원으로 결정함

2017년 제28회 감정평가실무 기출

총평

28회 기출문제는 전체 18페이지로 구성되었다. 문제 1번은 당시 큰 배점으로 출제되지 않은 보상평가 파트가 출제되었고 전체적으로 평이한 수준의 문제를 배치하였다. 문제 3번에서는 신설된 기대이율 산정방법에 대한 규정과 관련한 임대료 산정 문제를 출제하여 감정평가와 관련된 다양한 법령의 변화에 관심을 가지고 있는지를 묻고 있었다. 또한, 문제 1번에서 3번까지의 각 소물음에서 "감정평가방법 기술"을 제시하여 단순한 가액 산정이 아닌 감정평가사의 판단능력 등을 묻는 문제를 출제하였다.

문제1 (40점)

Ⅰ. 평가개요

- 평가대상: 토지
- 평가목적: 협의보상
- 가격시점: 2017.7.1. 「토지보상법 제67조 제2항」
- 사업인정의제일: 2016.12.15. <실시계획인가고시>

Ⅱ. 물음1), 미지급용지 (15점)

1. 미지급용지의 개념 및 평가기준

   (1) 개념

   미지급용지란 종전에 시행된 공익사업의 부지로서 보상금이 지급되지 아니한 토지를 말한다.

   (2) 평가기준

   1) 관련 규정 「시행규칙 제25조」

   ① 종전의 공익사업에 편입될 당시의 이용상황을 상정하여 평가한다. 다만, 종전의 공익사업에 편입될 당시의 이용상황을 알 수 없는 경우에는 편입될 당시의 지목과 인근토지의 이용상황 등을 참작하여 평가한다.

2) 구체적 평가기준

② "종전의 공익사업에 편입될 당시의 이용상황"을 상정하는 때에는 편입 당시의 지목·실제용도·지형·지세·면적 등의 개별요인을 고려하여야 하며, 가격시점은 계약체결당시를 기준으로 하고 공법상 제한이나 주위환경, 그 밖에 공공시설 등과의 접근성 등은 종전의 공익사업의 시행을 직접 목적으로 하거나 해당 공익사업의 시행에 따른 절차 등으로 변경 또는 변동이 된 경우를 제외하고는 가격시점 당시를 기준으로 한다.

③ 비교표준지 선정 시 종전 및 해당 공익사업의 시행에 따른 가치의 변동이 포함되지 아니한 표준지를 선정한다.

④ 주위환경 변동이나 형질변경 등으로 대상토지의 종전의 공익사업에 편입될 당시의 이용상황과 비슷한 표준지가 인근지역에 없어서 인근지역의 표준적인 이용상황과 비슷한 표준지를 비교표준지로 선정한 경우에는 그 형질변경 등에 소요되는 비용 등을 고려하여야 한다.

⑤ 공도 안에 있는 사유토지가 미지급용지로 감정평가 의뢰된 경우에는 의뢰자에게 그 토지가 도로로 편입당시 이전부터 「토지보상법 시행규칙 제26조 제2항」에서 규정한 "사실상의 사도" 등으로 이용되었는지 여부 등을 조회한 후 그 제시된 의견에 따라 감정평가한다.

3) 미지급용지 관련 <판례> 검토

<대법원>은 공공사업의 시행자가 적법한 절차를 취하지 아니하여 아직 공공사업의 부지로 취득하지도 못한 단계에서 공공사업을 시행하여 토지의 현실적인 이용상황을 변경시킴으로써, 오히려 토지의 거래가격이 상승된 경우까지 미보상용지의 개념에 포함되는 것이라고 볼 수 없다고 판시하여, 고가의 이용상황으로 변경된 경우에도 미지급용지 규정을 적용한다면 「시행규칙 제25조」 규정취지에 어긋난다고 보아 해당 규정을 적용하지 않고 "현황평가"를 하여야 한다고 하였다(대법원 1992.11.10. 선고 92누4833 판결 참조).

2. 대상물건의 확정 및 처리방침

① 미지급 용지
② 「시행규칙 제23조」의거 종전 공익사업으로 인한 용도지역 변경은 미고려, <2종일주> 기준
③ 이용상황은 편입 당시 이용상황인 "주거나지" 기준
④ 편입 당시인 "맹지, 부정형" 기준
⑥ 현황평가의 예외로 미지급용지 규정취지를 고려하여 평가함

3. 토지 보상액

(1) 적용공시지가

"도로" 사업으로 취득하는 토지의 가격변동 여부 「시행령 제38조의2」 미고려,
∴ 「토지보상법 제70조 제4항」의거 <2016.1.1.> 기준 공시지가 적용

(2) 표준지선정

2종일주, 주거나지 기준 <#A> 선정

(3) 시점수정 (생산자물가상승률 미제시)

2016.1.1. ~ 2017.7.1. 주거지역

1.03527 × 1.01426 × 1.00431 ≒ 1.05181

(4) 그 밖의 요인 보정

1) 사례선정

2종일주, 주거나지 기준 <거래사례 ㅂ> 선정

(ㄱ ~ ㄷ, ㅁ: 용도지역 상이, ㄹ: 도로 상이)

2) 격차율 산정

$$\frac{1{,}000{,}000 \times {}^*1.01863 \times 1.000 \times 0.95 \times 1.03}{770{,}000 \times 1.05181} \fallingdotseq 1.230$$

* 2017.1.1. ~ 2017.7.1. 주거지역
1.01426 × 1.00431

3) 결정: <1.23>

(5) 기호1 토지 보상액

770,000 × $\underbrace{1.05181}_{시}$ × $\underbrace{1.000}_{지}$ × $\underbrace{(0.93 \times 0.92)}_{개}$ × $\underbrace{1.23}_{그}$ ≒ 852,000원/㎡

(× 381㎡ ≒ 324,612,000원)

Ⅲ. 물음2), 사실상 사도 (15점)

1. 사실상 사도의 개념 및 평가기준

(1) 개념 「시행규칙 제26조 제2항」

「사도법」상 사도 외의 토지로, 다음의 해당하는 도로를 말한다.
1. 도로개설 당시의 토지소유자가 자기 토지의 편익을 위하여 스스로 설치한 도로
2. 토지소유자가 그 의사에 의하여 타인의 통행을 제한할 수 없는 도로
3. 「건축법 제45조」에 따라 건축허가권자가 그 위치를 지정·공고한 도로
4. 도로개설 당시의 토지소유자가 대지 또는 공장용지 등을 조성하기 위하여 설치한 도로

(2) 평가기준

1) 관련 규정 「시행규칙 제26조 제1항 제2호」

사실상의 사도의 부지는 인근토지에 대한 평가액의 3분의 1 이내로 평가한다.

2) 평가기준

"인근토지"라 함은 당해 도로부지 또는 구거부지가 도로 또는 구거로 이용되지 아니하였을 경우에 예상되는 표준적인 이용상황과 유사한 토지로서 당해 토지와 위치상 가까운 토지를 말한다. 이는 사실상 사도와 연접해 있는 토지로 당해 도로개설로 인해 편익을 받는 토지이며, 소유자가 동일함이 일반적이다.

2. 대상물건의 확정 및 처리방침

① 「시행규칙 제26조 제2항」 의거 "도로개설 당시의 토지소유자가 자기 토지의 편익을 위하여 스스로 설치한 도로"로 <사실상 사도>로 판단됨
② 화체이론에 근거 편익을 받는 토지인 "100-2" 기준 토지특성 판단함
③ 가격시점 당시 "준주거지역", 이용상황은 "다세대"인 "세로(가), 가장형" 기준
④ 인근토지의 1/3 이내로 평가함

3. 토지 보상액

(1) 표준지 선정

준주거, 다세대 기준 <#B> 선정

(2) 그 밖의 요인 보정

1) 사례선정

준주거, 다세대 기준 <평가사례 ㄴ> 선정

2) 격차율 산정

$$\frac{1,500,000 \times 1.01863 \times 1.000 \times 1.00 \times 1.00}{1,050,000 \times 1.05181} ≒ 1.379$$

3) 결정: <1.37>

(3) 기호2 토지 보상액

$1,050,000 \times \underset{시}{1.05181} \times \underset{지}{1.000} \times \underset{개}{(1.00 \times 1.02)} \times \underset{그}{1.37} \times \underset{사실상\ 사도}{1/3} ≒ 514,000원/㎡$

(× 381㎡ ≒ 195,834,000원)

IV. 물음3), 예정공도 (10점)

1. 예정공도의 개념 및 평가기준

(1) 개념 「시행규칙 제26조 제1항 제3호」

도시·군계획시설(도로)로 결정된 이후에 해당 도시·군계획시설사업이 시행되지 아니한 상태에서 사실상 불특정 다수인의 통행에 이용되고 있는 토지를 말한다.

(2) 평가기준

공도에 관한 감정평가는 「시행규칙 제26조 제1항 제3호」에 따르되, 그 공도의 부지가 도로로 이용되지 아니하였을 경우에 예상되는 인근지역에 있는 표준적인 이용상황과 비슷한 토지의 표준지공시지가에 해당 도로의 개설에 따른 가치변동이 포함되어 있는 경우에는 이를 배제한 가액으로 감정평가한다. 다만, 그 공도의 부지가 미지급용지인 경우에는 미지급용지의 감정평가방법에 의한다.

2. 대상물건의 확정 및 처리방침

① 도시계획시설 등으로 결정된 이후 사업의 시행 없이 불특정 다수인의 통행에 이용 중인 토지로 <예정공도>임
② 인근지역의 표준적이용상황은 6m 도로 기준 주거지대로 판단됨
③ "준주거지역", "다세대", "세로(가), 사다리" 기준하되
④ 동일 노선에 소재하는 표준지를 기준하되, 당해 도로개설에 따른 이익을 배제하여 평가함

3. 토지 보상액

(1) 표준지 선정

준주거, 다세대 기준 <#B> 선정

(3) 그 밖의 요인 보정: 1.37

(4) 기호3 토지 보상액

$$1,050,000 \times \underbrace{1.05181}_{\text{시}} \times \underbrace{1.000}_{\text{지}} \times \underbrace{(1.00 \times 0.99 \times 0.7)}_{\text{개}} \times \underbrace{1.37}_{\text{그}} ≒ 1,050,000원/㎡$$

(× 381㎡ ≒ 400,050,000원)

문항별 논점

미지급용지, 사실상 사도, 예정공도 (40점)

「토지보상법」상 특수토지의 보상평가를 묻는 문제로 관련 규정을 숙지하였다면 쉽게 문제를 접근할 수 있다. 다만, 각 특수토지에 대한 개념과 평가기준을 기술하도록 명시적으로 물음에서 제시하였으므로, 정확한 용어 및 평가기준을 기술하여야 높은 점수를 획득할 수 있었다.

미지급용지의 경우에는 이용상황에 대한 판단문제 및 용도지역, 주위환경에 판단에 있어 각각의 논점들을 이해하고, 미지급용지 규정을 적용하는 것이 해당 규정의 취지에 어긋난다고 보는 <판례>를 제시하였다면 보다 좋은 답안이 되었을 것이다.

사실상 사도의 경우 문제에서 사실관계를 제시하였다는 점을 고려할 때, 관련 규정 및 사실상 사도의 판단기준을 제시한 다양한 판례 기술이 중요 포인트라고 생각된다.

예정공도의 경우 그 개념 및 공도의 평가기준을 기술하고, 해당 도로개설에 따른 개발이익을 배제한다는 평가기준을 반드시 제시하여야 한다.

문제2 (30점)

Ⅰ. 평가개요

- 평가대상: 토지
- 평가목적: 일반거래(시가참조)
- 기준시점: 2017.7.1.「감칙 제9조 제2항」

Ⅱ. 물음1), 오염 전 토지가액 (10점)

1. 사례선정

오염 전 토지사례로, 준공업지역, 공업용 기준 <사례 3> 선정

2. 시점수정

2016.11.6. ~ 2017.7.1. C구 공업지역

$(1 + 0.00020 \times 26/31) \times \cdots 1.00750 ≒ 1.08133$

3. 지역요인

100/115

4. 개별요인

100/135

5. 비준가액

$4,666,000 \times \underset{사}{1.00} \times \underset{시}{1.08133} \times \underset{지}{100/115} \times \underset{개}{100/135} ≒ 3,250,000원/㎡$

(× 9,999㎡ ≒ 32,497,000,000원)

Ⅲ. 물음2), 오염 후 토지가액 (15점)

1. 비교방식

(1) 사례선정

오염 후 토지사례로, 오염면적 고려, A구 소재한 <사례 1> 선정

(2) 오염 후 토지비준가액

$1,722,000 \times \underset{사}{1.00} \times \underset{시}{{}^*1.03126} \times \underset{지}{100/100} \times \underset{개}{100/95} ≒ 1,869,000원/㎡$

* 2016.9.23. ~ 2017.7.1. A구 공업
  $(1 - 0.00041 \times 8/30) \times \cdots\cdots 1.00051$

2. 원가방식

(1) 오염 전 토지가액

대상토지 매입금액 2015년 거래금액으로 시점수정 불가로 제외, 비준가액으로 결정함

∴ 32,497,000,000원

(2) 가치하락분(정신적인 손실 제외)

1) 조사비용 등

   $(1,000,000 + 600,000 \times 2.673012) \times 2,000㎡ + (3,000,000,000 \times 0.02 + 600,000,000) \times 2.673012 ≒ 6,972,000,000$원

2) 스티그마

   (가) 보고서 기준

   스티그마 존속기간 공사완료 후 1년까지만 예상됨, 따라서, 기준시점 당시 상태인 "오염된 상태" 감가율 적용함

   $32,497,000,000 \times 0.3 ≒ 9,749,000,000$원

   (나) 시장조사 기준

   $32,497,000,000 \times 0.2 ≒ 6,499,000,000$원

   (다) 평균

   8,124,000,000원

3) 가치하락분

   조사비용 + 스티그마 ≒ 15,096,000,000원

(3) 오염 후 적산가액

오염 전 토지가액 − 가치하락분 ≒ 17,401,000,000원(÷ 9,999㎡ ≒ 1,740,000원/㎡)

3. 오염 후 토지가액 결정

① 양자 모두 유사하여 합리성 인정되나 제시된 거래사례의 가액이 오염된 토지 상태를 어느 정도 반영하였는지 그 판단이 곤란하고,

② 사례 3만을 정상적인 거래라고 제시하였으므로 사례 1의 객관성을 부여하기 어려운 바, 오염 정화비용 등의 객관적 자료를 기준한 적산가액으로 결정함

∴ 17,401,000,000원(÷ 9,999㎡ ≒ 1,740,000원/㎡)

Ⅲ. 물음3), 스티그마 감정평가방법 (5점)

1. 의의

낙인효과라고도 하며, 환경오염 등에 따라 대상부동산이 시장에서 대중들에게 갖는 불리한 인식으로 무형적효과를 말한다.

2. 감정평가방법

(1) 헤도닉 가격 모형(Hedonic Price Model)

재화의 가치는 해당 재화에 내포되어 있는 특성에 의해 결정된다는 가정을 전제로, 대상부동산에 가치에 영향을 미치는 다양한 특성을 독립변수로 하여 독립변수 변화에 따른 대상부동산의 가치 즉, 종속변수의 변화를 분석하는 통계적 모형을 말한다. 이는 과거 시장에서의 사례를 기준하여 객관성과 신뢰성을 갖는 반면, 변수 선정과 그 양, 개별성이 큰 부동산에 있어 그 적용의 한계가 있고 감정평가의 개념과 괴리되는 문제점을 내포하고 있다.

(2) 조건부가치측정법(Contingent Valuation Method; CVM)

CVM은 비시장 재화의 경제적 가치를 정량화하기 위해 가장 대표적으로 사용하는 설문조사의 기법으로, 비시장재화의 지불의사액을 추정함으로써 관심 재화의 경제적가치를 정량화하는 방법이다. 이는 설문 참여자의 응답을 통해 시장참여자의 의사를 반영할 수 있다는 장점을 가지고 있는 반면, 비전문적 의견에 따른 격차가 클 수 있고, 개별적 이익이 반영되어 객관성과 신뢰성이 떨어질 수 있다는 문제점을 가진다.

문항별 논점

오염토지의 감정평가 (30점)

오염부동산의 대한 문제로 감정평가 실무기준상의 "소음 등으로 인한 대상물건의 가치하락분에 대한 감정평가" 부분의 이해가 있었다면 큰 무리 없이 문제를 해결할 수 있다.

"스티그마"의 감정평가방법의 기술을 묻는 물음3)의 구성과 "<자료 6> 기타 참고자료"에서 다양한 가치하락분 산정 자료를 제시한 것으로 보아, 출제자는 물음2)의 오염 후 토지가액은 적산가액에 중점을 두었다고 볼 수 있다. 또한, 실무상 오염부동산의 거래사례 포착이 어렵고 거래사례가 가치하락분을 어느 정도 감안하여 거래되었는지 검토가 불가능하다는 문제점이 있으므로 이를 서술형으로 기술하였다면 높은 점수를 얻었을 것이다.

문제3 (20점)

Ⅰ. 평가개요

- 평가대상: 임대료
- 평가목적: 소송평가
- 기준시점: 2013.3.1, 2017.7.1.
- 적산법 적용하여 시기별 대상 임대료를 평가함

Ⅱ. 물음1), 기초가액 (10점)

1. 2013.3.1. 기준

    (1) 표준지 선정

    주택 및 상가지대 내 소재, 2종일주, 단독주택 기준 <#라> 선정

    (2) 시점수정

    2013.1.1. ~ 2013.7.1. B구 주거지역
    $1.02 \times (1 + 0.00350 \times 1/31) ≒ 1.02012$

    (3) 그 밖의 요인 보정

    주택 및 상가지대, 거래시점 고려 <2> 선정

    $$\frac{4,000,000 \times 1.00000 \times 1.000 \times 0.88/0.85 \times 1.01}{2,650,000 \times 1.02012} ≒ 1.547$$

    ∴ <1.54>로 결정함

    (4) 기초가액

    $2,650,000 \times \underset{시}{1.02012} \times \underset{지}{1.000} \times \underset{개}{(0.85/0.88 \times 1.00)} \times \underset{그}{1.54} ≒ 4,020,000원/㎡$

    (× 200㎡ ≒ 804,000,000원)

2. 2017.7.1. 기준

    (1) 표준지 선정

    주택 및 상가지대 내 소재, 2종일주, 단독주택 기준 <#나> 선정

    (2) 시점수정

    2017.1.1. ~ 2017.7.1. B구, 주거지역
    $1.015 \times 1.002 ≒ 1.01703$

(3) 그 밖의 요인 보정

주택 및 상가지대, 거래시점 고려 <4> 선정

$$\frac{5,400,000 \times {}^*1.00142 \times 1.000 \times 0.85/(0.88 \times 1.01)}{2,920,000 \times 1.01703} ≒ 1.741$$

* 2017.6.10. ~ 2017.7.1. 주거지역

 (1 + 0.002 × 22/31)

∴ <1.74>로 결정함

(4) 기초가액

2,920,000 × $\underbrace{1.01703}_{시}$ × $\underbrace{1.000}_{지}$ × $\underbrace{(1.01 \times 1.00)}_{개}$ × $\underbrace{1.74}_{그}$ ≒ 5,220,000원/㎡

(× 200㎡ ≒ 1,044,000,000원)

Ⅲ. 물음2), 기대이율 결정 등 (10점)

1. 기대이율 결정

(1) 2013년

 1) 적용기준율표: 4%

 2) CD금리 기준: 2.5%(3.00 ~ 0.05)

 3) 국고채: 3.10%

 부동산의 경우 시장변동 및 인근지역 내 대체 부동산의 공급 등에 따른 다양한 변동 가능성이 내포되어 있다는 점에서 기대이율 결정 시 이를 반영하여야 하는바, 최근 신설 발표된 적용기준율표가 상기 내용을 반영하고 있다고 판단되는바, 적용기준율표로 결정함

 ∴ <4%> 결정

(2) 2017년

 1) 적용기준율표: 2.5%

 2) CD금리 기준: 1.5%(2.00 ~ 0.05)

 3) 국고채: 2.0%

 상기 내용 및 최소 2%로 고려,

 ∴ <2.5%> 결정

2. 토지임대료

(1) 2013.7.1. 기준

 804,000,000 × 0.04 ≒ 32,160,000원

(2) 2017.7.1. 기준

 1,044,000,000 × 0.025 ≒ 26,100,000원

문항별 논점

임대료(적산법) (20점)

「감정평가 실무기준」 4차 개정(2016.12.14.) 내용인 "기대이율 산정방법에 대한 규정"(신설) 조항을 묻는 문제이다. 해당 조항의 신설에 따른 수험생의 숙지를 묻는 문제로 다소 단순한 논점 제시로 임대료 산정 자체는 쉬운 문제풀이가 가능했다고 판단된다.

다만, 기초가액 산정에 있어 2013년, 2017년과 그 밖의 요인 산정이 각각 2개가 제시되었음을 고려할 때, 물음 2)에서 기대이율 결정 이유에 대한 기술사항을 빠르고 정확하게 쓰는 요령이 필요했다고 판단된다.

국고채수익률과 CD유통수익률은 안정된 수익률로 무위험률에 가까운 성격을 갖는 반면, 부동산의 경우 시장변동 및 인근지역 내 대체 부동산의 공급 등에 따른 다양한 변동 가능성이 내포되어 있다는 점에서 위험성을 반영하며 기대이율 또한, 상기와 같은 이유로 어느 정도 위험성(위험률)을 내포하고 있다. 따라서, 대상부동산의 임대료 산정 시 안전률인 국고채수익에 비해 기대이율 적용기준율표상 기대이율이 신뢰성이 크다고 판단된다.

▍문제4 (10점)

Ⅰ. 평가개요

- 평가대상: 구분건물
- 평가목적: 일반거래(시가참조용)
- 기준시점: 2017.7.1. 「감칙 제9조 제2항」
- 대쌍비교법 적용, 개별요인 격차 고려, 비준가액으로 평가함

Ⅱ. 비준가액 「감칙 제16조」

1. 사례 선정

가치형성요인 비교 가능한 최근 사례인 <거래사례 3> 선정

2. 가치형성요인비교

(1) 발코니 확장

<사례 4, 5> 비교

$345{,}000 \div (338{,}000 \times 101/102) ≒ 1.031$

(2) 관리상태: 100/101

(3) 기타 개별요인: 동일

3. 비준가액

$350{,}000{,}000 \times 105.0/104.5 \times 1.031 \times 100/101 ≒ 359{,}000{,}000$원

2018년 제29회 감정평가실무 기출

총평

29회 기출문제는 전체 16페이지로 구성되었으며 전반적인 난이도는 높지 않았으나 문제 1번과 관련된 개별논점에 대한 해석이 상당히 어려웠을 것이며, 이에 대한 정확한 규정 숙지와 이론적 판단에 대한 합리적 근거를 기술하지 않았다면 좋은 점수를 받기 어려웠을 것이다. 특히 문제 2 ~ 4번의 경우 주어진 배점 대비 계산 등이 평이하여 정확한 숫자 제시와 각 물음에 대한 합리적인 결정 근거를 제시하여야 했다.

문제1 (40점)

I. 평가개요

- 평가대상: 구분지상권
- 평가목적: 사업인정 전 협의보상
- 가격시점: 2018.6.1. 「토지보상법 제67조 제1항」

II. 물음1), 인근지역 판단 등 (10점)

1. 인근지역

인근지역이란 감정평가의 대상이 된 부동산이 속한 지역으로서 부동산이 이용이 동질적이고 가치형성요인 중 지역요인을 공유하는 지역을 말한다.

2. 인근지역의 판단기준

인근지역은 용도적·기능적 관점에서 동질성이 인정되는 지역으로 경제적 가치에 상호 영향을 주는 지역을 기준하여 판단한다.

인근지역 판단 시 ① 지반·지세·지질, ② 철도·도로·하천·산악·구릉·공원, ③ 용도지역·용도구역 등 공법상 제한, ④ 행정구역, ⑤ 소득수준·문화생활정도, ⑥ 언어·종교, ⑦ 교통망·학군·역세권 등을 고려하여 판단하여야 한다.

3. 인근지역의 판단

경기도 B시와 E시 사이에 중앙분리대가 있는 왕복 4차선 국도가 개설되어 있으나,

① 왕복 4차선의 도로 폭이 다소 좁고
② 표준지 및 보상선례 모두 국도 주변 야산지대로 용도적·기능적 관점에서 동질성이 인정되며
③ 자연림지대로 상호 대체·경쟁관계에 있고
④ 경제적 가치측면에서 가치형성에 영향을 주고 있다.
⑤ 또한, 자연녹지지역 내 자연림으로
⑥ 국도를 기준하여 동일 교통망을 이용한다는 점에서 표준지 기호 1, 2 및 보상선례 소재지는 [인근지역]으로 판단된다.

Ⅲ. 물음2), 대상토지 적정가격 (15점)

1. 적용공시지가

- 사업인정의제일: 2018.6.6.(협의보상)

"철도" 사업으로 「토지보상법 제70조 제5항」 및 「시행령 제38조의2」 미고려

「토지보상법 제70조 제3항」 의거 <2018.1.1.> 기준 공시지가 적용

2. 표준지 선정

인근지역 내 소재, 공법상 제한이 유사한 <#1> 선정
(#2: 도시자연공원구역 일반적 제한으로 공법상 제한 상이함)

3. 시점수정(생산자물가상승률 미제시)

"철도"사업으로 「토지보상법 시행령 제37조 제2항」 미고려
표준지 소재 B시, 녹지, 2018.1.1. ~ 2018.6.1.
$1.00890 \times (1 - 0.00005 \times 32/30) ≒ 1.00885$

4. 지역요인

상기 판단에 의거 인근지역 내 소재하는 바, <1.000>으로 결정함

5. 개별요인

① 대상토지상 송전선로 설치에 의한 구분지상권이 설정되어 있는바, 시장의 선호도에서 20% 감가율 적용함(시장 선호도의 따른 재산적 가치하락은 송전선로 보상 시 추가보정률에서 고려되었다고 판단함)
② 대상 공원 저촉은 개별적제한으로 미고려하나, 표준지의 공원저촉은 이를 감안하여 평가되었는 바, 이를 고려함
③ 접면도로 상태 등 기타 개별요인비교치는 미제시로 동일한 것으로 판단함

$$\underset{\text{접}}{1.00} \times \underset{\text{자}}{1.00} \times \underset{\text{행(공원)}}{1/0.6} \times \underset{\text{기}}{0.80} ≒ 1.333$$

6. 그 밖의 요인(대상기준)

철탑부지 보상, 인근지역 내 소재, 자연림으로 적정한 것으로 판단됨

$$\frac{80,000 \times {}^*1.00002 \times 1.000 \times 1/0.6 \times 0.8}{66,000 \times 1.00885 \times 1.000 \times 1.333} ≒ 1.202$$

* 선례 E시, 녹지, 2018.5.1. ~ 2018.6.1.

∴ <1.20>로 결정함

7. 대상토지 적정가격

66,000 × $\underbrace{1.00885}_{시}$ × $\underbrace{1.000}_{지}$ × $\underbrace{1.333}_{개}$ × $\underbrace{1.20}_{그}$ ≒ 107,000원/㎡(× 1,200㎡ ≒ 128,400,000원)

IV. 물음3), 보상금 산정 (10점)

1. 입체이용 저해율 산정

임지, 토피 평균 18m 고려, 건물 등 저해율 미고려, 기타이용저해율 상하배분비율 최고치 적용
0.1 × 0.25 + 0.1 × 1/2 ≒ 0.0750

2. 지하사용 보상금 산정

지하공간 영구사용으로 봄
128,400,000 × 0.0750 ≒ 9,360,000원

V. 물음4), 감정평가기준의 문제점 (5점)

1. 감정평가방법상 문제점 「시행규칙 제31조」

① 토지의 기초가액 평가 시 기존 송전선로 설치에 따른 구분지상권을 반영하는 경우 피수용자의 감정을 무시하게 되고 완전보상을 이루지 못하는 문제점이 발생한다. ② 한계심도를 초과하는 지하공간의 사용료 보상평가기준은 일률적인 보상률을 적용하게 되어 가치하락분에 실질적 보상이 어렵다. ③ 또한, 대상 토지의 중앙이 아닌 일부분에 구분지상권을 설정하는 경우 잔여토지에 대한 가치하락분을 고려하여야 한다.

2. 시장성 하락의 반영 문제

「철도건설법」 및 「도시철도법」상 지하부분 사용에 대한 보상기준은 철도사업에 의한 시장성 하락 요인을 입체이용저해율에서 고려하지 않고 있어 「전기사업법」상 구분지상권 설정 시 고려되는 [추가보정률]에 대한 형평성 문제가 있다.

3. 지역 조례 적용 문제점

철도(선적 사업)사업에 따라 여러 시·도에 사업구역이 걸치는 경우 각 시·도조례에서 규정하고 있는 입체이용저해율 및 최저보상액이 달라, 형평성의 문제가 있다.

4. 보상대상 지역의 분류 문제

보상대상 지역을 "고층시가지 ~ 농지·임지"로 단순하게 분류하여 지역에 따른 개별적 격차를 고려하지 못하고 있으며, 현실적인 지역 구분 및 상층부로 갈수록 층별효용비가 낮아지는 구조가 현실과 괴리되는 문제점이 있다.

5. 최근 「하수도법」 개정에 대한 고찰

최근 신설된(2022.1.4.) 「하수도법 시행령」에서는 지하부분에 대한 보상금 산정 시 "보상금 = 토지의 단위면적당 적정가격 × (입체이용저해율 + 추가보정률) × 구분지상권 설정면적"으로 규정하고 있으며, "용도지대"별 층별효용지수를 세분화하여 현실을 반영하고 있다.

문항별 논점

지하공간 사용에 따른 보상평가 (40점)

I. 개별 논점

지하공간사용에 대한 구분지상권 설정에 따른 보상 문제로 지하공간 보상 시 고려되어야 하는 논점과 지상 토지의 적정가격 평가에 대한 보상평가 이론을 종합적으로 묻는 문제로 정확한 보상규정에 대한 이해와 적용을 준비하지 못하였다면 상당한 고민과 시간적 압박을 주었을 문제로 판단된다.

물음1) 인근지역의 개념과 인근지역 판단 시 고려되어야 할 사항을 숙지하고 있는지, 이를 활용하여 실제 인근지역 설정을 합리적으로 판단할 수 있는지를 묻고 있다. 감정평가이론과 실무상 문제를 적절하게 혼합한 물음으로 감정평가사의 판단 능력을 묻고 있어 서술상 풍부한 판단 근거를 제시하여야 한다. 인근지역은 결국 대상의 경제적 가치 산정에 있어 그 영향이 있는지가 관건으로 설치물이 있다 하여 이를 인근지역에서 배제하는 것은 인근지역의 개념을 이해하지 못하고 있는 것이다. 다만, E시를 인근지역이 아닌 유사지역으로 판단할 수도 있음에 유의하여야 한다.

물음2) 토지의 적정가격의 산정으로 송전선로 설치에 의한 구분지상권 설정에 따른 시장가치 하락분을 어떻게 반영하였는지를 묻고 있다. 지상 공간 보상에는 입체이용저해율 및 추가보정률 적용을 통해 시장성 저해요인을 고려하는 반면, 지하 공간 보상에서는 추가보정률 적용에 대한 규정이 없다는 점을 제시하였다면 좋은 득점을 획득할 수 있었다. 시장가치하락분은 기존 구분지상권 설정 시 추가보정률에 고려되어 토지소유자에게 지급되었다는 점을 이해하여야 한다. 다만, 「하수도법」상에서는 추가보정률에 대한 규정을 최근 신설하여 지상 공간과 지하 공간의 보상평가에 대한 형평성 문제를 해결하였고, 보상대상 지역의 분류 및 층별효용비에 대한 새로운 규정을 제시하여 현실적인 문제점을 해결하였다. 또한, 일반적제한인 도시자연공원구역 및 개별적제한인 도시계획시설상 공원의 구분과 계산상의 실수를 유도하고 있으므로 이에 대한 올바른 문제 풀이가 요구된다.

> **재결례** 도시계획시설(근린공원)로 지정된 토지에 대한 사용료 보상평가 [중앙토지수용위원회 재결례 2018.4.12.]
>
> 도시계획시설(근린공원)로 지정된 토지에 대한 선하지(구분지상권) 및 철탑부지(지상권) 사용료를 산정하는 경우, 특정 도시계획시설의 설치를 위한 계획결정과 같이 구체적 사업이 따르는 개별적 계획제한일 때에는 당해 공익사업의 시행을 직접 목적으로 하는 제한으로 보아 제한을 받지 않는 상태로 평가한다고 재결하였음
> 이는 「토지보상법 시행규칙 제23조 제1항」에 의거하여 도시계획시설 공원에 저촉된 토지에 대한 선하지 사용료 보상의 경우, 공익사업의 시행을 직접 목적으로 하여 가하여진 경우가 아니고, 당해 공익사업과 병행이 가능한 다른 공익사업을 위한 개별적 제한은 공법상 제한을 받은 상태대로 평가해야 한다는 기존 유권해석(토지정책과-1477호, 2014.3.5.)의 내용을 변경한 중앙토지수용위원회의 재결례임

물음3) 지하공간에 사용에 따른 입체이용저해율 산정으로 농지·임지의 경우 상층부인 건물 등 저해율이 없다는 것을 숙지하여야 한다.

물음4) 답안 및 아래와 같은 법령상 차이점을 풍부하게 기술함으로써 물음을 해결하여야 한다.

II. 규정 검토

1. 「전기사업법 시행령」

> 제50조(손실보상의 산정기준) 법 제90조의2 제3항에 따른 손실보상의 구체적인 산정기준은 [별표 5]와 같다.
>
> **손실보상의 산정기준(제50조 관련)**
>
> | 구분 | 사용기간 | 보상금액 산정기준 |
> |---|---|---|
> | 지상 공간 | 송전선로가 존속하는 기간까지 사용 | 보상금액 = 토지의 단위면적당 적정가격 × 지상 공간의 사용면적 × (입체이용저해율 + **추가보정률**) |
> | | 한시적 사용 | 보상금액 = 토지의 단위면적당 사용료 평가가액 × 지상 공간의 사용면적 × (입체이용저해율 + **추가보정률**) |
> | 지하 공간 | 송전선로가 존속하는 기간까지 사용 | 보상금액 = 토지의 단위면적당 적정가격 × 지하 공간의 사용면적 × 입체이용저해율 |

2. 「도시철도법」

> 제10조(지하부분 사용에 대한 보상기준) ① 법 제9조 제1항에 따른 토지의 지하부분 사용에 대한 보상대상은 도시철도시설의 건설 및 보호를 위하여 사용되는 토지의 지하부분으로 한다.
> ② 법 제9조 제1항에 따른 토지의 지하부분 사용에 대한 보상금액은 다음 제1호의 면적에 제2호의 적정가격과 제3호의 **입체이용저해율을 곱하여 산정한 금액**으로 한다.
> 1. 법 제12조에 따른 구분지상권 설정 또는 이전 면적
> 2. 제3항에 따른 해당 토지(지하부분의 면적과 수직으로 대응하는 지표의 토지를 말한다)의 적정가격

3. 도시철도건설사업으로 인하여 해당 토지의 이용을 방해하는 정도에 따른 다음 각 목의 이용저해율을 합산한 것(이하 "입체이용저해율"이라 한다)으로서 별표 1에 따라 산정되는 입체이용저해율
   가. 건물의 이용저해율
   나. 지하부분의 이용저해율
   다. 건물 및 지하부분을 제외한 그 밖의 이용저해율

③ 제2항 제2호에 따른 해당 토지의 적정가격은 「부동산 가격공시에 관한 법률」 제3조에 따른 표준지공시지가를 기준으로 하여 「감정평가 및 감정평가사에 관한 법률」에 따른 감정평가법인등 중 시·도지사가 지정하는 감정평가법인등이 평가한 가액(價額)으로 한다.

3. 「철도의 건설 및 철도시설 유지관리에 관한 법 시행령」

제14조의2(지하부분 사용에 대한 보상대상, 보상기준 및 보상방법) ① 법 제12조의2 제1항에 따른 다른 자의 토지의 지하부분의 사용에 대한 보상대상은 철도시설의 설치 또는 보호를 위하여 사용되는 토지의 지하부분으로 한다.
② 제1항에 따른 토지의 지하부분 사용에 대한 보상금은 별표 1의 산정방법에 따라 산정한다.

보상금의 산정방법(제14조의2 제2항 관련)
보상금 = 토지(토지의 지하부분의 면적과 수직으로 대응하는 지표의 토지를 말한다)의 적정가격
× (입체이용저해율) × 구분지상권 설정면적

4. 「하수도법 시행령」

제6조의2(토지의 지하부분 사용에 대한 보상의 기준 및 방법) ① 법 제10조의2 제1항에 따른 타인 토지의 지하부분 사용에 대한 보상의 기준은 별표 1과 같다.

「하수도법 시행령」 [별표 1] <신설 2022.1.4.>
타인 토지의 지하부분 사용에 대한 보상의 기준(제6조의2 제1항 관련)

보상금 = 토지의 단위면적당 적정가격 × (입체이용저해율 + 추가보정률) × 구분지상권 설정면적

문제2 (30점)

Ⅰ. 평가개요

- 평가대상: 임대료
- 평가목적: 일반거래(시가참조)
- 기준시점: 2018.7.1. 「감칙 제9조 제2항」

Ⅱ. 물음1), 적산법 (20점)

1. 기초가액(총액)

(1) 토지「감칙 제14조 제1항」

1) 표준지 선정

근린상업, 광대한면 기준 <#1> 선정

(#2: 도로 상이, #3: 용도지역 상이)

2) 시점수정

2018.1.1. ~ 2018.7.1. S구 상업, 지가변동률

$1.01396 \times 1.00227 ≒ 1.01626$

3) 그 밖의 요인 보정

(가) 사례 선정

근린상업, 광대한면, 평가목적 고려 <b> 선정

(a: 평가목적 상이, c: 용도지역 상이)

(나) 격차율 산정(표준지 기준)

$$\frac{7,000,000 \times {}^*1.02756 \times 1.000 \times 1.01 \times (0.2 \times 0.85 + 0.8)}{4,300,000 \times 1.01626} ≒ 1.613$$

* 2017.1.1. ~ 2018.7.1.

  1.01112×1.01626

(다) 결정

∴ <1.61>로 결정

4) 공시지가기준액

$4,300,000 \times \underset{시}{1.01626} \times \underset{시}{1.000} \times \underset{개}{[1.03 \times 0.96 \times 1/(0.2 \times 0.85 + 0.8)]} \times \underset{그}{1.61}$

≒ 7,170,000원/㎡(× 350㎡ ≒ 2,510,000,000원)

(2) 건물(간접법)

1) 사례 재조달원가

대상과 규모 및 이용상황 등 유사하여 적정한 사례로 판단됨

$500,000,000 + 1,500,000,000 \times [MC(4\%, 10년) \times PVAF(5\%, 5년) \times 1/1.05$

$+ (1 - \dfrac{1.04^5 - 1}{1.04^{10} - 1})/1.05^6] ≒ 1,908,000,000원$

2) 대상 건물가액

$1,908,000,000 \times \underset{사}{1.00} \times \underset{시}{1.00000} \times \underset{개}{1.000} \times \underset{잔}{32/50} \times \underset{면}{1/1,980} ≒ 617,000원/㎡$

(× 1,740㎡ ≒ 1,074,000,000원)

(3) 기초가액 총액

토지 + 건물 ≒ 3,584,000,000원

2. 층별효용비율

100 × 188/69,166 ≒ 0.272

3. 호별효용비율

100 × 60/17,795 ≒ 0.337

4. 적산임료

3,583,500,000 × $\underbrace{0.272}_{\text{층·효}}$ × $\underbrace{0.337}_{\text{호·효}}$ × 0.05 × (1 + $\underbrace{0.07}_{\text{필·제}}$) ≒ 17,576,000원

Ⅲ. 물음2), 임대사례비교법 (10점)

1. 사례 실질임료

임대면적, 1층 고려 적정한 것으로 판단하되, 부가가치세 제외함. 임대면적은 전유면적으로 판단

(2,750,000/1.1 × 12 + 30,000,000 × 0.04)/70㎡ ≒ 445,700원/㎡

2. 대상 비준임료

445,700 × 1.00 × *1.04197 × (0.75 × 0.90 × 0.91 × 1.00) ≒ 285,200원/㎡(× 60㎡ ≒ 17,112,000원)

* 2017.2.2. ~ 2018.7.1. 자본수익률

(1 + 0.2930 × 333/365) × 1.00731 × (1 + 0.731 × 91/90) × (1 + 0.00731 × 1/90)

3. 대상 임대료 결정

양 가액 모두 유사한 바, 「감칙 제12조 제2항」 합리성 인정됨
① 실무기준상 부방식인 적산임료는 기대이율 산정에 있어 시장의 통계치 및 지침상 규정된 이율을 적용하여 대상부동산의 특성을 부여하지 못한다는 문제점이 제시될 수 있으나,
② 임대사례의 경우 임대면적이 전유면적인지 명확한 제시가 없으며 개별요인 비교치가 "0.614"임을 고려할 때, 대상과의 비교 가능성이 다소 떨어진다고 판단된다.
따라서, 적정한 기초가액을 기준으로 산정된 적산임료를 대상 임대료로 결정함

∴ 17,576,000원

문항별 논점

구분건물 임대료 산정 (30점)

구분건물의 임대료 산정 문제로 적산임료 산정이 중심이었으나, 전체 효용적수 합계를 제시하여 일반적인 효용비율 산정의 어려움 없이 용이하게 문제를 해결할 수 있었다. 다만, 임대료 평가의 주된 평가방식인 임대사례비교법을 물음2)에 배치한 의도와 임대사례의 개별요인 비교치를 다소 차이가 나게 제시하였다는 점에서 출제자가 적산임료로 시산임료 결정을 유도하였다고 판단된다. 2번 문제임에도 불구하고 <자료 10>까지 자료를 제시했다는 점에서 결국 시간과의 싸움이었다고 생각된다.

문제3 (20점)

I. 평가개요

- 평가대상: 선박
- 평가목적: 일반거래(시가참조) 및 매각 타당성
- 기준시점: 2018.6.30.

II. 물음1), 해체처분가격 (10점)

1. 해체처분가격

① 대상물건의 본래의 용도로의 사용이 불가능하여 효용가치가 없는 경우 물건을 전체 또는 구성별로 해체하여 매각 가능한 가격을 의미한다.

② 이는 물건을 구성히는 자재의 종류 및 구성요소, 질량 및 시기에 따라 차이가 있으며 중고시장에서 형성되는 매매가격을 기준으로 물건의 운반 또는 해체에 따른 비용을 고려하여 평가한다.

2. 매각처별 가격

(1) 파키스탄

260,000 × 15,000 - 900,000,000 ≒ 3,000,000,000원

(2) 한국

240,000 × 15,000 - 600,000,000 ≒ 3,000,000,000원

(3) 싱가포르

200,000 × 15,000 ≒ 3,000,000,000원

Ⅱ. 물음2), 매각 타당성 (10점)

1. 분리 매각하는 경우

(1) 기관(경제적 잔존년수 기준)

300,000 × 2,000 × $\underline{\quad 0.178 \quad}$ × 2대 ≒ 213,600,000원
　　　　　　　　잔존 10%, 경과 15년, 내용 20년

(2) 저장품

5,000,000,000 × 0.2 ≒ 1,000,000,000원

(3) 잔여 scrap

200,000 × (15,000 - 100 - 900) ≒ 2,800,000,000원

(4) 계

4,013,600,000원

2. 매각방식 경우

"분리매각하는 경우 가격 > 전체 해체처분가격"인바, 분리매각하는 경우가 가장 유리한 방식임. 다만, 분리매각의 경우 분리작업 기간 등의 변동 가능성에 따라 기간이 연장되는 경우 고철 가격과 매입가액의 변동이 가능하므로 이에 대한 주의가 필요함

문항별 논점

해체처분가격 (20점)

단순한 해체처분가격 산정으로 설문의 내용을 순서대로 따라갔다면 쉬운 문제 풀이가 예상되나, 단순한 문제일수록 실수에 유의하여야 한다.

문제4 (10점)

Ⅰ. 물음1), 가치산정액 (5점)

1. 조소득승수

[1,200,000,000/(700,000 × 12 × 20) + 1,600,000,000/(900,000 × 12 × 20)] ÷ 2 ≒ 7.28

2. 조소득승수 기준 대상 평가액

7.28 × 500,000 × 12 × 20 ≒ 873,600,000원

3. 룸 개수 기준 甲 가치산정액

800,000,000원

Ⅱ. 물음2), 검토의견 (5점)

① 1개 동 건물 전체의 면적이 모두 동일한 경우 甲이 산정한 가액은 각 룸의 개수가 늘어날수록 룸 면적이 협소해지는 변화를 반영하지 않고 동일한 효용을 제공한다는 전제하에 산정된 가액이다.

② 따라서, 전체 1개 동의 건물 가액을 기준으로 조소득승수를 고려한 금액이 타당하다. 다만, 조소득승수에 따른 가액도 시장참여자의 룸 개수에 대한 선호도를 반영하지 못한다는 단점이 있다.

문항별 논점

조소득승수법 (10점)

설문에서 1개 동 전체 면적에 대한 제시가 없어 룸 개수가 증가할수록 전체 면적이 상승한다는 해석이 있을 수 있으나, 물음2)에서 甲의 가치산정 논리의 문제점이 있다고 보고 이에 대한 평가 검토의견을 제시하라는 문구에서 전체 면적이 동일한 상태에서 룸 개수만이 변화된다는 점을 파악하여야 했다. 또한, 조소득승수법의 문제점도 함께 서술하였다면 좋은 답안이 되었을 것이다.

2019년 제30회 감정평가실무 기출

총평

30회 기출문제는 전체 15페이지로 구성되었으며 제시 페이지가 적을수록 문제 난이도가 올라갈 수 있다는 점을 유의하여야 한다. 시험 당시 수험생들에게 생소한 특허권의 평가방법을 제시하여 혼란을 가중시켰고, 일몰제에 따른 공원사업의 논점을 출제하여 현업에서 닥쳐올 평가방식에 대한 이해를 물어 시험장에서의 체감 난이도가 높았을 것으로 예상된다. 결국 시험은 선택과 집중의 문제이다. 시간 내에 모든 문제를 핵심 논점 위주로 기술하는 전략이 필요한 시험이다.

문제1 (40점)

Ⅰ. 평가개요

- 평가대상: 기업가치, 특허권, 영업권
- 평가목적: 일반거래(시가참조)
- 기준시점: 2020.1.1.

Ⅱ. 물음1), 기업가치 (25점)

1. 처리방침 「감칙 제24조 제3항」

기업가치 = 영업 관련 기업가치 + 비영업용 자산가치
「감칙 제12조 제2항」 합리성 검토는 비교 가능 자료 미제시로 생략함

2. 영업 관련 기업가치

(1) WACC

1) 자기자본비용

$0.035 + {}^*0.9767 \times (0.12 - 0.035) ≒ 0.1180$

* 베타평균

$(0.9654 + 0.9885 + 0.9763)/3$

2) 타인자본비용

$0.07 \times (1 - 0.22) ≒ 0.5460$

3) WACC

0.4 × 0.1180 + 0.6 × 0.5460 ≒ 0.8000

(2) FCFF

1) 매출증가율 등

(가) 매출증가율
- 대상기준: 5%
- 동종·유사업종: (4.92 + 4.82 + 5.24)/3 ≒ 5%
- 결정(평균): 5%

(나) 매출원가율

$$\frac{(1{,}000/2{,}000 + 21/1{,}050 + 2{,}205/1{,}102.5)}{3} \fallingdotseq 50\%$$

(다) 판관비율

$$\frac{(200/2{,}000 + 210/2{,}100 + 220.5/2{,}205)}{3} \fallingdotseq 10\%$$

(라) 운전자본 소요율

(1/8 + 1/10 − 1/20) ≒ 17.5%

2) FCFF (단위: 백만원)

구분	1	2	3	4	5
매출액	2,315.25	2,431.00	2,553.00	2,681.00	2,815.00
매출원가	1,157.63	1,216.00	1,277.00	1,341.00	1,408.00
매출총이익	1,157.62	1,215.00	1,276.00	1,340.00	1,407.00
판관비	231.53	243.10	255.30	268.10	281.50
영업이익	926.09	971.90	1,020.70	1,071.90	1,125.50
영업이익(1 − t)	722.35	758.08	796.15	836.08	877.89
감가상각비	115	120	125	130	135
(자본적 지출)	69.46	72.93	76.59	80.43	84.45
(추가운전자본)	19.29	20.26	21.35	22.40	23.45
FCFF	748.60	784.89	823.21	863.25	904.99
현가율	0.92593	0.85734	0.79383	0.73503	0.68058
현재가치	693.15	672.92	653.49	634.51	615.92
현재가치 합	3,269,990				

(3) 성장기 영업 관련 기업가치(5년 추정기간)

$$\sum_{n=1}^{5} \frac{FCFF_n}{1.08^n} ≒ 3,270,000,000원$$

(4) 안정기 영업 관련 기업가치

904,990,000 ÷ 0.08 × 1/1.08^5 ≒ 7,699,000,000원

(5) 전체 영업 관련 기업가치

성장기 + 안정기 ≒ 10,969,000,000원

3. 비영업용 자산가치

단기금융상품 + 장기투자산 ≒ 1,000,000,000원

4. 기업가치

영업 관련 기업가치 + 비영업용 자산가치 ≒ 11,969,000,000원

Ⅲ. 물음2), 특허권(성장기 영업 관련 기업가치 × 기술기여도) (10점)

1. 특허권 유효 잔존수명

(1) 출원일: 2013.5.26.(6년 경과)

(2) 법적 존속기간: 2033.5.26. (20년)

(3) 경제적 수명 기간

9 × (1 + 6/20) ≒ 11.7년

(4) 특허권 유효 잔존수명

특허권은 발명 등에 의해 법적 존속기간동안 독점적으로 이용할 수 있으나, 가치산정에 있어 경제적 수명 기간이 가장 중요한 요소인바, 경제적 수명 기간을 기준으로 결정함
총 11년, 경과 6년, 잔존 5년

2. 특허권 가액

(1) 기술기여도

1) 개별기술강도

[(3 × 4 + 4 × 6) + (3 × 6 + 4 × 4)]/100 ≒ 0.700

2) 기술기여도

0.513 × 0.700 ≒ 0.3591

(2) 특허권 가액

본건 특허권 유효 잔존 수명연수 5년임을 감안하여 기업가치는 "성장기 영업기업가치"를 기준함

3,270,000,000 × 0.3591 ≒ 1,174,000,000원

(기술기여도 산정 시 자의성 배제 유의)

Advice

출제자 제시 기준 특허권 가액을 고려한 경우
영업 관련 기업가치 × 기술기여도
10,969,000,000 × 0.3591 ≒ 3,939,000,000원

Ⅳ. 물음3), 영업권(영업 관련 기업가치 - 특허권 - 영업투하자본) (5점)

1. 영업투하자본

(1) 영업자산

단기금융상품, 장기투자자산 제외

500,000,000 + 600,000,000 + 2,500,000,000 + 1,000,000,000 + 800,000,000 + 1,174,000,000 ≒ 6,574,000,000원

(2) 영업부채

유동부채는 영업부채, 장기차입금 제외

∴ 1,100,000,000원

(3) 영업투하자본

영업자산 - 영업부채 ≒ 5,474,000,000원

2. 영업권

$\underline{10,969,000,000}_{\text{영업 관련 기업가치}}$ - $\underline{1,174,000,000}_{\text{특허권}}$ - $\underline{5,474,000,000}_{\text{영업투하자본}}$ ≒ 4,321,000,000원

Advice

출제자 제시 기준 특허권 가액을 고려한 경우
10,969,000,000 - 3,939,000,000 - 5,474,000,000 ≒ 1,556,000,000원

문항별 논점

기업가치, 특허권, 영업권 (40점)

기업가치와 이와 관련된 무형자산의 감정평가 문제로 출제 당시 현업에서 가장 논란이 되고 있었던 문제였다. 무형자산의 산정에 있어 이율 결정 및 세법상 상각연도와 관련된 경제적 유효 잔존연수 산정이 출제되어 다소 혼란이 있었으나 현업의 문제점을 모르고 있었더라도 제시된 자료에 충실하였다면 문제풀이가 가능했다고 판단된다.

물음1) 매출상승률에 따른 성장기와 안정기의 기업가치를 구분하여 산정하여야 하고, 영업활동에 의한 기업가치(영업 관련 기업가치)와 비영업활동에 의한 기업가치(비영업 자산의 가치)를 구분하여 전체 기업가치를 평가하여야 한다. 제시된 FCFF 산정 자료는 단순한 상승률을 제시 하였으나 각 항목의 지문의 양과 생소한 자료 제시에 따라 다소 시간이 소요되었을 것으로 판단된다. 추가적으로 다른 감정평가방법(원가법, 비교사례비교법)에 대한 이론적 문제를 제시하였다면 좀 더 높은 득점을 획득하였을 것이다.

물음2) 특허권의 개념과 더불어 경제적 수익을 창출할 수 있는 수명기간을 기준으로 유효 잔존연수를 결정해야 하며, 잔존 수명 기간과 연관되는 성장기 기업가치를 기준으로 특허권을 산정함에 유의하여야 한다. 또한, 기술기여도 산정에 있어 평점 부여 시 감정평가사의 주관성이 개입될 수 있다는 점을 기재하였다면 좋은 점수를 받았을 것으로 생각된다.

물음3) 영업투하자본 산정 시 자산접근법에 의한 영업자산과 영업부채에 대한 개념을 숙지하여야 하며, 영업활동에 의한 무이자부 영업부채에 대한 정확한 구분을 하여야 한다.

문제2 (30점)

I. 평가개요

- 평가대상: 토지
- 평가목적: 사업인정 전 협의보상
- 가격시점: 2019.5.10. 「토지보상법 제67조 제1항」

Ⅱ. 토지 보상액 산정

1. 적용공시지가

(1) 공고고시일: 2018.1.10.

(2) 가격변동 여부 「시행령 제38조의2」

　1) 사업요건

　　도로·하천·철도 사업 아님, 20만㎡ 이상, 충족함

　2) 사업구역 내 표준지 변동률

　　구역 내 ①, ②, ③ 표준지 기준

　　[(160/156 - 1) + (171/166 - 1) + (29/28 - 1)] ÷ 3 ≒ 3.049%

　3) 가격변동 여부

　　C시 변동률 7.216%로 3%Point 이상, 30% 이상 차이나므로 가격 변동됨

(3) 적용공시지가

　「토지보상법 제70조 제5항」의거 <2018.1.1.> 기준 공시지가 적용

2. 표준지 선정

「시행규칙 제23조」의거 당해 공원 저촉 미고려, 사업구역 내 표준지 선정, 자연녹지, 전 기준 <#①> 선정
(②: 2단계 사업부지, ③: 이용상황 상이, ④: 구역 밖)

3. 시점수정(생산자물가상승률 미제시)

(1) 지가변동 여부

　사업인정 전 협의보상으로 지가변동 여부 미고려

(2) 지가변동률 「시행령 제37조 제1항」

　2018.1.1. ~ 2019.6.29. 녹지: 1.04202

4. 개별요인

(1) 공원 저촉률 산정(대쌍비교법)

　1) 2019년도 표준지 ②, ④ 기준

$$\frac{290{,}000 \times 0.9}{171{,}000 \times 0.95} ≒ 1.607$$

　2) 매매사례 가, 나 기준

$$\frac{360{,}000 \times 1/1.08}{280{,}000 \times 1/1.04} ≒ 1.238$$

(2) 결정

공원 저촉에 따른 가치 상승률 20% ~ 80% 고려, 본건 "전" 토지임을 감안하여 60% 결정함

∴ <1.60>

5. 그 밖의 요인 비교

(1) 필요성 및 사례선정

완전보상, [대법원 92누16300] 등 고려 그 밖의 요인 보정 필요성 인정, 자연녹지, 전 기준으로 당해 공익사업의 의한 개발이익 미반영 된 <사례 ㄴ> 선정

(ㄱ: 협의 체결률 다소 낮음)

(2) 격차율 산정

$$\frac{380,000 \times {}^*1.03112 \times 1.000 \times 1/1.12}{156,000 \times 1.04202 \times 1.000 \times 1.600} ≒ 1.345$$

* 2018.4.8. ~ 2019.6.29. 녹지

(3) 실거래가 검정

$$\frac{360,000 \times {}^*1.03892 \times 1.000 \times 1/1.08}{156,000 \times 1.04202 \times 1.000 \times 1.600} ≒ 1.332$$

* 2018.1.6. ~ 2019.6.29. 녹지

(4) 결정

실거래가 검증 등을 통해 격차율 합리성 인정됨

∴ <1.34>으로 결정함

6. 토지 보상액 산정

156,000 × 1.04202 × 1.000 × 1.600 × 1.34 ≒ 349,000원/㎡(× 1,235㎡ ≒ 431,015,000원)
             시   지   개   그

문항별 논점

공원사업 구역 내 토지 보상 (30점)

헌법재판소의 위헌결정에 따른 일몰제 관련 문제이다. 1999년도 <헌법재판소>의 판결에 따라 개정된 「국토계획법 제48조」에 의거 도시계획시설 결정·고시일로부터 20년이 지날 때까지 사업이 미실시된 경우 결정·고시일로부터 20년이 되는 다음날에 사업이 실효한다. 즉, <2000.7.1.> 이전에 결정·도시된 도시계획시설은 20년 후인 2020.7.1. 일괄적으로 사업이 실효되며, 2019년 당시 일몰제를 1년 앞 둔 시기에 현업에서 가장 문제가 되는 사례인 "공원"이 출제되었다.

"18년도 ○○○공원 조성계획 결정 및 지형도면 고시"에 따라 2018.1.1. 기준 표준지공시지가는 당해 사업인 "공원"에 지정되지 않은 상태이나 출제 의도상 이에 대한 감가율을 고려하여 평가하여야 한다. 문제상 다소 오류가 있다 하더라도 수험생은 문제에서 주어진 출제 의도를 파악하고 이를 전략적으로 해결하여야만 좋은 득점을 얻을 수 있다는 것을 명심해야 한다. 또한, 주어진 배점과 제시된 자료의 양, 난이도를 고려하여 전략적인 문제풀이를 항상 연습해 두어야 한다.

문제3 (20점)

Ⅰ. 평가개요

- 평가대상: 토지, 건물
- 평가목적: 개발 타당성 검토
- 기준시점: 2019.8.1.

Ⅱ. 현금유출의 현가

1. 대상 매수 금액

(1) 토지

1) 공시지가기준법「감칙 제14조 제1항」

준주거지역, 소로한면 기준 <#2> 선정

(#1: 도로 상이)

1,870,000 × 1.01752(시) × 1.000(지) × 99/100(개) × 1.25(그) ≒ 2,360,000원/㎡

2) 거래사례비교법「감칙 제14조 제3항」

비교가능성 고려, 적정한 사례로 판단됨

적정가액 산정 기준 할인율 8% 적용

1,150,000,000 × (0.7 + 0.3/1.08) × 1.00697(시) × 1.000(지) × 1.02(개) × 1/490㎡(면) ≒ 2,360,000원/㎡

3) 토지 매수 금액 결정

양자 유사한바,「감칙 제12조 제2항」합리성 인정됨

∴ 2,360,000원/㎡ × 530㎡ ≒ 1,250,000,000원

(2) 건물

150,000,000원

(3) 계

토지 + 건물 ≒ 1,400,000,000원

2. 건물 신축비용(철거비 포함)

900,000 × 2,700㎡ × (0.3 + 0.7/1.08) ≒ 2,304,000,000원

3. 현금유출의 현가

매수 금액 + 건물 신축비용 ≒ 3,704,000,000원

Ⅲ. 현금유입의 현가

1. 처리방침

대상 개발 후 부동산 가액으로 결정하되, 엘우드법을 적용하여 직접환원법에 의함

2. NOI(1기)

145,000 × 2,700㎡ × 0.7 ≒ 274,050,000원

3. 환원율

$y - L/V \times (y - p \times SFF - MC) \pm \triangle \times SFF$일 때,

∴ 6.53%

4. 현금유입의 현가(개발 후 부동산 가액)

274,050,000/0.065 ÷ 1.08 ≒ 3,904,000,000원

Ⅳ. 개발 타당성 검토

"현금유출 < 현금유입"으로 개발 타당성 있음

① 다만, 할인율 및 자기자본수익률 등 변화에 따라 현금유입액이 변동될 수 있으며, 임대료의 변동 및 대상이 속한 지역 내 상업시설의 공급 현황과 전반적인 일반경기 변동에 따라 타당성 검토 결과는 변동될 수 있음에 유의함

② 또한, 대출이자율이 할인율보다 낮아 레버리지 효과를 누릴 수 있으나 대출비율이 다소 높아 이자율 변동에 따른 위험성이 큰바, 이에 유의함

문항별 논점

개발계획 타당성 (20점)

타당성검토의 문제로써는 난이도상 논리적 구성이 단순하여 쉽게 문제 접근이 가능하였으나, 당시 엘우드법에 대한 숙지를 못한 수험생들이 대부분으로 정확한 문제풀이를 하였다면 좋은 점수를 득점하였을 것이다. 수익방식 중 제시된 자료를 통해 활용할 수 있는 감정평가방법을 판단하기 위해서는 다양한 수익방식의 이론과 실무적 방식을 습득해 놓아야 할 것이다.

문제4 (10점)

1. 물음1), 사정보정률 (5점)

(1) 매매가액(임대권 가치)

22,000,000 × PVAF(5%, 4년) + 650,000,000/1.05^4 ≒ 612,768,000원

(2) 정상 매매가액(시장가치)

30,000,000 × PVAF(5%, 4년) + 650,000,000/1.05^4 ≒ 641,135,000원

(3) 사정보정률

$$\frac{612,768 - 641,135}{641,135} ≒ -4.4\%$$

2. 물음2), 환원율 차이 (5점)

(1) 계약임대료 기준

22,000,000/641,135,000 ≒ 3.43%

(2) 시장임대료 기준

30,000,000/641,135,000 ≒ 4.78%

(3) 차이가 나는 이유

① 계약임대료는 고정임대료로 안정적이나 신규임대료는 시장변화에 따른 위험요소가 포함된다는 점,
② 임대차계약상 임차기간이 길어 고정임대료로 장기간 임대할 수 있는 점에서 위험이 낮다는 점에서 차이가 남

2020년 제31회 감정평가실무 기출

총평

31회 기출문제는 전체 19페이지 구성으로 지문에 배열된 자료 검토 및 해석에 있어 상당한 시간이 소요된 것으로 판단되며, 30회 이전 시험 대비 난이도는 상승했다고 생각된다. 시험장에서 문제의 분석과 답안의 구성에 있어 올바른 풀이방식도 중요하지만 전략적으로 무엇을 버릴지에 대해 생각해 보아야 하는 회차이다. 자료의 해석 자체가 매우 어려웠을 것으로 판단되며, 감정평가사 시험은 숫자의 표기 시험이 아닌 다양한 문제에 대한 판단능력을 묻고 있는 시험이라 다시 한번 확신이 드는 회차였다고 생각된다.

문제1 (40점)

Ⅰ. 평가개요

- 평가대상: 구분건물, 영업권
- 평가목적: 일반거래(시가참조용)
- 기준시점: 2020.9.19.「감칙 제9조 제2항」
- 기준가치: 공정가치「감칙 제5조 제2항」

Ⅱ. 물음1), 구분건물 가치 산정 (30점)

1. 비교방식「감칙 제16조」,「감칙 제7조 제2항」

   (1) 사례선정

   용도, 층별효용비, 전유면적 고려 근린생활시설은 <2>, 업부시설은 <4> 선정
   (사례 1: 용도지역 상이, 사례 3: 면적 상이)

   (2) 근린생활시설

   1) 101호(기준 호)

   $9{,}750{,}000{,}000 \times \underline{1.00}_{\text{사}} \times \underline{{}^*1.00652}_{\text{시}} \times \underline{1.000}_{\text{지}} \times \underline{1.000}_{\text{개}} \times \underline{1/750}_{\text{면}} ≒ 13{,}085{,}000$원/㎡

   (× 950㎡ ≒ 12,430,000,000원)

   * 2020.3.20. ~ 2020.9.19. 집합상가 자본수익률
     $(1 + 0.0035 \times 12/91) \times 1.0032 \times (1 + 0.0032 \times 81/91)$

2) B101

   1) × 35/100 ≒ 4,580,000원/㎡

   (× 1,200㎡ ≒ 5,496,000,000원)

(3) 업무시설

1) 201호(기준 호)

   6,825,000,000 × 1.00 × *1.01340 × 1.000 × 1.000 × 1/1,050 ≒ 6,587,000원/㎡

   (× 1,200㎡ ≒ 7,904,000,000원)

   * 2020.1.20. ~ 2020.9.19. 오피스 자본수익률

   (1 + 0.0054 × 72/91) × 1.0045 × (1 + 0.0048 × 81/91)

2) 301호: 7,904,000,000원

3) 401호: 7,904,000,000원

4) 501호

   6,587,000원/㎡ × 1,000㎡ ≒ 6,587,000,000원

(4) 비준가액 합계액

근생 + 업무 ≒ 48,880,000,000원

2. 원가방식 「감칙 제7조 제1항」

(1) 토지

1) 공시지가기준액 「감칙 제14조 제1항」

   (가) 표준지 선정

   일반상업, 광대소각 기준 <#A> 선정
   표준지 공시 당시 도시계획시설 저촉 반영(B: 용도지역, 도로 상이)

   (나) 그 밖의 요인 비교치

   일반상업, 광대소각, 평가목적 고려 <ㄴ> 선정
   (ㄱ: 도로 상이, ㄴ: 평가목적 상이)

   $$\frac{19,800,000 \times 1.01481 \times 1.000 \times **0.978}{14,800,000 \times *1.01481} ≒ 1.339$$

   ∴ <1.33>으로 결정

   * 2020.1.1. ~ 2020.9.19. 상업, 지변

   1.01323 × (1 + 0.00254 × 19/31)

   ** 개별요인

   1.00 × 1.00 × 1.00 × (1.02/1.00 × 1.00 × 1.03/1.05) × (0.85 + 0.15 × 0.85)/1

   (다) 공시지가기준액

   14,800,000 × $\underbrace{1.01481}_{시}$ × $\underbrace{1.000}_{지}$ × $\underbrace{(1.05/1.03 \times 1.00)}_{개}$ × $\underbrace{1.33}_{그}$ ≒ 20,363,000원/㎡

2) 거래사례비교법 「감칙 제14조 제3항」

   (가) 사례선정

   일반상업, 건부지, 규모 기준 <b> 선정

   (a: 규모 및 사정개입)

   (나) 비준가액

   *10,042,000,000 × **1.03252 × 1.05 × 1.000 × 1/520 ≒ 20,937,000원/㎡

   * 사례 토지가액

   12,500,000,000 - 1,300,000 × 32/55 × 3,250

   ** 2019.3.31. ~ 2020.9.19. 상업

   1.01745 × 1.01481

3) 토지가액 결정

   양자 모두 유사한 바, 「감칙 제12조 제2항」 합리성 인정됨

   ∴ 20,363,000 × 1,800㎡ ≒ 36,653,000,000원

(2) 건물 「감칙 제15조 제1항」

[1,300,000 × (0.7 × 1,695 + 1,150) + 1,500,000 × (1,500 × 3층 + 1,250)
  근생   업무

+ 1,300,000 × 0.7 × 1,695] × 36/55 ≒ 8,643,000,000원

(3) 토지건물가액 총액

토지 + 건물 ≒ 45,296,000,000원

(4) 호(층)별효용비율 및 호별 적산가액

호수	계약면적	효용비	적수	효용비율	호별가액
B101	1,830	35	64,050	11.4%	5,186,000
101	1,450	100	145,000	25.9%	11,736,000
201	1,830	50	91,500	16.4%	7,406,000
301	1,830	50	91,500	16.4%	7,406,000
401	1,830	50	91,500	16.4%	7,406,000
501	1,520	50	76,000	13.5%	6,151,000
			559,550	100.0%	45,296,000

※ 끝자리 단수 조정

3. 수익방식

(1) 환원율(시장추출법)

1) 근린생활시설(사례 1, 3 평균)

　(750/15,000 + 660/11,000)/2 ≒ 5.5%

2) 업무시설(사례 2)

　600/12,000 ≒ 5%

(2) 호별 NOI(계약면적 기준함)

(단위: 천원)

호수	계약면적	보증금운용익	임대료	관리비	PGI	EGI	관리비	NOI
B101	1,830	5,490	329,400	65,880	400,770	360,693	49,410	311,283
101	1,450	13,050	783,000	87,000	883,050	794,745	65,250	729,495
201	1,830	6,954	417,240	109,800	533,994	480,595	82,350	398,245
301	1,830	6,954	417,240	109,800	533,994	480,595	82,350	398,245
401	1,830	6,954	417,240	109,800	533,994	480,595	82,350	398,245
501	1,520	5,776	346,560	91,200	443,536	399,182	68,400	330,782

(3) 호별 수익가액

(단위: 천원)

호수	계약면적	환원율	수익가액
B101	1,830	5.5%	5,660,000
101	1,450	5.5%	13,264,000
201	1,830	5.0%	7,965,000
301	1,830	5.0%	7,965,000
401	1,830	5.0%	7,965,000
501	1,520	5.0%	6,616,000
합계			49,435,000

4. 감정평가액 결정

(단위: 천원)

호수	비준가액	적산가액	수익가액
B101	5,496,000	5,186,000	5,660,000
101	13,085,000	11,736,000	13,264,000
201	7,904,000	7,406,000	7,965,000
301	7,904,000	7,406,000	7,965,000
401	7,904,000	7,406,000	7,965,000
501	6,587,000	6,151,000	6,616,000
합계	48,880,000	45,291,000	49,435,000

적산가액은 공급자 성격의 가액으로 건물가액에 시장성 등을 반영하지 못하여 다소 낮은 경향이 있으며, 수익가액 및 비준가액이 유사한 바, 합리성이 인정됨

∴ 「감칙 제16조」 및 감정평가목적 등을 고려하여 비준가액으로 결정함
48,800,000,000원

- 임대부분(투자자산): 26,485,000,000원
- 자가부분(영업용 유형자산): 22,395,000,000원

Ⅲ. 물음2), 영업권 (10점)

1. 영업 관련 기업가치

(1) 총 기업가치: 70,000,000,000원

(2) 비영업용 자산가치

   임대부분인 투자자산으로 결정함
   26,485,000,000원

(3) 영업 관련 기업가치

   총 기업가치 - 비영업용 자산가치 ≒ 43,515,000,000원

2. 영업투하자본

(1) 영업자산

   "유동자산 + 유형자산(자가사용 부분)"
   최근 5년 평균 고려 유동자산 400억원 계상
   40,000,000,000 + 22,395,000,000 ≒ 62,395,000,000원

   Advice
   유동자산 50억원 변동 영향에 따른 문제점 지적, 수업내용 참조

(2) 영업부채

외상매입금만 인식

20,000,000,000원

(3) 영업투하자본

영업자산 - 영업부채 ≒ 42,395,000,000원

3. 영업권

영업 관련 기업가치 - 영업투하자본 ≒ 1,120,000,000원

문항별 논점

3방식 및 영업권 가치 평가 (40점)

문제 1번은 전반적인 감정평가의 기본 지식과 문제풀이 능력을 묻는 문제로 당시 현업에서 지속적으로 문제가 제기되어 왔던 영업권 가치 산정에 대한 문제를 제시하였다.

물음1) 3방식의 기본문제 풀이능력을 묻고 있다. 다만, 각 방식 적용에 따른 제시된 자료의 양이 많았고 집합건물의 개별물건기준에 따른 원가방식 및 수익방식의 가액 제시에 대한 전략이 핵심이었다. 출제자는 층별효용비와 전유면적, 계약면적 등을 제시함으로써 층별효용비율에 대한 산정을 요구하고 있으나, 수험생은 주어진 시간 내에서 어떻게 답을 구성할지 판단을 하여야 한다.

또한, 각 용도에 따른 비교사례 선정 및 시점수정 적용, 환원율 적용에 있어 상당한 시간적 부담이 있었을 것이며, 결국 무엇을 가지고 갈지, 무엇을 버릴지에 대한 전략이 가장 중요했던 문제이다.

물음2) 재무상태표에 대한 이해가 필수였다. 31회 기출문제는 영업권의 단순 산정인 반면, 당해 물음2)에서는 투자자산의 대한 해석이 관건이었다. 임대부분에 대한 해석과 이에 대한 판단을 제시하여야 하고 10섬 배짐을 고려할 때, 옳바른 계신을 통해 정확한 가액이 산정되어야 한다.

문제2 (30점)

Ⅰ. 평가개요

- 평가대상: 복합부동산
- 평가목적: 담보
- 기준시점: 2020.9.19.

Ⅱ. 물음1), 할인율, 재매도 환원율 (15점)

1. 할인율 및 환원율 산정

(1) 할인율

1) 공공기관 발표

 최근 1년 및 5년 자료 중앙값

 ① A지역: 7.1%

 ② B지역: 6.5%

 ③ C지역: 5.6%

2) 자산운영사 제시 자료(장기 목표배당수익률)

 가중평균 수익률 적용

 ① A지역: 0.35 × 0.08 + 0.65 × 0.035 ≒ 0.051

 ② B지역: 0.35 × 0.083 + 0.65 × 0.035 ≒ 0.052

 ③ C지역: 0.35 × 0.086 + 0.065 × 0.035 ≒ 0.053

(2) 환원율

1) 공공기관 발표

 ① A지역: 5.6%

 ② B지역: 5.4%

 ③ C지역: 5.2%

2) 자산운영사 제시 자료(단기 목표배당수익률)

 ① A지역: 0.35 × 0.068 + 0.65 × 0.035 ≒ 0.047

 ② B지역: 0.35 × 0.075 + 0.65 × 0.035 ≒ 0.049

 ③ C지역: 0.35 × 0.078 + 0.65 × 0.035 ≒ 0.050

2. 할인율 및 환원율 결정

① 감정평가사 甲이 분석한 지역분석의 경우 A, B, C 지역은 각 지역 내 거주하고 있는 소득계층에 따라 판매시설의 매출의 변동성이 결정되며, "A < B < C" 순서에 따라 변동성의 위험이 커진다.

② 자산운영사 제시자료에 따른 단기(환원율), 장기(할인율) 목표배당수익률의 경우에도 "A < B < C" 순서에 따라 변동성이 커지는 반면,

③ 공공기관 통계자료의 경우 甲 지역분석 내용과 달리 "A > B > C" 순서대로 변동성이 커지고 있으므로 지역적 특성인 소득계층에 따른 위험률을 반영하고 있지 못하는 한계점을 가지고 있다.

④ 운용기간 중 회수율을 고려할 경우 A지역은 경과년수 14년, 건물구성비 20.2%, B지역은 8년, 40.6%, C지역은 4년, 69.2%로 시간 경과에 따른 건물자산의 회수율은 A < B < C로 자산운영사 제시 자료와 동일한 순서를 보여주고 있다.

⑤ 또한, 공공기관 발표 수익률은 기존 거래사례의 매매가격을 기초로 산정된 사후적 수익률인 반면, 목표배당수익률은 사전적 수익률로 감정평가의 개념과 동일한 개념으로 사후적 수익률을 적용하는 것이 타당하다.

⑥ 수익성 부동산의 경우 일반경기요인 및 소재 지역의 다양한 지역적 변수, 시장참여자의 투자 성향 및 대상부동산의 개별성에 따라 많은 영향을 받는다. 따라서, 상기의 요인들을 모두 반영하고 있는 자산운영사 제시자료를 기준으로 할인율과 환원율을 결정한다.

Ⅱ. 물음2), 수익가액 및 시산가액 비교 검토 등 (15점)

1. 수익가액 산정

(1) A지역

할인율 5.1%, 환원율 4.7% (단위: 백만원)

구분	1	2	3	4	5	6
NIO	3,800	3,857	3,915	3,974	4,034	4,095
현가계수	0.9515	0.9053	0.8614	0.8196	0.7798	85,995
현재가치	3,616	3,492	3,372	3,257	3,146	
기말복귀액					67,058	
수익가액	83,942					

(2) B지역

할인율 5.2%, 환원율 4.9% (단위: 백만원)						
구분	1	2	3	4	5	6
NIO	3,600	3,654	3,709	3,765	3,821	3,878
현가계수	0.9506	0.9036	0.8589	0.8165	0.7761	78,114
현재가치	3,422	3,302	3,186	3,074	2,965	
기말복귀액					60,624	
수익가액	76,573					

(3) C지역

할인율 5.3%, 환원율 5.0% (단위: 백만원)						
구분	1	2	3	4	5	6
NIO	3,500	3,553	3,606	3,660	3,715	3,771
현가계수	0.9497	0.9019	0.8565	0.8134	0.7724	74,440
현재가치	3,324	3,204	3,089	2,977	2,869	
기말복귀액					57,497	
수익가액	72,960					

2. 시산가액 비교 및 검토

(1) 시산가액

구분	수익가액		적산가액		격차율
	가액	비율	가액	비율	
A지역	83,942	35.95%	72,642	37.49%	15.56%
B지역	76,573	32.80%	63,688	32.87%	20.23%
C지역	72,960	31.25%	57,414	29.63%	27.08%
	233,475	100%	193,744	100%	

(2) 비교 및 검토

① 상기와 같이 수익가액이 적산가액 대비 각 지역별로 15.56% ~ 27.08%의 차이를 나타내고 있음. 대상 Z마트는 수익용 부동산으로서 원가법에 의한 적산가액은 수익성을 반영할 수 없는 한계성을 가지므로 일체로 이용되고 있는 부동산의 경우 시장가치를 적정하게 반영하기 어려운 문제점이 있다.

② 수익가액 및 적산가액 모두 부동산펀드의 각 지역별 가액이 전체 부동산 가액에 차지하는 비율이 유사한 바, 지역별(점포별) 시산가액의 균형성을 유지하고 있다고 판단됨

③ 따라서, 공공기관 발표 할인율 등 자료는 대상의 시장가치 산정에 있어 적정한 지역성 및 개별성을 반영하고 있지 못하며, A자산운영사가 제시한 해당 펀드별 할인율 및 환원율이 대상의 적정한 시장가치를 반영하고 있는바, 지역분석 등과의 연관성을 고려하여 A자산운영사가 제시한 적정 할인율 및 환원율로 결정함. 다만, 시장변화에 따른 각 이율 변화에 유의하여야 함

문항별 논점

대형부동산의 감정평가 (30점)

사견으로는 문제 2번이 기존 31회 이하 기출문제 중 가장 난이도가 높은 문제로 생각된다. 5페이지에 제시된 많은 양의 지문은 물론 지문의 해석에도 큰 어려움이 있었을 것이다.

대형부동산 감정평가 시 쟁점이 되는 할인율과 재매도환원율을 결정하는 문제로 현업에서 사용하고 있는 대형 수익용 부동산의 할인현금수지분석법에 대한 이해와 이에 대한 분석을 출제함으로 감정평가사의 판단의견 도출 과정을 묻고 있다. 제시된 지문 하나하나에서 기초적 이론 부분과 실무적 부분을 모두 담고 있어 그 뜻을 시험장에서 해석하기에는 상당히 어려웠을 것으로 판단된다.

각 기관에서 발표되고 있는 통계치는 대상물건에 대한 감정평가 시 검토하여야 할 수치이긴 하나 결국 대상이 속한 지역의 지역성과 개별 부동산이 갖는 개별성을 반영하기에는 산정 방법 등에 있어 한계가 있으므로 감정평가사는 이에 대한 보정과 객관적이고 합리적인 판단을 통해 각 요인치 결정의 근거를 제시하여야 한다. 상기에 관한 문제점에서 시작된 문제 2번은 출제자의 의도 및 제시된 지문에 정확한 해석이 관건이었다.

문제3 (20점)

Ⅰ. 평가개요

- 평가대상: 토지
- 평가목적: 수용재결
- 가격시점: 2019.5.19.「토지보상법 제67조 제1항」
- 사업인정의제일: 2018.5.24.(사업계획승인)

Ⅱ. 물음1), 피고 입장 (10점)

1. 처리방침

(1) 이용상황 판단

1) 「시행규칙 제26조 제2항 제1호·제3호」

상기 법령에서 "도로개설 당시의 토지소유자가 자기 토지의 편익을 위하여 스스로 설치한 도로" 및 "건축허가권자가 그 위치를 지정·공고한 도로"를 규정하고 있음

2) 이용상황 판단

도시계획시설도로로 결정 및 지형도면 고시 후 공사 미착수 상태로 "B동 10번지" 건축을 위해 분할 후 도로로 이용되고 있는 바, 자기 토지의 편익을 위해 스스로 설치한 도로로 "사실상 사도"로 판단함. 또는 건축허가권자가 지정·공고한 토지로 도로 공사 착수한 토지인 경우에도 "사실상 사도"로 판단함

2. 적용공시지가 선택

「토지보상법 제70조 제3항」의거 <2018.1.1.> 기준 공시지가 적용

3. 비교표준지 선정

사실상 사도의 경우 인접 토지기준으로 표준지 선정, 모지번인 <#B> 선정

4. 토지 보상액

도시철도는 당해 공익사업으로 저촉 미고려

$1,500,000 \times \underset{시}{1.09268} \times \underset{지}{1.000} \times \underset{개}{(0.3 \times 1.18 + 0.7)} \times \underset{사실상 사도}{1/3} \times \underset{그}{1.50} ≒ 864,000원/㎡$

(× 19㎡ ≒ 16,416,000원)

Ⅲ. 물음2), 원고 입장 (10점)

1. 처리방침

(1) 이용상황 판단

1) 「시행규칙 제26조 제1항 제3호」

상기 법령에서 "「사도법」상 사도 및 사실상 사도 이외의 도로의 부지는 「동 시행규칙 제22조」의 규정에서 정하는 방법"인 인근지역의 표준적 이용상황을 기준하여 평가함

2) 이용상황 판단

도시계획시설도로로 결정 및 지형도면 고시 후 사업이 시행되지 아니한 상태에서 사실상 불특정 다수인의 통행에 이용되고 있는 토지로, 지목 "도로"로 변경되어 실질적으로 "도로"로 이용되고 있다는 점에서 "예정공도"로 판담함

> [별해]
> 미지급용지 또는 미보상토지 논의 가능

2. 토지보상액

"B동 10-1번지" 기준, 중로한면, 가장형, 평지 기준함

$1,500,000 \times 1.09268 \times 1.000 \times (1.18 \times 0.3 + 0.7) \times 0.91 \times 1.50 ≒ 2,360,000원/㎡$
$(\times 19㎡ ≒ 44,840,000원)$

문항별 논점

토지의 보상평가 (20점)

문제 2번과 마찬가지로 상당한 난이도기 있는 문제로 생각된다. 물음1), 2)에서 원고·피고의 입장에서 유리한 이용상황은 「토지보상법」상 간단하게 유추할 수 있으나, 제시된 토지의 변동 내역과 시계열상의 도면 자료를 20점 배점 시간 내에 해석하기란 불가능했을 것으로 판단된다.

실무적인 도시계획시설의 지형도면 "선" 변경에 따라 시작된 문제로, 양자 견해에 따른 이용상황의 최종 결정의 문제가 아닌 각 입장에 따른 판단의 기초와 그에 따른 이용상황 확정을 묻는 문제로 소송평가라는 특수성을 고려할 때, 상당한 감정평가 기술을 요하는 상황이었다고 판단된다.

문제4 (10점)

Ⅰ. 평가개요

- 평가대상: 영업손실보상
- 평가목적: 사업인정 전 협의보상
- 가격시점: 2020.9.19.「토지보상법 제67조 제1항」

Ⅱ. 영업손실보상액 산정 「시행규칙 제47조 제3항」

1. 처리방침

    ① 일부편입에 따른 보상으로 휴업보상액을 최고한도로 함
    ② "영업이익 × 1개월(실제기간) + 고정비용 + 영업자산매각손실액"으로 산정, 설치비용은 별도 지장물 보상함
    ③ 법인으로 최저 영업이익 미적용
    ④ 휴업보상액 25,000,000원 최고한도액

2. 영업손실 보상액

    3,950,000 × 1개월 + 3,500,000 + 500,000 ≒ 7,950,000원

    최고한도액 미만으로 7,950,000원으로 결정함

2021년 제32회 감정평가실무 기출

총평

32회 기출문제는 전체 26페이지 구성으로 기출문제 중 가장 많은 페이지를 제시했던 회차이다. 각 문제별 난이도는 전반적으로 높은 편은 아니었으나 제시된 자료를 읽고 분석하여 답안을 표출하기에는 많은 시간이 소요될 것으로 보이며, 수험생들이 시험장에서 느꼈을 부담감은 다소 컸을 것으로 판단된다. 따라서 전략적인 접근을 통해 집중할 것과 버릴 것을 구분하여 답안을 구성하여야만 시간 내에 모든 문제에 대한 답안을 기재할 수 있었다.

문제1 (40점)

Ⅰ. 평가개요

- 평가대상: 토지·건물 복합부동산
- 평가목적: 일반거래(시가참조용)
- 기준시점: 2021.8.7. 「감칙 제9조 제2항」

Ⅱ. 물음1), 개별물건기준 합 「감칙 제7조 제1항」(18점)

1. 토지

(1) 공시지가기준법 「감칙 제14조 제1항」

1) 표준지 선정

일반상업, 광대세각, 일반 업무지대 기준 <#2> 선정
(#1: 용도지역 상이, #3: 접면도로·용도지대 상이)

2) 시점수정

S시 J구 상업, 2021.1.1. ~ 2021.8.7.
$1.02645 \times (1 + 0.00420 \times 38/30) ≒ 1.03191$

3) 그 밖의 요인 보정치

(가) 사례선정

일반상업, 광대세각, 일반 업무지대 기준 <평가사례 나> 선정
(가, 마: 용도지대 상이, 다: 시점 상이, 라: 평가목적 상이)

(나) 격차율 산정 및 결정

$$\frac{62,000,000 \times {}^*1.02387 \times 1.000 \times 1.000}{41,000,000 \times 1.03191} ≒ 1.500$$

* 2021.3.1. ~ 2021.8.7.
  $1.01845 \times (1 + 0.0042 \times 38/30)$

∴ <1.50>으로 결정함

4) 공시지가기준액

$41,000,000 \times \underbrace{1.03191}_{시} \times \underbrace{1.000}_{지} \times \underbrace{(1.05 \times 95/100 \times 1.02)}_{개} \times \underbrace{1.50}_{그} ≒ 64,500,000원/㎡$

(2) 거래사례비교법 「감칙 제14조 제3항」

1) 사례 선정

배분법 가능, 토지만의 거래사례인 <#2> 선정(철거비 미고려)
(#1: 이용상황 상이, #3: 사정개입, #4: 용도지대 상이, #5: 복합부동산 사례 선정, #6: 부동산유형 상이, #7: 양도소득세 배분 불가)

2) 비준가액

$98,400,000,000 \times \underbrace{1.00}_{사} \times \underbrace{1.02829}_{시} \times \underbrace{1.000}_{지} \times \underbrace{(1.00 \times 1.00 \times 1.021)}_{개} \times \underbrace{1/1,600}_{면}$

≒ 64,500,000원/㎡

(3) 토지가액 결정

양자 동일한바, 「감칙 제12조 제2항」 의거 합리성 인정, 「감칙 제14조 제1항」에 의거 아래와 같이 결정함

∴ 64,500,000원/㎡ × 1,500㎡ ≒ 96,800,000,000원

2. 건물 「감칙 제15조 제1항」

(1) 기존부분

1) 지하

$(1,200,000 + \underbrace{10,000 + 10,000 + 30,000}_{부대설비}) \times 45/50 ≒ 1,130,000원/㎡$

(× 950㎡ × 4층 ≒ 4,294,000,000원)

2) 지상

$(1,200,000 + 10,000 + 10,000 + 50,000 + 140,000 + 30,000) \times 45/50 ≒ 1,300,000원/㎡$

(× 1,000㎡ × 8층 ≒ 10,400,000,000원)

(2) 증축부분(내용연수 조정)

경과연수 3년 기준

1,440,000 × 45/48 ≒ 1,350,000원/㎡(× 1,000㎡ × 2층 ≒ 2,700,000,000원)

(3) 적산가액: 17,400,000,000원

3. 개별물건기준 합

토지 + 건물 ≒ 114,200,000,000원

Ⅲ. 물음2), 일괄거래사례비교법 「감칙 제7조 제2항」 (7점)

1. 사례 선정

일반상업, 업무용, 일반 업무지대 소재, 건물 규모 및 노후도 유사한 <#5> 선정
(#1: 용도 상이, #2: 토지사례, #3: 사정개입, #4: 용도지대 상이, #6: 부동산 유형 상이, #7: 양도소득세 산정 불가)

2. 시점수정

S시 J구 오피스 자본수익률, 2020.10.1. ~ 2021.8.7.
1.0046 × 1.0050 × 1.0054 × (1 + 0.0054 × 38/91) ≒ 1.01736

3. 일괄비준가액(연면적 기준)

111,573,000,000 × 1.00 × 1.01736 × (105/100 × 102/100 × 100/100) × 1/14,700㎡ ≒ 8,270,000원/㎡
(× 13,800 ≒ 114,100,000,000원)

Ⅳ. 물음3), 일괄수익환원법 (12점)

1. 환원율 산정(시장추출법)

(1) 사례 선정

일반상업, 정상 사례기준 <#103> 선정
(#101: 유치권행사가액 포함 여부 불확실, #102: 저가 임대, #104: 용도지역 상이)

(2) 환원율

1) 사례 NOI

사례 렌트프리 반영 전제, 공실 부분도 기본적 관리비 포함

7,140,000,000 × 0.95 - 14,000 × 12,000 × 12개월 × 0.65 ≒ 5,472,600,000원
                        운영경비는 렌트프리와 무관

2) 환원율

사례 NOI ÷ 132,960,000,000 ≒ 4.1%

2. 대상 NOI 산정

(1) 처리방침

시장가치 기준 고려, 시장 내 표준적 임대사례 기준, 공실 부분은 미고려, 전형적 공실률 5% 적용. <렌트프리>가 지역 내 일반적인 시장관행임을 고려하여 임대기간 11개월 적용하되 관리비는 12개월 적용함

(2) PGI

1) 월 임대료 및 보증금운용이익

  (47,000 + 35,000 × 9층) × 1,000㎡ × (10 × 0.02 + 11개월) ≒ 4,054,400,000원

2) 관리비(대상 관리비 기준)

  12,000 × 10층 × 1,000㎡ × 12개월 ≒ 1,440,000,000원

> **Advice**
> 표준적 관리비 적용 가능

3) 계

  1) + 2) ≒ 5,494,400,000원

(3) EGI

PGI × 0.95 ≒ 5,219,680,000원

(4) NOI

EGI - 1,440,000,000 × 0.65 ≒ 4,283,680,000원

3. 일체수익가액

NOI ÷ R ≒ 104,500,000,000원

V. 물음4), 시산가액 결정 (3점)

- 개별물건: 114,200,000,000원
- 일체비준: 114,126,000,000원
- 일체수익: 104,500,000,000원

3가지 시산가액 모두 유사한 바, 「감칙 제12조 제2항」 의거 합리성 인정됨

① 개별물건기준 합은 수익성 부동산의 기능적·경제적 감가를 반영할 수 없고 건물 연면적을 기준하여 일괄거래되는 관행을 고려하지 못하는 단점이 있으며,

② 일반거래사례비교법은 거래관행 및 시장성을 반영할 수 있으나 거래시점과 관련하여 후행성을 갖는다는 단점을 갖는다.

③ 대상의 시장가치는 대상 소재 지역의 지역성을 반영하여야 하는 바, 본건 소재 지역은 일반 업무지대로 인근지역 내 1개월의 렌트프리가 시장관행으로 적극적으로 활용되고 있으며,

④ 인근지역 환원이율 자료에서도 이와 동일한 랜트프리가 적용되었다는 점을 고려할 때,
⑤ 대상 지역의 지역성 반영 및 수익성 부동산의 특징, 일반거래(시가참조용) 목적을 고려할 때, 일괄수익가액으로 대부동산의 감정평가액을 결정함

∴ 104,500,000,000원

문항별 논점

업무용 부동산의 시장가치 산정 (40점)

복합부동산에 대한 3방식 문제로 제시된 물음에 따라 순서대로 풀었다면 다소 손쉬운 문제풀이가 되었을 것이다. 다만, 14페이지에 달하는 방대한 자료에 대한 정확한 분석 및 자료 선정이 핵심이었으므로 사례 선정에 실수가 없어야 했다. 기본에 충실한 학습이 중요한 이유이기도 하다.

사례 선정 및 배제 사유를 출제자가 정확하게 요구하고 있었으므로 각각의 사유를 적시하되, 장황한 서술형 답안이 아닌 핵심적인 단어 선택을 통해 시간을 절약하는 전략이 필요했다.

또한, 지역 내 렌트프리 관행과 관련하여 시산가액 조정 시 이를 고려한 결정의견을 답안에 기술하여야 했다. 2019년 코로나 사태 이후 재택근무 등의 다양한 부동산 수요의 움직임에 따라 당시 여의도 등의 업무지대의 수요가 타 지역으로 이동하는 현상이 있었다. 이에 임차인 이탈을 막기 위해 업무용 부동산의 렌트프리가 성행하였고 이러한 시장상황을 문제화시켰다. 시대별 부동산시장의 변화와 관련하여 수험생의 인식과 그에 따른 다양한 결정의견을 묻는 문제로, 관련된 문제에 대한 다양한 의견을 기술하였다면 좋은 점수를 받았을 것이다.

문제2 (30점)

Ⅰ. 평가개요

- 평가대상: 임대료
- 평가목적: 소송평가
- 기준시점: 2018년 ~ 2020년 각 년도 5월 1일 기준

Ⅱ. 물음1), 피고 주장 타당성 (5점)

1. 피고 주장

기 임대료 감정평가액은 인근 지역 유사토지의 정상적인 임대료 수준을 벗어나 정상적인 임대료로 결정될 수 없음

2. 피고 주장의 타당성

① 기 감정평가서 중 기초가액 부분은 연도별 시장가치에 부합하는 것으로

② 적산법을 적용하는 경우 시장가치에 부합하는 개별적 성격의 기대이율을 적용하여야 하는 바, 이는 본건 토지 소재 지역의 시장상황 및 개별성을 고려하여 기대이율을 적정하게 조정하여야 하나

③ 기 평가사는 지역 내 시장상황을 고려치 아니하고 단순한 기대이율표를 기준하여 기대이율을 결정하였으며,

④ 인근지역 유사 토지의 임대차계약서상 기대이율 및 공인중개사의 사실확인서 기준(객관성이 문제될 수 있음), 실지조사 및 자료수집 등을 통한 검토상황의 경우와 비추었을 때, 시장상황에 대한 조정 없이 감정평가 실무매뉴얼상 최대치의 기대이율을 일률적으로 적용하였음

⑤ 또한, 기대이율은 순임료와 기초가액의 비율로 필요제경비인 재산세를 별도 고려하여야 하나, 기대이율에 포함 시켜 산정한 문제점이 있음

따라서, 상기 이유와 같이 피고의 주장은 타당한 것으로 판단됨

Ⅱ. 물음2), 기대이율 산정 (15점)

1. 임대차계약서 사본기준(임대료 고정)

(1) 2018년

사례 "H동 78번지" 및 본건 개별요인 유사 고려 본건 기초가액 기준함

사례 임대료 실지조사 내용과 같이 정상 범주 내 임대료로 판단됨

* $4,504 \div 900,000 ≒ 0.0050$
* 사례: $9,000,000/1,998$(매년 동일)

(2) 2019년

$4,504 \div 956,000 ≒ 0.0047$

(3) 2020년

$4,504 \div 1,016,000 ≒ 0.0044$

2. 실지조사기준

(1) 2018년

$4,500 \div 900,000 ≒ 0.0050$

(2) 2019년

신규실질임대료 기준, 임대료 수준 토지가격 변동률로 고려함

$4,500 \times (1 + 0.2 \times 1/3) \div 956,000 ≒ 0.0050$

(3) 2020년

4,500 × (1 + 0.2 × 2/3) ÷ 1,016,000 ≒ 0.0050

3. 필요제경비 비율

(1) 2018년

(360,000 × 0.7 × 0.0007 × 1.2)/900,000 ≒ 0.0002
　　　　　시가표준액

(2) 2019년

(382,000 × 0.7 × 0.0007 × 1.2)/956,000 ≒ 0.0002

(3) 2020년

(406,000 × 0.7 × 0.0007 × 1.2)/1,016,000 ≒ 0.0002

4. 기대이율 결정

대상 소재 지역 내 토지가격 상승분은 객관적 가치로 기초가액에 고려되어 있으며, 이에 따라 임대료 또한 일반적으로 상승되므로 설문에서 지역 내 기대이율에 영향을 미치는 별도 요인의 변동치가 없으므로 2018년 ~ 2020년상의 기대이율은 일정함이 타당함. 따라서, 실지조사 기준으로 산정된 기대이율로 결정하되, 필요제경비율을 공제함

2018년 ~ 2020년: 0.005 - 0.0002 ≒ 0.0048(0.48%)

Ⅲ. 물음3), 연도별 적산임료 (5점)

1. 2018년

900,000원/㎡ × 0.0048 + 212 ≒ 4,530원/㎡(× 1,652㎡ ≒ 7,483,560원)

2. 2019년

956,000원/㎡ × 0.0048 + 225 ≒ 4,810원/㎡(× 1,652㎡ ≒ 7,946,120원)

3. 2020년

1,016,000원/㎡ × 0.00480 + 239 ≒ 5,120원/㎡(× 1,652㎡ ≒ 8,458,240원)

Ⅳ. 물음4), 적산법의 장·단점 등 (5점)

1. 적산법의 장·단점

적산법은 임대사례가 풍부하지 못한 지역에서 임대료 산정 시 유의하며 비준임료의 타당성을 뒷 받침할 수 있는 장점이 있는 반면, 개별적 기대이율 산정시 감정평가사의 주관개입 여지가 있으며 수익용 부동산에 대한 기대이율 적용에 한계점이 있고 시장변화가 큰 지역 내에서는 변동분을 적절하게 반영할 수 없는 실무적 한계가 있다.

2. 유의사항

① 적산법은 기초가액과 기대이율과의 관계에서 시장가치를 기준한 경우와 용익가치를 기준한 경우를 구분하여 산정 적용하여야 한다.
② 기대이율 산정 시에는 대상이 속한 지역 내(공간적 범위) 객관적인 기대이율 범주 안에 있는 것이 일반적이나 대상의 특수성이 강한 경우 그에 따른 기대이율 조정을 하여야 한다.
③ 대상 지역의 시간적 변동에 따른 기초가액 변동과 더불어 기대이율의 변동 가능성(시간적 변동)을 고려하여야 한다.
④ 또한, 임대료의 성격상(수익률의 개념) 대체투자상품에 대한 수익률과 비교하며, 일반경기 변동에 따른 고려도 필요하다.
⑤ 필요제경비 산정 시 적용 항목에 주의하고, 개별 물건의 적용되는 경비 산정의 현실적 어려움이 있으나 필요제경비의 계상을 반드시 고려하여야 하며, 기대이율 산정 시 실질임료에서 필요제경비를 제외한 순임료를 기준하여야 한다.

문항별 논점

적산법 논의 (30점)

적산법과 관련된 이론적 문제점의 기술 자체는 많은 수험생들이 준비하고 있어 약술 자체는 쉽게 접근할 수 있었으나, 자료의 해석을 통해 적산법과 관련된 논의 중에 무엇이 논점이었는지 파악하고 기술하기에는 턱없이 시간이 부족했다.

적산법은 국·공유재산의 임대료를 산정하는 경우 현업에서 가장 많이 쓰이는 방법으로 현실적인 임대사례 부족과 사정개입의 가능성 등으로 그 필요성과 활용성이 크다 할 것이다. 다만, 적산법은 기초가액 및 기대이율 산정에 있어 다양한 이론적 문제점이 있으며, <판례> 의견과 대립하고 있다는 점(판례의 감정평가 업계 이해 부족은 차치하더라도)에서 수험생들은 이와 관련된 논점을 정확히 숙지하고 있어야 한다.

기대이율은 기준가치와 연관됨을 이해하고 감정평가실무기준상 "시장가치"를 기준하는 경우 대상부동산의 계약의 개별성 및 지역 내 통상적인 이율 범위를 고려하여 결정하여야 한다. 2016년 당시 다양한 연구를 통해 제시된 "기대이율 표"는 전반적인 통계자료를 통해 작성된 것으로 모든 부동산(공간적, 시간적)에 일률적으로 적용하기에는 한계가 있으며 앞선 밝힌 개별성 등을 고려하기에는 이론적 한계가 존재한다.

기대이율은 지역 내 전반적인 임대료 수준을 대변하는 수익률의 한 종류로 인근지역 내 유사 부동산의 기대이율의 통상적인 범주 안에 있어야 한다. 따라서, 문제에서 제시된 실지조사 자료 및 임대차계약서 사본을 기준한 기대이율과 달리 단순하게 기대이율 표에 의해 적용·결정한 문제점을 지적하여야 했고 이에 대한 조정을 통해 대상에 적용 가능한 적절한 기대이율을 결정하여야 한다. [실무기준 400-3,2,2,3 기대이율] "기대이율을 시장차치로 감정평가한 경우에는 해당 지역 및 대상물건의 특성을 반영하는 이율로 정하되, ~"

또한, 순임대료와 기초가액과의 비율인 기대이율 산정 시 필요제경비를 반드시 제외하여야 함에도 불구하고 현업에서 필요제경비를 차감하지 않고 기대이율을 적용하고 있는 관행에 대한 문제점을 제시하였다.
자료 해석, 문제 분석, 연도별 기대이율 및 적산임료 산정의 복잡성을 고려할 때, 30점 배점을 전략적으로 어떻게 활용할지 판단했어야 한다.

문제3 (20점)

Ⅰ. 평가개요

- 평가대상: 토지 및 지장물
- 평가목적: 이의재결평가
- 가격시점: 2021.4.1.「토지보상법 제67조 제1항」

Ⅱ. 토지 보상액 산정

1. 처리방침

(1) 일련번호 1

적법한 "개간지"로 지목 불구하고 적법하게 개간하였는바, 「토지보상법 제70조 제1항」의거 현실적인 이용상황인 "전" 기준하되, 「시행규칙 제27조」의거 "개간 후 토지가액 - 개간비"를 한도로 보상액 산정함

(2) 일련번호 2

둘 이상의 용도지역에 걸친 토지로, 토지조서상 용도지역별 면적 미제시로 면적비율에 의한 평균단가로 산정함

2. 적용공시지가

(1) 사업인정의제일: 2020.10.2.

(2) 적용공시지가

당해 사업 20만㎡ 미만 사업으로 「시행령 제38조의2」 미고려함(이하 동일)
「토지보상법 제70조 제4항」의거 <2020.1.1.> 기준 공시지가 적용함

3. 표준지 선정

(1) 일련번호 1

자연녹지, 전, 세로(불), 부정형 완경사 기준 <#B> 선정

(2) 일련번호 2

자연녹지: 자연림 기준 <#E> 선정
보전녹지: 자연림 기준 <#D> 기준

4. 시점수정(생산자물가상승률 미제시)

2020.1.1. ~ 2021.4.1. A군 녹지
1.02972 × … (1 + 0.00310 × 1/30) ≒ 1.03745

5. 일련번호 1 보상액

(1) 그 밖의 요인 보정치

1) 사례선정

   자연녹지, 전 기준 <ㅁ> 선정

2) 격차율 산정

   $$\frac{399{,}360{,}000 \times {}^*1.02406 \times 0.850 \times 1/1{,}560}{120{,}000 \times 1.03745} \fallingdotseq 1.789$$

   * 2020.7.31. ~ 2021.4.1. 녹지

   $(1 + 0.00363 \times 1/31) \times \cdots\cdots (1 + 0.00310 \times 1/30)$

3) 실거래가 검증 및 보정치 결정

   평가사례 <ㄴ> 고려 가격수준 유사한바, 합리성 인정됨

   ∴ <1.78>로 결정함

(2) 개간비 공제 전 토지 보상액

$120{,}000 \times \underset{\text{시}}{1.03745} \times \underset{\text{지}}{1.000} \times \underset{\text{개}}{1.050} \times \underset{\text{그}}{1.78} \fallingdotseq 233{,}000$원/㎡

(3) 개간비 공제 후 토지 보상액

$233{,}000 \times 3{,}000㎡ - \underset{\text{개간비(후술)}}{300{,}000{,}000} \fallingdotseq 399{,}000{,}000$원

6. 일련번호 2 보상액(공유토지, 지분비율 고려)

(1) 자역녹지 부분

1) 그 밖의 요인

   자연녹지, 자연림 기준 <ㅅ> 선정

   $$\frac{{}^*412{,}500{,}000 \times {}^{**}1.02405 \times 0.650 \times 1/3{,}750}{15{,}000 \times 1.03745} \fallingdotseq 4.705$$

   * 562,500,000 - 500,000 × 300그루

   ** 2020.7.1. ~ 2021.4.1. 녹지

   $1.00363 \times \cdots\cdots (1 + 0.00310 \times 1/30)$

   ∴ 평가사례 <ㄷ> 고려 가격수준 유사한바, <4.70>으로 결정함

2) 자연녹지 부분

   $15{,}000 \times 1.03745 \times 1.000 \times 1.100 \times 4.70 \fallingdotseq 80{,}000$원/㎡

(2) 보전녹지 부분

　1) 그 밖의 요인

　　보전녹지, 자연림 기준 <ㄹ> 선정

　　$\dfrac{75{,}000 \times {}^*1.01800 \times 0.900}{35{,}000 \times 1.03745} ≒ 1.892$

　　* 2020.9.1. ~ 2021.4.1. 녹지
　　　$1.00280 \times \cdots (1 + 0.00310 \times 1/30)$

　　∴ <1.89>으로 결정함

　2) 보전녹지 부분

　　35,000 × 1.03745 × 1.000 × 1.080 × 1.89 ≒ 74,000원/㎡

(3) 면적 비율에 의한 평균단가

　80,000 × 0.6 + 74,000 × 0.4 ≒ 78,000원/㎡(× 5,000㎡ × 1/2 ≒ 195,000,000원)

Ⅲ. 개간비 보상액

1. 처리방침

개간 당시부터 보상 당시까지 적법하게 개간하여 적법하게 점유하고 있는바 개간비 보상대상이며, 가격시점 개간비를 기준으로 "개간 후 토지가액 - 개간 전 토지가액"을 한도액으로 함

2. 가격시점 당시 개간비

300,000,000원

3. 한도액

(1) 개간 후 토지가액

　233,000원/㎡

(2) 개간 전 토지가액

　자연녹지, 전 기준 <#E> 선정

　15,000 × 1.03745 × 1.000 × 1.15 × 4.70 ≒ 84,000원/㎡

(3) 한도액

　(233,000 - 84,000) × 3,000 ≒ 447,000,000원

4. 개간비 보상액

한도 내 있는 바, 300,000,000원으로 결정

문항별 논점

개간지 및 개간비 보상평가 (20점)

「토지보상법 시행규칙 제27조」를 정확하게 숙지하였다면 쉬운 풀이가 예상되었으나, 개간비 한도액, 이해관계인 별 보상액 산정 등을 정확하게 풀이하지 않았다면 많은 감점을 받았을 것이다. 난이도가 낮은 문제일수록 주어진 자료를 정확하게 해석하고 시산가액을 산정하여야 하며, 이는 반복적인 학습을 통해 대비할 수 있다. 쉬운 문제에서 정확한 풀이로 안정적 득점을 받아야 배점이 큰 문제에서 오는 실수를 만회할 수 있다는 점을 항상 기억하여야 한다.

문제4 (10점)

Ⅰ. 평가개요

- 평가대상: 지장물
- 평가목적: 사업인정 후 협의보상
- 가격시점: 2021.8.7. 「토지보상법 제67조 제1항」

Ⅱ. 지장물 보상액 「토지보상법 제75조 및 제75조의2」

1. 편입부분 보상액

$(1,060,000 + 20,000 + 50,000 \times 0.8 + 6,000,000 \times 2/200) \times 30/45 ≒ 787,000원/㎡$
$(\times 6㎡ ≒ 4,722,000원)$

2. 보수비

(1) 산정액

보상액은 객관적 비용 기준인바, 시장조사 내역 기준함. 잔여부분 편입액 한도액, 시설개선비 제외
$(800,000 \times 23.79 + 1,300,000 + 1,000,000) \times 1.2 ≒ 25,598,000원$

(2) 한도액(평면적 기준)

$787,000 \times 194㎡ ≒ 152,678,000원$

(3) 결정

25,598,000원

3. 잔여건축물 가격 감소분

없음

4. 지장물 보상액

편입부분 + 보수비 ≒ 30,320,000원

문항별 논점

일부편입 건축물 보상 (10점)

일부편입 건축물의 보상 시 잔여건축물의 보수비를 편입부분에 포함시켜 산정하는 실무상 감정평가방법을 묻고 있다. 시설개선비 제외, 보수공사비의 객관적 결정, 한도액 등을 올바르게 풀이했다면 큰 무리가 없는 문제였다.

2022년 제33회 감정평가실무 기출

총평

2022년도 감정평가실무는 최근 기출문제와 달리 보상평가 부분에서 40점 배점으로 출제되어 다소 당황스러우실 수 있었다. 그러나 실무문제의 전체 구성 및 풀이에서 보면 그 난이도는 다소 낮게 출제되어 철저히 준비한 수험생은 시간이 지날수록 안정을 되찾았을 것이라 생각된다.

최근 실무문제는 중급자 수준을 기준으로 빠른 시간 내에 정확한 문제 풀이를 요구하는 1번 문제와 빠듯한 시간에 해결할 수 있는 3, 4번 문제, 이론적 성찰을 요구하는 2번 문제로 구성되어 왔다. 33회 시험에서도 최근 출제 경향에 맞춰 정확하고 빠른 문제풀이를 요구하는 1번 문제와 다소 생소하지만 시간 내에 해결할 수 있는 3, 4번 문제가 구성되었으며 2번 문제의 경우 쟁점이 크지 않은 문제로 제시되었다. 따라서, 제시된 100분 안에 모든 문제를 해결해야 했으며 답안의 정확도에 따라 점수의 차이가 있을 것으로 판단된다.

실무문제는 전략과의 싸움이다. 버릴건 버리고 취할건 취해야 하는 문제이다. 다만, 33회 문제의 경우 버릴게 없었다는 점에서 정확한 문제풀이에 따른 변별력이 있을거라 판단된다. 즉, 논점도 중요했지만 숫자의 정확성이 없었다면 고득점을 획득하기 어려웠다 판단된다.

문제1 (40점)

I. 평가개요

- 평가대상: 토지, 지장물
- 평가목적: 사업인정 후 협의보상
- 기준시점: 2022.7.31.
- 기준가치: 적정가격

II. 물음1) <토지 보상액> (10점)

1. 적용공시지가

   (1) 사업인정의제일: 2021.12.31. (도로구역 결정고시일)

   (2) 가격변동 여부: 도로사업, 요건 불충족

   (3) 적용공시지가

   「토지보상법 제70조 제4항」 의거 2021.1.1. 공시지가 적용

2. 표준지 선정 「감칙 제22조 제3항」

계획관리지역, 주거용, 사업인정 전, 후면주택지대 고려 <#다> 선정
(#가, 나: 주상혼용, #라: 사업인정 후)

3. 시점수정(도로사업 고려, 가격변동 여부 미고려)

표준지 소재 A군 계획관리지역
2021.1.1. ~ 2022.7.31.
$1.08340 \times 1.05270 \times (1 + 0.00132 \times 61/31) ≒ 1.14346$

4. 개별요인 비교

$$\underset{가}{0.85} \times \underset{접}{0.8} \times \underset{환}{0.9} \times \underset{획}{(1.00 \times 1.00 \times 0.91)} \times \underset{행}{1/(0.75 + 0.25 \times 0.85)} \times \underset{기}{1.00} ≒ 0.578$$

5. 그 밖의 요인 보정(표준지 기준)

(1) 필요성 및 사례선정

<대법원 98두6067> 및 「감칙 제14조 제2항 제5호」 등 고려, 후면주택지대 기준, 사업인정 전 <B> 선정

(2) 격차율 산정

$$\frac{390,000 \times {}^{*}1.06037 \times 1.000 \times {}^{**}1.649}{300,000 \times 1.14346} ≒ 1.987$$

* 2021.12.1. ~ 2022.7.31 사례 소재 D군 계획관리
   $(1 + 0.0745 \times 31/365) \times 1.05070 \times (1 + 0.00145 \times 61/31)$

** 개별요인
   $1.18 \times 1.20 \times 1.10 \times (1.00 \times 1.00 \times 1.10) \times (0.75 + 0.25 \times 0.85)$

(3) 실거래가 검증 및 결정

실거래가 타당하다 판단, <1.98>로 결정

6. 토지 보상액

$300,000 \times 1.14346 \times 1.000 \times 0.578 \times 1.98 ≒ 393,000원/㎡$
(× 330㎡ ≒ 117,900,000원)

Ⅲ. 물음2) <건축물 보상액> (10점)

1. 보상대상 여부

행위제한일 이전 사용승인, 보상대상임. 창고 및 화장실 부합물·종물로 전체 "주거용"으로 판단

2. 물건가격, 원가법(이전 불가능, 「법 제75조」)

(1) 기호 1

(1,400,000 + 30,000 + 70,000) × 45/50 ≒ 1,350,000원/㎡
(× 88㎡ ≒ 118,800,000원)

(2) 기호 2

360,000 × 40/45 ≒ 320,000원/㎡(× 8㎡ ≒ 2,560,000원)

(3) 기호 3

1,100,000 × 40/45 ≒ 978,000원/㎡(× 3㎡ ≒ 2,934,000원)

(4) 계

124,294,000원

3. 거래사례비교법

비교가능성 높아 적정함

130,000,000 × 1.00 × *1.0100 × 1.05 × 1.00 ≒ 137,865,000원

* 건축비

  (1 + 0.06 × 2/12)

4. 결정

「감칙 제33조 제2항 단서」의거 비준가액으로 결정
137,865,000원

Ⅳ. 물음3) <수목 보상액> (6점)

1. 수목 보상평가방법 [기본서 참조]

2. 소나무 보상액

(1) 보상대상 여부

행위제한일 이전 식재되어 보상대상임

(2) 이전비

330,000 + 400,000 × 0.2 ≒ 410,000원/주

(3) 결정

"물건가격 < 이전비"인바, 400,000원/주로 결정
400,000 × 1주 = 400,000원

V. 물음4) <생활 보상액> (8점)

1. 처리방침

이주정착금, 주거이전비, 이사비 보상액 산정

2. 이주정착금 「토지보상법 제78조 제1항」, 「시행규칙 제53조」

137,865,000 × 0.3 ≒ 41,359,000원인바,
최대 보상액인 24,000,000원으로 결정함

3. 주거이전비 「시행규칙 제54조」

소유자, 2인 기준(재결례, 2019 유권해석)
3,334,200 × 2개월 ≒ 6,668,400원

4. 이사비

1,790,000원
(전체 면적 99㎡ 기준)

VI. 물음5) <축산업 보상액> (6점)

1. 보상 대상 여부

(1) 꿀벌 「시행규칙 제49조」

[별표 3] 기준마리 수 이상 <휴업손실보상대상>임

(2) 닭

기준마리 이하이나,
(30/20 + 20/200) ≒ 1.6 >1인바, <보상 대상>임

2. 꿀벌 보상액

최저보상, 축산이익 감소 미고려「시행규칙 제49조 제1항」

240,000 × 30군 × 4 ÷ 12개월 + (5,000 + 25,000) × 30 ≒ 3,300,000원
                                                이전비   이전손실

3. 닭 보상액

3,600 × 20마리 × 4 ÷ 12 + (200 + 1,300) × 20 ≒ 54,000원

문항별 논점

토지보상 (40점)

1번 문제의 경우 사업인정 후 협의보상 문제로 40점이라는 큰 배점으로 출제되었다. 40점 배점에 5개의 소물음 구성으로 배점을 세분화하여 향후 채점시 개별 문항 득점 점수가 합격의 향방을 가른 듯하다.

- **물음1)** 사업인정의제일 기준 적용공시지가, 시점수정시 표준지가 소재하는 A군 지가변동률 적용, 도시계획시설도로 저촉 보정, 그 밖의 요인 사례의 시점수정시 D군 지가변동률이 소논점이었다. 논점 자체의 난이도는 '중' 정도 판단되며 '도로'사업에 따라 <가격의 변동> 여부를 간단하게 언급하면 좋은 점수를 받을 것이라 본다.

- **물음2)** 주택 내 종물·부합물로 전체 주거용으로 판단 여부, 적산가액과 비준가액 산정 후 주거용 건축물 특례 적용이 논점이었다.

- **물음3)** 수목에 대한 보상으로 준비를 안 하고 시험장에 들어가신 수험생은 다소 당황했을 문제이나 실제 문제 풀이과정은 난이도가 낮았다.

- **물음4)** 숨어 있는 이주정착금 산정, 주거이전비의 경우 2019년도 재결례에 따라 실제 미거주자의 주거이전비 대상 제외가 논점이었다. 이사비는 전체 주거용 면적을 기준(출제자의 의도는 처음부터 종물·부합물도 포함하여야 한다는 의도로 문제 사이사이에서 힌트를 주고 있다)으로 산정하시면 큰 어려움이 없었다.

- **물음5)** 축산업 손실보상의 경우 「시행규칙 제49조 제1항」상 보상대상의 여부와 영업손실보상인 「시행규칙 제45조~제47조」를 준용 여부, '최저보상액' 및 '이익감소분'을 제외가 논점이었다. 축산업 손실보상 준비를 못한 수험생은 다소 문제 접근이 어려울 수 있었으나 숫자 계산이 쉬워 다년차에게 유리한 물음이었다고 본다.

문제2 (30점)

I. 개요

- 평가대상: 토지
- 평가목적: 토지단가 산정
- 기준시점: 현재 기준

Ⅱ. 물음1), 공사중단된 건물의 공정률 및 토지 보정 (10점)

1. 거래사례 공정률 산정

(1) 간접비 비율

16.25%

(2) 직접비 공정률

"구성비 × 진행률(지급률)"로 산정함

0.055 × 0.9 + 0.0125 × 0.8 + 0.175 + 0.0125 + 0.025% ≒ 26.75%
　가설공사　　　기초 및 토공사　　철근　　조적　　방수

(3) 간접비 조정

"정상 간접비 비율 × 투입 직접비율 ÷ 전체 직접비율"로 산정함

0.1625 × 0.2675/0.775 ≒ 5.61%

(4) 설계비 등

0.015 + 0.01 × 0.5 ≒ 2%
설계비　　감리비

(5) 전체 공정률

직접비 + 간접비 + 설계비 ≒ 34.36%

2. 공사중단된 건물가액

"완공기준 재조달원가 × 사례 공정률"로 산정함

1,600,000 × 0.3436 ≒ 545,000원/㎡(× 1,000㎡ ≒ 545,000,000원)

> [별해]
> 기존 (2) 공사비 단가
> 　(80,000 × 0.9 + 20,000 × 0.8 + 280,000 + 20,000 + 40,000) × 1.1625 + (24,000 + 16,000 × 0.5) ≒ 529,000원/㎡
> 　(3) 건물가액
> 　　533,000 × 1,000㎡ ≒ 529,000,000원

3. 보정된 토지 거래가격 및 거래단가

1,400,000 - 545,000,000 ≒ 855,000,000원(÷ 500㎡ ≒ 1,710,000원/㎡)

> **질의회신** 징집의 경우 주거이전비 대상인지 여부 [토지정책과-5288, 2018.8.20.]
> 토지보상법령에서는 이주대책과 주거이전비 보상에 대한 요건을 별도로 규정하고 있는바, 실제 거주하고 있지 아니하다면 주거이전비 보상대상은 아니라고 봅니다.

Ⅲ. 물음2), 저당인수조건 거래사례 보정 (10점)

1. 현금 지불액: 3억원

2. 저당인수액

   7억원 × $\underbrace{0.1174}_{MC(10\%)}$ × $\underbrace{7.4694}_{PVAF(12\%)}$ ≒ 613,835,000원

3. 토지가액 및 토지단가

   현금 + 저당인수액 ≒ 913,835,000원(÷ 500㎡ ≒ 1,827,000원)

Ⅳ. 물음3), 낙찰가액 결정 (10점)

1. 낙찰사례 (3) 가액

   (1) 낙찰자 입장 보정

   5억원 + $\underbrace{1억\ 5천만원}_{명도비용}$ ≒ 650,000,000원(÷ 400㎡ ≒ 1,625,000원)

   (2) 통계적 방법(낙찰률 주거, 녹지 평균)

   10억원 × $\underbrace{0.75}_{낙찰률}$ ≒ 750,000,000원(÷ 400㎡ ≒ 1,875,000원)

3. 결정(평균)

   700,000,000원(1,750,000원/㎡)

4. 가격의 성격 및 방식별 특징

   (1) 낙찰사례

   시장참여자가 제한적, 대상부동산의 개별성 반영(명도비용 발생 및 권리관계 분석 시 인수 가능 권리액이 발생할 수 있음), 실제 낙찰사례로 대상과의 비교 가능성이 높음, 제한적 시장과 향후 인수에 따른 위험 가능성이 존재하여 시장가치와 괴리되는 현상이 나타남

   (2) 통계적 방식

   객관적, 합리성 반영, 인근시장 가능수요자의 강도를 파악할 수 있음. 전체적인 방향성 제시 가능하나 대상부동산의 개별성 반영 못함(공사비 미납으로 인한 유치권 행사시 이를 반영할 수 없고 실제 적치물 등이 있는 경우 비용산정이 어려움)

문항별 논점

낙찰가분석 (30점)

생소한 문제였다. 감정평가사가 되어 제일 먼저 겪게 될 현실적인 문제를 제시하여 해결 능력을 물어본 문제로 보여진다. 실제 감정평가시 시장에서 공개된 자료 등을 객관화시키고 감정평가에 적용시키기 위해 보정을 하는 것이 첫 과정이다. 그 첫 과정의 해결을 물어본 문제이다. 생소하지만 차근차근 읽다 보면 큰 어려움 없이 해결할 수 있는 문제였다.

물음1) 공사 중단된 건물의 감정평가가 논점으로 공정률 산정이 쟁점이다. 실제 경매평가에서 많이 겪게 되는 문제 유형의 하나로 공정률 산정을 다소 쉽게 제시하여 문제 풀이에 큰 어려움이 없었을거라 생각된다. 다만, 본서에서는 직접공사비에 따른 제경비 비율을 따로 산정하지 않고 전체 제경비 비율을 기존 공사비의 공정률에 바로 적용하여 산정하는 방식을 추가로 제시하였다.

물음2) 기초적인 문제였다.

물음3) 낙찰사례가 주는 개별성과 평가선례를 적용하는 객관적 방법에서 그 성격과 보정방식별 특징을 알 수 있었다. 시험장에서 최대한 알고 계신 지식을 끌어내어 작성하셨다면 큰 변별력은 없다고 판단된다.

문제3 (20점)

I. 평가개요

- 평가대상: 장기 임차권
- 평가목적: 일반거래
- 기준시점: 2022.7.16.
- 기준가치: 시장가치

II. 물음1) <원가법> (6점)

1. 매입금액

120,000원/㎡

2. 시점수정

$1.05001 \times \cdots\cdots \times (1 + 0.00198 \times 46/31) \fallingdotseq 1.72072$

3. 잔존가치율

11년 6개월 경과

(600 - 138) ÷ 600 ≒ 0.770

4. 적산가액

120,000 × 1.72072 × 0.770 ≒ 159,000원/㎡

Ⅲ. 물음2) <거래사례비교법> (6점)

1. 사례선정

일반공업지역, 면적 기준, 중로각지, 공업용 고려,
임대차 기간 및 임대차의 내용, 성격, 시장성 고려, 최근 거래된 <나> 선정
(가: 계약일, 다: 면적 상이, 라: 준공업지역)

2. 비준가액(잔가율 만월 상각)

280,000 × 1.00 × 1.0000 × 1.000 × 1.02 × 1.01 × $\underset{\text{잔존가치율}}{0.77/1.00}$ ≒ 222,000원/㎡

Ⅳ. 물음3) <시산가액 결정> (4점)

① 매입금액 기준금액은 11년 전 가액
② 임차권에 대한 적절한 변동률 미제시
③ 지가변동률의 적용시 성격상 차이의 문제점
④ 임차권의 성질 미고려
⑤ 「감칙 제26조」 의거 「감칙 제22조」 임대료 평가방법 고려
⑥ 대상이 일반거래 목적 및 사업자의 임차권 활용 성격(토지 임차 후 공장 신축을 위해서는 토지 소유자로부터 시장가액에 기초한 임차권 가액을 제시하여야 임차권 매입이 가능함)을 보아 [시장성] 고려하여 아래와 같이 결정함

∴ 220,000 × 2,000㎡ ≒ 440,000,000원

Ⅴ. 물음4) <복수평가> (4점)

1. 장점

① 둘 이상의 전문가의 가치 결론에 따른 합리성, 객관성, 공정성을 유지할 수 있음
② 감정평가액 산정에 있는 오류와 오기 등을 검토할 수 있음
③ 둘 이상의 산출의견 제시로 인한 주관성 배제 가능성

2. 단점

① 비용과다
② 장기간의 시간소요
③ 평가사들의 단합에 의한 오류 가능성

문항별 논점

임차권 (20점)

생소한 장기임차권의 문제였다. 특히나, 사적 부문에서 출제되어 좀 더 혼란스러운 문제였다. 대상토지의 가치를 산정인지? 임차권의 감정평가인지?를 구분하지 못 했으면 문제풀이가 혼란스러웠을 것이다. 대상물건 확정을 정확히 했다면 문제풀이가 용이했을 것이다.

물음1) 매입금액을 지가변동률로 시점수정하고 잔존가치율을 월 단위 만월 상각을 기준으로 산정한 후 장기임차권 가액을 산정하는 다소 용이한 문제였다. 본서에서는 감정평가상 '원가법'의 성격을 가지고 있어 목차를 '원가법'으로 제시하고 풀었다.

물음2) 거래사례비교법의 가장 첫 단계인 사례 선정이 쟁점이었다. 사례 선정의 사유를 제시하라고 명시하였으므로 선정사유 및 배제사유를 정확히 기재하여야 좋은 점수를 획득할 수 있다.

물음3) 시산가액조정에 4점의 배점이 주어졌으니 원가법과 거래사례비교법의 장단점 및 당해 평가목적, 의뢰인의 개발계획 등을 고려하여 논리적으로 가격 결정의 의견을 제시했어야 한다.

물음4) 복수감정평가의 장단점을 객관화, 주관화 관점에서 풍부하게 썼다면 큰 변별력이 없는 문제였다.

문제4 (10점)

1. 개요
- 평가대상: 권리금
- 평가목적: 소송평가
- 기준시점: 2022.7.16.

2. 시설권리금
600,000 × 147/112 × 5/10 ≒ 394,000원/㎡ (× 120㎡ ≒ 47,280,000원)

3. 영업권리금(잔존 5년)
(23,000,000 − $\underset{\text{자가인건비}}{19,000,000}$) × 0.5 × (0.899 + 0.808 + 0.726 + 0.653 + 0.587) ≒ 7,346,000원

4. 바닥권리금: 없음

5. 권리금
시설권리금 + 영업권리금 + 바닥권리금 ≒ 54,626,000원

문항별 논점

권리금 (10점)

20 ~ 30점 배점으로 출제된다고 예상했던 '권리금'이 너무도 쉽게 출제되었다.

2023년 제34회 감정평가실무 기출

총평

2023년 감정평가실무는 2022년 대비 다소 난이도가 상향되어 출제되었다. 일반평가 부분과 목적별 평가 부분의 적절한 배치, 생소한 타당성 검토 및 방대한 자료의 제시로 실제 시험장에서 느꼈을 압박감은 컸다고 생각한다. 33회 기출문제를 제외한 이전 기출 문제와 같이 빠른 시간 내에 방대한 자료의 해석을 요구하는 1번 문제, 계산의 복잡성을 제시한 2번 문제, 제시 자료 해석의 어려움을 주는 3번 문제 배치로 난이도를 조절하였다고 생각된다. 출제자가 제시하는 논점 전부를 다 답안지에 현출하기에는 턱없이 부족한 시간임을 고려할 때, 결국 시험의 당락은 전략에 좌우된다고 생각된다.

문제1 (40점)

Ⅰ. 평가개요

- 평가대상: 토지·건물
- 평가목적: 일반거래 및 최유효이용 분석
- 기준시점: 2023.7.15.「감칙 제9조 제2항」

Ⅱ. 물음1), 개별물건기준 합「감칙 제7조 제1항」(5점)

1. 토지「감칙 제14조 제1항」

(1) 표준지 선정

일반상업, 업무용, 광대소각, 업무지대 기준 <#5> 선정
(#1, 7: 용도지대 상이, #2: 용도지역 가액 배분 불가, #3, 4, 6: 용도지역 상이)

(2) 시점수정

2023.1.1. ~ 2023.7.15. K구, 상업
1.01295 × (1 + 0.00150 × 15/30) ≒ 1.01371

(3) 그 밖의 요인 보정

1) 사례선정

일반상업, 광대소각, 토지면적 기준 <사례 라> 선정
(가, 마: 도로 상이, 나, 다: 토지 면적 상이)

2) 격차율 산정

$$\frac{90,000,000 \times 1.00075 \times 1.000 \times 1.10 \times 1.02}{90,000,000 \times 1.01371} ≒ 1.108$$

3) 결정

∴ <1.10>으로 결정함

(4) 공시지가기준액

$90,000,000 \times \underset{\text{시}}{1.01371} \times \underset{\text{지}}{1.000} \times \underset{\text{개}}{(1.00 \times 0.97 \times 1.00)} \times \underset{\text{그}}{1.10} ≒ 97,300,000$원/㎡

(× 800㎡ ≒ 77,800,000,000원)

2. 건물 「감칙 제15조 제1항」

업무용, 3급 기준
1,500,000 × 12/50 ≒ 360,000원/㎡
(× 2,700㎡ ≒ 972,000,000원)

3. 개별물건기준 합

토지 + 건물 ≒ 78,800,000,000원

Ⅲ. 물음2), 일괄거래사례비교법 「감칙 제7조 제2항」 (5점)

1. 사례선정

일상, 광대로, 업무지대, 토지면적 유사, 건물규모 유사, 정상거래된 사례인 <사례 #2> 선정
(#1, 4: 도로 및 용도지대 상이, #3: 사정개입)

2. 비준가액

$71,400,000,000 \times \underset{\text{사}}{1.00} \times \underset{\text{시}}{{}^{*}1.01165} \times \underset{\text{지}}{1.000} \times \underset{\text{개}}{(104/100 \times 100/100 \times 100/100)} \times \underset{\text{면}}{800/840}$

≒ 71,500,000,000원

* 토지 면적 기준 거래관행 고려 지변 적용
  2023.2.1. ~ 2023.7.15.

Ⅳ. 물음3), 일괄수익환원법(직접환원법) (5점)

1. 대상 순수익

(1) 임대료 결정

대상 임대료 계약임대료로, 임료 성격 및 시장가치 산정 고려 시장임대료로 결정

(2) 사례 선정

B북구, 용적률, 사용승인, 규모 유사한 <임대사례 2> 선정
(1: 용적률 상이, 3: B남부 하위시장 소재)

(3) 대상 가능 총수익

(270,000 × 0.04 + 27,000 × 12 + <u>12,000 × 12</u>) × 2,700 ≒ 1,285,470,000원
                                      관리비 ≒ 388,800,000

(4) 대상 순수익

가능 총수익 × (1 - 0.05) - 388,800,000 × 0.7 ≒ 949,036,500원

2. 환원율: 4.5%

3. 일체수익가액

순수익 ÷ 환원율 ≒ 21,100,000,000원

Ⅴ. 물음4), 시산가액 결정 (5점)

1. 제시된 가중치 기준

78,800,000,000 × 0.4 + 71,500,000,000 × 0.3 + 21,100,000,000 × 0.3 ≒ 59,300,000,000원

2. 시산가액 결정에 대한 의견

① 대상부동산의 현황은 일반상업지역 내 법적허용용적률 대비 낮은 용적률의 사용으로 최유효이용의 부합하지 않으나,
② 현 용도지대인 업무지대가 향후 GTX 노선 신설에 따라 지대의 변경이 없음이 예상된다는 점
③ 오피스빌딩의 수요가 여전히 예상된다는 점
④ 이에 대한 영향으로 기출환원율의 -0.5% 적용된다는 점 등을 고려할 때, 가중치 적용이 타당한지 의문시 될 수 있음
⑤ 또한, 가중치에 의해 산정된 시산가액은 나지 산정을 기준으로 한 토지만의 가액인 778억원에 미치지 않으며,
⑥ 본건 토지는 지역개황 변화 등을 고려할 때, 경제적 감가가 반영될 수 없음
⑦ 따라서, 본건 건물의 용적률에 미사용에 따른 가치하락만이 고려되어야 함에도 불구하고

⑧ 211억원인 수익가액의 가중치를 30%를 기준하는 것은 대상부동산이 과소평가될 문제점이 있음
⑨ 결론적으로 현황 건물의 철거 후 신축에 의해 대상부동산이 최유효이용에 이용된다는 전제가 타당하다는 문제 출제상
⑩ 현황 건물에 의한 건부감가는 철거비에 해당하고, 철거비가 제시되지 않은 상황에서 과도하게 수익가액 가중치를 두는 것은 감정평가액 결정의 신뢰도에 문제가 제기될 수 있음

> **[필자 주]**
> 34회 기출문제 1번 물음4)는 3방식에 의한 시산가액의 가중치를 적용하여 단순하게 감정평가액을 결정하라는 문제가 아니라고 판단된다. 가중치 적용에 따른 문제점을 지적하라는 출제자 의도로 보인다. 가중치에 대한 객관적·합리적 근거 없이 결정되는 감정평가액의 문제점을 묻고 있는 소논점이라 판단되면 물음6)과 관련하여 단순 계산에 따를 경우 가중치가 타당시 될 수 있었다.

VI. 물음5), 최유효이용 상정 수익가액 (15점)

1. 할인율 등

- 할인율: 5%
- 기출환원율: 4.5%
- 보증금운용이율: 3%
- 공실률: 5%
- 상승률: 3%
- 운영경비: 가능 × 60%
- 재매도비용: 2%

2. 1기 순수익

(1) 사례 선정

B북구, 용적률, 사용승인일 기준 <임대사례 5> 선정
(4: B남부, 6: 사용승인 상이)

(2) 대상 가능총수익

(300,000 × 0.03 + 30,000 × 12 + 15,000 × 12) × 9,600 ≒ 5,270,400,000원
≒ 1,728,000,000

(3) 순수익

가능총수익 × (1 - 0.05) - 1,728,000,000 × 0.6 ≒ 3,970,080,000원

3. 현금흐름표

(단위: 천원)

구분	1	2	3	4	5	6
가능	5,270,400	5,375,808	5,483,324	5,592,990	5,704,850	5,818,947
유효	5,006,880	5,107,018	5,209,158	5,313,341	5,419,608	5,528,000
운영경비	1,036,800	1,057,536	1,078,687	1,100,261	1,122,266	1,144,711
순수익	3,970,080	4,049,482	4,130,472	4,213,081	4,297,343	4,383,290
기말복귀액 (재매도비용 2%) 고려					95,458,316	
현가계수	0.952	0.907	0.863	0.822	0.783	
현재가치	3,779,516	3,672,880	3,564,597	3,463,153	3,364,820	
기말복귀액 현재가치					74,743,861	
현재가치 합	92,588,827					

4. 기준시점 현재 최유효이용 수익가액

사용승인 예상일 2년 후 [2025.7.15]

92,588,827,000 × $1/1.05^2$ ≒ 84,000,000,000원

> [필자 주]
>
> 기준시점 현재 완공을 전체한 수익가액의 경우 별도의 2년 할인을 고려할 필요 없다. 그러나 "최유효이용 부동산 개요"의 사용승인 예정일을 [2025.7.15.] 로 기재된 것으로 보아 건축기간에 대한 할인이 적정한 것으로 판단된다.

Ⅴ. 물음6), 최유효이용 미달부분 가치 (5점)

1. 신축 비용

철골철근, 1급 기준

2,300,000 × 9,600 ≒ 22,080,000,000원

2. 신축비용 고려 최유효이용 상정 가치

84,000,000,000 - 22,080,000,000 ≒ 61,900,000,000원

3. 미달부분 가치

61,900,000,000 - 59,300,000,000 ≒ 2,600,000,000원

4. 중도적 이용에 대한 의견

① 앞선 밝힌 바와 같이, 단순 가중치에 의한 시산가액 결정은 과소평가될 우려가 있음, 따라서, 토지만의 나지상정 가액인 공시지가기준액인 778억원과 재축비용인 220.8억원을 합한 998.8억원 및 최유효이용 기준 가액인 840억원(기준시점 현재 완공 기준한 926억원)과의 관계를 비교하는 것이 타당하다 사료됨

② 따라서, 신축비용을 고려할 경우 건축기간(2년)에 따른 임대료 수입 손실에 따른 위험으로 대상부동산은 중도적 이용에 할당될 수 있음

③ 다만, 기준시점 현재 완공 후 임대를 가정할 경우 양자 차이가 크지 않으므로 최유효이용으로의 재축이 타당할 수 있음

> **Advice**
> 문제 배점을 고려할 경우 상기 가중치에 대한 논의를 배제할 수 있으며, 이에 따라 물음6)의 결론을 단순한 금액으로 나타낼 수 있음

문항별 논점

중도적이용과 최유효이용의 분석 (40점)

문제 1번은 투자타당성을 기반으로 주변에서 많이 볼 수 있는 중도적 이용에 대한 감정평가와 최유효이용 상정의 경우를 묻는 문제이다.

3방식에 대한 배점을 총 15점을 배치하고 물음5)에서 15점 배점으로 최유효이용 상정시 시장가치를 묻고 있다. 3방식에 대한 배점을 고려할 경우, 물음1) ~ 3)은 빠른 계산으로 전략을 세웠어야 했고 물음4)에서 감정평가액 결정에 대한 의견을 제시해야 한다. <자료 11>에서는 가중치를 부여하여 감정평가액을 결정하도록 유도하고 있지만, 5점 배점을 부여하여 추가적으로 시산가액 조정을 묻는 물음을 고려할 때 별도의 의견 제시가 있어야 좋은 득점이 가능하다고 생각된다. 필자 의견 등 다양한 방법으로 견해를 제시할 수 있는 점에서 답안을 참고하길 바란다.

출제자는 물음5)의 현금흐름을 1 ~ 6기까지 모두 현출하도록 요구하고 있다. 전체 100분의 시간을 감안할 때 어디까지 정확성을 두고 현출할지 전략이 필요한 부분이라 생각된다. 또한, 사용승인예정일에 따라 2년간의 추가적인 할인율을 적용해야 하는지 출제자의 정확한 제시가 없어 혼동이 있을 수 있으나, ㈜A자산운용사가 의뢰인임을 고려할 때(투자 타당성을 묻고 있다) 건축기간동안의 임대료 손실 부분을 2년에 걸쳐 인식함이 타당하다고 생각된다.

앞선 논의에 따라 시산가액 조정 및 최유효이용 상정 시장가치 비교가 달라질 수 있다. 기존 기출문제에서는 본건 소재 인근지역의 개황 변화 및 최유효이용의 변화에 따른 대상부동산의 기능적 감가, 경제적 감가를 시산가액 조정 및 결정에서 어떻게 반영하는지를 물었으나, 해당 문제는 지역 내 오피스 시장 내 지속적인 수요유지를 제시함으로써, 최대 가능 용적률 미사용에 따른 가치 미실현분만이 최유효이용에 미달하는 부분이 된다. 철거비 또한 미제시하여 현황 건부감가에 대한 부분을 고려치 아니하게 제시하여 더욱 혼란을 가중시켰다. 이에 따른 다양한 해석이 있을 수 있으나, 용도(업무용)가 동일한 상태에서 용적률이 800%로 상향된다는 가정하에 평가된 것으로 현 상황에서 갖는 낮은 수익가액을 30%의 가중치를 두어야 할지 의문시된다.

현황 건물을 철거하는 경우 언제든지 나지 상정된 표준지공시지가기준액으로 표현될 수 있다는 점에 현 상황의 낮은 임대료를 기준하여 시산가액을 결정하는 것은 더더욱 타당치 않다고 판단된다.

문제2 (30점)

I. 평가개요

- 평가대상: 구분건물
- 평가목적: 관리처분계획수립
- 기준시점: 2023.5.15. 「소규모주택정비법 제33조 제1항 제5호」

II. 물음1), 종전자산(물건별 평가액) (20점)

1. 사례 선정(거래사례비교법)

기준시점 이전 최근, 대지지분비율 유사, 정상거래된 <거래사례 (3)> 선정
[(1) 거래시점 3년 경과, (2) 거래가격보정 불가, (3) 대지지분비율 상이, (5) 기준시점 이후 거래]

2. 가치형성요인 비교치

(1) 단지 외부요인: 1.05

(2) 단지 내부요인: 0.97

(3) 호별요인

구분	동	층	향	층	향	계단식	주거환경	호별요인
1	가	1	남	0.95	1.04	1.05	0.95	0.99
2	가	1	남	0.95	1.04	1.05	0.96	1.00
3	가	2	남	1.00	1.04	1.05	0.98	1.07
4	가	2	남	1.00	1.04	1.05	0.99	1.08
5	가	3	남	0.98	1.04	1.05	1.01	1.08
6	가	3	남	0.98	1.04	1.05	1.02	1.09
7	나	1	동	0.95	1.02	1.05	0.97	0.99
8	나	1	동	0.95	1.02	1.05	0.98	1.00
9	나	2	동	1.00	1.02	1.05	1.00	1.07
10	나	2	동	1.00	1.02	1.05	1.03	1.10
11	나	3	동	0.98	1.02	1.05	1.05	1.10
12	나	3	동	0.98	1.02	1.05	1.08	1.13

3. 종전자산 평가액

사례단가: 300,000,000/29.5 ≒ 10,169,492원/㎡

시점수정: 0.99209

구분	외부	내부	호별	가치형성요인	전유면적	종전자산액
1	1.05	0.97	0.99	1.01	32.2	328,000,000
2	1.05	0.97	1	1.02	32.2	331,000,000
3	1.05	0.97	1.07	1.09	32.2	354,000,000
4	1.05	0.97	1.08	1.10	32.2	357,000,000
5	1.05	0.97	1.08	1.10	32.2	357,000,000
6	1.05	0.97	1.09	1.11	32.2	361,000,000
7	1.05	0.97	0.99	1.01	32.8	334,000,000
8	1.05	0.97	1	1.02	32.8	338,000,000
9	1.05	0.97	1.07	1.09	32.8	361,000,000
10	1.05	0.97	1.1	1.12	32.8	371,000,000
11	1.05	0.97	1.1	1.12	32.8	371,000,000
12	1.05	0.97	1.13	1.15	32.8	381,000,000
합계						4,244,000,000

Ⅲ. 물음2), 조합원 F 부담금 (5점)

1. 비례율 산정

"(종후자산 - 사업비)/종전자산"으로 산정하되,
<자료 8>의 종후자산은 일반분양분을 포함한 가액으로 봄

(11,323,000,000 - 6,635,000,000)/4,244,000,000 ≒ 1.10

2. 조합원 F 부담금

457,000,000 - 357,000,000 × 1.10 ≒ 64,300,000원(부담)

VI. 물음3), 유의사항 (5점)

1. 종전자산 평가 시

① 종전자산의 평가목적을 고려하여, 조합원별 출자자산의 균형을 고려해야 한다는 점
② 구분건물의 경우 사례 선정시 사업구역 내 전유면적 대비 대지지분비율이 유사한 사례를 선정해야 한다는 점
③ 당해 사업의 개발이익 중 현실화된 이익만을 고려해야 한다는 점
④ 사적이익이 반영된 인테리어 등 객관화될 수 없는 자본적 지출은 배제해야 한다는 점
⑤ 구분건물이 갖는 다양한 가치형성요인 등을 반영해야 한다는 점
⑥ 시장가치 외 가치일수 있다는 점 등을 유의해야 한다.

2. 종후자산 평가 시

① 완공 전제한 조건부 평가로 시장가치 외 가치일 수 있다는 점
② 조합원 대상 종후자산이라는 점
③ 완공된 주거용 구분건물의 가치형성요인을 적정하게 반영해야 한다는 점
④ 총사업비를 고려한 원가액을 고려해야 한다는 점
⑤ 인근 주거용 구분건물의 시세와의 균형 및 일반분양가액과의 균형을 고려해야 한다는 점 등을 유의해야 한다.

문항별 논점

가로주택정비사업의 종전·종후자산 평가 (30점)

문제 2는 「도시정비법」에 개정으로 인해 새롭게 정비사업을 진행하는 「빈집 및 소규모주택 정비에 관한 특례법」에 대한 문제이다.

「도시정비법」에서 규정하고 있던 정비사업의 일부를 법률개정으로 인해 분리하여 규정하고 있지만 많은 부분을 「도시정비법」을 준용하고 있다.

제시된 종전자산은 전체 물건기준 12개호나 공유지분 형태로 소유한 호수가 있어 조합원이 늘어나는 경우로 비고란에 "공유"를 빠르게 파악하지 못했다면 혼동이 올 수 있었다. 전유면적과 토지지분을 통해 이들이 각각 1/2씩 소유하고 있다는 것을 빨리 눈치챘어야 한다.

현업에서 구분평가의 대량평가에 있어 이용되고 있는 평가방법을 그대로 출제하였다. 문제의 이론적 난이도 자체는 매우 낮으나, 가치형성요인 중 호별요인치를 어디까지 현출할지가 핵심 전략이었다고 생각된다. 결국 버려야 하는 부분을 전략적으로 선택했어야 한다.

문제3 (20점)

Ⅰ. 물음1), 개발 타당성 (10점)

1. 개발 가능 임대료

(1) 대상 투자금액(전액 지분투자)

$$\underbrace{6,000,000 \times 3,000}_{\text{토지}} + \underbrace{1,800,000 \times 3,000 \times 2.5}_{\text{건물}} ≒ 31,500,000,000원$$

(2) 투자자 요구수익률

개발 가능 임대료는 NPV 등이 "0"이 되는 최소한으로 요구되는 임대료(순수익)의 개념으로, 시장에서의 통상적인 할인율인 7%를 최소 요구수익률의 개념으로 판단할 수 있음
∴ 7%로 결정함

(3) 개발 가능 임대료(순수익)

31,500,000,000 × 0.07 ≒ 2,205,000,000원/년

2. 개발 타당성

(1) 시장 가능 임대료(순수익 기준)

1) 가능총수익

(400,000 × 0.09 + 40,000 × 12) × 3,000 × 2.5 × 0.6 ≒ 2,322,000,000원

2) 운영경비 등

$$\underbrace{31,500,000,000 \times 0.0025}_{\text{조세}} + \underbrace{1,800,000 \times 7,500 \times 0.002}_{\text{보험}}$$

$$+ \underbrace{2,322,000,000 \times (1 - 0.06) \times 0.05}_{\text{변동비}} + \underbrace{120,000,000/12}_{\text{엘베}} ≒ 224,884,000원$$

3) 시장 가능 임대료

2,322,000,000 × (1 - 0.06) - 224,884,000 ≒ 1,957,796,000원

(2) 개발 타당성

현재 개발 기준 "개발 가능 임대료 < 시장 가능 임대료"인바, <개발타당성 없음>

Ⅱ. 물음2), 개발 착수 시기 결정 (10점)

1. 개발 가능 임대료 변동

(1) 2년 후

$2,322,000,000 \times 1.05^2 \times 0.94 - 224,884,000 \times 1.02^2 ≒ 2,172,435,000원$

(2) 3년 후

2,322,000,000 × 1.05^3 × 0.94 - 224,884,000 × 1.02^3 ≒ 2,288,076,000원

> [별해]
> 2,322,000,000 × 1.05^X × 0.94 - 224,884,000 × 1.02^X ≒ 2,205,000,000원일 때,
> ∴ X ≒ 2.28년

상기와 같이 산정된바, 개발 가능 임대료를 만족하는 시기는 3년 후임

2. 개발 착수 시기 결정

3년 후 시장 가능 임대료가 최소 요구되는 개발 가능 임대료를 상회하므로 3년 후 임대 개시가 적정함. 따라서, 사용승인에 임대 완료됨을 전제로 9개월 간의 공사기간을 고려하여, <2년 3개월 후> 개발사업에 착수함이 타당함

문항별 논점

개발타당성 검토 (20점)

문제 3번은 다양한 방법으로 문제 풀이가 가능할 것으로 보인다. 학술적 용어에만 의지하지 말고 출제자가 제시하는 단어나 출제 의도를 파악하여 문제상에서 적응하는 연습이 필요하다.

"개발이 가능한 임대료"에 대한 시험장에서의 해석이 다소 어려웠을 것이라 판단된다. 그러나 문제에서 "분양 중인 상업용지 개발과 관련하여 자문을 의뢰받았다."라는 제시 문구를 기준으로 풀이했다면 좀 더 쉽게 접근할 수 있었다고 생각된다.

투자타당성은 이는 투자대상에 투자하더라도 얻게 되는 최소 수익률이 기준이 될 수 있다. 대상이 갖는 대상 자체의 위험과 투자자가 갖는 주관적 위험을 고려한 요구수익률이 일반적인 투자타당성의 지표가 될 수 있으나, 최소한 대상사업에 투자할지에 대한 기본적인 투자타당성은 최소 수익률 즉, 이자율(할인율)을 기준으로 검토할 수 있다.

출제자는 이러한 점을 고려하여 "과연 이자율(할인율)을 만족시키는 최소한의 임대 수익이 얼마나 될까?"하고 묻고 있다. 즉, 시장임대료(순수익 기준)가 현재 어느 정도인지 비교하여 전체적이 투자 시기를 묻고 있다. 시험장에서 해석이 너무 어려울 것으로 생각된다. 즉, 고득점으로 가는 문제이지 3번 문제의 방향성이 틀렸다 해서 시험의 당락을 결정할 문제라 보지 않는다.

문제4 (10점)

1. 잔여지 손실보상기준

① 「토지보상법 제73조」 의거 "잔여지 가격감소분가 잔여지에 대한 공사의 비용을 합한 금액"을 기준하되, "잔여지의 가격이 큰 경우"에는 잔여지 가격으로 사업시행자가 매수하게 된다.

② 「시행규칙 제32조」 의거 잔여지가치하락 손실액은 공익사업지구에 편입되기 전 잔여지가액에서 편입된 후 가액을 빼고 산정하되, 통로·구거 등의 공사가 필요한 경우 공사비용을 합산한다.

③ 잔여지의 위치·면적·형상 및 지세·이용상황 등을 개별요인 비교시 반영하며, 사업손실 및 수용손실도 고려한다.

④ 또한, 종래의 목적에 사용하는 것이 현저히 곤란하게 된 경우 잔여지의 매수 또는 수용을 청구할 수 있다.

> **Advice**
> 실무상 "부체도로" 공사비는 가치손실액에 합산하기보다 사업시행자가 직접 부체도로를 개설하여 보상함. 다만, 부체도로 개설비용이 과다할 경우 가치손실액과 합산하여 잔여지 가액보다 클 경우 매수청구를 결정하게 됨

2. 잔여지 손실보상액 산정

(1) 편입 전 잔여지 가액: 600,000원/㎡

(2) 편입 후 잔여지 가액

부체도로 개설 후 세로(가), 부정형, 저지 기준

600,000 × 0.90 × 0.94 × 0.90 ≒ 457,000원/㎡

(3) 잔여지 가치하락분

600,000 - 457,000 ≒ 143,000원/㎡

(× 300㎡ ≒ 42,900,000원)

(4) 부체도로 공사비

150,000,000원

(5) 잔여지 손실보상액 산정

*192,900,000원

* "잔여지 손실보상액 > 잔여지 가액"인바, 사업시행자 매수 가능

문항별 논점

잔여지 손실보상 (10점)

문제 4번은 난이도가 다소 낮은 문제로 빠른 답안 현출이 관건이었다.

2024년 제35회 감정평가실무 기출

총평

2024년도 감정평가실무는 최근 기출문제와 달리 이론적 부분과 현업에서의 문제점이 매우 강조되는 모습을 보이고 있다. 전체 16페이지 분량으로 복잡한 자료의 제시 없이 평이한 수준으로 보이는 문제가 출제되어 수험생입장에서는 다소 평이한 문제라 보여질 수 있지만 문제 2번, 3번의 숨겨진 논점 등을 고려해 볼 때 문제 난이도가 낮지만은 않은 것으로 판단된다. 정확한 숫자계산과 다양한 이론적, 법적 근거 제시, 차별화된 문제점 지적 등이 있었다면 변별력 있는 점수를 획득할 수 있었다고 보여진다.

실무문제는 결국 출제자의 의도 파악과 감정평가액 결정의견의 제시가 관건이다. 실무와 이론의 복합적 학습과 숫자 맞추기에서 벗어난 실무문제 풀이 방식에 대한 고민이 필요한 시기이다.

문제1 (40점)

I. 평가개요

- 평가대상: 토지, 지장물
- 평가목적: 수용재결 보상평가
- 가격시점: 2024.7.1. 「토지보상법 제67조 제1항」

II. 물음1), 적용공시지가 (10점)

1. 사업인정의제일 등

   (1) 공고·고시일

   2013.12.30. 지구 지정(재생계획) 및 지형도면 고시(판례에 따라 해당 공익사업의 위치와 범위 사업기간 등 구체적인 사업계획을 일반에게 발표하는 것으로 판단됨)

   (2) 사업인정의제일: 2015.12.30.

2. 취득하여야 할 토지의 가격변동 여부 「시행령 제38조의2」

   (1) 사업요건

   20만㎡ 이상, 도로·철도·하천 사업이 아닌 바, 사업요건은 <충족됨>

(2) 변동률 산정

    1) 사업구역 내 전체 표준지 평균 변동률

       2013.1.1. ~ 2015.1.1.

       <#1>: (850,000 - 700,000)/700,000 - 1 ≒ 21.43%

       <#2>: (1,030,000 - 900,000)/900,000 - 1 ≒ 14.44%

       <#3>: (840,000 - 690,000)/690,000 - 1 ≒ 21.74%

       <#4>: (750,000 - 610,000)/610,000 - 1 ≒ 22.95%

       <#5>: (990,000 - 850,000)/850,000 - 1 ≒ 16.47%

       평균: 19.41%

    2) A광역시 B구 전체 표준지 평균 변동률: 7.179%

(3) 변동 여부 판단

    양자 3%point 이상 차이, 30% 이상 차이인 바, <변동됨>

3. 적용공시지가 결정

「토지보상법 제70조 제5항」의거 공고·고시일 이전 고시된 <2013.1.1.> 기준 공시지가 적용함

III. 물음2), 지가변동률 결정(생산자물가상승률 미제시) 「시행령 제37조 제2항 및 제3항」 (10점)

1. 사업요건: 충족됨

2. 지가변동률 검토

(1) 공고·고시일(2013.12.30.) ~ 가격시점(2024.7.1.)

    B구 공업지역: 36.158%(5% 이상)

(2) 사업인정일(2015.12.30.) ~ 가격시점(2024.7.1.)

    • B구 공업지역: 19.450%

    • A광역시 공업지역: 10.850%(30% 이상 격차)

(3) 변동 여부 판단

    5% 이상, 30% 이상 차이인 바, <변동됨>

3. 지가변동률 결정

(1) 공고·고시일 ~ 가격시점(2013.12.30. ~ 2024.7.1.) 인근 지가변동률 평균

    C구, D구, E구 평균

    (29.092 + 15.355 + 17.266) ÷ 3 ≒ 20.571%

(2) 지가변동률 결정

'B구 변동률 > 인근 평균'인바

「시행령 제39조 제2항」에 의거 인근 시·군·구 지가변동률로 결정함

Ⅳ. 물음3), 토지 보상액 산정 (10점)

1. 비교표준지 선정

「법 시행규칙 제22조 제3항」 기준 용도지역, 이용상황, 도로교통, 지리적 근접성 기준 <#1> 선정
(#2, 4, 5: 도로 교통 상이, #3: 지리적 근접성 차이)

2. 시점수정치

(1) 표준지 기준일 ~ 당해 사업 공고·고시일

2013.1.1. ~ 2013.12.29. B구 지가변동률: 3.795%

(2) 당해 사업 공고·고시일 ~ 가격시점

2013.12.30. ~ 2024.7.1. 인근 평균: 20.571%

(3) 시점수정치

$1.03795 \times 1.20571 ≒ 1.25147$

3. 지역요인: B구 소재(1.000)

4. 개별요인 비교

$1.00 \times 0.98 \times 0.95 ≒ 0.931$

5. 그 밖의 요인 보정치

(1) 필요성 및 사례 선정

<93누2131 판결>, 「감정평가 실무기준」, 보상의 형평성 및 완전보상을 위해 필요함
최근 개정된 「감정평가 실무기준」상 그 밖의 요인 사례 보정 기준 고려, 정상사례, 동일 평가목적 등을 기준하여 <사례 라> 선정
(가, 나: 사정개입, 다: 당해 사업 보상 사례, 마: 평가목적 상이)

(2) B구/D구 지역요인 격차율 산정

$1.05 \times 1.20 \times 1.00 ≒ 1.260$

(3) 그 밖의 요인 격차율 산정

$$\frac{1,400,000 \times 1.00 \times 1.02495 \times 1.260 \times (1.05 \times 1.00 \times 1.00)}{700,000 \times 1.25147} ≒ 2.167$$

(4) 실거래가 분석 등을 통한 검증

　　제시된 거래사례 모두 사정 개입되어 실거래가 검증은 생략함

(5) 그 밖의 요인 결정

　　상기와 같이 산정된바, 감정평가 목적 및 보상 형평성, 기사보상 등을 고려 <2.16>으로 결정함

6. 토지 보상액 산정

$$700,000 \times \underbrace{1.25147}_{시} \times \underbrace{1.000}_{지} \times \underbrace{0.931}_{개} \times \underbrace{2.16}_{그} ≒ 1,762,000원/㎡$$

(× 990㎡ ≒ 1,744,380,000원)

Ⅴ. 물음4), 지장물(건물) 보상액 산정 (10점)

1. 재조달원가 산정(이전비 미제시, 「토지보상법 제75조」 물건가격으로 보상)

(1) 계약금, 중도금(6% 적용)

　　630,000,000 × (0.1 + 0.2 × 0.970518) ≒ 185,285,000원

(2) 잔금(대출이자율 5% 적용)

　　630,000,000 × 0.7 × (0.010607 × 42.580318 + *0.65859 × 0.787098) × 0.941905
　　≒ 402,929,000원

　　* 잔금비율

$$1 - \frac{(1+0.05/12)^{48} - 1}{(1+0.05/12)^{120} - 1}$$

(3) 사례 재조달원가

　　588,214,000원

(4) 대상 재조달원가

　　588,214,000 × 660/700 ≒ 554,602,000원

2. 감가수정액

(1) 물리적 감가

　　554,602,000 × 12/40 ≒ 166,381,000원

(2) 기능적 감가

　　50 × 660 × 12월 × 12(승수) ≒ 4,752,000원

(3) 경제적 감가

　　100 × 660 × 12 ÷ 0.06 × 0.2 ≒ 2,640,000원

(4) 감가수정액 합

　173,773,000원

3. 지장물(건물) 보상액

재조달 – 감가수정 ≒ 380,829,000원

문항별 논점

토지보상 (40점)

1번 문제의 경우 보상평가의 기본적 사항을 묻고 있다. 열심히 준비하신 수험생이라면 빠른 시간 내에 문제풀이가 가능했을 것으로 판단되며, 결국 법령의 근거제시가 변별력을 좌우할 것이다.

물음1)　적용공시지가의 결정 문제로 당해 사업의 '공고·고시'를 판단하고 「시행령 제38조의2」에 대한 명확한 풀이를 묻고 있다. 「토지보상법」은 '공고·고시'에 대한 명확한 판단이 없고 개별법에서 이를 명시하고 있으므로 <판례>와 같은 '공고·고시'에 대한 간단한 의견을 적시하고 넘어갔다면 변별력이 있었을 것이라 생각된다.

물음2)　구체적인 지가변동률 적용에 대한 이해를 묻고 있다. 「시행령 제39조 제2항·제3항」에 대한 명확한 풀이와 [2013.1.1. ~ 2013.12.29.]은 사업구역 내 지가변동률, [2013.12.30. ~ 2024.7.1.]의 인근 인접 지가변동률 평균을 적용해야 하는 논점이나 난이도가 높지는 않았다.

물음3)　최근 개정된 「감정평가 실무기준」의 그 밖의 요인 사례 선정 기준을 묻고 있다. 소논점으로 지역요인 격차율 산정이 제시되었으나 2가지 논점 모두 출제자의 의도 파악이 용이했던 문제이다.

물음4)　현금등가의 기본적 내용과 분해법의 내용을 적용하는 문제이다.

문제2 (30점)

Ⅰ. 물음1), 감정평가액 적정성 판단 (10점)

1. **시산가액 조정 기준**

   (1) 「감칙 제12조」

   ② 감정평가법인 등은 대상물건의 감정평가액을 결정하기 위하여 제1항에 따라 어느 하나의 감정평가방법을 적용하여 산정(算定)한 가액[이하 "시산가액(試算價額)"이라 한다]을 제11조 각 호의 감정평가방식 중 다른 감정평가방식에 속하는 하나 이상의 감정평가방법(이 경우 공시지가기준법과 그 밖의 비교방식에 속한 감정평가방법은 서로 다른 감정평가방식에 속한 것으로 본다)으로 산출한 시산가액과 비교하여 합리성을 검토해야 한다. 다만, 대상물건의 특성 등으로 인하여 다른 감정평가방법을 적용하는 것이 곤란하거나 불필요한 경우에는 그렇지 않다.

   ③ 감정평가법인 등은 제2항에 따른 검토 결과 제1항에 따라 산출한 시산가액의 합리성이 없다고 판단되는 경우에는 주된 방법 및 다른 감정평가방법으로 산출한 시산가액을 조정하여 감정평가액을 결정할 수 있다.

   (2) 「감정평가 실무기준 400-4」

   ④ 시산가액을 조정할 때에는 감정평가 목적, 대상물건의 특성, 수집한 자료의 신뢰성, <시장상황> 등을 종합적으로 고려하여 각 시산가액에 적절한 가중치를 부여하여 감정평가액을 결정(주된 방법이 아닌 다른 감정평가방법으로 산정한 가액 등으로 감정평가액을 결정하는 경우를 포함한다)하여야 한다.

2. **감정평가액의 적정성 판단**

   (1) 합리성 검토에 따른 문제점

   본건 수익용 부동산의 감정평가액 결정 시 적산가액과 수익가액의 차이(약 17%)가 있음에도 불구하고 합리성 검토에 대한 근거를 제시하지 아니하고 단순 평균액으로 결정한 문제점이 지적된다.

   (2) 인근 지역의 개황(시장상황) 미고려에 따른 문제점

   수익방식 적용 시 최근 인근지역의 개황 변화에 따라 "투자수익률, 순임료(NOI), 부동산가격 변동"을 고려하지 아니한 문제점이 지적된다.

   (3) 수익방식의 개념상 문제점

   「감칙 제2조 제10호」 수익환원법의 정의상 장래 산출할 것으로 기대되는 순수익이나 미래의 현금흐름을 전혀 고려하지 않고, 기준시점 당시 정상적인 사례를 기준하여 수익환원법의 개념과 동 떨어진 가치 판단을 한 문제점이 지적된다.

   (4) ∴ 상기와 같은 이유로 인해 당해 감정평가액은 적정하지 아니하다고 판단된다.

Ⅱ. 물음2), 환원율의 문제점 (10점)

1. 환원율의 부적정할 가능성

(1) 대상의 건물가격구성비 미고려

대상의 건물가격구성비는 적산가액 기준으로 약 4.7%인 반면, 사례의 건물가격구성비는 38%대 수준을 보이고 있으므로 이에 대한 조정이 미고려 되었음

(2) 대상의 유효잔존연수 미고려

본건 건물은 연와조의 30년 경과된 건물이나, 환원율 산정 사례는 절대적 건물가액으로 볼 경우 구조와 내용연수가 본건 건물과 상이하다고 판단되는바, 토지만의 가액을 기준한 사례를 선정하여 환원율을 산출하여 건물의 물적 유사성을 미고려한 문제점이 있음

2. 추가적인 부적정한 원인이 될 수 있는 사유

(1) 수집된 자료의 적정성

정상적인 최근 사례이나 대상부동산과 접면도로(N로)가 상이할 가능성, 건물의 가격구성비 차이에 따른 토지환원율, 건물환원율과 같은 개별환원율을 반영할 수 있다는 점, 장래 기대되는 수익에 대한 미반영 문제가 발생할 수 있음

(2) 환원율 산정의 다각화

「감정평가 실무기준 400-3.4.1.4」에서는 "직접환원법에서 사용할 환원율은 시장추출법으로 구하는 것을 원칙으로 한다. 다만, 시장추출법의 적용이 적절하지 않은 때에는 요소구성법, 투자결합법, 유효총수익승수에 의한 결정방법, 시장에서 발표된 환원율 등을 고려하여 적절한 방법으로 구할 수 있다."고 규정하고 있는바, 다양한 방법으로 환원율을 산정하여 비교 검토하여야 함

Ⅲ. 물음3), 적정한 환원율 산출 등 (10점)

1. 적정한 환원율 산정

대상부동산은 수익성 부동산으로 대체재인 유사 부동산의 투자수익률을 기준으로 NOI 및 부동산 가격 변동률을 고려하여 종합환원율을 산정함
(다만, 건물의 잔존내용연수와 임대차기간이 7년이라는 점에서 "영구 환원율" 산정의 문제점이 있음. 건물잔여법을 적용이 유의하나 개별환원율이 미제시되어 적용 불가함)

8% - 3% = 5%

2. 수익가액 산정

459,000,000 ÷ 0.05 ≒ 9,180,000,000원

3. 본건 건물의 유효잔존내용연수

(1) 본건 건물 시장가치

토지는 적산가액 기준

9,180,000,000 - 9,000,000,000 ≒ 180,000,000원

(2) 유효잔존내용연수

180,000,000 = 1,500,000 × N/45 × 900일 때,

∴ N = 6(년)

4. 기타 관련 문제에 대한 고찰

앞선 '적정한 환원율 산정' 시에는 영구 순수익 발생을 전제하고 있으므로 건물의 유효잔존내용연수 산정과 개념상 오류가 발생하는 문제점이 있다. 따라서, 환원율 산정 시 대상건물과 같이 건물의 경과연수가 오래된 건물이나 건물가격구성비가 낮은 경우에는 토지환원율, 건물환원율을 별도로 산정하여 대상물건마다 수익가액 각각 산정하는 방식이 일괄수익환원법의 문제점을 해결할 수 있다고 판단된다.

문항별 논점

환원율 결정 (30점)

생소한 문제였고, 이론시험과 유사했다. 노후화된 건물과 지역개황의 변화에 따른 복합부동산의 직접환원법의 적용 문제점을 제시하였다. 단순 문제풀이는 어려웠으나 왜? 이런 문제가 발생했는지를 기술하는게 핵심 포인트였다. 현업에서의 합리성 검토의 문제점을 지적한 문제이다.

물음1) 감정평가는 시산가액 결정이 핵심이다. 3방식에 의한 시산가액이 유사하지 않을 경우 감정평가사는 가치 결정의 전문가로서 객관적 근거와 합리적 결정의견을 제시할 줄 알아야 한다. 단순평균의 감정평가액의 결정 문제를 지적한 것으로 「감정평가실무기준」상 "시산가액" 조정편(시장상황 고려)을 활용하여 문제풀이가 가능했다.

물음2) 다양한 의견을 제시할 수 있는 문제이다.

물음3) 환원율 산정의 사례 선정의 문제이나 숫자로 다가가서는 굉장히 단순해 보이는 문제이나 이면에 숨어 있는 출제자의 의도 파악이 핵심이었다고 판단된다. 대상과 개별성 측면에서 동일·유사하지 않은 사례를 통해 종합환원율을 산정한 문제가 겉으로 들어나는 핵심 논점이었다. 반면, 경제적내용연수가 얼마 남지 않은 대상부동산의 수익가액을 단순하게 직접환원법을 적용하는 것이 맞느냐? 즉, 개념상의 모순을 지적했어야 한다. 개별환원율 산정 후 개별수익가액 산정, DCF법 적용 등 문제의 핵심을 지적했다면 높은 점수를 받을 것으로 생각된다.

문제3 (20점)

Ⅰ. 물음1), 청산금이 정산된 상태(통상 표준지평가, 경매 평가의 경우) (10점)

1. **사정면적 확정**

    (1) 기호 1

    환지면적인 460㎡(증환지)

    (2) 기호 2

    환지면적인 800㎡(감환지)

2. **현재의 가격 추정**

    (1) 기호 1

    200,000 × 460 ≒ 92,000,000원(200,000 × 40 ≒ 8,000,000원, 징수 완료)

    (2) 기호 2

    200,000 × 800 ≒ 160,000,000원(200,000 × 40 ≒ 8,000,000원, 교부 완료)

3. **면적 차이 분석**

    (1) 기호 1 면적 변화분(감보율 적용 후)

    460 ÷ 600 ≒ 76.67%

    (2) 기호 2 면적 변화분(감보율 적용 전)

    800 ÷ 1,200 ≒ 66.67%

    (3) 면적 차이 분석

    청산금이 정산된 경우 확정 면적인 환지면적을 비교할 경우 환지토지 감보율의 차이가 있으며, 기호 1 토지가 기호 2 토지에 비해 단순 감보율이 낮게 산정되어 보다 많은 환지를 부여한 것으로 보여짐. 따라서, 환지 과도지정 문제가 발생함. 다만, 환지토지 가격(징수, 납부 금액)인 200,000원/㎡으로 환지토지를 매입 가능한 경우에는 과도지정 문제가 없음

Ⅱ. 물음2), 청산금이 미정산된 상태(통상 담보평가의 경우) (10점)

1. 사정면적 확정(미정산된 상태로 권리가 미치는 면적을 기준함)

(1) 기호 1: 권리면적인 420㎡

(2) 기호 2: 권리면적인 840㎡

2. 현재의 가격 추정

(1) 기호 1(권리면적 기준 징수할 금액을 차감함)

200,000 × 420 ≒ 84,000,000원

(2) 기호 2(권리면적 기준 교부 받을 금액을 가산함)

200,000 × 840 ≒ 168,000,000원

3. 면적 차이 분석

(1) 비례율 산정

1) 종전 토지가액
- 기호 1: 100,000 × 600㎡ ≒ 60,000,000원
- 기호 2: 100,000 × 1,200㎡ ≒ 120,000,000원

2) 비례율 산정

$$비례율 = \frac{환지\ 후\ 토지단가 \times 권리면적}{종전토지가액}$$

- 기호 1: 200,000 × 420 ÷ 60,000,000 ≒ 1.40
- 기호 2: 200,000 × 840 ÷ 120,000,000 ≒ 1.40

> [별해]
> 감보율 산정
> - 기호 1: (1 - 420/600) ≒ 30%
> - 기호 2: (1 - 840/1,200) ≒ 30%
> 권리면적 기준 시 감보율의 차이가 없음

(2) 면적 차이 분석

① 감보율 및 비례율, 권리면적 비율 동일하여 단순 수치상 형평성에 맞는 면적 배분으로 보일 수 있음

② 다만, 환지처분 완료 후 앞선 물음1)과 같은 면적 차이 분석 결과처럼 감보율 등에서 차이가 있고 실제 200,000원/㎡으로 사업 구역 내 환지를 매입하지 못하는 경우가 생긴다면, 기호 1 토지 소유자는 환지면적 과도지정 문제가 발생하며,

③ 기호 2 토지 소유자는 기호 1 토지 소유자에 비해 종전 토지 면적을 2배 이상 소유하고 있었으나 환지 후 면적에서 과소 지정을 받아 이에 따른 불평등 문제가 발생할 수 있음

문항별 논점

환지처분의 효과 (20점)

문제 3번 또한 숫자의 접근은 매우 용이한 문제였으나 숨어 있는 출제자의 의도 파악이 핵심이었다. 페이지 수가 적은 문제일수록 이론적 관점에서 접근해야 한다는 점을 잊지 마시기 바란다.

물음1), 2) 결국 문제 3번의 핵심은 환지의 [과도지정], [과소지정]의 문제점을 지적하라는 것이다. 환지 후 토지 가액과 교부 또는 징수되는 청산금의 단위 면적당 가격이 동일한 경우 시장에서 청산금으로 환지 후 토지를 정상적으로 매입할 수 있는 경우에는 해당 문제가 발생하지 않는다. 과소지정을 받았다 하여도 청산금으로 곧바로 환지 후 토지를 매입하게 되기 때문이다.
그러나 현실은 환지 후 토지에 대해 정상적인 금액으로 매입이 불가능하기 때문에 [과도지정], [과소지정]에 따른 분쟁이 발생하게 된다. 이러한 문제점을 지적하라는 것이 숨겨진 출제자의 의도로 파악된다.

문제4 (10점)

<영업권 감정평가서 품질개선 방안연구, 2023년 3월 감정평가기준센터>

Ⅰ. 물음1), 초과수익이 갖추어야 할 요건 (5점)

1. 영업권의 성립 여부

영업권이 성립되기 위해서는 초과수익, 지속가능성, 이전가능성을 파악해야 하며 식별가능한 무형자산을 제외한 협의의 영업권인지 검토가 필요함

2. 초과수익이 갖추어야 할 요건

(1) 이전가능성

이전가능성은 영업권 발생 여부와 관련하여 중요한 요소로서 분리가 불가능한 전속적인 권리인지 여부 판단이 중요함. 예를 들어 이전가능성이 없는 전관변호사나 연예인 등의 경우에는 영업권이 성립되기 어려운 점이 있음

(2) 지속가능성

영업권은 계속기업을 전제하므로 이러한 영업권의 기초자료인 초과수익이 영업활동 기간 동안 지속적이며, 안정적으로 산출되어야 함. 경쟁공급업체의 진입 및 수요 변화 등에 따른 지속가능성의 변화분에 유의하여야 함

Ⅱ. 물음2), 정상수익률 산정방법 (5점)

1. 유사기업 평균이익률 기준
해당 기업이 속한 산업군에서 해당 기업과 유사한 영업형태를 가진 기업의 평균이익률을 기준으로 산정함

2. 투자자의 요구수익률을 기준하는 방법
투자자의 관점에서 해당 기업과 동일·유사한 기업으로부터 기대하는 요구수익률을 분석하고 자본비용 등을 합산하여 산정함

3. 해당 기업의 과거 수익률을 기준하는 방법
영업권을 인식하기 이전 단계의 해당 기업의 통상적인 수익률을 기준하여 산정함

4. 통계를 이용하는 방법
산업은행 등에서 발간하는 산업군에 따른 수익률을 기준으로 해당 기업의 특수성을 고려하여 산정함

5. 정상수익률 산정의 어려움
통상의 기업은 해당 기업의 개별적인 영업능력을 보유하고 있으므로 이에 대한 별도의 요인 비교가 현실적으로 어렵고, 비영업용 자산의 구별이 힘들어 정상수익률 산정이 어려운 것이 문제점이다.

문항별 논점

영업권 (10점)
최근 한국감정평가사협회에서 발간된 [영업권 감정평가서 품질개선 방안연구]에서 지적한 문제점과 이론적 관점에서 문제시 되었던 논점이 출제되었다. 난이도 하 수준의 문제였다.

2025년 제36회 감정평가실무 기출

총평

2025년 감정평가실무 시험은 문제 4번을 제외하고 평이한 논점들이 출제되었다. GS에서 많이 다루었고 업계에서 화두가 되었던 문제들이 다수 출제되어 경험치가 높은 수험생들에게는 체감 난이도가 다소 낮게 느껴질 수도 있다. 다만, 문제 1번에서 제시하고 있는 물음 및 자료의 해석과 문제 2번, 3번의 정확한 숫자 기술이 다소 어려웠다고 판단된다. 100분 안에 모든 것을 답안지에 현출할 수 있는 지를 판단하고, 이론적·법적 근거의 제시와 각 물음별 판단의 근거를 제시함으로써 변별력 있는 답안을 제출하여야 한다.

문제1 (40점)

Ⅰ. 평가개요

- 평가대상: 토지·건물(공사중단 건축물)
- 평가목적: 자문 및 컨설팅

Ⅱ. 물음1), 적정 매수가격 (20점)

1. 현재 상태 기준 적정 매수가격 <기준시점: 2025.7.12.>

(1) 처리방침

지문상 <매수자가 개발방안 실행함>을 전제함

① 공사중단 건축물은 「감칙 제15조 제1항」의거 원가법을 적용하되, 「방치건축물정비법 시행령 제9조의2 제3항 제1호」의거 착공시점 공사비용을 기준하며 물리적·기능적 감가 등을 반영하여 평가함

② 토지는 「동시행령 동조 동항 제2호」에도 불구하고 제시사항에 따라 대지의 사용제한 등을 반영하지 않고 정상 평가함(토지건물 일괄 매수 감안)

③ 「감칙 제7조 제1항」 개별물건기준 원칙 의거 토지 및 건물 개별물건평가액 합산으로 감정평가액을 결정함

④ 토지는 「감칙 제14조 제1항 및 제3항」 의거 공시지가기준법 및 거래사례비교법을 적용하여 시산가액 조정 후 감정평가액을 결정함

(2) 토지

　1) 공시지가기준법

　　(가) 표준지 선정

　　　　일반상업, 업무용, 업무지대, 광대한면 기준 <표준지 #5> 선정
　　　　(#1, 2, 4: 용도지역 상이, #3: 용도지대 상이)

　　(나) 시점수정

　　　　2025.1.1. ~ 2025.7.12. H구 상업지역: 1.00806

　　(다) 그 밖의 요인

　　　가) 사례 선정

　　　　　일반상업, 업무용, 최근 사례인 <평가사례 a> 선정
　　　　　(b, c: 시점 차이)

　　　나) 격차율 산정

$$\frac{8,500,000 \times {}^*1.01293 \times 1.000 \times (1.09 \times 1.02)}{7,000,000 \times 1.00806} ≒ 1.356$$

　　　　　* 2024.1.1. ~ 2025.7.12. H구 상업지역

　　　　　∴ 상기와 같이 산정된바, <1.35>로 결정함

　　(라) 공시지가기준액

　　　　7,000,000 × 1.00806 × 1.000 × (0.92 × 1.00) × 1.35 ≒ 8,764,000원/㎡

　2) 거래사례비교법

　　(가) 사례 선정

　　　　일반상업, 업무용, 업무지대, 광대한면, 최근 사례 기준 <거래사례 마> 선정
　　　　(가: 용도지대 상이, 나: 용도지역 상이, 다: 미등재 사례, 라: 3년 이후 사례)

　　(나) 비준가액

　　　　8,500,000 × 1.00 × 1.00806 × 1.000 × (1.00 × 1.00) ≒ 8,569,000원/㎡

　3) 토지가액 결정

　　양 시산가액 유사한바, 「감칙 제12조 제2항」 합리성 인정됨. 「감칙 제14조 제1항」 의거 공시지가기준액으로 결정함

　　8,764,000원/㎡ × 1,000㎡ ≒ 8,764,000,000원

Advice

문제 1번의 쟁점은 건축물에 있으며, 토지에 대한 평가는 기본적인 논점만을 제시하고 있음. 따라서, 출제자의 의도상 토지가액을 평가목적 및 적정매수가격을 고려한 비준가액으로 결정하더라도 득점 차이는 없을 것으로 판단됨

(3) 건물(공사중단 건축물)

지상 6, 7층 부분 공통비용이나, 기초 및 토공사 비용은 기 투입된 비용으로 적정 매수가격 고려 전체 금액 적용함. 간접비 및 설계비 등도 동일 적용함

950,000,000 × (1 - 0.5) ≒ 9,025,000,000원

(4) 현재 상태 기준 적정 매수가격

1) 기존 건물 <완공> 전제한 적정 매수가격

현재 상태 기준 감정평가액으로 매수함

∴ 토지 + 건물 ≒ 17,789,000,000원

2) 결정

매수인이 기존 건물의 철거를 전제하는 경우 '적정 매수가격 = 토지가액 - 철거비'로 산정될 수 있으나, 매도인과의 협상에서 매도인이 기성공사비용을 포기해야 한다는 점, 신축비용 증가분과 철거비 등을 고려할 때 동일 설계안(연면적, 동일 용도 등)에서 신축공사가 비합리적인 점을 고려하여 '현재 상태 기준 감정평가액'을 적정 매수가격으로 결정함

∴ 17,789,000,000원

Advice

출제자 의도는 「방치건축물정비법」 시행에 따른 공사중단된 건축물의 활용안을 제시한 것으로 판단됨

2. 개발을 완료할 경우 적정 매수가격 <기준시점: 2026.7.12.>

(1) 처리방침

지문상 <매도자가 개발방안 실행함>을 전제함

(2) 기존 건물 <완공>하는 경우 적정 매수가격

1) 토지

최근 지가변동률 고려 보합세 전제함

∴ 8,764,000,000원

2) 건물

완공 전제로 기존 물리적·기능적 감가 미고려(추가 공사비가 물리적·기능적 감가액 보전 처리)

16,000,000,000 + (16,000,000,000 - 9,500,000,000) × 0.2 ≒ 17,300,000,000원

3) 적정 매수가격

토지 + 건물 ≒ 26,064,000,000원

(3) 철거 후 신축하는 경우 적정 매수가격

매도자 철거로 철거비 미고려함

$\underbrace{8,764,000,000}_{\text{토지}}$ + $\underbrace{16,000,000,000 \times 1.25}_{\text{건물 신축비용}}$ ≒ 28,764,000,000원

(4) 결정

대상건물의 신축자재 및 신공법 도입에 따른 건축비용 증가분의 차이로 시장 상황 및 매수인 선호도에 따라 양자의 적정 매수가격이 결정됨

∴ 적정 매수가격은 '26,064,000,000원 ~ 28,764,000,000원'으로 결정함

> **Advice**
> 매도자의 개발방안 실행을 전제함으로 철거 후 신축 가액을 산정하였으며, 철거 후 신축하는 경우 총액 10%의 비용이 가산(합리적으로 판단됨)되므로 이를 산정함. 다만, 목차 '1. 현재 상태 기준 적정 매수가격'에서 철거를 전제하지 않은 이유는 매도자·매수자 협상력에서 기성 공사비를 보전받지 못한다는 전제가 비합리적이기 때문임

Ⅲ. 물음2), 개발을 완료할 경우의 적정 수익가격 (10점)

1. 처리방침

수익가액은 직접환원법 또는 할인현금흐름분석법 적용이 가능하나, 소득수익률 제시와 수익률 미변동을 전제하고 있다는 점에서 직접환원법을 적용하여 수익가액을 산정함

> **Advice**
> 해당 문제에서는 다양한 해석이 있을 수 있음. 임대료 지수가 통계적으로 유의함을 전제로 AI 모형의 오류 가능성을 지적할 수 있다는 점, 자본환원표에서 기간 5년을 제시하였다는 점을 기준으로 임대료 하락을 고려한 할인현금흐름분석법을 적용할 수 있음. 다만, 시간상의 제약 등을 고려하여 직접환원법을 적용함

2. NOI

(1) 사례 선정

구조, 규모, 사용승인일 기준 <임대사례 3> 선정
(1, 4: 구조 및 규모 상이, 2: 노후도 상이)

(2) 대상 1기 PGI

임대료 지수 고려 1기 연장 사정 가능하나, 직접환원법 적용 고려하여 연장 사정하지 아니함
213,000 × 1.00 × *98/100 × 100/98 ≒ 213,000원/㎡
(× 8,000㎡ ≒ 1,704,000,000원)

* 임대료지수, 임대료변동률은 설명력 및 감정평가의 의견 내용 고려하여 기각함

(3) 대상 NOI

공실률 미제시로 미고려함. 최근 H구 영업경비비율 50% 적용함
1,704,000,000 × 0.50 ≒ 852,000,000원

3. R(환원율)

최근 분기별 소득수익률 기준 미변동 고려 <3.2%>로 결정함

> **Advice**
> 제시된 자료는 분기별 소득수익률로 볼 수 있으나 이자율 등을 고려하여 연간 소득수익률로 전제함

4. 적정 수익가액

NOI ÷ R ≒ 26,625,000,000원

Ⅳ. 물음3), 시장동향 기술 등 (10점)

1. 시장동향

(1) 건설공사비 및 영업경비비율 측면

원자재비 및 금리 인상 등에 따른 건설공사비가 상승하고 있는 추세이나, 최근 1년 영업경비비율은 약 상승세를 유지하고 있음

(2) 소득수익률 및 임대료 지수

최근 1년 이내 지수 2%point 하락으로 다소 하향 추세를 나타내고 있으나. 최근 소득수익률은 보합세를 유지하고 있다는 점에서 부동산 가격변동 추이는 상승세를 보일 수 있음

(3) AI 프로그램 측면

NOI 경우 통계적으로 무의미한 자료이며, 임대료변동률 또한, 임대지수와의 방향성은 하향 추세로 동일하나 기본 5.125%의 상승률이 적용된다는 점에서 신뢰성이 떨어지는 것으로 사료됨. 다만, 임대료의 방향성은 주목할 만함

(4) 지가변동률

2025년 이후 다소 상승하나 최근 지가변동률은 보합세를 유지하고 있음

2. PI, IRR, NPV 활용 설명

(1) 산식

1) PI

$$PI = \frac{\sum_{t=1}^{n} \frac{현금유입_t}{(1+r)^t}}{\sum_{t=1}^{n} \frac{현금유출_t}{(1+r)^t}}$$

2) IRR

$$\sum_{t=1}^{n} \frac{현금유입_t}{(1+IRR)^t} - \sum_{t=1}^{n} \frac{현금유출_t}{(1+IRR)^t} = 0$$

3) NPV

$$\text{NPV} = \sum_{t=1}^{n} \frac{현금유입_t}{(1+r)^t} - \sum_{t=1}^{n} \frac{현금유출_t}{(1+r)^t}$$

(2) 활용 설명

① 현금유입에 해당되는 임대료 지수, 지가변동률 등이 상승하는 경우 PI, NPV, IRR이 상승하여 투자타당성이 긍정적으로 변화되는 반면, ② 현금유출에 해당되는 건설공사비, 영업경비비율 등이 상승하는 경우는 PI, NPV, IRR이 하락하여 투자타당성이 부정적으로 변화됨. ③ 따라서, 각 독립변수 변화에 따른 민감도 분석과 확률분석을 추가적으로 수행하여 개발타당성을 검토하여야 함

문항별 논점

공사중단 건축물의 감정평가 및 타당성 검토 (40점)

1. 물음1)에서는 그 해석에 따라 다양한 결론이 가능할 것으로 보여진다. 매수시점에 따른 공사중단 건축물의 적정 매수가액 산정으로 ① 매수인이 개발방안을 실행하는 경우와 ② 매도인이 개발방안을 실행하는 경우로 나누어 비용 계산 및 적정 매수가액이 달라질 수 있다. 시험장에서의 체감 난이도를 고려하면 가장 평이하고 간단한 전제를 제시하고 문제를 접근하여야 한다. 또한, 감정평가방법을 명시적으로 제시한 기존 기출문제와 달리 복합부동산의 감정평가방법 자체를 결정하도록 요구하는 문제가 오랜만에 출제되었다.

2. 물음2)에서는 적정 수익가액 산정에 있어 감정평가방법 및 각종 자료의 판단을 요구하고 있다. 판단의 근거를 명시적으로 제시한 기존 기출문제와의 차이점이 두드러지게 나타나고 있는 부분이다. 따라서, 각 판단에 있어 근거를 제시하는 답안이 우세할 것으로 보여진다.

3. 물음3)에서는 수입 및 비용 변화에 따른 정확한 PI, IRR, NPV를 산정하기에는 시간이 너무 촉박했고 출제자의 의도 역시 정확한 숫자 제시가 아니었다고 보여진다. 따라서, 제시된 자료를 토대로 향후 시장동향에 대한 판단을 간략하게 기술하고, 산식을 통해 일반적으로 변화에 대한 설명을 제시하는 것이 전략적인 선택이라 보여진다.

문제2 (30점)

Ⅰ. 평가개요

- 평가대상: 영업 관련 기업가치, 영업권
- 평가목적: 일반거래
- 가격시점: 2025.1.1.「감칙 제9조 제2항」

Ⅱ. 물음1), 영업 관련 기업가치 (20점)

1. 처리방침

① 「감칙 제24조 제3항」 의거 수익환원법 적용하되, 고속성장기와 안정성장기 구분하여 평가함. ② 수익 및 비용은 전체 영업용 자산에 의한 것으로 FCFF는 영업 관련 기업가치에 대응됨

2. 현금흐름(2025.12.31. 기준)

(1) 증가율

  1) 매출증가율

  [(942,595,900 - 915,141,600) ÷ 915,141,600 + (970,873,800 - 942,595,900) ÷ 942,595,900] ÷ 2 ≒ 3%

  2) 매출원가율

  600,000,000 / 1,000,000,000 ≒ 60%

  3) 판관비비율(매출 대비)

  <임차료> 고려하여 산정하되, 보증금은 미고려함. <대표자 급여>는 정상 영업활동에 기여하고 있으므로 FCFF 산정시 <별도 고려함>

  (176,000,000 + 2,000,000 × 12) ÷ 1,000,000,000 ≒ 20%
  　　　　　　　　　임차료

  4) 추가운전자본 증가율

  1/10 + 1/10 - 1/20 ≒ 15%

(2) 현금흐름표

구분	1	2	3	4	5
매출	1,030,000,000	1,060,900,000	1,092,727,000	1,125,509,000	1,159,274,000
매출원가	618,000,000	636,540,000	655,636,000	675,305,000	695,564,000
매출총이익	412,000,000	424,360,000	437,091,000	450,204,000	463,710,000
판관비	206,000,000	212,180,000	218,545,000	225,102,000	231,855,000
영업이익	206,000,000	212,180,000	218,546,000	225,102,000	231,855,000
대표자 급여	71,000,000	72,000,000	73,000,000	74,000,000	75,000,000
급여 차감 후 이익(EBIT)	135,000,000	140,180,000	145,546,000	151,102,000	156,855,000
EBIT × (1 - *0.33)	90,450,000	93,921,000	97,516,000	101,238,000	105,093,000
**(추가운전자본)	4,500,000	4,635,000	4,774,000	4,917,000	5,065,000
FCFF	85,950,000	89,286,000	92,742,000	96,321,000	100,028,000

* 소득세율 적용

** 감가상각비, 자본적 지출 상쇄

3. WACC

   (1) K_E(CAPM)

   $$0.04 + 1.1 \times (0.1 - 0.04) + \underbrace{0.074}_{\text{대상기업 위험}} \fallingdotseq 18\%$$

   (2) Kd

   $$0.082 \times (1 - 0.33) \fallingdotseq 5.49\%$$

   (3) 자기자본비율

   타인자본비용은 이자지급부채 총액으로 산정함

   $$120,000,000 \div (\underbrace{18,000,000}_{\text{단기차입금}} + \underbrace{62,000,000}_{\text{장기차입금}} + 120,000,000) \fallingdotseq 60\%$$

   (4) WACC

   $$0.6 \times 0.18 + 0.4 \times 0.0549 \fallingdotseq 13.00\%$$

4. 영업 관련 기업가치

   안정성장기 성장률 0% 적용

   $$\underbrace{\sum_{n=1}^{5} \frac{\text{FCFF}_n}{1.1336^n}}_{\text{고속성장기}} + \underbrace{\frac{\text{FCFF}_6}{0.1336} \times \frac{1}{1.1336^5}}_{\text{안전성장기}} \fallingdotseq 741,000,000원$$

Ⅲ. 물음2), 영업권 가치 (10점)

1. 영업투하자본

   (1) 영업자산

   영업용 자산만 고려함

   $$337,000,000 - \underbrace{8,000,000}_{\text{매도가능증권}} + \underbrace{60,000,000}_{\text{토지가치상승분}} \fallingdotseq 389,000,000원$$

   (2) 영업부채

   무이자부채만 적용함

   $$70,000,000 + 36,000,000 + 31,000,000 \fallingdotseq 137,000,000원$$

   (3) 영업투하자본

   영업자산 − 영업부채 ≒ 252,000,000원

2. 영업권 가치

   영업 관련 기업가치 − 영업투하자본 ≒ 489,000,000원

> **Advice**
> 원가방식에 의한 기업가치(개별 유·무형자산가치 합)에 비해 수익가액이 다소 차이가 있는 점은 해당 자산 대비 영업이익이 높다는 것을 의미함. 따라서, 수익방식의 우수성을 지적함이 높은 득점을 받을 수 있을 것으로 판단됨

문항별 논점

영업 관련 기업가치 및 영업권 (30점)

30회 기출 이후 기업가치와 영업권이 동시에 다시 한 번 출제되었다. 문제풀이 자체는 평이하였으나, 영업경비 비율이나 대표자 급여의 처리 여부에 따라 숫자의 정확성이 달라졌고, 부채와 자본의 성격 등을 정확하게 숙지하고 있지 않다면 자기자본비율 및 영업투하자본 산정에서 실수가 많았을 것으로 판단된다. 결국, 감정평가실무는 기본기가 탄탄해야 한다. 기본기가 흔들리면 시험장에서 변형된 문제풀이에 한계가 오기 때문이다.

문제3 (20점)

I. 물음1), 환매권 상실 당시 가액 (10점)

1. 평가개요

- 평가대상: 환매권
- 평가목적: 소송평가

2. 기호 1 토지

(1) 기준시점

환매권은 형성권으로 환매의 의사표시일이 기준시점이 되나, 지문에서 이를 미제시한 점을 감안하고 법원제시일을 고려하여 환매권 상실일인 <2014.12.29.>(이하 동일)을 기준시점으로 결정함
[기준·심사팀 2018-5-4]

(2) 표준지 선정

① 당해 공익사업으로 인한 토지 등의 가격 변동 <반영함> ② 환매권 발생일 당시 현황 기준 ③ 기준시점 이전 최근 공시지가 적용함
자연녹지, 주거기타, 부정형, 평지, 소로한면 기준하여 <표준지 #4> 선정
(#1, 3: 당해 가격 변동 미반영 사례, #2: 이용상황 상이, #5 ~ 8: 용도지역 상이)

(3) 시점수정

2014.1.1. ~ 2014.12.29. 녹지지역 지가변동률: 1.04000

(4) 공시지가기준액

115,000 × 1.04000 × 1.000 × 1.05 × 2.00 ≒ 251,000원/㎡
(× 700㎡ ≒ 175,700,000원)

3. 기호 2 토지

(1) 기준시점: 2022.6.17.

(2) 표준지 선정

2종일주, 주거나지, 부정형, 평지, 중로한면 기준 <표준지 #8> 선정
(#1 ~ 4, 6: 용도지역 상이, #5, 7: 당해 가격 변동 미반영 사례)

(3) 시점수정

2022.1.1. ~ 2022.6.17. 주거지역 지가변동률: 1.02000

(4) 공시지가기준액

320,000 × 1.02000 × 1.000 × 1.05 × 3.00 ≒ 1,028,000원/㎡
(× 900㎡ ≒ 925,200,000원)

Ⅱ. 물음2), 인근 유사 토지 지가변동률 (10점)

1. 처리방침

'환매 당시 표본지 적정가격 ÷ 취득 당시(협의취득일, 소유권 상실일) 표본지 적정가격'으로 산정함

2. 표본지 선정

① 당해 공익사업으로 인한 토지 등의 가격 변동 <미반영> ② 대상토지의 이용상황 등 변화가 유사한 표준지를 표본지로 선정함
기호 1: <표준지 #3>
기호 2: <표준지 #7> (#5 신규 표준지로 2016년 당시 가액 미발표)

3. 기호 1 적용 인근 유사 토지 지가변동률

(1) 2008.12.19. 당시 가액

2008년 ~ 2009년 가격 변동 없음 ∴ 44,000원/㎡

(2) 2014.12.29. 당시 가액

55,000 + (60,000 - 55,000) × 363/365 ≒ 59,970원/㎡

(3) 인근 유사 토지 지가변동률

2008.12.19. ~ 2014.12.29.

59,970 ÷ 44,000 - 1 ≒ 36%

4. 기호 2 적용 인근 유사 토지 지가변동률

(1) 2016.6.17. 당시 가액

146,000 + (147,000 - 146,000) × 168/365 ≒ 146,460원/㎡

(2) 2022.6.17. 당시 가액

189,000 + (173,000 - 189,000) × 168/365 ≒ 181,640원/㎡

(3) 인근 유사 토지 지가변동률

2016.6.17. ~ 2022.6.17.

181,640 ÷ 146,460 - 1 ≒ 24%

문항별 논점

환매권 (20점)

평이한 환매권 문제이다. 기준시점에 대한 논란 이외 기본적인 숙지사항을 묻고 있으므로 환매 당시 가액과 표본지 산정에 있어 대비되는 부분들을 부각시켜 기술하였다면 좋은 답안지가 될 것으로 보여진다.

문제4 (10점)

Ⅰ. 물음1), 분묘기지권 (5점)

1. 개념

분묘기지권이란 타인 토지에 설치된 분묘를 설치한 자가 20년간 평온·공연하게 점유할 경우 관습법상으로 인정되는 지상권의 형태인 물권을 의미함

2. 성립요건

① 타인 토지 위에 설치할 것 ② 분묘가 20년 이상 실제로 존재할 것(통상 봉분 등의 형태를 지녀야 함) ③ 분묘의 점유가 평온·공연하게 계속하여야 함

Ⅱ. 물음2), 분묘기지권이 설정된 토지의 감정평가방법 (5점)

1. 유연분묘

연고자의 유무에 따라 무연분묘와 유연분묘로 구분됨

2. 감정평가방법

① 분묘기지권이 성립하고 있는 토지는 <최근 대법원 판례>에 의거 지료의 지급의무를 가짐과 동시에 분묘기지 주위의 통상적인 범위를 사용·수익할 수 있음
② 따라서, 토지에 감정평가에 있어서 지상에 소재하는 분묘기지권에 의해 영향을 받는 경우 <경매> 감정평가에 있어 「감정평가 실무기준」 지상권이 설정된 토지와 같은 방법으로 감정평가할 수 있음
③ 즉, 지상권이 설정되지 않은 상태의 토지가액에서 해당 지상권에 따른 제한 정도 등을 고려하여 평가함
④ 다만, 지상권에 따른 제한 정도는 구) 담보평가지침에서 규정하고 있는 방법, 30% 감가율을 적용하는 방법, 「토지보상법 시행규칙」상 이전비 등을 고려하는 방법으로 산정이 가능함

> **Advice**
> 분묘기지권에 대한 개념은 변별력 차이 없다고 판단되며, 감정평가방법을 실무기준을 적용하여 제시하였다면 득점률을 높일 수 있다고 판단됨

문항별 논점

분묘기지권 (10점)

당황스러운 문제였다. 분묘기지권에 대한 개념을 2차 시험에 출제하여 감정평가실무 시험인지 1차 민법 시험인지 의문이 들게 한다. 다만, 해당 문제는 그 성격을 규명하고 「감정평가 실무기준」상 <지상권이 설정된 토지>의 감정평가방법을 물어보기 위한 문제로 보여진다. 즉, 물음1)에서는 큰 변별력은 없고 물음2)에서 「감정평가 실무기준」의 약술을 얼마만큼 기술하느냐가 관건이라고 보여진다[물음2)의 배점이 5점인 점을 감안할 때 '관건'이라는 단어를 쓰기에 다소 어색하다].

이성준

약력
감정평가사 자격시험 법규 수석 합격
한성대학교 부동산학과

현 | 해커스 감정평가사 감정평가실무 전임교수
현 | 한국감정평가학회 정회원
현 | 써브감정평가법인
현 | 서울YMCA 시민중계실 위원
전 | 동인감정평가법인
전 | 합격의법학원 감정평가실무 전임교수

저서
해커스 감정평가사 이성준 감정평가실무 2차 기본서
해커스 감정평가사 법전
해커스 감정평가사 이성준 감정평가실무 2차 문제집 기초
해커스 감정평가사 이성준 감정평가실무 2차 기출문제집

2026 대비 최신개정판

해커스 감정평가사
이성준 감정평가실무 2차 기출문제집

개정 2판 1쇄 발행 2025년 10월 1일

지은이	이성준 편저
펴낸곳	해커스패스
펴낸이	해커스 감정평가사 출판팀
주소	서울특별시 강남구 강남대로 428 해커스 감정평가사
고객센터	1588-2332
교재 관련 문의	publishing@hackers.com
	해커스 감정평가사 사이트(ca.Hackers.com) 1:1 고객센터
학원 강의 및 동영상강의	ca.Hackers.com
ISBN	979-11-7404-490-7 (13360)
Serial Number	02-01-01

저작권자 ⓒ 2025, 이성준

이 책의 모든 내용, 이미지, 디자인, 편집 형태는 저작권법에 의해 보호받고 있습니다. 서면에 의한 저자와 출판사의 허락 없이 내용의 일부 혹은 전부를 인용, 발췌하거나 복제 배포할 수 없습니다.

한 번에 합격!
해커스 감정평가사 ca.Hackers.com

해커스 감정평가사

- 이성준 교수님의 **본 교재 인강**(교재 내 할인쿠폰 수록)
- 해커스 스타강사의 **감정평가사 무료 특강**